国家“双一流”建设学科
辽宁大学应用经济学系列丛书
教材系列
总主编◎林木西

货币银行学

Money and Banking

杨　丽　主编

中国财经出版传媒集团
经济科学出版社
Economic Science Press

图书在版编目（CIP）数据

货币银行学/杨丽主编．—北京：经济科学出版社，
2019.12
（辽宁大学应用经济学系列丛书．教材系列）
ISBN 978－7－5218－1123－0

Ⅰ.①货…　Ⅱ.①杨…　Ⅲ.①货币银行学－高等
学校－教材　Ⅳ.①F820

中国版本图书馆 CIP 数据核字（2019）第 288117 号

责任编辑：于海汛
责任校对：杨　海
责任印制：李　鹏

货币银行学
杨　丽　主编
经济科学出版社出版、发行　新华书店经销
社址：北京市海淀区阜成路甲 28 号　邮编：100142
总编部电话：010－88191217　发行部电话：010－88191522
网址：www.esp.com.cn
电子邮件：esp@esp.com.cn
天猫网店：经济科学出版社旗舰店
网址：http://jjkxcbs.tmall.com
北京密兴印刷有限公司印装
787×1092　16 开　28 印张　580000 字
2019 年 12 月第 1 版　2019 年 12 月第 1 次印刷
印数：0001—2000 册
ISBN 978－7－5218－1123－0　定价：75.00 元

总　序

本丛书为国家“双一流”建设学科辽宁大学“应用经济学”系列丛书，也是我主编的第三套系列丛书。前两套系列丛书出版后，总体看效果还可以：第一套是《国民经济学系列丛书》（2005 年至今已出版 13 部），2011 年被列入“十二五”国家重点出版物出版规划项目；第二套是《东北老工业基地全面振兴系列丛书》（共 10 部），在列入“十二五”国家重点出版物出版规划项目的同时，还被确定为 2011 年“十二五”规划 400 种精品项目（社科与人文科学 155 种），围绕这两套系列丛书取得了一系列成果，获得了一些奖项。

主编系列丛书从某种意义上说是“打造概念”。比如说第一套系列丛书也是全国第一套国民经济学系列丛书，主要为辽宁大学国民经济学国家重点学科“树立形象”；第二套则是在辽宁大学连续主持国家社会科学基金“八五”至“十一五”重大（点）项目，围绕东北（辽宁）老工业基地调整改造和全面振兴进行系统研究和滚动研究的基础上持续进行探索的结果，为促进我校区域经济学学科建设、服务地方经济社会发展做出贡献。在这一过程中，既出成果也带队伍、建平台、组团队，使得我校应用经济学学科建设不断跃上新台阶。

主编这套系列丛书旨在使辽宁大学应用经济学学科建设有一个更大的发展。辽宁大学应用经济学学科的历史说长不长、说短不短。早在 1958 年建校伊始，便设立了经济系、财政系、计统系等 9 个系，其中经济系由原东北财经学院的工业经济、农业经济、贸易经济三系合成，财税系和计统系即原东北财经学院的财信系、计统系。1959 年院系调整，将经济系留在沈阳的辽宁大学，将财政系、计统系迁到大连组建辽宁财经学院（即现东北财经大学前身），将工业经济、农业经济、贸易经济三个专业的学生培养到毕业为止。由此形成了辽宁大学重点发展理论经济学（主要是政治经济学）、辽宁财经学院重点发展应用经济学的大体格局。实际上，后来辽宁大学也发展了应用经济学，东北财经大学也发展了理论经济学，发展得都不错。1978 年，辽宁大学恢复招收工业经济本科生，1980 年受人民银行总行委托、经教育部批准开始招收国际金融本科生，1984 年辽宁大学在全国第一批成立了经济管理学院，增设计划统计、会计、保险、投资经济、国际贸易等本科专业。到 20 世纪 90 年代中期，辽宁大学已有西方经济学、世界经济、国民经济计划与管理、国际金融、工业经济等 5 个二级学科博士点，当时在全国同类院校似不多见。1998 年，建立国家重点教学基地“辽宁大学国家经济学基础人才培养基地”。2000 年，获批建设第二批教育部人文社会科学重点研究基地“辽宁大学比较经济体制研究中心”（2010 年经教育部社会科学司批准更名为“转型国家经济政治研究中心”）；同年，在理论经济学一级学科博士点评审中名列全国第一。2003 年，在应用经济学一级学科博士点评审中并列全国第一。2010 年，新增金融、应用统计、税务、国际商务、保险等全国首批应用经济学类专业学位硕士点；2011 年，获全国第一批统计学一级学科博士点，从而实现经济学、统计学一级学科博士点“大满贯”。

在二级学科重点学科建设方面，1984 年，外国经济思想史（即后来的西方经济学）和政治经济学被评为省级重点学科；1995 年，西方经济学被评为省级重点学科，国民经济管理被确定为省级重点扶持学科；1997 年，西方经济学、国际经济学、国民经济管理被评为省级重点学科和重点扶持学科；2002 年、2007 年国民经济学、世界经济连续两届被评为国家重点学科；2007 年，金融学被评为国家重点学科。

在应用经济学一级学科重点学科建设方面，2017 年 9 月被教育部、财政部、国家发展和改革委员会确定为国家“双一流”建设学科，成为东北地区唯一一个经济学科国家“双一流”建设学科。这是我校继 1997 年成为“211”工程重点建设高校 20 年之后学科建设的又一次重大跨越，也是辽宁大学经济学科三代人共同努力的结果。此前，2008 年被评为第一批一级学科省级重点学科，2009 年被确定为辽宁省“提升高等学校核心竞争力特色学科建设工程”高水平重点学科，2014 年被确定为辽宁省一流特色学科第一层次学科，2016 年被辽宁省人民政府确定为省一流学科。

在“211 工程”建设方面，在“九五”立项的重点学科建设项目是“国民经济学与城市发展”和“世界经济与金融”，“十五”立项的重点学科建设项目是“辽宁城市经济”，“211 工程”三期立项的重点学科建设项目是“东北老工业基地全面振兴”和“金融可持续协调发展理论与政策”，基本上是围绕国家重点学科和省级重点学科而展开的。

经过多年的积淀与发展，辽宁大学应用经济学、理论经济学、统计学“三箭齐发”，国民经济学、世界经济、金融学国家重点学科“率先突破”，由“万人计划”领军人才、长江学者特聘教授领衔，中青年学术骨干梯次跟进，形成了一大批高水平的学术成果，培养出一批又一批优秀人才，多次获得国家级教学和科研奖励，在服务东北老工业基地全面振兴等方面做出了积极贡献。

编写这套《辽宁大学应用经济学系列丛书》主要有三个目的：

一是促进应用经济学一流学科全面发展。以往辽宁大学应用经济学主要依托国民经济学和金融学国家重点学科和省级重点学科进行建设，取得了重要进展。这个“特色发展”的总体思路无疑是正确的。进入“十三五”时期，根据“双一流”建设需要，本学科确定了“区域经济学、产业经济学与东北振兴”“世界经济、国际贸易学与东北亚合作”“国民经济学与地方政府创新”“金融学、财政学与区域发展”和“政治经济学与理论创新”等五个学科方向。其目标是到2020年，努力将本学科建设成为立足于东北经济社会发展、为东北振兴和东北亚区域合作做出应有贡献的一流学科。因此，本套丛书旨在为实现这一目标提供更大的平台支持。

二是加快培养中青年骨干教师茁壮成长。目前，本学科已形成包括长江学者特聘教授、国家高层次人才特殊支持计划领军人才、全国先进工作者、“万人计划”教学名师、“万人计划”哲学社会科学领军人才、国务院学位委员会学科评议组成员、全国专业学位研究生教育指导委员会委员、文化名家暨“四个一批”人才、国家“百千万”人才工程入选者、国家级教学名师、教育部新世纪优秀人才、教育部高等学校教学指导委员会副主任委员和委员、国家社会科学基金重大项目首席专家等在内的学科团队。本丛书设学术、青年学者、教材、智库四个子系列，重点出版中青年教师的学术著作，带动他们尽快脱颖而出，力争早日担纲学科建设。

三是在新时代东北全面振兴、全方位振兴中做出更大贡献。面对新形势、新任务、新考验，我们力争提供更多具有原创性的科研成果、具有较大影响的教学改革成果、具有更高决策咨询价值的智库成果。丛书的部分成果为中国智库索引来源智库“辽宁大学东北振兴研究中心”和“辽宁省东北地区面向东北亚区域开放协同创新中心”及省级重点新型智库研究成果，部分成果为国家社会科学基金项目、国家自然科学基金项目、教育部人文社会科学研究项目和其他省部级重点科研项目阶段研究成果，部分成果为财政部“十三五”规划教材，这些为东北振兴提供了有力的理论支撑和智力支持。

这套系列丛书的出版，得到了辽宁大学党委书记周浩波、校长潘一山和中国财经出版传媒集团副总经理吕萍的大力支持。在丛书出版之际，谨向所有关心支持辽宁大学应用经济学建设与发展的各界朋友，向辛勤付出的学科团队成员表示衷心感谢！

林木西

2019年7月

目　录

第一章

货币与货币制度

内容简介

经济生活离不开货币。货币是在漫长的商品交换过程中产生的。货币的产生，使商品由直接的物物交换变成了以货币为媒介的交换，克服了物物交换的困难，促进了商品交换的发展。在现代社会生活中，货币已经成为人们不可或缺的东西，然而不是每个人都能真正认识货币，了解货币的职能。货币制度简称为"币制"，是一个国家以法律形式规定的货币流通结构、体制与组织形式，其目的是保证货币和货币流通的稳定。

教学目的

通过本章的学习，要求学生了解货币及货币制度的有关内容；了解货币的产生与发展问题，掌握货币的定义与职能；掌握货币制度的构成要素及货币制度的演变；通过对国际货币制度内容的学习，理解和掌握国际货币制度三个阶段的主要内容以及现行的国际货币体系等问题。

第一节　货币形式的演变

货币是商品生产和商品交换发展的必然产物，是商品经济内在矛盾发展的必然结果。货币自形成以后，随着人类社会经济的发展，形式也不断发展，出现了各种各样的货币。然而货币一旦独立于商品形态之外，它又会对整个商品经济起重要的反作用。因为货币运动的一切经济现象，诸如信用货币的发行、资金的借贷、货币供应量的调控以及货币资金在国际间的转移等金融问题，都不是简单的货币现象的交换，而是复杂的社会经济活动的综合反映，它涉及国民经济的许多方面。可以说货币既是社会再生产顺利进行的前提条件，又是使社会再生产过程复杂化的一个因素，它既促进经济发展又能引起经济紊乱。因此，研究货币及货币与经济的关系成为现代金融理论的基本点。

一、货币的起源

购买商品需要货币，货币的出现是与交换联系在一起的。根据史料的记载和考古的挖掘，在世界各地，交换都经过了两个发展阶段：先是物物直接交换，然后是通过媒介的交换。中国古书中有这样的记载，神农氏的时候，“日中为市，致天下之民，聚天下之货，交易而退，各得其所”。这也是指物物交换。在交换不断发展的进程中，逐渐出现了通过媒介的交换，即先把自己的物品换成作为媒介的物品，然后再用所获得的媒介物品去交换自己所需要的物品。

对于货币的起源，中国古代具有代表性的观点大体有两种。一种在管仲所著的《管子·国蓄》（第73篇）中提到：“玉起于禺氏，金起于汝汉，珠起于赤野。东西南北距周七千八百里。水绝壤断，舟车不能通。先王为其途之远，其至之难，故托用于其重，以珠玉为上币，以黄金为中币，以刀布为下币。三币握之……先王以守财物，以御民事，而平天下也。”概括说来，就是古代为了进行统治而选定某些难得的、贵重的物品为货币。与这种观点相对的是司马迁在《史记·平准书》（卷三十）的论断：“农工商交易之路通，而龟贝金钱刀布之币兴焉。”即货币产生于交换的发展之中，而对于交换，他认为，这是一种自然发生的事情。

在古埃及的壁画中也可以看到物物交换的情景，有用瓦罐换鱼的，有用一捆葱换一把扇子的。亚里士多德在《政治学》（第九章）中描述了物物交换之后说：“一地的居民有所依赖于别处居民的货物，人们于是从别处输入本地所缺的货物，而抵偿这些收入，他们也得输出自己多余的产品，于是（作为中间媒介的）‘钱币’就应运而生了。”这种钱币是“中介货物”，是“某种本身既属有用而又便于携带的货物”。

到了19世纪40年代，马克思对于货币进行了系统研究。他认为，货币是交换发展和与之伴随的价值形态发展的必然产物。从历史角度看，交换发展的过程可以浓缩为价值形态的演化过程。价值形态经历了从“简单的偶然的价值形式—扩大的价值形式—一般价值形式—货币形式”这么一个历史沿革。从这一发展过程应该看出：首先，货币是一个历史的经济范畴，是随着商品和商品交换的产生与发展而产生的；其次，货币是商品经济自发发展的产物，而不是发明、人们协商或法律规定的结果；最后，货币是交换发展的产物，是社会劳动和私人劳动矛盾发展的结果。

二、币材

货币产生后，虽然其本质特征是不会改变的，但作为货币载体的材料则随着商品经济的不断发展而不断变化和进步。从表面上看，什么材料充当币材，完全取决于人们的主观想法和法律规定；但从币材演化层次分析，不同时代的货币材料则受制于当时社会经济客观发展的程度、流通的便利程度及货币在经济中的地位和作用变化的需要等因素。可以说，币材演变历史就是一部商品经济发展的历史。

一般说来，要求作为货币的商品具有如下四个特征：一是价值比较高，这样可用较少的媒介完成较大量的交易；二是易于分割，即分割之后不会减少它的价值，以便于同价值高低不等的商品交换；三是易于保存，即在保存过程中不会损失价值，无须支付费用等；四是便于携带，以利于在广大地区之间的交易。事实上，最早出现的货币在不同程度上具备这样的特征。如贝壳，作为计量单位不需分割，也便于携带，作为外来商品，价值也高。牲畜则不那么理想，特别是一头牲畜分割之后，部分价值的总和就会大大低于整体，但价值高，又便于转移，则是其优点。只要商品交换没有发展到一定阶段，某些方面的矛盾并非是不能容忍的。探险家在太平洋的雅普岛上甚至发现当地人用巨大的难以搬动的轮形石块作货币，在那个岛的范围内，获得货币的所有者只需凿上自己的印记即可，而无须搬走。

三、货币的种类

（一）实物货币

实物货币又称商品货币或足值货币，是指以自然界存在的某种物品或人们生产的某种商品来充当货币。在简单商品交换时代，生产力低下，交换的目的是以满足某种生活和生产的需要为主，因而要求作为交换媒介的货币必须具有价值和使用价值，货币主要由自然物来充当。它是货币发展的最初形态，此时，货币的额定价值同它作为特殊商品的内在价值是一致的。

最初充当货币的商品，是为了用它再去交换其他商品而换进来的商品——是最经常地作为需求的对象交换的，因而一般是在当时社会组织下最能代表财富、最普遍被需要，并且具有特殊使用价值的商品。作为货币的贝壳，单位是朋，一朋十贝。贝壳流通的下限可能是在金属铸币广泛流通的春秋之后。这种货币文化也渗透到了中国的汉字中，许多与财富有关的汉字，其偏旁都有“贝”字，如货、财、贫、贷等。从“货币”一词来看，古汉语中曾是两个不同的概念，“货”指珠、贝、金、玉等，“币”指皮、帛。

在世界范围内，最早充当货币实物的商品有牲畜、贝壳、粮食、布匹、金属等。据青铜器的铭文、考古挖掘和古籍记载：用在交换中大量出现的商品作为货币的例子是很多的。在古代欧洲的雅利安民族，在古波斯、印度、意大利等地，都有用牛羊作货币的记载。荷马史诗中，经常用牛标示物品的价值，如狄俄墨得斯的铠甲值 9 头牛，而格劳科斯的铠甲值100头牛，一个工艺娴熟的女奴值4头牛，给第一名决斗士的奖品值12头牛，等等。这样的历史在文字中也有反映。如拉丁文的金钱（Pecunia）来源于牲畜（Pecus）；印度现代货币的名称卢比（Rupee）来源于牲畜的古文（Rupye）。除去牲畜，类似的例子还有埃塞俄比亚曾用盐作货币，美洲曾经充当古老货币的则有烟草、可可豆等。

（二）金属货币

随着交换的发展，对币材四个方面的要求越来越高，这就使得金属日益成为货币商品。金属充当货币的优点是非常突出的。尤其是金属可多次并按不同比例任意分割，分割后还可冶炼还原。金属易于保存，特别是铜、金、银都不易被腐蚀。因此，世界各地历史上比较发达的民族，先后都走上用金属充当货币之路。

金属货币的演化沿着两个方向进行：（1）由贱金属到贵金属的演变；（2）从称量货币到铸造货币的演变。随着交易规模的不断扩大，经历了由贱金属到贵金属的演变。世界各国货币发展的历史证明，随着商品交换的发展，作为货币材料的铜、铁等贱金属逐步让位于金、银等贵金属，这是一个普遍的规律。因为金、银所具有的天然属性最适宜于充当货币商品。贵金属质地均匀，其表现价值的尺度很容易统一；贵金属可按不同比例任意分割，分割后还可冶炼还原，最适合充当交换媒介；贵金属体积小、价值高、耐腐蚀、便于携带，也符合商品和劳务交易发展的需要。

金、银、铜作为货币的先后顺序也并非简单地、严格地从贱金属向贵金属过渡。中国最早的货币金属是铜和金两种。商代的墓葬中曾出土有铜铸的贝。进入周代以后，中国一直是铜流通的天下，直至20世纪30年代还有铜元的流通。黄金，在商代的遗址中即有所发现，但主要是作为饰物。到战国时期，在古籍中已有很多用黄金论价、估价财富、馈赠、赏赐之类的记载，而其单位或“斤”、或“镒”，已很确定。白银，在西汉的著述中已经出现，但直到宋代才逐渐成为货币材料。此后在与铜并行流通中，白银一直是作为主币的币材。白银的流通，在中国，到20世纪30年代才终止。

西亚、中东、地中海沿岸，铜作为币材的时间大约在公元前1000年至公元前800年左右。但在一些古文明较发达的国家，主要币材是白银，其出现也在公元前1000年前后；金的出现或许更早，但与白银比，未占主要地位。中国境内出土有波斯、拜占庭等地的金币、银币，银币的数量大大多于金币。这些金银币的铸造时间约在4世纪至7世纪。13世纪以来，在西欧，金币逐渐增多，到18世纪至19世纪日益占据主要地位。到20世纪初，在世界主要的工业化国家中，币材已由黄金垄断。

金属货币经历了从称量货币到铸币的演变。金属货币最初是以块状流通的，交易时要称其重量、估其成色，这时的货币称为称量货币。从货币单位名称如英镑的“镑”、五铢钱的“铢”都是重量单位可以看出称量货币留下的踪迹。称量货币在交易中不很方便，难以适应商品生产和交换发展的需要。随着社会第三次大分工——商人阶级的出现，一些富裕的、有信誉的商人就在货币金属块上打上印记，标明其重量和成色，自己对其负责，便利于流通，于是出现了最初的铸币。当商品交换进一步发展并突破区域市场的范围后，金属块的重量和成色就要求更具权威的证明，而最具权威的自然是政府。

中国最古老的金属铸币是铜铸币。西周、春秋时期开始出现“布”（农具铲形）、“刀”（刀的缩影）和铜贝。后来在秦国，流通圜钱——铜铸，圆形，中有圆孔。秦统一中国前后，铸圆形方孔的秦“半两钱”，开启了圆形方孔铜钱的形制。其中，最有名的如西汉汉武帝时开始铸造的“五铢钱”、唐代开始铸造的“通宝钱”。这种形制一直延续到晚清。

金、银在我国历史上长期以来是称量货币。自宋代开始大量流通的白银，一直是以称量货币流通，其计量单位是“两”，所以讲到“钱”，也常说“银两”。银铸币的流入在明代可能已经很多，而广泛流通银元是从鸦片战争开始的。晚清时期，政府也开始铸造自己的银元。最初各国的铸币有各种各样的形式，但后来都逐步过渡到圆形。圆形最便于携带，并不易磨损。西方金、银铸币出现很早，圆形、无孔，而铸有统治者的头像是其一贯特点。

（三）信用货币

不管金银的特性是多么适合做货币，金银在携带、分割、生产等方面还是有许多不便，并且货币供应量还会受到金银等贵金属产量的限制。恩格斯说过，（金属）货币与其说是被流通，不如说是被用作窖藏。因此，随着生产和交换的进一步发展，信用货币出现了。

货币作为商品交换的媒介，在流通中只起转瞬即逝的媒介作用，人们更多关心的是用货币能否买到价值相当的商品，而不是货币本身的价值。事实上，流通中被磨损的铸币被人们照常接受，服务于流通，并不影响流通，这就表明货币可以用象征的货币符号来执行流通手段职能。

1. 可兑现的代用货币——银行券

在金属货币时代，人们在日常生活中使用的货币也不都是金属货币，流通领域中经常使用代用货币。代用货币最早出现在英国，在中世纪后期，英国的金匠为顾客保管金银货币，所开出的本票形式的收据可以在流通领域进行流通，在顾客需要金属货币时，这些收据随时可以得到兑现。这种本票式的收据，就是原始的代用货币，它实际上是可流通的金属货币的收据。美国于 1878 年建立金本位制度以后，为减少公众持有大量黄金或金币所带来的麻烦，发行了黄金凭单，这种凭单代表存于财政部金库中的足值铸币及等值黄金，并可以在市场上流通。

银行券和代用货币基本上是同义词，是指由银行发出的代替金银币流通的可随时兑换的信用货币。19 世纪下半叶，各国可兑换金币的银行券广泛流通。但此时的银行券仍是金的符号，以金为准备，代替金币进行流通，流通中仍由大量的金币充当货币。银行券的出现是货币币材的一大转折，它为其后不兑换纸币的产生奠定了基础。

银行券具有以下特征：

（1）银行券是由银行发行的可以随时兑换的表征货币，它是作为代替贵金属货币流通与支付的信用工具。

（2）银行券的发行必须具有发行保证，一般分为黄金保证和信用保证。黄金保证体现为银行的金准备，信用保证则体现发行银行保证兑换的信用度。由于银行券有严格的发行准备规定，保证随时兑换，因此，具有较好的稳定性。

（3）早期银行券的发行是分散的，各家商业银行都可凭自己的信誉和能力发行银行券，其前提是必须保证随时可按面额兑付金币、银币。后来，由于市场经济发展统一性的要求和国家宏观调控货币的需要，逐渐固定在一国之内几家大银行发行。自中央银行诞生以后，商业银行失去了发行权，银行券集中由中央银行发行，成为中央银行的基本职能之一。

2. 不可兑现的信用货币——纸币

与银行券同时处于流通中的还有一种由国家发行并强制行使的纸制货币。纸币最早出现在中国北宋年间，当时四川用铁钱，分量重，流通不便，一些富商联合发行了“交子”，代替铁钱流通，并负责兑换。后来富商衰败，兑换困难，改行官办。起初政府控制发行数额，维持兑换，但后来为弥补国库亏空，发行数量猛增，名义上可以兑换，但多数时候不能兑换。流通范围也由四川扩及各地，成为南宋的一种主要货币。

元代则在全国范围实行纸钞流通的制度，其中具有代表性的是忽必烈在位时发行的“中统元宝钞”。开始时也曾一度可以兑换，但很快停止。元代纸钞流通的特点是大多数年份都不允许铜和金银流通。

明代发行“大明宝钞”，从不兑现。开始时曾禁铜，乃至禁金银流通，只准流通宝钞。但事实上行不通，遂先后解除禁令。后来，一方面由于钱、银流通的增大；另一方面由于宝钞滥发，急骤贬值，自宋以来开始的中国式的纸钞流通遂逐渐退出经济生活舞台。

在英国，国库发行的钞票即称为“纸币”；过去日本也发行“大日本帝国纸币”；苏联曾长期流通过一种国库券，发行者是国库；在美国，这种性质的钞票则是有名的“绿背”钞票。当银行券与这种钞票并行流通时，两者的分工是在面额上：银行券多是大面额钞票；国库发行的钞票则都是小面额的。如美国的“绿背”钞票面额是 1 美元，苏联曾经流通过的国库券，面额是 5 卢布、2 卢布、1 卢布等。

典型的不兑换的纸币，是指与银行券同时流通的、以国家政权为准备的、国家发行并强制流通的纸质货币。同银行券相比，政府纸币以国家信用为基础，表现出强制流通和不可兑换的特征。

3. 现代社会的信用货币——法币现金和存款

现代社会中使用的信用货币是法币。法币具有银行券和纸币的双重特点。法币的发行是通过银行的信贷程序完成的，但法币不与贵金属或其他商品有量的兑换关系，法币的流通由政府的法律作保证，是任何交易中必须接受的偿付手段。

现金货币是指流通中的现钞通货。现金形式的货币是即时的购买力，随时可以用于支付清算，流通性极强。现金形式的货币本身没有收益性，还会因物价上涨而贬值，所以，经济主体对持有现金的数量、时间、运用都是十分注重的。现金形式的货币一般用于日用消费品、零星商品及劳务交易，主要流转于银行体系之外。

存款货币是信用货币的另一种主要形式，它体现为各单位、个人在银行账户上的存款。存款货币中的活期存款可以直接用于转账结算，发挥货币流通手段和支付手段的职能，因此，活期存款和现金一样，都是社会经济中的现实购买力，其流动性略次于现金。存款货币中的定期存款是一种潜在购买力，因为它只有转化成活期存款或被提取成现金后才成为现实的购买力，故又被称为“潜在货币”，其流动性明显要小于活期存款。存款货币既来源于现金的存入，又来源于银行贷款的派生机制。除流动性区别外，存款货币不同于现金货币的另一个特点是存款货币可以具有收益性，可依据数量、时间的不同获得不同的利息收入。存款货币由银行经营和管理，是国家宏观调控管理的重要内容。

国家发行的短期债券、银行签发的承兑汇票，以及其他特殊种类的短期证券，如大面额存单等，可在货币市场上随时通过转让、贴现、质押等多种形式变现，转化成现实的购买手段和支付手段。我们将它们称为“准货币”，是目前发展中的信用货币形式之一。

（四）电子货币

对于什么是电子货币，目前还没有任何一个国家的法律做过一个比较完整的定义。欧洲中央银行在《电子货币》的报告中认为电子货币是“以电子方式存储在技术设备中的货币价值，是一种预付价值的无记名支付工具，被广泛用于向除电子货币发行人以外的其他人的支付，但在交易中并不一定涉及银行账户”。这个定义明确指明电子货币除“电子钱包”外还包含另外一种电子货币，并明确提出用于支付发行人提供货物或服务的支付工具不属于电子货币。巴塞尔委员会在《电子货币的安全》报告中将电子货币称为“预付值产品”，从而把以计算机为基础的电子货币形态包含在内。

如果把现在人们所说的形形色色的“电子货币”进行分类，有以下几种：（1）储值和信用卡型，如储蓄卡和信用卡；（2）电子支票型；（3）智能卡型，如IC卡；（4）数字现金型，指依靠因特网支持在网络上发行、购买、支付的数字现金（Digital Cash）。第一种和第二种类型是使用电子技术和支付方式相结合的系统，将存款或其他资金划入另一个账户，没有新的货币形态创造，没有新的信用产生，而只是新的电子化支付方法。第三种是以卡类为基础的电子货币。尤其是以计算机为基础的第四类，可以说是“真正的电子货币”。

电子货币除具有货币的一般属性外，与通货（现金、存款货币）相比，还有其特殊的属性：

（1）通货由中央银行或特定机构垄断发行，中央银行承担发行的成本和收益。电子货币从目前的情况来看，发行者既有中央银行，也有一般金融机构，甚至还有非银行的金融机构，而且更多是后者。

（2）传统通货是以中央银行和国家信誉担保的法偿货币，是标准产品，由各个货币当局设计、管理和更换，被强制接受。目前，电子货币大部分是由不同的机构自行开发设计的带有个性特征的产品，其担保主要依赖于各个发行者自身的信誉和资产，风险并不一致，其使用范围也受到设备条件、相关协议等的限制。如果缺乏必要的物理设备，即使中央银行代表国家发行电子货币，也不能强制人们接受。

（3）一般来说，通货既不是完全匿名的，也不可能做到完全非匿名，交易方或多或少地可以了解到使用者的一些个人情况，如性别、相貌等。电子货币则要么是非匿名的，可以详细记录交易，甚至交易者的情况；要么是匿名的，几乎不可能追踪到其使用者的个人信息。

（4）欧元未出现前，货币的使用有严格的地域限定，一国货币一般都是只在本国被强制使用的唯一货币。电子货币打破了境域限制，只要商家愿意接受，消费者可以较容易地获得和使用多国货币。

（5）传统货币的防伪可依赖于物理设置，而电子货币的防伪只能采取技术上加密算法和认证系统来实现。

第二节　货币的本质和职能

货币之所以能够表现其他商品的价值，是由于金或者银本身也是商品，具有价值。因此，货币的本质是固定地充当一般等价物的商品，体现商品生产者之间的社会经济关系。货币的本质体现在货币的职能之中，货币的职能是指货币在社会经济生活中的作用。在市场经济条件下，货币具有五个职能：价值尺度、流通手段、贮藏手段、支付手段和世界货币。其中价值尺度和流通手段是货币的两个基本职能。

一、货币的定义

（一）马克思关于货币的定义

马克思在《资本论》第一卷中从劳动价值论出发，认为货币是从商品世界中分离出来的，固定地充当一般等价物的特殊商品，并体现着一定的社会生产关系。马克思的这一定义包含了三层含义：

（1）货币是商品，具有商品的共性，即都是用于交换的劳动产品，都具有使用价值和价值。如果没有商品的共性，货币就失去了与其他商品交换的基础，也就不可能在交换过程中被分离出来充当一般等价物。

（2）货币是与一般商品不同的特殊商品，表现在两个方面：第一，货币是表现一切商品价值的材料，一种商品只要能交换到货币，就能使生产它的私人劳动转化为社会劳动，商品的价值就得到了体现。第二，货币具有直接同所有商品交换的能力。因为货币是被人们普遍接受的一种商品，是财富的代表，拥有它就意味着能够换取各种使用价值，所以货币就成为每个商品生产者所追求的对象，也就具有了直接同一切商品交换的能力。

（3）货币体现了一定的社会关系。商品生产者之间互相交换商品，实际上是在互相交换各自的劳动，只不过由于他们之间的劳动不能直接表现出来，所以才采取了商品交换的形式来交换。因此，货币作为一般等价物实现了生产者之间的社会联系，这种联系就是生产关系。

（二）西方学者关于货币的定义

而西方经济学者对此则有不同的看法，他们在“什么是货币”这一看法上存在着分歧。

部分西方经济学家认为货币是被社会公众普遍接受的、作为支付商品和劳务的手段。这种观点往往从货币的职能来定义。古典经济学家亚当·斯密在《国富论》中提到，货币是以便利交换为目的，他曾说过“货币是流通的大轮，是商业的大工具”。米尔顿·弗里德曼在《自由选择》一书中写道货币是一个共同的被普遍接受的交换媒介，并认为它是建立在普遍接受的传统习惯上，他还说货币是购买力的暂时栖息所。弗雷德里克·米什金在《货币金融学》一书中则将货币定义为：在商品和劳务支付或债务偿还中被普遍接受的任何东西。另外还有一些西方学者认为：如果一种物品事实上在支付中被广泛接受并普遍用于支付中介，则不论它的法律地位如何，它就是货币。①

总之，关于货币的定义多种多样，随着社会经济的不断发展，货币的形式千变万化，货币对经济的影响越来越深化，人们对货币的认识也将不断变化。

二、货币的本质

（一）对货币本质理论的综述

关于货币本质的理论，主要有演绎的货币定义流派、经验的货币定义流派、马克

① 弗雷德里克·米什金：《货币金融学》，人民大学出版社 2006 年版。

思的货币观以及骆玉鼎等提出的信用观。

演绎的货币定义流派从货币的职能出发探讨货币的本质。凯恩斯认为是“流动性”[①]，列兰德·伊格尔认为是“普遍接受性”，本杰明·弗里德曼从货币的贮藏职能出发认为是“购买力的暂栖场所”[②]，卡特和巴丁顿则在凯恩斯的流动性概念基础上认为“货币是金融体系中最具流动性的金融资产”，而沃尔克更笼统地认为“货币就是货币的职能”。从上面可以看出，由于货币职能的多样性，经济学家们产生了不同的结论。他们分析问题的视角都是从货币的职能出发，都只是在货币的表象层次上做一般描述，没有深入到货币所体现的社会的、制度的、技术的因素，因而未能揭示货币的本质。

经验的货币定义流派的始祖是米尔顿·弗里德曼，他推崇“理论以计量为依据而不是计量以理论为依据”，采取彻底的工具主义态度，认为凡是通过计量验证与GNP之间保持稳定关系的金融资产便是货币。此后，一些经济学家又相继从“具有稳定的需求函数”“利率弹性一致”“相互具有高替代性”等角度用计量的方法定义货币。由于不同经济学家采用的计量方法不同，因而也像演绎的货币定义流派一样得出了不同的结论。这些定义并不是真正意义上的定义，而只是对货币外延的界定。1979～1982年美联储“货币主义试验”的失败就是对经验的货币定义的一次沉重打击。

马克思从生产关系的角度出发探讨货币的本质，认为“货币不是物，它体现了人与人之间的相互关系”，将货币定义为固定充当一般等价物的特殊商品，是“价值尺度与流通手段的统一”。然而，由于受到所处时代的限制，马克思不可能预见到未来货币制度的演进，他多次强调他的研究对象仅限于黄金。这实际表明了马克思认为他所界定的货币职能是有局限性的，是表象性的。

（二）从货币演变史中抽象出货币的本质

货币的本质是信用，源于货币从一开始就具有内在的或外在的信用担保，这种信用担保使货币能成为价值比较的尺度，并让人们相信无论在现在还是将来它都具有购买力，从而能执行价值尺度、流通手段和贮藏手段的职能。所谓内在的信用担保，指货币以自身的价值量作为担保；所谓外在的信用担保，指以货币发行机构的信誉为担保。按照信用担保的方式，我们可以把货币的发展划分为三个阶段。

第一阶段是足值的实物货币阶段，即从交易开始货币化到货币收敛为金银的这一过程，货币载体经历了原始的实物货币到足值的金银形态。对于货币起源，古典经济学家有两种解释：需求的双重巧合困难和商品计价困难。实际上，这两个“困难”确实是货币产生的动力，但这两个“困难”是对物物交易困难的陈述，从而只是物物交易发生变革的必要条件，从它们出发也就不可能导出货币的本质。在实物货币阶段，

---

① 凯恩斯：《货币论》，商务印书馆1986年版。

② 本杰明·弗里德：《自由选择》，机械工业出版社2008年版。

人们之所以能接受实物货币，本质上是因为相信其提供了一种一般购买力的信用。由于原始社会的信用水平极低，这种购买力的信用担保主体只能通过最直接而且显而易见的方式——具有内在价值的实物货币自身来提供担保。所以，从实物货币的发展过程来看，一开始人们通常选择牲畜、粮食、布匹等生活必需品作为实物货币是历史的必然，因为只有这些实物货币在原始社会为人们提供了良好的购买力信用。应该看到，由于当时社会分工和专业化水平很低，交易并不是经常发生，而且存在明显的地域性特征，所以，每种货币的信用覆盖地域很窄。金属货币取代实物货币，人们通常从交易成本角度进行解释：金属货币因为其价值高，不易腐烂，容易携带和分割，因而作为交易媒介比实物货币具有更低的交易成本。但这只是事物的一个方面，从信用角度来看，正因为金属货币的优良特性使它比实物货币能提供更好的信用，从而能从更广的范围内解决两难问题，所以金属货币取代实物货币的过程本质上是货币信用扩张的过程。从社会技术角度看，冶炼技术的出现是金属货币取代实物货币的技术因素。在金属货币阶段，因为金属货币与实物货币都是足值的货币，因而我们在实物货币下提出的观点在金属货币条件下一样能成立。不管是原始货币还是金属货币，其信用担保主体都是最直接的，即货币自身。其货币信用关系存在两个层次：首先是对原始货币或黄金的内在价值的信任，然后由此引申出第二个层次，就是对其购买力的信任，相信用它更容易找到交易对象。

第二阶段是不足值的货币形态阶段，货币形态表现为铸币。由于金属货币的称量、分割和检查成色是一项技术性很强的工作，而且由于其足值的特性使得携带不便，所以贵金属块货币的使用受到一定程度的限制。于是，一些有实力的商人开始在贵金属块上刻上自己的标记，形成最初的金属铸币，这是最初为货币提供的外在信用担保。为进一步增强金属货币的购买力信用，由国家金属铸币替代商人金属铸币就成为自然而然的事了，国家金属铸币在全国范围内提供了货币的购买力信用。不管是商人铸币还是国家铸币，其信用关系体现在两个层次：第一层次体现在对发行者的信任和对铸币的自身价值的信任两个方面；第二层次是在第一层次基础上引申出对铸币的购买力的信任。从技术角度看，冶炼技术的进一步发展是铸币取代金属货币的技术条件。值得一提的是，与铸币的产生和发展相随的是人们信用观念从对物的信任向对外部主体的信任转变的过程，是现代意义的符号货币信用关系发展的雏形，从此货币的信用担保开始了外部化的历程。

第三阶段是无价值的符号货币阶段，经历了银行券、国家纸币及电子货币三种形态。银行券的信用关系体现在以下层次：首先是对黄金的信任，因为银行券与黄金存在兑换关系；其次是对其发行机构的信任；最后才产生了对其购买力的信任。国家纸币的信用关系首先是对政府的信任，然后才是在此基础上对纸币购买力的信任。电子货币是符号货币发展的高级形态，与纸币间存在固定的等额兑换关系。因此，电子货币的信用关系首先是对国家纸币即政府的信任，其次是对发行机构的信任，最后才是在前两者基础上引申出的对电子货币购买力的信任。

在探讨了货币的产生和一般定义后，我们有必要回答：货币的本质是什么？货币本身是否应该具有实际价值？关于货币的本质问题，西方经济学家一直存在两种针锋相对的学说，一个是认为货币必须有价值的学说，简称货币商品论或货币金属论；另一个是名目主义的货币学说，简称货币名目论。而凯恩斯的国家货币论也是建立在货币名目论的基础上的。

1. 货币商品论

货币是一种商品，或者说，只有有实质价值的商品才能充当货币。这是从亚当·斯密（Adam Smith，1723～1790）直至1905年现代名目学说出现以前，关于货币本质的主流观点。

关于货币是商品，马克思的解释最为深刻。马克思在劳动价值论的基础上，对货币的本质进行了透彻的研究。马克思主义的货币学说强调货币必须具备商品属性，货币天然是贵金属，货币天然是财富，因此，货币必须具有金属的内容和实质价值。换言之，货币的本体必须以贵金属构成，货币价值的大小由金属价值决定。

货币金属观源于古希腊哲学家亚里士多德（Aristotle）朴素的金属学说，在16～17世纪的重商主义时代得到重视和发展。重商主义强调金银才是一个国家真正的财富，因而主张国家要保持对外贸易总额的顺差，使国家积累更多的财富。货币金属论把货币和贵金属等同，其基本观点是：货币就是贵金属，是一种商品，是一种财富；它必须具有金属内容和实质价值，而且这种价值是由其内含的金属价值所决定的。货币金属论完全否定纸币及其流通的特点，把金银视为唯一的财富。

古典经济学家亚当·斯密将货币金属论进一步发展。他认为货币是一种商品，货币等同于贵金属，必须具有实际价值的金属才能充当货币。因此，货币的价值是由劳动量或生产费用决定的，即货币价值由金属价值决定。

2. 货币名目论

货币名目论是与货币金属论相对立的货币本质理论。货币名目论完全否定货币的商品性，否定货币具有实质的价值，认为货币不过是一种符号，只是名目上的存在。货币不是财富，它只是便利交换的技术工具，是换取财富的票券，是一种价值符号。货币名目论认为，货币虽然是贵金属铸造的，但货币的价值不是货币本身所具有的，而是由国家权威规定的。

货币名目论的代表学说大致可以分为三种：（1）货币国家论，也叫货币法定论，是从国家法律和行政力量的角度来阐述货币本质的一种名目理论；（2）货币票券论，也叫货币符号论，是从货币是商品和劳务的债权或索取权的标记、凭证这一现象来说明货币本质的一种名目理论；（3）货币抽象论，也叫货币观念论，是把货币单位作为抽象的价值计算单位，并以此来决定商品相对价值的一种名目理论。早期的货币名目论反对重商主义的主张，代表人物有巴本、贝克莱、孟德斯鸠和斯图亚特等。现代货币名目论主要是为资本主义国家政府控制货币发行、干预经济提供理论依据，其代表人物有克拉蒲、彭迪生和凯恩斯等。

货币名目论者看到了可以用不足值的货币，甚至没有价值的纸币来执行货币的交易媒介职能，这为纸币在世界各国的流通提供了理论依据。但货币名目论者将货币的本质和货币的某些职能混为一谈，其缺点主要有：第一，货币名目论者认为货币是国家法律的产物，是由国家权威规定的。为了执行货币的价值尺度职能，标明商品价值量的差别，就有必要由国家颁布法律，规定出价格标准。然而，这不是国家创造货币，国家规定价格标准必须以货币的存在事实为前提。第二，货币名目论者否认货币的商品属性，认为货币只不过是一种符号，这是由于他们将货币执行交易媒介职能同货币的本质等同起来。如果政府滥发纸币，那么不管政府赋予其多高的价值，使用多么严厉的法律，仍然是徒劳的，它们会因此而不断贬值，最后甚至可能被人们拒绝使用。

3. 媒介手段论

持这种观点的学者是从货币功能的观点来讨论货币定义的。他们认为货币的主要功能就是交易媒介或支付手段。费雪（Irivng Fisher，1867～1947）区分了基本货币和信用货币两个含义。基本货币是指本身有价值的货币，如金属货币；信用货币是指持有人确信能够与其他商品相交换，因而也能广泛接受的货币，如银行券、政府纸币等。费雪发现，银行存款虽然不是货币，但也具有交换性和媒介性，也可以作为支付工具，也对流通产生影响，属于存款通货。因此，费雪将通货定义为一种财产的总称，包括金银货币、银行券、政府纸币和存款通货等。

将货币定义为交易媒介或支付手段，这是最接近现代货币经济的现实，也是最为实用的货币本质观。根据这一观点，能否充当交易媒介和支付工具是划分货币与其他资产的本质界限，同时，根据货币被普遍接受的程度，可以将其划分为不同层次的货币，如现金货币、存款货币等。

需要说明的是，在现代经济生活中，金银已经退出货币流通，银行券与政府纸币也合二为一，融为一体。今天所说的现金通常是指中央银行发行的纸质钞票，它是银行券与政府纸币的融合体，我们在使用货币概念时，也常常将货币与通货交替使用。

4. 凯恩斯的货币本质理论

凯恩斯也是一名典型的名目主义者。但他的货币本质理论又具有鲜明的特点。他在1930年发表的《货币论》第一篇里，以“货币的本质”为题详尽论述了他对货币的认识。凯恩斯认为，货币是用于债务支付和商品交换的一种符号，这种符号是由“计算货币”的关系而派生的。所谓“计算货币”，是指一种观念上的货币，是货币的基本概念。它表现为一种计算单位，用符号或称号来表示，如英镑、美元等。货币作为支付手段，或作为一般购买力的功能必须通过计算货币的关系才能得以实现。计算货币本身就是一种符号或称号，由它派生出的货币本体只能是相应于符号之物，如此，货币就不可能具有实质价值。凯恩斯对于货币本质的认识是其国家干预政策的理论基础之一。

凯恩斯认为货币是用于债务支付和商品交换的一种符号，这种符号是由“计算货币”的关系派生出来的。所谓计算货币是指观念上的货币，它表现为一种计算单位。货币的本体即有形货币，其作用主要是便利交换，如履行债务、购买商品等，但这一切作用首先必须通过计算货币的关系才可以实现，没有计算货币，货币本体就不存在了。计算货币这个符号从何而来呢？凯恩斯是用国家货币来说明的，他认为货币是国家的创造物，所有文明国家的货币都无可争议地是一种票券。可见，凯恩斯的名目主义货币观是其国家货币论的基础。正因为货币只是一种便利交换的计算单位，本身没有实质价值，所以国家才能凭借权力创造它，并有权随时增减变更。

凯恩斯的这一货币本质思想对他后来的经济理论影响很大，从这一点出发，凯恩斯认识到国家干预经济的力量所在。国家既然可以创造货币，那么当有效需求不足时，为什么不能扩大政府开支，实行赤字财政，用增发货币的办法来提高有效需求、解救经济危机呢？所以他在 1929 ~ 1933 年经济危机后力主采用膨胀性财政货币政策。

三、货币的职能

货币职能是货币本质的具体表现，是货币作为商品的一般等价物发挥作用时固有的功能。马克思货币理论认为，货币在与商品交换的过程中，逐渐形成了价值尺度、流通手段、贮藏手段、支付手段和世界货币五个职能。其中价值尺度和流通手段是货币的基本职能。

（一）价值尺度

价值尺度是货币表现商品价值、衡量商品价值量大小的职能，这是货币的两个基本职能之一。货币执行价值尺度职能是通过把商品价值表现为一定的货币单位，即商品的价值来实现的，所以价格是商品价值的货币表现。货币在表现商品价值、衡量商品价值量大小时，其本身也有量的规定性，即要确定一种固定的货币单位，如两、圆、磅等，这就是价格标准。用它来计量商品价格，表现各种不同价值量的商品价值，使商品交换成为可能。所以，货币执行价值尺度职能是商品交换的前提条件。在货币价值不变的条件下，商品价值量大，表现的货币量就多，价格就高；商品价值量小，表现的货币量就少，价格就低。然而由于商品供求因素的影响，商品价格常常围绕价值上下波动，当商品供大于求时，价格就下跌，低于其价值；当商品供小于求时，价格就上涨，高于其价值。因此，价格是由商品价值决定，并受供求关系的影响。价格的倒数是货币购买力，在商品价值不变时，价格高则货币购买力就低；相反，价格低则货币购买力就高。

货币执行价值尺度职能时，具有三个基本特点：（1）具有观念性，即并不需要现实的货币，只要观念上的货币就可以了。因为给商品标价，只是商品交换的准备阶段，并没有实际交换，所以只需要想象是或者是观念的货币就行了。（2）具有内在价值。作为价值尺度的货币是具有内在价值的货币商品，是货币以自身的价值给商品标价，衡量商品价值的大小。（3）这时的货币具有垄断性、独占性。货币作为价值的直接体现，给商品标价，必须具有垄断性和独占性，如果有两种货币同时发挥价值尺度作用，就会使一切商品同时具有两种货币表现的价格，在商品价值不变的情况下也会因两种货币比价发生变化而使商品价格发生变化，给商品流通带来困难。

（二）流通手段

货币在充当商品流通的媒介时，发挥着流通手段的职能，这是货币的两个基本职能之一。在物物交换的情况下，双方要达成商品交换的协议需要比较困难的条件，就是双方都需要对方的产品，而且在数量的比例上都一致，称为“需求双重巧合”。比如说，有人想用一件农具去换得一双鞋，能够成交的条件不仅是想用农具换取鞋子的需求超过任何对其他商品的需求，而且还必须是有鞋子的人正好也想换取农具而不想要任何别的商品，这显然是件麻烦事；即便找到了这位需要农具甚于任何其他商品的交换者，就交换的数量达成协议也是一个费时费力的过程。若是双方商品不能任意分割，而双方要求交换的数量又不相符，交易就有可能无法完成。

货币作为流通手段的出现，或者称交易媒介，使上述交易变得十分简单。需要用农具交换鞋子的人，只需要将农具交换成货币，然后再用货币购买鞋子。货币作为交换媒介，是人们普遍承认、愿意接受的东西。因此，它能克服上述物物交换的困难。

货币作为交换媒介最根本的要求是人们一般愿意接受它以交换商品和劳务。作为交换媒介的货币，必须是现实的货币而不能是观念的货币。货币在作为流通手段发挥作用时，其目的不是用于贮藏，而是要用其购买其他商品。在这里，货币在商品交换过程中处于不断流动的状态，就一个商品生产者来说，货币在他手中只是一个转瞬即逝的要素，它马上又要被别的商品所代替。所以从货币扮演流通手段职能的角度看，现实流通中的货币是可以由包括纸币在内的价值符号替代的。

（三）支付手段

在以延期付款形式买卖商品的情况下，货币在用于清偿债务时，就在执行支付手段的职能。货币的支付手段职能主要表现于预付款及赊卖赊买的商品交换中，是与商业信用联系在一起的。由于一些商品生产过程的季节性和地域上的差别性，在客观上要求商品的出售与商品价值的实现在时间上分离。这样就产生了预付款及赊销和赊购问题。这时，卖者成为债权人，买者成为债务人，买卖双方约定一定时期，到期由买者向卖者支付货款。因此，商业信用是货币支付手段职能产生的前提条件。同时，货币支付手段的职能也促进了商业信用的发展。因为正是货币的支付职能可以使赊购和赊销成为可能，促使买卖双方签订某些合同，规定交易可以在现在成交，而付款则在以后的一个日期进行。

货币作为支付手段，最初只是在商品生产者之间用于清偿债务。当商品生产达到一定水平时，货币支付手段的作用就超越了这个范围，扩大到商品流通领域之外，如缴纳地租、税金，支付工资及其他劳动报酬，财政、信贷收支，等等。

货币在执行支付手段职能时也要求有稳定的币值，如果币值波动太大，这一职能就将受到抑制。例如，在高度通货膨胀时期，延期付款使债务人获益，而使债权人蒙受损失，这是债务人在付款之前的那个阶段中货币的购买力下降的结果。在这种情况下，延期付款的期限可能缩短，同时也限制了利用这种方式的交易，这样的后果无疑会对正常的经济生产过程产生干扰。

（四）贮藏手段

货币被人们当作独立的价值形态和社会财富的一般代表保存起来，退出流通领域，发挥贮藏手段职能。由于货币作为一般等价物，是一切商品价值的一般代表，具有和一切商品相交换的能力。因此，货币才能作为社会财富的一般代表，具有贮藏的价值。财富贮藏和积累的形式多种多样，货币作为一种贮藏形式，贮藏费用最低，因此货币成为人们贮藏价值的主要形式。货币贮藏的最初阶段是利用货币来保存自己的剩余产品，即将自己的剩余产品交换成货币，一旦需要，可用货币购买所需的商品，比保存实物更方便。随着商品经济的发展，货币贮藏变成了商品生产顺利进行的必要条件。因为要保证商品生产的顺利进行，就必须不断地补充生产资料，商品生产者就必须贮藏一定量的货币，以便在需要时使用。

货币发挥贮藏手段具有两个基本特征：（1）必须是现实的货币。作为贮藏手段，货币不能是观念上的，而必须是现实的，是真实财富的窖藏；（2）具有自发地调节货币流通的作用。当流通中的货币量多于商品流通对货币的客观需要量时，多余的货币就会退出流通界被贮藏起来；当流通中所需要的货币量增加时，贮藏的货币就会重新进入流通界而成为现实的流通手段。这样，贮藏货币就像蓄水池一样，自发地调节着流通中的货币量，使流通中的货币量与商品流通对货币的客观需要量经常保持一致。

（五）世界货币

货币超越国界，在世界市场上发挥一般等价物作用时，发挥了世界货币的职能。发挥世界货币职能是伴随国际贸易的发展而发展的，其具体表现在三个方面：（1）作为国际间的支付手段，用于平衡国际收支差额；（2）作为国际间的购买手段，用于购买外国商品；（3）作为社会财富的代表，由一国转移到另一国，如支付战争贮款、对外援助等。

货币商品黄金作为价值实体，一直发挥着世界货币的职能。作为价值符号的信用货币，其名义所代表的价值是由发行国法律强制赋予的，超出国界在世界市场上，其强制力量不再有效，所以不是所有的信用货币都具有世界货币的职能。目前国际上只有少数几个国家的信用货币具有世界货币职能，如美元、欧元、英镑、日元等。信用货币要取得世界货币的职能，必须具备的条件：（1）发行国的经济实力足够强大，并在国际贸易中占据重要位置，具有多边贸易的优势；（2）货币必须可自由兑换，在国际市场上有较大的需求量；（3）币值比较稳定，属于硬通货。

第三节 货币制度

货币制度是国家对货币的有关要素、货币流通的组织与管理等加以规定所形成的制度。完善的货币制度能够保证货币和货币流通的稳定，保障货币正常发挥各项职能。

一、货币制度与货币本位的概念

货币制度（Monetary System），简称“币制”，是一个国家以法律形式确定的该国货币流通的结构、体系与组织形式。在现代社会，货币制度已经成为国家经济制度建设中的一项重要内容。各国为了建立一个具体的货币制度，就必须先决定一个货币的标准以及核算单位，也就是所谓的货币本位（Money Standard）。一种货币制度中，可能有多种货币同时在社会上流通，但商品和劳务的交换以及各种会计处理，总是以其中的一种或几种货币作为核算单位，或者叫做基本单位。充当核算单位或基本单位的货币，被称为本位货币或标准货币（Standard Money）。货币如果没有标准，给经济社会所带来的困扰是不可想象的，所以，各国必须确定其本位货币。本位货币是一国统一使用的标准，就需由国家法律对其名称、分类、法定偿还性质、价值或者等价关系等加以详尽规定。

本位货币又称主币，具有无限法偿能力，是经济生活中的最后支付工具。例如，实行金本位制，对于金币所含重量、成色、铸造以及与其他货币间的等价关系，必须由专门的法律予以明确规定。而货币本位就是将货币与某种价值源泉联系在一起，从而实现其在经济生活中的各种职能。人们所谈到的各种货币本位，就是把这种价值源泉的特征加以描述，于是才有贵金属本位、纸币本位和信用本位等。

二、货币制度的构成要素

货币制度大体涉及这样一些方面：（1）货币材料的确定；（2）货币单位的确定；（3）流通中货币种类的确定；（4）对不同种类货币的铸造和发行的管理；（5）对不同

种类货币的支付能力的规定。所有这些方面也称为货币制度的构成要素。

（一）币材

国家规定哪种或哪几种商品（可能是金属，也可能是非金属）为币材，实际上都是对已经形成的客观现实从法律上加以肯定。主观地把现实生活中起不了币材作用的商品硬性规定为币材，或不允许现实生活中正在起着币材作用的商品发挥货币的作用，不仅行不通，而且还会造成混乱。

哪种或哪几种商品一旦被规定为币材，即称该货币制度为该种或该几种商品的本位制。例如，以金为币材的货币制度称为金本位等。

在很长的历史时期中，往往有两三种币材并行流通。反映在法令上，也往往是对几种币材同时予以承认。

现在，世界各国都实行不兑现的货币制度，法令中都没有任何商品充当币材的规定。这就是说，在过去货币制度中最重要的一个构成因素消失了。

（二）货币单位

货币制度要明确货币的单位及其划分。例如，我国人民币的单位为“元”，元以下为“角”“分”；英国的货币单位为“镑”，镑以下为“便士”“先令”等。

按照国际习惯，一国货币单位的名称往往就是该国货币的名称；几个国家同用一个货币单位名称，则在前面加上国家名。如 Dollar，意译为元，也是很多国家货币的名称，加以国名，美元就是美国的货币名称，加元就是加拿大的货币名称，等等。中国的情况有些特殊，货币名称是人民币，货币单位的名称是元。

（三）各种通货的发行与流通

1. 金属本位币的发行与流通

在金属货币制度下，金属本位币是按国家规定的货币金属和货币单位铸造成的铸币，是一国的法定通货，也称为主币。一般用贵金属铸造，按自身的重量成色计价流通，其名义价值与实际价值相符，属于足值货币。所以，其铸造采用自由铸造，其流通具有无限法偿的能力。所谓自由铸造，是指国家允许持有货币金属的居民可以自由到铸币厂请求铸造本位币，也可将金属铸币自由熔化为金属条块，使其退出流通领域。这样，货币可以自动地进入流通领域，也可自动退出流通领域，不但可以自发地调节流通中的货币量，而且可以经常保持本位货币的名义价值与实际价值相一致。所谓无限法偿的能力，是指国家规定金属本位币具有无限的支付能力，用本位币进行支付，无论金额多大，任何人不得拒绝接受。

2. 辅币的发行与流通

辅币是指本位币以下的小额通货，供日常零星交易和找零之用。在金属货币制度下，辅币是用本位币金属以下的贱金属铸造，其名义价值高于其自身的实际价值，按法定的名义价值流通，属于不足值的货币符号。所以，辅币的发行采用限制铸造，只能由国家垄断铸造。其流通具有有限法偿的能力，即国家规定每次交易支付的最高限额，超过限额的部分，受款人可以拒绝接受。如美国曾规定，10 分以上的银辅币每次支付的限额为 10 元。在流通中，辅币可以按一定比例与金属本位币自由兑换。

3. 银行券的发行与流通

银行券是一种代用货币，是金属本位币的代表物。目前各国先后建立了中央银行，集中垄断发行银行券，在流通中，银行券不再实行自由兑换金属货币，而是在一定限制下兑换金属货币，由于银行券具有无限法偿的能力，各国也都建立了自己的金准备制度。20 世纪 30 年代，由于世界性经济危机和金融危机，各国金属本位制先后崩溃，银行券也停止兑现，从而演变为不兑现的纸币，称现代信用货币。

4. 纸币的发行与流通

最早的纸币是国家纸币，与金属货币及银行券同时流通，是依靠政府的权威由国库发行并强制人们流通使用。随着银行券由各国中央银行的垄断发行，各国停止了国库的直接纸币发行，而转为由中央银行统一发行，银行券也不能保证随时兑现，逐渐由限制兑现发展到完全停止兑现，就演变为现代信用货币。所以，现代信用货币是银行券和国家纸币合一的产物，依靠政府的权威和一定的信誉发行，并由中央银行垄断发行，不再兑现金属货币。

（四）准备制度

准备制度又称黄金储备制度，它是一国货币稳定的基础，也是一个国家经济实力强弱的重要标志之一。世界上大多数国家的黄金储备由中央银行或财政部门掌握。在金属货币流通条件下，黄金准备的用途有以下三个方面：

（1）作为国际支付的准备金，也就是作为世界货币的准备金。

（2）作为国内金属货币流通的准备金，以备流通扩大和收缩对金属货币的不同需要。

（3）作为支付存款和兑换银行券的准备金。

在当今世界各国不兑换的信用货币流通条件下，金准备制度只作为国际支付的准备金，其余两个用途不复存在。为了强化国际支付准备金，各国建立了外汇储备，即以特定的世界货币如美元、日元等作为准备。但为了防止纸币的过量发行，增强人民对纸币的信心，保持币值和汇率的稳定，保证国际收支平衡，有些国家仍将黄金、白银、外汇等作为发行准备，设立纸币发行准备制度。

各国货币发行准备制度的内容比较复杂，一般可分为现金准备和保证准备两大类：（1）现金准备包括黄金、白银、外汇等；（2）保证准备一般由易于转换为现金的短期票据、国库券、绩优的股票及公司债券等充当。从兑现的安全性和国际支付方便性来看，现金准备优于保证准备，因为现金准备可以直接应付纸币的兑现，也可以直接充当国际货币，在急需支付国际收支逆差时能立即派上用场，而保证准备则不能。但从货币供应量的伸缩性来看，保证准备又优于现金准备，因为在现金准备制度下货币量的伸缩弹性较小，如果金银或外汇不足，纸币就难以发行；而在保证准备制度下货币量的伸缩弹性较大，当货币量不足时，既可发行新的纸币，也可通过购买有价证券或票据向经济系统增加货币供应。

三、货币制度的演变

货币制度产生于国家统一铸造铸币，完善规范的货币制度是随着资本主义制度的产生而出现的。从历史发展过程来看，世界各国货币制度的演变过程大体上经历了银本位制、金银复本位制、金本位制和信用货币制度等几种类型。

（一）银本位制

银本位制是以白银作为本位货币的货币制度。其主要内容：（1）以白银作为本位币币材；（2）银币的名义价值和所含银的价值相等，属于足值货币；（3）银币可以自由铸造；（4）银币具有无限法偿的效力；（5）银币可以自由输出输入。

银本位制又分为银两本位制和银币本位制两种形式。银两本位制是以白银的重量单位——两作为价格标准，实行银块流通的货币制度。银币本位制则是以一定重量和成色的白银铸币流通的货币制度。银本位制的基本特征：

（1）银币可以自由铸造和自由熔化。

（2）银币为无限法偿货币。

（3）辅币和其他各种货币可以自由兑换银币或等量白银。

（4）白银和银币可以自由输出、输入。

银本位制是历史上最早的货币制度之一，它是与经济不够发达、商品交易主要是以小额交易为主的商品经济相适应的货币制度。16～19世纪，银本位制在许多国家盛行。19世纪中后期，由于生产力的发展，一方面，商品交易规模越来越大，白银相对价值小而体积大，逐渐满足不了日益扩大的大宗商品交易的需要；另一方面，白银产量不断增加，使白银价格长期趋于跌势，银币价格不稳定，不利于商品交易的计价流通。19世纪末，各国先后放弃了单一的银本位制而采用了金银同时流通的复本位制。

（二）金银复本位制

金银复本位制是以金、银两种特定铸币同时充作本位币，并规定其币值对比的一种货币制度。与其对应的是单本位制，即银本位制或金本位制。英、美、法等国在确立金本位制以前都曾在18～19世纪长期采用复本位制。金银复本位制先后经历了三种形式：

1. 平行本位制

这是金币和银币按金银的市场比价流通的一种货币制度。两种铸币按金银的市场比价流通。平行本位制的特点是：（1）金币和银币都是一国的本位币；（2）二者均具有无限的法偿能力；（3）二者均可自由铸造和熔化；（4）金币和银币之间的交换比率完全由金币的市场价格决定，由经济力量调整，不为任何人为力量所控制。但这种制度有两个缺点：一是由于金银市场比价变动频繁，不能很好地发挥货币价值尺度的职能，不利于商品交换和经济发展；二是在国际贸易中，由于各国之间的金银比价不同，那么金币就会流向金价较高的国家，使该国逐渐变为金本位制国家，而白银则流向银价较高的国家，使该国逐渐变为银本位制国家。

2. 双本位制

这是金币与银币按金银的法定比价流通的一种货币本位制度。这样做虽然避免了金银比价的频繁波动，克服了平行本位制下"双重价格"所产生的弊病，但这种做法违背了价值规律，而且事实上这也并不能割断金银与市场比价的联系。例如，假定金银的法定比价为1∶10，而市场比价为1∶12，这说明黄金的市场价格高于其法定价格，白银的市场价格低于其法定价格，因此人们会把金币熔化为黄金，按照市场比价1∶12来交换白银，再把白银铸成银币，按照金币与银币的法定比价1∶10来交换金币，转手之间，赚取2个单位的银币。这种赚钱动机的驱动，让人们不断地把金币熔化为黄金，把白银铸造成银币，致使流通中金币数量不断减少，银币数量不断增加。在金银复本位制度下，市价比法定价格低的金属货币被称为劣币，市价比法定价格高的金属货币被称为良币，流通领域中会出现"劣币驱逐良币现象"，这一现象最早被英国的财政大臣格雷欣（1533～1603年）所发现，故称之为"格雷欣法则"。

3. 跛行本位制

这是金银复本位制向金本位制过渡的一种货币制度。在这一制度下，金币和银币仍然同时为本位币，仍然按法定比价流通，两者均有无限法偿能力，但金币可以自由铸造，银币不得自由铸造。复本位制中金币与银币犹如两条腿，但现在取消了银币的自由铸造，这就好像缺了一条腿，故称为"跛行本位制"。跛行本位制的出现，主要是由于19世纪70年代世界银价的暴跌，为了维持银币的地位和金银之间的法定比价，法国和美国决定停止银币的自由铸造，由双本位制改为跛行本位制。

（三）金本位制

金本位制是以黄金作为本位货币的货币制度。其具体有三种形式，即金币本位制、金块本位制和金汇兑本位制。

1. 金币本位制

金币本位制是典型的金本位制形式。其主要内容：（1）以黄金作为本位币币材；（2）金币的名义价值和所含黄金的价值相等，属于足值货币；（3）金币可以自由铸造；

（4）金币具有无限法偿的效力；（5）黄金可以自由输出输入；（6）辅币和银行券可以与金币自由兑换。英国在1816年首先宣布采用金币本位制，1821年开始实行。1880年前后，许多资本主义国家相继采用金币本位制，这也标志着国际货币制度的开始。第一次世界大战以后，由于资本主义各国政治经济发展的不平衡，黄金的自由流通与银行券的自由兑换及黄金的自由输出和输入受到影响，许多国家先后放弃金币本位制。在“一战”后资本主义相对稳定时期（1924～1928年），英、法、比、荷等经济实力较强的国家改行金块本位制，德、意、奥等国和一些殖民地、半殖民地国家改行金汇兑本位制。

2. 金块本位制

金块本位制也称“生金本位制”，是指国内市场不铸造、不流通金币，只流通代表一定数量黄金的银行券，黄金集中由政府储存，银行券只能有限制地兑换金块。例如，英国在1925年规定银行券每次兑换金块的最低数量为纯金400盎司，约值1700英镑，从而限制了黄金的兑换范围。金块本位制虽无金币流通，但仍规定货币的含金量，并有黄金官价。总的来说金块本位制是一种残缺不全的金本位制。

3. 金汇兑本位制

金汇兑本位制也称“虚金本位制”，是指国内市场没有金币的铸造与流通，流通的银行券在国内不能兑换黄金，只能兑换外汇，用外汇在外汇基金保管国兑换黄金的货币制度。实行这种制度的国家，要把本国货币同另一金本位制国家的货币固定比价，并把外汇存放在该国作为外汇基金，通过无限制供应外汇，以维持本国货币币值稳定。本质上是一种附庸货币制度。第一次世界大战前，多为殖民地和附属国所采用，如印度在1893年、菲律宾在1903年先后实行这种货币制度。第一次世界大战后，战败国如德国、意大利、奥地利等国，也采用金汇兑本位制。

金块本位制和金汇兑本位制是金本位制后期的一种残缺不全的、极不稳定的货币本位制度，两种本位制都没有黄金的自由铸造和自由流通，黄金的流通手段和贮藏手段作用难以发挥，不利于货币流通的稳定，而且银行券不能自由兑换黄金，影响货币流通的稳定，采用金汇兑本位制的国家，将本国货币依附于另一国家的货币，一旦这些国家的币制混乱，必然导致依附国币制的不稳定。1929～1933年，发生了世界性经济危机和金融危机，金块本位制和金汇兑本位制破产，金本位制崩溃，各国先后实行了不兑现的信用货币制度。

（四）信用货币制度

信用货币制度，是指以不兑换黄金的纸币为本位币的货币制度。1929～1933年经济危机以后，各国陆续实行不兑换的现代信用货币制度。在这种货币制度下，没有金属本位货币的铸造和流通，由不兑换的纸币执行货币的职能。其特点主要有：（1）由中央银行发行的纸币为本位货币，政府发行的铸币为辅币；（2）实行不可兑换制度，即本位币不与任何金属保持等值关系，纸币不能兑换金银；（3）实行自由本位制度，即纸币的发行可以自由变动，不受一国所拥有的黄金数量的限制；（4）流通中的货币是通过信用渠道投入流通的，即是通过信用程序发行的，这与金属货币制度下货币通过自由铸造投入流通不同；（5）实行管理纸币本位制度，即发行者为了稳定纸币对内和对外的价值，要对纸币的发行与流通进行周密的计划和有效的管理，因此经济学家又把信用货币制度称为管理纸币本位制度。

金币本位制与信用货币制度相比较，两者孰优孰劣曾是货币理论界长期争论的问题，但目前已逐步达成共识。主张实行信用货币制度者认为，金币本位制度的自动调节功能并不能达到使经济稳定发展的目的，反倒会导致经济发生周期性波动，这是因为这样的自动调节既需要经历很长的时间，又需要许多实际上难以达到的先决条件。例如，金币自由铸造与熔化、货币自由兑换、黄金自由输出入等，这使经济反倒难以稳定，而实行信用货币制度以后，情况就会大不一样。可随时针对市场变化情况，在仔细观测和周密计划的基础上，通过人为政策来对货币供给量进行伸缩调整，以达到消除通货膨胀和通货紧缩的现象、实现国内物价稳定、促进经济稳定发展的目的。同时，对外汇汇率的管理，可以通过设立外汇平准基金，中央银行通过在外汇市场上买卖外汇的方式，来维持纸币对外价值的稳定，促使国际收支平衡。显然，实行信用货币制度对于一国经济发展要比金币本位制更为有利。

尽管信用货币制度有很多优越性，但也存在一些缺点：（1）纸币发行不受准备金的限制，这使得货币供给的弹性很大，往往会导致恶性通货膨胀的发生；（2）汇率不以货币的含金量而定，由各国自由调整，各国政府为了发展本国对外贸易的需要，往往实行法定贬值或升值的手段，这又使货币的对外价值变化无常，影响了国际贸易的发展和国际间资本流动；（3）信用货币制度的成败依赖于人为因素。

四、我国的货币制度

我国现行的货币制度较为特殊。我国目前实行“一国两制”的方针，1997 年香港回归、1999 年澳门回归后，继续维持原有的货币金融体制，而台湾则使用新台币，从而形成了“一国四币”的特殊货币制度。目前规定四种货币各为不同地区的法定货币：（1）人民币是中国内地的法定货币；（2）港元是香港特别行政区的法定货币；（3）澳门元是澳门特别行政区的法定货币；（4）新台币是台湾地区的法定货币。四种货币各限于本地区流通，人民币与港元、澳门元之间按以市场供求为基础决定的汇率进行兑换，澳门元与港元直接挂钩。

人民币由中国人民银行于 1948 年 12 月 1 日开始发行，标志着中华人民共和国货币制度的开端。人民币制度是通过统一各解放区货币、禁止金银外币流通、收兑国民党当局发行的各种货币确立下来的。人民币采取现金和存款货币两种形式，人民币从未规定过含金量，不与任何外币确定正式联系，不依从于任何外国货币制度。除人民币外，任何外币、金、银一律禁止在我国内地流通。人民币主币的“元”，是我国经济生活中法定计价、结算的货币单位，具有无限法偿能力；人民币辅币的货币单位有“角”“分”两种，分、角、元均为十进制。人民币由国家授权中国人民银行统一发行管理。

第四节　国际货币制度

国际货币制度是支配各国货币关系的规则以及国际间进行各种交易支付所依据的一套安排和惯例，当代国际货币制度正呈现出一系列前所未有的新特点。

一、国际货币制度的含义与内容

（一）国际货币制度的含义

国际货币制度（International Monetary System）是指在世界范围内确定的、调节各国货币关系的一整套国际性的规则和机构，以及国际间进行各种交易支付所采用的一系列安排和惯例。它旨在提供一种货币秩序或结构，以利于国际贸易和资本流动。

纵观国际金融史，国际货币制度就是这样一个整合体，它既包括传统的约定俗成的国际货币惯例和做法（非正式约束）；也包括有法律约束力的关于货币国际关系的规章和制度（正式约束）；还包括在国际货币关系中起协调、监督作用的国际金融机构——国际货币基金组织和其他一些全球或地区性的多边官方金融机构。

（二）国际货币制度的内容

国际货币体系一般包含以下内容：（1）国际交往中使用什么样的货币——金币还是不兑现的信用货币；（2）各国货币间的汇率的安排，是钉住某一种货币，还是允许汇率随市场供求自由变动；（3）各国外汇收支不平衡如何进行调节。随着世界经济和政治形势的发展，各个时期对上述三个方面的安排也有所不同，从而形成具有不同特征的国际货币体系。

二、国际货币制度的演变

迄今为止，国际货币制度经历了从国际金本位制到布雷顿森林体系再到牙买加体系的演变过程。

（一）国际金本位制

世界上首次出现的国际货币制度是国际金本位制，1880～1933年间，其中1880～1914年的35年是国际金本位制的黄金时代。在这种制度下，黄金充当国际货币，各国货币之间的汇率由它们各自的含金量比例决定，黄金可以在各国间自由输出输入，在“黄金输送点”的作用下，汇率相对平稳，国际收支具有自动调节的机制。由于1914年第一次世界大战爆发，各参战国纷纷禁止黄金输出和银行券停止随意兑换黄金，国际金本位制受到严重削弱，之后虽改行金块本位制或金汇兑本位制，但因其自身的不稳定性都未能持久。在1929～1933年的经济大危机冲击下国际金本位制终于瓦解，随后，国际货币制度一片混乱，直至1944年重建新的国际货币制度——布雷顿森林体系。

（二）布雷顿森林体系

第二次世界大战爆发后，资本主义各国都出现了剧烈的通货膨胀。战后，欧洲各国经济实力大大削弱，美国成为世界第一大国，黄金储备迅速增长，约占当时资本主义各国黄金储备的3/4。西欧各国为弥补巨额贸易逆差需要大量美元，出现了“美元荒”。国际收支大量逆差和黄金外汇储备不足，导致多数国家加强了外汇管制，对美国的对外扩张形成严重障碍，美国力图使西欧各国货币恢复自由兑换，并为此寻求有效措施。

1944年7月在美国新罕布什尔州的布雷顿森林召开了由44国参加的“联合国联盟国家国际货币金融会议”，通过了以“怀特计划”为基础的《国际货币基金协定》和《国际复兴开发银行协定》，总称《布雷顿森林协定》。这个协定建立了以美元为中心的资本主义货币体系。布雷顿森林体系的主要内容是：（1）以黄金作为基础，以美元作为最主要的国际储备货币，实行“双挂钩”的国际货币体系，即美元与黄金直接挂钩，其他国家的货币与美元挂钩。（2）实行固定汇率制。（3）国际货币基金组织通过预先安排的资金融通措施，保证向会员国提供辅助性储备供应。（4）会员国不得限制经常性项目的支付，不得采取歧视性的货币措施。这个货币体系实际上是确立了美元等同黄金的地位，也是一个变相的国际金汇兑本位制。

以美元为中心的布雷顿森林体系，对第二次世界大战后资本主义经济发展起过积极作用。但是随着时间的推移，布雷顿森林体系的种种缺陷也渐渐地暴露出来。20世纪60年代以后，美国外汇收支逆差大量出现，黄金储备大量外流，导致美元危机不断发生。1971年8月15日美国实行新经济政策，停止以35美元的黄金官价给各国中央银行兑换黄金，表明美元与黄金挂钩脱钩，支撑布雷顿森林体系的第一个支柱倒塌了。同年12月美国又宣布美元对黄金贬值，由35美元1盎司黄金贬值为38美元1盎司黄金，各国货币与美元的固定汇率波动幅度由±1%调整为±2.25%。1972年6月到1973年初，美元又爆发两次危机，1973年3月12日美国政府再次将美元贬值，由38美元1

盎司黄金贬值为42.22美元1盎司黄金，从此，主要国家货币与美元不再保持固定汇率制，开始了浮动汇率制，表明各国货币与美元挂钩脱钩，支撑布雷顿森林体系的另一个支柱也倒塌了。至此，以美元为中心的布雷顿森林体系彻底瓦解。

（三）牙买加体系

布雷顿森林体系崩溃后，国际货币制度又一次陷于混乱，导致国际金融形势动荡不安。1976年1月，国际货币基金组织“国际货币制度临时委员会”在牙买加举行会议，达成了著名的“牙买加协定”。同年4月，国际货币基金组织理事会通过《国际货币基金协定第二次修正案》，并于1978年4月1日正式生效，从而形成了新的国际货币制度——牙买加体系。

牙买加体系主要内容有：（1）正式确认了浮动汇率制的合法化，承认固定汇率制与浮动汇率制并存的局面，成员国可自由选择汇率制度。（2）推行黄金非货币化，即黄金与货币彻底脱钩，它不再是各国货币平价的基础，也不能用于官方之间的国际清算。（3）提高特别提款权的国际储备地位，规定参加特别提款权账户的国家可以其来偿还国际货币基金组织的贷款，使用特别提款权作为偿还债务的担保，各参加国也可用特别提款权进行借贷。（4）增加成员国基金份额。（5）增加对发展中国家的资金融通数量和限额。

牙买加体系的实行，对于维持国际经济运转和推动世界经济发展发挥了积极的作用。但是牙买加体系并非是理想的国际货币制度，它目前仍存在着一些缺陷，国际货币制度仍有待于进一步改革和完善。

三、当代国际货币制度的新特点

（一）黄金非货币化

黄金不再是各国货币平价的基础，也不能用它来履行对国际货币基金组织的义务，成员国货币不得与黄金挂钩。

（二）国际储备多元化

国际储备资产呈现多样化的趋势，除传统的美元、英镑外，欧元、瑞士法郎、日元等逐渐成为重要的外汇储备资产。虽然储备资产分散化有利于一国的外汇管理和减少汇率变动带来的风险，缓和了国际清偿力的不足，但是，多元化的国际储备体系对发展中国家是不利的，因为发展中国家经济基础薄弱，又缺乏对付金融动荡的经验和物质准备。所以，发展中国家会在国际贸易和储备资产方面遇到较大困难。

（三）浮动汇率制度长期化

浮动汇率制虽然给予各国宏观经济政策的决策者在管理经济方面以较大的自主权，可以迅速地根除“根本性不均衡”，但是，由于汇率波动频繁，不利于国际贸易的顺利进行，加剧了世界性的通货膨胀，使发展中国家的外汇储备和外债问题更加复杂，同时也助长了外汇投机活动等。从目前来看，由于通货膨胀、国际收支失衡和国际资本流动的影响，要真正稳定汇率是不可能的，而且也没有浮动汇率制马上被固定汇率制所取代的理由，所以，浮动汇率制有长期化的趋势。

（四）汇率制度多样化

据国际货币基金组织统计，国际货币基金组织成员国的汇率安排可以归纳为三大类：（1）严格盯住的汇率制度，分为放弃独立法定货币（10个经济体）和货币局制度（13个经济体）。（2）弹性盯住的汇率制度，分为常规固定汇率制（70个经济体）和中间状态盯住制（共12个经济体，其中水平波幅盯住5个经济体，爬行盯住6个经济体，爬行波幅盯住1个经济体）。（3）浮动汇率制度，分为管理浮动（48个经济体）和独立浮动（35个经济体）。

（五）国际支付问题严重化

实践证明，现行的货币制度无力解决如下问题：国际收支不均衡的国家要采取哪些调节措施，外汇汇率要做出什么变动，国内经济政策要采取什么配套措施，如何协调顺差国和逆差国的行动，要有哪些国际监督及其措施等。因此，国际收支问题日益严重，出现了全球性的国际收支失调。许多国家只能不断借入巨额外债来弥补国际收支逆差，致使发展中国家的外债剧增，陷入了借新债还旧债的“债务陷阱”，发生了较严重的债务危机。

（六）区域性货币体系的建立

区域性货币体系是指一定地区内有关国家和地区在货币金融领域中实行协调和结合，形成一个统一体，最终实现一个统一的货币体系。实质上，它是一些国家或国家集团为了货币金融合作而组成的货币联盟。它的特点是：（1）汇率的统一；（2）货币的统一；（3）货币管理机构和货币政策的统一。

区域性货币体系是第二次世界大战后国际金融领域中的新现象，它对国际收支、国际储备、汇率体系与国际货币管理等都将产生重大的影响，从而在国际货币关系中发挥重要的作用。

1999年1月1日，欧元作为一种独立的超国家性质的法定货币在其成员国范围内启用，这无疑对世界经济及国际金融产生重大影响，特别是它作为一种重要的跨国货币对多元化国际货币体系的影响尤为深远。随着欧元的出现和世界经济的发展，国际货币体系将真正走向“多元化”格局，美元的垄断地位必定会弱化，当今汇率体系中过分依赖美国的现象将有所改变。美元、欧元占统治地位而日元扮演“小伙伴”角色的多元化货币体系，将会取代以美元占垄断地位的国际货币体系。虽然美元仍是主导货币，但欧元绝不是附庸，它将成为国际货币体系中的一个重要支柱，在国际事务、全球投资和国际贸易的竞争中发挥重大作用。目前，在欧盟的 27 个国家中有 19 个国家使用欧元。

从古代开始直至今天各国的货币制度，也包括集中计划经济国家的货币制度，都与国家的主权不可分割地结合在一起。但欧元是超越欧洲各国传统边界的货币；欧洲货币当局是超越各国货币主权的统一的中央银行。对于传统的货币制度观念，这是直截了当的挑战。

📖 小资料

格雷欣法则

“格雷欣法则”是金融货币学理论中著名的一条法则，即当价值不同的金属货币被赋予同等偿付能力时，实际价值较低的货币必然取代实际价值较高的货币而成为主要的流通手段。因此，“格雷欣法则”也被称为“劣币驱逐良币规律”。

该法则由16世纪英国金融家、商人兼伊丽莎白女王一世的顾问托马斯·格雷欣（Thomas Gresham）提出。格雷欣认为，国家以法律形式规定金银铸币之间的法定比价，两者的交换比率不再受市场上金银价格波动的影响；然而，当金银币的法定比价与其市场比价背离时，市场上就产生“劣币驱逐良币”现象：法律上低估的货币（即实际价值高于法定名义价值的货币，称“良币”）必然被人收藏、熔化或输出国外，而法律上高估的货币（即名义价值低于实际价值的货币，称“劣币”）则独占市场，使市场上的“劣币”当道，泛滥成灾。

“劣币驱逐良币”现象与人们的直觉相矛盾，引发人们探讨其背后的原因，有的认为，货币的本性在于排他性和独占性，格雷欣法则产生的条件是金银复本位制，单本位制下没有金银两种货币的比价问题，所以，不会产生“劣币驱逐良币”现象，格雷欣法则的根源在于货币的排他性和独占性。

实际上，这样的解释是经不住推敲的。首先，不必形而上学地理解货币这个概念，认为货币就是货币，品种单一，品质不变。货币史上虽然有单本位制这样的货币制度，但作为交易手段的货币从来不是排他的、独占的，只是在某个时期或某个地区，作为一种主要交易手段而已，除了货币以外，其他实物商品、信用工具都会充当交易媒介，充当货币；而且，即使是货币本身，主币之外还有辅币，有价值上的良和劣之分；同一种货币因供求变化、时期变化以及预期变化，也会发生升值或贬值，各种交易手段所媒介的商品数量每时每地都在变化，因此，格雷欣法则在市场上一直存在。其次，即使市场上有两种材质的货币，也不必然会发生格雷欣法则现象，如在两种货币的法定比价与实际比价相等时就如此。只有在法定比价与实际比价不相等时，才有可能出现劣币驱逐良币现象，而在现代信用货币下，却大多出现“良币驱逐劣币”的反格雷欣法则现象，这些现象说明，格雷欣法则的原因不在于货币的独占性和排他性。结合前面的分析，实际上，格雷欣法则的根源在于国家和法律关于货币制度的强制规定，以及市场套利机制本身。

资料来源：《时代金融》2012 年第 8 期。

特里芬难题

1960 年，特里芬教授在其著作《黄金与美元危机——自由兑换的未来》中指出，布雷顿森林体系的根本矛盾在于将国际清偿能力和流动性完全依赖于美元这一国别货币的外部供给。美国外部均衡目标体现为必须保证美元与黄金之间的固定比价和可兑换，因此要求美国控制美元向境外输出；但是其他国家外部均衡目标则体现为尽可能地多积累美元储备。这就导致美元处于一种进退两难的状况。美元供给为了满足各国经济发展需要必须不断增长，从而使美元同黄金的兑换性日益难以维持。最终，人们对美元可兑换的信心危机被诱发，从而带来整个布雷顿森林体系的崩溃。2003 年，麦考利（McCauley）在国际清算银行第一季度的经济评论中指出，布雷顿森林体系的崩溃并不意味着特里芬难题的消失。美国通过相对安全的负债吸引东亚资本以弥补美国国际收支逆差，而东亚地区的美元供给又依赖于美国的经常账户逆差。一旦美国的经常账户赤字不可持续时，东亚地区的美元供给就会收缩；反过来又会影响美国经济稳定，进而危及美元和国际货币体系的稳定。由此可见，如果国际货币体系的稳定取决于特定的国别货币，那么，一方面，这一货币的稳定要求该国国际收支平衡；而另一方面，全球清偿力供给又依赖于该国国际收支逆差。在这种情况下，货币发行国出于追求铸币税等货币特权，往往会推动国际收支失衡程度不断扩大，从而出现特里芬难题。特里芬难题也就成为任何一国货币走向国际化进程中需要面临和解决的重要问题。

“特里芬难题”的本质含义概括起来就是：国际清偿力的需求不可能长久地依靠国际货币的逆差输出来满足。这一难题实际上在布雷顿森林体系之前的国际货币体系中就已存在，只不过在布雷顿森林体系中表现得更为突出、更为典型罢了。

资料来源：戴相龙、黄达：《中华金融辞库》，中国金融出版社 1998 年版。

复习思考题

1. 从价值形态演变的几个阶段，简述货币的产生。
2. 货币的本质和职能是什么？
3. 货币制度的构成要素都有哪些？
4. 通过货币制度的演变，阐述现代信用货币制度是如何诞生的？
5. 国际货币制度的演变过程经历了哪几个主要阶段？
6. 欧元的诞生对国际货币制度产生了什么重要影响？

第二章

信用与信用工具

内容简介

现代经济是一种信用经济。在现代经济生活中，信用即债权债务关系，是一种最普遍的经济关系，经济活动中的每一个部门、每一个环节都渗透着债权债务关系，即信用。信用是与市场经济紧密相连的范畴，信用的产生与存在同市场经济的产生、发展以及有关特征密切相关。现代信用的形式繁多，按信用主体的不同，可分为商业信用、银行信用、国家信用、消费信用和国际信用等五种主要形式。其中，商业信用和银行信用是现代市场经济中与企业的经营活动直接联系的最主要的两种形式。与信用同时存在的是各种各样的信用工具，这些信用工具表明了债权债务关系双方当事人的权利和义务。

教学目的

通过对本章内容的学习，在准确把握信用的含义及本质特征的基础上，掌握商业信用、银行信用、国家信用、消费信用、国际信用等不同信用形式的内涵与特点；明确信用工具的概念与特征，了解信用工具的分类及不同信用工具的特点；把握信用在国民经济中发挥的重要作用。

第一节　信用概述

一、信用的含义

西方经济学中的“信用”一词源于拉丁语“Credo”，其意为“信任、声誉”等；“信用”在英语中的“Credit”，其意为“信任、赊账、信贷”等。汉语中的“信用”

原意为能履行承诺而取信于人，近代在学习西方文明的过程中，又扩大了“信用”一词的内涵，引进了“借贷”“借款”等内容。因此，汉语中的“信用”主要有两种解释：一是社会学解释；二是经济学解释。

经济学中的信用是与商品生产、货币经济密切相关的范畴，是以偿还和付息为基本特征的借贷行为。具体地说就是商品和货币的所有者（贷方），把商品和货币让渡给需要者（借方），并约定偿还期限的行为。信用的基本特征有三点：一是信用以偿还和付息为条件；二是信用关系是债权债务关系；三是信用是价值运动的特殊形式。

信用的概念和内涵有广义和狭义之分。

（一）广义上的信用

广义上的信用是包含信任、信义、信心、信誉等含义在内，涉及社会伦理、法律制度和经济活动的一个概念，它是多层次、多侧面、多形式，且不断发展变化的。在表象上是指参与社会和经济活动的当事人之间建立起来的以诚实守信为道德基础的践约行为，所体现的是一种处理人际关系的普遍的道德准则。在本质上是指建立在心理上的信任和安全感基础上，通过人与人之间的交易行为而结成的，具有时间间隔和法律上“债”的特征的契约关系，是一种以社会价值心理为基础的，反映一定社会生产关系的契约形式或制度安排。

（二）狭义上的信用

狭义上的信用是体现一定社会生产关系的借贷行为，一般来说就是指商品买卖中的延期付款或货币借贷。在表象上是一种以商品或货币为对象的，以到期还本付息为条件的借贷行为，所体现的是一种契约关系。在本质上是一种债权债务关系，是以偿还为条件的价值运动的特殊形式。其特殊性表现为价值单方面暂时让渡或转移，到期偿还，不改变所有权，收取利息，实现价值增值。现代市场经济条件下所指的信用，更多地是指狭义的信用，是指在市场交易活动中，交易双方所实行的以契约为基础，以货币资金为对象的承诺、借贷和履约的行为。这里的交易双方即信用关系双方（也称借贷关系双方），一般称借出方（即贷方）为授信人，贷入方（即借方）为受信人，在借贷活动中，授信人通常是为了收回本金和获得利息，受信人通常是为了获得自己所缺乏的经营资本。授信人和受信人双方根据各自的利益要求，按照事先约定的条件、范围、时间进行货币资金借贷，这种行为就是信用活动。

二、信用的产生与发展

信用是商品或货币的借贷行为，属于商品货币关系的经济范畴。信用的产生、存在和发展与商品货币关系密切相连。商品货币关系的发展，特别是货币作为支付手段职能的发展是信用存在的根本原因。

信用的产生与发展可以从不同角度，依据不同标准划分为不同阶段。

（一）根据信用与商品经济发展的关系划分

根据信用与商品经济发展关系，把信用的产生和发展划分为物物交换经济阶段的信用、货币经济阶段的信用和金融经济阶段的信用。

（1）物物交换经济阶段的信用。这是一种依靠对交易者或交易物身份的特殊关系获得建立相互信任的足够信息，继而建立相互信任基础上的信用。是基于特定交易者或交易物在一个相对狭小范围存在的特殊主义信用，其表现形式是商品借贷。虽然其是不具备现代信用特征的低层次的信用，但它同样不可或缺，并时至今日仍在发挥重要作用。

（2）货币经济阶段的信用。这种信用形式是物物交换经济阶段中，信用在货币职能从流通手段发展为支付手段，并成为主要信用形式之后经济货币化的产物。它是一种普遍主义的信用，其主要形式是货币借贷。

（3）金融经济阶段的信用。这是指信用从交易的实现手段异化为交易目的本身后，信用制度化、经济金融化的产物。

（二）根据信用约束机制的发展划分

信用的产生与发展还可以根据其约束机制的发展分为道德化信用、商业化信用和证券化信用。

（1）道德化信用是主要依靠信用关系双方当事人内在道德的自我约束，实现双方监督的信用，一般是和特殊主义信用相对应的信用发展阶段。信用的原始含义就是这种道德化的信用，我国民间信用活动很多还处于这一阶段。

（2）商业化信用是在一定的制度约束和体制保证下，依靠征信公司等市场化的专业信用组织，通过信用收集、整理、利用、提供、维护和管理等方法将信用记录作为信息商品投入市场，进行交换、买卖的信用发展阶段。现代市场经济中，不仅个人、企业的信用被商业化，而且金融机构信用也被商业化了，对银行的信用评级就是银行信用商业化的产物。

（3）证券化信用是指通过以支付一定利息为条件，向社会公众出售证券来筹集资金的方式，使原来只能发生在少数人之间的特殊主义信用扩大到社会大众的普遍主义信用发展阶段。其实质是通过市场方法，将信用的担保从个人机构转变为制度。商业化和证券化信用都是法制化信用，即主要依靠国家法律法规的约束、监督与强制的信用，一般是和普遍主义信用相对应的。

（三）根据信用与社会体制发展的关系划分

信用的发展根据与社会体制发展关系的角度来分析，依次经历了高利贷信用、资本主义信用和社会主义信用几个发展阶段。

1. 高利贷信用

从历史记载中可以看出，在原始社会末期，出现私有制，原始公社内部出现贫富分化，一些贫困的家族因为某些原因需要一些商品和货币，富有者不会无偿转让自己的财富，只能是以有借有还的信用方式转让。在剩余产品有限、可贷放出去的商品和货币极少的情况下，借入者只能付出高额利息以获取自己所急需的商品或货币，这便产生了高利贷信用，高利贷信用在奴隶社会和封建社会得到了广泛的发展，并成为主要的信用形式。因为在奴隶社会和封建社会里，自给自足的小生产占统治地位，小生产是一种极不稳定的经济形式，一旦发生自然灾害或意外事故，简单再生产就难以正常进行。有时，小生产者还要支付苛捐杂税和地租，为维持贫困的生活，他们只能承受高额利息去借贷，根本没有计算能否承受高额利息的余地。小生产成为高利贷存在和发展的最深厚、最肥沃的土壤。高利贷的贷者主要是商人、宗教机构和统治阶级。借者主要是小生产者，此外奴隶主、地主为维持奢侈的生活、巩固其统治地位，有时也会借高利贷，但他们最终会通过剥削来弥补在高利贷活动中的损失。高利贷信用具有以下三个特点：

（1）利息率高。一般情况下，年利率达30%～40%，高的达到200%～300%。高利贷之所以有如此高的利息率，首先因为高利贷受统治阶级的保护与支持，高利贷的发放者多为统治阶级；其次，高利贷资本的需求者是为获取维持生存所必需的购买手段和支付手段；最后，高利贷资本的供给在自给自足小生产条件下总是赶不上需求。

（2）非生产性。高利贷资本的需求者要么是为了维持基本的生存，要么是为了过奢侈的生活，多用于生活消费，而很少用于生产消费。

（3）实物性。高利贷开始时以实物为主，随着商品货币经济的发展而出现实物货币混合的形式。

在从封建社会向资本主义社会过渡时期，高利贷信用起到了推动作用，表现在：推动了自然经济的瓦解，为资本主义生产方式的形成起到了促进作用。即一方面高额的利息负担直接促使农民和小手工业者的破产并使之无产阶级化，因而促使雇佣工人阶级的形成；另一方面高利贷者积蓄起大量的货币资本，为资本积聚和转化为生产资本创造了条件。

2. 资本主义信用

资本主义生产关系确立以后，以资本主义再生产为基础的资本主义信用便取代了高利贷信用，取得了垄断的地位。在资本主义制度下，信用表现为借贷资本的运动。所谓借贷资本，就是为了获取剩余价值而暂时贷给职能资本家使用的货币资本，它是生息资本的一种形式。贷者把闲置的货币作为资本贷放出去；借者借入货币，用于扩大资本规模，生产更多的剩余价值——贷者和借者共同瓜分剩余价值。

马克思把资本主义信用看作是借贷资本运动形式，深刻地揭露了资本主义信用的本质，资本主义信用体现的是资本家对工人的剥削关系。也就是说，信用在资本主义条件下，无论是在借者手中，还是在贷者手中，都是作为资本，通过借贷活动而使资本增殖的。而资本增殖的真正原因，是由于职能资本家把借入的资本在生产中加以运用，产生剩余价值，职能资本家把剩余价值的一部分，以利息形式分给借贷资本家。

资本主义信用促进了资本的积聚与集中，促进了资本的再分配和利润率的平均化，使社会生产规模日益扩大，社会化程度不断提高，使财富垄断程度加大，最终加剧了资本主义社会的基本矛盾。

3. 社会主义信用

从形式上看，社会主义信用与以往社会形态下的信用，特别是资本主义信用一样，也是借贷行为，是价值运动的特殊形式。应该说，这一点是信用的共同特性，不管在何种社会形态下，都是如此。但信用的另一面，就是它所体现的生产关系，在不同的社会制度下截然不同。由于社会主义制度的建立，确立了不同于以往任何社会的新的生产关系，这个新型生产关系的特点，是以生产资料公有制为主体，多种经济成分并存。在这个基础上形成和建立的信用关系及确立的信用制度，体现着新型的社会主义生产关系，并为这个生产关系服务。

在社会主义生产关系基础上形成和建立的信用关系，反映着不同所有制之间的借贷行为，但这种借贷关系并没有超出已确立的生产关系，而是为巩固这种生产关系服务。社会主义信用主要通过借贷资金的运动服务社会主义生产关系，但它仍表现为资金所有权和使用权的分离，且仍是特殊的价值运动形式。

三、信用的本质特征

信用的本质特征是指信用区别于其他经济行为所固有的属性。偿还性是信用的基本特征。信用是一种有条件的借贷行为，即以偿还本金和支付利息为先决条件。信用的本质可以从以下几个方面来理解：

（一）信用是以偿还本金和支付利息为条件的

信用这种经济行为是以收回本金为条件的付出，或以偿还为义务的取得；是以取得利息为条件的贷出，或以支付利息为前提的借入。所以偿还和付息是信用最基本的特征，这一特征使它区别于财政分配。财政分配基本上是无偿的，财政收进来、支出去，都不需要偿还，没有直接的返还关系；而信用分配则是有偿的，具有直接的返还关系，存款人随时会提取存款，贷款人到期必须向借款者收回贷款，而且借者除归还本金外，还要按规定支付一定的利息，作为使用资金的代价。

（二）信用关系是债权债务关系

信用与债权债务是同时发生的，是借贷活动这一事物的两个方面。在借贷活动中，当事人一方为债权人，他将商品或货币借出，称为授信；另一方为债务人，他接受债权人的商品或货币，称为受信。债务人遵守承诺按期偿还商品或货币并支付利息，称为守信；债务人承担的这种在将来偿还商品或货币的义务，就称为债务。任何时期内的债务总额等于信用总量。因此，信用是未来偿还商品、货币的一种承诺，是关于债权与债务关系的约定，这种约定对双方当事人都具有法律约束力。所以，从本质上说，信用关系就是债权债务关系。

（三）信用是价值运动的特殊形式

信用是价值单方面的转移，是价值运动的特殊形式，这是信用与其他价值运动形式的不同之处，也是各种社会形态下的信用所共有的特征。

信用关系所引起的价值运动是通过一系列借贷、偿还、支付过程来实现的。货币或实物被贷出，其所有权并没有发生转移，只是使用权发生了变化。在信用关系中，等价交换的对象是商品或货币的使用权。

四、信用的经济功能

信用的基本功能是调剂社会资源和提供、创造流通手段与支付手段。一方面，信用从根本上讲是一种以借贷形式出现的调剂，信用关系的存在解决了商品、货币以及以货币为主要形式的资源占有和经营能力在具有不同经济利益的产权主体之间分布不对称以及在时间和空间分布上的不平衡的矛盾，实现了资源的充分利用和有效配置。另一方面，信用调剂还具有创造流通手段与支付手段的功能，现代的纸币或电子货币本身就是一种信用货币，包括银行活期存款在内的各种层次的货币也是通过信用的方式被创造出来。

当信用的基本功能延伸到宏观经济，即从宏观领域考察信用时，信用具有以下功能：

第一，信用可以扩大生产规模，促进生产社会化，社会化大生产是规模化大生产，规模化大生产一方面必须解决生产的集中性与货币资金的分散性矛盾；另一方面又必须解决不同产权主体在追求经济利益过程中遇到的以货币为主要特征的资源占有和经营能力不对称的矛盾，信用产生之后，规模化生产的矛盾就迎刃而解。

第二，信用可以扩大消费规模，增进社会总福利。信用不仅发生在生产领域，而且也可以发生在消费领域，对消费者而言其收入和消费支出并不是在任何时间总是平衡的，消费者可以凭借信用使现在的消费和未来的消费相交换，克服消费和收入在时间分布上的不平衡，使社会总福利水平提高，现实生活中的分期付款就是信用促进消费的形式。

第三，信用可以促进资本积聚，推动经济金融化。现代经济是大规模经济，必须拥有大量资本方可运行，现代企业筹集资本的方法主要是靠发行股票和债券使资本得以积聚，资本积聚一方面需要信用支持，另一方面发达的信用体系又加快了金融市场的发展，使经济不断朝金融化方向发展。

第四，信用可以促进经济增长，增加就业机会。信用扩大生产、扩大消费、促进资本积聚的功能必然带来国民收入水平的提高，增加就业机会。

第五，信用可以调控经济运行，保持经济稳定。中央银行可以通过信用的扩张或收缩来调节消费和储蓄的比例或储蓄和投资之间的转化，从而实现调控宏观经济的目的。

第二节 信用的表现形式

信用作为一种借贷行为，通过一定的形式对经济活动产生影响。在复杂的经济活动中，由于借贷当事人不同，借贷的目的和用途不同，信用的具体形式也不相同。按照不同的划分标准，信用形式种类繁多。例如，以期限为标准，有长期信用和短期信用；以地域为标准，有国内信用和国际信用；以信用主体为标准，主要有商业信用、银行信用、国家信用、消费信用、国际信用等。以下将重点介绍常见的几种信用形式。

一、商业信用

（一）商业信用的概念

商业信用是企业之间进行商品交易时，以延期支付或预付形式提供的信用。商业信用的具体方式很多，例如，赊销商品、委托代销、分期付款、预付定金、预付货款及补偿贸易等。赊销和预付是商业信用的典型形式。

商业信用直接与商品生产和流通相联系，有其广泛的运用范围，因而它构成了整个信用制度的基础。在小商品经济条件下，商业信用只是个别、零星的社会经济现象；在现代市场经济条件下，商业信用得到广泛发展，成为普遍的、大量的社会经济现象，几乎所有的工商企业都卷入了商业信用的链条。商业信用链条以商业票据这种载明了债权债务关系并受法律保护的信用工具为纽带。商业票据的多样化、规范化和广泛流通，以及计算机技术的飞速发展，为商业信用的发展提供了极其便利的条件和基础。

（二）商业信用的特点

（1）商业信用是一种直接信用，具有较大的灵活性、适应性和便捷性。商业信用的债权人与债务人都是生产经营者，信用交易的达成，无须经过金融中介机构，而是买卖双方分散独立的决策所进行的活动，所以它是一种直接信用。因此，对于长期存在购销往来的企业来说，商业信用是一种非常直接、便利和及时的信用形式，使其在商品交易中有较广泛的适应性，这也是商业信用的优点。

（2）商业信用与特定的商品买卖相联系。商业信用是一个企业以商品形式提供给另一个企业的，借贷对象是待实现价值的商品。商业信用活动同时包含着两种性质不同的经济行为——买卖行为和借贷行为。当一个企业把商品赊销给另一个企业时，商品的买卖行为完成了，即商品的所有权发生了转移，由卖者手中转移到了买者手中，但由于商品的货款并未立即支付，从而使卖者成了债权人，买者成了债务人，买卖双方形成了债权债务关系，买者到期必须以货币的形式偿还债务。

（3）商业信用和产业资本的动态一致。商业信用是和处于再生产过程中的商品资本的运动结合在一起的，所以，它在资本主义再生产周期的各个阶段上和产业资本的动态是一致的：在繁荣阶段，商业信用会随着生产和流通的发展及产业资本的扩大而扩张；在衰退阶段，商业信用又会随着生产和流通的削减及产业资本的收缩而萎缩。

（三）商业信用的局限性

商业信用的存在是社会再生产顺利进行的客观要求，它在调剂企业间资金余缺方面发挥了重要的作用。然而，商业信用由于它本身的特点决定了其又有一定的局限性和缺点。

（1）商业信用规模的局限性。由于单个企业所拥有的资本量的限制，企业的商业信用活动，只能在本企业自身所能支配的资本数量范围内进行，而且可支配的资本数量只限于它当时不立即投入再生产过程的那一部分。超出单个企业所拥有资本量的大额需求不可能通过商业信用来解决。

（2）商业信用受到商品流转方向的限制。由于商业信用的客体是商品资本，因此，提供商业信用是有条件的，它只能向需要该种商品的厂商提供，而不能倒过来向生产该种商品的厂商提供。例如，造纸厂厂商在购买造纸机械时，可以从机器制造商那里获得商业信用，但机器制造商却无法反过来从造纸厂那里获得商业信用，因为造纸厂生产的商品——纸张，不能成为机器制造商所需的生产资料。

（3）商业信用在管理和调节上有一定局限性。商业信用是在众多企业之间自发发生的，经常形成一条债务链。例如，甲欠乙，乙欠丙，丙欠丁等。如果这一链条上的任何一环出现问题，不能按时偿债，整个债务体系都将面临着危机。由于商业信用主要发生在企业之间，中央银行很难运用货币政策进行调控。在作用机制上，商业信用甚至对中央银行调控措施的反应完全相反。例如，中央银行紧缩银根，会使银行信用的获得变得较为困难，这恰恰为商业信用活动提供了条件。只有当中央银行放松银根，使银行信用的获得较为容易时，商业信用活动才可能相对减少。因此，对商业信用膨胀所带来的危机是比较难以控制的。

鉴于上述局限，商业信用不可能从根本上改变社会资金和资源的配置与布局，广泛满足经济资源的市场配置和合理布局的需求。因此，它虽然是商品经济社会的信用基础，但终究不能成为现代市场经济信用的中心和主导。

二、银行信用

（一）银行信用的内涵

银行信用是银行及其他金融机构以货币形式，通过存款、贷款等业务活动提供的信用。银行信用是在商业信用发展到一定水平时产生的，它的产生标志着一个国家信用制度的发展与完善。

银行信用是在商业信用已经发展到一定阶段的基础上产生和发展起来的更高层次的信用形式。随着商品经济的发展，在社会再生产资金循环过程中，由于种种原因，一方面会游离出大量暂时闲置的货币资本，聚集起一笔巨额的借贷资金；另一方面，又可能会发生经营资金衔接不上的情况，需要及时借入货币资本，以供周转使用。这样，客观上资金余缺的双方之间就有必要和可能通过有借有还的信用形式进行货币资本的调剂。同时，也由于商业信用的种种局限性，无法满足社会化大生产过程中出现的对借贷资本的需要。于是，银行信用便由此产生，发展至今，尤其是 20 世纪以来，随着资本集中和积聚，银行规模越来越大，银行的业务活动范围也在扩大，银行提供的服务日趋多元化，银行信用已成为现代信用制度中最重要的信用形式之一。

（二）银行信用的特点

与商业信用相比，银行信用具有如下特点：

（1）银行信用是以货币形式提供的。银行通过吸收存款的方式不但可以把企业暂时闲置的资金集中起来，而且可以把社会各阶层的货币收入集中起来，因此，银行信用集中与分配的资本不仅仅局限于企业的现有资本，而且超出了这个范围，这就克服了商业信用在信用规模上的局限性。同时，由于银行信用是以货币形式提供的，而货币具有一般的购买力，所以银行信用可以通过贷款方式提供给任何一个需要的部门和企业，这就克服了商业信用在授信方向上的局限性。

（2）银行信用具有广泛的可接受性。银行是借者与贷者的集中，能在社会范围内筹集与分配资金，资金力量雄厚，因而信誉最好，为社会各界各阶层所信赖，使它所出具的信用凭证具有最广泛的可接受性。因此，银行信用在社会信用总量中占有极大比重，成为最重要的信用形式，而且还成为其他信用形式赖以正常运行的支柱。例如，银行开展票据承兑与贴现以及信用担保等业务，使商业信用及其他信用形式能够克服自身固有的缺陷而得到较好的发展。

（3）银行信用与产业资本的动态不完全一致。银行信用是一种独立的借贷资本的运动，它有可能与产业资本的动态不一致。例如，当经济衰退时，会有大批产业资本不能用于生产而转化为借贷资本，造成借贷资本大量增加。在产业周期的各个阶段，对银行信用与商业信用的需求不同。在繁荣时期，对商业信用的需求增加，对银行信用的需求也增加；而在危机时期，由于商品生产过剩，对商业信用的需求会减少，但对银行信用的需求却有可能会增加，此时，企业为了支付债务、避免破产，有可能加大对银行信用的需求。

（4）银行信用降低了信用风险。银行和其他金融机构可以通过信用的规模投资，降低信息成本和交易费用，从而有效地改善了信用过程的信息条件，减少了借贷双方的信息不对称以及由此产生的逆向选择和道德风险问题，其结果是降低了信用风险，增加了信用过程的稳定性。

由于银行信用克服了商业信用的局限性，大大扩充了信用的范围、数量和期限，可以在更大程度上满足经济发展的需要，所以，银行信用成为现代信用的主要形式。20 世纪以来，银行信用有了巨大的发展与变化，主要表现在：越来越多的借贷资本集中在少数大银行手中；银行规模越来越大；贷款数额增大，贷款期限延长；银行资本与产业资本的结合日益紧密；银行信用提供的范围也不断扩大。至今，银行信用所占的比重具有很大优势。

银行信用的上述优点，使它在整个经济社会信用体系中占据核心地位，发挥着主导作用。商业信用的发展也越来越依赖银行信用，银行的商业票据贴现将分散的商业信用集中统一为银行信用，为商业信用的进一步发展提供了条件。同时银行在商业票据贴现过程中发行稳定性强、信誉性高、流通性大的银行券，创造了适应全社会经济发展的流通工具。

三、国家信用

（一）国家信用的概念

国家信用是以国家政府为信用主体按照信用原则所从事的一种信用活动。它包括两种不同形式的信用：一种是国家（政府）以债务人的身份通过发行债务凭证来吸收社会资金以满足其实现职能的需要，即国家政府的筹资信用行为；另一种是国家（政府）以债权人身份向社会提供信用，即国家政府的投资信用行为。在现代经济活动中，国家信用主要是指国家作为债务人所形成的借贷。

国家信用包括国内信用和国外信用。国内信用是政府以债务人身份向国内居民、企业团体取得的信用，它形成一国的内债；国外信用是政府以债务人身份向国外居民、企业团体和政府取得的信用，它形成一国的外债。

国库券和国债是国家信用的典型形式，但二者有很大的不同，表现在：（1）发行的目的不同。国债是因财政发生赤字或为刺激经济增长而发行的，国库券则是因为财政季节性、临时性的收支不一致而发行的。（2）还本付息的来源不同。国债一般是以国债资金投资的建设项目的收益为还本付息的来源，而国库券则是以国库收入为还本付息的来源。（3）期限不同。国债一般是中长期债券，国库券一般为一到两年以内的短期债券。

（二）国家信用的作用

（1）调剂政府收支不平衡。即使在通常情况下，在一个财政年度内，也会经常发生财政收支不平衡的现象，国家常借助国库券解决财政年度内收支暂时不平衡的状况。

（2）弥补财政赤字。当今世界上许多国家由于种种原因，在不同程度上出现了财政赤字，弥补财政赤字的方法主要有三种：一是增税；二是增发通货；三是发行国债。增加税收不仅在客观上受经济发展状况的制约，而且立法程序繁杂，容易引起公众的不满和反抗。通过中央银行增发通货则会导致流通中货币供应量增加，引发通货膨胀。相比之下，以发行国债的方式弥补财政赤字，只是社会资金使用权的暂时转移，既不会招致纳税人的不满，又不会无端增加流通中的货币总量，还可迅速地取得所需的资金，因此，许多国家都把发行国债作为弥补财政赤字的主要手段。

（3）调节经济。随着国家信用的发展，各国中央银行以买进或卖出政府债券来调节货币供应，影响金融市场资金供求关系，从而达到调节经济的目的。

四、消费信用

（一）消费信用的内涵

消费信用是指企业、银行和其他金融机构向消费者个人提供的，用于生活消费目的的信用。消费信用与商业信用和银行信用并无本质区别，只是授信对象和授信目的有所不同。从授信对象来看，消费信用的债务人是消费者，即个人与家庭。从授信目的来看，消费信用是为了满足和扩大消费者的消费需求。

（二）消费信用的形式

消费信用的形式多种多样，主要包括以下几种方式：

（1）赊销。赊销指零售商对消费者提供的短期消费信用，即延期付款方式销售。西方国家对一般消费信用多采用信用卡方式，即由银行或其他金融机构发给消费者信用卡，消费者可凭卡在约定单位购买商品或作其他支付，定期结算清偿。

（2）分期付款。分期付款属于中长期消费信用，消费者购买消费品或取得劳务时只支付一部分货款，然后按合同分期加息支付剩余货款。在货款付清前，消费品的所有权仍属于卖方，适用于购买高档耐用消费品。

（3）消费贷款。消费贷款是银行向消费者提供的信用，包括信用贷款和抵押贷款。信用贷款无需抵押品，而抵押贷款通常需要由消费者将其所购商品或其他商品作为担保品。例如，汽车贷款即以消费者所购买的汽车作为取得贷款的担保品，住房贷款即以消费者所购买的房屋作为取得贷款的担保品。

消费信用是一种刺激消费需求的方式，也是一种促进生产发展的手段。一般而言，赊销商品的价格大多比较昂贵，消费贷款的利息率也比较高。在一国经济发展到一定水平后，发展消费信用可以扩大商品销售，减少商品积压，促进社会再生产；同时，也可以为大量银行资本找到出路，提高资本的使用效率，改善社会消费结构。但是，另一方面，消费信用的发展又为经济增加了不稳定因素。消费信用的盲目发展，使一部分人陷入沉重的债务负担中，如果消费者到期不能偿付款项，商品往往要被收回，已付的贷款也往往被没收。而在经济萧条时期，借者和贷者都会减少借贷数额，使商品销售更加困难，从而使经济更加恶化。

五、民间信用

民间信用，即民间个体之间的借贷往来。它主要分散在城乡中小企业和居民群众中。民间信用可以货币形式提供，也可以实物形式提供。民间信用在方式上比较灵活、简单，可随时调节中小企业和个人之间的资金余缺，能在一定范围内弥补银行信用的不足。民间信用利润高，手续不够齐备，随意性大，容易发生违约纠纷。因此，它既有对银行等其他信用形式的补充作用，又可能对正常的金融秩序造成冲击，是金融监管当局急需规范的信用形式。

针对中小企业融资难的问题，2008 年，中央银行货币政策中期报告呼吁民间借贷合法化。2008 年 7 月浙江开始规范民间信用，发展小额贷款公司的试点。根据规定，小额贷款公司以当地骨干民营企业为主要发起人，设立为有限责任公司的，注册资本不得低于 5000 万元；设立为股份公司的，注册资本不得低于 8000 万元，试点期间，注册资本的上限为 2 亿元。小额贷款公司一方面能为中小企业雪中送炭，另一方面也为大量逐利的民间资本开辟了一条规范的出路。虽然成效如何还有待实践的检验，但无可怀疑的是，对民间资本汇集而带来的借贷行为，由不承认到默认，再到公开承认，再到予以收编，这既是大势所趋，也是地方政府面对金融形势的变化主动出手的一种有益尝试。

六、国际信用

（一）国际信用的含义

国际信用是指国与国之间的企业、经济组织、金融机构及国际经济组织相互提供的与国际贸易密切联系的信用形式，从本质上讲，国际信用是跨国的商业信用和银行信用。随着国际贸易与国际经济交往的日益频繁，国际信用也成为进行国际结算、扩大进出口贸易的主要手段之一。

（二）国际信用的主要形式

随着世界各国对外开放的加强，国家之间的经济往来活动日益频繁，国际信用形式也多种多样。

1. 出口信贷

出口信贷是国际贸易中的一种中长期贷款形式，是一国政府为了促进本国出口，增强国际竞争能力，而对本国出口企业给予利息补贴和提供信用担保的信用形式。根据补贴和贷款的对象不同，又可分为卖方信贷和买方信贷两种：

（1）卖方信贷是出口方的银行或金融机构对出口商提供的信贷。这种贷款方式从出口方银行和金融机构提供贷款给出口商的角度来看，它属于银行信用的范畴；从出口商赊销商品给进口商的角度来看，它又属于商业信用。综合起来考察，它实际上是一种以银行信用为支持的国际商业信用。

（2）买方信贷是由出口方的银行或金融机构直接向进口商或进口方银行或金融机构提供贷款的方式。从进口方银行向出口方银行取得贷款的角度看，它是一种国际间的银行信用；从进口商通过进口方银行取得贷款用于支付出口商货款的角度看，它是一种国际国内相结合的银行信用。

2. 银行贷款

银行贷款即指从国际上一些商业银行获取贷款，它又可分为短期贷款、中期贷款和银团贷款三类。银团贷款是多家银行组成银团共同使用一个贷款合同对一个项目发放的贷款，是国际间银行贷款的主要形式。

3. 政府贷款

政府贷款指国与国之间相互提供的信用，通常由财政部出面借款。其特点是金额不大利率较低、期限较长，通常用于非生产性支出。一般附带限制性的条件，如要求受信国必须将贷款用于购买提供贷款的国家的商品等。

4. 国际金融机构贷款

国际金融机构贷款主要是指包括国际货币基金组织、世界银行在内的国际性金融机构向其成员提供的贷款。国际货币基金组织的贷款主要有：（1）普通贷款，是基金组织最基本的一种贷款，用于解决会员一般国际收支逆差的短期资金需要；（2）中期贷款，用于解决会员国际收支困难的中、长期资金需要；（3）出口波动补偿贷款，主要解决发展中国家的初级产品因市场价格下降而面临国际收支逆差不断扩大的困难；（4）信托基金贷款，是为支持比较贫穷的发展中国家的经济发展而设立的一项贷款。世界银行主要是通过提供和组织长期贷款和投资，解决会员恢复和发展经济的资金需要。

国际信用是随着国际贸易的发展而产生和发展的。随着一国商品和货币的流通范围日渐扩大，信用也扩展到世界范围，成为各国开展经济交流、促进世界经济发展的重要手段。因此，从形式上看，国际信用是适应商品经济发展和国际贸易扩大而产生并发展起来的一种借贷关系；从本质上看，国际信用则是资本输出输入的一种形式。

第三节 信用工具

在现代信用经济活动中，信用工具作为信用形式的重要载体，有力地促进了国民经济的发展。信用工具是在发达的商品经济条件下，随着信用关系的发展以及货币支付手段职能作用的发挥而产生和发展的。

一、信用工具的概念和特征

（一）信用工具的概念

信用工具就是以书面形式发行和流通，借以保证债权债务双方权力和义务，具有法律效力的凭证。信用工具是一种债权债务契约，通常要载明债务人身份、债务金额、到期日期和利率等内容，如果发生债务纠纷，此类凭证可以免除关于债务的存在、金额、期限与利率的争议，如果涉及到法律，可以作为主要的证据。

（二）信用工具的特征

随着货币信用经济的发展，信用工具的数量和种类也越来越多，它们各有自己的特点，但从整体上看，信用工具一般具有以下共同特征：

1. 偿还性

偿还性是指信用工具的发行人或债务人按期归还全部本金和利息的特性，这是信用工具最基本的特征。各种信用工具（除股票和永久性债券外）一般都载明到期偿还的义务和期限，它是由债务人一方或债权人与债务人双方根据融资需要确定的，期限有长有短，各不相同。不同的偿还期限体现着它的变现能力大小，这对债权人与债务人具有不同的意义。从债权人的角度来看，选择长、短期取决于债权人对现时消费与未来消费的估计，同时，还取决于债权人将能得到的收益率与对未来货币价值涨落的预期。这些因素从客观与主观上对债权人有着不同的影响。如果在收益率一定的情况下，债权人都趋向于持有期限比较短的金融工具。这主要是为了防止意外的情况，期限短从而具有更多的灵活性。从债务人的角度看，通常希望偿还的期限长些，这有利于债务人有更多的时间来安排债务的偿还。如果债务人想得到这样的允诺的话，也许他不得不牺牲其他一些利益，例如，给债权人更高的报酬。债务人所关心的是信用工具从发行到满期的全部期限，而债权人关心的则是他在接受信用工具时离偿还期还有多久。不同期限的信用工具，能满足广大投资者的不同需求，而且对于信用工具的持有人来说，还可以通过买卖转让信用工具，把无期限化为有期限，长期化为短期，实现信用工具偿还期限的转换。

2. 流动性

流动性是指信用工具在不受或少受经济损失的条件下随时变现的能力。不同信用工具的变现能力各不相同，活期存款具有完全的流动性，它可以在不受任何损失的前提下随时变现。其他信用工具或在短期内不易变现，或变现时可能承受损失。通常，信用工具的流动性与其偿还期成负相关，同债务人的信誉成正相关。

3. 收益性

收益性是指购买或持有信用工具，不仅要求还本，还希望带来利润。这是购买者的基本要求。信用工具的收益性通过收益率来反映。收益率是年净收率与本金的比率，通常有三种表示方法：

（1）名义收益率。即规定的利息与票面金额的比率。如某种债券面值 100 元，10 年还本，年息 8 元，则名义收益率为 8%。

（2）即期收益率。即规定的利息与信用工具市场的价格比率。如上述债券某日的市价为 95 元，则即期收益率为 8.42%（8/95），若市价为 105 元，则即期收益率为 7.62%（8/105）。

（3）实际收益率。即实际收益与市场价格（也即买者的实际支出）的比率。仍按照上例，若某人在第一年末以 95 元市价买进面值 100 元的 10 年期债券，则对买者而言，偿还期为 9 年，如果他能保存该债券至偿还期为止，则 9 年间除每年获利息 8 元外，每年还可获得本金盈利 0.56 元，即（100 − 95)/9，故该买者的实际年收益率为 9%，即（8 + 0.56)/95。反之，如在第一年末以 105 元的价格买进，则其实际收益率就只有 7.09%，即（8 − 0.56)/105。

4. 风险性

风险性是指由于某些不确定因素导致信用工具价值损失的可能性。任何一种信用工具的本金和收益都存在着遭受损失的可能性，风险主要来自两个方面：一为信用风险，即债务人不履行合同，不按期偿还本金和支付利息；二为市场风险，即由于市场利率发生变化而引起的信用工具市场价格的下跌。例如，市场利率上升，股票价格下跌，股票持有者的利益就受到损失。

以上四个特征中，偿还性是最基本的特征，是信用工具的本质要求。要实现信用工具的偿还性，就要正确处理好另外三性之间的关系。其中，流动性与收益性成反比，与安全性成正比。如短期国债，流动性较强，安全性也较高，但收益性较低。信用工具的收益性与安全性往往成反比，如股票，收益性高，但安全性较低，是高风险高收益证券。因此，投资者选择购买什么样的信用工具，应根据自己的偏好权衡利弊，灵活选择。

二、信用工具的类型

在现实经济生活中，信用关系的复杂多样，从而也形成了多种多样的信用工具。不同类型的信用工具具有不同的特点。信用工具按不同的标准分类，可以划分为诸多类型。

（1）按信用工具发行者的性质划分，可分为直接信用工具和间接信用工具。直接信用工具是指非金融机构，例如，工商企业、个人和政府签署和发行的商业票据、股票、公司债券、国库券、国债、抵押契约等。这些信用工具是用来在金融市场上直接进行借贷和交易的。间接信用工具是指金融机构所发行的银行券、存单、保险单、各种借据和银行票据。这些信用工具是由融资单位通过银行和其他金融机构融资而产生的。

（2）按信用工具的期限可分为短期信用工具和长期信用工具。短期信用工具又叫货币市场信用工具，期限较短，一般在一年以下，主要有商业票据、国库券、银行承兑汇票、可转让大额定期存单等。这类信用工具的特点是期限短、风险小、流动性强，一般可作为准货币。

长期信用工具又叫资本市场信用工具，期限较长，一般在一年以上甚至是无限期的，主要有股票、债券等。这类信用工具的特点是期限长、风险较大、流动性较弱。

（3）以信用工具的付款方式为标准，可分为即期信用工具和远期信用工具。前者是指见票即付的信用凭证，后者是指规定一定期限付款的信用凭证。

（4）以信用工具运用目的为标准，可分为消费信用工具和投资信用工具。前者是指直接用于以消费为目的的信用凭证，后者是指直接用于以生产经营为目的的信用凭证。

三、短期信用工具

短期信用工具种类繁多，常见的工具主要有票据、国库券、回购协议、信用证等，下面分别加以介绍。

（一）票据

票据有广义和狭义之分。广义的票据包括各种有价证券和商业凭证，如汇票、国库券、发票和提单等。狭义的票据仅指汇票、本票和支票。我国 1996 年 1 月 1 日起实行的《中华人民共和国票据法》（以下简称《票据法》）明确规定："在中华人民共和国境内的票据活动，适用本法。本法所称票据，是指汇票、本票和支票。”因此，票据的含义为：出票人承诺自己或委托付款人在见票时或在指定的日期向收款人或持票人无条件支付一定的金额并可流通转让的有价证券。

1. 汇票

汇票是出票人签发的、委托付款人在见票时或者在指定日期无条件支付确定的金额给收款人或持票人的一种票据。

我国《票据法》对汇票的主票据行为进行了明确的规范。出票人签发的汇票必须记载以下事项：（1）表明“汇票”的字样；（2）无条件支付的委托；（3）确定的金额；（4）付款人姓名；（5）收款人姓名；（6）出票日期；（7）出票人签章。汇票上未记载上述规定事项之一的，汇票无效。汇票上还可以记载法定事项以外的其他出票事项，但是该记载事项不具有汇票上的效力。

同时应注意如下情形：在汇票上应清楚明确地记载付款日期、付款地、出票地等事项。如果汇票上未记载付款日期的，视为见票即付；汇票上未记载付款地的，以付款人的营业场所、住所或经常居住地为付款地；汇票上未记载出票地的，以出票人的营业场所、住所或者经常居住地为出票地。

汇票分为商业汇票和银行汇票。由银行以外的企业单位等签发的汇票为商业汇票，由银行签发的汇票为银行汇票。

（1）商业汇票。商业汇票是由债权人发给债务人，命令他在一定时期内向指定的收款人或持票人支付一定款项的支付命令书。商业汇票有三个当事人：①出票人（即债权人）；②受票人或付款人（即债务人）；③收款人或持票人（即债权人或债权人的债权人）。由于商业汇票是由债权人发出的，所以，必须经过票据的承兑手续，才具有法律效力。承兑是指在票据到期前，由付款人在票据上做出表示承诺付款的文字记载及签名的一种手续。承兑后，付款人就成为承兑人，在法律上具有到期付款的义务，同时，汇票即为承兑汇票。在信用买卖中，由购货人（债务人）承兑的汇票，称为商业承兑汇票；由银行受购货人委托承兑的汇票，称为银行承兑汇票。

商业汇票是在买卖合同中双方选择适用的一种支付工具，出于对交易安全和成本的考虑，人们首选商业汇票作为实现合同对价的工具，因为银行汇票要先存款后出票，然后才付款，存款到付款期间的利息差便是买方的资金损失，而商业汇票是先给票后付款甚至远期付款，没有利息损失的机会；而且，商业汇票经过购货单位或银行承诺付款，承兑人负有到期无条件支付票款的责任，对付款人具有较强的约束力。此种票据既能达到付款目的，又没有提前占用资金的损失，所以商业汇票在市场买卖活动中被广泛运用。

商业汇票是一种约期付款工具，不仅具有支付功能，还具有信用和融资功能，商业汇票的持有人还可以用未到期的票据向银行办理贴现。贴现是银行办理放款业务的一种方式。当商业汇票的持有人需要现金时，可将未到期的票据卖给银行，银行则按市场贴现利息率扣除自贴现日至票据到期日的利息后，将票面余额支付给持票人。票据到期后，由银行向债务人兑取现款。

（2）银行汇票。银行汇票是银行开出的汇款凭证。银行汇票由银行发出，交由汇款人自带或由银行寄给异地收款人，凭以向指定银行兑取款项。

在银行汇票制度中，银行是票据的出票人，出票的条件是汇款人须将款项预先存在银行，在存款之后或存款的同时通知银行将一定的款项转往指定的地点，银行依约将汇票交给汇款人，后者持票前往指定银行或者自己选定的银行办理转账或提取现金。银行汇票具有票随人到、方便灵活、兑付性强的特点，因此，银行汇票深受广大企事业单位、个体经济户和个人的欢迎，其使用范围广泛，使用量大，对方便异地采购起到了积极的作用。银行汇票已成为使用最广泛的支付工具之一。

2. 本票

本票是出票人签发的，承诺自己在见票时无条件支付确定的金额给收款人或者持票人的一种票据。

（1）本票的法定事项。本票是一种要式证券，我国《票据法》对本票上应记载的事项作出了明确的规定。本票必须记载如下法定事项：①表明“本票”的字样；②无条件支付的承诺；③确定的金额；④收款人名称；⑤出票日期；⑥出票人签章。如果本票上未记载上述法定事项之一的，本票即为无效。同时要求本票上记载付款地、出票地等事项的，应当清楚、明确。本票上未记载付款地的，以出票人的营业场所为付款地；本票上未记载出票地的，以出票人的营业场所为出票地。

（2）本票的行为规范。本票行为包括出票、背书、保证、付款和追索行为。本票的出票行为是指本票出票人签发票据并将其交付给收款人的一种主要票据行为。我国《票据法》规定，本票的出票人必须具有支付本票金额的可靠资金来源，并保证支付。本票出票人的资格必须由中国人民银行依法审定。本票的出票人在持票人提示见票时，必须承担付款的责任。本票自出票日起，付款期限最长不得超过两个月。本票的持票人未按规定期限提示见票的，丧失对出票人以外的前手的追索权。背书后的本票可以流通转让。

（3）本票的种类。

①根据发票人的不同，本票可分为商业本票和银行本票。商业本票是企业为了筹集短期资金而发行的。银行本票是指银行签发的，承诺自己在见票时无条件支付确定的金额给收款人或者持票人的票据。本票的基本当事人有两个，即出票人和收款人。在银行本票业务中，银行既是出票人也是付款人，与此相对应的是持票人即收款人。银行本票按票面是否记载收款人姓名分为记名本票和不记名本票；按票面金额到期日不同分为定期本票和即期本票；按票面金额是否固定分为定额本票和不定额本票。目前，我国只允许银行签发本票。银行本票的最大特点是跨行见票即付，能实现资金实时到账，大大增加了资金的可预期性和到账速度，所以被视同现金，具有信誉高、支

付能力强的特点。

②根据付款期限的不同，本票又可分为即期本票和远期本票。即期本票是见票即付的本票，远期本票是必须到约定日期才可付款的本票。所以，远期本票也被称为期票。

3. 支票

支票是银行的活期存款客户向银行签发的，要求从其存款账户上支付一定金额给持票人或指定人的书面凭证。支票有许多种，主要有：按照支付期限，可以划分为即期支票和定期支票；按照是否记载收款人的姓名，可以划分为记名支票（又称抬头支票）和不记名支票（又称来人支票）；按是否支付现金，可以划分为现金支票和转账支票（又称划线支票）。此外，还有银行在支票上记载“保付”字样的保证付款支票，称为保付支票，以及存款人开出的票面金额超过存款金额或透支限额而不生效的支票，称为空头支票。空头支票一旦被发现，便会被拒绝付款。

支票在国外的使用非常普遍。在我国，支票是票据的一种，与其他国家把支票与汇票、本票分开的有所区别。长期以来，我国只在法人中使用支票，个人不能使用支票。早在1986年和1995年《关于推行个体经济户和个人使用支票结算的通知》和《中华人民共和国票据法》的颁布，中国人民银行就支持和鼓励个人使用支票结算，尤其是2003年9月1日起开始实行《人民币银行结算账户管理办法》，个人支票在我国真正开始推广使用。但是，相比我国企业支票的使用，个人支票一直发展缓慢。

（二）信用证

信用证是银行根据其存款客户的请求，对第三者发出的、授权第三者签发以银行或存款人为付款人的凭证。信用证包括商业信用证和旅行信用证两种。

1. 商业信用证

商业信用证是商业银行受客户委托开出的证明客户有支付能力并保证支付的信用凭证。客户申请开立信用证时，必须预先向开证银行缴纳一定的保证金。商业信用证现可用于国内商业，也可用于国际贸易。在国内商业中，购货商申请银行开出商业信用证后递交卖方，卖方可按信用证上写明的条款向银行开出汇票、收取货款。在国际贸易中，商业信用证是银行保证本国进口商有支付能力的凭证，是国际贸易中的一种主要支付方式。进口商要求银行开出商业信用证必须预交货款的一部分或全部作为保证金，或者直接把商业信用证寄给出口商，允许其在一定期间和一定金额的限度内向进口商开出汇票，银行则保证其承兑并到期付款；也可以由出口商直接向开证银行或其联行、代理行开出汇票，由银行自己承兑和付款。

2. 旅行信用证

旅行信用证又称货币信用证，是银行发给客户据以支取现款的一种凭证。由于这种信用证是专门为便利旅行者出国旅行时支付款项所发行的，因此，国际上一般称其为旅行信用证。旅行者在出国前，将款项交存银行，由银行开出旅行信用证。在开证时，旅行者必须在信用证上留下自己的印鉴或签字，当旅途中发生支付需求时，旅行者可凭信用证向指定的所在地银行取款。旅行者取款时所出具的收据上的印鉴和签字，必须与信用证上留下的一致。

（三）旅行支票

旅行支票是由银行或旅行社为方便旅游者而签发的一种定额支票。旅行支票的票面额一般都比较小，主要供旅游者在旅途中兑取零星现金。旅游者在向银行或旅行社购买旅行支票时，必须当面在支票上签字（称为初签），在异地向当地银行兑取票款时，仍须当面在支票上签字（称为复签），再次签字经核对相符，方可兑取现金，所以比较安全。旅行支票一般不规定流通期限，发行机构可以无偿使用此项资金，还可以收取手续费。所以，西方国家的银行、旅行社都竞相发行旅行支票，以吸收资金，获得资金运用的利润。由于旅行支票比旅行信用证更方便，所以得到了广泛流行。我国银行也发行旅行支票，以方便旅行者出行。

（四）国库券

国库券是政府为调节国库收支而发行的一种短期政府债券。其债务人是中央政府，偿还债务的资金来源于中央财政收入，风险很小，它是西方国家货币市场上最主要的金融工具之一。

政府发行国库券的主要目的是：弥补政府的预算赤字；解决政府的季节性资金需要；帮助中央银行调节银行流动资产。从本质上来说，在很多国家发行国库券不单是为了政府的筹资目的，还是为商业银行提供一项满足流动性要求的资产，为中央银行提供进行公开市场业务操作的工具，使中央银行可以不通过银行间货币市场而通过国库券调节银行的流动资产和短期利率。

（五）回购协议

回购协议是美国20世纪70年代以后逐步发展起来的一种新的货币市场上的金融工具，它是在货币市场上出售证券以取得资金的同时，出售证券的一方同意在约定的时间按原价或约定价格重新买回该笔证券。因此，回购协议实际上是一种以证券为质押的短期贷款。回购协议中的出售方大多为银行或证券商，购买方则主要是一些大企业，后者往往以这种方式来使自己在银行账户上出现的暂时闲置余额得到有效的利用。回购协议的期限通常很短，但是由于数额巨大，购买者的收入也很可观。

四、长期信用工具

长期信用工具包括债券和股票两大类，统称为有价证券。所谓有价证券是指具有一定面值，代表资本所有权或债权并凭其取得一定收益的凭证。

（一）股票

股票是股份公司为筹集资金而发给投资者的入股凭证。股票持有人即为公司的投资者，即股东。股票是一种所有权凭证。股票依据不同的标准，有如下多种不同的分类方法：

1. 按是否记名分为记名股票和不记名股票

前者是指在股票上和公司股东名册上都记载有股东姓名的股票，需要转让时可以到公司办理过户手续。后者是指在股票上不记载股东姓名的股票，其持有人，无论是谁均享有股东权利。上市公司的发起人股东和机构投资者持有的都是记名股票，转让要受到一定的限制。例如，在我国，发起人持有的股票在公司成立之日起 3 年内不得转让等。

2. 按盈利的不同分配方式可分为优先股票和普通股票

普通股票是股票中最普遍和最主要的形式。普通股股东，其获得的股息随着股份公司利润的变动而变动。其权利主要有：（1）经营参与权。经营参与权可通过股东大会来行使，主要包括选举权、被选举权、发言权和表决权。（2）盈余和剩余财产的分配权。公司盈利时，有权取得相应的股息，但在分配次序上，应在支付完工资、借贷款项、债券利息、法定公积金和优先股股息之后。（3）优先认股权。即公司增发普通股票时，可优先购买新发行的股票，以维持其在该企业的持股比例。认股权可以出售，也可以不认股，使认股权过期失效。

优先股又称特别股，是公司出于特定需要而发行的，在收益与公司清算剩余财产分配上较普通股享有优先权的股份。优先股的优先权主要体现在两方面：一是优先取得股息；二是优先获得财产清偿。正是由于优先股具有上述优先权，因而优先股股东在公司的权利也有一定的限制，通常对公司的经营管理没有表决权，也无权过问公司的事务，只有在直接关系到优先股股东利益的情况时，其股东才有权参加股东会议，并行使表决权。

3. 按照股票上是否载明金额分为有面值股票和无面值股票

有面值股票是在股票票面上注明一定的股数和金额，即标明票面价值的股票。无面值股票又称为比例股，即票面上不表示一定面值的股票，仅在票面上表示出占公司全部资产的比例，其实际价值则随着公司财产的变动而变动。发行无面值股票，公司的现实资本就无法评估，有关部门难以对公司进行监督。

4. 按照投资主体的不同分为国有股、法人股和社会公众股

国有股是指代表国家进行投资的有关部门或机构，以国有资产向公司投资所形成的股份。法人股是指企业法人或者具有法人资格的事业单位和社会团体，以本单位依法经营的资产向公司的非上市流通股权部分投资形成的股份。社会公众股是指我国境

内的个人和机构，以自己的合法财产向公司的可上市流通股权部分投资形成的股份。长期以来，我国国有股和绝大部分法人股作为公有股份未能进入流通，对于证券市场的健康发展极为不公平。目前，随着证券市场和股份制企业改革的深入发展和制度的不断规范，国有股和法人股已经逐步被批准进入流通市场交易。

此外，我国对上市公司的股票还有另一种分类，即根据股票上市地点和投资主体的地域不同，将上市公司的股票区分为 A 股、B 股、H 股、N 股、S 股和美国存托凭证（ADR）等。

（二）债券

债券是一种使用非常广泛的债务融资工具，它表明债券持有者有权向债券发行者取得固定的利息收入，到期收回本金。因此，债券体现了债权债务关系。债券的种类很多，可以从不同角度进行划分。

1. 根据发行主体的不同，可分为政府债券、公司债券和金融债券

（1）政府债券，又称国家债券，是政府为筹措资金而向投资者出具的、承诺在一定时期支付利息和到期还本的债务凭证。它包括中央政府债券（主要指政府的中长期债券）、地方政府债券和政府机构债券等。

①中央政府债券。一般在中央集权程度较高的国家，中央政府是债券发行的主体，中央政府债券在政府债券发行中占绝对地位，地方政府债券很少发行。中央政府发行的债券有两种：国库券和国债。通常 1～2 年期的政府债券为国库券，目的是为了筹集短期资金，解决财政年度内财政收支在时间上的不一致，具有流动性强，风险小的特点。国债通常都是中长期的，2～10 年为中期债券，10～30 年的国债为长期国债。政府发行国债的目的，一是为政府投资的公共设施或重点建设项目筹集资金；二是弥补国家财政赤字。

②地方政府债券。地方政府债券由地方政府发行，发行目的主要是为地方性建设项目筹集资金。因此，地方政府债券大多是一些中长期债券。地方政府债券是地方政府从本地区的角度安排发行和使用的，尽管它的发行区域超出本地区甚至到国外。在美国，地方政府债券称为市政债券，大多数市政债券的利息收入是免税的。按我国的《预算法》规定，目前，我国的地方政府不能发行地方政府债券。

③政府机构债券。政府机构债券不是标准化的国债，发行主体不是政府本身，而是政府所属的机构。例如，美国联邦住房信贷抵押协会和联邦全国抵押协会发行的债券就是政府机构债券，这种债券信用风险比国债略高，因此，利率比国债稍高。我国政策性金融机构发行的政策性债券，也属于准国债性质。政府债券的还本付息由国家作保证，在所有债券中信用度最高且投资风险最小，故其利率也较其他债券低。政府债券是平衡市场货币量的筹码，中央银行在公开市场上买卖国债进行公开市场操作，可以有效地调节市场货币量，进而实现对宏观需求的调节。

（2）公司债券。公司债券是由非金融类企业发行的债务工具。企业发行债券一般需要经过信用评级。由于公司债券的流动性和安全性不及政府债券和金融债券，所以利息率较高。

企业发行债券手续比发行股票简单，如果采取私募方式，甚至不用报主管机关批准审核；缺点是费用较高，推销需要一定时间，不像银行贷款那样可以立即取得所需资金等。

（3）金融债券。金融债券是银行或非银行金融机构为获取资金而发行的债券。对金融机构而言，发行金融债券筹集资金比吸收存款稳定而主动，可以作为其资产负债管理的一种手段。由于银行等金融机构的资信度高于一般公司，因此金融债券的信用风险比公司债券低。应该注意的是，在英国和美国等欧美国家，金融机构发行的债券归类于公司债券；而在我国和日本等国家，金融机构发行的债券称为金融债券。

2. 根据债券是否有担保，可分为担保债券和信用债券

担保债券也称抵押债券，是以某种抵押品（如土地、房屋建筑、设备等）为担保而发行的。若债务人不能按期支付利息和本金，则持有人可以将抵押品出售。信用债券则完全是凭发行者的信用发行的。通常，信用债券的发行人要拥有较高的资信。

3. 按发行的区域不同划分，债券可分为国内债券和国际债券

国内债券，就是由本国的发行主体以本国货币为单位在国内金融市场上发行的债券。国际债券是本国的发行主体到别国或国际金融组织等以外国货币为单位在国际金融市场上发行的债券。国际债券又分为外国债券和欧洲债券。

4. 根据债券的利率是否固定，可分为固定利率债券和浮动利率债券

固定利率债券在债券的整个期限内，利率固定不变。对发行者和投资者来说，成本和收益的计算比较方便，但当市场利率变化的时候，其中一方将遭受损失。如果利率上升，受损失的是债券持有人；反之，债券的发行人将吃亏。浮动利率债券的利率定期随市场利率的变化而进行调整。

5. 按资金募集方式不同，可分为公募债券与私募债券

公募债券是指向社会公众公开募集资金而发行的债券，私募债券是指向与发行人有特定关系的投资人发行的债券。公募债券必须向社会公众公开出售，应当遵守信息公开制度的要求，债券的转让比较方便；私募债券的发行范围很小，一般不实行公开申报制度，债券的流动性也比较差。

6. 根据债券的利息支付方式，可分为息票债券和折扣债券

息票债券是一种附有各期息票的债券，持有人可在到期时凭息票领取利息；此息票也可转让。折扣债券是采取折价发行的债券，其利息体现在债券面值与出售价格的差价上。

7. 按在券面上是否记名，可分为记名债券与无记名债券

记名债券是指载明债权人姓名的债券，其投资人领取本息须凭印鉴，转让时只能

由持有人以背书方式转让，因而记名债券的流动性很差。无记名债券是不载明债权人姓名的债券，转让时无须背书，一方付款，一方交付债券即完成了转让，因而其流动性很强。

8. 按债券能否转换，可分为可转换债券与不可转换债券

可转换债券是指可以兑换成公司股票的债券，公司在发行这种债券时附有专门条款，规定债权人如认为有利时，可以将公司债券转换成公司的普通股或者优先股，发行可转换债券对于债权人和公司都有好处：债权人可以在有利时将债券转换成股票，以提高投资收益；公司也可充实资本金，减轻债务负担。不可转换债券是指不能转换为股票的债券。通常，购买可转换债券的费用要高于不可转换债券。

（三）债券与股票的区别

从企业融资的角度，发行债券和股票是直接融资的主要手段，在证券市场上股票和债券也是两个最主要的有价证券，与银行贷款等间接融资形式相比，发行债券和股票具有筹资数额大、时间长，且不受贷款银行的条件限制等特点。但是，债券与股票是有区别的：

（1）债券是债权凭证，债券持有者与债券发行人之间是债权债务关系；股票是所有权凭证，股东一般拥有投票权，可以通过选举董事行使对公司的经营决策权和监督权。

（2）债券一般有偿还期，到期须归还本金；而股票是永久性的，投资股票是不能抽回本金的，只能通过二级市场流通转让。

（3）发行股票所筹资金列入企业资本，会使企业偿债能力增强，而发行债券所获资金则列入企业负债，会使企业有关财务指标恶化。

（4）权益不同。债券持有人只有到期获取本金和利息的权利，无权参与企业经营管理；而普通股股票所有者除有获取红利权利外，还可以通过参与股东大会来对企业经营发表意见。

（5）股票所有者所获红利并不固定，视企业经营状况和红利分配方案而定；而债券持有人的收益则固定，因为一般公司债券的利息支付水平和时间是固定的。

（6）剩余财产分配顺序不同。企业经营一旦出现破产、倒闭，则剩余财产的分配顺序是优先偿还债券持有人的债务，普通股股东的受偿顺序列在最后。

（7）股票的发行单位仅限于股份有限公司；而债券的发行单位则不限于此，还包括各类企业、金融机构、政府等。

（8）一般来讲，债券利息列入企业成本，在征纳所得税前支付；而股票红利则在征纳所得税后支付。

（9）风险程度不同。由于债券有具体到期日和固定的收益率，因而其价格变动相对较小，风险也小；而股票由于没有到期日且没有固定收益率，因而价格波动相对较

大，风险也大。

尽管股票与债券有如此多的差异，但对一个企业来讲，筹资时到底应选择哪一种，不仅是个高深的财务管理问题，而且对企业管理权的变更也会产生很大影响，因而对决策者而言需要深思熟虑、妥善决策。

第四节 信用的作用

现代经济是一种信用经济。在现代经济生活中，信用即债权债务关系，是一种最普遍的经济关系，经济活动中的每一个部门、每一个环节都渗透着债权债务关系。信用像一张无形的网覆盖了整个社会，不仅对生产有极大的促进作用，而且渗透到人们生活的方方面面。正是从这种意义上说现代经济是信用经济。如果这样的债权债务关系遭到损害，那么，整个经济必然陷入危机的境地。我们已经很难在现代经济中找出能够摆脱这种债权债务关系的部门或个人。经济越发展，债权债务关系越紧密，信用越成为经济正常运转的必要条件。

一、信用保证社会化大生产的顺利进行

社会化大生产，是指在现代技术条件下，有适度规模的生产经营，社会分工较细，各企业之间产销衔接，呈现出相互依存的关系，从而形成一个社会运行的有机总体。在这个总体运行中，各企业需要保持生产的连续性，若某一两个企业的生产连续性遭到破坏，就会影响到社会整体。但实际上这种连续性不是自然而然就有的，很多因素会影响或阻碍生产的连续性。例如，企业原定的销售计划没有完成，收不到销货款，就没有钱购买原材料，生产就要停滞。这样，要想让生产继续下去，就必须利用信用借入资金。所以信用活动可以从资金上为社会化大生产顺利进行提供条件。

二、信用促进利润的平均化

实现社会再生产的正常进行，社会总产品的各部分必须保持适当的比例关系。在生产资料私人占有的资本主义社会，各种比例关系的形成是自发地通过价值规律实现的。在这个过程中，通过利润低的部门向利润高的部门转移资本，来实现比例关系的协调。

在资本转移的过程中，首先遇到的问题是生产资本已经固定在特定的自然形态上，这种特定自然形态的生产资本都有特定的用途。也就是说，固定在生产资本上的资本是不能随意按客观需要转移到其他部门和行业的。如果依靠企业本身的资金，则只有

把原来的生产资料变卖或加工改造，这也需要时间。但信用的出现推动了这种资本转移，从而为利润的平均化起到中介作用，使整个经济实现了某种新的暂时的平衡。

三、信用可以节约流通费用，加速资本周转

现代银行信用制度的发展使债权债务可以在银行信用基础上通过转账结算方式清算，不需要用现金结算。在信用制度基础上产生的信用流通工具（如商业票据、支票、银行券等）代替金属货币流通，甚至用电子货币代替现金流通，节约了社会流通费用。

信用加速了商品价值的实现过程，可以减少商品的储存量和与此有关的商品保管费用。如果商业企业必须支付现款进货，企业的产品可能卖不出去，或推迟销售；若企业向商店提供信用，先把商品转让给商店，等商店销售完或有货款时再付款，就可以大大加快商品的销售速度，从而加快了资本周转。

四、信用促进了股份制的迅速发展，使生产规模扩大

以前个别资本不能建立的企业，以股份形式很快就能建立起来。比较典型的像铁路运输，没有股份制度，恐怕至今也不会有铁路。

股份制度存在的前提是信用。股份制度出现后，股票又是信用活动的重要工具。所以，信用经济越是发展，股份制度也必然发达。股份制度对经济发挥着重要作用。

五、信用具有提高消费总效用的功能

在每个既定时期内，不同的家庭对于现时消费和未来消费会有不同的要求。一些家庭由于某种原因可能对现时消费要求较高，宁可牺牲未来消费也要争取现时消费。而另一些家庭则可能正好相反，宁愿未来消费而现在实行节约消费。前者可称为赤字型家庭，后者可称为盈余型家庭。

当存在对现时消费和未来消费判断各异的家庭时，可将盈余型家庭的未来消费与赤字型家庭现在的超前消费相交换，二者均可得到满足。盈余型家庭将其本期储蓄转交赤字型家庭，将来赤字型家庭再把消费权归还。这样就形成了信用关系，通过信用使两种类型的家庭都能将其消费按时间先后恰当地分开，从而提高消费的总效用。

六、信用可以有效调节国民经济

商品货币经济的发展，带来信用的发展，信用成为连接经济的桥梁和纽带。在信用发达的社会中，经济层次多而复杂，活动领域宽阔而多变，国家采取直接行政干预

手段来调节经济越来越困难，因此国家转而采取间接调节经济的办法。信用为国家间接调节经济创造了条件。一方面，由于信用的发展，出现了多种银行和信用机构，并在此基础下产生了中央银行体制，中央银行作为国家调节经济的启动者，商业银行和其他金融机构是中央银行意志的传导者，作用于国民经济各部门和单位，整个金融体系组成了调节宏观经济的有机体；另一方面，由于信用的发展，出现了多种信用工具，这又为中央银行的调节提供了经济手段。中央银行可以利用货币供应、利率变动、法定准备金制度、公开市场业务等经济手段达到调节经济的目的。

在现代经济生活中，信用可以通过伸缩总量或改变结构来调节国民经济。具体途径是：一是通过信用总量的伸缩，来调节货币供应量，进而调节总需求，以保证社会总需求与总供给的平衡；二是通过信贷在投向、投量以及利率方面的差别来调节需求结构，进而实现产业结构的调整；三是可以通过信用总量和结构的变化来影响对外经济活动，又可以通过汇率调整和国际借贷的变化来施加影响，最终调节一国的国际金融活动与国际贸易活动。

📖 小资料

信用评级和信用评级机构

信用评级（又称为资信评级、资信评估、信用评估）就是由独立中立的专业评级机构，接受评级对象的委托，根据“独立、公正、客观、科学”的原则，以评级事项的法律、法规、制度和有关标准化规范化的规定为依据，运用科学严谨的分析技术和方法，对评级对象履行相应的经济承诺的能力及其可信任程度进行调查、审核、比较、测定和综合评价，以简单、直观的符号（如 AAA、AA、BBB、CC 等）表示评价结果，公布给社会大众的一种评价行为。信用评级机构是依法设立的从事信用评级业务的社会中介机构，即金融市场上一个重要的服务性中介机构，它是由专门的经济、法律、财务专家组成的对证券发行人和证券信用进行等级评定的组织。国家评级机构的主权属性表现出国际评级机构的特殊性，那就是各国评级监管水平和效果差异与国际评级标准一致性要求的矛盾，国际评级机构的超国家主权特性使其更易接受国际统一的评级监管要求。为了保证国际信用评级体系的稳健运行，必须建立强有力的国际评级监督机制，在完善国内监管的同时，必须加强国际监管，二者互为补充，不可替代。这是国际社会总结金融危机经验教训之后形成的重要共识。构建新型国际信用评级体系应该着重从三个方面进行思考，即建立世界信用评级组织；制定世界信用评级标准；建立世界信用评级监管组织和准则。

国际信用评级行业在 20 世纪初的黎明中诞生，历经一百年经济危机与金融风险的洗礼，已经成就了它在全球资本市场不可动摇的权威地位。美国是世界上资本市场最发达的国家，穆迪、标准普尔、惠誉国际三家公司是国际评级行业的垄断者。据国际清算银行（BIS）的报告，在世界上所有参加信用评级的银行和公司中，穆迪涵盖了80%的银行和78%的公司；标准普尔涵盖了37%的银行和66%的公司，惠誉公司涵盖了27%的银行和8%的公司。美国的评级业采用的是市场主导模式，欧洲的信用评级业是按照美国的模式发展起来的。法国信用评级的发展是由管理当局直接推动的，法国政府规定绝大多数的证券发行都应有信用评级。在英国，金融市场历史悠久且规模较大，这使得英国的市场比欧洲其他国家更有可能和更愿意接受信用评级。在德国，信用评级主要开展于国际性债务的发行。亚洲的信用评级业起步于20世纪70年代。日本是在大批本土机构到海外资本市场发放债务的过程中，逐渐接受欧美的信用评级，之后随着股票交易和债券规模的扩大，评级业的地位逐渐确立。印度评级业始于1987年，在政府的支持下仅用了10多年时间就形成了全国统一的评级市场；1985年，韩国建立了本国的评级机构，政府对金融市场进行积极的开发和推进，规定公司发行超过一定数额的商业票据就必须经过信用评级。1982年菲律宾、1988年中国、1991年马来西亚也相继诞生了本国的评级行业。

信用评级的原则均采用AAA－C的评级符号体系来表示信用风险的大小，再用"＋""－"号，或"1""2""3"，或"a""aa"等来修正在主要等级内的相对高低。将BBB级以上的信用级别规定为投资级，其他信用级别为投机级。在很多情况下，评级下降多于上调，特别是在经济衰退的环境下，评级机构以下调信用等级作为基本思路。如，对公司的评级，在对公司等级进行调整前，一般会通过先将公司放在"评级前景"及"观察名单"上进行审议，以此向外界发出公司评级将会调整的讯号。评级结果在短期内出现逆转的情况很罕见。

资料来源：全球信用网，2007年7月24日。

复习思考题

1. 试述信用的含义与本质特征。
2. 如果以信用主体为划分标准，信用形式可以分为哪几种类型？
3. 试述信用工具的概念与特征。
4. 股票与债券的区别主要包括哪些内容？
5. 信用在国民经济中发挥的重要作用主要包括哪些方面？

第三章

利息与利息率

内容简介

现代社会中，人们对利息并不陌生，向银行存款可获得利息，银行发放贷款同样需要利息。利率是衡量利息高低的指标，是实际经济运行中非常重要的经济变量，与我们的日常生活息息相关，并对经济发展产生重大影响。在当代，利率已成为一国宏观经济方面一个重要的经济变量，利息和利率理论也越来越显示出其在金融理论研究中的重要意义。

教学目的

通过本章的学习，使学生理解利息的含义及其本质；了解利率的种类以及利率的计算方法；掌握可贷资金利率理论，IS－LM模型和利率期限结构理论等当代主要的利率理论；能够结合宏观和微观经济运行情况解释利率的作用。

第一节　利　　息

利息与利息率是人类早已争论上千年的问题，初起于道德领域，后来凸显于经济学领域。作为现代经济生活中的重要宏观经济变量，利息和利息率变动对整个经济生活影响极大。

一、利息的定义和本质

（一）利息的定义

借贷行为发生时，贷款者不会无代价地将其资金转让给他人使用，通常会要求资金的使用者在归还借款时，加上本金的一定比例作为借款的代价。这个由借款者支付给贷款者的超过借贷本金的价值就是利息。因此，利息的概念可以从两个方面来理解：(1) 对于信用关系的债权方而言，利息是指货币所有者（债权人）因贷出货币或货币资本而从借款者（债务人）处获得的超过本金的那一部分报酬；(2) 对于信用关系的债务方而言，利息则是借款者（债务人）借入他人货币或货币资本应支付给债权人的超过本金的那一部分代价。简言之，利息就是出借资金的报酬或使用资金的代价。

（二）利息的本质

对于货币似乎可自行增殖这一问题的解释，涉及利息的本质。对于这一问题的最初解释，见于古典经济学派的利息理论之中。例如，威廉·配第认为利息是贷款人暂时放弃资金的使用权而获得的报酬，因此利息是对资金的机会成本的补偿；而约翰·洛克则认为利息是贷款人承担风险而得到的报酬，因此利息是对风险的补偿。英国古典政治经济学的代表人物亚当·斯密则提出了“利息剩余价值学说”，指出利息具有双重来源：其一，当借贷的资本用于生产时，利息来源于利润；其二，当借贷的资本用于消费时，利息来源于别的收入，如地租等。

马克思针对资本主义经济中的利息曾有深刻的剖析，他认为利息直接来源于利润，是利润的一部分。在马克思看来，利润的本质是剩余价值，因此，利息是对剩余价值的分割，体现着货币资本家、产业资本家对雇佣工人的剥削。

二、利息的形成

利息来源于何处，是如何形成的，是金融理论中争论较多的问题，这种争论早在古代就已有之。

从表面上看，利息是借贷资本运动的增殖额，即贷出的货币量带回的一个增殖部分。但实质问题并非如此，在生息资本的场合，资本的运动被简化了，中介过程被省略了。而所谓的“中介过程”，在马克思看来包括两个方面：

如果借款人是产业资本家，那么借贷资本实际运动的过程就是：

$$G—G—WAPm\cdots P\cdots W'—G'—G' \tag{3-1}$$

如果借款人是商业资本家，则运动的全过程为：

$$G—G—W—G'—G' \tag{3-2}$$

显而易见，无论是产业资本运动还是商业资本运动，其中间部分 G—WAPm…P…W′—G′和 G—W—G′，都是借贷资本 G—G′中省略了的过程。借贷资本的运动实际上是资金的双重支付和双重回流的过程，即借贷资本家将货币贷放给产业资本家或商业资本家为第一重支付，产业资本家或商业资本家的购买为第二重支付。产业资本家或商业资本家通过销售获得回款为第一次回流，将资金归还借贷资本家为第二次回流。

从这种双重支付双重回流过程中可以看出：利息不是来源于货币的自行增殖，而是来源于借贷资本与职能资本的结合。利息来源于利润，是剩余价值的一部分。

第二节 利率及利率计算

利率是经济生活中倍受关注的经济变量，尤其是市场经济越发达，金融资产越丰富的情况下，利率发挥作用的范围就越大。

一、利率

（一）利率的概念

利率是对利息的量化规定，指借贷期内所形成的利息额与所贷资金额的比率，日常简称为利率。现实生活中的利率都是以某种具体形式存在的。一般而言，最常见的表示法为年利率、月利率和日利率。年利率是以年为时间单位计算利息，用百分之几（%）来表示；月利率是以月为时间单位计算利息，用千分之几来表示（‰）；日利率，习惯叫“拆息”，是以日为时间单位计算利率，用万分之几来表示。在实际生活中，利率通常用年利率表示。年利率、月利率和日利率的计算关系是：

$$日利率 \times 30 = 月利率 \times 12 = 年利率$$

$$年利率 \div 12 = 月利率 \div 30 = 日利率$$

在中国的传统习惯中，有用“厘”和“分”表示利息的习惯。不论是年息、月息、拆息都可以用“厘”作单位，但意义不同。年息 3 厘是指 3%，如果借款 1 万元，1 年要支付的利息为 300 元；月息 3 厘是指 3‰，借款 1 万元，1 个月要支付的利息为 30 元，1 年的利息是 360 元；拆息 3 厘是指 3‱，如果借款 1 万元，每日的利息是 3 元，1 年按 360 天计，全年要支付利息 1080 元。分是厘的 10 倍，如“月息 3 分”就是 3%。这些习惯在民间借贷中至今还保留着。

（二）利率的种类

实际经济生活中，利率的具体种类有很多。按照不同的划分标准，可以将利率分为以下几种类别：

1. 实际利率与名义利率

所谓名义利率就是一定时点上对物价变动率因素未作剔除的利率；而实际利率就是在一定时点上已对物价变动因素进行剔除后的利率。名义利率与实际利率的关系是：

$$名义利率 = 实际利率 + 通货膨胀率$$

实际利率 = 名义利率 − 通货膨胀率

因此，决定实际利率的是名义利率和通货膨胀率两个因素。如果币值不稳定，即使名义利率相对稳定，实际利率也会发生变化。例如，在名义利率不变的条件下，货币贬值，即通货膨胀指数大于零时，实际利率小于名义利率；如果货币升值，实际利率会高于名义利率。总之，实际利率是使用资金的真实成本，实际利率的波动将会对货币资金的供求状况以及人们的资产选择行为产生影响。

2. 固定利率与浮动利率

固定利率与浮动利率是两种不同的管理体制。固定利率是指在融资期限之内不作任何调整的利率。在实践中，由于市场货币资金的供求关系发生变化或通货膨胀等原因，市场利率经常会发生变动。实行固定利率，在存、贷款期限内，不管市场利率水平发生怎样的变化，都只能按确定信用关系时的合同规定的利率执行。因此，固定利率的风险较大。浮动利率是指在融资期限之内可定期调整的利率，它一般是根据市场短期利率的变化而按期调整的，使得实行浮动利率的定期存、贷款及债券的利率水平比较接近市场利率水平。但实际浮动利率的手续繁杂、计算依据多样，成本相对较高。

我国目前实行的是固定利率体制，基准利率由中央银行确定，同时规定商业银行在办理具体信贷业务时有一定的浮动权限。

3. 市场利率与官定利率

从利率形成机制的角度，可以将利率划分为市场利率、公定利率和官定利率。

由市场上资金供求决定、可以自由变动的利率是市场利率。由政府金融管理部门或者中央银行确定的利率，是官定利率，也叫法定利率或计划利率，是政府为了实现宏观经济目标所能采取的一种政策手段。由非政府部门的民间金融组织，如银行公会等确定的利率是行业公定利率。这种利率对其会员银行也有约束性，也就是市场利率的现实存在形式。例如，香港银行业公会确定的利率就是香港银行在从事信贷业务时实际执行的利率。

实际上，作为借贷资金的价格，利率（包括官定利率）在任何时候都要不同程度地顺应市场资金的供求状况。换言之，完全由政府意志决定而不反映任何市场供求的利率制度是很少见的。

另外，由于金融业务具体形式往往与特定的利率形式相对应，因此在实际操作中从这一角度对利率进行的分类更为普遍。例如，与银行的信贷业务种类相对应的利率有存款利率、贷款利率、储蓄利率、贴现利率、拆借利率等；与金融工具种类相对应的利率包括国库券利率、国债利率、公司债券利率等；与金融交易期限相对应的利率有短期利率、中期利率、长期利率、活期存款利率、定期存款利率等。

（三）中国的利率体系结构

1. 中国特色利率体系概览

目前中国特色利率体系可以分为两大类，即政策利率和市场利率。后者可再分为五小类，包括银行间市场利率、交易所利率、存贷款利率、标准化债权利率、非标准化债权利率。

第一大类，货币政策利率：包含 OMO（公开市场操作，Open Market Operation）、SLO（公开市场短期流动性调节工具，Short-term Liquidity Operations）、SLF（常备借贷便利，Standing Lending Facility）、TLF（临时流动性便利，Temporary Lending Facility）、MLF（中期借贷便利，Medium-term Lending Facility）、TMLF（定向中期借贷便利，Target Medium-term Lending Facility）、PSL（抵押补充贷款，Pledged Supplemental Lending）、再贷款（再贴现）利率、央票利率和国库现金定存利率、法定存款准备金率、超额存款准备金利率、存贷款基准利率。

第二大类，包括五小类：其中，前两类为货币市场利率，后三类可统归为信贷市场利率，而第五小类也是广义影子银行利率。

（1）银行间利率，包括回购利率 DR、FDR、R、FR、OR，以及信用拆借利率 IBO、SHIBOR。其中，按交易对手划分，DR 以及 SHIBOR 可再细分为银行间利率。

（2）交易所利率，包括上交所回购利率 GC、FRGC，以及深交所回购利率 R、RC。

（3）存贷款利率，包括 LPR（Loan Prime Rate），实际的存款利率（含表内理财利率、结构性存款利率）和贷款利率。

（4）标准化债权利率，包括国债等利率债利率，以及企业债等信用债利率。

（5）非标准化债权利率，包括各类资管业务利率，如表外理财利率、信托贷款利率、融资租赁、保理利率等。

2. 中国利率体系各指标详解

政策利率是指央行使用的货币政策工具的利率。货币政策利率将会通过一系列传导机制影响市场利率以及实体经济活动。目前中国的政策利率主要包括准备金利率、贷款类利率、存贷款基准利率、贴现利率、央票利率以及公开市场操作利率。

类别一：准备金率分为法定存款准备金率和超额存款准备金率。法定存款准备金率由央行决定，超额存款准备金率是央行对超额存款准备金支付利息所执行的利率，也是商业银行缴纳法定存款保证金以外的收益。

类别二：贷款类利率主要有是指 SLO、SLF、MLF、PSL 以及 TLF、CRA、TMLF 等货币工具利率。以上货币工具在操作期限、投放对象、利率水平等方面有所不同；此外，TLF 和 CRA 为应对春节效应的“季节性”工具，而 TMLF 更应当理解为利率型货币工具，目前仅操作过一笔，余额 2575 亿元。

类别三：再贴现利率是指商业银行用已同客户办理过贴现的未到期合格商业票据向中央银行再行贴现时所支付的利率。再贴现是中央银行对商业银行提供贷款的一种特别形式，也是中央银行控制信贷规模和货币供给量的一个重要手段。2018 年以来为支持薄弱领域信用扩张，改善小微企业和民营企业融资环境，央行先后于 6 月和 10 月，两次增加再贷款和再贴现额度，单次投放金额均为 1500 亿元。

类别四：央票利率，央行通过发行央行票据和央行票据到期来控制基础货币的投放，并通过上调或下调央票发行利率引导市场对货币政策边际变化的预期（主要是1年期央票）。央票是在2007～2012年前后央行较为常用的货币政策工具，主要用于吸收商业银行部分流动性，减少商业银行可贷资金，其后很长一段时间被弃用。而2019年2月，央行以利率招标方式发行了特别央票，主要用于配合商业银行永续债（CBS）的发行，1年期央票的中标利率是2.8%。

类别五：公开市场操作利率是央行调节市场资金流动性的货币政策工具，通过吞吐基础货币来实现货币政策调控的目标。公开市场操作分为人民币操作和外汇操作，主要包括正、逆回购利率，短期流动性调节工具和国库现金定期存款利率。从利率形成的方式来看，正、逆回购利率由央行进行调控，国库现金定存利率则是由市场化的利率招标方式形成。

类别六：存贷款指导利率。央行先后于2013年和2015年取消了贷款基准浮动下限，以及存款利率的浮动上限。然而，目前存款利率浮动上限仍旧受到市场利率定价自律机制的约束，而实际操作中，贷款利率也是由基准+/-一定比例进行定价。市场利率是由市场的供求关系所决定，目前我国的市场利率主要分为拆借利率和回购利率两类。

拆借利率包括三大类：

第一类是银行间拆借利率，代码是DIBO，主要期限有1天（DIBO001）、7天、21天、1个月、2个月、1年。计算方法以成交量为权重计算出加权平均值。

第二类是银行间市场的拆借利率，代码是IBO，目前我国IBO主要期限有1天（IBO001）、7天、14天、21天、1个月、2个月、3个月、1年等。计算方法是在DIBO基础上包括所有非银行机构并赋予权重计算出来的加权平均利率。

第三类是上海同业拆借利率（SHIBOR）。SHIBOR作为报价利率，SHIBOR目前是由18家银行每天早上报价，剔除最高价和最低价影响因素的算术平均利率，期限包括O/N，1W，2W等。SHIBOR是目前重要参考利率之一，主要为NDC定价，以及利率互换（IRS）定价提供基础：

①在NCD推出前，SHIBOR的市场关注度一般，因为以SHIBOR作为定价标的金融工具少。而在NCD推出后，商业银行基于SHIBOR进行发行定价，而商业银行负债端成本也会很大程度上影响其对资产收益率的要求，在2017年是重要的参考指标。

②IRS浮动端主要的参考利率是SHIBOR，主要参考期限为O/N、1W、3M，对应IRS期限从7D到1年不等。从成交量来看，以SHIBOR 3M为重置基准的1年期IRS交易较为活跃，目前名义本金余额1895.4亿元。

回购利率主要由四种：上交所质押式国债回购利率（GC），深交所质押式国债回购利率（R），银行间国债质押式回购利率（存款类机构DR），质押式回购定盘利率（FDR）。

一直以来，交易所回购市场存在“周四效应”，即每周四的交易所 GC001（2.745，0.00，0.00%）回购利率通常较高。其原因是交易所回购采用的是“T+1”结算制度，周四进行 1 天期回购融资的首期结算日为周五，到期结算日为下周一，因此实际占用资金天数为 3 天。2017 年 5 月 22 日，国债逆回购新规正式实施，改革主要包括以下几个方面：

①修改了回购的计息方式，将回购计息天数从现行回购期限的名义天数修改为资金实际占款天数；

②将全年计息天数从 360 天改为 365 天；

③修改了回购收盘价的计算方式。

全国银行间同业拆借中心推出的银行间回购定盘利率（FDR），目前包括 FDR001、FDR007、FDR014 三个期限。以银行间市场每天上午 9：00~11：30 存款类机构以利率债为质押的回购交易利率（即 DR 利率）为基础编制而成，每天上午 11：30 起对外发布。

2017 年 5 月 31 日，同业拆借中心推出 FDR，以及以 FDR007 为参考利率的利率互换产品。目的之一就是为了打通货币政策传导渠道，而相关的政策工具创新可以追溯至 2014 年 12 月份推出的存款类机构间利率债质押的回购利率（DR）。

二、利息率的计算

利率的出现使各种金融交易的利息可以计算量化，但不同的计算方法也会得出不同的结果。

（一）单利、复利和连续复利

所谓单利，是指仅按本金和时间的长短计算利息，本金所生利息不加入本金重复计算利息。复利是在单利的基础上发展起来的，与单利不同，复利是指在一定时期（如年、季或月）按本金计算利息，然后再将其加入本金，作为下一期计算利息的基础。民间的俗称“利滚利”指的就是复利计算方法。

单利与复利也是计息的两种方法。设 I 为利息额，P 为初始本金，r 为利息率，n 为借贷期限，S_n 为第 n 年的本金和利息之和，简称本利和，n=1，2，…，则有：

单利的计算公式：$I = P \cdot r \cdot n$

$$S_n = P(1 + r \cdot n)$$

复利的计算公式：$S_n = P(1 + r)^n$

$$I = S_n - P = P[(1 + r)^{n-1}]$$

计息次数超过一期时，从第二期开始，由于复利计息的本金高于单利计息的本金，到期限时，无论是总利息还是本息和，复利计息都高于单利计息。

上述复利计息采用每年计息一次的方法。实际计算时，有时也采用每半年一次或每月一次甚至每日一次的复利计息方式，这样的复利称连续复利。一般地，如果存款本金为P，存款期限为n年，同期存款的年利率为r，则在每年计息m次的复利条件下，存款到期时的本息和为：

$$S_n = P \times (1 + r \div m) n \times m$$

举例说明单利和复利的计算：

假定有一笔为期5年、年利率为10%的1万元贷款，如果按单利计算利息，利息额和本利和分别为：

$I = 10000 \times 10\% \times 5 = 5000$（元）

$S_n = 10000 \times (1 + 10\% \times 5) = 15000$（元）

如果按复利计算利息，本利和和利息额分别为：

$S_n = 10000 \times (1 + 10\%)^5 = 16105.1$（元）

$I = 16105.1 - 10000 = 6105.1$（元）

（二）现值与终值

利息是个时间性很强的概念，这是因为利息反映了现在购买力和将来购买力的交换，通过利率可以计算出现在的一笔资金。例如，1万元，在未来是多少钱；也可以计算出未来的一笔资金1万元，等于今天的多少钱。这就是终值与现值的概念。

一般而言，所谓现值就是未来一定数额的钱的现在价值，也就是按一定的折现率和折现方式，将未来某特定时刻取得的一定数额的现金或现金流折合成现在的钱时的价值。而所谓的终值正好相反，即现在一定数额的钱的未来价值。

在市场利率可预期的条件下，任何一笔资金都可以运用复利计算公式计算出它的终值；反过来，也可以运用复利计算公式计算出它的现值。

终值的计算公式是：$S_n = P \times (1 + r)^n$

现值的计算公式是：$P = S_n \div (1 + r)^n$

仍以上面的例子为例，如果5年中，估计的市场平均利率为10%，1万元资金在5年以后的价值就是16105.1元，或者说，1万元资金5年以后的终值是16105.1元，反过来，如果估计的市场平均利率是10%，5年以后的16105.1元，在今天的现值就是1万元。

（三）收益率的计算

从投资者的角度来讲，更有意义的是收益率。收益率是净收益与本金的比率，有名义收益率、当期收益率和实际收益率之分。金融工具是投资者主要的投资对象，下面以金融工具的收益为例，介绍在单利计息条件下，不同收益率的计算方法。

（1）名义收益率。名义收益率是名义收益与本金额的比率，或者说是金融工具的票面收益与票面金额的比率。计算公式为：

名义收益率 = 年利息收入 ÷ 面值 × 100%

例如，某种债券票面金额为 100 元，10 年还本，每年利息为 5 元，其名义收益率就是 5%。

（2）当期收益率。当期收益率是名义收益与实际交易价格的比率，或者说是金融工具的票面收益与其市场价格的比率。计算公式为：

当期收益率 = 年利息收入 ÷ 买入价格 × 100%

例如，上述债券可以在市场上自由买卖，某日的成交价格为 95 元，则当期收益率就是 5 ÷ 95 × 100% = 5.263%。

（3）实际收益率。实际收益率是实际收益与实际交易价格的比率，或者说是金融工具将当期收益和本金损益共同计算在内的收益率。计算公式为：

实际收益率 = [年利息收入 + (资本利得 ÷ 持有年限)] ÷ 买入价格 × 100%

资本利得 = 卖出价格 − 买入价格

仍以上述债券为例，某投资者以 95 元在市场上买入该债券并持有到期，那么，他的实际收益率则为 5.789%：

年利息收入 = 5 元

资本利得 = 卖出价格 − 买入价格 = 100 − 95 = 5（元）

实际收益率 =（5 + 5 ÷ 10）÷ 95 × 100% = 5.789%

如果转让价格为 105 元，同样方法计算，实际收益率则为 4.286%。可见，实际收益率与名义收益率成正比，与债券的交易价格成反比。

其他金融交易的收益率都可以根据上述公式计算。需要说明的是，以上介绍的收益率计算是在单利条件的计算方法，在复利条件下，收益率的计算要复杂一些，但基本原理是一样的。

第三节　利率决定基本理论

利率的决定受各种因素的影响，但究竟是哪些因素在影响利率，以及如何影响，经济学界的看法并不完全一致。本节则分别介绍其中的重要观点。

一、马克思的利率决定理论

马克思的利率决定论是以剩余价值在不同资本家间的分割为起点的。马克思认为，利息是贷出资本的资本家从借入资本的资本家那儿分割来的一部分剩余价值，剩余价值表现为利润，利息的多少则取决于利润总额，利率取决于平均利润率。因此，利息只是利润的一部分，利润本身就是利息的最高界限。同时利息也不可以为零，否则借贷资本家就不会把资本贷出。换言之，利率的变化范围在零与平均利润率之间，至于具体定位何处，马克思认为这取决于借贷双方的竞争，也取决于传统习惯、法律规定等因素。

但是，在特定经济情况下，利率水平也有可能打破常规，出现等于或高于平均利润率和等于或低于零的情况。例如，在严重经济危机之时，由于商品过剩、销售困难而导致职能资本家到期债务有无力清偿的风险，此时职能资本家有可能不得不接受由于借贷资本供求矛盾尖锐而导致的等于或高于平均利润率的现实。另外，在当今某些负有特殊责任的金融机构，如国际开发协会，专门向一些特殊地区或行业提供一些不收息的贷款，此时利率等于零。还有瑞士在20世纪六七十年代为遏制大量资本内流而导致的通货膨胀，对非居民存款采取不但不付息反而倒收费用的政策，此时利率低于零。

二、西方利率决定理论

西方经济学中关于利率决定的理论都是着眼于利率变动取决于借贷资本怎样的供求对比，经过几百年的发展，已经相当成熟，形成多种理论互相争鸣和互相取长补短。

（一）古典利率决定理论

传统经济学中的利率理论称为古典利率决定理论，该理论的主要倡导者为奥地利经济学家庞巴维克、英国经济学家马歇尔和美国经济学家费雪。

古典利率决定理论强调非货币的实物因素在利率决定中的作用，实物因素主要是储蓄和投资。投资量随利率的提高而减少，储蓄量随利率的提高而增加，投资量是利率的递减函数，储蓄量是利率的递增函数，利率的变化取决于投资量与储蓄量的均衡，如图3-1所示。

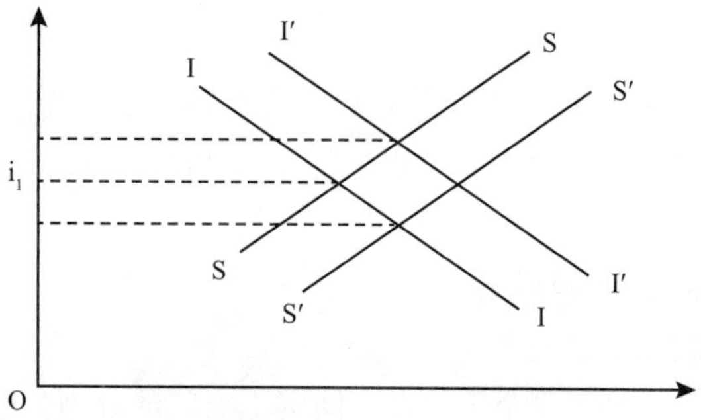

图3-1 古典利率决定理论中均衡利率的决定

图 3－1 中，曲线 II 为投资曲线、曲线 SS 为储蓄曲线，投资曲线向下倾斜，表明投资量随利率的提高而减少；储蓄曲线向上倾斜，表明储蓄量随利率的提高而增加。在曲线 II 与曲线 SS 的交点处，投资量与储蓄量达到均衡，决定均衡利率 i_0。如果由于某些因素的影响使边际储蓄倾向提高，储蓄曲线向右平移，如移到 S′S′位置，则投资量与储蓄量的新的均衡决定新的均衡利率 i_1；如果一些因素的影响使边际投资倾向增加，投资曲线向右平移，如移到 I′I′位置，则投资量与储蓄量的新的均衡决定新的均衡利率 i_2。其他条件不变时，储蓄倾向的提高使均衡利率下降，投资倾向的提高使均衡利率上升。

古典利率决定理论认为，只要利率是灵活变动的，它就和商品价格一样具有自动调节功能，使储蓄量和投资量趋于一致。当投资量大于储蓄时利率上升、储蓄量增加、投资量下降，两者最终趋于一致；反之亦然。因此经济不会出现长期的供求失衡，它将自动趋于充分就业水平。

（二）流动性偏好理论

20 世纪 30 年代资本主义经济大危机后，凯恩斯针对古典经济理论的缺陷，提出了一套宏观经济理论。和传统的利率理论相反，凯恩斯认为利率不是决定于储蓄和投资的相互作用，而是决定于货币的供求数量。

凯恩斯认为，货币供给是外生变量，由中央银行直接控制；货币的需求是内生变量，取决于人们的流动性偏好，如果人们对流动性偏好强，货币的需求量就上升，反之则相反。在凯恩斯看来，人们流动性偏好的动机有三个：交易动机、谨慎动机与投机动机。其中交易动机和谨慎动机与收入成正比、与利率无直接关系。如果用 $L_1(y)$ 表示因交易动机和谨慎动机而持有的货币量，$L_1(y)$ 是收入 y 的增函数。投机动机与利率成反比，因为当市场利率较高时，债券价格相对便宜，人们愿意更多地购买债券、更少地持有货币量，以降低作为投机动机的货币持有成本。如果用 $L_2(i)$ 表示为投机动机而持有的货币量，$L_2(i)$ 为利率 i 的减函数。货币的总需求量为 $L = L_1 + L_2$。

流动性偏好决定的货币需求曲线与中央银行决定的货币供给曲线共同决定均衡利率水平。在图 3－2 中，M1 为货币供给曲线，由中央银行决定；货币需求曲线 $L = L_1 + L_2$ 是一条向下倾斜曲线，表明货币需求量 L 将随利率的下降而增加；货币供求状况决定均衡利率 i_1。如果中央银行增加货币供应，使货币供给曲线从 M_1 平移到 M_2，均衡利率就下降到 i_2。从图 3－2 可以看到，当货币需求曲线向右延伸时，逐渐与横轴平行，此时无论货币供给曲线 M 如何向右移动，即无论怎样增加货币供应量，均衡利率保持不变，这就是凯恩斯理论中著名的“流动性陷阱”假说。

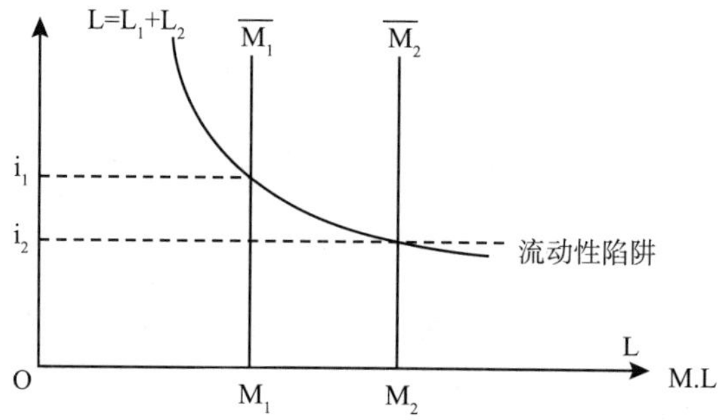

图 3-2　流动性偏好理论中均衡利率的决定

（三）可贷资金理论

英国的罗伯逊和瑞典的俄林等经济学家提出利率决定的“可贷资金理论”。可贷资金理论一方面反对古典利率决定理论对货币因素的忽视，认为仅以储蓄、投资分析利率的决定过于片面；同时也批评凯恩斯完全否定非货币因素在利率决定中的作用的观点。

可贷资金理论认为，利率不是简单地由投资和储蓄或货币供给与货币需求来决定的。由于利息产生于资金的贷放过程，就应该从可贷资金的供给与可贷资金的需求来决定。可贷资金的供给既来自于中央银行，也来自于人们的储蓄，还有商业银行的信用创造；可贷资金的需求则来自于投资和人们的货币窖藏。罗伯逊还区分了储蓄和货币窖藏这两个概念。储蓄被定义为个人消费支出小于其可支配收入，货币窖藏则被定义为个人增加其持有的货币存量。

以 I(i) 代表投资是利率的反函数，ΔH(i) 代表窖藏是利率的反函数，S(i) 代表储蓄是利率的增函数，ΔM(i) 代表信用创造或货币发行是利率的增函数，DH(i) 代表反窖藏是利率的增函数，L_S 代表可贷资金供给，L_D 代表可贷资金需求，则：

$$L_S = S(i) + \Delta M(i) + DH(i)$$

$$L_D = I(i) + \Delta H(i)$$

可贷资金利率理论认为，利率取决于可贷资金的供给与需求的均衡点。当可贷资金供给与可贷资金需求达到均衡时，有：

$$S(i) + \Delta M(i) + DH(i) = I(i) + \Delta H(i)$$

用图表示，见图 3-3。

从可贷资金利率理论所研究的决定利率水平的主要因素来看，正好将古典学派利率理论和凯恩斯的利率理论综合其中，古典学派所重视的投资和储蓄、凯恩斯所重视的货币供给与货币需求，在可贷资金利率理论的模型中都得到了反映。在可贷资金利率理论中，是用 ΔH(i) 来表示货币需求，而用 ΔM(i) + DH(i) 来表示货币供给的。

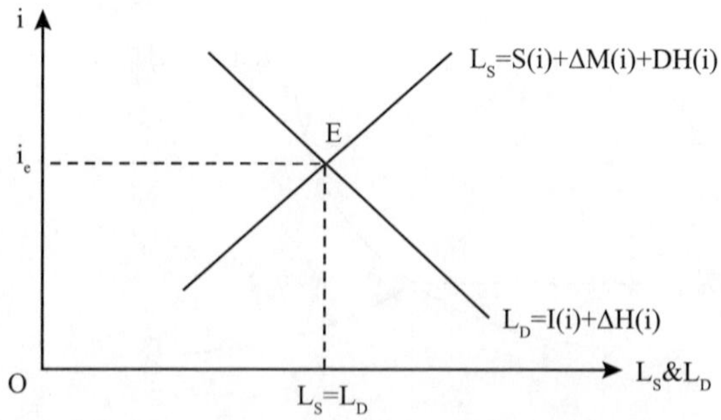

图 3－3　可贷资金理论中均衡利率决定

（四）IS－LM 模型

前面介绍的三种利率决定理论分别从不同视角出发，给出均衡利率形成过程和变动过程的描述。然而这三个理论均存在缺陷：古典利率决定理论只考虑实物市场的均衡；凯恩斯的流动性偏好理论只考虑货币市场的均衡；可贷资金理论尽管兼顾了实物市场和货币市场，但可贷资金市场的均衡，并不能保证实物市场和货币市场各自达到均衡。为弥补可贷资金理论忽视实物市场、货币市场各自均衡的缺陷，英国经济学家希克斯和美国经济学家汉森对其进行了改造，提出了著名的 IS－LM 模型，也称为“希克斯—汉森模型”。

IS－LM 模型是从整个市场全面均衡来讨论利率的决定机制的。该理论认为，储蓄与收入水平存在着正向运动关系，即收入水平越高，则储蓄越多；储蓄与利率亦存在着正向运动关系，即利率越高，储蓄越多。在不同利率水平下，不同收入水平具有不同的储蓄曲线。这些不同的储蓄曲线与投资曲线相交形成 IS 曲线。该曲线上所有各点表示储蓄与投资相等，即产品市场上供求均衡时的利率和收入的组合。

同时，收入与流动性偏好对货币需求的决定也有密切关系。收入水平越高，所需货币量就越多，而货币供应量是由金融当局控制的。货币供给曲线与不同收入水平下的货币需求曲线相交各点，构成 LM 曲线。该曲线上各点均表示在一定收入水平和利率水平上，货币供给与货币需求相等，即货币市场上供求均衡时的利率与收入的组合。

如图 3－4 所示，IS 曲线与 LM 曲线的交点 E，表示货币市场与产品市场同时均衡时的利率与收入的组合。这一均衡点所决定的利率 i_e 为均衡利率，收入 Y_e 为均衡收入。

（五）开放经济条件下的弗莱明—蒙代尔模型

IS－LM 模型的推导中，只考虑国内因素对均衡利率的影响，没有考虑国际因素的影响。然而，随着经济全球化的推进，各国经济与外部世界的联系越来越密切。在开放经济条件下，一国的国际收支状况会对国内利率产生较大影响。为弥补 IS－LM 模型的缺陷，美国经济学家弗莱明与蒙代尔在 IS－LM 模型的基础上加入国际收支因素，提出了一个三部门均衡的框架模型，即 IS－LM－BP 模型，也称为弗莱明—蒙代尔模型。他们认为，只有在国内实体经济部门、国内货币部门和国外部门同时达到均衡时，包括利率、汇率和国民收入的国民经济才能达到均衡状态。

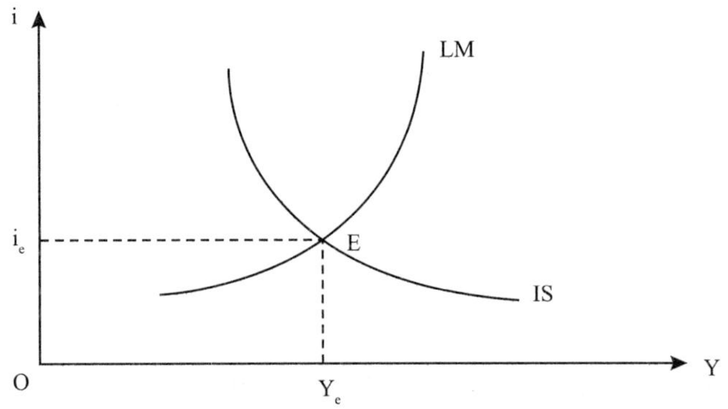

图 3-4 IS-LM 模型中均衡利率的决定

弗莱明—蒙代尔模型建立在如下假设的基础上：(1) 总供给曲线是平缓的，这意味着是物价水平而不是实际收入调节着总需求的波动；(2) 经常项目的平衡不受资本账户的影响，经常项目的盈余规模同实际汇率正相关、同实际收入负相关；(3) 在国际收支中，汇率预期是静态的，资本的流动性是不完全的，因此利率在 IS-LM-BP 模型中起中心作用，国际利差引起资本的流入与流出。

IS-LM-BP 模型作为 IS-LM 模型在开放经济下的扩展，是开放经济条件下分析货币政策、财政政策的非常重要的工具。该模型论证了不同汇率制度下，一国的货币政策和财政政策在长期对该国的利率和国民经济具有不同的效果、不同的优势。对于固定汇率制度下国际资本不完全流动的情况，IS-LM-BP 模型论证了扩张性货币政策只是在短期内会引起利率下降、收入增加、国际收支恶化等结果，本国货币有贬值压力；但在长期，为维护固定汇率，中央银行将出售外汇储备购买本国货币，直至 LM 曲线恢复原来水平，这样利率、国民收入和国际收支将恢复期初水平，发生变化的只是中央银行资产的内部结构（增加或减少国内信贷，减少或增加外汇储备），即货币政策在长期是无效的，如图 3-5 所示。但是财政政策在长期是有效的，扩张性的财政政策将使利率和国民收入都提高，如图 3-6 所示。

三、利率结构理论

以上利率决定理论是将利率作为一个整体对待的，忽略了不同种类利率之间的差别。但实际经济生活中利率的种类繁多，每一种具体的利率水平高低除了受到储蓄、投资、货币供求等宏观因素的影响外，金融工具的期限长短、风险大小也是其对应的利率水平的决定因素，因而形成了利率的风险结构和期限结构。讨论利率结构影响因素的理论，就是利率结构理论。利率结构理论是新古典综合派对利率理论的贡献，包括利率的风险结构理论和利率的期限结构理论。

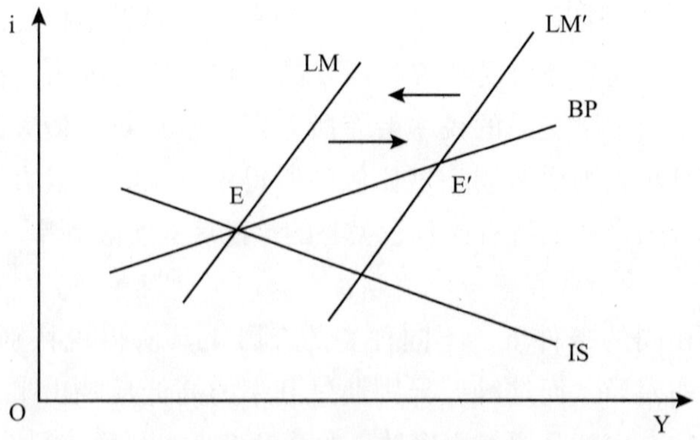

图 3－5 IS－LM－BP 模型下的扩张性货币政策的作用

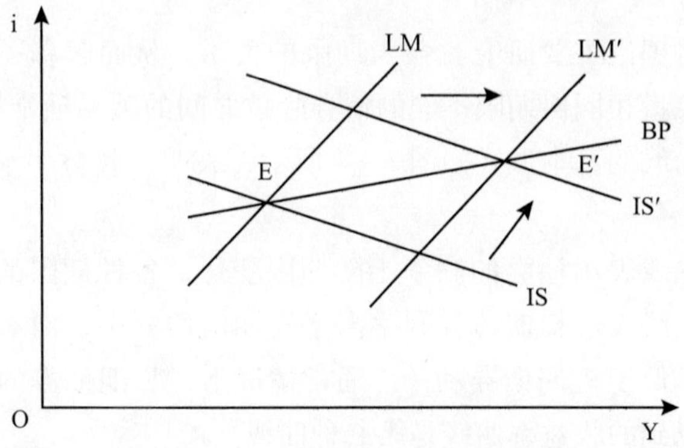

图 3－6 IS－LM－BP 模型下的扩张性财政政策的作用

（一）利率的风险结构理论

利率的风险结构理论是指期限相同的各种债券利率之间的相互关系。根据该理论，期限相同的金融工具利率不同的原因主要是由违约风险、流动性风险以及税收等因素决定的。

（1）违约风险。违约风险也叫信用风险，是指债务人无法按时支付利息和本金的风险。违约风险主要取决于发行人的信誉，因此金融工具的发行主体不同，其违约风险也不同。违约风险直接影响金融工具的利率。金融工具的违约风险越大，对投资者的吸引就越小，为使金融工具能够发行，所应支付的利率就越高。反之，金融工具的违约风险越小，所应支付的利率就越低。

（2）流动性风险。流动性风险是指金融资产在必要时难以迅速转换成现金而使持有人遭受损失的可能性。流动性大小可用变现成本来衡量，变现成本等于变现的交易佣金加上买卖差价。交易佣金是投资者买卖金融工具时向经纪商支付的手续费，买卖差价是金融工具的卖出报价与买入报价之间的差额。一般来说，其他条件相同时，流动性越高的金融工具的利率越低。

(3) 税收因素。相同期限的金融资产之间的利率差异，不仅反映了金融工具之间风险、流动性的不同，而且还要受到税收因素的影响。这是因为，在税法规定利息所得要交税的国家，不同金融交易的税率会有所差别。通常政府债券的利息收入可以免税，企业债券的利息收入则要缴纳一定比例的所得税。税收因素直接影响到金融资产的实际收益，因此金融资产的持有人真正关心的是税后的实际利率。

税后收益率 = 税前收益率 ×(1 – 边际税率)

在期限和风险相同的条件下，不同种类的金融工具所得税特别是边际税率不同，导致了税后收益率的差异，而这种差异则通过利率的高低反映出来。税率通常与税前利率是同方向变动的，也就是说，税率越高的金融工具，其税前利率也会越高。

(二) 利率的期限结构理论

利率的期限结构理论主要研究收益与期限的关系，从而解释了不同期限债券利率之间的关系。描述质量相同但期限不同的债券收益之间的关系通常用收益曲线来表示。一般而言，收益率曲线的基本形式如图 3 – 7 所示，表明了收益率水平高低随期限变化的三种可能性。

水平的收益率曲线表示债券的利率不随期限变化，各种期限的债券利率相同；向右上倾斜的收益率曲线表示长期债券利率高于短期债券利率；向右下倾斜的收益率曲线表示长期债券利率低于短期债券利率。通常情况下，长期债券的利率高于短期债券的利率，因此最常见到的收益率曲线是第二种曲线。

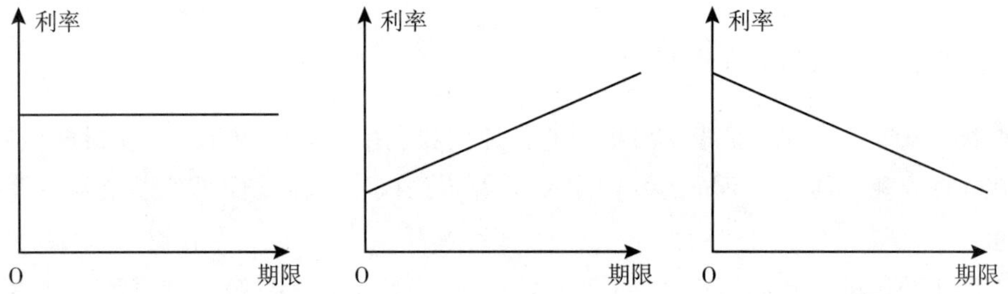

(a) 水平的收益率曲线　(b) 向右上倾斜的收益率曲线　(c) 向右下倾斜的收益率曲线

图 3 – 7　收益率曲线

根据对收益率曲线的研究，我们发现两个基本规律：一是不同期限的金融资产的利率往往是同向波动的；二是长期金融资产的利率往往高于短期金融资产。对于这两个现象，经济学家们用不同的理论加以解释，其中最主要的有预期理论、市场分割理论和优先聚集地理论。

(1) 预期理论。该理论假设整个债券市场是统一市场，不同期限的债券可完全替代。也就是说，债券的购买者在不同债券间无特殊偏好，当某债券的预期回报率低于期限不同的另一债券时，人们将不再持有该债券而改持另一债券。在此假设基础上，预期理论认为，利率的期限结构由人们对未来短期利率的预期来决定。当人们预期未来短期利率将上升时，长期利率就会高于短期利率，收益率曲线向上倾斜；当人们预期未来短期利率将下降时，长期利率就会低于短期利率，收益率曲线向下倾斜；只有当人们预期未来的短期利率保持不变，收益率曲线才是水平的。

（2）市场分割理论。该理论假设不同期限的债券市场是完全独立的。基于这一假设，市场分割理论认为，收益率曲线的不同形状是与不同到期日债券相联系的供求差异造成的。在典型情况下，对长期债券的需求相对于短期债券的需求要少，所以长期债券价格较低、利率较高，收益率曲线向上倾斜。

（3）优先聚集地理论。这种理论是上述两种期限结构理论的综合。该理论考虑到了投资者对不同债券期限的偏好，因而投资者有一个优先的聚集地。但这种偏好不是绝对的。当不同期限的债券之间的预期收益率达到一定临界值时，投资者就有可能放弃他所偏好的债券，转而投资预期收益率较高的债券。也就是说，由于投资者偏好的存在，不同期限的债券不可能是完全相互替代的，因而各种债券的预期收益率不会完全相等；但这种不等达到一定程度后，替代就会发生。这一结论显然更加符合现实。

四、影响利率变动的主要因素

（一）借贷资本的供求关系

马克思认为，利率在平均利润率与零之间波动，仅仅是理论界限，具体如何确定，不存在一个公认的准绳。同商品市场上商品价格一样，借贷资本的价格，受对借贷资本供求状况的影响。因为对贷者来讲，他最关心的是按期收回本金并尽可能多地占有平均利润；对借者来讲，他最关心的是用尽可能低的利率来获得所需资本以便获取平均利润。这种贷者与借者之间的对立，只能由双方借贷资本的供求竞争来决定。当利润率为一定时，借贷资本供不应求，利率就会上升；反之，利率就会下降。

（二）国家宏观经济政策

当代各国政府为了调控经济生活，都实行一定的宏观经济政策，如货币政策与财政政策，其中利率成为政府对经济活动实施调控的一种重要工具。因此，利率的变化在很大程度上反映了政府或金融当局在一定阶段对经济活动的评估和导向。如中央银行欲实行紧缩信用政策，就会通过有关货币政策工具最终导致利率水平的提高；反之，如中央银行欲实行放松信用政策，就会通过有关货币政策工具最终导致利率水平的降低。另外，政府或金融当局还通过差别利率来实现对产业结构的调整。因此，国家的宏观经济政策是影响利率变动的一个重要因素。

（三）通货膨胀状况

在各国普遍实行不兑现的信用货币制度下，通货膨胀成为一种普遍的甚至是不可避免的经济现象，其对利率变动产生了重要的影响。在发生通货膨胀时，物价水平普遍上涨，导致公众持有的货币贬值，在名义利率不变的情况下，公众存款所获收入下降，银行放贷所获收入下降，这样会打击存款人和银行放贷的积极性。因此，国家为了稳定物价和保护债权人的利益，利率也要随着物价水平的上涨而提高，使物价与利率一般具有同向变动的趋势。如我国的保值贴补率，每月要根据物价变动而调整，其与物价水平变动方向相同。

（四）国际利率水平

在开放经济条件下，由于国际间紧密的经济联系，不可避免地使一国国内利率水平受到国际市场利率的强烈影响。当国内利率水平高于国际市场利率时，将会导致大量资本内流，国内货币供应量增加，最终导致利率水平的下降；当国内市场利率低于国际市场利率时，会导致资本外流，货币供应量减少，最终导致利率水平上升。

第四节　利率的经济功能

作为可贷资金“价格”的利率，是调节货币资金供求关系的重要变量。在信用发达的现代市场经济中，货币资金的供求关系直接影响到国民经济的各个方面。因此，利率的变动会通过货币资金的供求关系传导，影响到社会经济生活。利率是重要的经济杠杆，它对宏观经济运行和微观经济运行都有重要的调节作用。下面分别从宏观与微观两方面对利率的杠杆作用进行考察。

一、利率的经济功能

（一）利率在宏观经济中的功能

从宏观角度看，利率的功能主要体现在以下方面：

（1）调节社会资本供给量。社会资本的供给主要来自于储蓄，通过利率可以调节一国的国民储蓄水平，调节储蓄向投资转化的程度。其他条件不变时，利率提高，国民储蓄率就上升，社会资本供给增加；而利率降低会减少社会资本的供给，当然这也不是绝对的。从经济学角度看，利率变动对储蓄产生两种效应：替代效应和收入效应。一般将储蓄随利率提高而增加的现象称为替代效应；将储蓄随利率提高而降低的现象称为收入效应。替代效应表示人们在利率提高时，愿意用增加未来消费（即储蓄）来替代当前消费；收入效应表示人们在利率提高时，希望增加现期消费，进一步改善生活水准的偏好。从我国目前的情况看，由于人们收入水平还不高且对未来有一定的风险意识，还是希望能积累一定的财富，以便将来能过上更好的生活，因此利率对储蓄的替代效应大于收入效应。在这种情况下，提高利率会增加社会资本的供给。

（2）调节投资规模和结构。在资本主义国家，投资的利率弹性很高，说明投资和利率水平联系密切。当利率降低时，贷款成本降低使整个社会的投资规模扩大；利率提高则使整个社会投资规模相应缩小。另外，政府可以利用利率对资本流向起导向作用，通过实行差别利率政策，影响资本流向。例如，为支持一些有前途的新兴产业和重点部门，可以对其实行优惠利率政策，使这些部门和企业能以较低的成本获得需要货币资本，促使其发展；反之，也可以通过收取较高利率的方法来限制某些部门或企业的发展。

（3）调节社会总供求。要实现经济持续稳定增长的目标，必须保持社会总供求的平衡。利率对供求总量的平衡具有一定的调节作用，因为总需求与市场价格、利率之间有相互联系、相互作用的机制。由于生产者和消费者都进入市场从事经济活动，市场机制通过价格水平的变动在一定程度上可以调节各企业和消费者的投资与储蓄活动，有利于实现总供给和总需求的平衡。

（二）利率在微观经济中的功能

从微观角度看，利率作为利息的相对指标影响了各市场主体的收益或成本，进而影响了他们的市场行为。利率杠杆的微观功能主要体现在以下方面：

（1）促进企业加强经济核算，提高经济效益。利润等于销售收入减去成本，而成本由产品成本、利息、税金三部分组成，在产品成本和税金相对稳定的情况下，利润的高低取决于应付利息的多少，即取决于利率的高低。利率提高，利息支出增加，企业利润就减少；反之，企业利润就增加。因此企业为增加利润，必须加速资金周转，减少资金占用，提高资金的使用效益。

（2）引导人们的储蓄行为，形成合理的资产结构。利率能够引导人们的储蓄行为，合理的利率能增强人们的储蓄愿望，不合理的利率则会削弱这种愿望。利率的变动，在一定程度上可以调节人们的消费倾向和储蓄倾向。利率也可以引导人们对金融资产的选择，在金融产品日益多样化的今天，人们在保证安全性和流动性的前提下，主要考虑由利率决定的投资收益率，在这种情况下，金融产品的利率差就成为人们选择金融资产时的重要依据，可以通过调整利率来引导人们形成合理的金融资产结构。

二、利率发挥作用的条件

市场经济的理论与实践都证明，在宏观经济与微观经济运行中，并不是有了利率的存在，利率杠杆的功能就一定能很好地发挥出来。要使利率杠杆的能量释放出来，必须具备以下条件：

（一）稳定的货币环境与健全的金融市场

如果货币不稳定，出现了“跑马式”的甚至是恶性的通货膨胀，利率杠杆就很难起作用，即使有一定作用，也将受到严重的扭曲。只有在货币稳定、金融稳定及市场稳定的前提下，利率杠杆的作用才能有效地发挥出来。利率作用的发挥，还需要一国具备发育健全的金融市场，只有在此条件下，市场上才有足够的买者和卖者，才有大量的交易对象（资金和有价证券等也符合这样的情况），这样，利率杠杆才有发挥作用的广阔天地。

（二）银行和企业均是真正意义上的企业

真正意义上的企业必须是独立核算、自主经营及自负盈亏的企业，而不能是盈亏由国家负责，或者只负盈不负亏的企业。一方面，商业银行向中央银行借款，再贷款利率（或再贴现率）的变动会通过成本的增减影响商业银行利润，从而诱导它多借款或迫使它少借款；另一方面，在银行变动借贷利率时，企业会通过对成本和利润的预期而做出增加或减少借款的选择。

（三）合适的利率水平与恰当的利率政策

要发挥利率的杠杆作用，利率水平本身必须适宜。就贷款利率而论，既不能高得让所有的贷款人都望而却步，也不能低得让所有的借款人都无动于衷，而必须将利率定在有人敢借并且又有人不敢借的水平下才是适宜的利率水平。利率杠杆功能的发挥情况，还与国家的利率政策息息相关。一国的利率政策除了依据宏观经济背景不同而选择“廉价货币政策”（低利率政策）或“昂贵货币政策”（高利率政策）之外，还包括依据不同情况推行差别利率政策，建立一套有效的、合适的、灵活的、集权与分权相结合的利率管理体制。

此外，企业在资金上与银行的联系程度以及中央银行的货币政策都影响利率作用的发挥。

第五节　利率市场化

利率市场化是指通过市场和价值规律机制，在某一时点上由供求关系决定的利率运行机制，它是价值规律作用的结果，包括利率决定、利率传导、利率结构和利率管理的市场化。实际上，它就是将利率的决策权交给金融机构，由金融机构自己根据资金状况和对金融市场动向的判断来自主调节利率水平，最终形成以中央银行基准利率为基础，以货币市场利率为中介，由市场供求决定金融结构存贷款利率的市场利率体系和利率形成机制。

一、利率市场化的具体内容

利率市场化至少应包含以下具体内容：

（一）金融交易主体享有利率决定权

金融活动不外乎是资金盈余部门和赤字部门之间进行的资金交易活动。金融交易主体应该有权对其资金交易的规模、价格、偿还期限、担保方式等具体条款进行讨价还价。讨价还价的方式可能是面谈或招标，也可能是资金供求双方在不同客户或者服务提供商之间反复权衡和选择。

（二）利率的数量结构、期限结构和风险结构应由市场自发选择

同任何商品交易一样，金融交易同样存在批发与零售的价格差别：与其不同的是，资金交易的价格还应该存在期限差别和风险差别。利率计划当局既无必要也无可能对利率的数量结构、期限结构和风险结构进行科学的测算。相反，金融交易的双方应该有权就某一项交易的具体数量（或规模）、期限、风险及其具体利率水平达成协议，从而为整个金融市场形成一个具有代表性的利率数量结构、期限结构和风险结构。

（三）同业拆借利率或短期国债利率将成为市场利率的基本指针

从微观层面上看，市场利率比计划利率档次更多，结构更为复杂，市场利率水平只能根据一种或几种市场交易量大、为金融交易主体所普遍接受的利率来确定。根据其他国家的经验，同业拆借利率或者长期国债利率是市场上交易量最大、信息披露最充分从而也是最有代表性的市场利率，它们将成为制定其他一切利率水平的基本标准，也是衡量市场利率水平涨跌的基本依据。

（四）政府（或中央银行）享有间接影响金融资产利率的权利

利率市场化并不是主张放弃政府的金融调控，正如市场经济并不排斥政府的宏观调控一样。但在利率市场化条件下，政府（或中央银行）对金融的调控只能依靠间接手段，例如，通过公开市场操作影响资金供求格局，从而间接影响利率水平；或者通过调整基准利率影响商业银行资金成本，从而改变市场利率水平。在金融调控机制局部失灵的情况下，可对商业银行及其他金融机构的金融行为进行适当方式和程度的窗口指导，但这种手段不宜用得太多，以免干扰了金融市场本身的运行秩序。

在上述的内容当中，商业银行对存贷款的定价权是利率市场化也是金融市场化的核心内容。这是因为价格是市场经济的灵魂；普通商业的价格机制影响的只是一个市场的局部均衡，而金融市场作为最重要的生产要素市场，其价格机制将会影响到整个社会的资源配置效率。从微观层面看商业银行作为经营货币信用业务的特殊企业，定价权是其基本的权利。没有定价权的企业，其经营成效是其自身所无法控制的外生变量，改善其经营也就无从谈起；对商业银行而言，其利率风险管理技术就成为无源之水、无本之木，更为重要的是，计划利率将始终是国有银行缺乏效率的客观理由。而从金融调控的角度看，随着经济周期由计划周期向市场周期转变，商业银行作为货币政策传导的最重要主体之一，其行为具有越来越强的不可控性，只有在利率市场化的前提下实施有效的间接金融调控，才能增强商业银行对基础货币调控的敏感度和对基准利率的敏感度，从而改善宏观金融调控效果。

二、利率市场化运行机制的特征

（一）利率随市场资金供求状况而变化

利率市场化后，政府解除对利率的管制，使利率能充分地反映资金供求，并通过价格机制以达到资金的最佳配置和有效利用。纵观世界各国利率体制的改革趋势，均是由管制利率向市场利率转换，其特点是逐步放松乃至取消存贷款利率的最高限额，促使利率按市场资金供求状况而变化，即利率的高低主要由资金供求关系确定，当市场上资金供大于求时，利率下跌；当市场上资金求大于供时，利率上涨。

（二）利率由中央银行间接进行调控

间接调控一般为实行市场经济体制的国家所普遍采用，其运行的基础是具有较强内部制约机制的自由企业制度，市场价格体系和市场利率形成机制。在市场利率下，利率由资金供求关系决定，商业银行可以自主决定所有利率水平，中央银行通过间接调控的方式影响全社会各种利率水平。中央银行利用基准利率来调控全社会各种利率，并由此来决定社会基础货币量。

三、利率市场化与金融自由化的关系

（一）利率市场化是国内金融自由化的核心和关键环节

爱德华·肖认为“金融短浅在一定程度上是金融资产的实际收益率（利率）受到扭曲的后果”，并认为“实行金融自由化的实质是放松实际利率的管制”，也就是利率由市场机制决定。从各国的实践来看，利率市场化都是金融自由化改革的中心环节，而且多是把放松利率管制作为整个金融改革的先导。

（二）利率市场化往往与国内金融自由化的其他措施联系在一起

一方面，对金融管制包括许多方面，如利率管制、高存款准备金率、金融市场准入限制、金融机构国有化以及信贷流向和信贷规模控制，这些方面有机地联系为一体，因此利率市场化并不是孤立的过程，而往往与降低强制性的存款准备和银行进入限制，减少政府对信贷分配决策的干预，并对银行和保险公司进行私有化，推动金融市场的发展，并鼓励外资金融机构的进入相联系在一起。这是因为，利率市场化必须在特定的金融环境下进行，货币市场、资本市场是市场利率发现和形成的重要场所，是货币当局对利率进行间接调控的重要渠道；而减少对金融机构的干预和加强金融市场的竞争是保证有效形成市场利率的必要条件。

另一方面，许多发展中国家金融管制的目的是向财政赤字进行融资，或向优先发展行业提供发展资金并进行利息补贴，因此利率市场化的过程还往往伴随着财政税收改革，如政策性金融机构的建立、国债市场的建立和财政赤字的减少。

小资料

人民币利率市场化的历史进程

20 世纪 80 年代以来，利率市场化逐渐成为国际金融市场的发展趋势。随着我国加入世贸组织后的日益发展以及经济体制改革的不断深入，进一步推进利率市场化、实现市场机制在资金配置中的基础作用是当前金融体制改革的重点，而存贷款利率的市场化是全面实现利率市场化的最后难关。

第一阶段，1986 年 1 月 7 日，国务院颁布《中华人民共和国银行管理暂行条例》，明确规定专业银行资金可以相互拆借，资金拆借期限和利率由借贷双方协商议定。此后，同业拆借业务在全国迅速展开。针对同业拆借市场发展初期市场主体风险意识薄弱等问题，1990 年 3 月出台了《同业拆借管理试行办法》，首次系统地制定了同业拆借市场运行规则，并确定了拆借利率实行上限管理的原则，对规范同业拆借市场发展、防范风险起到了积极作用。1993 年，中央发布了《关于建立社会主义市场经济体制改革若干问题的决定》和《国务院关于金融体制改革的决定》最先明确了利率市场化改革的基本设想，提出我国利率改革的长远目标是建立以市场资金供求为基础，以中央银行基准利率为调控核心，由市场资金供求决定各类利率水平的市场利率管理体系。1996 年 6 月，放开银行间同业拆借市场利率以后，诸多改革举措陆续推出，先后放开了银行间拆借市场利率、债券市场利率和银行间市场国债以及政策性金融债的发行利率，这一阶段主要针对商业银行间利率进行改革，并取得了初步成效。

第二阶段，从1998开始，中央银行不断调整扩大贷款利率浮动幅度，并不断进行外汇利率管理体制改革，放开外汇贷款利率。2002年，金融机构对企业贷款利率可上浮30%。2003年，中央银行进一步提出要稳步推进利率市场化，建立健全由市场供求决定的利率形成机制，通过运用货币政策工具引导市场利率。同年，在《中共中央关于完善社会主义市场经济体制若干问题的决定》的推动下，金融机构对企业贷款利率扩大到50%，而2004年，再将贷款利率上限扩大至70%，同年，更是完全取消了商业银行贷款利率上浮的限制，商业银行可根据具体业务的风险状况进行自主定价。至此，国内商业银行人民币贷款利率已经基本过渡到上限放开、实行下限管理的阶段，这是对贷款利率进行市场化改革的更进一步尝试。

第三阶段，2005年，中央银行发布了《稳步推进利率市场化报告》，进一步指出加强金融机构利率定价机制建设，逐步确立风险收益定价评估体制在风险防控中的重要性，建立科学的金融产品定价机制。同年，中央银行对住房贷款利率进行了调整，不再对房地产抵押贷款利率实行优惠，恢复到与同期商业贷款利率相一致的水平上，并允许在中央银行基准利率的基础上下浮10%，彻底改变了贷款利率下限不能下浮的历史。另外，从2005年开始，中央银行开始摸索并实施商业银行存款自主定价计息方式，存款利率市场化迈出历史性的一步。这一阶段，主要是逐步尝试贷款利率下限浮动的市场化与存款利息自主定价的机制，不断推进利率市场化改革。

第四阶段，按照中央银行提出的利率市场化改革的总体思路，确定先放开货币市场利率和债券市场利率，再逐步推进存贷款利率的市场化。存贷款利率市场化按照“先外币，后本币；先贷款，后存款；先长期、大额，后短期、小额”的顺序进行；2007年1月，上海银行间同业拆放利率的正式运行为市场化定价机制和市场利率体系的完善设立了基准，为逐步推进存贷款利率改革奠定了基础。迄今为止，银行同业拆借市场利率、票据市场转贴现利率、债券回购利率、国债与政策性金融债发行利率和二级市场的利率都已经完全实现了市场化。

第五阶段，“十二五”规划纲要明确指出，要稳步推进利率市场化改革，不断加强金融市场基准利率体系建设，不断完善利率市场化改革的层次和步骤；进入“十二五”期间，在世界经济复苏承压、外需持续萎缩、国内经济增长加速放缓的背景下，为了缓解实体经济面临的困境，通过强化货币政策刺激作用来缓解经济下行风险，中央银行宣布于2012年6月8日将金融机构存款利率浮动区间的上限调整为基准利率的1.1倍；同时将金融机构贷款利率浮动区间的下限调整为基准利率的0.8倍。至此，受到管制的存款利率浮动区间上限终于破冰，利率市场化改革迈出崭新的一步；时隔一个月，中央银行于7月5日再度宣布下调金融机构人民币存贷款利率，与此同时，中央银行将贷款利率浮动区间下限由此前的0.8倍进一步下调为基准利率的0.7倍，这些举措均标志利率市场化改革正进入提速阶段。从改革进程来看，继续逐步扩大贷款利率下浮空间和提高存款利率的定价上限将是利率市场化渐进式改革的关键步骤，最终实现商业银行等市场主体自由竞争和自主定价应是今后利率市场化的核心内容。

第六阶段，2013 年 7 月 19 日，经国务院批准，中国人民银行决定，自 2013 年 7 月 20 日起全面放开金融机构贷款利率管制。

（1）取消金融机构贷款利率 0.7 倍的下限，由金融机构根据商业原则自主确定贷款利率水平。

（2）取消票据贴现利率管制，改变贴现利率在再贴现利率基础上加点确定的方式，由金融机构自主确定。

（3）对农村信用社贷款利率不再设立上限。

（4）为继续严格执行差别化的住房信贷政策，促进房地产市场健康发展，个人住房贷款利率浮动区间暂不作调整。

2013 年 10 月 25 日宣布开始运行贷款基础利率（简称 LPR）集中报价和发布机制，至此人民币利率市场化仅剩下存款利率放开最后一步，2013 年 11 月，中国人民银行发布《同业存单管理暂行办法》意味着我国存款利率市场化改革开始加速。我国商业银行同业业务存在期限错配和信息不透明、恶性竞争等问题，央行通过创新推行同业存单等替代性金融产品进一步加大了对同业存款等线下业务的规范，有利于商业银行有效防范流动性风险，也将减少存款利率管制放开后银行流动性缺失等问题。至此，这标志着中国利率市场化改革迈出重要一步。

第七阶段，2014 年 11 月 22 日，中国人民银行决定结合推进利率市场化改革，将金融机构存款利率浮动区间的上限由存款基准利率的 1.1 倍调整为 1.2 倍；其他各档次贷款和存款基准利率相应调整，并对基准利率期限档次作适当简并。

第八阶段，利率市场化进程加快，改革措施频繁出台。2015 年 3 月 1 日，中国人民银行决定结合推进利率市场化改革，将金融机构存款利率浮动区间的上限由存款基准利率的 1.2 倍调整为 1.3 倍。2015 年 5 月 11 日，中国人民银行决定结合推进利率市场化改革，将金融机构存款利率浮动区间的上限由存款基准利率的 1.3 倍调整为 1.5 倍。

2015 年 8 月 26 日，中国人民银行决定，放开一年期以上（不含一年期）定期存款的利率浮动上限，活期存款以及一年期以下定期存款的利率浮动上限（1.5 倍）不变。此次调整仍继续保留一年期以内定期存款及活期存款利率浮动上限不变，体现了按照“先长期、后短期”的基本顺序渐进式放开存款利率上限的改革思路，也与国际上的通行做法相一致。按此顺序推进利率市场化改革，有利于培育和锻炼金融机构的自主定价能力，为最终全面实现利率市场化奠定更为坚实的基础；也有利于稳定金融机构的存款付息率和整体筹资成本，促进降低社会融资成本，对于保持经济持续健康发展具有积极意义。

自 2015 年 10 月 24 日起，中国人民银行决定对商业银行和农村合作金融机构等不再设置存款利率浮动上限。以2015年放开存款利率浮动上限为标志，我国利率市场化历时近20年终宣告初步完成。

第九阶段，2016年，利率市场化改革加快推进并取得重要进展。一是继续培育金融市场基准利率体系。着力培育以上海银行间同业拆借利率（SHIBOR）、国债收益率曲线和贷款基础利率（LPR）等为代表的金融市场基准利率体系，为金融产品定价提供重要参考。二是不断健全市场利率定价自律机制。进一步拓宽自律机制成员范围，同时进一步完善省级自律机制。三是有序推进金融产品创新。逐步扩大存单发行主体范围，推进同业存单、大额存单发行交易。2016年6月6日进一步将个人投资者认购大额存单的起点金额由30万元调整至20万元。四是完善中央银行利率调控体系，积极疏通利率传导渠道，增强央行引导和调节市场利率的有效性。

2018年，在央行发布的第四季度货币政策执行报告中指出，继续深入推进利率市场化改革，推动利率“两轨合一轨”。一是提高中央银行市场化利率调控能力，疏通货币政策传导。完善利率走廊机制，提高央行对市场利率的调控和传导效率。二是不断健全市场利率定价自律机制。进一步扩宽自律机制成员范围。三是加快推动大额存单发展。在维护市场秩序的情况下，扩大大额存单发行主体范围，发挥大额存单在推动利率市场化改革方面的积极作用，“开好正门”。四是促进同业存单市场规范发展。明确自2019年第一季度起将资产规模5000亿元以下金融机构发行的同业存单纳入MPA同业负债占比指标进行考核。

第十阶段，推出贷款市场报价利率（LPR）。2019年8月17日，中国人民银行发布2019年15号公告，为深化利率市场化改革，提高利率传导效率，推动降低实体经济融资成本，决定改革完善贷款市场报价利率形成机制。

（1）自2019年8月20日起，中国人民银行授权全国银行间同业拆借中心于每月20日（遇节假日顺延）9时30分公布贷款市场报价利率。

（2）贷款市场报价利率报价行应于每月20日（遇节假日顺延）9时前，按公开市场操作利率（主要指中期借贷便利利率）加点形成的方式，向全国银行间同业拆借中心报价。全国银行间同业拆借中心按去掉最高和最低报价后算术平均的方式计算得出贷款市场报价利率。

（3）为提高贷款市场报价利率的代表性，贷款市场报价利率报价行类型在原有的全国性银行基础上增加城市商业银行、农村商业银行、外资银行和民营银行，此次由10家扩大至18家，今后定期评估调整。

（4）将贷款市场报价利率由原有1年期一个期限品种扩大至1年期和5年期以上两个期限品种。银行的1年期和5年期以上贷款参照相应期限的贷款市场报价利率定价，1年期以内、1年至5年期贷款利率由银行自主选择参考的期限品种定价。

（5）各银行应在新发放的贷款中主要参考贷款市场报价利率定价，并在浮动利率贷款合同中采用贷款市场报价利率作为定价基准。存量贷款的利率仍按原合同约定执行。各银行不得通过协同行为以任何形式设定贷款利率定价的隐性下限。

（6）中国人民银行将指导市场利率定价自律机制加强对贷款市场报价利率的监督管理，对报价行的报价质量进行考核，督促各银行运用贷款市场报价利率定价，严肃处理银行协同设定贷款利率隐性下限等扰乱市场秩序的违规行为。中国人民银行将银行的贷款市场报价利率应用情况及贷款利率竞争行为纳入宏观审慎评估（MPA）。

2019年8月20日贷款市场报价利率（LPR）为：1年期LPR为4.25%，5年期以上LPR为4.85%。2019年11月20日贷款市场报价利率（LPR）为：1年期LPR为4.15%，5年期以上LPR为4.80%。

资料来源：笔者根据各种资料整理而得。

美国利率市场化的历史进程

作为发达国家的代表，美国在利率市场化改革的进程中积累了丰富经验。历史上，为了建立稳定的金融秩序，实现政府低成本筹借战争资金以及实现战后经济恢复，美国曾施行过严格的利率管制。20世纪60年代，利率管制政策日益显现弊端。从1970年6月美国开始逐步解除利率管制，直至1986年4月完全实现利率市场化，这一过程历时16余年。美国的利率市场化改革是有计划、有步骤、渐进式的改革。

第一阶段，20世纪30年代的利率管制时期

19世纪末20世纪初，伴随美国工业经济的高速发展，金融危机频繁爆发。1873年、1884年、1893年和1907年分别爆发过金融危机。其中1907年爆发的金融危机最为严重，促成了美国银行史上一次划时代的变革，即1913年作为美国中央银行体系的美国联邦储备体系建立。

1929年，美国股灾引发了经济大萧条。在经济大萧条中，美国银行业的损失最为严重。1933年，罗斯福就任总统时，全国几乎没有一家银行营业，支票在华盛顿无法兑现。金融业体系的崩溃延长了大萧条的时间并增加了危机的深度与广度。在解救危机的过程中，美国政府采用凯恩斯的国家干预理论，金融市场随之开始了一个管制时期。与此同时，美国银行业也经历了有史以来最大规模的金融改革，最突出的一点就是强化金融管制。1933~1935年，美国颁布了一系列的金融法案，包括1933年《格拉斯—斯蒂格尔法》，1934年《证券交易法》和1935年《银行法》。这些法案主要内容包括：

（1）对银行支付存款利息的利率进行限制。涉及美国利率管制的著名的Q条例诞生于这一过程中。所谓Q条例，是指美联储按字母顺序排列的一系列金融条例中的第Q项规定。后来，Q条例变成对存款利率进行管制的代名词。Q条例主要涉及的内容包括禁止联邦储备委员会的会员银行对它所吸收的活期存款（30天以下）支付利息以及

对会员银行所吸收的储蓄存款和定期存款规定了2.5%的上限。1966年，美国颁布的《临时利率控制法案》又将这一规定扩大到储蓄、贷款协会和互助储蓄银行等。实施利率管制的目的是为减少银行间的竞争，降低银行风险。Q条例的实施对美国恢复金融秩序，政府低成本筹措战争资金及战后经济恢复起到了积极的作用。(2) 建立全国证券交易的监管体系。(3) 限制银行对证券的投资，禁止金融机构持有股票，使商业银行与证券业分离。(4) 成立美国联邦存款保险公司，对5万元以下的银行存款提供担保，避免发生公众挤兑。(5) 限制新银行开业，加强联邦储备银行的地位。(6)《高利贷法令》规定了银行贷款的最高利率限制。

第二阶段，20世纪60年代后期利率管制弊端的日益暴露时期

随着美国战后经济的繁荣及资金需求的扩张，20世纪60年代以后，利率管制的弊端日益暴露出来。主要表现在：(1) 僵硬的资金价格不能使资金流向优质的银行，经营能力强的银行无法扩大规模，无法通过正常的市场竞争实现银行业的优胜劣汰。(2) 僵硬的利率管制不能适应通货膨胀的严峻形势，银行经营困难，无法而对证券业的挑战，金融体系不能维持稳定。当时，美国的通货膨胀率一度达到20%。由于限定的利率水平低于非银行金融机构的利率水平，使得商业银行存款吸引力下降，公众对存款越发没有兴趣，这大大限制了商业银行等存款性金融机构的筹资能力，使商业银行面临生存危机。(3) 金融体系的扭曲限制了货币调控机制发挥作用。银行存款利率上限的规定限制银行吸收存款的能力，当资金需求旺盛时，造成信用供应不足。为摆脱困境，银行创造了大量的金融工具来规避管制，扩大资金来源，在增加流动性的同时削弱了中央银行货币的调控力。(4) 美国的银行业出现经营危机，大量银行破产，各种金融机构也面临经营困难。

第三阶段，20世纪70年代利率市场化的逐步实施时期

从20世纪70年代起，美国提出了解除利率管制的设想，逐步实行利率放开政策。(1) 逐步放松对利率的管制。1970年6月，美联储首先放松对10万美元以上、90天内大额存单的利率管制。1973年5月，继续提高存款利率的上限，即取消1000万美元以上、期限5年以上的定期存款利率上限，以此来缓解利率管制带来的弊端。(2) 允许非银行机构设立支票账户并允许对交易余额支付利息。(3) 允许开发转让的活期存款账户及将储蓄余额自动转存的服务。(4) 建立货币市场基金。

然而，这些政策并没有从根本上解决Q条例的存在所产生的实质性问题，大量现金从存款性的金融机构外流，"金融脱媒"现象没有从根本上得到解决。迫于形势，美国的当权机构不得不考虑从制度和法律层面彻底实现利率的全面市场化目标。

第四阶段，20世纪80年代利率市场化的完成时期

20世纪80年代初期，美国开始进行金融自由化改革，打破利率管制。实现利率市场化就是美国金融自由化改革的代表。(1) 1980年3月，美国国会通过了《存款机构放松管制和货币控制法》，决定自1980年3月31起，分6年取消对定期存款利率的最

高上限。(2) 1982年颁布的《加恩—圣杰曼存款机构法》，详细制定了废除Q条例的步骤。(3) 1983年10月，美国存款机构放松管制委员会取消了31天以上的定期存款以及最小余额为2500美元以上的极短期存款利率上限。(4) 1986年，连续取消了所有存款形式对最小余额的要求、支付性存款的利率限制、存折储户的利率上限，除了少数住房贷款及汽车贷款外，对于贷款利率也不加限制。直至1986年4月为止，Q条例终结，美国的利率市场化完成。自1970年起到1986年，美国的利率市场化开始到利率市场化完成，这个过程整整持续了16余年，可见利率市场化是个循序渐进的过程。

资料来源：笔者根据相关资料整理而得。

复习思考题

1. 简述利息的定义。
2. 简述利率的种类。
3. 影响利率变动的主要因素。
4. 试述利率的经济功能。
5. 试述中国的利率体系结构概况。
6. 利率市场化的具体内容。

第四章

金融市场

内容简介

金融市场是资金供给者和资金需求者之间通过信用工具进行资金融通的市场，它可以是有形的市场，也可以是无形的市场。金融市场的存在有利于资源在不同时间、地区和行业进行转移，有利于资源的有效配置。货币市场、资本市场、外汇市场和黄金市场都是金融市场的重要组成部分。

教学目的

通过本章的学习，要求掌握货币市场的含义，理解各种货币市场工具的基本情况；掌握资本市场的含义，理解股票市场和债券市场的发行方式和发行价格，理解证券投资基金的不同类型；了解外汇市场基本情况，理解外汇市场的主要功能及世界主要外汇市场；了解黄金市场的形成，世界主要黄金市场，理解黄金市场的投资工具及黄金价格影响因素。

第一节　货币市场

货币市场是指融资期限在一年及一年以内的金融资产为交易工具的短期金融市场，主要包括同业拆借市场、票据市场、短期债券市场、回购市场、货币市场共同基金市场、CDs 市场，等等。货币市场的基本功能是满足资金短期流动性需求，一方面能够满足资金需求者的短期融资需要，另一方面也为资金盈余者的暂时闲置资金提供了投资机会。货币市场具有金融工具融资期限短、流动性高、风险小、可控性强等特征。

一、同业拆借市场

同业拆借市场是指银行等金融机构之间以货币借贷方式进行短期资金融通的市场，

主要用于弥补短期资金的不足。

（一）同业拆借市场的含义

同业拆借市场起源于西方国家存款准备金制度的实施，在存款准备金制度下，银行所吸收的存款必须按一定比例提取准备金并缴存于中央银行，即法定存款准备金。从某一时点来看，一些银行的准备金持有量较多，存在超额准备金，而另一些银行的准备金出现不足，低于法定存款准备金，因为持有超额准备金没有收入，而准备金不足会被监管当局处罚，所以，存在超额准备金的银行将资金拆出以增加收入，准备金不足的银行将资金拆入，由此逐渐形成了同业拆借市场。自同业拆借市场形成之后，发展十分迅速，它不仅作为同业之间调整准备金的市场，而且成为银行扩大资产业务的手段，同业拆借的参加者也从商业银行扩大到非银行金融机构，范围不断扩大。

（二）同业拆借市场的主要特征

1. 资金融通的期限短、以日计息

同业拆借市场上资金融通的期限比较短，通常有隔夜、一周、两周等，最长不超过 1 年。由于时间很短，一般以日计息，日拆利率每天不同，由融资双方资金供求关系以及其他影响因素决定。伦敦同业拆借市场利率（London Inter-bank Offered Rate，LIBOR）是目前国际间最重要和最常用的市场基础利率，实际利率通常是在这一利率基础上加一定百分比而形成。

2. 交易金额较大，不需要担保或抵押

同业拆借市场的参与者都是金融机构，交易金额往往较大。金融机构的高信誉、拆借资金的时效性则决定了这种交易的纯信用特征，不需要以担保或抵押品作为借贷条件，交易双方只需以自身信用作担保，一般都严格遵守交易协议。

3. 资金借贷程序简单快捷，成交时间短

在同业拆借市场上，借贷双方可以通过电话直接联系或与市场中介人进行联系，主体上是一种无形市场。借贷双方关于借贷条件达成协议之后，贷款方可以直接或通过代理行间接地利用中央银行的电子资金转账系统将资金转入借款方的资金账户上，转账程序简单快捷。

4. 反映市场资金供求状况，利率由双方议定

同业拆借市场上的利率可由双方协商，讨价还价。因此可以说，同业拆借市场上的利率是一种市场利率，或者说是市场化程度最高的利率，能够充分灵敏地反映市场资金供求的状况及变化。

（三）我国同业拆借市场

我国的同业拆借始于 1984 年，当时在各专业银行之间、同一专业银行各分支机构

之间开办了同业拆借业务，到1987年6月底，除西藏外，全国各省、市、自治区都建立了不同形式的拆借市场。1996年，全国统一的银行间同业拆借市场正式建立，目前已经形成了全国统一的同业拆借市场格局。2007年全国银行间同业拆借中心根据中国人民银行授权计算、发布了中国货币市场基准利率——上海银行间同业拆放利率，简称SHIBOR。

二、票据市场

票据市场（paper market）是指在商品交易和资金往来过程中产生的以各类票据的发行、承兑、贴现、转贴现、再贴现以实现短期资金融通的市场。

（一）票据市场的分类

（1）票据市场按票据发行主体来划分，可分为商业票据市场、银行票据市场。

（2）票据市场按级次划分，可分为一级市场即票据发行市场，票据发行包括签发和承兑，其中承兑是一级市场的核心业务；二级市场即票据流通市场。

（3）票据市场按交易方式来划分，可分为票据发行市场、票据承兑市场和票据贴现市场。

（二）票据发行市场

票据发行市场是资信较好的大企业、银行和金融公司等机构通过发行票据筹集短期资金的市场。票据发行市场形成于19世纪中期。当时，为了补充银行短期贷款的不足，工业企业在货币市场上发行融通票据，进行直接融资。在之后的100年左右，大公司一直是票据市场的主要发行人；20世纪20年代后，随着消费资金短期需求的不断扩大，消费者金融公司逐步发展起来，并成为票据发行市场的重要筹资者；20世纪60年代后，银行等金融机构、银行持股公司也通过票据发行市场筹集短期资金，成为票据发行市场的参与主体，并且，根据发行主体的不同，票据存在商业票据和银行票据之分。

商业票据的发行方式通常有两种：一是发行公司直接发行，卖给购买者，这是节约发行费用的有效方式，但是手续比较繁琐；二是委托交易商代销，这种方式成本较高，但是发行风险较低。一般而言，非金融公司发行商业票据都通过交易商进行代销，金融公司发行商业票据两种方式都会采用。

（三）票据承兑市场

承兑是指汇票到期前，汇票付款人或指定银行确认票据记明事项，在票面上做出承诺付款并签章的一种行为。承兑有银行承兑和商业承兑两种。银行承兑汇票是货币市场上重要的交易工具，它是在商业票据的基础上，由银行介入，允诺票据到期履行支付义务。票据由银行承兑，信用风险相对较小。对于这项业务，银行收取手续费。在发达市场经济国家，银行承兑汇票，其发行人大多是银行自身，是银行筹资的手段。

（四）票据贴现市场

贴现是票据持有人在票据到期以前，为获取资金而向商业银行或其他金融机构支付一定贴息后进行的票据转让行为；转贴现是指贴现银行在需要资金时，将已贴现的未到期票据再向其他金融机构办理贴现的票据转让行为；再贴现是贴现银行在需要资金时，将已贴现的未到期票据再向中央银行办理贴现的票据转让行为。

票据贴现金额可以按照下列公式计算：

$$贴现利息=票面金额\times贴现率\times(未到期天数\div360)$$

$$贴现金额=票面金额-贴现利息$$

$$=票面金额\times(1-贴现率\times未到期天数\div360)$$

例如，某企业将90天后到期、面额100000元的商业票据向银行贴现，银行按照4%的贴现率进行计算，那么贴现利息为1000元（100000×4%×90÷360），银行支付给企业的金额为99000元。这个例子中，企业通过票据贴现向商业银行进行融资的行为类似于企业以商业票据为质押向银行进行短期借款，企业融入的资金低于票据面值，票据到期时按面值还款，差额部分就是支付给银行的利息，贴现率即为借款利率。

三、短期债券市场

短期债券市场是指以一年以内以短期债券为交易工具的市场，具体包括短期政府债券市场、短期金融债券市场和短期企业债券市场。

（一）短期政府债券市场

短期政府债券是指期限在1年以内由政府部门承担到期还本付息责任的债务凭证。通常情况，短期政府债券市场主要是指政府发行的短期国库券，持期限品种有3个月、6个月、9个月和12个月，国库券有政府信誉作保障，可以当作无风险的投资工具。和其他投资工具相比，国库券是国家发行的短期债券，国家的信用等级高，基本没有违约风险；国库券具有发达的二级市场，其流动性强；还具有面额较小、收入免税的特点。国库券主要包括发行市场即一级市场和流通市场即二级市场。

1. 国库券的发行市场

国库券到期日支付的金额是固定的，通常是不付息的，而是按其面值采取折价方式发行，即国库券卖给投资者的初始价格低于到期时所支付的面值，所以，投资者的收益是国库券的购买价与面值之间的差额。例如，初始以9500美元的价格买入6个月期国库券，到期日时这些国库券清偿的价格是 10000 美元。

国库券的发行方式包括公开招标和承购包销两种：公开招标是指将国库券的发行数额和期限对外公布，合格投资者对其进行竞价并且将其出价进行排序，进而对国库券进行分配和出售。这种发行方式降低了发行成本，提高了发行效率，有利于形成国库券的市场利率。承购包销是指财政部与由金融机构和证券交易商组成的承销团签订承销合同，在确定各自权利与义务的基础上商定双方满意的价格，承销团认购后再出售给投资者。这种发行方式时间短、效率高，但是成本较高，存在非市场化的因素，不利于形成市场化的国库券价格和利率。

2. 国库券的流通市场

流通市场，是已发行的未到期国库券流通和转让的市场。在发达国家，未到期的国库券一般都有一个交易活跃的二级市场。在国库券到期之前，需要资金的持有者可以在二级市场对其所持有的国库券进行出售；其他投资者也可以在二级市场对未到期的国库券进行购买。国库券二级市场的建立不仅降低了持有者的流动性风险，而且连续的国库券交易有利于形成国库券的市场价格和市场利率，有利于宏观经济政策的制定和实施。此外，国库券流通市场是中央银行进行公开市场操作的重要场所，为中央银行实施货币政策提供了平台。

3. 我国国库券市场

我国的国库券从 1981 年开始发行。但是，我国发行的国库券与英美等西方国家不同，从 1981 年至 1997 年间，发行过 3 年期、5 年期，甚至 8 年期的国库券，所以并不是一种短期债券，相当于西方国家的中长期债券，1996 年我国第一次发行 3 个月期限的短期国库券，1998 年以后，实物国库券正式退出历史舞台，改为发行凭证式和记账式国债。2003 年后，我国的短期国债开始有规律发行，期限有 1 年以内的，也有长期的；利息支付有到期一次支付的，也有每年支付的；发行方式基本是招标拍卖方式，每年政府发行的各种期限国债中所占比重也逐渐上升，但发行规模还远逊于欧美市场。目前国内的短期国债市场还难以达到美国市场那样，成为央行公开市场操作的主要场所。在我国，从某种意义上说，是回购协议市场替代短期国债市场，承担了一部分公开市场操作的功能。

（二）短期金融债券市场和短期企业债券市场

短期金融债券是由国家专业银行、综合性银行以及其他金融机构发行的一年期以下的债券，发行这种金融债券的主要目的是满足某些特定项目的资金需求。

短期企业债券是企业解决流动资金缺乏向社会发行的债券，期限多为 3 个月、6 个月和 9 个月。短期企业债券市场的主体是企业、商业银行等金融机构和个人。其中，金融机构参与交易的目的在于为企业提供融资服务；企业参与交易的目的在于融通短期资金；事业单位、团体和个人等参与交易的目的在于获取投资收益、分散投资风险。

四、回购协议市场

证券回购是指在出售证券的同时，证券的出售方和购买方签订协议，约定在一定期限后按既定价格购回所出售的证券，从而获取即时可用资金的一种交易行为。回购协议的期限从一日至数月不等。若回购交易期限为一天，则称为隔夜回购，若大于一天，称为期限回购。从本质上说，回购协议是一种质押贷款：证券购买实际上是买方将资金贷给卖方的过程，约定卖方按照既定价格在一定时期后购回实际上是卖方通过购回证券归还借款，其中，证券即为贷款的质押品。

（一）正回购与逆回购

按照证券和资金流向的不同，回购交易可以分为正回购和逆回购。正回购是指卖方出售证券、从买方那里获得资金的同时，约定在未来一定时期后卖方再以既定的价格从买方手中如数购回这些证券。逆回购是指在买方购买证券、向卖方支付资金的同时，约定在未来一定时期后买方再以既定的价格将该证券如数出售给原来的卖方。从资金供应者的角度看，逆回购是回购协议的逆进行。

简单说，回购交易中先出售证券，后回购证券称为正回购；先购入证券、后出售证券为逆回购。举个正回购的例子，这里证券公司充当资金融入方：假设证券公司刚刚购买了1000万元人民币的国债，却看好一个项目急需1000万元的资金，但是两天后才能有足够的资金，这时，证券公司可以在回购市场上，将手中持有的1000万元国债以回购协议的方式售出，并承诺在第三天如数购回，利率4%。如果市场上有愿意做这笔交易的商业银行，那么这家公司即取得了为期2天、利率为4%的借款，在这笔交易中，证券公司以1000万元的总额出售国债，2天后，向该商业银行支付10002222元再把国债购回，其中2222元［$10000000 \times 4\% \times (2 \div 360)$］为借款利息。

（二）回购市场的运行

回购市场的参与者主要是商业银行、非银行金融机构、企业、回购协议交易商以及政府部门，其中，商业银行和交易商是主要的证券出售者。对于商业银行而言，利用回购协议融通资金具有两方面优势：一方面，银行持有大量的政府证券和政府机构证券，这些证券是回购协议下的合格质押品；另一方面，银行利用回购协议所取得的资金不属于存款负债，不需要缴纳存款准备金。此外，对于中央银行来说，证券回购是进行公开市场操作的重要方式。

回购市场没有集中的有形市场，交易通常以电讯方式进行。大多数交易由资金供给方和资金需求方直接进行，但是，也有少数交易通过市场专营商间接进行，市场专营商一方面与资金需求方签订回购协议，另一方面与资金供给方签订逆回购协议，充当证券回购的中间人。

回购协议中的证券交付一般不采用实物交付的方式，特别是对于期限较短的回购协议。但是，为了防范资金需求者在回购协议期间将证券卖出或与第三方进行回购而带来风险，一般要求其将质押证券存在贷款人清算银行的保管账户中，或存在借款人专用的证券保管账户中以备随时查询。

五、货币市场基金市场

基金是将大量小额投资者的资金集合起来，由专门的经理人进行运作，投资收益按一定的期限及持有的份额进行分配的一种形式，对于主要在货币市场上从事短期金融工具投资的基金，称为货币市场基金。

（一）货币市场基金的形成

货币市场基金最早出现在1971年，当时美国政府出台了限制银行存款利率的Q条例，将商业银行可以支付的利率限制在5.25%～5.5%之间，但是，在1978年初，市场利率已经攀升至10%以上，银行存款的吸引力显著下降，投资者急于为自己的资金寻找到新的能够获得现行利率水平的投资工具，此时，货币市场基金应运而生。货币市场基金的出现，满足了中小投资者投资货币市场获取稳定收益的要求，而且流动性好、安全性高、风险较低，因此受到投资者的青睐。

（二）货币市场基金的特点

1. 货币市场基金投资于货币市场中高质量的证券组合

在货币市场基金发展早期，由于对其所投资的证券级别没有限制，一些货币市场基金为了追求高回报而投资于高风险的证券，从而导致巨额亏损，损害了投资者的利益，进而引起了监管者的重视，逐步对货币市场基金所投资的证券等级进行限制，对货币市场基金投资证券的等级进行了规定。

2. 货币市场基金提供一种有限制的存款账户

如果投资者用10000美元购买10000份的基金，货币市场基金利用这些资金投资于国库券、商业票据等短期货币市场证券，与此同时，投资者还能对其在基金中以股份形式持有的资金签发支票，这是货币市场基金的一大优势。

3. 货币市场基金采取红利转投资的分红方式

货币市场基金与其他投资于股票的基金最主要的区别在于基金的单位资产净值是固定不变的，通常是每个基金单位1美元。对该基金进行投资后，投资者可对收益进行再投资，投资收益表现为投资者不断增加的基金单位。例如，某投资者以100美元投资于某货币市场基金，便拥有100个基金单位，1年后，若投资收益率是8%，那么，该投资者就多拥有 8 个基金单位，总共 108 个基金单位，价值 108 美元。

4. 货币市场基金所受到的法规限制相对较少

尽管货币市场基金的持有人可以对其签发支票，但是，货币市场基金在法律上并不是存款，因而不受法定准备金要求以及其他管理法规的限制。而且，在货币市场发展的最初阶段，几乎没有对货币市场基金进行限制的法规。

六、大额可转让存单市场

大额可转让存单（Negotiable Certifocates of Deposits，NCDs）市场是银行发行的、可以流通的短期存款单的交易市场，简称 CDs 市场。

（一）CDs 市场的形成和发展

CDs 是美国一项重要的金融创新产品，最先由花旗银行推出。在 1961 年之前，美国的存单是不可以转让的，这意味着存单的流动性较差，而且，法律规定除非支付一笔可观的罚金，否则不能要求银行进行清偿。20 世纪 60 年代，市场利率不断上升，但是，由于受到 Q 条例对存款利率上限的限制，美国的商业银行无法提高存款利率，致使银行存款缺乏吸引力，客户纷纷将资金投资于安全性较好、收益性高的货币市场工具，如国库券、货币市场共同基金等，从而导致以银行存款急剧下降，商业银行出现了“脱媒”现象。1961 年，花旗银行发行了第一张可以在二级市场转卖的 CDs，这一创新产品流动性高，可以获得稳定的收益，很快受到投资者欢迎，现在美国几乎所有主要商业银行都发行这一工具。

（二）CDs 的特点

与银行定期存款相比，CDs 具有以下特点：

1. 不记名

银行的定期存款需要记名；而大额定期存单则是不记名的。

2. 面额大

定期存款金额不固定，大小均可；而可转让定期存单金额较大。例如，美国向机构投资者发行的 CDs 面额最少为 10 万美元，向个人投资者发行的 CDs 面额最少为 100 美元。

3. 利率高

一般而言，定期存款利率是固定的；而可转让定期存单利率既有固定的，也有浮动的，并且，CDs 的利率通常高于同期定期存款利率。

4. 流动性强

期存款不可以流通，可以提前支取，但是会损失一部分利息；可转让存单不能提前支取，但是可以在二级市场流通转让。

5. 期限短

一般而言，可转让定期存单的期限都在 1 年以内，平均 4 个月左右，最短的只有 14 天。

CDs 的出现不仅增加了投资者可选择短期投资工具的类型，也扩大了银行的贷款能力：当银行需要短期资金时，它或者变现短期资产，或者发行大额可转让定期存单。

第二节 资本市场

资本市场是指以期限在 1 年以上的金融工具为交易标的的市场。在资本市场中，资金供给者主要是银行、保险公司、退休及养老基金、私人和外国投资者，资金需求者主要是政府、企业和个人，交易工具主要是中长期债券、股票等有价证券。

一、股票市场

股票市场是股票发行、转让和流通的市场，包括股票发行市场和股票流通市场。通过股票的发行，大量的资金流入股市，进而流入了发行股票的企业，促进了闲置资金向企业资本的转换，促进了经济的发展；通过股票的流通，提供了股票转换的平台，增强了股票的流动性和吸引力。

（一）股票发行市场

股票发行是指股票从规划到销售的全过程。股票发行市场也称为初级市场、一级市场，是资金需求者直接获得资金的市场。股份有限公司的成立和现有公司的增资扩股，都要通过发行市场融通资金。

1. 股票发行市场参与主体

股票发行市场由三个参与主体相互联结而组成，即股票发行者、股票承销商和股票投资者。股票发行者是资金的最终需求者，发行者的股票规模决定股票的供给情况；股票投资者是资金的最终供给者，投资者的实际投资能力决定股票的需求情况。同时，为了确保股票发行的顺利进行，股票承销商将发行者和投资者联系起来，代发行者发行股票，并向发行者收取手续费。此外，为了增强证券的信用等级，一些大型的公司或金融机构对发行者提供担保，成为股票发行的担保人。

2. 股票发行方式

基于不同的标准，股票发行方式可以划分为多种类型。

（1）根据发行对象不同，可以划分为公募与私募。公募，也称公开发行，是指事先没有特定的发行对象，向社会广大投资者公开推销股票的方式。公开发行可以采取直接发售的方法，也可以采取通过中介机构代理发行。公募发行需报主管部门申请批准，发行费用也较高，但是公募发行可以扩大股票发行量，提高企业知名度，并且可以上市交易，因此许多企业愿意选择公募发行。私募，也称不公开发行，是指发行者只对特定发行对象发行股票的方式。一般而言，在股东配股、私人配股等情况下采用。私募发行不需要向主管机关报批，手续简单，发行费用较低，但是不能公开上市交易。

（2）根据发行者出售新股的方式不同，可以划分为直接发行与间接发行。直接发行是指股份公司自己承担股票发行的一切事务和发行风险，直接向认购者推销出售股票的方式。当采用直接发行方式时，要求发行者熟悉招募手续，精通招募技术并具备一定的条件，因此，通常适用于有既定发行对象或者发行风险少、手续简单的股票。间接发行是指发行者委托中介机构出售股票的方式。这些中介机构作为股票的推销者，办理一切发行事务，承担一定的发行风险并从中提取相应的报酬。股票的间接发行方式有代销、承销、包销三种。代销是指中介机构只负责按照发行者的条件销售股票，而不承担任何发行风险，期满销售不出去的股票退还给发行者。由于全部发行风险和责任都由发行者承担，中介机构只是代为销售，因此，手续费较低。承销，又称为承购或余额包销，是指股票发行者与中介机构签订销售合同，规定在约定期限内，如果实际推销的结果没有达到合同规定的发行数额，那么差额部分由中介机构自己承担。这种发行方式的特点是能够保证完成股票发行额度，但是，因为中介机构需要承担一定的发行风险，所以，承销费高于代销的手续费。包销，是指当发行新股票时，中介机构用自己的资金一次性地把将要公开发行的股票全部买下，然后再根据市场行情逐渐卖出，从中赚取买卖差价。由于发行者可以快速获得全部所筹资金，而中介机构需要全部承担发行风险，因此，包销费更高于承销费。

（3）根据发行次数，可以划分为首次公开发行和增发新股。首次公开发行（Initial Public Offering，IPO），是指公司通过证券交易所首次公开向投资者发行股票的过程，是目前股票发行的主要方式。增发新股，是指满足一定条件的上市公司为了再融资而再次发行股票的行为。

3. 股票的价值与价格

（1）股票的价值，主要介绍利用现值法和市盈率法分析普通股的价值。

第一，股息贴现模型。股息贴现模型假定股息是投资股票的唯一现金流收入。依据现值计算公式，普通股的内在价值为：

$$D = \frac{G_1}{(1+r)} + \frac{G_2}{(1+r)^2} + \frac{G_3}{(1+r)^3} + \cdots + \frac{G_\infty}{(1+r)^\infty} = \sum_{t=1}^{\infty} \frac{G_t}{(1+r)^t} \quad (4-1)$$

其中，D 为普通股的内在价值，G_t 为普通股第 t 期支付的股息和红利之和，r 是贴现率，通常为市场利率水平。

企业的盈利，在其发展过程中，不会永远持平，也罕见永远递增或永远递减。因而，持有剩余要求权的股东可以分得的现金红利也不会是一成不变的。比如处于创业期和增长期的企业，一般来说，利润增速不稳定，但增速比较高；进入成熟期以后，增长速度会降下来，但增速却趋于稳定。因而，根据企业在不同寿命期的利润以及红利有不同增长速度的判断，需建立红利分阶段增长模型。

第二，市盈率模型。与股息贴现模型相比，市盈率模型的历史更为悠久。市盈率模型具有以下几个方面的优点：一是由于市盈率是股票价格与每股收益的比率，即单位收益的价格，所以，市盈率模型可以直接应用于不同收益水平的股票价格之间的比较；二是对于那些在一段时间没有支付股息的股票，市盈率模型同样适用；三是虽然市盈率模型同样需要对有关变量进行预测，但是，所涉及的变量预测比股息贴现模型更加简单。相应地，市盈率模型也存在一些缺点：一是市盈率模型的理论基础比较薄弱，而股息贴现模型的逻辑性较为严密；二是在进行股票比较时，市盈率模型只能决定不同股票市盈率的相对大小，不能决定股票绝对的市盈率水平。

假定股息的支付在时间上是永久的；股息的增长速度 g_t 是一个常数，$g_t = g$。那么，

$$D = \frac{G_1}{(1+r)} + \frac{G_1(1+g)^1}{(1+r)^2} + \frac{G_1(1+g)^2}{(1+r)^3} + \frac{G_1(1+g)^3}{(1+r)^3} + \cdots \qquad (4-2)$$

整理后：

$$D = \frac{G_1}{r-g}$$

其中，G_1 代表第 1 期支付的股息，r 为贴现率，g 为股息增长率，D 为股票的内在价值。

尽管股票的市场价格 P 可能高于或低于其内在价值，但是，当市场达到均衡时，股票价格应该等于其内在价值。所以，可以将上式改写为：

$$P = D = \frac{G_1}{r-g} \qquad (4-3)$$

由于每期的股息等于当期的每股收益（E）乘以派息比率（b），即 $G = E \times b$，所以：

$$P = \frac{E_1 \times b_1}{r-g} \qquad (4-4)$$

省略有关变量的下标，将式（4-4）移项之后，可以推出不变增长的市盈率模型的一般表达形式：

$$\frac{P}{E} = \frac{b}{r-g} \qquad (4-5)$$

市盈率把股价和利润联系起来，反映了企业的近期表现。如果股价上升，但是，利润没有变化，甚至下降，则市盈率将会上升。

一般来说，市盈率水平小于零时公司盈利为负；0~13 时股票价值被低估；14~20 时股票价值处于正常水平；21~28 时股票价值被高估；28 以上反映股市出现投机性泡沫。

（2）股票发行价格的影响因素。在股票内在价值的基础上，股票的发行价格受到发行主体的情况、发行环境、政策等因素的影响。首先，发行主体的情况。发行主体的情况是发行人内部经营管理对发行价格影响的因素，包括发行主体主营业务发展前景、产品价格有无上升的潜在空间、管理费用与经济规模性、投资项目的投产预期和盈利预期等方面。其次，发行环境。股票流通市场的状况以及变化趋势、发行主体所处行业的发展前景以及区位情况等发行环境都会对股票的发行价格产生影响。最后，政策因素。通常不同的经济政策对发行主体的影响是不同的。例如，税负水平直接影响发行主体的盈利水平，直接决定发行价格，通常，享有较低税负水平的发行主体，其股票的发行价格可以相对较高。

（二）股票流通市场

股票流通市场是已发行的股票按市场行情进行转让、买卖和流通的市场。由于股票流通市场是建立在发行市场基础上的，因此又被称作二级市场。目前股票的流通市场可分为有组织的证券交易所、场外市场、第三市场以及第四市场。

1. 证券交易所

证券交易所是由证券管理部门批准的、为证券的集中交易提供固定场所和有关设施、并制定各项规则以形成公正合理的价格和规范秩序的正式组织。证券交易所是集中交易已发行证券的固定场所，它是证券交易市场的核心。证券交易所作为进行证券交易的场所，本身并不持有证券，也不进行证券买卖，主要作用是为交易双方成交创造或提供条件，并对双方的交易行为进行监督。

股票交易，最早出现在欧洲国家，1773 年伦敦成立了第一家股票交易所。其来源于一些股票经纪人在伦敦主要进行商品交易的交易所内从事证券交易业务，据说后来由于股票经纪人太多，声音太嘈杂，致使伦敦商品交易所的商人们劝他们另找地方，于是证券经纪人离开了伦敦商品交易所，创立了股票交易所。在美国，相传举世闻名的纽约证券交易所源于 24 个商人和证券投机者每日在华尔街一株大梧桐树下的交易，后来搬到室内正式成立纽约证券交易所。

发达国家或经济高速发展的发展中国家普遍都设有证券交易所，例如，美国有两家全国性的证券交易所：纽约证券交易所（New York Stock Exchange，NYSE）和美国证券交易所（American Stock Exchange，AMEX），其中纽约证券交易所是世界上最大的证券交易所。英国有 7 家证券交易所，其中最大的是伦敦证券交易所，该交易所也是世界上最古老的证券交易所。日本有 8 家证券交易所，其中东京证券交易所的业务量占全国的 85%。我国目前有上海和深圳两家证券交易所。

2. 场外市场

场外市场是相对于证券交易所而言的。广义而言，凡是在证券交易所以外进行的证券交易都可称为场外交易。由于这种交易最早是在各种证券商的柜台上进行的，因此也称柜台交易（Over The Counter，OTC）。场外市场没有固定的交易场所，价格是通过买卖双方协议达成的，具有管制少、灵活方便的特点。

3. 第三市场

第三市场是指原来在证券交易所上市的证券在场外交易而形成的市场。在美国，长期以来，证券交易所都实行固定佣金制，对于大宗交易也没有折扣佣金，导致买卖大宗上市证券的机构投资者和个人投资者通过第三市场交易上市证券以降低其费用。1975 年以后，美国证券交易委员会取消了固定佣金制，第三市场的吸引力也逐步降低。

4. 第四市场

第四市场是指大机构投资者不经过经纪人或自营商，彼此之间利用电脑网络直接进行的大宗证券交易所形成的市场，这种交易方式最大限度地降低了交易费用。

（三）股票上市、退市和 ST 制度

1. 股票上市流通的好处

股票上市是指已经发行的股票经证券交易所批准后，在交易所公开挂牌的法律行为，股票上市是连接股票发行和股票交易的“桥梁”。在我国，股票公开发行后即获得上市资格。

股票上市流通具有以下好处：第一，可以获得广告效应，增加企业的知名度；第二，可以增强股票的流动性，从而增加股票的吸引力；第三，可以使公司获得股东以及社会监督，从而促使企业改善经营管理；第四，可以通过配股和增发股票等方式再次筹集资金。

2. 暂停上市和终止上市

当公司无法满足上市条件，将暂停上市。我国规定：（1）当公司股本总额、股权分布等发生变化从而不再具备上市条件；（2）公司不按规定公开其财务状况，或者对财务会计报告作虚假记载；（3）公司有重大违法行为；（4）公司最近 3 年连续亏损时，暂停其股票上市。

终止上市也称“退市”或“摘牌”。当上市公司股本总额、股权分布等发生变化，在限期内未能消除；或公司不按规定公开其财务状况，或者对财务会计报告作虚假记载；或公司有重大违法行为，经查实后果严重的，交易所根据中国证监会的规定终止其股票上市。另外，当上市公司出现未能在法定期限内披露其暂停上市后第一个半年度报告等行为时，由交易所终止其上市。

3. ST 制度

ST 是英文“Special Treatment”的缩写，意思是“特别处理”。自 1998 年 4 月 22 日起，当上市公司出现财务状况或者其他状况异常时，其股票前冠以“ST”。符号含义分别是：ST 是指公司连续 2 年亏损，特别处理；*ST 是指公司经营连续 3 年亏损，退市预警；S 是指还没有完成股改；SST 是指公司经营连续 2 年亏损，特别处理，还没有

完成股改；S＊ST 是指公司经营连续 3 年亏损，退市预警，还没有完成股改。

二、债券市场

债券市场，或者更准确地说，中长期债券市场是资本市场的重要组成部分，是利用债权工具进行资金融通的重要场所，本部分将对债券的基本要素、债券的种类、债券的发行市场和流通市场等内容进行阐述。

（一）债券的基本要素

债券是政府、金融机构、工商企业等主体为筹措资金而发行的、承诺按约定条件支付利息并偿还本金的债权凭证。债券的基本要素包括债券面值、发行主体、偿还期限、债券利率等等。

1. 债券面值

债券面值包括两方面内容：（1）债券的币种，即债券以何种货币作为计量单位；（2）债券的金额，即票面金额是多少。票面金额不同，债券的发行成本、发行数量以及持有者的分布也不同。如果票面金额较小，有利于小额投资者购买，但是，发行成本较高；如果票面金额较大，不利于小额投资者购买，债券更多地被大额投资者持有，但是，发行工作量小，发行成本较低。

2. 发行主体

发行主体是指债券的债务主体，主要包括政府、金融机构和企业三类，它们是资金的需求者，承担在到期时向投资者偿还本金和利息的责任。

3. 偿还期限

偿还期限是指债券从发行之日起至偿清本息之日的时间。根据偿还期限不同，债券可以分为三类：偿还期限在 1 年或 1 年以下的债券被称为短期债券；偿还期限在 1 年以上、10 年以下的债券被称为中期债券；偿还期限在 10 年以上的债券被称为长期债券。

4. 票面利率

票面利率是债券利息与票面金额的比率，通常以年利率百分比表示。一般情况下，在债券发行前已经确定好债券利率的种类，是固定利率还是浮动利率。

（二）债券的种类

基于不同的分类标准，债券可以划分为多种类型。

1. 根据债券募集方式不同，可以划分为公募债券和私募债券

公募债券是指按法定手续、经证券主管机构批准在市场上公开发行的债券。除政府机构、地方公共团体外，一般要求发行主体是信誉等级高、信息公开、经过信用评

级的企业和机构。

私募债券是指以特定的少数投资者为对象发行的债券，发行手续简单，一般不能公开上市交易，利率相对较高。

2. 根据债券利率形式不同，可以划分为固定利率债券和浮动利率债券

固定利率债券是指在发行时规定债券利率在整个偿还期内不发生变动的债券。

浮动利率债券是指发行时规定债券利率随市场利率定期浮动的债券，计算方式通常根据市场基准利率加上一定的利差来确定。对于投资者而言，对浮动利率的中长期债券进行投资，可以有效地规避利率风险。

3. 根据债券计息方式不同，可以划分为贴现债券和附息债券

贴现债券是指债券票面上不规定名义利率，以低于债券面值的价格发行，到期按面值偿还的债券。贴现债券的发行价格与其面值的差额即为债券的利息。因为贴现债券没有票面利率，所以又称为零息债券。附息债券是指债券券面上附有息票、按照债券票面载明的利率和利息支付方式还本付息的债券。利息支付方式一般是在偿还期内按年或者半年支付利息。对于中长期债券而言，一般为付息债券。

4. 根据债券的形态不同，可以划分为实物债券、凭证式债券和记账式债券

实物债券是一种券面具有标准格式的债券，债券的发行与流通通过债券的实体进行，是一种不记名、看得见、摸得着的债券。凭证式债券是通过银行承销方式销售并向投资者开出收款凭证的债券。它具有可记名、可挂失的特点，但是，不能上市流通，持有人可以到原购买网点办理提前兑付。记账式债券是指将投资者持有的债券登记于证券账户中，投资者仅取得收据或对账单以证明其所有权的一种债券。它具有可记名、可挂失、可上市流通、安全性较好的特点。

5. 根据发行主体不同，可以划分为政府债券、公司债券和金融债券

政府债券是指一国政府为筹集财政资金而发行的债券，它具有风险小、流通性强、收益稳定、利息免税等特点。

公司债券是指公司（包括股份公司和非股份公司）依照法定程序发行，并承诺在一定期限内还本付息的债券。一般情况下，公司债券的发行需要担保和债券评级。

金融债券是指由银行和非银行金融机构发行的债券。目前，我国金融债券的发行主体主要包括国家开发银行、进出口银行等政策性银行。

6. 根据债券有无抵押担保，可以划分为信用债券和担保债券

信用债券又称为无担保债券，是指仅凭债务人的信用发行、没有抵押品或者第三方作担保的债券，政府债券是信用债券的重要形式。

担保债券是指以土地、房屋、机器设备等不动产或其他有价证券等作为抵押品或者以第三方担保而发行的债券。其中，以土地、房屋、机器设备等不动产作为担保品的债券称为抵押债券；以有价证券作为担保品的债券称为质押债券；以第三者担保还本付息的债券称为承保债券。

7. 根据债券是否可以转换为股票，可以划分为不可转换债券和可转换债券

不可转换债券是债券的一般形态，它不可以在特定条件下转换为公司的股票。

可转换债券是指其持有人可以根据规定和自己的意愿在一定时期内将债券转换为该家公司股票的债券，具有债权和股权的双重属性。持有人可以选择持有债券到期，获取本金和利息；也可以选择在约定的时间内，按转股比例和转股价格转换公司股票，享受股利分配或资本增值。当债券转换成股票时，公司债务总量下降，资本额随之增加。

（三）债券发行市场

债券发行市场，又称一级市场，是债券从发行主体流入社会的市场。通过债券发行市场，政府、金融机构以及工商企业等主体为筹集资金向社会发行的债券，发行到投资者手中。

1. 中长期债券的发行方式

中长期债券的发行方式包括直接发行和间接发行。

直接发行是指发行主体直接向社会发行中长期债券，可以分为招标发行和私募发行。招标发行是指发行者通过招标方式来决定长期债券的投资者和债券的发行条件，美国和大多数欧洲国家发行长期债券基本上都是采取招标的方式，招标发行一般对投标者的资格进行限制；私募发行是指仅向特定的少数投资者发行中长期债券。

间接发行是指发行主体通过中间商间接发行中长期债券，可以分为集团认购和债券承销。集团认购是指由若干家银行、证券公司或养老保险基金等组成承销团、包销全部长期债券，德国和日本一直采取集团认购的方式发行长期国债；债券承销是指债券发行人与债券承销商或投资银行直接协商发行条件，以满足发行人的需要和适应市场状况。

2. 债券的价值

（1）货币的时间价值。假设您的银行账户上有100元的储蓄额，银行的储蓄年利率为5%。那么，一年后，您将获得5%的利息，储蓄额增长为$100\times(1+5\%)$，即105元。如果将105元再存一年，那么，您的储蓄额将增长为$105\times(1+5\%)=100(1+5\%)^2$，即110.25元。以此类推，对于投资期限为t年的投资，最初的100元会增长到$100\times(1+5\%)^t$。如果利率为i，期限为t年，那么，投资终值（future value）为$100\times(1+i)^t$。改变一下思考的角度，在一年后，为了获得105元应该投资多少钱呢？答案是100元。100元是105元的现值（present value）。

用PV表示投资的现值，用FV_t表示t期后的终值，每期付息一次，利率为i，根据复利的计算公式我们可以得到现值和终值的计算公式：

$$PV=\frac{FV_t}{(1+i)^t}$$

$$FV_t = PV\ (1+i)^t$$

（2）债券的价值。如果我们认为任何资产的内在价值都等于投资者持有该资产预期的未来现金流的现值，那么，可以利用这种方法计算债券的价值。

第一，贴现债券的价值。由于贴现债券是一种折价发行、不支付利息、到期按照面值偿还的债券，面值是投资者未来唯一的现金流，所以，贴现债券的价值为：

$$D = \frac{B}{(1+i)^n}$$

其中，D 为贴现债券的内在价值，B 为债券面值，i 是市场利率水平，n 为债券到期时间。

【例题 4－1】假设一张 5 年到期的零息债券，如果其面值为 1000 元，市场收益率为 8%，它的内在价值即最初市场价格应该是：

$$P = \frac{1000}{(1.08)^5} = 680.58\ （元）$$

第二，附息债券的价值。对于附息债券的投资者而言，未来的现金流包括两部分：本金与利息。附息债券的内在价值 D 为：

$$D = \sum_{t=1}^{n} \frac{B \times r}{(1+i)^t} + \frac{B}{(1+i)^n}$$

其中，B 为附息债券的面值，r 为票面利率，i 为市场利率，n 为债券到期时间。

例题：假设一张 6 年期欧洲债券，面值为 1000 美元，息票利率为 8%，每年支付一次利息，市场收益率为 10%，计算债券的内在价值。

$$D = \frac{80}{(1+10\%)} + \frac{80}{(1+10\%)^2} + \frac{80}{(1+10\%)^3} + \frac{80}{(1+10\%)^4} + \frac{80}{(1+10\%)^5} + \frac{1000+80}{(1+10\%)^6}$$

$$= 912.895\ （美元）$$

第三，统一公债的价值。统一公债是一种没有到期日的特殊的定息债券。最典型的统一公债是英格兰银行在 18 世纪发行的英国统一公债，英格兰银行保证对该公债的投资者永久地支付固定利息。统一公债内在价值的计算公式为：

$$D = \frac{B \times r}{i}$$

其中，B 为债券的面值，r 为票面利率，i 为市场利率。

【例题 4－2】假设美国政府发行一种永久公债，每年利息为 100 美元，年收益率为 8%，则该公债的内在价值为：

$$D = \frac{100}{8\%} = 1250\ （美元）$$

3. 债券的发行价格与影响因素

（1）债券的发行价格（bond issuing price），是指初始投资者购买债券时支付的市场价格，它与债券的面值可能一致也可能不一致，可以分为平价发行、溢价发行和折价发行。

平价发行是指债券的发行价格和债券面值相等。当债券票面利率与市场利率相同时，债券的发行价格与未来时期本息支付的现值相同。

溢价发行是指债券的发行价格高于债券面值。当票面利率高于市场利率水平时采用这种方式。

折价发行是指债券的发行价格低于债券面值。当票面利率低于市场利率水平时采用这种方式。

（2）债券发行价格的影响因素。债券发行价格以债券的内在价值为基础，受到多方面因素的影响：

第一，债券内在价值的因素。因为债券发行价格以内在价值为基础，所以，通常情况下，影响债券内在价值的因素，例如，面值、票面利率、市场利率、偿还期限等因素都会对债券价格产生影响。

第二，市场供求关系。当中长期债券市场供过于求时，债券发行价格下降；反之，债券发行价格上升。例如，当财政资金紧张时，政府会通过发行政府债券弥补财政赤字，导致金融市场债券供给量的上升，从而导致中长期债券发行价格下降。

第三，社会经济发展状况。在经济高涨期，债券投资者预测经济发展态势较好，增加对债券的需求，从而导致债券发行价格上升；反之，在经济低迷期，债券投资者减少对债券的需求，导致长期债券发行价格下降。

4. 债券评级

债券的违约风险各有差异，通常需要由中介机构进行评级。债券违约风险的大小与投资者的利益密切相关，也直接影响着发行者的筹资能力和成本。目前最著名的两大评估机构是标准普尔（Standard & Poor's）公司和穆迪（Moody's）投资者服务公司。

穆迪公司和标准普尔公司主要依据以下三点进行债券评级：（1）违约的可能性，即债务人根据债券上事先规定的条件按时还本付息的能力和意愿；（2）债务的性质和条款；（3）在破产、重组等情况发生时，该项债务向债权人提供的保障程度。穆迪公司和标准普尔长期债券评级（到期日一年或以上）分类如表4－1所示。

表4－1　穆迪公司与标准普尔公司债券评级分类

穆迪评级分类	标准普尔评级分类	评级质量含义	级别
Aaa	AAA	最高质量	投资级债券
Aa	AA	高级质量	投资级债券
A	A	很强的支付能力	投资级债券
Baa	BBB	充足的支付能力	投资级债券
Ba	BB	可能履行义务，但存在不确定性	投机级债券
B	B	债务风险高	投机级债券
Caa	CCC	当前有可能违约	投机级债券

续表

穆迪评级分类	标准普尔评级分类	评级质量含义	级别
Ca	CC	违约可能性很大	投机级债券
C	C	基本没有偿还能力	投机级债券
	D	债务违约	

从表4-1中看出，级别在Baa（BBB）级或以上的债券，被认为是违约风险相对较低的债券，称为投资级债券；信用评级在Ba（BB）级或以下的债券，具有较大的违约风险，称为投机级债券。

（四）债券的流通市场

债券流通市场，又称二级市场，是指已发行的债券买卖转让的市场。通过债券流通市场，投资者可以将债券进行转让，获取即时可用资金。

1. 债券流通市场的分类

（1）根据交易品种划分。根据交易品种，债券流通市场可以划分为国债流通市场、企业债流通市场、可转换债券流通市场等。在我国，国债在债券流通市场占据绝对优势，而金融债、企业债规模相对较小。

（2）根据市场组织形式划分。根据市场组织形式不同，债券流通市场可以分为场内交易市场和场外交易市场。场内交易市场主要指证券交易所的债券交易市场，证券交易所主要交易上市的国债、企业债等等，国债一般不用申请即可上市，具有上市豁免权；场外交易市场是债券二级市场的主要形态，包括柜台市场、银行间债券市场等，大多数债券的交易是在场外交易市场进行的。

2. 中长期债券转让价格的确定

中长期债券的转让价格是中长期债券未来收益的现值，并受到持有期、计息方式、信用等级等因素的影响。根据现值公式，可以计算出长期债券理论上的转让价格。按年付息长期债券的交易价格如下：

$$P = \sum_{t=1}^{m} \frac{B \times r}{(1+i)^t} + \frac{B}{(1+i)^m}$$

其中，P为债券转让的理论价格；B为债券的面值；m为债券从债券转让的交易日至到期日的剩余年数；r为债券的票面利率；i为市场利率。

3. 中长期债券的偿还

（1）定期偿还。定期偿还是指债券发行一段时间后，每过半年或一年偿还一定金额的本金，到期时还清余额。这种偿还方式一般适用于发行数量巨大、偿还期限长的债券。一般采取两种方式：一种是以抽签方式确定并按票面价格偿还；另一种是从二级市场上以市场价格购回债券。

(2) 任意偿还。任意偿还是指债券发行一段时间后，发行人可以任意偿还一部分债券或全部债券。一般采取两种方式：一种是根据提早赎回条款或以旧偿新条款进行操作；另一种是在二级市场上以市场价格进行回购。

三、证券投资基金市场

基金起源于英国，盛行于美国，第二次世界大战以后，遍布日本、中国香港、德国、法国等众多国家和地区，目前已成为发达国家和地区最受欢迎的一种金融商品。证券投资基金是指通过发行基金单位，集中投资者的资金，将其交由基金托管人托管，基金管理人用其购买多样化的股票和债券组合或其他金融资产，并将投资收益分配给基金持有者的一种投资制度，具有集合投资、风险分散和专家理财的特点。

(一) 证券投资基金的类型

根据不同的标准，证券投资基金可以分为多种类型。

1. 根据基金单位是否可增加或赎回可分为封闭式基金和开放式基金

封闭式基金的持有人在基金存续期内，可以在规定的场所转让其所持有的基金份额，但不得请求基金管理人赎回；开放式基金的持有人可以依据基金份额的资产净值，在规定的时间和场所申购或者赎回基金份额。

封闭式基金和开放式基金主要有以下区别：

(1) 期限不同。封闭式基金有固定的存续期限，通常在5年以上，一般为10～15年；开放式基金没有固定期限，投资者可随时向基金管理人赎回基金单位。

(2) 发行规模限制不同。封闭式基金在招募说明书中列明基金规模，在存续期限内未经法定程序认可，不能再增加发行；开放式基金没有规模限制，投资者可随时提出认购或赎回申请，基金规模随之增加或减少。

(3) 基金单位的交易方式不同。封闭式基金的基金单位在存续期限内不能赎回，持有人只能寻求在证券交易场所出售给第三者；开放式基金的投资者则可以在首次发行结束一段时间（一般为3个月）后，随时向基金管理人或中介机构提出购买或赎回申请，买卖方式灵活，通常不上市交易。

(4) 基金单位交易价格的计算标准不同。封闭式基金和开放式基金的基金单位除了首次发行价都是按面值加一定百分比的销售费计算外，以后的交易计价方式就不同了。封闭式基金的买卖价格受市场供求关系的影响，常出现溢价和折价的现象，并不必然反映基金的净资产值；开放式基金的交易价格则取决于基金每单位净资产值的大小，其申购价一般是基金单位净资产值加一定的申购费，赎回价是基金单位净资产值减一定的赎回费，不直接受市场供求的影响。

(5) 基金买卖费用的缴纳方式不同。投资者在买卖封闭式基金时与买卖股票一样，也要在价格之外支付一定比例的证券交易税和手续费；开放式基金的投资者需要缴纳的相关费用（如首次认购费、赎回费）则包含于基金价格之中。一般而言，买卖封闭式基金的费用高于开放式基金。

（6）基金的投资策略不同。由于封闭式基金不能随时被赎回，其募集得到的资金可全部用于投资，这样，基金管理公司可以制定长期的投资策略，取得长期经营绩效；而开放式基金则必须保留一部分现金，以便投资者随时赎回，而不能全部用于长期投资。

2. 根据组织形式可分为契约型基金和公司型基金

契约型基金，也称信托型基金，是指将投资者、管理人、托管人三者作为基金的当事人，通过签订基金契约的形式发行受益凭证而设立的一种基金。其中，基金管理人依据法律、法规和基金契约负责基金的管理；基金托管人负责基金的保管，执行基金管理人的有关指令，办理基金名下的资金往来；投资者通过购买基金单位，享有基金投资收益。

公司型基金是依据公司法成立的、以盈利为目的的股份有限公司形式的基金，其特点是基金本身是股份制的投资公司，基金公司通过发行股票筹集资金，投资者通过购买基金公司股票而成为股东，享有基金收益的索取权。

契约型基金与公司型基金的主要区别有以下几点：

（1）资金的性质不同。契约型基金的资金是信托资产；公司型基金的资金为公司法人的资本。

（2）投资者的地位不同。契约型基金的投资者作为信托契约中规定的受益人，对基金如何运用等重要决策通常不具有发言权；公司型基金的投资者作为公司的股东有权对公司的重大决策进行参与，发表自己的意见。

（3）基金的运营依据不同。契约型基金依据基金契约运营资金；公司型基金依据基金公司章程运营资金。

3. 投资基金的其他类型

（1）根据投资目标不同，可以划分为收入型基金、成长型基金和平衡型基金。收入型基金是以获取最大的当期收入为目标的投资基金，主要投资于可带来现金收入的有价证券；成长型基金是基金中最常见的一种，它以追求资本的长期增值为目标；平衡型基金具有双重投资目标，谋求收入和成长的平衡，以保证资金的安全性和营利性。

（2）根据地域不同，可以划分为国内基金、国家基金、区域基金和国际基金。国内基金是指把资金投资于国内有价证券且投资者多为本国公民的一种投资基金；国家基金是指在境外发行基金份额筹集资金，然后投资于某一特定国家或地区资本市场的投资基金；区域基金是指把资金分散投资于某一地区不同国家资本市场的投资基金；国际基金是指不限定国家和地区，将基金分散投资于全世界各主要资本市场的投资基金。

（3）根据投资对象不同，可以划分为股票基金、债券基金、货币市场基金、期权基金、指数基金和认股权证基金等。股票基金是指以股票为投资对象的基金；债券基金是指以债券为投资对象的基金；货币市场基金是指以国库券、大额可转让存单、商业票据等短期有价证券为投资对象的基金；期权基金是指以能分配股利的期权为投资对象的基金；指数基金是指以某种证券市场的价格指数为投资对象的基金；认股权证基金是指以认股权证为投资对象的基金。

（二）证券投资基金的当事人

在证券投资基金的运作中，涉及多个当事人，具体包括基金投资者、基金管理人、基金托管人以及基金销售机构、过户代理商、会计师、律师等中介服务机构。

1. 基金投资者

基金投资者是指持有基金份额或基金单位的自然人和法人。一般来说，基金投资者具有分享基金收益、参与基金剩余财产的分配、赎回或者转让其持有的基金份额等权利，履行基金合同或者基金章程规定的义务。

2. 基金管理人

基金管理人是负责基金的具体投资操作和日常管理的机构。基金管理人由基金管理公司或者法律、行政法规规定可以从事基金管理业务并取得基金管理资格的其他机构担任。

3. 基金托管人

基金托管人是依据基金运行中“管理与保管分开”的原则对基金管理人进行监督和保管基金资产的机构，是基金投资者权益的代表，通常由有实力的商业银行或信托投资公司担任。基金托管人与基金管理人签订托管协议，在托管协议规定的范围内履行自己的职责并收取一定的报酬。

4. 其他当事人

除了上述三个主要当事人之外，基金在设立、运行过程中还涉及基金销售商、过户代理商、会计师、律师等。

（三）证券投资基金的运作

基金的运作包括基金的设立、发行与交易、基金投资管理等内容。

1. 基金的设立

设立投资基金首先需要发起人，发起人可以是一个机构，也可以由几个机构共同组成。一般来说，基金发起人由基金管理人担任。基金发起人首先准备各种法律文件，包括申请报告、基金合同或基金章程、招募说明书等；然后，上报监管机构，监管机构对文件进行审核，如果符合标准，则批准基金发起人发行基金；最后，得到批准后，基金发起人公布招募说明书，公告具体的发行方案。

2. 基金的发行与交易

基金的发行是指基金发起人向投资者推销基金单位、募集资金的行为。发行方式可分为公募和私募两种，类似于股票的发行。

依据国际惯例，基金在发行结束后一段时间内，允许基金进行交易。对于封闭型基金而言，可以在基金二级市场自由转让；对于开放式基金而言，可以向基金管理公司要求赎回。

3. 基金投资管理

在基金的招募说明书中，对其投资目标进行阐述，然后，基金管理人根据这一目标进行投资管理，决定所投资资产的类别和组合。第一，确定投资组合中应该包括哪些类型的资产；第二，确定每一类型资产的投资比重；第三，确定每一类型资产投资的变动范围和幅度；第四，确定投资组合应该购买哪一种特定的债券。此外，在进行投资管理的过程中，根据监管当局的要求，对基金的运作情况进行信息披露。

（四）投资基金的价格

投资基金价格机制因其基金性质不同，可分为开放式基金价格和封闭式基金价格。

1. 开放式基金价格

开放式基金发行没有固定规模，投资者可以随时在基金管理公司及承销机构购买或赎回基金份额。基金资产净值（Net Asset Value，NAV）是决定基金价格的重要因素，基金单位资产净值=基金资产净值总额/基金发行总额。

2. 封闭式基金价格

封闭式基金在发行期满后封闭，基金总额不再变动，并设立存续期，到期清盘，投资者不能直接从基金管理公司及其承销机构处购买或赎回。大多数国家和地区都允许封闭式基金上市，类似于股票交易。所以，封闭式基金的价格是以基金单位资产净值为基础，根据市场供求关系，基金价格可以高于、低于或等于基金单位资产净值。

第三节　外汇市场

外汇市场（foreign exchange market）是指经营外币和以外币计价的票据等有价证券买卖的市场，是金融市场的主要组成部分。按参与者的不同分为：狭义的外汇市场，是指银行同业之间的外汇市场；广义的外汇市场，是除狭义外汇市场之外，还包括外汇银行或者外汇经纪人与一般客户间的外汇交易，即开展外汇交易的地方都可以叫作外汇市场。

一、外汇市场分类

（一）按有无固定场所，外汇市场可分为有形市场和无形市场

有形市场，即外汇交易所，采用交易中心方式，由参加交易各方于每个营业日的

规定时间汇集在交易所内进行交易，以巴黎、法兰克福外汇市场为代表。

无形市场则没有具体地点，买卖双方通过电话、电传、电报、网络或其他通信传输手段来进交易，这种市场最初流行于英国和美国，典型代表是伦敦和纽约外汇市场。目前无形市场已经成为主流形式。

（二）按对外汇管制程度分类，可以分为自由外汇市场、官方市场和外汇黑市

自由外汇市场，是指政府、机构和个人可以买卖任何币种、任何数量外汇的市场。自由外汇市场的主要特点是：第一，买卖的外汇不受管制；第二，交易过程公开。例如：美国、英国、法国、瑞士的外汇市场皆属于自由外汇市场。

官方市场，是指按照政府的外汇管制法令来买卖外汇的市场。这种外汇市场对参与主体、汇价和交易过程都有具体的规定。在发展中国家，官方市场较为普遍。

外汇黑市，是指非法进行外汇买卖的市场。外汇黑市的主要特点是：第一，是在政府限制或法律禁止外汇交易的条件下产生的；第二，交易过程具有非公开性。由于发展中国家大多执行外汇管制政策，不允许自由外汇市场存在，所以这些国家的外汇黑市比较普遍。

二、外汇市场参与者

外汇市场的参与者，主要包括外汇银行、外汇经纪商、外汇市场的实际供给和需求者、中央银行。

（一）外汇银行

外汇银行，是指根据外汇法由中央银行指定可以经营外汇业务的商业银行或其他金融机构。外汇银行主要可分为：专营或兼营外汇业务的本国商业银行，在本国的外国商业银行分行本国与外国的合资银行，经营外汇业务的其他金融机构。外汇银行是外汇市场的交易主体，一方面对客户买卖外汇，为客户提供服务，获取利润；另一方面还在同业银行之间进行大量的交易，可以调整外汇头寸，维持合理的外汇水平，也可以参与外汇市场投机活动。外汇银行多数是一些大的商业银行，它们一般设有专门的外汇部门经营外汇业务。我国的外汇指定银行包括了四大国有商业银行和交通银行等全国性的股份制商业银行，以及具有外汇经营资格的外资银行在华分支机构，各地方商业银行和信用社许多还不具备外汇指定银行的资格。

（二）外汇经纪商

外汇经纪商是专门从事外汇银行之间，外汇银行和其他外汇市场参与者之间进行

外汇买卖，从中赚取佣金的经纪公司或个人。外汇经纪商交易时本身并不需要外汇，所以可以避免外汇变化的风险。在世界主要外汇交易中心，外汇经纪商的数目并不多，彼此间竞争激烈，但是交易金额较大，所以可以取得较好的利润。目前中国外汇市场上外汇经纪商的角色已经出现，随着中国外汇市场的发展，外汇经纪商的作用将会逐步扩大。

（三）外汇市场的实际供给和需求者

外汇市场的实际供给和需求者，可以包括进出口商、旅行者、留学生、投机者、移民者、投资者，等等。这类市场主要包含几类参与者：首先，为进行国际贸易或国际投资的参与者，如经营进出口业务的国际贸易商、到外国投资的跨国公司、发行国际债券或筹借外币贷款的国内企业等；其次，在不同国家货币市场上赚取利差、汇差收益的套利者和套期保值者；还有赚取汇率波动风险利润的外汇投机者等。

（四）中央银行

中央银行是外汇市场上另一个重要的参与者，因为各国的中央银行持有相当数量的外汇余额作为国际储备的重要构成部分，并承担维持本国货币金融市场的职责。中央银行通过制定和颁布各种条例和法令维持外汇市场交易秩序，通过买进或抛出某种国际性货币的方式来对外汇市场进行干预，以便能把本国货币的汇率稳定在所希望的水平上或幅度内。另外由于外汇市场的重要性，各国一般由专门的监管机构来规范外汇市场的发展，我国外汇市场的监管机构为国家外汇管理局。

三、外汇市场功能

（一）国际购买力转移

国际间的政治、经济和文化往来，都会产生国际间的货币支付行为，为实现国际间的货币支付，清偿由此而产生的债权债务关系，需要将不同国家的货币进行兑换。外汇市场的存在，使货币和资金在国际间的转换与移动成为可能，实现了购买力从一国向另一国的转移。

（二）国际资金融通

外汇市场不仅从事各种外汇交易活动，而且还办理外币存款和借贷业务，从而使国际借贷和跨国界的投融资活动可以顺利进行。比如，在外汇市场上可以集中一个国家的政府、企业和个人的闲置资金，向另一国家提供贷款或者投资，从而起到加速国际资本周转、调剂资金供求的作用。

（三）提供外汇保值和投机场所

在不同货币的国际经济交易中，由于外汇市场汇率波动频繁，交易双方都面临潜在的风险。但是人们对待风险的态度是不同的，由此产生外汇保值和投机两种不同的行为。外汇保值指交易者利用远期等金融工具来避免或消除汇率变动的风险，使得原有的外币资产或负债避免汇率变动的影响，从而达到保值的目的。而外汇投机则是指通过某项外汇交易，有意持有外汇的空头或多头，以期在日后的汇率变动中得到投机收益。因此，外汇市场的存在既为套期保值者提供了规避外汇风险的场所，又为投机者提供了承担风险、获取利润的机会。

四、世界主要的外汇市场

目前，世界上大约有 30 多个主要的外汇市场。世界上交易量大且有国际影响的外汇市场有伦敦、纽约、巴黎、法兰克福、苏黎世、东京、卢森堡、香港、新加坡、巴林、米兰、蒙特利尔和阿姆斯特丹等。在这些市场上买卖的外汇主要有欧元、英镑、瑞郎、加元、日元等货币。按传统的地域划分，可分为亚洲、欧洲、北美洲等三大部分，伦敦是世界最大的外汇交易中心、东京是亚洲地区最大的外汇交易中心、纽约是北美洲最活跃的外汇市场。

外汇市场以其所在的城市为中心，辐射周边的其他国家和地区，市场间各自独立又相互影响。从全球市场来看，每天以伦敦为主的欧洲外汇市场最早开始营业，然后是纽约等北美汇市开市，至纽约等北美汇市收市时，大洋洲、亚洲汇市陆续开始交易，每天在东京、中国香港等亚洲汇市即将收盘时，伦敦等欧洲汇市又重新开市了。如此周而复始，世界外汇市场形成了一个遍布全球各地，相互间有机联系，24 小时连续运转的巨大网络。

（一）伦敦外汇市场

伦敦外汇市场，是全球最大的一个外汇市场，交易货币几乎包括所有可兑换货币，规模最大的是英镑对美元的交易，其次是英镑对欧元、瑞士法郎以及日元的交易，交易时间是北京时间 15：30 到凌晨 12：30，是一个非常典型的无形市场。

伦敦外汇市场历史悠久，各国银行习惯性地在其开盘后才开始进行大宗的外汇交易。因此，全球外汇市场一天的波动也就随着它的开盘而开始加剧，个人投资者这个时段的投资机会逐渐增多。欧洲中央银行，英国中央银行利率决议，英国、欧元区 12 国的 GDP、消费者价格指数等因素，都将对欧洲外汇市场波动产生影响。

（二）纽约外汇市场

纽约外汇市场是全球最活跃的外汇交易场所，其外汇的交易完全是通过现代化的通讯和电子计算机进行的。由于美国股市是全球最大的资本流动中心，而美国没有外汇管制，几乎所有的美国银行和金融机构都可以经营外汇业务，因此交易非常活跃。纽约外汇市场不像其他外汇市场，有的外汇市场做外贸交易比较多，比如与出口交易相关的交易，而纽约就是一个金融外汇市场，投机交易占很大比例。

纽约外汇市场交易时间是北京时间 20：00 至次日 4：00。交易货币比重的大小排列依次是欧元、英镑、瑞士法郎、加拿大元、日元等。汇市受到包括美国股市、GDP 数据、利率、消费价格指数、失业率、美联储公开声明等多种因素的影响。

（三）东京外汇市场

东京外汇市场，是亚洲最大的外汇交易市场，比伦敦、纽约外汇市场的规模都要小。东京外汇市场交易品种较为单一，主要集中在日元兑美元和日元兑欧元，日本作为出口大国其进出口贸易的收付较为集中，因此只是日元出现波动的概率大一些，交易时间为北京时间的 8：00 ~ 11：00 和 12：30 ~ 16：00。

（四）中国香港外汇市场

中国香港外汇市场在亚洲的外汇交易量仅次于东京，是世界第五大外汇交易中心。交易时间是北京时间 10：00 ~ 17：00。香港外汇市场是无形的外汇市场，没有特定的交易场所和具体的形式，只是由各商业银行、非银行的外交易商以及外汇经纪商，通过通讯工具进行交易。中国香港外汇市场由两部分构成：一是港元对外币的市场，其中包括美元、日元、欧元、英镑、加拿大元、澳大利亚元等主要货币和东南亚国家的货币，当然也包括人民币。二是美元对其他外汇的市场。

（五）悉尼外汇市场

悉尼外汇市场，是大洋洲的外汇交易中心，交易品种以澳大利亚元、新西兰元和美元为主，通常汇率波动较小。悉尼外汇市场是每天全球开市比较早的外汇市场，交易时间是北京时间 6：00 ~ 14：00。全球开市时间最早的是新西兰的惠灵顿，开市时间是北京时间 4：00 ~ 13：00 点，这个市场的交易量很小。

从全球外汇市场交易时间来看，交易比较密集的有两个时段，而最活跃的一个时段是欧洲和北美洲市场重叠，特别是伦敦、纽约两个市场交易时间的重叠时段，在北京时间 20：00 至凌晨 0：30。这时，各国银行外汇交易密集，也是美国很多经济指标及美国政府、央行发布信息的时候，这个时段投资机会比较多。此外，亚洲和欧洲市场重叠时段，在北京时间 15：00 ~ 16：00 左右，外汇交易也相对比较活跃。

第四节 黄金市场

一、黄金市场形成和发展

（一）金本位制出现以前（19 世纪以前）

金本位制出现前，虽然黄金充当交易媒介的历史已有 3000 多年，但由于其稀缺性，在交易中白银和其他金属更多地承担了支付手段的角色，只有大额交易才采用黄金计价。同时，大多数黄金基本被帝王或宗教神权独占所有，作为权力和财富的象征而储藏着，很难进入流通领域。因此，在金本位制出现以前，并不存在大规模的世界黄金市场。

（二）金本位时期（19 世纪～20 世纪 30 年代）

进入 19 世纪，先后在俄国、美国、澳大利亚、南非和加拿大发现了丰富的金矿资源，黄金生产力得到迅速发展，黄金供给大大增加。金本位制是以黄金为本位货币的货币制度，同时，黄金也是国际贸易的支付手段，可自由进、出口，当国际贸易出现赤字时，可以用黄金支付；在一国之内，黄金可以做货币流通。金本位制具有自由铸造、自由兑换、自由输出等三大特点。黄金市场得到一定程度的发展，但是仍有严格的控制，到第一次世界大战之前，世界上只有英国伦敦黄金市场是国际性市场。第一次世界大战的爆发严重地冲击了金本位制。20 世纪 30 年代又爆发了世界性的经济危机，使“金本位制”彻底崩溃，各国纷纷加强了贸易管制，禁止黄金自由买卖和进出口，公开的黄金市场失去了存在的基础，伦敦黄金市场关闭，直至 1954 年才重新开业。

（三）布雷顿森林体系时期（20 世纪 40～70 年代）

布雷顿森林体系中美元与黄金挂钩，美国承担以官价兑换黄金的义务，各国货币与美元挂钩，美元处于中心地位。在布雷顿森林体系中，黄金无论在流通还是在国际储备方面的作用都有所降低，但因为黄金是稳定这一货币体系的最后屏障，所以黄金的价格及流动仍受到较严格的控制，各国禁止居民自由买卖黄金，政府对黄金市场的介入干预时有发生，黄金市场仅是国家进行黄金管制的一种调节工具，难以发挥市场资源配置作用。

（四）牙买加体系时期（20 世纪 70 年代至今）

1973 年 3 月美元贬值，再次引发了欧洲抛售美元、抢购黄金的风潮。经过磋商最后达成协议，西方国家放弃固定汇率，实行浮动汇率，至此布雷顿森林货币体系完全崩溃。

《牙买加协议》实施标志着黄金正式非货币化，同时也为现代黄金市场的蓬勃发展提供了制度环境。黄金的美元价格从布雷顿森林体系解体前的 35 美元/盎司开始上升，解体后不久的 1973 年就超过 100 美元/盎司，《牙买加协议》生效的 1978 年突破了 200 美元，至 1980 年 1 月 21 日达到 850 美元/盎司的价格。20 世纪 80 年代初，里根当选美国总统，实行紧缩银根和高利率政策，提高持有黄金的机会成本，抑制了黄金市场价格上涨。金价从 1980 年初的 850 美元/盎司，至 1998 年的 8 月曾接近 250 美元/盎司。

在此期间，黄金市场逐步朝向国际化发展，逐渐形成了以伦敦为黄金交易中心，苏黎世为转运中心，连接香港、东京、纽约等地的全球市场运作模式。1988 年，伦敦黄金市场重组，传统封闭的黄金经纪业务逐步向其他金融机构开放，通过各种形式使黄金市场和其他金融市场联系得更为紧密。1993 年以后，黄金市场推出了多样化黄金衍生工具及融资工具，各国中央银行在管理黄金时更加积极地利用世界黄金市场。

2001 年初，美元开始对主要货币贬值，金价重整升势。随后发生了“9·11 事件”、伊拉克战争等一系列政治、经济事件，金价持续上扬，促使世界黄金市场进一步发展。从 2007 年开始，美国次贷危机引发的全球金融危机肆虐全球，黄金价格一路高歌猛进，2011 年 9 月初，创造了 1923 美元/盎司的历史高位。2012 年开始，国际市场黄金价格不断波动，但总体呈下滑趋势，至 2019 年 11 月黄金价格约为 1446 美元/盎司。

二、国际黄金市场构成

（一）黄金市场参与主体

黄金市场，是黄金生产者、供应者同黄金需求者进行交易的场所，是世界各国集中进行黄金买卖和金币兑换的交易中心。

黄金市场参与主体有国际金商、银行、对冲基金以及中央银行、各个法人机构、私人投资者以及黄金经纪公司。从市场供求双方来看，作为市场供给方的主要有：生产黄金的企业、存有黄金需要出售的集团和个人、为解决外汇短缺和支付困难的各国中央银行、预测黄金价格下跌做“空头”的投机商等。作为需求方出现的主要有需要黄金做原材料的生产者、需要黄金做投资或保值承担物的人、需增加官方储备资产的中央银行、预测黄金价格将上涨而做“多头”的投机商等。

（二）黄金市场分类方式

1. 按照对整个世界黄金交易的影响程度来划分，分为全球主导市场和区域性市场

主导性市场是指其价格的形成及交易量的变化对其他黄金市场起主导性作用的市场，主要有伦敦、纽约、苏黎世、芝加哥、香港等。

区域性黄金市场主要指交易规模有限，且大多集中在本地区并对整个世界市场影响不很大的市场，有主要有巴黎、法兰克福、布鲁塞尔、卢森堡、新加坡、东京等。

2. 根据交易场所分类，可以分为欧式、美式和亚式三类黄金市场

没有固定交易场所的是欧式黄金市场。设有具体交易场所的黄金市场可以具体分为设在商品交易所之内的黄金市场和有专门独立的黄金交易场所的黄金市场，分别是美式黄金市场和亚式黄金市场。

（1）欧式黄金市场无固定交易场所，以伦敦黄金交易市场和苏黎世黄金市场为代表。主要是同业间通过电话联系。比如伦敦黄金市场，是由各大金商及其下属公司相互联系组成的，通过金商与客户之间的电话、电传等进行交易，而苏黎世黄金市场，则由三大银行为客户代为买卖并负责结账结算。伦敦和苏黎世黄金市场上的买价和实价基本上是保密的，其非会员交易量也都难以真实统计。

（2）美式黄金交易是建立在典型的期货市场基础上的黄金市场，在商品交易所内进行黄金买卖业务，典型的是美国纽约商品交易所和芝加哥商品交易所为代表。黄金交易类似于在该市场上进行的其他商品交易。商品（期货）交易所作为一个非营利机构本身不参加黄金交易，只是提供场地、设备，同时制定有关法规，依法确保交易公平、公正地进行，并对黄金交易进行严格监控。

（3）亚式黄金交易有专门的黄金交易场所，以香港金银业贸易场和新加坡黄金交易所为代表。这类黄金交易同时进行黄金的期货交易和现货交易。交易所实行会员制，只有达到一定要求的公司和银行才可能成为会员，并对会员的数量配额有极为严格的控制。虽然进入交易场所内的会员数量较少，但是信誉极高。以香港金银业贸易场为例，场内会员采用公开叫价、口头拍板的形式进行交易，由于场内的金商严守信用，因而很少有违规事件发生。

3. 从黄金交割的时间来划分，可以分为现货交易市场和期货交易市场

黄金现货交易基本上是即期交易，在成交后即交割或者在两天内交割。交易标的主要是金条、金锭和金币，珠宝首饰等也在其中。

黄金期货交易主要目的为套期保值，是现货交易的补充，成交后不立即交割，而由交易双方先签订合同，交付押金，在预定的日期再进行交割。世界上黄金市场大多数都既进行现货交易又进行期货交易，但也有所侧重，例如欧式黄金市场，如伦敦、苏黎世等是以现货交易为主；设有具体交易场所的美式黄金市场，如纽约、芝加哥等是以期货交易为主。

4. 按对黄金交易管理程度的不同，可分为自由交易市场和限制交易市场

自由交易市场，是指黄金可以自由输出入，居民和非居民均可自由买卖的黄金市场，如苏黎世。

限制交易市场，又可分为两种情况：一种是黄金的输出输入一般要受管制，只准非居民自由买卖，而不准居民进行自由交易的黄金市场，如1979年10月英国撤销的全部外汇管制前的伦敦市场；另一种是对黄金的输出输入实行管制，只准许居民自由买卖的国内黄金市场，如巴黎市场。但这并不意味着它同国际黄金市场没有联系，事实上黄金也可以流入，且在黄金的交易价格上是相互影响的。

三、黄金市场的金融功能

（一）黄金市场金融投资工具

黄金投资工具又称为黄金投资品种，是指投资者选择其中一种或数种参与黄金市场运作，以达到保值、增值目的。黄金投资产品既包括实物产品也包括与黄金衍生品。黄金市场上有金条、金币、黄金首饰、黄金账户、黄金期货、黄金期权等多种投资工具。

1. 金条

金条也称金块，是实物黄金的最主要存在形式，也是基础的黄金投资工具。金条可以分为普通金条和纪念金条两种。

2. 金币

金币是黄金投资交易的传统工具，具有悠久的历史。金币可分为投资金币和纪念金币两大类。中国熊猫金币，从1982年开始发行到2013年已经32年的不同版本，与加拿大枫叶金币、美国鹰扬金币、澳大利亚袋鼠金币、南非克鲁格金币并列为国际五大金币，并多次在国际上获奖。

3. 黄金首饰

黄金首饰也是黄金制品，但是购买黄金饰品本身所支付的附加费用非常高，并且日常使用时也会受到磨损，所以并不是理想的投资工具。

4. 黄金账户

黄金账户是与实物黄金投资相对应的一种黄金投资形式，是指黄金的纸上交易，投资者的买卖交易记录只在个人预先开立的“黄金账户”上体现，不涉及实物黄金的提取。黄金账户投资分为纸黄金、黄金存单和黄金管理账户等多种类型。纸黄金是黄金投资的主要工具，投资者可以按报价在账面上买卖“虚拟”黄金，通过高抛低吸赚取黄金价格波动的差价。黄金存单类似于黄金储蓄凭证；黄金管理账户是投资者将资金交付给银行或经纪商，然后由银行或经纪商利用该资金进行黄金投资。

5. 黄金期货

一般而言，黄金期货的购买、销售者，都在合同到期日前出售和购回与先前合同相同数量的合约，也就是平仓，无须真正交割实金。每笔交易所得利润或亏损，等于两笔相反方向合约买卖差额。这种买卖方式，才是人们通常所称的“炒金”。黄金期货合约交易只需10%左右交易额的定金作为投资成本，具有较大的杠杆性，少量资金推动大额交易。所以，黄金期货买卖又称“定金交易”。

6. 黄金期权

期权是买卖双方在未来约定的价位，具有购买一定数量标的的权利而非义务。如果价格走势对期权买卖者有利，会行使其权利而获利。如果价格走势对其不利，则放弃购买的权利，损失只有当时购买期权时的费用。由于黄金期权买卖投资战术比较多并且复杂，不易掌握，目前世界上黄金期权市场不太多。

7. 黄金延期交易（T+D）

黄金延期交收，简称T+D，是指上海黄金交易所的黄金现货延期交收的交易品种，以保证金方式进行交易。以黄金为标的的客户可以仅付部分款项且不用黄金实物交割就可以交易，客户可以选择合约交易日当天交割，也可以延期交割。这种交易模式能够为产金与用金企业提供套期保值功能，还能够满足投资者的投资需求，并且投资成本小，市场流动性高；同时还为投资者提供了卖空机制，为投资者提供了一个交易平台，较适合投资理财。

（二）影响黄金价格的波动因素

1. 供需关系

黄金市场上主要供应来源有采矿、金屑回收及抛售。采矿为黄金最重要的来源，近几年来黄金的供应约有70%来自采矿生产。一般来说矿产是无弹性的，矿产的产量对金价的反应常有延迟效应。政府的抛售是影响最大且最快的，中央银行是世界上黄金的最大持有者，中央银行的抛售，会引起金价的下滑，例如，苏联在谷物收成不佳的年度中，常有抛售黄金换取外汇的动作，再如英国央行、瑞士央行都有大规模抛售黄金储备的行动。

需求黄金市场包括制造需求与保值需求两部分，制造需求主要用在珠宝、电子、牙科、金币与奖章，而投资需求则以买卖金块或金条的方式来赚取价差利润。

2. 美元汇率

美元汇率是影响金价波动的重要因素。在黄金市场上有美元涨则金价跌、美元降则金价涨的规律。美元坚挺一般代表美国国内经济形势良好，美国国内股票和债券将得到投资人追捧，黄金作为价值贮藏手段的功能受到削弱；而美元汇率下降则往往与通货膨胀、股市低迷等有关，黄金的保值功能又再次体现。例如，1971年8月和1973年2月，美国政府两次宣布美元贬值，在美元汇价大幅度下跌以及通货膨胀等因素作用下，1980 年初黄金价格上升到历史最高水平，突破 800 美元/盎司。

3. 各国货币政策

当某国采取宽松的货币政策时，利率下降，该国的货币供给增加，加大了通货膨胀的可能，会造成黄金价格的上升。如 20 世纪 60 年代美国的低利率政策促使国内资金外流，大量美元流入欧洲和日本，各国由于持有的美元净头寸增加，出现对美元币值的担心，于是开始在国际市场上抛售美元，抢购黄金，并最终导致了布雷顿森林体系的瓦解。

4. 政局动荡与战争

国际上重大的政治、战争事件都将影响金价。政府为战争或为维持国内经济的平稳而支付费用、大量投资者转向黄金保值投资，这些都会扩大对黄金的需求，刺激金价上扬。如第二次世界大战、美越战争、1976 年泰国政变、1986 年"伊朗门"事件等，都使金价有不同程度的上升。"9·11 事件"曾使黄金价格上升至当年的最高近 300 美元/盎司。

四、世界主要黄金市场形成及交易

20 世纪 70 年代黄金管制放开后，黄金市场得到较快的发展，至今分布世界各地较成规模的黄金市场已经超过 50 个，其中伦敦、苏黎世、纽约、芝加哥和香港是世界五大黄金市场，其价格形成及交易量变化对其他黄金市场有较大的影响。伦敦黄金市场的作用非常突出，其黄金交易量及报价是世界黄金行市的晴雨表。目前世界已形成两大黄金集团，一个是伦敦—苏黎世集团，另一个是纽约（包括芝加哥）—香港集团，这两大黄金集团共同操纵着世界黄金市场。全球已经形成 24 小时连续报价、不间断交易，连续的多层次的世界黄金市场体系。

（一）英国伦敦黄金市场

英国伦敦黄金市场是世界上最悠久的黄金市场。伦敦金价是全世界黄金交易者共同参照的重要指标，过去它是一个以黄金实金交易为主的市场。当今伦敦黄金市场是国际黄金交易票据结算中心，是非标准化黄金合约主要的场外交易市场。

1. 历史演进

伦敦黄金市场历史悠久，可追溯到 300 多年前。1804 年，伦敦取代荷兰阿姆斯特丹成为世界黄金交易的中心，1919 年，伦敦金市正式成立，每天进行上午和下午两次黄金定价。1982 年以前，伦敦黄金市场主要经营黄金现货交易，1982 年 4 月，伦敦期货黄金市场开业。目前，伦敦仍是世界上最大的黄金市场。

第二次世界大战前，伦敦黄金市场黄金交易的数量巨大，约占全世界经营量的 80%，是世界上唯一可以成吨买黄金的市场。第二次世界大战后，英国的政治、经济地位下降，黄金的自由交易受到很大限制，伦敦黄金市场被迫于1939年宣布关闭，直到1954年才重新开放，长达15年之久。市场恢复后，开放度仍受限制，居民不得持有和自由买卖黄金，黄金进出口也受到管制，工业用金需当局批准，因此这个市场只是发挥一个国家储金调剂平台的作用。直到1958年以后，西欧国家对非居民实行货币自由兑换，黄金的流动性增加，伦敦黄金市场的作用才得到加强。20世纪60年代，以美元为中心的布雷顿森林货币体系受到了严重的挑战，出现了多次黄金抢购的风潮，金价无法维持，1968年，美元危机再度兴起，形成抢购黄金风潮，仅半个月内，英国的黄金储备就流失14亿美元，“黄金总库”也无力维持金价，被迫实行黄金双价制。1979年10月，英国废除了全部外汇管制，英国居民可以自由买卖黄金。正是基于伦敦黄金市场发挥的重要作用，世界主要黄金商和金融机构都在此设有贸易办事处。

2. 市场交易

伦敦金价是由伦敦黄金市场四大黄金经纪商，每天上午和下午两次议价，该价格一直影响纽约和中国香港的交易。每天10：30和15：00，四家黄金经纪商代表在洛希尔有限公司黄金议价室开始议价，分别是：洛希尔国际投资银行、加拿大丰业银行、德意志银行、美国汇丰银行。开始之初，首先由作为主席的洛希尔公司的代表根据头一天收盘价，报出开市价，其他各位代表立即将此价用电话通知各自公司的黄金交易室，向其客户报价。在该价位出现买家或卖家时，各代表即报出各自买与卖的数量，买卖数量大体相当时，此次议价结束，此交易价格即为伦敦金价。在议价过程中，客户可以根据价格变动情况，随时更改指示，例如，在某一个价格下你可以沽出，但变化到另一个价位时，你又可以变为买入，直到价格议定为止。伦敦金价并不是法定的交易价，而是市场供求关系形成的市场参考价。若报价后没有买家与卖家时，要重新报价，直到出现买家或卖家时为止。如买家多，供不应求就要提高报价；如卖家多，供大于求就要降低价格，通过价格调整供求关系实现平衡。

伦敦黄金市场交易很灵活，黄金的纯度、重量都可以根据客户的要求选择。该市场主要交易的是金条，1957年以后金币交易才有所发展。伦敦市场上买卖黄金要收取手续费，每笔成交（购进）收进0.25%的手续费，售出者免收费用。伦敦黄金期货市场正式成立于1982年4月19日，比美国、新加坡、日本等国的黄金期货市场要晚。实际上它早在1981年9月7日就已提前开业，是欧洲地区第一个黄金期货市场。

（二）瑞士苏黎世黄金市场

苏黎世黄金市场是第二次世界大战后发展起来的世界性黄金自由市场，是一个实金交易市场，据称当今50%的实金是在瑞士交易的，金币交易量很大。瑞士黄金市场是以瑞士三大银行为中心，联合经营黄金。与伦敦金商不同的是，他们不但充当经纪人，还掌握大量黄金储备进行黄金交易。瑞士有四个黄金交易城市——日内瓦、巴塞尔、基亚索、苏黎世，其中苏黎世是黄金交易的中心。瑞士苏黎世发展成一个国际性的黄金市场得益于该国长期以来安定的政治、经济局面和发达的金融体系及特殊的金融保密制度。

1. 历史演进

早在第二次世界大战期间瑞士一些银行就开始从事黄金业务，日内瓦成为当时欧洲重要的黄金交易中心。第二次世界大战后，瑞士很快恢复了黄金自由市场，取消了对黄金交易的限制。而此时各国还都对黄金实行管制，这种得天独厚的环境成为瑞士黄金市场发展的条件。尤其是 1968 年 3 月中旬黄金抢购风潮出现，伦敦和其他各地黄金市场被迫关闭两周，唯独苏黎世黄金市场只停业了一天，显示了交易实力，争取了更多的客户，例如，世界最大产金国南非黄金的供应支持，使得瑞士黄金市场迅速兴起。

2. 市场交易

苏黎世黄金市场的经营核心是三家商业银行，其中瑞士联合银行经营黄金业务的实力最强。三大银行控制着苏黎世黄金市场，市场金价也由它们根据市场供求变化找出中间差报价。它们除在国内广设分支机构，在世界各地也设有分行和代表处。三大银行除了是现货黄金的交易市场，同时银行也会参与黄金的投资性买卖活动。苏黎世黄金市场在每个交易日任一特定时间，根据供需状况确定当日交易金价，这个价格就是苏黎世的黄金官价，全日金价在此基础上波动。

苏黎世是一个黄金零售市场，所以市场交易的黄金规格较多，有大金条，重 12.5 公斤，合 400 纯盎司，成色至少是 995；也有小金锭，主要是 1 公斤，成色为 995 ~ 999.9；还有 500 克至 1 克多种规格的金锭。苏黎世黄金市场的金币交易量相当大，据称，每天售出金币 4 万枚左右。市场上金币交易主要有两种：一种是古钱金币，是 1806 年以前铸造的；另一种是通行的金币，是 1806 年以后铸造的，现已大部分不流通。金币交易中有贴水，根据金币种类不同，超过其含金量价格的幅度不等。还有各个时期的纪念金币，它的价格也略高于其含金量，这些金币通常是私人团体出售的。

（三）美国纽约和芝加哥黄金市场

美国黄金市场期货黄金交易占优势，纽约黄金市场是目前世界上最大的黄金期货市场。纽约商品交易所（COMEX）和芝加哥商品交易所（IMM）是世界上最大的黄金期货交易中心，两大交易所对黄金现货市场的金价影响很大。

1. 历史演进

纽约黄金市场的发展历史很短，1974 年前美国禁止私人拥有黄金，投资者只能以购买金矿股票方式间接投资黄金，废除“禁止美国私人持有和购买黄金”的法令后，美国黄金市场很快发展起来。在 1974 年纽约商品交易所黄金交易开业之初时，每月黄金买卖数量不超过 4 万笔，而到 1976 年初，每月成交数达 50 万笔，1981 年每月成交数达 1040 万笔。1982 年 10 月，纽约商品交易所开展了黄金期权业务，业务量虽逐年增加但与黄金期货相比还是小得多，目前纽约黄金市场已经成为西方国家中最活跃的黄金期货市场。

芝加哥商品交易所是1974年开始进行黄金交易的，它不仅进行黄金期货交易，也有黄金现货交易。美国有五家商品期货市场办理黄金业务，其中纽约和芝加哥两个交易所集中了90%以上的交易额。

2. 市场交易

纽约商品交易所的营业时间换成北京时间为21：20至第二天3：30。纽约的黄金期货交易市场由大的国际金融机构、黄金商、经纪商组成，其中有四家金商起着重要的作用，分别是美国阿龙金商、莫克塔金属商、夏普·皮克斯利和菲利普兄弟公司。纽约黄金期货交易的重点客户是珠宝业和工业用户，其交易的目的以套期保值居多，而芝加哥的黄金期货交易以投机和套利目的为主，客户比较广泛。

纽约商品交易所和芝加哥商品交易所对现货和期货交易的黄金的重量、成色、形状、价格波动的上下限、交易日期、交易时间等都有极为详尽和复杂的描述。例如，纽约商品交易所黄金期货交易以100盎司黄金为基本成交单位，黄金成色为995以上金锭，成交月份以双数为主，报价以美元为单位，金属交易品种主要有黄金、白银、钯、铂。芝加哥商品交易所期货合约是以1000克为基本成交单位，金属交易品种主要是黄金、白银。

（四）中国香港黄金市场

1. 历史演进

香港黄金市场已有90多年的历史。其形成是以香港金银贸易场的成立为标志。1974年，香港政府撤销了对黄金进出口的管制，此后香港金市发展极快。由于香港黄金市场在时差上刚好填补了纽约、芝加哥市场收市和伦敦开市前的空当，因而可以连贯亚、欧、美，形成完整的世界黄金市场。其优越的地理条件引起了欧洲金商的注意，伦敦五大金商、瑞士三大银行等纷纷来港设立分公司。他们将在伦敦交收的黄金买卖活动带到香港，逐渐形成了一个无形的当地“伦敦金市场”，促使香港成为世界主要的黄金市场之一。

2. 市场交易

香港黄金市场主要包括金银贸易场、伦敦金市场、黄金期货市场。

香港金银贸易场，已经拥有几十年历史，有固定买卖场地，买卖均以公开喊价方式，手心向外表示沽出，手心向内表示买入，贸易场采用会员制管理。黄金以港元作价，金条成色为990，计量单位是相当于1.20337盎司的“司马两”。交易双方完全是口头约定，且多年无一赖账。香港金银贸易场完全不受政府干预或监管，70多年来一直运行良好，成为亚洲地区深受交易商、金饰商、长线投资人士及投机人士认可的交易场所。

香港伦敦金市场，以国外资金商为主体，没有固定交易场所。1974 年，香港恢复黄金市场自由买卖后，伦敦黄金交易所与苏黎世黄金交易所几大金商在香港设立了分支机构，建立了香港伦敦金市场。它是一个现货市场，黄金在伦敦交收，并在成交后两个交易日在纽约以美元结算。

香港黄金期货市场，是一个正规的市场，其性质与美国的纽约和芝加哥的商品期货交易所的黄金期货性质是一样的。黄金期货交易是以公开喊价方式进行，每份合约单位是 100 盎司，保证金为每份合约 1500 美元，以每盎司美元定价。期货市场交投方式正规，制度也比较健全，可弥补金银贸易场的不足。

此外，香港实金市场、金饰品市场也很知名。实金市场的主要产品为金条、金币、金元宝、金像、金佛。一般香港金条的溢价为 1%，是销售金条的基本规则，溢价可确定。香港是世界第三大金饰出口地，仅次于意大利和瑞士。香港首饰店超过 1800 家，制造商 1000 家，由各种首饰协会自律管理。

📖 小资料

25 周年：H 股给香港金融市场带来了什么

2018 年 7 月，H 股上市迎来 25 周年。经过 25 年的发展，H 股如今在香港市场扮演着重要角色。与此同时，近几年内地和香港资本市场互联互通逐步加深，促进了内地资本市场对外开放，

增强了香港国际金融中心的竞争力。

1993 年 7 月 15 日，青岛啤酒成为首家发行 H 股在香港上市的内地企业。H 股的上市之路，是内地企业走向国际资本市场之路，同时也是香港资本市场服务内地的体现。

香港中资证券业协会会长、交银国际董事长谭岳衡认为，香港融资市场正是凭借创新，在历史大潮中抓住机遇、脱颖而出。首家 H 股青岛啤酒、首家红筹股中信泰富，在 20 世纪 90 年代初以创新带动了香港资本市场的发展。

20 世纪 80 年代末，香港联合交易所面对的最大难题就是如何拓宽上市企业来源。另外，中国内地的国有企业随着市场经济发展，开始壮大，但也缺乏外汇以引进最新的技术、企管人才和进行企业改革。经过内地和香港各有关机构两年多的努力，在内地尚未有公司法和证券法的情况下，两方设计了拟在港上市的国企公司章程内的必备条款，使其达到香港公司法的要求。

经过 25 年的发展，H 股在港股市场上占重要比重，提升了港股的交易量，增加了香港资本市场在全球的竞争力。截至 2018 年 6 月底，H 股数目由 1993 年的 6 家增至 256 家，市值也由 182 亿港元上升至超过 6.43 万亿港元。

继 H 股之后，其他在港上市内地企业也迅速增长。截至 2018 年 6 月底，共有 1085

家内地企业在香港上市，包括256家H股、164家红筹股和665家内地民营企业；内地企业市值占香港证券市场市值超六成，内地企业成交金额占股份成交金额超八成。

香港交易所主席史美伦表示，没有国企来港集资，香港的资本市场不可能在国际上有今天的地位。与此同时，内地企业在港上市为内地企业提供可自由兑换的发展资金，帮助提升公司治理水平和透明度，真正令内地和香港达致双赢，也是“国家所需、香港所长”的最佳例子。

“H股上市，本质是将内地经济的发展活力引入香港资本市场，不仅为香港市场创造多样化的投资机会，更会长期吸引全球投资者深耕于香港股市。”工银国际首席经济学家程实说，这赋予了香港市场相对于纽约、伦敦、东京、新加坡等竞争对手的比较优势，驱动香港从区域性金融中心发展为全球主要金融中心。

25年间，H股上市为香港资本市场释放了双重红利，深刻改变了香港金融体系的格局，提升了香港资本市场的竞争力。

H股上市也提升了香港资本市场的监管水平。史美伦表示，改革开放为香港资本市场提供了快速发展的机会。国企来港上市令国际投资者对香港市场注目。在此同时，香港联交所和香港证监会也不断提升市场的监管水平，使香港市场逐步国际化。

H股有利于巩固香港金融体系稳定性。程实认为，金融危机以来，大量内地优质企业以H股形式赴港上市，不断创造出具有吸引力的港币资产，有力提振港币的多样化需求，缓解了港币融资需求过度依赖房地产市场的结构性问题，成为港币币值的“稳定锚”之一，进而支撑了香港金融体系的长期繁荣稳定。

资料来源：李滨彬，载于《经济参考报》2018年8月3日。

复习思考题

1. 货币市场有哪些特征？
2. 额可转让存单的特点是什么？
3. 股票的发行方式有哪些？
4. 比较开放式基金与封闭式基金的区别？
5. 简述世界主要外汇市场及其特征。
6. 比较欧式黄金市场、美式黄金市场和亚式黄金市场的区别？
7. 简述黄金市场的主要投资工具。

第五章

金融机构体系

内容简介

金融机构是专门从事金融活动的经济组织，即金融活动的具体组织者，它为社会经济发展与各类经济活动的顺利进行提供金融服务，是全社会的信用中介。自股份制现代银行创立以来，历经数百年的竞争与创新，随着市场经济的发展和货币信用关系的深化，各国相继形成了以中央银行为核心、商业银行为主体、多种性质银行与非银行金融机构并存的现代金融机构体系。各类型金融机构在经营上各具特点、分工各异，共同为现代的商业经济运转提供有效金融服务。随着经济的不断发展，金融机构在现代经济活动中的地位与作用越来越重要。

教学目的

通过本章学习，使学生了解金融机构产生与发展的历程，明确金融机构在经济中起到的重要作用；掌握金融机构体系的主要构成；了解我国金融机构体系在不同历史阶段的演变的过程；把握我国现行金融机构体系的基本特征；并掌握全球性金融机构、区域性金融机构和准全球金融机构典型代表的主要职能、宗旨及现状。

第一节　金融机构的产生和类型

金融机构又称为金融中介机构，指以货币资金为经营对象，从事货币信用、资金融通、金融工具交易及相关业务的组织机构，即专门从事各种与融资活动有关的金融中介服务组织。在现代金融活动中，金融机构是最重要的组织者、参与者。商品经济日益发展，交易规模不断扩大，社会财富迅速积累，经济活动的复杂性也日益凸显，各经济部门间的债务清算、资金的调剂、经营风险防范等，依靠传统的各经济部门间直接进行已不现实，进而产生了对专业的金融中介机构的需求。随着金融业的发展，各金融机构间日益分工协作、相辅相成，并逐渐演变成了金融机构体系，在现代经济中发挥着强大的作用。其中的多种金融机构与多层次的金融市场共同结合成为一个有机整体，连接了资金盈余者和短缺者，构成了一个有关资金流动、集中与分配的系统。其有效运行使金融机构与金融市场能利用金融工具在监管机构的监督下实现社会资金的有效配置。

一、金融机构的产生

（一）金融机构随商品经济的发展而逐渐形成

随着商品经济的发展，往来于各地的商人为了规避携带和保存货币的风险，便委托兑换商保管货币、办理收付和汇兑。兑换商还增添了转账结算、外贸贷款业务。货币兑换业就此逐渐演变成为经营存款、贷款、汇兑、结算等业务的金融银行业，具有近似现代银行的职能，成为最早的金融机构。在商品经济发展的促进下，金融机构的类型与功能也不断的分化、演进，构成具有整体功能的金融机构体系。如中世纪的欧洲被分割成许多小国家，各国有各自的货币，且都使用铸币。由于不同国家的铸币种类、成色不同，不便于保存、运输与兑换，阻碍了商品交换，于是一批商人专门从事各种货币的兑换业务，成为铸币“兑换商”。

而现代银行主要经过两条途径产生：一是早期的高利贷性质的银行逐步适应新的条件转变成为现代银行；二是根据公司股份原则组建的现代股份制银行。如 1694 年以股份公司形式成立的英格兰银行。英格兰银行向工商企业发放低于平均利润率的低利贷款，并提供各种金融服务，适应了当时英国社会化大生产发展的需要。股份制银行的诞生标志着现代银行制度的建立，也意味着高利贷的垄断地位已被动摇。

（二）金融机构是信用经济的产物

金融机构是在克服商品经济中各经济主体融资困难基础上产生的。生产经营时，资金供求双方对资金供求时间和数量不一致；或贷方不了解借方的信用和经济状况，各经济主体间都难于形成借贷关系。而最早的金融机构——银行作为信用中介人，克服了以上困难。银行一词始于意大利语“banco”，后来转化为英语“bank”。其原意是指存钱的柜子，后指专门从事货币存、贷和办理汇兑、结算业务的金融机构。最初的货币经营商只为商人兑换未经铸造的生金、银块，及兑换各类货币，收取手续费。之后，各地商人为避免保存与长途携带货币的风险，把货币交存给货币经营商，并委托其代办现金收付、结算与汇款，货币经营商就成为商品经营的支付中介。人类最早的银行业发源于西欧古代社会的铸币兑换业，公元前 2000 年的巴比伦寺庙、公元前 500 年的希腊寺庙、公元前 200 年在罗马帝国，都出现了银钱商和类似银行的商业机构。

货币经营业转化为银行业的标志体现在两个方面：首先，银行通过自身信用行为将小额分散的资金汇集成为巨大的资金量，以满足各种资金需求；其次，银行将不同期限存款的供给给予组合以满足不同期限的借款需求。进而银行既表现为借者，又表现为贷者，成为真正的金融中介。

二、金融机构的类型

现代金融机构体系是一个庞大复杂的系统，对整个国家的经济发挥着重要的作用。从不同的角度和按照不同的标准可对金融机构进行分类。

（一）直接金融机构和间接金融机构

按融资方式的不同，可划分为直接金融机构和间接金融机构。直接金融机构指在直接融资领域为资金盈余者和短缺者提供中介服务的金融机构，主要业务包括证券发行、经纪、保管、登记、清算、资信评估等，如证券公司大都属于直接融资机构。间接金融机构是指一方面以债务人身份从资金盈余者处筹集资金；另一方面又以债权人的身份向资金短缺者提供资金的金融机构，如商业银行。直接金融机构一般不发行以自己为债务人的融资工具，只是协助将筹资者发行的金融工具销售给投资者；间接金融机构则发行自己为债务人的融资工具以筹集资金，又以各种资产业务分配这些资金。

（二）银行和非银行金融机构

银行金融机构可接受活期存款，从事转账结算业务，且具有信用创造功能，其负债业务可发挥交换中介与支付手段的职能，其资产业务主要做短期放贷，是以存款负债为前提的资产运作机制。而非银行金融机构业务的资金来源是通过发行股票和债券等渠道筹集起来的，资产业务则以非贷款的金融业务为主，如从事保险、证券、信托、租赁业务等。

（三）存款型金融机构、契约型金融机构和投资型金融机构

存款型金融机构指主要吸收存款作为资金来源，以发放贷款为其主要资产业务的金融机构，如商业银行、储蓄贷款协会、互助储蓄银行与信用社等。契约型金融机构是以长期合约方式从持约人手中收取资金，按合约规定向持约人提供约定服务或支付约定金额，也可将剩余资金投资于资本市场的金融机构，如保险公司、养老基金。投资型金融机构是以发行股票、债券、商业票据等有价证券的方式筹集资金，并将其用于贷款或购买证券的金融机构，如金融公司、共同基金、货币市场基金等。

（四）金融管理机构和金融运行机构

按照从事金融活动的目的不同，可将金融机构划分为金融管理机构与金融运行机

构。金融管理机构指承担金融宏观调控、金融监管重任，不以营利为目的的金融机构，如中央银行、证监会、保监会等。金融运行机构是指以营利为目的，向社会提供多种产品与金融服务的金融机构，如商业银行、保险公司、证券公司等。

（五）按国民经济核算体系分类的金融机构

按国民经济核算体系对金融机构体系的分类是以交易主体或资金收支作为划分标准，主要有五类：（1）中央银行。（2）商业银行。（3）其他金融中介机构，其指不通过吸纳存款，而是通过在金融市场上筹集资金，并利用资金获取金融资产的其他金融中介机构。如投资公司、金融租赁公司、消费信贷公司等。（4）保险公司和养老基金。（5）金融辅助机构，如证券经纪人、债券发行公司、保险经纪公司、贷款经纪人及经营各类套期保值衍生工具的公司等。随着金融创新和金融自由化的趋势使各国金融管制逐渐放松，金融混业经营日益深化，金融机构的分类标准有所变化，银行与非银行机构间的分类将不再明显，各国金融机构体系的类型与构成将取决于各国实际经济发展的客观需求和金融监管的需要。

三、银行主导型和市场主导型的金融机构体系

目前各国金融机构体系一般都以中央银行为核心，以商业银行为主体，各类专业银行和非银行金融机构并存。但根据企业融资的主要对象不同，金融机构体系也可分为银行主导型和市场主导型。

（一）银行主导型的金融机构体系

银行主导型的金融机构体系主要以商业银行为主导，企业的外源性融资主要依赖商业银行。其中，银行和企业间建立起长期稳定的银企关系，银行持有企业的债务与股份。当企业陷入财务困境时，银行会主动介入。通常越不透明的企业越依赖于银行信贷，因为其品质无法通过公开信息衡量。此外，银行也有向企业提供贷款的动机，因为在银行主导型的金融机构体系中，银行强化了对贷款对象的审查和监督，并可通过垄断力量获得贷款收益，如德国和日本。在德国和日本，银行系统主宰着资金融通，金融市场相对次要。德国除了少数上市公司，大部分企业依靠银行贷款获得融资。

（二）市场主导型的金融机构体系

市场主导型的金融机构体系指以金融市场为主导，企业的外源性融资主要依赖金融市场。在市场主导型金融机构体系中，银企关系是以市场交易为基础的松散的关系，健全的法律系统进行了相应的约束。银行对企业信贷风险的评估大多基于企业公开信息，如分析财务报表，这些基本都是“硬”信息。仅当企业违约时，银行才可对企业

加以监督，保证贷款本金与利息的安全，如美国和英国。

（三）银行主导型和市场主导型金融机构体系的关系

首先，银行主导型和市场主导型的金融机构体系具有互补性。在银行主导型的金融机构体系中，金融市场制度仍是银行主导型金融机构体系的基本制度，金融市场仍是该体系有效运作的平台。在市场主导型金融机构体系中，投资者也要通过金融中介机构参与各项经济活动，商业银行在企业融资中也发挥了重要作用。

其次，银行主导型和市场主导型金融机构体系之间具有传承性。通常各国最初都是银行主导型的金融机构体系，随着金融业的不断深化，有些发达国家转变成为市场主导型金融机构体系。英、美等发达国家在过去很长一段时间一直也是银行主导型金融机构体系，直到20世纪五六十年代后才建立了市场主导型的金融机构体系。

最后，从银行主导型向市场主导型金融机构体系转变需要两个条件，既要得益于金融市场的日益发展和完善，也要得益于个人财富的日益积累，因此，只有在人们的收入水平达到一定阶段后，才能逐渐发展市场主导型的金融机构体系。

第二节　金融机构的构成

现代金融机构的种类繁多，构成了复杂的金融机构体系。一个国家建立什么样的金融机构体系与该国的经济发展水平、经济体制、货币信用发达程度有十分密切的联系。根据其资金来源的方式不同，国际上通常将其分为银行类金融机构和非银行类金融机构。银行类金融机构是金融机构体系中最基础环节，非银行类金融机构是其有益补充。它们在社会资金的分配与再分配过程中都起到了重要作用。但由于银行类金融机构和非银行类金融机构对货币运行的影响程度不同，各国对金融机构监管的宽严程度不同。银行机构通常对货币运行的影响程度要远大于非银行金融机构，其信贷活动直接影响货币供应量。因此，各国对银行类金融机构都严格监管，政策规制也比较多。

一、银行类金融机构

银行性金融机构是指经营货币资金、从事货币信用活动的金融机构，资金来源主要是收存款，资金运用主要是放贷款，并办理结算、汇兑等中间业务。在现代经济中，银行是社会资金融通的枢纽。目前各国银行体系不尽相同，根据性质、业务、经营特点，可把经营性银行分为中央银行、商业银行、专业银行、政策性银行等。

（一）中央银行

中央银行也称货币当局，是一国金融机构体系核心，统筹管理全国的金融活动，制定并实施国家的货币金融政策，并对金融业实施监督管理，是调控国民经济运行的国家宏观调控机构之一，是特殊的金融机构。中央银行是货币信用与经济发展的产物，其职能与作用也随着货币信用经济的不断发展而拓展、完善。它是发行的银行、政府的银行、银行的银行。作为发行的银行，中央银行垄断货币发行，调节货币供应量，参与公开市场业务，制定并实施国家的货币、金融政策；作为银行的银行，中央银行为银行及其他金融机构提供金融服务，办理其间的票据清算，当它们的最后贷款人，发挥着稳定金融体系的作用；作为政府的银行，中央银行接受政府委托，代理国库，代表政府参与国际金融领域的活动，充当政府的金融顾问，并代表政府监督调控各领域的经济金融活动。

实行分业经营和监管的国家，会把中央银行对银行业的监管职能分离出去，由银监会实施，我国就是其典型代表。中国人民银行是我国的中央银行，2003 年 4 月中国银监会的成立标志着中央银行对银行及其他存款类金融机构监管职能的分离。目前，全球大多数国家已实行中央银行制度。

（二）商业银行

商业银行，也称存款货币银行，是以盈利为目的，从事吸收存款、发放贷款的信用机构。商业银行是为适应市场经济发展和社会化大生产的需要而形成的金融组织。时至今日，商业银行以其机构数量多、业务渗透面广、资产总额占比大成为各国金融机构体系的主体，居于其他金融机构不能代替的重要地位。早期商业银行的服务对象主要是商人，主要为国内外贸易提供短期贷款，商业银行也因此得名。随着商品经济发展，商业银行业务范围迅速扩大，尤其“二战”后商业银行业务已拓展到长期贷款与投资。现今的商业银行可从事存款、贷款、投资及多种表外业务。虽受全球金融混业经营影响，其业务规模有所下降，但商业银行仍是西方金融机构体系中最基本的构成部分。

（三）专业银行

专业银行，是指专门经营指定范围的业务、提供专门性金融服务的银行。随着生产力发展，社会分工日益细致，某些专门领域就愈发要求银行具有专门知识经营特定的业务，以满足客户日益细致的需要，因此，各国的各类专业性银行应运而生。按服务对象和借贷资金的运用特点，专业银行可分为开发银行、投资银行、储蓄银行、不动产抵押银行、进出口银行和外汇银行等。

1. 开发银行

开发银行是为满足经济建设的长期投资需要而设立的银行。开发银行的投资具有开发性、投资量大、时间长、见效慢、风险大的特点，商业银行不愿意承担、也无力承担其风险。开发银行多为政府创办，不以盈利为目的，但在财政上自负盈亏，在经营目的和方式上与商业银行有很大区别。开发银行可分为国际性、区域性与本国性三种：国际性开发银行有国际复兴开发银行（即世界银行）；区域性开发银行有亚洲开发银行、非洲开发银行、泛美开发银行；我国的开发银行就是国家开发银行。

2. 储蓄银行

储蓄银行指办理居民储蓄并以吸收储蓄存款为主要资金来源的银行。西方不少国家的储蓄银行大多是专门、独立的，对储蓄银行也有专门的管理法规。其一方面旨在保护小额储蓄人利益；另一方面则规定其所聚集的资金应投向何处。储蓄银行所汇集起来的储蓄存款主要用于长期投资，如不动产抵押贷款；投资政府公债（有一些国家明文规定必须投资于政府公债的比例）、公司股票及债券；对市政发放贷款等。因机构性质或业务性质的差别，储蓄银行的名称各异，如互助储蓄银行、住房储蓄银行、国民储蓄银行、信托储蓄银行、储蓄贷款协会、邮政储汇局。就其经济性质而言，有公营、私营之分。其中一部分私营储蓄银行逐渐发展成为商业银行；有的公营储蓄机构转化为政策性金融机构，大部分则有被归入非银行金融机构加以管理的趋势。

3. 不动产抵押银行

不动产抵押银行是专门经营以土地、房屋及不动产为抵押的长期贷款的专业银行。它们的资金主要靠发行不动产抵押证券来筹集。贷款业务可分为两类：一是以土地为抵押的长期贷款，对象是土地所有者或购买土地的农业资本家；二是以城市不动产为抵押的长期贷款，对象主要是房屋所有者或经营建筑业的资本家，如法国的房地产信贷银行、德国的私人抵押银行和公营抵押银行等。不动产抵押银行也收受股票、债券和黄金等作为贷款抵押品。如今商业银行正大量涉足不动产抵押贷款业务，不少不动产抵押银行除经营抵押放款业务外，也经营一般信贷业务，二者这种兼营、融合发展呈加强、加速之势。

二、非银行类金融机构

非银行类金融机构是银行机构体系以外、从事金融活动的机构。非银行类金融机构属于金融机构，但并非银行。这些机构以特殊的方式吸收资金，运用资金，为社会提供特定的金融服务，如从事信托投资、融资租赁、证券承销与经纪、保险等金融业务，包括信用合作社及联合社、保险公司、信托投资公司、投资资金管理公司、养老基金、证券公司、财务公司、邮政储蓄机构、典当行等机构。非银行金融机构的资金源于会员的股金、保险契约、发行债券借入的资金与信托存款，资金主要运用于证券和房地产投资。它们与银行相配合，对国民经济发展做出了突出贡献。

（一）非银行类金融机构的特征

非银行金融机构与商业银行都是以信用方式聚集资金并投放到社会以获利的金融

机构，都只有在减少储备的前提下才可以增加贷款。但商业银行是唯一能吸收活期存款的金融机构，并可提供综合性的金融服务，具有信用创造的能力。而非银行金融机构不能吸收任何形式存款，不具备创造信用的能力，经营的业务范围也比商业银行窄，因此，非银行金融机构与商业银行有着很大的不同，其主要特征有：

1. 非银行金融机构数量多、类型杂

非银行金融机构都为国民经济中的某一特定部门或行业服务，有自己专门的业务对象，并需要为各自业务对象提供不同的服务。因此非银行金融机构数量众多、类型复杂。

2. 非银行金融机构的规模较商业银行小

由于各种非银行金融机构都有自己特定的资金来源和投资重点，如保险公司靠吸收保费获得资金来源，资金用于购买公司债券和抵押贷款；投资基金则投资各种证券；信用合作社为会员提供贷款；消费信用机构主要为消费者发放消费贷款。非银行金融机构分业经营模式决定了其规模比从事综合性业务的商业银行规模要小。

3. 部分非银行金融机构的经营风险大于商业银行

由于非银行金融机构的筹资成本较高，且其资产大部分是长期性的，就存在到期日不匹配等问题，非银行金融机构面临潜在的危险。在实际经营中，部分非银行金融机构的负债超过其资产的实际价值，在通货膨胀、利率普遍上升的背景下，非银行金融机构亏损和破产的可能性因此而大增。

4. 针对非银行金融机构的管制较为较松

非银行金融机构不能像商业银行一样进行信用创造，也不是中央银行货币政策的传导者，各国中央银行对非银行金融机构的监管也因此较为宽松。一些国家对非银行金融机构的业务活动给予税收优惠，如美国的非银行金融机构吸收存款负债曾不受存款利率最高线的限制。

5. 非银行金融机构日益加强金融创新

在竞争日趋激烈的状态下，非银行金融机构推出了众多金融创新业务。尤其是西方国家在20世纪七八十年代推出的金融创新工具多为非银行金融机构首创。且此类金融创新随着金融自由化、综合化、国际化和竞争的加剧更趋多样化。非银行金融机构的这些创新活动为各国金融、经济活动提供了多种新型工具，提高了金融效率，增强了金融体系活力，使金融业在国民经济中占有愈发重要的位置。

（二）非银行类金融机构的构成

1. 投资银行

投资银行主要从事证券发行、承销、交易、企业重组、兼并与收购、投资分析、风险投资、项目融资等业务，是主要利用资本市场为资金所有者和资金需求者提供金融服务的中介机构。其与商业银行的显著区别是：投资银行的资金来源主要靠发行自己的股票和债券；其主要服务于资本市场。现代的投资银行已突破证券发行与承销、证券交易经纪、证券私募发行等传统业务领域，企业并购、项目融资、风险投资、公司理财、投资咨询、资产及基金管理、资产证券化、金融创新等都已成为其核心业务。投资银行的称谓各异，美国称之为投资银行，英国则称之为商人银行，法国称之为实业银行，日本称之为证券公司，新加坡称之为商人银行或证券公司。1995 年 8 月成立的中国国际金融有限公司（中金公司）是我国第一家具有现代投资银行意义的金融机构。而华夏证券、君安证券等均是从事某一方面投资银行业务的投资性金融机构，其主要侧重于证券承销和交易业务。

2. 保险公司

保险公司是专门经营保险业务的经济组织。保险以集中起来的保险费建立保险基金，用于被保险人因灾害、事故、疾病所造成经济损失的补偿。在发达国家，保险公司是除银行外最重要的金融机构，在国民经济中发挥重要作用。保险公司的资金来源主要是投保人的保险费。资金一部分用于支付赔偿；另一部分用于投资证券（如政府债券、企业债券、股票），发放不动产抵押贷款与保单贷款等。保险公司的组织形式主要有两种：一是股份制；二是互助合作性质。保险所有制形式则有公有、私有、公私共有三种形式。

根据业务种类我国把保险划分为人寿保险和财产保险，由此形成人寿保险公司和财产保险公司两类保险公司。人寿保险公司为人的生命提供保险。投保人如在保险期限内死亡，保险公司向其家属支付一定数量赔偿金。由于人寿保险公司的资金来源稳定、期限较长，保费与支付赔偿金间会形成较大的资金余额，人寿保险公司通常有大量的资金用于投资。由于人寿保险公司不必保持太多的现金和流动性较高的资产，因此可投资于长期债权和公司股票，或发放房地产抵押贷款。此外，人寿保险公司也经营失业保险、雇主对雇员的保险等。财产保险公司是为公、私财物提供保险的保险公司。当投保人在保险期内遭受损失时，保险公司负责赔偿。与人寿保险公司相比，由于各类灾害不好预测，财产保险公司应持有的现金及流动性资产的比重要高一些。因此财产保险公司的资金多购买政府债券，少部分购买公司股票。

3. 投资基金

投资基金是种间接的金融投资机构或工具。在美国称之为共同基金或互助基金，英国则称之为单位投资信托。投资基金通过向投资者发行股份与受益凭证募集社会资金，再以适度分散的组合方式投资各类金融资产，为投资者谋取最高利益。由于投资基金把资金投入基金，购买基金股份，因此是一种间接投资；基金的股份可随时买进、卖出，也可视之为金融工具的一种。投资基金的优势是：投资组合、分散风险、专家理财、规模经济。

投资基金有契约型投资基金与公司型投资基金两种组织制度。契约型投资基金按信托契约设立，存在基金投资者与管理人、基金管理人与托管人的两种信托关系，其运作及管理人、托管人与受益人三者关系由信托契约规定。公司型投资基金按公司法设立，具有股份公司性质。投资基金有封闭型基金与开放型基金两种运作方式。由于投资基金具有多种投资功能，因此可用来积累个人财富，作为价值储藏的工具。参加基金投资的最低金额一般都不高，极受小投资者所欢迎。投资基金在市场经济发达的国家发展十分迅速。

4. 信用合作社

信用合作社是由社员自愿集资成立的、以互助为宗旨的合作性金融机构，其经营目标是以简便的手续和较低的利率，向社员提供信贷服务，帮助个人解决融资困难。其在美国被称为信用社，在德国被称为信用合作银行，在日本被称为信用协同组合。信用合作社一般致力于特定的行业或范围，如农村信用合作社、手工业信用合作社、建筑业信用合作社、城市信用合作社等。与商业银行相比，信用合作社规模不大。其资金来源于合作社成员缴纳的股金与吸收的存款，其资金运用起初只向社员发放短期生产贷款与消费贷款。现在一些资金充裕的信用社已为解决社员生产设备更新及改进技术提供中、长期贷款，并逐步采取了以不动产或有价证券为担保的贷款方式。

信用合作社按地域不同可划分为农村信用合作社与城市信用合作社。城市信用合作社指在城市市区内由城市居民、个体工商户与中小企业法人出资设立的，为社员提供服务，具有独立企业法人资格的合作金融组织，其社员以出资额为限对城市信用合作社承担责任，城市信用合作社以其全部资产对其债务承担责任。农村信用合作社指经金融主管机构批准，由社员入股实行民主管理的为社员提供金融服务的农村合作金融机构。农村信用合作社是独立企业法人，以其全部资产对其债务承担责任，享有民事权利，承担民事责任。我国1923年建立了第一家信用合作社，之后很快在农村、城市也普遍建立起信用合作社。不过目前城市信用合作社已转化为城市商业银行。

5. 养老或退休基金

“二战”后养老或退休基金迅速发展，普遍存在于市场经济国家，是向参加养老金计划者以年金形式提供退休收入的金融机构。养老或退休基金的资金来源于雇员工资的一定比例扣除及雇主的相应比例缴款，还来自于积聚资金的投资收益。基金主要用于购买公司的绩优股票、长期债券与政府债券，参加养老或退休基金的雇员可得到一份保证在退休后能按月领取固定收入的合同。由于雇主与雇员每月交款远远超过对退休人员的支出，其多余资金可用于稳定性投资。并且西方各工业化国家普遍规定养老基金的经常收入是免税的，这更为鼓励雇员交纳养老退休基金。

6. 信托投资公司

投资公司也称信托公司，是以资金或其他财产为信托标的，据委托者意愿，以受托人的身份管理与运用信托资产的金融机构。信托投资公司主要经营信托业务，即信托投资公司以盈利和收取报酬为目的，以受托人身份承诺信托和处理信托事务的经营行为。国际上信托投资公司的业务分为以其他公司股票、债券为经营对象，通过证券买卖、股利和债息来获得收益；或以投资者身份直接参与企业投资两类。信托投资公司的业务非常广泛，主要办理信托存款、信托贷款与投资、代理发行企业股票与国家债券、代理买卖与出租房地产、代管财产、遗产转让与代保管业务等。信托投资具有收益高、风险大、程序多、管理难等特点。因此各国对信托投资公司的监管有较高要求。

7. 金融公司

金融公司也叫财务公司，指通过发行商业票据、股票与中长期债券或从银行借款获取资金，对个人、企业发放小额贷款，满足借款人融资需要的金融机构。金融公司是大额借款小额贷款，且资金来源主要不是吸收存款。各国对金融公司几乎不加管制，因此其业务经营比商业银行更加灵活。金融公司主要类型有以下几种：

（1）销售金融公司。主要为企业产品销售提供融资，如向消费者放贷，以便消费者从特定的零售商或制造商那里购买商品，或为零售商存货提供融资。销售金融公司常与大企业结合在一起，要么为制造厂商所拥有，要么为零售商所拥有，为推销商品而提供融资。消费者使用销售金融公司的融资往往比在商业银行办理消费信贷更便捷。

（2）消费者金融公司，也称小额贷款公司。主要为消费者提供购买家具、家电及装修等小额贷款，或为消费者提供已到期小额债务的再融资。消费者金融公司发放的多数贷款是针对无法在商业银行及其他金融机构获得贷款的消费者，因此风险较大，其索要的贷款利率比一般金融机构的放贷利率高。

（3）企业金融公司，主要是通过购买、保理企业应收账款而给企业提供融资。企业金融公司也从事设备租赁业务，他们应企业要求，购买设备，并以事先商定的租金、租期将设备租给客户。设备租赁业务的好处在于租赁对象广泛，包括动产、不动产、设备、交通工具与办公设备。可帮助承租人节约资金，扩大生产能力，较快更新设备。

三、政策性金融机构

政策性金融机构是指那些由政府创立、参股、保证的，不以营利为目的，专门为贯彻、配合政府的社会经济政策意图，在特定的业务领域从事政策性金融活动，支持政府发展经济，促进社会进步，配合宏观调控的金融机构。政策性银行是政府为实现其特定目标而组建的银行，其创设资金与运营中的补偿资金主要由政府提供，具有财政性、政策性、无偿性；政策性银行还具有金融性、盈利性、有偿性，是特殊的金融机构。

政策性银行一方面可满足商业银行无力、不愿满足的基础设施建设和战略性资源开发的巨额资金需求，促进经济平衡快速发展；另一方面可通过调整融资领域的侧重点，把政府与社会的资金引导到重点部门、行业和企业，促进经济结构、产业结构的调整和升级，引导国民经济平衡发展。

（一）政策性金融机构的特征

纵观各国的政策性金融机构，都呈现出以下鲜明的特征：

1. 不以利润最大化为经营目标

政策性金融机构的设立是为了贯彻配合政府的社会经济政策，服从宏观经济社会发展目标的需求，促进国民经济结构均衡发展。因此，其经营活动不以营利为目的。通常地，政策性金融机构的业务经营或服务内容多为商业金融机构所不愿承担的，是无利可图、只有微薄收益的，这就决定了其非营利性特征，具有政策性、无偿性的财政性特点，只有这样，它才符合设立政策性金融机构的初衷。但近年来，许多政策性银行在经营中并非不讲求效益，也并非没有盈利，只是这些机构并不以取得盈利和追求盈利最大化为经营目的。政策性银行也兼具盈利性和有效性的金融性特征。

2. 有政府的财力支持和信用保证

政策性银行大多由政府出资创立、参股或保证，这为其实现政策性经营目标提供了良好的资金基础，在其经营过程中政府还提供了信用保证，这为其融资和运营提供了强有力的后盾，如美国进出口银行、韩国开发银行、日本的二行九库等均由政府全资创立。也有政府参与部分资本，联合商业银行或其他金融机构共同设立的政策性银行，如法国对外贸易银行即由法国中央银行（法兰西银行，持股24.5%）、信托储蓄银行（持股24.5%）及几家商业银行和其他金融机构共同出资建成的。也有政府通过另一机构间接所有的政策性银行，如泰国产业金融公司由政府银行（Krung Thai Bank）持有13%的股份。

3. 融资机制较为特殊

政策性银行的融资机制与商业金融机构、政府财政有很大区别。其资金除国家拨款外，主要通过发行债券、借款和吸收长期存款获得，为高成本负债；但其资金运用主要是长期低息贷款，都是商业银行不愿或无法经营的高风险贷款业务。这是依靠国家利息补贴、承担部分不良债权与相关风险来完成的。但政策性银行的融资业务又明显有别于财政，其基本运作方式是信贷，还要兼顾资金的安全运营和金融机构的自我发展能力。因此，政策性银行尚需在符合国家宏观经济发展、产业政策的前提下，行使信贷决策权，独立进行贷款项目可行性评价与审批，以有效规避贷款风险、取得预期的社会经济效益及相应的经济效益。

政策性金融机构特殊的融资原则表现为：一是只对不能从其他金融机构获得所需条件的资金融通的融资对象进行资金融通；二是主要提供中长期资金，利率明显低于商业性金融机构的同期同类贷款利率，甚至低于筹资成本；三是对其他金融机构所从事的、符合政策目标的贷款活动给予偿付保证、利息补贴或再融资，以鼓励更多的金融机构从事政策性融资；四是融资对象融通的资金要按期偿还本金和利息，如出现亏损则由政府补贴。这既保证了政策性金融机构融资的有偿性，又避免其受利润的诱惑转为商业性金融机构，使其更专注于政策性金融业务。

4. 具有特定的业务领域和对象

政策性银行不与商业金融机构竞争，其业务活动领域与对象在很大程度上可以弥补一般商业性金融机构的不足，涉足商业性金融机构不愿或不屑从事的低利行业。而是侧重于服务那些受国家经济和社会发展政策重点或优先保护，需要以巨额、长期和低息贷款支持的项目或企业，这些行业、部门或地区又是经济发展中至关重要的。上述特征决定了政策性金融机构业务领域和对象是较为确定的。通常政策性金融机构的业务领域主要为农业、住房、中小企业、进出口贸易和经济开发等部门、行业。它们或是对国民经济发展具有重大意义，需要特殊措施给予鼓励，如进出口部门；或是国民经济的薄弱环节，其落后会引致国民经济发展的结构失衡，如农业部门；或是对社会稳定与经济均衡发展有重要作用，需要政府重点扶持，如落后地区的开发等。政策性金融机构的业务领域和服务对象的共同特点是不易得到商业性金融机构的资金融通。因此需要政府设立专门的金融机构予以特殊的资金支持，以完善社会资源的配置。政策性金融机构特定的业务领域和对象与其经营活动的不以营利为目标是相辅相成的。

5. 特定的职能

政策性银行除有与商业银行相似的金融中介职能外，还有些特有的职能：一是倡导性职能，政策性银行直接的资金投放可间接吸引其他金融机构从事符合宏观经济政策目的的放款；二是选择性职能，政策性银行有选择地进行融资活动，可向国家重点扶持的基础产业投放资金；三是补充性职能，政策性银行可补充完善金融机构的金融职能；四是服务性职能。由于长期在某一领域从事政策性金融活动，政策性银行可为政府和企业提供参考意见。

6. 受独特的法律约束

绝大多数政策性金融机构不受普通银行法约束，而是有单独的法律法规规定其宗旨、经营目标、业务领域和业务方式。各国通常依据所设立的政策性金融机构，分别制定该机构应遵从的法律法规，且往往是立法在前，机构设置在后。这使政策性金融机构的所有业务活动、经营目标、机构设置都有法可依。

（二）政策性金融机构的类型

1. 开发性政策性金融机构

开发政策性金融机构是以促进工业化、配合国家经济发展振兴计划与产业振兴战略为目的设立的，专门为经济开发提供长期投资与贷款的金融机构。其贷款和投资方向多为基础设施、基础产业、支柱产业的大中型基本建设项目与重点企业。开发性投资在经济发展中具有重要作用，但由于投资量大、时间长、见效慢、风险大，商业银行不愿也无力承担，因此，通常由政府创办开发银行来满足其需要。

开发性金融机构可分为国际性、区域性与本国性三种。国际性开发银行的主要代表是联合国的国际复兴开发银行（WB），主要为会员国提供长期贷款，解决成员国经济复兴与开发对资金的需求，贷款主要用于基础设施建设，如农业、工业、电信、铁路、公路、港口及动力设备、公共事业、文化教育等项目。其贷款审查严格，且必须专款专用。区域性开发银行的宗旨、业务与世界银行相似，但服务对象仅限于某一区域的会员国，如亚洲开发银行仅对亚洲的会员国提供服务。本国性的开发银行主要为国内企业与项目提供长期贷款，如我国 1994 年建立的国家开发银行。

2. 农业政策性金融机构

农业政策性金融机构是贯彻、配合国家农业扶持和保护政策，专门为农业提供中长期低息贷款的政策性金融机构。农业受自然因素影响较大，对资金的需求有较强的季节性；农村地域广阔，资本需求数额小、期限长、且分散；农民的利息负担能力低；农业贷款的抵押品大多无法集中、管理困难，不少贷款仅凭个人信誉获得。这决定了农业信贷具有风险大、期限长、收益低等问题，因此，商业银行等机构都不愿承做这一领域的业务，所以，许多国家创建了支持农业发展的政策性金融机构。如美国的联邦土地银行与合作银行、德国的农业抵押银行、法国的土地信贷银行与农业信贷银行、日本的农林渔业金融公库、我国的农业发展银行等。农业政策性金融机构的职能主要是为农业提供低息贷款或担保，同时配合实施农业政策，发放、提供农业补贴。

3. 进出口政策性金融机构

进出口政策性金融机构旨在促进国际贸易、改善国际收支，支持本国对外贸易，多为政府金融机构，如美国的进出口银行、日本的输出输入银行等。也有半官方性质的进出口政策性金融机构，如法国的对外贸易银行。其创建目的是政府为促进商品出口创汇而承担私人出口商和金融机构不愿意或无力承担的风险，并通过进出口政策性金融机构的优惠出口信贷增强本国的出口竞争能力。进出口银行通常也是执行本国政府对外援助的金融机构。

4. 住房政策性金融机构

住房政策性金融机构是配合和贯彻政府住房发展政策和房地产市场调控政策，专门扶持住房消费，尤其是扶持低收入者住房消费的政策性金融机构。如美国联邦住房贷款银行、美国联邦住房抵押贷款公司、美国联邦全国抵押协会、美国政府全国抵押协会、加拿大抵押贷款与住房公司、德国住房储蓄银行与韩国住房银行等。住房政策性金融机构的资金来源有政府出资、发行债券、吸收储蓄存款或强制性储蓄等，资金主要运用在住房消费贷款与相关的信贷业务。

5. 中小企业政策性金融机构

中小企业政策性金融机构是专门向中小企业提供优惠贷款与担保的金融机构。虽然中小企业在各国经济发展中发挥日益重要的作用，但由于规模小，中小企业交易成本相对较高，信息透明度差，自有资本低，发展具有一定的不确定性，因此，中小企业普遍存在资金缺口，融资难成了制约其发展的主要因素。许多国家成立了中小企业政策性金融机构，如美国的小企业管理局、小企业投资公司，法国的中小企业设备信贷银行，日本的国民金融公库，商工组合金融公库、中小企业金融公库、小企业信用保证协会、中小企业信用保险公库，韩国的产业银行与信用担保基金，泰国的产业金融公司等。这些机构由政府出资组建，通常依靠发行政府担保的债券筹集资金，主要为中小企业提供低成本长期贷款，或向中小企业注入股本投资，或促进商业金融机构向中小企业融资，为中小企业提供履约担保服务，对商业金融机构向小企业融资提供信息等服务，以有效缓解中小企业的金融缺口难题。

第三节　我国现行的金融机构体系

我国的金融机构体系经过漫长的发展和演进，已形成相对完整的框架，是以中国人民银行为核心、以国有商业银行为主体、政策性金融与商业性金融分离、多种金融机构并存，银行业、证券业、保险业、信托业分业经营，相互协作所组成的金融机构体系。

一、我国的中央银行

我国的中央银行是中国人民银行。其前身是1931年11月7日江西瑞金全国苏维埃第一次代表大会上决议成立的苏维埃国家银行。中国人民银行则成立于1948年12月1日，以华北银行为基础，合并北海银行、西北农民银行，在河北省石家庄市组建了中国人民银行，并统一发行人民币。此时的央行既是管理金融的国家机关，又是经营银行业务的国家银行。

1984年1月1日起，中国人民银行开始专门行使中央银行职能，在国务院领导下制定与执行货币政策、维护金融稳定、提供金融服务的宏观调控；也是发行的银行、政府的银行、银行的银行。2003年3月，中国人民银行开始专门负责货币政策，中国银行业监督管理委员会则行使监管职能。如今中国人民银行的主要职责与业务有：制定与实施货币政策；发行人民币，管理人民币的流通；监管货币市场、外汇市场、黄金市场的运行；防范与化解系统性金融风险，维护国家的金融稳定；确定人民币的汇率政策；维护合理的人民币汇率波动区间；管理国家外汇管理局；持有、管理与经营国家外汇储备和黄金储备；经理国库；维护支付与清算系统的正常运行；负责金融业综合统计制度的制定与汇总并加以宏观经济分析与预测；组织协调开展反洗钱工作，监测反洗钱中的异动资金；管理信贷征信行业，完善社会信用体系；从事国际金融活动。

二、我国的金融监管机构

金融业是高风险行业，金融主体会面临信用风险、利率风险、汇率风险、市场风险、国家风险，非对称信息还会导致金融体系的逆向选择与道德风险。这使得金融体系难以有效运作，甚至导致银行倒闭。由此导致的恐慌会由于金融业的核心地位与全球化而迅速蔓延，因此，加强金融监管势在必行。

长期以来，我国是“一行三会”的金融管理格局，实行分业监管。中国人民银行专注于货币政策制定与实施，更独立地行使宏观金融调控职能，以保持宏观经济环境的长期稳定。而银监会、证监会和保监会覆盖银行、证券、保险三大行业，构成了“一行三会”的监管体系。其中，中国银行业监督管理委员会统一监督管理银行机构、金融资产管理公司、信托投资公司与其他存款类金融机构，维护银行业的合法与稳健运行。中国证券监督管理委员会专门负责全国证券市场与期货市场的监管。中国保险监督管理委员会统一监督管理全国保险业市场，以维护保险业的合法与稳健运行。

随着金融市场化进程的推进、21 世纪初互联网金融的发展以及金融混业经营趋势的日益增强，分业监管难以有效监管现实中的金融业混业经营的一些问题。2018 年 4 月，我国银监会和保监会合并，成立了中国银行保险监督管理委员会（China Banking and Insurance Regulatory Commission，简称银保监会），银保监会其主要职责是依照法律法规统一监督管理银行业和保险业，维护银行业和保险业合法、稳健运行，防范和化解金融风险，保护金融消费者合法权益，维护金融稳定。中国银行保险监督管理委员会是国务院直属事业单位，为正部级[①]。近些年，金融业风险日益显现，为稳定金融业运行，加强金融风险管理，2017 年 11 月 8 日，国务院金融稳定发展委员会正式成立。

至 2018 年 4 月，我国的金融监管机构呈“一委一行两会”金融管理格局。

三、我国的政策性银行

1994 年我国先后创设了三家政策性银行：国家开发银行、中国农业发展银行与中国进出口银行，旨在为我国产业政策服务，实现我国金融业的政策性与商业性业务相分离。

（一）国家开发银行

国家开发银行成立于 1994 年 3 月，隶属国务院，总部在北京，实行监事会领导下

---

① 百度百科：中国银行保险监督管理委员会，https：//baike. baidu. com。

的行长负责制。国家开发银行是在原6个国家专业投资公司的基础上组建的，现在全国有34家分行、2家代表处。1998年4月，国家开发银行被国务院授权负责世界银行与亚洲开发银行给中国政府贷款的转贷工作。其资金来源除政府拨款，还向金融机构发行政策性金融债券，吸收与贷款项目有关存款，必要时也向境外筹资及向中国人民银行申请再贷款。其资金主要运用在基础设施、基础产业、支柱产业及重大技术改造和高新技术产业化等项目，包括铁路、公路、民航、城市基础设施、电信、电力、机械、电子、石油、水利、石化、环保、高科技产业及为大型企业提供项目咨询及承销企业债券等业务。2008年12月改制为国家开发银行股份有限公司。2015年3月，国务院明确国家开发银行定位为开发性金融机构。

（二）中国进出口银行

中国进出口银行成立于1994年7月，直属国务院领导，总行在北京。中国进出口银行是政府全资拥有的专门负责进出口政策性金融业务的政策性银行。中国进出口银行在监事会领导下实行行长负责制，在国内有11家营业性分支机构、4个代表处，在境外有三个代表处（东南亚、巴黎、圣彼得堡），与300多家银行有代理行关系。其旨在贯彻国家外经贸政策、产业政策、金融政策与外交政策，提供政策性金融支持以扩大我国机电产品、成套设备与高新技术产品的进出口，并促进优势企业对外承包工程、进行境外投资，促进对外关系发展，加强国际经贸合作。具体包括：机电产品、成套设备的出口信贷业务（卖方信贷、买方信贷）；机电产品、成套设备的政策贷款、混合贷款、出口信贷的转贷，以及国际银行间与银团贷款业务；短、中、长期出口信用保险，出口信贷担保，进出口保险，国际保理；在境外发行金融债券；评审本行各类贷款、担保、对外经济技术合作等项目，为境内外客户提供咨询服务。

（三）中国农业发展银行

中国农业发展银行成立于1994年11月，直属国务院，总行设在北京，是我国唯一的农业政策性银行。其旨在以国家信用筹集资金，承担农业政策性金融业务，代理财政支农资金拨付，推进农业和农村经济发展。机构设置上，中国农业发展银行实行总行、一级分行、二级分行、支行制；管理上实行总行一级法人制，总行行长为法定代表人；分支机构按开展农业政策性金融业务的需要设置。中国农业发展银行现共有30个省级分行、330个二级分行、1811个县级支行，遍布中国内地（西藏除外）。其具体业务包括：粮、棉、油等主要农副产品的国家专项储备贷款；粮、棉、油等主要农副产品的收购、调销、加工贷款；国家确定的小型农、林、牧、水利基本建设和技术改造贷款；国务院确定的扶贫和农业综合开发贷款；开户企事业单位的存款与结算；发行金融债券；境外筹资等。

四、我国的商业银行

《中华人民共和国商业银行法》中商业银行的业务范围包括：吸收公众存款，发放短、中、长期贷款；国内外结算；票据贴现、发行金融债券；代理发行、代理兑付、承销政府债券；买卖政府债券；同业拆借；买卖、代理买卖外汇，提供信用证服务及担保；代理收付款项及代理保险业务；保管箱服务；央行批准的其他业务。我国的商业银行体系可分为：国家控股商业银行、全国性股份制商业银行、城市商业银行、农村商业银行、村镇银行等。

国家控股商业银行包括：中国银行股份有限公司、中国建设银行股份有限公司、中国工商银行股份有限公司、中国农业银行股份有限公司、交通银行和中国邮政储蓄银行，它们的资产规模、市场份额、机构网点量、人员总数等均在我国金融领域处于十分重要的地位，为我国经济发展做出了重要贡献。2005 年《银行家》杂志按一级资本排名世界各大银行，中国银行股份有限公司、中国建设银行股份有限公司、中国工商银行股份有限公司和中国农业银行分别名列 11、25、32 和 37 位。尽管近年各股份制商业银行迅速壮大，国有商业银行的主体地位下降，但其综合实力仍然不可小视。

1986 年 7 月，根据经济体制改革需要，国务院批准恢复交通银行。此后，先后建立多家股份制商业银行，如招商银行、中信实业银行、光大银行、华夏银行、中国民生银行、深圳发展银行、福建兴业银行、广东发展银行、上海浦东发展银行、海南发展银行（已于 1998 年清理）。其明确以盈利为目标，产权明晰，是董事会领导下的行长负责制，选择项目更为自主。

城市商业银行是由城市信用社、城市农村信用社与金融服务社合并成的商业银行。1995 年 2 月成立的深圳市商业银行是我国第一家城市商业银行，其资本金一般由企业、居民与地方财政投资入股而来。其旨在为本地经济发展融通资金，侧重为城市中小企业融资。2001 年，为进一步推进农村改革，一些农村信用社被改制成为农村商业银行。近些年，一些村镇银行也发展迅速。尽管我国各类股份制商业银行在资产规模、机构和人员数量等方面远不如国家控股商业银行，但由于没有历史包袱、少有政策性任务，采取了股份制形式的现代企业组织架构，按国际通行规则和市场原则开展业务，因而其迅速成为国民经济发展中的有生力量。

五、我国的非银行金融机构

我国的非银行金融机构主要包括证券公司、保险公司、邮政储蓄银行、信托投资公司、投资基金、财务公司、金融租赁公司、典当行等。其是我国金融机构体系的重要组成部分与补充。

（一）证券公司

证券公司是专门从事证券买卖的金融机构，并办理股票债券的发行业务、受托、代理单位与个人的证券买卖，自己也从事证券的买卖活动。我国最初的证券公司或是由一家金融机构全资设立，或是由若干金融机构与非金融机构以入股形式组建。20 世纪 90 年代中期后，随着分业管理原则的贯彻，银行、城市信用社、集团财务公司、融资租赁公司、典当行及原各地融资中心的证券公司与营业机构，都陆续撤销或转让，证券机构逐渐与其他种类的金融机构脱钩，国家还鼓励经营良好、实力雄厚的证券公司收购、兼并业绩不良的证券公司。

2001 年 11 月，证监会放宽证券公司增资扩股条件，掀起了券商增资扩股、兼并、重组的高潮，券商队伍不断壮大。随着国企股份制改造及公司上市的需要，一部分证券公司向投资银行过渡。2005 年 9 月底，我国证券公司为 113 家。其中，申银万国、华夏、国泰、海通、南方、银河等证券公司均处于大证券公司前列。

（二）保险公司

保险公司以经营保险业务为主，具有其他金融机构不可替代的重要作用，有分散风险、抵消损失的功能。保险公司也具有四大促进宏观经济发展的重要功能：一是承担国家财政范围外的损失补偿；二是聚集资金以支持经济发展；三是增强对人民生命财产安全保障；四是为社会再生产提供经济保障，防止某个环节的突然断裂而破坏整体经济平稳运行。保险公司的保户越多，范围越大，风险越分散，就能够聚集更多保险基金，有雄厚的基础加以经济补偿，保证保险公司经营稳定。1949 年 10 月 29 日，中国人民保险公司成立。1958 年保险业务停办。1980 年保险业务恢复。1998 年 10 月，前身为中国人民保险公司的中保集团撤销，下属子公司成为三家独立的国有保险公司——中国人民保险有限公司、中国人寿保险有限公司与中国再保险有限公司。目前，我国已建立起多层次、有竞争的保险体系，形成以国有商业保险公司为主，中外保险公司并存，多家保险公司竞争的格局。

（三）信用合作社

城市信用合作社和农村信用合作社是我国历史最长、规模最大、覆盖面最广的合作金融机构，也是群众性合作制金融组织，是对银行体系的必要补充与完善。其特征为：由社员入股建成，实行民主管理，为社员提供信用服务。目前我国的城市信用社大多已合并、改组成为地方的城市商业银行。

农村信用社由农民入股组成，由入股社员实施民主管理，具有法人资格。农村信用社自主经营、独立核算、自负盈亏。农村信用社入股可成立农村信用合作联社，为入股的农村信用社服务，对农村信用社加以管理、监督与协调。其业务有：农户、个体工商户及农村经济组织的存、贷、结算；个人储蓄；代理其他金融机构金融业务；代理收付款项；买卖政府债券。

（四）信托投资公司

信托投资公司是以委托人身份代人理财的金融机构，主要经营资金和财产委托、代理资产保管、证券发行、投资、金融租赁与经济咨询。金融信托投资机构还可吸收一年以上的信托存款。中国信托制度已有近百年历史，经历过几次大起大落。1979 年，中国银行恢复信托咨询业务，中国国际信托投资公司成立，之后陆续成立了中国光大国际信托投资公司、中国民族国际信托投资公司等。1980 年，银行系统、各地政府也纷纷成立信托投资公司。1988 年底，全国信托投资公司有近 800 家。1998 年，中国人民银行对信托投资公司进行了清理整顿，重新规范了信托业的业务，明确了发展方向。尤其把信托投资公司规范为真正从事受托理财的金融机构，实现了信托业与银行业、证券业的严格分业经营、分业管理。2002 年 10 月 1 日，《信托法》的出台标志中国通过立法确立了信托制度。

（五）财务公司

财务公司成立的初衷是为企业集团内部各分公司集资，宗旨是为企业集团内部筹集、融通资金，但现在其经营领域不断扩大，成为经营部分银行业务的非银行金融机构。其短期资金来源于银行贷款、卖出票据，长期则靠发行本公司股票、债券及定期大额存款单，多数财务公司接受定期存款。其资金主要运用于消费信贷、企业生产信贷，专营、兼营抵押放款，或耐用品的租购、分期付款售货业务。大型财务公司还兼营外汇与证券包销、财务与投资咨询、联合贷款等业务。西方国家的财务公司与投资公司差别不大。商业银行通常是小借入大贷出，财务公司则大借入小贷出。我国的企业集团财务公司（除中外合资外）都主要为企业集团各单位的技术改造、新产品开发和产品销售提供服务。其主要业务有：吸收成员单位三个月以上存款，发行债券，同业拆借，贷款或融资租赁，承兑、贴现商业汇票，委托贷款及委托投资，担保，产品的消费信贷、买方信贷、融资租赁，有价证券、金融机构及成员单位股权投资，承销企业债券，财务顾问、信用签证、咨询代理，境外外汇借款，人行批准的其他业务。

1984 年，第一家财务公司在深圳成立。1996 年 9 月，中国人民银行制定的《企业集团财务公司管理暂行办法》规范了财务公司的相关业务与管理制度。2001 年 7 月，中国人民银行的《企业集团财务公司管理办法》明确财务公司从短期信贷业务为主转向支持企业集团技术改造、新产品开发、产品销售融资等中长期业务为主。据此将允许财务公司发行中长期债券，使其有能力开展中长期金融业务。该办法还鼓励财务公司开办财务顾问等中介业务。

（六）投资基金

投资基金是代理投资机构将众多的、不确定的投资者资金集中起来进行合理投资的新型投资方式。投资基金多由信誉良好的大型金融中介发起，先向社会公众、各机构投资者发行资金受益债券（基金券），形成一笔相当数额的投资基金，再由代理投资机构代为投资。其起源于英国，发展于美国，是金融发展与创新的产物。我国早期从事风险投资的机构是成立于1985年的中国新技术创业投资公司。1987年，中国银行与中国国际信托投资公司推出了面向海外投资者的基金。1991年，我国第一家面向境内投资者的武汉证券投资基金成立。1987～1997年，由于相应法规的缺失，早期投资基金的运作、发行出现了很多问题。1997年至今，我国出台了《证券投资基金管理暂行办法》《开放式投资基金试点办法》《证券投资基金管理暂行办法》等法规。1998年，我国风险投资基金获得了快速的发展，非国有资金正逐步成为风险投资基金主要来源。近年来，带有私募基金性质的投资基金所控制的资金估计达数千亿元，如何汲取国际经验，规范私募基金的运营发展，是需要研究的一个重要问题。

（七）金融租赁公司

金融租赁，即融资租赁，是以商品交易为基础、融资与融物相结合的特殊筹集资本、设备的方式，其所有权和经营权相分离，有融资、投资、促销和管理功能。金融租赁公司大都由银行、其他机构及行业主管部门合资设立。据我国金融业分业经营及管理的原则，租赁公司也要求独立经营，与其所属金融机构脱钩。美国金融租赁业务量在设备总投资中的比例一直大于30%，德、法、意、英、韩等国也高达20%。我国的金融租赁起始于20世纪80年代初期。1981年，中国国际信托投资公司组建了东方国际租赁有限公司与中国租赁有限公司。2000年7月，中国人民银行颁布了《金融租赁公司管理办法》，确立了金融租赁公司的法律地位。其目前主要业务包括：用于生产、科教文卫、旅游、交通、运输、设备等动产与不动产的租赁、转租、回租租赁；租赁业务所涉及的购买业务；出租物与抵偿租金产品的处理；向金融机构借款及融资；吸收特定项下的信托存款；租赁项下的流动资金贷款；外汇业务。

（八）金融资产管理公司

1999年，我国成立了四家金融资产管理公司，专门收购、管理、处置国有商业银行的部分不良资产，探索防范化解金融风险的途径，最大限度地保全国有资产。其包括：中国华融资产管理公司、中国东方资产管理公司、中国信达资产管理公司与中国长城资产管理公司，分别负责管理、处置中国工商银行、中国银行、中国建设银行与中国农业银行四家国有商业银行的不良资产。这四家金融资产管理公司都是具有独立法人资格的国有独资金融企业。财政部向每家资产管理公司注资了100亿元人民币为资本金，以收购四家国有商业银行剥离的不良资产。其主要方式为：综合运用出售、置换、资产重组、债转股、资产证券化等方法处置不良贷款及抵押品；对债务人开展管理咨询、收购兼并、分立重组等服务；对资不抵债企业进行破产清算；向境外投资者出售债权与股权。金融资产管理公司有效收购、管理和处置国有商业银行剥离的不良资产，对防范、化解金融风险，增强国有商业银行的国际竞争力，实现不良资产价值回收的最大化有积极的意义。其专业化运作有力促进了我国资本市场发育与现代化金融工具的创新，利于优化国民经济结构。

（九）典当行

典当行是以财物作为质押，有偿有期借贷融资的金融经营机构，是中国乃至世界历史上最古老的非银行性质的金融行业，是现代银行业的雏形。我国的典当行可追溯到1800年前的东汉时期。19世纪20年代前，在票号诞生之前，典当行一直是重要的传统金融行业。1987年，典当业在温州、沈阳萌生，并在全国兴起，对满足社会生活需要，促进非国有经济发展起了积极作用。但在专项法律法规未规范前，国内典当市场曾陷入混乱状态，甚至一些地方出现了影响社会治安的事件。1996年4月，中国人民银行颁布了《典当行管理暂行办法》，对全国典当行进行清理整顿。2001年8月，经贸委下发了《典当行管理办法》，对典当行进行了正式的法律界定。

第四节 国际金融机构

一、国际性金融机构的产生与作用

国际金融机构指从事国际金融业务，协调国际金融关系，维系国际货币、信用体系正常运作的超国家机构。

（一）国际金融机构的产生与成因

“一战”后，世界各国矛盾加剧，战争、通胀及国际收支恶化使各工业化国家面临国际金融困境，迫切希望建立国际性的金融机构解决问题。1930年5月，国际清算银行（Bank for International Settlements，BIS）在瑞士巴赛尔成立，开启了建立国际性金融机构的序幕。它是由英国、法国、意大利、德国、比利时、日本的中央银行和代表美国银行界的摩根保证信托投资公司、纽约花旗银行和芝加哥花旗银行共同组建。其目的就是为了处理第一次世界大战后德国赔款的支付和解决德国国际清算问题。此后，其宗旨改为促进各国中央银行间的合作，为国际金融往来提供额外便利，以及接受委托或作为代表人办理国际清算业务等。

第二次世界大战后建立了布雷顿森林国际货币体系，并相应地建立了几个全球性国际金融机构，作为实施这一国际货币体系的组织机构。1944 年 7 月，国际货币基金组织（International Monetary Fund，IMF）与简称世界银行的国际复兴开发银行（International Bank for Reconstruction and Development，The World Bank）成立，旨在重建开放的世界经济与稳定的汇率制度，为促进世界经济和社会发展提供融资。1956 年，世界银行下属的国际金融公司（International Finance Corporation，IFC）成立，致力于促进外国私人资本在发展中国家私企的国际贷款。1959 年，世界银行下属的国际开发协会（International Development Association，IDA）成立，负责向发展中国家提供贷款，促进当地经济发展。1988 年 4 月，世界银行又成立了多边投资保证机构，鼓励外国加强对发展中国家的投资。自此，世界银行集团及其下属三大机构正式确立，成为全球最大的国际金融机构。而随着区域性国际经济金融关系的发展，各类区域性金融机构也随之迅速产生和发展。如泛美开发银行（Inter - American Development Bank，IDB）、亚洲开发银行（Asian Development Bank，ADB）、非洲开发银行（African Development Bank，AFDB）和阿拉伯货币基金组织（Arab Monetary Fund，AMF），等等。

战后国际性金融机构发展的主要原因是：美国在战争中积聚了雄厚的实力与资本，需要通过控制国际性金融机构来加强对外贸易和资本扩张；工业国的经济恢复与新兴国家民族工业的发展对资金的迫切需求；生产国际化与资本国际化为国际性金融机构创造了有利条件；生产和资本的国际化推进了对经济与货币金融一体化的要求，为国际性金融机构产生奠定了基础。

（二）国际性金融机构的类型

按地区可分为全球性的国际金融机构、准全国性金融机构和区域性的国际金融机构。

1. 全球性金融机构

全球性金融机构的代表是国际货币基金组织和世界银行集团，包括联合国的四个专门金融机构，是世界上成员国最多、影响与作用最大的全球性金融机构。

2. 准全球性金融机构

准全球性金融机构泛指联合国附属的区域性金融机构，包括亚洲开发银行（1966）、泛美开发银行（1959）、非洲开发银行（1964）等。

3. 区域性金融机构

区域性金融机构是真正意义上的地区性金融机构，也是今后发展的主要方向。如欧洲投资银行（1958）、国际经济合作银行（1963）、国际投资银行（1971）、阿拉伯货币基金组织（1977）、伊斯兰开发银行（1973）、加勒比开发银行（1970）、亚洲基础设施投资银行（2015）等。

（三）国际性金融机构的作用

国际性金融机构的作用表现为，为会员国提供短期资金，调节逆差，缓和国际支付危机；提供中长期资金，促进会员国经济稳定与发展；稳定汇率，促进国际贸易发展；创造出新的国际结算方式，克服传统结算缺陷，适应世界经济发展需要，利于国际经贸发展。

但国际性金融机构也有些消极作用：全球性金融机构基本都在集中的几个大国控制之下，贷款条件严格，不符合发展中国家利益；贷款利率居高不下，加重发展中国家负担；其对发展中国家的经济政策、发展规划有较多干预，不利于发展中国家民族经济自由发展。因此，发展中国家在国际性金融机构中的地位及话语权有待提高。

二、国际货币基金组织

"二战"后的国际货币基金组织（IMF）与世界银行集团（The World Bank Group）、关税与贸易总协定（General Agreement on Tariff and Trade，GATT），1999 年起正式改称为世界贸易组织（World Trade Organization，WTO），共同构成国际经济秩序的三大支柱。这是在战后建立起来的一个以美国为主导的多边的国际贸易和金融的新秩序。

1944 年 7 月，44 个国家在美国新罕布什尔州布雷顿森林市举行了一次联合与联盟国家货币金融会议，会议通过《国际货币基金协定》。1945 年 12 月，29 国批准协议，建立国际货币基金组织与国际复兴开发银行。1946 年 3 月，国际货币基金组织正式成立，成为战后国际货币体系的核心，1947 年 3 月开始工作，同年 11 月 15 日成为联合国的一个专门机构。到 2016 年国际货币基金组织的成员有 189 个，其中 180 个是主权国家，9 个是地区。中国是国际货币基金组织的创始国之一，1980 年 4 月 18 日我国恢复了在国际货币基金组织的合法席位。中国自 1980 年恢复在货币基金组织的席位后单独组成一个选区并指派一名执行董事。1991 年，该组织在北京设立常驻代表处。

（一）国际货币基金组织的宗旨和职能

国际货币基金组织宗旨包括：通过常设机构来促进国际货币合作，加强国际货币问题的磋商与协作；促进国际贸易与平衡，保持成员国就业、生产资源的发展与实际收入的高水平；稳定国际汇率，在成员国间保持有秩序的汇价安排，避免竞争性汇价贬值；协助成员国改善国际收支，避免采取危害本国或国际繁荣的经济与金融措施；缩短成员国国际收支不平衡时间，减轻不平衡程度；为经常项目收支建立多边支付与汇兑制度，消除不利于世界贸易发展的外汇管制。

国际货币基金组织在国际金融领域中的职能主要有：（1）确立成员国在汇率政策、与经常项目有关的支付以及货币的兑换性方面需要遵守的行为准则，并实施监督。汇率监督旨在保证有秩序的汇兑安排与汇率体系的稳定，消除不利于国际贸易的外汇管制，避免成员国操纵汇率谋取不公平的竞争利益，反对成员国利用宏观经济政策、补贴或其他手段操纵汇率；原则上反对成员国采取复汇率或其他差别汇率政策。(2) 向成员国提供必要的临时性资金融通，使其遵守上述行为准则，避免采取不利于其他国家经济发展的经济政策。(3) 为成员国提供进行国际货币合作、协商的场所。

（二）国际货币基金组织的组织结构

国际货币基金组织是以会员国入股方式组成的类似股份公司的金融机构，最高决策机构是理事会（Board of Governors），由各成员国中央银行行长或财政部长组成，每年秋季定期举行会议，决定国际货币体系与国际货币基金组织的重大问题，如纳新、修改基金协定、调整基金份额等。

国际货币基金组织的日常行政工作由理事会下属的执行董事会负责。其由 24 名成员组成。其出资最多的美国、英国、法国、日本、德国、沙特阿拉伯各指派 1 名代表；中国和俄罗斯为单独选区，可各自选派 1 名代表；其余 16 名由包括若干国家和地区的 16 个选区分别选派 1 名代表。国际货币基金组织理事会下属的执行董事会每 2 年改选 1 次。董事会另设主席 1 名（即国际货币基金组织总裁），每 5 年选举 1 次。通常情况下总裁不参加董事会的投票，但若双方票数相等，总裁可投决定性一票。

国际货币基金组织的重大问题都由理事会或执行董事会通过投票表决的方式做出决定。每一会员国都有 250 票的基本投票权，在此基础上，按各会员国在基金组织中认缴的份额，以每 10 万美元增加一票。基本上，会员国投票权的多少取决于该国所认缴份额的多少。目前，中国是国际货币基金组织的第三大股东国。前两名分别是美国、日本。根据 2010 年出台的份额与治理改革方案，IMF 份额将增加一倍，向新兴经济体和发展中国家转移 6% 的份额。改革后，中国将成为继美国和日本之后的 IMF “第三大股东”，投票权从原来的 3.8% 提高至 6%。美国的投票权从 16.7% 降至 16.5%，仍有一票否决权。

基金组织的资金来源主要由会员国认缴的基金份额、借入资金和出售黄金组成。会员国缴纳的基金份额，是基金组织最主要的资金来源。凡参加国际货币基金组织的会员国都要缴纳一定数额的资金，其认缴份额根据会员国的黄金和外汇储备、对外贸易量和国民收入的大小而定。

执行董事会和理事会间还有两个机构：一是“国际货币基金组织理事会关于国际货币制度的临时委员会”（临时委员会）；二是“世界银行和国际货币基金组织理事会关于实际资源向发展中国家转移的联合部长级委员会”（发展委员会）。临时委员会与发展委员会这两部长级委员会每年开会 2 ~ 4 次，讨论国际货币体系、开发、援助等重大问题。由于临时委员会与发展委员会的成员大都为主要国家，政治级别高，因此其决议往往是理事会的最终决议。国际货币基金组织还分为两大利益集团：代表发达国家利益的十国集团、代表发展中国家利益的二十四国集团。

（三）国际货币基金组织的份额

国际货币基金组织的份额（Quota）指成员国参加基金组织时所要认缴的一定数额的款项。如一国认缴的份额越大，其在IMF内的投票权、借款权、接受特别提款权分配的权利也越大。IMF的份额计算公式较为复杂，最初为：

$$份额（Quota）=(0.02Y+0.05R+0.10M+0.10V)(1+X/Y) \qquad (5-1)$$

其中，Y为1940年成员国的国民收入，R为1943年成员国的黄金和美元储备，M为1934～1938年间成员国的平均进口额，V为同时期中成员国出口的最大变化额，X为同时期中成员国的年平均出口额。式（5－1）结果还应乘90%才为确切份额，余下10%为机动份额，用于小国追加份额或向某国提供特别追加份额。该公式偏重经济规模而忽视了国际收支波动。20世纪60年代和70年代，IMF对公式作了修正：一是把进出口额改为经常项目收入和支出；二是扩大经常项收支波动的作用，缩小国民收入与国际储备的作用。

1969年，国际货币基金组织创设特别提款权（SDR），以缓解成员的国际收支逆差。成员有义务提供经济信息，并在外汇政策、管理方面接受监督。国际货币基金组织于2016年1月27日宣布IMF 2010年份额和治理改革方案已正式生效，这意味着中国一跃成为IMF第三大份额国，而印度和巴西也均进入前十位。2016年3月4日，国际货币基金组织（IMF）表示，将从2016年10月1日起在其官方外汇储备数据库中单独列出人民币资产，以反映IMF成员人民币计价储备的持有情况。这标志着IMF治理向着更好体现新兴市场和发展中国家话语权的方向迈出重要一步。

美国在IMF份额分配中所占的比重是世界第一。近两年IMF份额改革，改革后美国的投票权为16.479%，但依旧保持超过15%的重大决策否决权。IMF某些重大决定（如份额调整、SDR分配）需理事会85%的多数赞同，还有一些重要决定（如使用资金费用）需要70%的赞成票。这一规则使得美国拥有对IMF重大决策的单边否决权。实际上，遇到有争议的问题，甚至最基本的关于贷款的决定，仍要尊重美国的意见。

（四）国际货币基金组织的活动

IMF的主要活动包括汇率监督、金融贷款、储备资产创造、磋商与协商等。

1. 汇率监督

IMF实行汇率监督，旨在确保有序的汇兑安排和汇率体系的稳定，消除不利于国际贸易发展的外汇管制、避免成员国操纵汇率或采取歧视性的汇率政策以实现不公平竞争。其原则有：反对利用宏观经济政策、补贴或其他手段操纵汇率以谋取不公平的竞争利益；反对包括双重汇率的复汇率或其他形式的差别汇率政策；鼓励由计划经济向市场经济的转变；根据情况宣布某种可兑换货币为稀缺货币，并将根据该稀缺货币的来源与实际需要实行分配，授权各成员国对稀缺货币的兑换实施暂时性限制。IMF

实施汇率监督的手段有：一是要求成员国提供经济运行和政策的有关资料；二是在研究这些资料的基础上与成员国举行磋商，每年1～2次，向成员国提出建议与劝告；三是对全球汇率和外汇管制情况进行评价，每年出版《外汇限制及外汇管制年报》。

2. 金融贷款

IMF贷款的资金来源主要是其持有的可兑换货币，包括：成员国用可兑换货币缴纳的份额；IMF营运中的收入，如拍卖黄金和发放贷款的收入；向成员国借入的款项及其他来源。IMF的融资原则：贷款数额与成员国的份额挂钩；不同的调节目的对应不同的贷款种类与贷款条件；贷款基本都附加使用条件。

IMF的附加使用条件原则最富有争议，产生了贷款条件性的概念。其指IMF在向成员国提供贷款时附加了相应的条件，旨在使贷款与可维持的国际收支前景及还款前景相吻合，利于调整受贷国的经济状况，保证贷款不损害国际货币基金组织的流动性。贷款条件性始于1969年，IMF在对《国际货币基金协定》进行第一次修正时，指出"无条件的清偿力是特别提款权的分配，除黄金部分的提款外，其他信用部分的提款都是有条件的"。1979年3月，IMF的《贷款准则》明确了贷款条件性的实施方法。20世纪80年代的拉丁美洲债务危机救助中，IMF贷款中附带严格条件已十分普遍。21世纪初，迪拜、冰岛、希腊等国爆发主权债务危机后，IMF在贷款的同时无一不提出了苛刻的附加条件，例如，在危机国深陷债务危机、经济复苏乏力的情况下，以对方实施紧缩的财政政策为前提条件对危机国加以救助。其包括了压缩危机国的福利开支，针对公务员裁员，减少学校授课时间等。这引发了又一轮社会动荡，包括游行示威、社会骚乱等。无论是20世纪80年代的拉丁美洲债务危机还是21世纪初的迪拜、冰岛、希腊等国爆发的主权债务危机，在救助过程中，都暴露出了IMF实施贷款条件的局限性。

3. 国际储备创造

1968年3月，IMF中的十国集团提出"特别提款权"方案。1969年IMF正式通过，并决定于1970年1月开始分配特别提款权（Special Drawing Right，SDR）。特别提款权的分配，是按照IMF会员国缴纳份额的同比例进行的。SDR分配后即成为会员国资产，可与黄金、美元共同作为国际储备的一部分。成员国国际收支逆差时，可用SDR偿还逆差，也可用于偿还IMF贷款。美国次贷危机引发的美国政府滥发货币所导致的流动性泛滥使各国又将推进国际货币体制改革这一问题提到日程上来。以我国为首的发展中国家比较认可的方案就是以特别提款权为蓝本，构建新的国际货币秩序，而不是仅由美国为首的西方霸权国家独享铸币税的优厚福利。

4. 磋商与协商

IMF除正常会议外，每年都与各会员国进行一次磋商，对其经济、金融形势与相关政策做出评价。其目的在于，使IMF履行监督各国汇率的职责，更了解各国经济状况与政策措施，更能迅速处理会员国的贷款要求。20世纪70年代后，IMF每年派4～5

名经济学家到会员国搜集未公布的统计资料并听取政府对发展形势的预判。同时 IMF 还与重要的会员国开展特别磋商，为执行董事会讨论世界经济展望及临时委员会与理事会讨论世界经济问题做好准备。

（五）国际货币基金组织活动中存在的主要问题

IMF 的问题主要表现在贷款条件、汇率调整与资金三方面。

1. 贷款条件

现行的 IMF 贷款条件存在很大争议。一是其附加的条件不合理。IMF 多致力于解决发展中国家内部的不平衡，并侧重内部调整。但在许多情况下，发展中国家的国际收支问题是本身无法控制的，多由外部因素引起的。如，发达国家利用不合理的、“二战”后确立的国际贸易与金融体系，通过贸易保护、高利率等手段，将危机转嫁到发展中国家，而形成了发展中国家逆差。二是调整过程中，各成员国承受的压力不对称。顺差国受调整的压力通常很小，逆差国调整时压力很大，而逆差国多为发展中国家。三是 IMF 的贷款实施条件不科学。IMF 的贷款条件多是同国际收支短期调整政策关联，但如发展中国家逆差源于外因时，一味要求实施短期紧缩政策，往往会导致短期经济稳定与经济长期发展间发生矛盾。因为这种短期紧缩政策必定造成失业增加、国内生活水平下降与经济增长缓慢，影响长期发展。

2. 汇率调整

1979 年以来，国际汇率一直动荡不稳，成为最迫切的国际货币问题。IMF 尤应注意研究没有使用 IMF 贷款的会员国的汇率监督与调整，因为这些国家以往容易被忽略。IMF 应在汇率的调整、监督和稳定等方面加强力度，为维持国际货币体系的稳定做出更大贡献。

3. 资金问题

20 世纪 70 年代以来，IMF 提供的中短期贷款资金是发展中国家最重要的资金来源。但长期以来，IMF 无法满足发展中国家的贷款需求。尽管近些年有所改进，但资金仍显不足。现有份额制度限制了发展中国家获得 IMF 贷款，发展中国家对长期发展资金的要求无法实现。综上所述，只有逐步改革现行的国际货币体系，提高发展中国家话语权，才能使 IMF 的活动适应世界经济发展，真正发挥其应有作用。

三、世界银行集团与国际清算银行

（一）世界银行集团

世界银行集团由国际复兴开发银行（简称世界银行）、国际开发协会、国际金融公司、多边投资担保机构与国际投资争端解决中心五部分组成。

1. 世界银行

世界银行（IBRD）即国际复兴开发银行，1944 年，布雷顿森林会议通过了《国际复兴开发银行协定》，建立了 IBRD。世界银行正式成立于 1945 年 12 月，是最重要的全球性国际金融机构之一。其成员国须具有国际货币基金组织成员国资格，我国是 IMF 成员国之一。世界银行的主要业务是向发展中国家提供开发性贷款，资助其兴办特定、长期建设项目，促进资源开发、经济增长。世界银行的贷款利率低于市场利率，世界银行的组织机构及运作与国际货币基金组织相似，只向会员国政府或由政府、中央银行担保的机构发放贷款。中国是世界银行的创始国之一，1980 年 5 月我国恢复了在世界银行的合法席位。

2. 国际开发协会

国际开发协会（IDA）成立于 1960 年，总部设在华盛顿，是世界银行的附属机构。IDA 旨在推动成员国经济增长、改善居民生活条件，专门向低收入、发展中国家提供长期无息贷款与赠款，以帮助世界上最贫困国家。国际开发协会的成员国分为："一类"成员国，多为向国际开发协会提供资金的发达国家。"二类"国家，多为发展中国家。其中一些国家也向国际开发协会提供资金。中国于 1980 年恢复了该协会席位，是第二类成员国，即借款国。国际开发协会的组织机构与世界银行相同。它的负责人都由世界银行相应部门的负责人兼任。协会的会计、盈亏核算独立，但名义上是独立机构。

3. 国际金融公司

国际金融公司（IFC）是世界银行的附属机构，但在法律和财务上与国际开发协会相互独立，负责对发展中成员国的私营部门项目提供贷款与直接参股投资。国际金融公司可在无须政府担保的情况下向私营公司提供直接贷款，或做股权投资，或为项目引进其他渠道资金。国际金融公司还向政府与企业提供咨询、技术援助。

IBRD、IDA、IFC 均为金融性机构，其最终目的都是通过向发展中国家提供资金与技术援助来帮助其提高生产率，促进经济发展与社会进步。世界银行集团的另外两个成员组织为非金融性机构。

4. 多边投资担保机构

多边投资担保机构（MIGA）成立于 1988 年 4 月 12 日，其旨在减少非商业投资障碍，鼓励对发展中成员国进行股本投资与直接投资。其业务主要为外国投资者担保由于非商业风险所造成的损失，建立和改善发展中成员国投资环境，提供咨询服务，鼓励和引导外资流入。

5. 国际投资争端解决中心

国际投资争端解决中心（ICSID）成立于 1965 年 3 月 18 日，主要通过调解与仲裁为各国政府和外国投资者之间解决争端，鼓励更多的国际投资流向发展中成员国。

（二）国际清算银行

1930 年 1 月，美国的摩根保证信托公司、纽约花旗银行和芝加哥花旗银行组成的美国银团与英、法、德、意、比、日六国中央银行、瑞士联邦政府，在荷兰海牙会议上共同出资组建国际清算银行。2 月 27 日签署“海牙国际协定”，5 月 17 日，国际清算银行正式成立，是历史最悠久的国际金融机构。国际清算银行的服务对象为各国中央银行和国际组织，不办理私人业务。同时，国际清算银行与国际货币基金组织有密切联系，常联手解决国际金融领域棘手问题，是各国央行理想的合作机构。

四、区域性金融机构

世界区域性国际金融机构发展最为领先、最具代表性的就是欧洲地区了，代表机构有欧洲中央银行、欧洲投资银行与欧洲复兴开发银行。

（一）欧洲中央银行

据 1992 年《马斯特里赫特条约》的规定，欧洲中央银行于 1998 年 7 月 1 日正式成立，其前身是欧洲货币局。其职能是维护货币稳定，管理主导利率、货币的储备与发行及制定欧洲货币政策。其职责与结构以德国联邦银行为模式，独立于欧盟机构、各国政府之外。欧洲中央银行是世界上第一个管理超国家货币的央行。欧洲中央银行有较强的独立性，不受欧盟领导机构指导，不受各国政府监督，是唯一有资格允许在欧盟发行欧元的机构。1999 年 1 月 1 日欧元正式启动后，欧元区成员国失去制定货币政策权，必须实行欧洲中央银行制定的货币政策，但具体的执行仍由各欧元区成员国央行负责。各欧元区成员国央行仍保留自己的外汇储备。欧洲央行只拥有 500 亿欧元的储备金，由各成员国根据本国在欧元区内的人口比例与国内生产总值的占比来提供。

（二）欧洲投资银行

欧洲投资银行是欧盟的理财机构。其宗旨为促进欧盟一体化、欧盟的平衡发展及各成员国的经济和社会统合。其主要通过提供低息、无息贷款，为欧盟的公共机构与私营企业项目提供资金，以支持欧盟落后地区的发展与产业转轨，并促进欧盟交通、通信、能源等发展。欧洲投资银行也可据欧盟与第三国签订的发展援助与合作计划，对欧盟以外地区的项目进行投资。欧洲投资银行由欧盟成员国出资合营，享有独立法人地位，下设行长董事会（Board of Governors）、总监理事会（Board of Directors）、管理委员会（Management Committee）和审计委员会（Audit Committee），总部在卢森堡。

（三）欧洲复兴开发银行

欧洲复兴开发银行始于 1991 年 4 月，总部在伦敦。欧盟委员会、欧洲投资银行和 39 个国家拥有欧洲复兴开发银行股权。其最大股东是美国，占 10%，法国、德国、意大利、日本和英国拥有的股份大致相同，各占 8.5%，东欧国家共拥有股份 11.9%，苏联占6%。欧洲复兴开发银行旨在促进欧洲地区加强民主、尊重人权、保护环境。

五、准全球金融机构

准全球金融机构泛指联合国附属的区域性金融机构，包括亚洲开发银行、亚洲基础设施投资银行、金砖银行、泛美开发银行与非洲开发银行。

（一）亚洲开发银行

亚洲开发银行是亚洲与太平洋地区的区域性金融机构，由联合国亚洲及太平洋经济社会委员会赞助建立，1966年11月在东京正式成立，12月19日营业，总部在菲律宾首都马尼拉。建立亚行的宗旨是通过援助亚太地区发展中国家消除贫困，促进亚太地区的经济和社会发展。亚行主要采取四种形式对发展中成员加以援助：贷款、股本投资、技术援助、联合融资相互担保。1986年2月17日，亚行接纳中国为成员国。至2018年10月，亚洲开发银行成员67个，48个来自亚太，其余来自其他地区，包括美国、西班牙。

（二）亚洲基础设施投资银行

亚洲经济占全球经济总量的1/3，是当今世界最具经济活力和增长潜力的地区，拥有全球六成人口。但因建设资金有限，一些国家铁路、公路、桥梁、港口、机场和通讯等基础建设严重不足，这在一定程度上限制了该区域的经济发展。各国要想维持现有经济增长水平，内部基础设施投资至少需要80000亿美元，平均每年需投资8000亿美元。8000亿美元中，68%用于新增基础设施的投资，32%是维护或维修现有基础设施所需资金。现有的多边机构并不能提供如此巨额的资金，亚洲开发银行和世界银行也仅有2230亿美元，两家银行每年能够提供给亚洲国家的资金大概只有区区200亿美元，都没有办法满足这个资金的需求。由于基础设施投资的资金需求量大、实施的周期很长、收入流不确定等的因素，私人部门大量投资于基础设施的项目是有难度的。中国已成为世界第三大对外投资国，中国对外投资2012年同比增长17.6%，创下了878亿美元的新高。而且，经过30多年的发展和积累，中国在基础设施装备制造方面已经形成完整的产业链，同时在公路、桥梁、隧道、铁路等方面的工程建造能力在世界上也已经是首屈一指。中国基础设施建设的相关产业期望更快地走向国际。但亚洲经济体之间难以利用各自所具备的高额资本存量优势，缺乏有效的多边合作机制，缺乏把资本转化为基础设施建设的投资。[①] 在这一背景下，2014年总理李克强出访东南亚时，提出了筹建亚投行的倡议。[②]

---

① 《亚投行路线图猜想．国际金融报》，人民网，2014年11月24日。

② 《亚投行将给亚洲带来什么?》，新华网，2015年04月01日。

2014年10月24日，包括中国、印度、新加坡等在内21个首批意向创始成员国的财长和授权代表在北京签约，共同决定成立亚投行。2015年12月25日，亚洲基础设施投资银行正式成立。亚洲基础设施投资银行（Asian Infrastructure Investment Bank，AIIB，简称亚投行）是一个政府间性质的亚洲区域多边开发机构。重点支持基础设施建设，成立宗旨是为了促进亚洲区域的建设互联互通化和经济一体化的进程，并且加强中国及其他亚洲国家和地区的合作，是首个由中国倡议设立的多边金融机构，总部设在北京，法定资本1000亿美元。[①] 2016年1月16日至18日，亚投行开业仪式暨理事会和董事会成立大会在北京举行。截至2019年7月13日，亚投行成员国有100个国家。

（三）金砖银行

2008年国际金融危机以来，美国金融政策变动导致国际金融市场资金的波动，对新兴市场国家的币值稳定造成很大影响。中国货币波动较小，但是印度、俄罗斯、巴西等国都经历了货币巨幅贬值，导致通货膨胀。而IMF的救助存在不及时和力度不够的问题。金砖国家为避免在下一轮金融危机中受到货币不稳定的影响，计划构筑一个共同的金融安全网。据此中国提出了一个倡议，为解决金砖国家短期的金融危机问题，设置应急储备基金，一旦出现货币不稳定，可以借助这个资金池兑换一部分外汇来应急。应急储备基金是一种救助机制，象征性意义更大一些。[②] 2014年7月15日金砖国家发表《福塔莱萨宣言》宣布，金砖国家新开发银行初始资本为1000亿美元，由中国、巴西、南非、俄罗斯、印度5个创始成员平均出资，总部设在中国上海。[③]

金砖国家新开发银行，（New Development Bank，NDB），又名金砖银行[④]。金砖国家开发银行主要资助金砖国家以及其他发展中国家的基础设施建设，对金砖国家具有非常重要的战略意义。金砖国家开发银行不只面向5个金砖国家，而是面向全部发展中国家，作为金砖成员国，可能会获得优先贷款权。金砖国家开发银行优先考虑对金砖国家基础设施建设进行扶持。中国推动设立金砖国家开发银行，做出实实在在的贡献，是彰显中国大国责任的好机会。在基础设施建设方面，设立金砖国家开发银行，可推动其他国家的基础设施建设，也是分享中国经验的好机会，与中国“走出去”战略相符合。中国输出的既是经验和技术，也是一种标准。金砖银行与众不同之处就在于它所有的管理、章程、条款等都是基于平等的基础，金砖银行不会由任何一个国家控制。与亚投行不同，金砖银行里五个国家都是各自占了20%的投票权，没有哪个国家占到主导权，没有一个国家能够一票否决其他国家的决定。金砖银行与亚投行不是竞争关系，两者都关注基础设施建设项目，只是后者更聚焦在亚洲市场。全球基础设

---

① 《楼继伟部长就亚投行筹建情况答记者问》，中华人民共和国财政部，2015年03月20日。

② 《巴西峰会或成立金砖开发银行.中国或注410亿美元》，网易网，2014年07月15日。

③ 《金砖国家开发银行总部选址世博园2016年投入运行》，中国经济网，2015年01月07日。

④ 《成立新开发银行的协议》，中华人民共和国外交部，2018年10月18日。

施建设的需求很大，不仅仅是某一个组织可以完全满足，在这样的背景下，金砖银行与亚投行可以共同推进基础设施建设，填补这个巨大的缺口①。

（四）泛美开发银行

泛美开发银行是拉美国家、一些西方国家、日本及南斯拉夫合办的区域性国际金融机构。1959 年美洲国家组织 21 国开会决定成立，行址设在华盛顿。1960 年起营业。该行核定资本最初为 10 亿美元，1979 年 8 月增加到 120 亿美元。美国认缴资本最多，其次是阿根廷和巴西。

该行贷款对象主要为拉美成员国政府和公私机构的专门经济项目。设有普通业务贷款和特种业务基金贷款两大类。普通业务贷款利率较高，贷款期限 10～25 年，须用贷款货币偿还。特种业务基金发放的贷款利率较低，期限为 25～40 年，可全部或部分用借款国货币偿还。此外，一些国家还出资委托银行设立专门基金，供发放优惠贷款。

该行宗旨是：动员美洲内外资金，为拉美成员国的经济和社会发展提供项目贷款和技术援助，以促进拉美经济的发展和泛美体制的实现。截至 1981 年 4 月共有 43 个成员国。中国加入泛美行经历了漫长而艰辛的过程。从提出申请到加入，历时 15 年，期间搁置 10 年；从 2004 年重启有关谈判和对话到 2009 年最终完成法律手续，也经历了将近 5 年时间。2013 年，中国在泛美行设立了 20 亿美元的中国对拉美和加勒比地区联合融资基金，支持该地区的经济和社会发展。2014 年，中拉领导人确立了中拉全面合作伙伴关系，双方合作进入新阶段，中国日益成为拉美最重要的贸易伙伴之一。②

（五）非洲开发银行

非洲开发银行简称非行，成立于 1966 年，总部在科特迪瓦首都阿比让，是非洲最大的地区性政府间开发金融机构。非行是以非洲国家为主的政府间金融机构，旨在为成员国经济与社会发展提供资金支持，协助非洲大陆制定发展总体规划，协调各国发展计划，促进成员国经济发展与社会进步，实现非洲经济一体化的目标。非行的资金主要来自成员国认缴的股本，主要向成员国提供普通贷款和特别贷款。我国于 1985 年加入了非行。

小资料

人民币加入特别提款权

2015 年 11 月 30 日，国际货币基金组织（IMF）执董会讨论并全票通过了特别提

---

① 《金砖银行将拓展金砖国家合作新空间》，中国经济网，2015 年 1 月 5 日。

② 百度百科：泛美开发银行集团，Baike. baidu. com.

款权（Special Drawing Right，SDR）审查报告，认定人民币已经满足了出口和“可自由使用”的标准，决定于2016年10月1日正式将人民币纳入SDR货币篮子，SDR货币篮子相应扩大至美元、欧元、人民币、日元、英镑5种货币。拉加德总裁发表声明称，这反映了人民币在国际货币体系中不断上升的地位，有利于建立一个更强劲的国际货币金融体系。

新的SDR货币篮子包含美元、欧元、人民币、日元和英镑5种货币，权重分别为41.73%、30.93%、10.92%、8.33%和8.09%，对应的货币数量分别为0.58252、0.38671、1.0174、11.900、0.085946。IMF每周计算SDR利率，并于2016年10月7日公布首次使用人民币代表性利率，即3个月国债收益率计算的新SDR利率。

国际货币基金组织（IMF）、国际清算银行（BIS）、世界银行（WB）等国际组织管理着以SDR计价的资产，它们需要根据SDR篮子货币权重进行资产配置。人民币加入SDR后，这些机构也会相应增加人民币资产。粗略估计，这部分流入人民币资产的资金规模就将超过百亿美元。同时，许多国际金融机构和开发机构的贷款以及不少国家的负债都是以SDR来计价的，这些机构和国家通常都有对冲SDR篮子货币利率和汇率风险的需求，人民币加入SDR后就会增加对冲人民币利率和汇率风险的需求，从而引发它们在人民币在岸市场和离岸市场配置人民币资产。

人民币加入SDR意味着人民币是IMF认定的五种“可自由使用”货币之一。根据IMF的规定，IMF官方交易使用SDR或可自由使用货币来进行，这些交易包括向IMF缴纳份额、IMF向成员国提供贷款和成员国向IMF还款、IMF向成员国支付利息等。在人民币加入SDR前，我国向IMF缴纳份额只能选择美元、欧元、英镑或日元中的一种，实际认缴是用美元完成的。人民币加入SDR后，我国就可以用人民币直接向IMF缴纳份额，中国人民银行也在做相应的技术准备。而其他各成员国想用人民币向IMF缴纳份额也都可选择人民币。

随着人民币加入SDR，国际上对人民币的认知度得到提高，市场对人民币的信心将增强，这会减少境外使用人民币的阻力、增强使用人民币的意愿，国外企业和个人对人民币的接受程度也会提高，从而推动人民币被越来越广泛地用在出境旅游、留学、贸易和投融资等跨境交易中。而随着这些交易越来越多使用人民币进行计价和结算，国内企业和居民进行跨境交易会更加方便，结算、购汇和套期保值等交易的成本也将降低，汇率风险将减小。

中国银行国际金融研究所副所长宗良表示：“SDR不是一个高冷的金融概念，随着人民币国际化的不断推进，将给百姓带来很大便利。今后出国，我们不用兑换美元、欧元，揣着自家的钱就可以走遍天下。”

资料来源：中国社会科学网，2016年11月21日，笔者：王宇。

亚投行成员国列表（截至 2018 年 12 月）

大洲	国家/地区	批准加入时间	是否为意向创始成员国	是否是联合国安理会常任理事国或 G20 成员国
亚洲	孟加拉国	2014 年 10 月 24 日	是	
	文莱	2014 年 10 月 24 日	是	
	柬埔寨	2014 年 10 月 24 日	是	
	中国	2014 年 10 月 24 日	是	联合国安理会常任理事国 G20
	印度	2014 年 10 月 24 日	是	G20
	印度尼西亚	2014 年 11 月 25 日	是	G20
	约旦	2015 年 2 月 7 日	是	
	哈萨克斯坦	2014 年 10 月 24 日	是	
	科威特	2014 年 10 月 24 日	是	
	老挝	2014 年 10 月 24 日	是	
	马来西亚	2014 年 10 月 24 日	是	
	马尔代夫	2014 年 12 月 31 日	是	
	蒙古国	2014 年 10 月 24 日	是	
	缅甸	2014 年 10 月 24 日	是	
	尼泊尔	2014 年 10 月 24 日	是	
	阿曼	2014 年 10 月 24 日	是	
	巴基斯坦	2014 年 10 月 24 日	是	
	菲律宾	2014 年 10 月 24 日	是	
	卡塔尔	2014 年 10 月 24 日	是	
	沙特阿拉伯	2015 年 1 月 13 日	是	G20
	新加坡	2014 年 10 月 24 日	是	
	韩国	2015 年 4 月 11 日	是	G20
	斯里兰卡	2014 年 10 月 24 日	是	
	塔吉克斯坦	2015 年 1 月 13 日	是	
	泰国	2014 年 10 月 24 日	是	
	土耳其	2015 年 4 月 10 日	是	G20
	乌兹别克斯坦	2014 年 10 月 24 日	是	
	越南	2014 年 10 月 24 日	是	
	吉尔吉斯斯坦	2015 年 4 月 9 日	是	
	以色列	2015 年 4 月 15 日	是	
	格鲁吉亚	2015 年 4 月 12 日	是	
	阿联酋	2015 年 4 月 3 日	是	

续表

大洲	国家/地区	批准加入时间	是否为意向创始成员国	是否是联合国安理会常任理事国或G20成员国
亚洲	阿塞拜疆	2015年4月15日	是	
	伊朗	2015年4月3日	是	
	阿富汗	2017年10月14日	否	
	亚美尼亚	2017年3月23日	否	
	中国香港	2017年3月23日	否	
	东帝汶	2017年3月23日	否	
	巴林	2017年5月13日	否	
	黎巴嫩	2018年6月26日	否	
欧洲	奥地利	2015年4月11日	是	
	丹麦	2015年4月12日	是	
	法国	2015年4月2日	是	联合国安理会常任理事国 G20
	德国	2015年4月1日	是	G20
	意大利	2015年4月2日	是	G20
	卢森堡	2015年3月27日	是	
	荷兰	2015年4月12日	是	
	西班牙	2015年4月11日	是	
	瑞士	2015年3月28日	是	
	英国	2015年3月28日	是	联合国安理会常任理事国 G20
	瑞典	2015年4月15日	是	
	芬兰	2015年4月12日	是	
	挪威	2015年4月14日	是	
	冰岛	2015年4月15日	是	
	俄罗斯	2015年4月14日	是	联合国安理会常任理事国 G20
	葡萄牙	2015年4月15日	是	
	波兰	2015年4月15日	是	
	马耳他	2015年4月9日	是	
	比利时	2017年3月23日	否	
	匈牙利	2017年3月23日	否	
	爱尔兰	2017年3月23日	否	
	塞浦路斯	2017年5月13日	否	
	希腊	2017年5月13日	否	
	罗马尼亚	2017年5月13日	否	
	白罗斯	2017年12月19日	否	

续表

大洲	国家/地区	批准加入时间	是否为意向创始成员国	是否是联合国安理会常任理事国或 G20 成员国
大洋洲	新西兰	2015 年 1 月 4 日	是	
	澳大利亚	2015 年 4 月 13 日	是	G20
	斐济	2017 年 3 月 23 日	否	
	萨摩亚	2017 年 5 月 13 日	否	
	汤加	2017 年 6 月 16 日	否	
	库克群岛	2017 年 12 月 19 日	否	
	瓦努阿图共和国	2017 年 12 月 19 日	否	
	巴布亚新几内亚	2018 年 5 月 2 日	否	
南美洲	巴西	2015 年 4 月 12 日	是	G20
	秘鲁	2017 年 3 月 23 日	否	
	委内瑞拉	2017 年 3 月 23 日	否	
	玻利维亚	2017 年 5 月 13 日	否	
	智利	2017 年 5 月 13 日	否	
	阿根廷	2017 年 6 月 16 日	否	G20
	厄瓜多尔	2017 年 12 月 19 日	否	
北美洲	加拿大	2017 年 3 月 23 日	否	G20
非洲	埃及	2015 年 4 月 14 日	是	
	南非	2015 年 4 月 15 日	是	G20
	埃塞俄比亚	2017 年 3 月 23 日	否	
	苏丹	2017 年 3 月 23 日	否	
	马达加斯加	2017 年 6 月 16 日	否	
	肯尼亚	2018 年 5 月 2 日	否	
	阿尔及利亚	2018 年 12 月 19 日	否	
	加纳	2018 年 12 月 19 日	否	
	利比亚	2018 年 12 月 19 日	否	
	摩洛哥	2018 年 12 月 19 日	否	
	多哥	2018 年 12 月 19 日	否	

资料来源：百度百科：亚洲基础设施投资银行，baike. baidu. com.

复习思考题

1. 金融机构体系是由哪些金融机构所组成的？

2. 政策性银行有哪些特点，为什么要成立政策性银行？
3. 国际性金融机构产生的原因是什么？
4. 国际性金融机构的作用是什么？
5. 国际货币基金组织的宗旨是什么？
6. 国际货币基金组织的活动内容是什么？
7. 国际货币基金组织存在的问题是什么？
8. 世界银行集团的内部业务分工是什么？

第六章

中 央 银 行

内容简介

中央银行是一国为实现宏观经济目标，保证货币政策的正确制定和执行，防范、化解金融风险，维护金融秩序稳定而设的特殊金融管理机构。中央银行是现代金融体系的重要组成部分，在一国银行体系中居于主导地位，对整个国民经济稳定、发展起着重要的宏观调控作用。央行以发行和管理货币、制定和执行货币政策，稳定货币关系为主要职责。

教学目的

本章旨在使学生掌握中央银行的必要性及其产生与发展历程；中央银行的制度类型；中央银行性质和职能和作用；中央银行的主要业务；中央银行的独立性问题。

第一节　中央银行的产生和发展

一、创设中央银行的必要性

中央银行的历史已有 300 多年，其是商品经济和社会化大生产发展需要的产物。在现代商业银行快速扩张、并引起的一系列矛盾中，中央银行应运而生。如 17 世纪末到 18 世纪初的工业革命时期，社会生产力迅速提高，商品流通迅猛增加，商业银行种类与数量不断攀升，使得货币信用业务急剧扩张，银行间竞争极不规范，由此产生了银行券发行混乱、票据清算问题、最后贷款人缺失、金融业监管、政府融资等迫切需要解决的问题。

（一）集中发行银行券的需要

银行业发展初期，差不多每个银行都有发行银行券权利。但银行券分散发行的弊端很大：一是会有部分银行券的兑换无法保障，进而导致信用纠纷、银行破产甚至金融危机；二是银行券的流通领域受到财力、信誉等限制，很难扩大发行量与发行范围。因此，客观上要求银行券的发行权走向统一，由资金雄厚并且有权威的银行发行能在全社会流通的银行券。于是，国家就修改法律，限制、取消一般银行的银行券发行权，进而将银行券的发行权集中到几家或一家大银行。

（二）统一商业银行间票据交换和清算的需要

随着商品经济的发展与银行业务不断扩大，银行每天收授票据的数量日益增多，各行间的债权债务关系更加复杂化，票据交换业务更加繁重，各行自行结算债权债务的成本高、效率低，受自身客观条件的限制，各行很难从全局角度清算银行之间的业务往来。因此各行间异地结算矛盾突出，同城结算也遇到很大困难。因此亟须建立个全国统一的、公正权威的清算机构，由其承担金融支付体系核心的功能，快速清算银行间各种票据，使资金流通顺畅，满足商品经济快速发展需求。这个统一票据交换和清算中心只能由中央银行充当。

（三）充当最后贷款人的需要

随着商品生产和流通的扩大，对银行借款需求量越来越大，借款期限越来越长，但银行受到资金来源数量与信誉影响，远不能满足资金的运用需求。另外，如将吸收的存款过多提供贷款，又会削弱银行清偿能力，突发性的大量提现也会造成一些银行陷入倒闭的困境。因此，为保护存款人利益与银行、金融业稳定，客观上需要一个信用卓著、实力强大并有有效支付能力的机构，适当集中各行的一部分存款准备金，当银行出现支付困难时，给予必要的贷款支持，充当银行的“最后贷款人”，以免因银行破产引发金融危机。

（四）金融行业监管的需要

随着商品经济的发展，银行与金融业在整个社会经济关系中的地位与作用日益凸显，金融运行的稳定成为经济稳定发展的必要条件。由于金融行业竞争日趋白热化，金融活动逐步出现无序甚至混乱的状况，银行业的破产、倒闭给国民经济造成极大的动荡，极易引起连锁反应，给整个国民经济带来危害。为了确保银行与金融业公平有序竞争，保证金融业务与金融市场健康发展，减少金融运行风险，迫切需要有一个代表政府意志的专门机构从事金融业的管理、监督与协调工作。20 世纪 30 年代前，各国对商业银行的监管较松懈。1929 年大危机中，大批银行倒闭，国际信用瓦解，人们才普遍认识到必须建立中央银行，将金融业置于其严格监管之下。

（五）满足政府融资的需要

随着政府职能的强化与自然灾害和战争频繁爆发，政府的收入减少，但政府开支增加了。为弥补财政赤字，政府需要融资，这客观要求建立一个与政府有密切联系、能直接或变相为政府筹资与融资的银行机构。

综上所述，由于统一银行券发行与管理、票据交换与清算、充当最后贷款人、金融业监管和政府融资的客观需要，一些大的商业银行逐渐从商业银行体系分离出来，演化为中央银行。

二、中央银行的创立与发展

中央银行的创立与发展历经坎坷，不同国家中央银行建立和发展的道路也有所不同。有从商业银行演化而来的，如英格兰银行；还有从设立之初就是中央银行，如美国联邦储备银行。各国中央银行通常经历了三次大的演进：初创时期、普遍推进时期与强化发展时期。

（一）中央银行的初创时期

从1656年世界第一家央行——瑞典银行的诞生到“一战”是中央银行的初步形成时期。中央银行的产生有两种途径：一是自然演进式的中央银行，即由一家在社会上信誉较好、实力较雄厚的大型商业银行逐步演变而来，如瑞典银行与英格兰银行；二是创建型中央银行，是由政府出面设计或出资直接组建，如美国联邦储备体系。

1. 自然演进式的中央银行——瑞典银行与英格兰银行

1656年成立的瑞典银行原是私人创办的商业银行，是欧洲第一家发行银行券的银行。由于其过度发行钞票，1668年政府将其改组为国家银行，对国会负责，成为世界上最早的国家银行。1897年，瑞典通过法案将货币发行权集中于瑞典银行，瑞典银行演变成中央银行。由于瑞典国家银行垄断货币发行权之前，仅代表政府执行中央银行的职能，与英格兰银行1844年独享货币发行权相比要晚，因此被公认为中央银行的先驱。

在中央银行初创时期中，最具有典型代表性的是英格兰银行。1694年设立的英格兰银行比瑞典银行要晚成立38年，是近代中央银行的鼻祖，其设立在中央银行制度发展史上是重要里程碑。英格兰银行最初宗旨仅为替政府筹集经费，交换条件是该行可发行纸币。1833年，英国时任首相罗伯特·皮尔修订了银行条例——《皮尔条例》。该条例将英格兰银行机构分为发行部与业务部，将发钞与银行业务分开，奠定了现代中央银行的模式。《皮尔条例》又限制了其他商业银行发行纸币的数量，扩大了英格兰银行货币发行权。英格兰银行作为特殊银行的地位在条例出台后更为巩固，商业银行纷纷把自己现金准备的一部分存入英格兰银行，用于交换与清算，英格兰银行进而成为银行业的清算银行。在英国多次周期性经济金融危机中，其对流动性不足银行提供贷款以应对挤兑风潮，发挥了“最后贷款人”的作用，充当银行的银行，英格兰银行进而逐步演变成英国中央银行。到 19 世纪后期，英格兰银行已成为中央银行的典范。1946 年，英国的《英格兰银行法案》使该行正式成为国有银行。

英格兰银行的出现，使中央银行制度在世界受到重视，各国的大银行开始逐步向中央银行转变。如 1800 年设立的法兰西银行在 1848 年垄断了全国的货币发行权；1829 年设立的西班牙银行于 1874 年垄断了货币发行权；日本银行、德国国家银行也分别于 1889 年、1912 年统一与独享了货币发行权。

2. 创建型中央银行——美国联邦储备体系

美国的中央银行是美国联邦储备体系，建于 1914 年，其中央银行的发展历经坎坷。1797 年与 1816 年，美国国会曾两次特许设立了美国第一银行、美国第二银行，其都具有央行性质，旨在筹集财政资金，集中货币发行权，调控州银行的货币信用规模。但由于经营目标不明确，遭到了各州银行反对，美国第一银行、美国第二银行均在经营期满后被迫停业。此后美国金融业步入自由银行时期，各银行都可发行银行券，导致币制紊乱，货币贬值。1863 年，为结束货币紊乱局面、给南北战争筹措经费，美国政府出台了《国民银行法》，规定国民银行可根据其持有的政府公债发行银行券，被称为国民银行制度。其弊端在于银行券发行不具有弹性，不能随着经济的发展调节发行。而存款准备金又极其分散，不能应付经常出现的金融动荡，这给美国经济的发展与银行制度稳定带来不利影响，导致每隔数年发生一次金融恐慌。1913 年，美国国会通过联邦储备法案，正式建立了中央银行制度——联邦储备体系，由其统一发行联邦储备券。联邦储备法案规定，在首都设立联邦储备体系理事会，在全国 12 个联邦储备区设立各自联邦储备银行，可独立行使中央银行职能。即目前美国有 12 家中央银行。美国联邦储备体系理事会后来的权力日益增加，主要负责决定美国联邦储备体系的货币政策，监督、协调各区联邦储备银行业务，其已成为美国联邦储备体系的实际决策机构。

由于“一战”后国际社会受金融恐慌与货币混乱的负面影响，大多数国家意识到中央银行的重要性，因此“一战”前后成立的中央银行多是政府主动出面、出资直接建立，且从建立起就有明确的宗旨和全面的功能。自 19 世纪到第一次世界大战前，约有 29 家中央银行成立。

（二）中央银行的普遍推行时期

从第一次世界大战结束开始到第二次世界大战结束，是中央银行制度的普遍推行时期。“一战”后，各国金融领域均受到巨大破坏，先后放弃了金本位制度，普遍发生恶性通胀，央行都纷纷停止或限制兑现、提高贴现率、禁止黄金输出，造成外汇下跌、金融中心交易所相继停市，货币制度混乱。各国都深切感到，必须加强央行的地位、增强央行对货币信用的管制。故1920年比利时首都布鲁塞尔的国际金融会议提出，各国应尽快建立中央银行，已设立的央行应摆脱政府政治上对央行的控制，要进一步发挥央行作用，实行稳定型金融政策。布鲁塞尔会议以后的10年中，各国新设立央行达31家，南非（1921年）、澳大利亚（1924年）、墨西哥（1925年）、中国（1928年）的央行都是在这一时期建立的。1922年的日内瓦国际金融会议再次建议各国尽快成立中央银行。20世纪20年代也成为中央银行制度积极发展的阶段，世界各国改组与设立的中央银行有40多家，是央行历史上发展最快的一个时期。

（三）中央银行制度的强化与完善时期

“二战”后，各国央行逐步实行了国有化政策，政府也强化了对央行的控制，如央行的最高首脑由国家任命，央行的业务活动不能脱离国家经济发展目标。尤其战后的凯恩斯主义理论兴起强调政府干预经济的必要性，央行进而成为国家干预与调节经济及实现宏观经济目标的重要工具。这促进了央行制度的不断发展与完善。

政府强化对央行的控制权主要表现在：一是各国先后实行央行国有化政策。各国将央行的资本全收归国有，央行成为执行国家货币政策的机构，受国家直接控制与监督，央行负责人由国家任命。即使一些国家允许私人持股者，但其既无决策权也无经营管理权，只能获取股息。二是央行日益成为国家调节宏观经济的重要工具。央行业务与商业银行日常业务有明显区别，主要是制定和执行货币政策、调节货币供应量、稳定货币与金融秩序。三是央行国际合作有所加强。金本位制度的崩溃引起了国际贸易与结算的混乱。为加强各国央行合作，确保各国银行体系健康运行，维护国际金融秩序稳定，1945年建立了国际货币基金组织与世界银行。20世纪60年代以来，金融创新和金融自由化使金融风险跨境传染性增大，为加强各国央行在的金融监管合作，1974年国际清算银行并成立了巴塞尔银行监督管理委员会，以实施银行业务国际联合监管。

综上所述，早期的央行不完全由国家出资设立，目前大多数国家的央行已归国有。早期的央行都兼营部分商业银行业务，现代央行则专门行使央行职能。早期央行并不完全具备干预和调节国民经济功能，现代央行干预和调节经济的能力有所加强。早期央行还只是政府的银行、发行的银行，并没成为银行的银行与管理金融的银行。现代央行则更注重加强国际合作，为金融全球化作出贡献。

三、中央银行产生的途径

央行的产生与发展经历了漫长的历史阶段。央行独占银行券的发行权是其产生的首个标志，央行也逐渐发展成为银行的银行、政府的银行。具体来说，各国中央银行的产生与发展进程并不一致，大体上经由演进型、创设型、复合式央行改革为单一式央行三个途径。

（一）由商业银行演变为中央银行

19 世纪至“一战”以前的初创时期，中央银行由普通商业银行逐步取得中央银行的权力、承担中央银行的职责，逐渐转化为中央银行，即演进型中央银行。如集中货币发行权、对其他商业银行提供清算服务与资金支持。由商业银行演变为中央银行的代表性银行有：瑞典国家银行、英格兰银行与法兰西银行。成立于 1656 年的瑞典国家银行最早具有中央银行名称。它最初由私人创办，1668 年政府出面将其改组为瑞典国家银行。但当时的瑞典国家银行直到 1897 年才独占货币发行权，才成为真正的中央银行。成立于 1694 年的英格兰银行，是最早执行中央银行职能的金融机构，是中央银行的鼻祖。1694 年，英国国会准许英格兰银行在资本总额限度内发行银行券、代理国库。但那时的英格兰银行尚未独占货币发行权；还经营商业银行业务，如吸收存款、发放商业贷款、商业票据买卖等。1844 年，英国首相皮尔主持、拟定、通过了《英格兰银行条例》，即《皮尔条例》，规定英格兰银行具有独立的货币发行权，正式确立了其中央银行地位。之后英格兰银行信用调节得当，帮助英国安然度过了 1873 年金融恐慌与 1890 年金融困难。这大幅度提高了英格兰银行的声誉，对其他国家的央行制度产生了重大影响。成立于 1800 年的法兰西银行最初是私人银行，由拿破仑倡议建立，最初就与政府保持着密切联系，垄断了巴黎的货币发行权。1846 年，9 家有发行权的省级银行转变为法兰西银行的分行，自此法兰西银行垄断了全国的货币发行权，成为真正的中央银行。

（二）创设型中央银行

创设型中央银行设立得较晚，是在借鉴已有央行发展经验基础上，政府直接成立或改组，并用法律明确赋予其央行的权责与职能，如美国的联邦储备系统。20 世纪前，由于美国长期为殖民地国家、经济起步较晚，在很长一段时期里没有集中的银行体系。政治上，美国又长期偏重分权而不是集权，组建央行多次遭到各州反对。各州银行也担心它们银行券发行权受到剥夺，因此也强烈反对设立中央银行。所以，美国在 1791 年和 1816 年设立的中央银行——美国第一银行与美国第二银行，在 20 年的特许期限到期时不得不宣告结束。1907 年，美国经历了严重的经济衰退，国民货币委员会再次提出创建中央银行，但再次遭到强烈反对。1913 年，克服重重阻力的皮尔逊总统签署了联邦储备法，成立了美国的中央银行——联邦储备银行。

（三）由复合式央行改革为单一式央行

由复合式央行改革为单一式央行主要发生在原计划经济国家，如苏联、东欧及中国。建立于1921年的苏联国家银行是既行使中央银行职能又从事具体货币信用业务的综合性银行。1988年金融体制改革以后，苏联国家银行才专门行使央行职能。中华人民共和国成立后长期采取“大一统”的银行体制，全国只有一家中国人民银行，而且担负着中央银行与一般专业银行的双重职能与业务。这不利于人民银行集中力量进行金融宏观调控与金融监管。1983年，国务院决定让中国人民银行专门行使中央银行职能。1984年起，中国人民银行将原信贷与储蓄业务划拨给工商银行，专门行使中央银行职能。

第二节　中央银行的性质和职能

尽管各国的社会历史状况、经济与政治制度不同，商品经济与货币信用制度的发展水平有较大差异，但各国中央银行的一般性质都具有共性。

一、中央银行的性质

中央银行的性质为：央行是国家赋予其制定与执行货币政策，对国民经济进行宏观调控和管理监督的特殊金融机构。中央银行与商业银行相比，其特殊性表现在：一是中央银行的经营活动主要是宏观金融活动，旨在完成国家宏观经济目标，代表国家制定与执行货币政策。央行通过运用货币政策工具，对经济加以调节、管理与干预，以稳定货币，发展经济。而商业银行则从事微观经济活动，充当信用中介，直接经营货币信用。二是央行的业务对象主要是政府、商业银行和其他金融机构，商业银行主要面向企业和居民。三是中央银行的业务活动不以营利为目的，商业银行则追逐利润最大化。四是中央银行在一国金融体系中居于中心地位，负责调控、管理商业银行和其他金融机构。

中央银行与一般政府管理机构相比，其特殊性表现在：一是中央银行对经济的宏观调控主要通过经济手段，如调整货币供应量、利率、贷款等完成的。一般政府管理机构则主要靠行政手段。二是中央银行对宏观经济的调控是分层次的，如通过货币政策工具调节金融机构、金融市场，再通过金融机构和金融市场影响各经济部门。中央银行对宏观经济的调控作用较平缓，与国家机关的行政决定直接而又缺乏弹性有较大区别。三是中央银行与政府是相对独立的关系，一般政府管理机构必须与政府的意愿一致。

（一）中央银行的特殊性

中央银行是一家“特殊的金融机构”，具体体现在其地位的特殊性、业务的特殊性与管理的特殊性三方面。

1. 中央银行地位的特殊性

目前，世界各国的中央银行都处于一国金融体系中心环节，是统制全国货币金融的最高权力机构，也是全国信用制度的枢纽与金融管理最高当局。中央银行负责贯彻一国的金融政策意图；中央银行宏观货币供应量调控机制的运用也可双向调节经济发展的冷热度；中央银行的金融监管可实现金融业的稳健与规范经营；中央银行的国际协作可提高本国的金融话语权、争取更多的国际金融资源。因此中央银行的地位很特殊，既是国家货币政策的体现者，也是国家干预经济金融的重要平台，既是政府在金融领域的代理人，也是国家下设的职能机构。其宗旨是维持货币与物价稳定，促进经济增长，保障充分就业、维持国际收支平衡。

2. 中央银行业务的特殊性

中央银行有发行货币特权，但不以营利为目标，不经营普通商业银行的业务。中央银行的资金来源主要是发行的货币，也接受商业银行与其他金融机构存款，所以不能与商业银行开展业务竞争。

3. 中央银行管理的特殊性

中央银行虽然拥有各种金融管理权，但它都是以“银行”的身份出现的，不仅仅是一个行政管理机构。同时，中央银行也并不是单凭行政权力行使其职能，而是通过行政、经济和法律等多种手段去实现调控目标，如计划、信贷、利率、汇率、存款准备金、有关法律法规等。中央银行不参与经营性业务，而是对商业银行与其他金融机构进行引导和管理，以达到宏观调控的目的。且中央银行在行使管理职能时，处于特殊地位，不会偏向任何一家银行，仅仅作为货币流通与信用管理者的身份出现，以控制货币发行、调节信用。

（二）中央银行的特点

中央银行具有不以营利为目的、不经营普通银行业务与具有相对独立性等特点。

1. 不以营利为目的

中央银行也会在业务经营中取得利润，但营利不是中央银行的目的。中央银行以金融调控为己任，旨在稳定货币、促进一国经济发展。如以营利为目的，势必会忽略甚至背弃这一主旨。

2. 不经营普通银行业务

中央银行不对社会上的企业、单位与个人办理存贷、结算等普通业务，只与政府、商业银行、其他金融机构发生资金往来。但目前还有一部分中央银行保有对私人部门的业务，但不是央行的主要业务。

3. 具有相对独立性

中央银行具有相对的独立性，在制定与执行国家货币政策时，不受其他部门或机构的行政干预和牵制。

二、中央银行的职能

目前，针对中央银行的职能有多种观点，有些归纳为政策功能、监督功能、银行功能、开发功能与研究功能；也有些归纳为服务职能、调节职能和管理职能。传统的主流表述是把中央银行的职能分为发行的银行、银行的银行、政府的银行、调控与监管的银行。

（一）中央银行是发行的银行

发行货币是中央银行区别于商业银行的标志，也是其最原始的职能，世界上几乎所有国家的现钞都由中央银行发行。目前，有些国家一般硬辅币的铸造、发行由央行经管，有些国家则由财政部负责，发行收入归国家财政。发行统一货币、调节货币流通总量、垄断银行券发行都是中央银行作为发行的银行职能的主要体现。

央行统一发行货币，掌握货币发行量，调节货币流通量。为避免不同货币共同流通造成的混乱，货币的独占性或排他性要求同一国度货币发行管理与流通的统一。央行还要适度掌握货币发行总量，为经济的稳定与持续增长提供适宜的金融环境。因此央行要正确处理币值稳定与经济增长的关系，既不能为刺激经济增长而滥发货币，牺牲币值稳定；也不能为币值稳定而长期紧缩货币，影响经济增长。央行应以稳定币值、稳定物价为己任。

央行负责调节流通中的货币结构。央行的货币发行包括现金投放与存款货币发行。央行的现金投放要在货币供应总量既定的条件下，根据商品流通需要，印刷、铸造、销毁票币，实施库款调拨，调剂各地区货币投放数量与面额的比例，以满足社会各界对货币提取与支付的不同要求。发行货币也应有发行准备：黄金准备和信用准备。黄金准备为央行的黄金库存，旨在控制货币发行量，维持币值稳定。信用准备是主要的发行准备，以证券、票据、外汇为主。信用准备使货币发行量弹性更大，控制不力则易引发通货膨胀。

同时，央行垄断货币发行可获得铸币税。铸币税最初指铸币成本与其在流通中的法定币值之差。现代的铸币税通常指央行凭借货币发行垄断而得到的特殊收入。铸币税通常归政府所有，是一国重要的财政收入来源，是政府利用其法定货币发行权力获得的购买力。

央行垄断银行券发行权。银行券发行权是中央银行最基本、最重要的标志，央行垄断银行券发行权是统一货币发行、稳定币值的可靠保证。各国中央银行史首先是一部货币发行权与银行券发行权逐渐集中、垄断与独占的历史。在金本位条件下，各国均有由立法程序确定的严格制度规范银行券发行。银行券的币值与银行体系的稳定取决于：银行券可否随时兑换为金铸币；存款货币可否保证顺利转化为银行券。因此央行必须集中足够的黄金储备保证银行券发行与流通。黄金储备多，银行券及整个货币流通即可扩大；反之则须紧缩货币，黄金储备量成为银行券发行量的重要制约因素。20 世纪 20 年代末 30 年代初，世界主要国家的银行券已成为不兑现的纸币，即现钞。

在现代信用货币制度下，现钞只是货币较小的一部分，而更大的部分以存款货币的形态存在，因此，货币币值稳定与否的关键取决于货币供给状况。但在货币发行概念中的“货币”专指现钞，不包括存款。目前各国对现钞发行的实际控制措施并不相同，有的国家限制现钞使用范围，有的国家则规定当商业银行在央行有超额准备存款时，在其限度之内，才有权提取现金。另外，央行在发行货币外，还负责清点、保管、储备、运输、收兑现钞与销毁旧钞。

（二）中央银行是银行的银行

中央银行是特殊的金融机构，只对商业银行和其他金融机构开展业务，并对其加以有效的监督和调控。中央银行也办银行业务，如存款、放款、汇兑等，具有银行属性；但中央银行作为金融管理机构，其业务对象是商业银行与其他金融机构，因此是银行的银行。其职能表现在三个方面：

1. 集中管理存款备金

央行集中的准备金存款包括商业银行与其他金融机构缴存的法定准备金存款与超额准备金存款。法定准备金存款指商业银行等金融机构将其吸收的存款按法律规定比率提取、缴存央行的存款；超额准备金存款指商业银行等金融机构在中央银行的存款中超过法定准备金的那部分。存款准备金制度旨在保证存款机构清偿能力，应对客户提现，保障存款人资金安全与银行经营安全；使中央银行能够根据宏观政策需要调节货币供应量；增强央行的资金实力，集中保管存款准备金，使央行拥有对这部分资金的支配权，利于为商业银行等金融机构办理资金清算。

2. 组织全国银行间的资金清算

中央银行组织管理全国票据清算始于英格兰银行。19 世纪中期，英国各家银行每天经手票据数量日趋增加，各行间的债权债务关系日趋复杂。1854 年，英格兰银行牵头对各银行之间每日清算的差额进行结算，提高了资金清算效率，其他国家也相继效仿。尤其是在存款准备金制度建立后，各行在央行都开设了准备金存款账户，央行作为清算银行，采用差额结算法清算，各行客户之间的资金流转关系引发的商业银行之间债权债务关系就可通过其在央行的账户进行轧差、转账，直接增减其存款金额。央行作为资金清算中心的主要意义在于加快资金周转，节约现金，减少费用，及时、全面了解与监督商业银行经营活动，利用计算机网络清算更加快了银行间清算速度。

3. 充当银行业的最后贷款人

最后贷款人是指金融机构发生支付困难，商业银行或金融机构无力或不愿意对其贷款时，央行有义务提供资金支持银行摆脱困境，充当其在金融领域的最后贷款者，以避免因支付链条的中断所导致的金融恐慌，甚至经济危机。19世纪中叶前后，经济动荡与金融危机不断，人们意识到金融恐慌或支付链条的中断往往会触发经济危机，因此提出由中央银行承担“最后贷款人”。商业银行可直接从央行取得临时性的信用贷款来满足自己的资金需要，如此最后贷款人即可支持陷入资金周转困难的商业银行与其他金融机构，以避免金融恐慌或银行业崩溃。央行可通过调整融资条件，如提高与降低再贴现率、规定再贴现票据种类等，调节商业银行信贷，进而调节社会的信用规模与货币供给量，实现货币政策目标。最后贷款人原则的提出，确立了央行在金融体系中的主导地位。

（三）中央银行是政府的银行

央行在早期必须为政府服务，因此是政府的银行。而现代央行作为政府的银行，需代表政府制定与执行货币政策、代理国库、为政府融通资金、为政府提供信贷支持、代理政府的金融事务、代表政府加入国际金融组织。

1. 代表政府制定与执行货币政策

货币政策也称为金融政策，是中央银行为实现一定经济目标而在金融领域所采取的调节措施。货币政策是国家货币管理当局通过其本身的货币信用活动，运用利率、汇率、存款准备金率、信贷及债券买卖等业务与行政、法律手段影响金融机构与国民经济以实现的。由于货币政策与物价、经济活动之间存在密切的内在联系，货币政策的变化会引起币值与物价的波动，也会引起资金流动与投向、投量的变动，以及社会经济结构与经济发展速度的变化，因此其非常重要。这些变化最终会集中在社会总供给、社会总需求的总量和结构上。中央银行制定与执行货币政策的过程，就是其调节和控制宏观经济的过程。中央银行负责根据宏观经济环境制定与执行货币政策，其最主要的手段是公开市场操作。公开市场操作指央行根据货币政策需要，在二级市场上买卖各种政府债券，执行相应的货币政策，必要时向市场提供或回笼货币，调节全社会货币量。

2. 代理国库

中央银行通过代理政府财政收支，执行国库出纳职能，承担代理国库的职责。一是收受国库存款。国家通常把闲置资金存入中央银行的活期账户，央行也据此成为国库现款中心。这些资金也是央行的重要资金来源。二是为国库办理支付与结算业务。中央银行也是国库的出纳员。其根据政府签发的支票，为债务人付款或转账。三是代理国库办理代收税款及公债认购、推销、还本、付息、代政府保管外汇与黄金储备，进行外汇、黄金买卖。中央银行可根据国内、国际情况，适时、适量运用这些资金，实现稳定币值、调节汇率与保证国际收支平衡。如美联储银行、法兰西银行、英格兰银行等均代理财政部收支，并负责资金收库、国内外资金划拨及买卖债券与经办还本、付息等。因此，央行是国库的支付结算中心。央行代理政府财政收支业务一般都是无偿的，而央行对政府的财政存款一般也不付利息。

3. 必要时对政府提供信贷支持

当国家为应付因财政支出急剧变动而出现短期财政赤字状况，往往借助于央行的短期信贷支持解除困境。央行作为政府的银行，就成为弥补国家财政赤字的重要资金供应者。央行对政府提供信贷支持的手段主要是对短期国债或央行票据的回购，但不可直接认购、包销国债和其他政府债券。大多数国家都通过立法，严格限制中央银行沦为弥补政府财政赤字的货币供给者，因为这样非常有损货币的正常流通与金融稳定。因此政府的长期性资金大多通过发行长期债券来解决。

4. 代表政府管理金融事务

中央银行负责代理政府管理国内各项金融事务，在各领域加强对金融的管制。中央银行一是通过宏观金融管理干预经济，确保物价和汇价的稳定；二是代表政府检查、监督各金融机构的业务经营与信用分配。如在国内建立新银行等金融机构，或本国银行在国外设立分支机构都须经央行批准，并依法完成登记注册；央行有权制定商业银行和其他金融机构的业务管理细则，检查各银行及其他金融机构的业务与账册，及时了解其业务经营与资产负债管理状况，必要时发出政策性通告与训令。

5. 充当政府金融顾问

因为央行在国内有众多分支机构，与国外金融机构有广泛联系，对货币、证券与外汇市场的情况非常熟悉，可为政府的经济与金融决策提供咨询服务。

6. 代表政府参加国际金融活动

央行通常代表政府加入国际金融组织，参加国际金融活动，处理相关国际金融事务，提高本国的金融话语权。

（四）中央银行是调控与监管的银行

监管的银行指央行通过自身业务监督和管理各金融机构业务的合规性，其由央行是发行的银行、银行的银行、政府的银行三大职能发展而来，这一职能具体包括：

1. 监督与管理金融机构的业务活动

中央银行除组织和调控一国的货币供应量与结构外，一国的金融管理当局必须对本国辖区的金融机构，包括本国银行、外国银行、内外合资银行进行监督与管理。中央银行监督、管理金融机构的职责最初起因于私人商业银行发行银行券，所造成的金融不稳定问题。现代中央银行的侧重点是监察商业银行经营业务是否正当，是否保持充分的融资手段，资本比率是否适当等。如中央银行规定，一切吸收存款的金融机构都应向中央银行注册，请求批准后方可营业。在国内新建银行或其他金融机构、本国银行在国外设立分支机构均须中央银行批准，依法登记注册，并定期上报央行相关材料，接受监督。央行有权制定一般银行与其他金融机构的管理规章细则，有权经常检查银行或其他金融机构的业务与账户，了解其业务经营状况，必要时发出政策性通告与训令，以确保银行或其他金融机构遵循相关的金融政策、法令。中央银行还直接参与金融市场交易，控制金融市场，使金融市场能够服从政府经济政策与货币政策的要求。

2. 监督与管理金融市场

在国内金融市场上，中央银行是整个金融市场的监督者与管理者。中央银行对金融市场管理方法是首先通过金融立法保证证券交易与资金往来的合法性、有序性；二是借助货币政策工具影响市场利率、调节货币供应量，实现央行的宏观政策目标；三是对上市证券的合法性进行审查、监督。

3. 加强反洗钱力度

中央银行负责协调、强化反洗钱。洗钱活动是国际公害，会扰乱金融秩序，为非法收入提供转移支付渠道，必须予以严厉打击。随着我国改革开放的逐步深入，洗钱活动日益猖獗。为顺应这一国际形势，我国已制定并实施反洗钱法，2007 年加入世界反洗钱国际组织，成为金融行动特别工作组（FATF）的正式成员。在反洗钱工作中，中央银行承担全国反洗钱工作的组织协调、监督管理责任，组织其分支机构、商业银行与其他金融机构监控、汇总、清查涉嫌洗钱的移动资金，央行还负责对涉嫌洗钱、恐怖活动的资金予以监测。

4. 管理信贷征信业

央行还负责管理信贷征信业，包括拟订征信机构、业务管理及信用风险的评价准则，建设金融征信的统一平台，筹建社会信用体系。尤其是在我国分业经营、分业管理的情况下，中央银行对信贷征信业的监管主要是汇同银保监会、证监会，建立金融监管协调机制，加强货币政策与监管政策间、监管政策与法规间协调，实施金融信息共享制度，防范、化解信贷征信业的金融风险，维护国家金融安全。信贷征信业在我国还刚刚起步，距离发达国家有较大差距，央行在这一领域的责任重大。

5. 制定和执行金融法规及银行规章

中央银行是全国唯一具有金融立法资格的机构（国会除外），负责金融立法。央行制定的金融法规有：货币发行制度、银行管理制度、现金管理制度、外汇管理制度、票据制度、贴现制度等。此外，中央银行有制定银行基本业务规章的责任，如银行的利率管理制度、信贷资金管理制度、资金清算制度等。

综上所述，央行是发行的银行、银行的银行、政府的银行、调控与监管的银行。央行的基本职能是发行货币、保持币值稳定，其他职能则是确保其基本职能实现的条件。如银行的银行与政府的银行职能旨在控制好商业银行信贷扩张规模、财政收支结构波动，以实现稳定币值。监管的银行可使央行通过公开市场运作手段调控货币量和利率，稳定币值与信用秩序。

三、中央银行的作用

中央银行的作用是指中央银行实现发行的银行、银行的银行、政府的银行、调控与监管的银行四大职能后产生的社会经济效果，主要体现在三个方面。

（一）调节货币流通

中央银行会根据货币政策的要求、一国总体经济发展动向，运用各种政策工具对货币流通进行调节，最终使得货币流通量符合一国的客观经济发展需要，既避免通货紧缩也避免通货膨胀，达到货币流通稳定的目的，以实现社会总供给与总需求平衡。中央银行通过其业务活动，可调整全社会信贷总规模与结构，以调整国民经济的比例关系，保证经济结构基本均衡、协调。

（二）加速资金周转

各家银行都在中央银行开立往来存款账户，每日营业结束都会通过中央银行的清算中心将各自票据交换差额相互划转、及时清算。这可使结算迅速、及时，还可以整合资源，节约各行的现金使用与流通费用，推动资金加速周转。

（三）促进国际金融联合

中央银行是政府对外金融关系的全权代表，其高管频繁参加各类国际金融在组织的会议、谈判与活动。这对推动各国国际贸易发展、技术合作与交流、国际融资一体化、各国金融政策的协调性，及各国重大经济关系与金融关系的紧密与往来，都起到重要作用。

第三节　中央银行制度类型

一、中央银行制度的组织形式

随着央行的产生与变迁，现代各国的中央银行在性质、职能、作用等方面基本一致。但由于各国经济发展水平差距很大，中央银行的成长经历、所处的地位不尽相同，因此，各国的中央银行制度形式上并不一样，主要有以下三种组织形式：

（一）单一式中央银行制度

单一式中央银行制度是指国家单独设立中央银行，使之全面行使中央银行职能，其特点是权力集中统一、职能完善、有较多分支机构。单一式中央银行制度又可分为两种形式：一元式中央银行制度与二元式中央银行制度。一元式中央银行制度指，在一个国家内只建立一家统一的中央银行，多采取总分行制机构设置形式。目前，国际上绝大部分国家央行都实行这一体制，如英国、法国、日本、中国。中央银行总行基本设在各国首都，根据客观经济需要与有关规定在全国设立若干分支机构。

二元式中央银行制度是指在一国国内建立中央与地方两级中央银行，中央级中央银行机构是最高权力与管理机构，地方级中央银行机构在其辖区内有一定独立权利，其与中央级中央银行机构不是总分行关系，而是按照有关法律规定行使其职能。属于二元式中央银行制度的有美国、前联邦德国等。美国的中央银行被称为联邦储备体系，在中央一级设立的联邦储备理事会是联邦储备体系的最高决策机构，共有委员 7 人，作为美联储的最高决策机构，负责管理联邦储备体系与全国的金融决策，代表美国中央银行。在中央一级美联储还设立了联邦公开市场委员会，是公开市场政策的制定和执行机构；还设立了联邦顾问委员会，对经济发展、银行业发展问题向联邦储备委员会进行建议与咨询。还有专门为联邦储备理事会服务的若干职能部门。在地方一级，美国联邦储备体系将 50 个州和哥伦比亚特区划分划分为 12 个联邦储备区，共设立 12 家地方级联邦储备银行以及 25 家分行，这是该地区的地方级中央银行机构，其在各自辖区内的重要城市设立分行。

我国的中央银行采用的是一元式组织形式。1998 年末，中国人民银行根据需要撤销了省级分行，并按照经济区域设立九大分行。现在中国人民银行设立了天津、沈阳、上海、南京、济南、武汉、广州、成都、西安九个分行，中国人民银行营业管理部、中国人民银行重庆营业管理部，328 个中心支行与 1797 个县（市）级支行。中国人民银行总部设在北京，2005 年 8 月，中国人民银行第二总部设于上海。

（二）复合式中央银行制度

复合式中央银行制度指，国家不单独设立负责中央银行职能的中央银行机构，而由一家集中央银行与商业银行职能于一身的国有大银行，行使中央银行职能的中央银行制度。采取这种中央银行制度的国家往往处于中央银行的初级发展阶段，并与国家实行的计划经济体制相匹配。苏联与 1990 年前的多数东欧国家都实行复合式中央银行制度，中国在 1983 年前也实施这种制度。

（三）准中央银行制度

准中央银行制度是指在一个国家、地区尚未建立通常意义的中央银行制度，仅由政府授权一个或几个商业银行，由其行使部分中央银行的职能。或政府授权设置类似中央银行的机构。其特点是职责较少，往往只发行货币，为政府服务，充当最后贷款援助和负责资金清算。新加坡和中国香港是实行准中央银行制度的典型代表。

新加坡设有金融管理局、货币委员会以行使中央银行职能。金融管理局行使除货币发行外的中央银行一切职能，包括制定、实施货币政策，监管金融业，为金融机构与政府提供金融服务等；货币委员会则负责发行货币、保管货币发行准备金、维护新加坡货币完整性。

中国香港也没有统一的金融管理机构，中央银行的职能由金融管理局与几家商业银行分别承担。1993 年 4 月成立的金融管理局集中负责制定货币政策、加强金融监管与支付体系管理。在货币发行方面，香港政府授权汇丰银行、渣打银行、中国银行发行港币，辅币由香港政府自己发行。香港设立了银行监理处与证券监理委员会对金融机构、证券交易所监督管理。香港政府金融司则负责管理外汇基金，兼负责币制与汇率等重大决策。1981 年成立的香港银行公会参与协调银行的利率与信贷政策。在政府的银行方面，汇丰银行与渣打银行主要接受政府存款、保管其他公款，在金融形势紧急时，汇丰银行与渣打银行也充当最后贷款人。汇丰银行还集中管理其他银行与金融机构的清算资金，独家代理票据交换业务。

（四）跨国中央银行制度

跨国中央银行制度指由若干国家联合组建中央银行，由跨国中央银行在其成员国范围内行使全部、部分央行职能的银行制度。跨国中央银行职能主要是发行共同货币、为成员国政府服务、执行共同的货币政策及成员国政府一致决定的事项。跨国中央银行制度的特点是跨越国界行使中央银行职能。跨国的中央银行制宗旨在于推进联盟国的经济发展、实现共同进步，避免通胀。实施这种跨国中央银行制度的成员国们一般具有与区域的相对一致性、多国经济状态的相对一致性或是同属一个货币联盟体制。如西非货币联盟、中非货币联盟、东加勒比海货币区都实施跨国中央银行制度。

1969 年 12 月，欧洲经济与货币联盟正式成立。1998 年 7 月，欧洲央行正式设立。欧洲中央银行总部在德国金融中心——法兰克福。《马斯特里赫特条约》是欧洲央行的核心制度。其规定欧洲中央银行的基本任务是：确定、实行欧洲货币联盟的货币政策；按规定从事外汇交易；拥有并管理成员国的官方储备；促进国际收支体系的正常运行。欧洲中央银行与各成员国的央行组成了欧洲中央银行体系。欧洲中央银行的主要职责是发行欧元，制定和执行欧元区统一的货币政策与汇率政策，对成员国金融体系的管理情况提出意见，协调各国的财政政策。

欧洲中央银行特点有：首先，欧洲中央银行的第一目标是稳定物价。欧洲中央银行须根据自由竞争的市场经济原则，遵循物价稳定、公共财政健全、财政支付平衡的原则，采取有力措施，支持欧元区共同体的经济政策。其次，欧洲中央银行体系由欧洲中央银行和各成员国央行组成。欧洲中央银行的决策机构为理事会与执行委员会。理事会成员由欧洲理事会的 6 位成员与 12 国的央行行长组成。欧洲理事会负责制定欧洲货币联盟的货币政策，而执行委员会负责其具体实施。最后，《马斯特里赫特条约》确保了欧洲央行的独立性。《马斯特里赫特条约》规定，欧洲央行与成员国的央行不可采纳欧洲货币联盟、各成员国政府的指示，各国政府也不应试图对欧洲央行施加影响。因此欧洲中央银行在制定政策、人事任免、行使职能、资金运用等具有较强独立性。而欧洲中央银行的成立、欧元的启动都标志着现代央行制度进入了新的发展阶段。

二、中央银行的资本结构

中央银行的资本结构指中央银行的资本所有制形式，其形式主要有：

（一）全部资本为国家所有的中央银行

全部资本为国家所有的中央银行是在成立时国家就拨付全部资本金，或国家通过购买中央银行资本中原属私人的股份，进而对中央银行拥有全部股权。历史悠久的中央银行大多由私营银行、股份银行演变成，其最初资本金多为私人投资或股份合作。"二战"后，中央银行的宏观调控作用日益增强，为更好行使中央银行职能，加强政府对宏观经济的干预能力，各国纷纷通过购买私人股份实行中央银行国有化。目前，英国、法国、德国等大多数国家中央银行都属于全部资本为国家所有的中央银行，中国人民银行也是这种类型。

（二）国家资本与民间资本组建的中央银行

国家资本与民间资本组建的中央银行，国家资本多在50%以上，而民间资本包括企业法人和自然人的股份。法律一般都对中央银行非国家股份持有者的权利作了限制，如只允许获得分红而无经营权与决策权，非国家股份持有者的股权转让也必须经中央银行同意才可进行。由于中央银行的私股持有者不能参与经营决策，所以对中央银行政策几乎没有影响。日本、墨西哥、巴基斯坦等国属于这种类型。

（三）非国家所有的中央银行

非国家所有的中央银行顾名思义，国家不持有股份，全部资本由非国家股东投入。如美国、意大利和瑞士等国是这种类型。美国联邦储备银行的股本全由联邦储备体系的会员银行拥有；会员银行根据自己的实收资本与公积金的6%认购美联储的股份，并按股本享受年息6%的股息。

（四）无资本金的中央银行

韩国中央银行是世界目前唯一没有资本金的中央银行。成立于1950年的韩国银行注册资本为15亿韩元，全由政府出资。1962年《韩国银行法》被修改，规定韩国银行成为无资本的特殊法人。韩国银行每年的净利润按规定留存准备金之后，全汇入政府"总收入账户"。一旦发生亏损，首先用提存的准备金弥补，不足部分由政府支出账户给予划拨。

（五）资本多国共有的中央银行

货币联盟中，央行往往是资本多国共有的中央银行。各成员国按商定比例认缴中央银行资本金，成员国共同组建中央银行。各国通常按认缴比例拥有中央银行的所有权。

三、中央银行的独立性

中央银行的宗旨是稳定币值与协调经济平稳增长，但央行又是政府的银行，为政府服务。因此，协调好央行与政府的关系，已成为各国金融界的重要课题，即中央银行与政府关系的问题，也称为中央银行的独立性问题。中央银行的独立性指央行在履行自身的职责时由法律赋予的，或是实际拥有的权力、做出决策与开展行动的自由度。不同的中央银行与政府的关系决定了中央银行独立性的强弱。而中央银行的四大职能决定了其应对政府保持一定独立性；但由于中央银行与政府有着千丝万缕的联系，因此中央银行对政府的独立性总是相对的。

（一）中央银行相对独立性的原因

中央银行的这种相对独立性指中央银行在政府监督与国家总体经济政策指导下，可独立制定、执行货币政策。中央银行享有相对独立性的原因是：中央银行所制定的货币政策应有连贯性才有效果，不应受到政治的干扰。中央银行的首要职责是稳定币值，政府如控制中央银行过度印钞，中央银行恐会沦为帮助政府造成通货膨胀的工具。中央银行的业务具有高度技术性，其操作方式不应受非专业的干扰。中央银行还客观需要在一国政府中保持一定独立性，因为中央银行与政府的目标有其一致性，如促进物价稳定、充分就业、经济增长和国际收支平衡，但中央银行与政府所热衷的经济目标侧重点也有所不同。因为政府是具有特定目标的利益集团，作为创造收益的投资与消费主体其参与社会经济运行与资源配置的过程。如政府完全控制央行，政府目标与货币稳定目标相互矛盾时，必然引起币值起伏，导致经济动荡。但央行的宗旨是稳定币值以优化资源配置，增加社会总福利，央行不能偏向于任何利益集团。因此，中央银行不仅对政府服务，还要对商业银行和其他金融机构服务，中央银行不能完全受政府控制。

（二）中央银行独立性的原则与表现

任何一国中央银行的独立性状况都不能脱离政府与政治的影响，且中央银行只能相对独立，中央银行的独立性主要体现在：中央银行必须以国家的宏观经济目标为出发点，制定金融政策，以此来实现自身的宗旨与所承担的责任；中央银行货币政策的实施应遵循国际与国内金融形势和国民经济活动的客观规律，对政府的短期行为有一定抑制作用，进而防止央行决策短期化，促进我国社会经济的长期稳定、协调发展。

中央银行的独立性主要表现为：首先，中央银行能够建立独立的货币发行制度，货币发行权高度集中于中央银行，以维持一国货币供应量、流通量的稳定。为政府服务。因此协调好央行与政府的关系，已成为各国金融界的重要课题，即中央银行与政府关系的问题，也称为中央银行的独立性问题。中央银行的独立性指央行在履行自身的职责时由法律赋予的，或是实际拥有的权力、做出决策与开展行动的自由度。不同的中央银行与政府的关系决定了中央银行独立性的强弱。而中央银行的四大职能决定了其应对政府保持一定独立性；但由于中央银行与政府有着千丝万缕的联系，因此中央银行对政府的独立性总是相对的。

（三）中央银行独立性的模式

由于各国政治、经济、文化背景有较大差异，中央银行的发展进程与在本国金融体系所处地位也不尽相同，因此中央银行相对于政府独立性的强弱有着不同的模式，主要有三种类型：

1. 独立性强的中央银行模式

独立性强的中央银行直接对国会负责，直接向国会汇报工作，国会立法往往授权中央银行可独立制定及实施货币政策，政府可直接对中央银行发布相关指示、命令，不得干涉货币政策。如中央银行与政府的政策理念有矛盾，应由双方协商解决，美国和德国就属于独立性强的中央银行模式。美联储有较大独立性，是各国探讨中央银行独立性的典范。美国联邦储备体系就是直接向国会报告工作，对国会负责，但针对国会也有着相对的独立性，美国联邦储备体系的会计不受国会审核。征得国会参议院同意后，美国总统负责任命联邦储备委员会理事及该委员会的主席、副主席。但由于联邦储备委员会理事的任期与总统任期的不匹配，因此美国总统无法在任期内更换绝大多数理事，这一制度设计制约了总统对美联储的控制。美国联邦储备体系委员会经国会授权有权独立制定货币政策、决定采取的具体措施与政策工具的运用，总统未经国会授权不可对美联储发布指令；美联储与财政部相互制约、相互独立。美联储没有长期支持财政部融资的义务。因此，美联储保持了其较强的独立性，有益于其作为中央银行职能的实现。

2. 独立性居中的中央银行模式

独立性居中的中央银行模式指中央银行在名义上隶属政府，但实际上却保持着一定的独立性。采取独立性居中的中央银行模式的国家法律有时会规定财政部拥有对央行发布指令的权利，但财政部往往并不使用这种权利。在这一模式下，虽然央行在名义上隶属政府，但政府一般不过问央行的货币政策，中央银行可独立制定、执行货币政策。其典型代表就是英格兰银行和日本银行。英格兰银行的理事会是其最高的决策机构，其理事会成员均是由英格兰政府推荐、国王任命的。英格兰财政部在必要时，可在与英格兰银行总裁磋商后向英格兰银行发布命令，但实际上其财政部从未如此；其政府十分尊重英格兰银行的货币政策，基本不过问货币政策的制定、执行，也不参与英格兰银行理事会的评议。

3. 独立性弱的中央银行模式

在独立性弱的中央银行模式中，不论在名义上还是在实际上中央银行都隶属于政府，中央银行在制定、执行货币政策、履行职责时，都会服从政府或财政部的意愿。典型代表有意大利银行、法兰西银行、中国及一些经济体制转轨国家的中央银行。意大利银行受其财政部管辖，财政部代表可出席意大利银行的理事会会议，并可以提出暂停意大利银行理事会决议的执行。意大利银行的货币政策、措施也需经过政府部门批准。意大利银行的意见与政府不一致时，也通常以政府指令为准。因此，意大利银行独立性较弱。

四、中央银行的监管体制

（一）双线多头的银行监管体制

双线多头的银行监管体制是指中央政府与地方政府都有权向主要银行发行营业执照、注册，并对其加以监管。这就形成了中央政府与地方政府双线多银行的银行监管体制。但属于这一体制的国家并不多，典型国家是美国。

（二）一线多头的银行监管体制

一线多头的银行管理体制是指中央银行的监管权力集中于中央，但中央一级又有两个及其以上的机构负责银行体系监管。通常中央级别的机构包括中央银行与财政部，法国就是一线多头的银行管理体制。

（三）高度集中的单一中央银行监管体制

高度集中的单一银行监管体制是指针对银行业的监管权都集中于中央银行。国际上大多数国家的银行监管体制属于高度集中的单一型管理体系，如荷兰、爱尔兰与澳大利亚等。

第四节　中央银行的业务

中央银行作为发行的银行、银行的银行、政府的银行、监管调控的银行，其各职责都是通过各项业务活动履行的。中央银行的业务相对于一般银行来说有其特殊性，尤其是有着特殊的业务活动原则与特殊的业务种类。

一、中央银行业务活动的一般原则

中央银行业务经营所遵循的原则必须服从于履行其职责的需要。即央行的业务必须围绕其法定职责开展，必须有利于履行其职责。其包括非营利性、流动性、主动性、公开性四项原则。

非营利性原则是指央行的一切业务活动都不以营利为目的。商业银行与其他金融机构历来都以追逐利润最大化为经营目标，而中央银行负有特殊使命，这决定了其不能以营利为目的。这是因为：央行独家垄断一国货币发行权，任何商业银行的盈利能力都不能与中央银行匹敌；中央银行负有调节一国经济、金融业的特殊使命，以确保国民经济稳定增长，这一调节责任需要雄厚的资金为后盾。如果央行以营利为目的，可能会由于过分膨胀其资产业务削弱其对金融市场的调控能力，进而不能有效对经济、金融领域加以调节。

流动性原则是指央行的资产业务需保持最大的流动性。中央银行负有调节一国经济、金融的职责，需要有最大的清偿性作为后盾，其资产必须有极强可变现力，对流动性提出了较大要求。这是由于中央银行主要通过货币政策工具调节金融市场，如调整存款准备金率、贴现率或开展公开市场操作等，最终必然是通过中央银行资产变动引起社会货币供应量变动，达到宽松或是紧缩的货币政策效果。如果央行的资产流动性差，资产的变动不能及时与央行的短期操作要求相适应，就不能顺利出台、执行货币政策，或其效果达不到预期。因此在中央银行的资产中不能含有长期投资，除适量的现金外，央行应持有一部分可靠的有价证券，如政府公债等，便于随时买卖以配合货币政策的实施。

主动性原则是指中央银行执行货币政策与开展业务时，应该不受行政部门与其他部门的干预，其资产负债业务的开展需保持主动性。在信用货币条件下，一国货币供应量的变动与其信用成本的高低，对该国国民经济都会产生重大的影响。中央银行正是控制着一国的货币供应与信用创造，因此只有中央银行不受行政部门与其他部门的干预，掌握主动性，确保处于金融领域的超然地位，才能使货币政策的制定与实施不受政府、财政收支干扰，才能避免周期性通货膨胀，最大限度确保经济、金融稳定。

公开性原则是指中央银行业务状况的公开化、透明化。中央银行需要定期向社会公布其业务开展情况与财务状况，为社会提供有关的金融统计资料，定期公开发布货币政策报告与金融稳定报告。中央银行的公开性一是有利于其业务活动受公众的监督；有益于央行自律，依法行事，公平合理开展业务，进而确保央行的信誉与权威；二是可督促央行开展的业务增强透明度，有利于社会清晰、及时地了解中央银行的政策、意图及实施力度，形成货币政策的告示效应。中央银行的公开性还有助于社会及时形成合理预期，影响社会公众调整经济决策与行为，使央行的宏观经济调节效果事半功倍。

二、中央银行的主要业务

中央银行的主要业务有负债业务、资产业务、票据和资金清算业务。

（一）中央银行的负债业务

中央银行的负债业务指社会各集团、个人持有对中央银行的债权。中央银行的负债业务是其开展资产业务的基础，主要包括货币发行业务、代理国库业务、存款业务及其他负债业务等。

1. 货币发行业务

货币发行业务是中央银行最主要的负债业务，央行垄断货币发行权，货币发行是其主要职能之一，也是其与商业银行最为重要区别之一。货币发行有两层含义：一是货币从央行发行库通过商业银行业务库流入社会；二是货币从央行流出的货币数量大于回笼的数量。中央银行发行的货币主要是中央银行券，一小部分是作为辅币的金属铸币。现金是信用货币，本身没有价值，而是可取得商品与劳务的凭证。在央行发行的现金尚未用于支付时，现金持有者是央行的债权人，央行是债务人。当现金被用于购买商品或劳务，央行就偿还了债务，购买者获得了商品与劳务。央行发行的流通中的现金是央行的主要负债，是其重要的资金来源。央行通过货币发行，可满足社会商品流通剧增、商品经济发展的需求；还能为中央银行筹集资金，满足其履行各项职能的需要。

在信用货币制度下，各国都规定央行垄断货币发行权，央行也获得了铸币税。但货币发行也有其原则，只有对货币发行量严格控制，才能控制通货膨胀。因此，货币发行必须要有可靠的信用保证，要有一定的证券、外汇、黄金作国家信用保证，即符合“消极原则”。货币发行量要有较强的伸缩性、灵活性，即符合“积极原则”。

2. 存款业务

存款业务是中央银行的主要负债业务之一，仅次于货币发行，中央银行的存款业务包括集中商业银行与金融机构的存款准备金、其他金融机构存款、外国存款、特定机构存款、私人部门存款。其中占比较大的是央行所集中的存款准备金，因存款准备是央行制度形成的重要原因，接收准备金存款也是中央银行存款业务中最重要的部分。

（1）商业银行存款。商业银行存款指商业银行交纳给央行的存款准备金。存款准备金可分为法定准备金和超额准备金或自由准备金两部分。流动性较高的存款，央行所规定的法定准备率就较高，反之较低。当法定准备金金额不达标时，一般以商业银行的超额存款准备金或是库存现金抵补。超额准备金是商业银行在央行账户上储存的超过法定存款准备的存款，可在央行票据清算、同业资金往来时使用。超额准备金金额取决于商业银行的资产结构及持有超额准备金的机会成本。法定准备金与超额准备金都是商业银行在央行的存款，但商业银行不能自由运用法定准备金，商业银行有权动用超额准备金或自由准备金；央行对商业银行的法定准备金不支付利息，对超额准备金支付利息。法定存款准备金是央行调控信用规模、货币供给量的手段；超额准备金是商行资产调整、信用创造的条件；央行可通过这一业务确保、实时监管各商业银行的流动性与清偿能力。

（2）财政性存款。财政性存款包括财政存款、政府及公共部门存款，其在央行的占比仅次于商业银行的存款。财政部在央行设有专门账户，当财政部征收税款、收入国有企业利润、发行政府债券时，收入款项都会记入财政部存款账户；当财政部需要拨付经费时，就直接从财政部在央行的存款账户划拨到有关单位的存款账户。由于政府与公共部门的资金是由财政拨付的因此也属于财政性存款。

（3）外国存款。外国存款指外国中央银行或外国政府在央行的存款。外国中央银行、外国政府持有这些存款构成了该国的外汇，随时可用于该国的贸易结算、清算业务。

（4）其他存款。凡是未列入上面三类项目的央行存款都归入其他存款，各国因情况不同其他存款的内涵差异较大。我国的其他存款主要有邮政储蓄存款、非银行金融机构存款。各国央行普遍不接受个人、企业的存款。

3. 代理国库

中央银行作为政府的银行大多承担代理国库的职责，各国中央银行也是国库资金收付中心。中央银行代理国库时可吸收大量财政金库存款，由于这种存款大多是无息的，故中央银行代理国库可积聚大量资金，还可降低筹资成本。对政府而言，中央银行代理国库既可减少收付税款成本，又可安全保管、妥善使用资金，在政府资金短缺时还可借助央行进行短期融资。

在央行的负债业务中，除了货币发行、代理国库、存款外，还有其他负债业务，如发行中央银行债券与票据、对外负债、资本业务等。

（二）中央银行的资产业务

中央银行的资产业务可调节货币供应量，实现最后贷款人等职能，达到货币政策的目标。央行的资产业务有买卖储备资产、放款业务、证券业务等。

1. 买卖黄金和外汇等储备资产

黄金、外汇、特别提款权是国际清算的最后支付手段，各国都将其视为储备资产，由中央银行加强经管。因此买卖、管理黄金与外汇等储备资产是央行的重要资产业务。中央银行买卖储备资产旨在维护本国国际收支清偿能力，促进国际收支的平衡，稳定汇价及国内的货币流通量。但央行买卖储备资产时应注意：一要保持合理的黄金外汇储备量。持有多少国际储备并无固定标准，需依据本国的国际收支状况、国内经济政策来确定。国际储备过多会造成国民资源浪费，过少则会影响一国的国际支付能力。二应设置合理的黄金、外汇储备比例，符合安全性、收益性与可兑现性条件。目前，发达国家相对于我国的黄金储备占比较大，这也是我国亟须加以改革的方向。各国在外汇储备管理方面多是分散风险，增加收益，获得最大灵活性，通过“一揽子”货币解决外汇资产多元化问题。三是当国际收支逆差时，为保持国际收支平衡，央行可动用黄金、外汇储备补充所需外汇的不足；当国际收支顺差时，黄金储备与外汇储备充足时，央行可用其清偿外债。

2. 放款业务

放款业务指中央银行作为银行的银行、政府的银行，为维护金融稳定、促进经济发展，必要时需对商业银行、政府、外国中央银行与国际性金融机构发放贷款。

（1）中央银行对商业银行的放款。央行作为银行的银行保证商业银行的支付能力是最重要的职责之一，其对商业银行的放款也称最后放款，指中央银行向商业银行发放贷款、进行资金融通。中央银行对商业银行的放款形式主要有信用放款、抵押放款和贴现放款。信用放款指商业银行凭借其信用从央行获得的贷款，但少数信用极佳的商业银行才能申请到。抵押放款，即再抵押放款，多为商业银行抵押其政府债券和商业票据给央行以获得贷款。贴现放款，即再贴现，是指商业银行或其他金融机构将通过贴现业务获得的未到期的商业票据向中央银行转让，获得中央银行的资金，提高商业银行资金的充足率。再贴现主要解决金融机构办理贴现业务引起的暂时资金困难。再贴现是中央银行最基本的放款形式，再贴现率也是金融市场上重要的基准利率。央行的再贴现实付金额等于再贴现承兑汇票面额减再贴现利息。再贴现的期限从再贴现日至票据到期日，时长一般为 3 个月至 4 个月。中央银行对商业银行的放款一般仅用于解决临时性资金困难，不能可进行证券投资或发放长期贷款。商业银行申请央行放款时，需报送其资金营运或财务情况报告，说明申请理由。央行则需审查后确认批准放款具体的数额、期限、利率，甚至规定用途。放款业务是央行的主要资产业务，央行由此获得最后贷款人之称。这是中央银行作为最后贷款人的具体表现，是央行向社会提供基础货币的重要渠道、调控货币供应量的重要工具。

（2）对财政部的放款。央行对财政部的放款包括直接贷款、透支和证券投资性放款三种类型。直接贷款类似于央行对商业银行的放款。透支是允许财政部在央行的账户出现透支情况，相当于暂时的放款。证券投资性放款指央行在二级市场上购买政府债券，实际是间接向财政部发放贷款。为防止财政部滥用借款权，许多国家都对央行向财政部的放款加以限制，如规定年度最高借款额，由国会每年仅批准一次财政部的借款权等。中央银行向财政部发放贷款也旨在协助政府渡过临时性资金短缺。

（3）其他放款。央行的其他放款主要指对外国中央银行、国际性金融机构及对国内工商企业少量的直接贷款。中央银行的其他贷款占其整个贷款业务的一少部分。

3. 证券业务

证券买卖业务指中央银行在公开市场进行证券的买卖活动。中央银行买入证券实际上是通过金融市场向社会投放货币，增加货币供应量；卖出证券则是将流通中的货币收回，减少货币供应量。一般央行应持有信用级别高、有收益的证券，以保证其较高的流动性，确保央行可以及时调控货币供应量和信贷规模。中央银行买卖的证券主要有国库券、公债券、信誉高的商业票据、公司债券等，其中主要是买卖国库券。

中央银行买卖证券一般有两种，即一次性买卖与附有回购协议的买卖。一次性买卖指央行需要增加或压缩商业银行超额准备金时，就一次性购买或出售证券。附有回购协议的买卖指央行在购买时就定下协议，卖者需要在指定日按商定价格购回所证券。中央银行买卖证券多用于对商业银行准备金的临时性调节，旨在调节、控制货币供应量，实现货币政策目标，而不是盈利。

（三）中央银行的票据和资金清算业务

主持、协调全国的票据与资金清算是央行的重要职责。央行的资金清算业务指中央银行为商业银行、其他金融机构办理的资金划拨清算、资金转移的业务。中央银行集中的商业银行的存款准备金便于通过中央银行的存款账户划拨清算，商业银行彼此之间每天交换各种支付凭证所产生的应收应付款项可在央行主持下清算完成，中央银行就成为全国的票据与资金清算中心。

中央银行的资金清算业务主要有集中票据交换、集中清算交换差额、组织异地间资金转移三种。集中票据交换是由央行组织票据交换所作为交换平台，各商业银行用本行应付票据参加交换。如英国就设有独立的票据交换所，但各行票据清算差额仍需通过央行转账。央行还会每日集中各行清算交换差额，再通过各行在央行的账户来划拨资金、结算。央行还通过电子划拨系统来办理异地间的资金转移。央行的票据和资金清算业务对提高银行运行效率、帮助央行及时掌握资金流向趋势，了解商业银行等金融机构的资金情况，提高金融监管的有效性都有重要的意义。

小资料

论后危机时代的中央银行独立性

2007 年以来，世界相继经历了美国次贷危机、全球金融危机和欧洲主权债务危机。为应对危机冲击、促进经济复苏，主要发达国家推出经济刺激计划，实行量化宽松政策，中央银行大量购买政府债券，从“最后贷款人”变成“最大交易商”。一些经济学家认为，长期实行量化宽松的货币政策意味着中央银行独立性的削弱和丧失。从这个意义上讲，目前各国中央银行独立性都正在经受着挑战与考验。主要发达国家的量化宽松政策主要包括以下内容：

1. 超低利率政策。2007年次贷危机爆发之后，美联储连续10次降息，到2008年12月将基准利率由5.25%降至0~0.25%。从2008年2月开始，英格兰银行连续9次降息，将基准利率从5.5%降至0.5%。从2008年10月开始，欧洲中央银行大幅降息，将基准利率从4.25%下调至0.75%。日本银行的基准利率一直处于0~0.1%。目前主要发达国家的中央银行基准利率均处于历史最低水平。

2. 扭转操作。扭转操作指的是中央银行在公开市场上"卖短买长"的行为。2011年9月，美联储宣布实行扭转操作，计划在2012年6月底之前购买4000亿美元6年至30年期国债，并卖出相同数量的3年或更短期国债。2012年6月，美联储决定，将扭转操作延长至2012年年底，继续出售或赎回短期国债，同时购买相同数量的中长期国债，进一步压低长期利率。从2012年6月到12月底，美联储每月的操作规模约为450亿美元，共计2670亿美元。

3. 量化宽松政策。量化宽松政策是指在基准利率降低为零或接近于零的情况下，中央银行通过扩大资产负债表的方式，向市场注入流动性的行为。近年来，美联储、英格兰银行和日本银行等均实施多轮量化宽松政策。2009年11月至2010年3月，美联储实施第一轮量化宽松政策，购债1.725万亿美元。2010年11月至2012年6月，美联储实施第二轮量化宽松政策，购债6000亿美元。2012年9月，美联储推出第三轮量化宽松政策，每月购债400亿美元。2012年12月，美联储决定扩大购债规模，每月增加购债450亿美元。2009年11月、2011年10月和2012年2月，英格兰银行实施三轮量化宽松政策，向市场注入流动性3750亿英镑。日本银行的购债计划原定于2013年年底到期，规模为101万亿日元。最近日本银行宣布，将从2014年开始，每月购债13万亿日元，其中包括10万亿日元的短期债券和2万亿日元的长期国债。

4. 长期再融资操作。由于欧洲中央银行的超主权性质，无法实施真正意义上的量化宽松政策，为此，欧洲中央银行选择了通过长期再融资操作，向金融机构提供流动性。2009年6月，欧洲中央银行推出了总额为4420亿欧元的1年期再融资贷款计划。2011年12月，欧洲中央银行通过3年期再融资操作，向523家银行提供了4892亿欧元资金。2012年3月，欧洲中央银行再次通过3年期再融资操作，向800家银行提供了5295亿欧元的流动性。

资料来源：王宇：《论后危机时代的中央银行独立性》，
载于《金融与经济》2014年第1期。

复习思考题

1. 中央银行建立的必要性？
2. 如何理解中央银行在金融机构体系中的地位？

3. 中央银行发展不同阶段的特点是什么？
4. 中央银行的性质是什么？如何体现？
5. 中央银行的职能是什么？
6. 中央银行制度的组织形式有几种类型？各自特点有哪些？
7. 中央银行的业务有哪些？业务原则是什么？
8. 如何理解中央银行的相对独立性？

第七章

货币政策

内容简介

货币政策是国家宏观经济政策的重要组成部分，货币政策理论在宏观经济中也处于核心地位。货币政策的制定与实施直接关系到整个国民经济的运行和发展。本部分主要介绍货币政策含义、货币政策最终目标、货币政策工具、货币政策中介指标、货币政策的传导机制以及货币政策效应。

教学目的

通过本章的学习，要求掌握货币政策含义，了解货币政策目标的形成，理解货币政策最终目标的内容及其目标之间的矛盾；理解货币政策工具体系，掌握主要货币政策工具的内容；掌握货币政策中介指标的选择标准和特点；理解货币政策的传导机制；理解货币政策效应的衡量及其政策效应时滞问题。

第一节　货币政策及其目标

中央银行宏观调控作用的发挥，是与货币政策的制定、贯彻以及日常操作紧密联系在一起的，货币政策是中央银行实现金融调控的核心。

一、货币政策含义

（一）货币政策的概念

货币政策是指中央银行为了实现既定的经济目标，运用各种手段调节货币供给量或信用量，进而影响宏观经济的方针和措施的总称。

货币政策一般涉及三个方面的问题：货币政策目标、货币政策工具及政策实施效果。但因货币政策从确定目标到具体实施直到达到预定目标的期间涉及一系列作用过程，因此，还包括货币政策的中介指标及传导机制。

（二）货币政策的任务

货币政策作为一国重要的宏观经济政策，主要有以下三方面的任务。

第一，维持适度的货币供应。不能因货币供应不当而影响国民经济的正常运行。

第二，为国民经济的健康发展创造一个良好、稳定的货币金融环境。

第三，对来自其他方面的经济干扰因素发挥抵消作用。即在经济过热，通货膨胀较严重的情况下，货币政策的任务是减少货币供给量，降低过旺的需求，促使经济正常、稳定地发展；而在经济萧条或衰退时，中央银行通过货币政策的实施，增加货币供给量，刺激社会总需求，将经济拉出低谷。

（三）货币政策的内容

1. 货币供应量政策

货币供应政策即中央银行为控制信用规模而采取的各种方针与措施。通过货币供应量政策，一方面可调节社会信用总量，即货币流通总量，适应经济发展需要；另一方面调节社会信用量的结构与投向，发挥资金的最大使用效益。

2. 利率政策

利率政策用来控制与调节市场利率。体现在两个方面：一是利率水平；二是利率结构。

3. 汇率政策

汇率政策用来调节外汇市场，控制国际资本流动，保持适度的外汇储备，使汇率不至于过度波动，而影响经济的发展。

4. 其他政策

其他政策指货币供应量政策、利率政策、汇率政策之外的其他金融政策。

二、货币政策最终目标演变

（一）货币政策目标体系

货币政策的目标是一国货币当局采取的调节货币和信用的措施所要达到的目的。按照中央银行对货币政策的影响力和影响速度，货币政策划分为两个不同的目标层次，即最终目标和中间目标，它们共同构成中央银行货币政策的目标体系。中央银行货币政策的目标要与一国整个经济长期发展的战略目标相一致，要成为整个国家经济政策的重要组成部分而发生作用。这就是中央银行货币政策的最终目标。一般认为，货币政策的最终目标包括稳定物价、充分就业、经济增长、国际收支平衡。

（二）货币政策最终目标演变

货币政策的这一最终目标体系是随着西方国家的政府试图解决经济发展过程中相继出现的经济问题而形成的。

在20世纪30年代以前，西方社会出现的严重通货膨胀和通货紧缩问题，时常使经济活动难以正常进行，由此导致西方各国中央银行将稳定币值作为货币政策目标。

20世纪30年代经济危机，造成了大量、持续的失业，成为西方社会的突出经济问题。同时，凯恩斯的《就业、利息和货币通论》从理论上证明货币政策在国家干预、实现充分就业中的积极作用。此后，英、美等国相继以法律形式宣称，谋求充分就业是其货币政策的目标之一。由此，形成了货币政策的又一个目标：充分就业。

到了50年代后半期，西欧各国和日本经济迅速复兴，出现了较高速度的增长，超过了美国的经济增长速度，美国的经济霸主地位受到了挑战。为了维持自己的政治、经济和军事地位，也为了改善本国的就业状况，美国政府率先把适度的经济增长作为货币政策和财政政策的目标。此后西方各主要资本主义国家也纷纷仿效，货币政策目标又扩展到适度经济增长。

从50年代开始，美国通货膨胀日益严重，对外经济援助和军事费用的大量支出，加上为促进经济增长和实现充分就业而实行的低利率政策加剧了美国国际收支逆差，致使大量美元外流。世界各国把美国的巨额国际收支逆差看作是一种危险，并纷纷要求美国实现国际收支平衡。此外，一些国家由于长期推行凯恩斯主义的宏观经济政策，以致出现了不同程度的通货膨胀，国际收支状况也日益恶化。在70年代，伴随着两次美元危机，国际收支被列为货币政策的目标，至此货币政策的四个目标形成。

80年代末90年代初，面对更加严重的通货膨胀，有一些国家直接采用“通货膨胀目标制”的货币政策。通货膨胀目标制要求的是通货膨胀率为一个适度的正值（如2%～5%），不是零通货膨胀，更不是负通货膨胀（即通货紧缩）。

在不同时期各国央行选择的货币政策目标也有所不同。21世纪初的前几年，很多国家将经济增长作为货币政策主要目标。近几年随着经济增长放缓，货币政策目标重点在于价格稳定，此外由于失业率的升高，有些国家也将就业率作为主要目标。

三、货币政策最终目标

一般而言，货币政策有四大最终目标：物价稳定、充分就业、经济增长及国际收支平衡。

（一）物价稳定

物价稳定是经济发展的前提，西方国家中央银行将物价稳定作为货币政策的主要目标。物价稳定是指通过实行适当的货币政策，保持一般物价水平的相对稳定，以避免出现较严重的通货膨胀或通货紧缩。在货币政策实践中，中央银行通常在通货膨胀时期实施相对紧缩的货币政策，以减少货币供应量，从而遏制通货膨胀；在通货紧缩时期实施相对宽松的货币政策，以适当增加货币供应量，从而抑制通货紧缩。

对于物价上涨多少可以认为是物价稳定，各国及不同学者也有不同看法。有认为2%以上就是通货膨胀，也有的认为3%甚至5%都是可以接受的，总体来说要根据各国的实际情况和公众对物价的承受能力来定。我国根据实际情况每年初制定物价指数目标，一般认为控制在3%左右是一个比较适当的水平。

（二）充分就业

充分就业通常是指有能力并自愿参加工作的人，都能在较合理的条件下找到合适的工作。充分就业并不等于社会劳动力百分之百的就业，因为还存在着摩擦性失业（短期内因劳动力供求失调难以避免而造成的失业）和自愿性失业（工人不愿意接受现行的工资水平而造成的失业）。只要消除了非自愿性失业（劳动者愿意接受现行的工资条件和工作条件，仍然找不到工作），社会就实现了充分就业。

充分就业通常以失业人数与愿意就业的劳动力或整个社会劳动力之比，即失业率来衡量。不同的国家和社会对失业率的承受能力业受多种因素的影响而不同，很难制定一个统一的标准作为合理的失业率水平。其实，不管合理的失业率水平具体是多少，充分就业目标的实质就是力争使失业率降低至一个社会所能容忍的水平。国际上通常将不超出4%～5%的失业率视作充分就业。

（三）经济增长

经济增长是指一国在一定时期内所生产的商品和劳务总量的增长。经济增长是货币政策的重要目标，如果经济增长率下滑会使得居民收入下降，从而影响居民的消费和福利，同时经济增长往往与就业率密切相关。保持一定经济增长率，有利于扩大投资，提供更多就业机会，经济低增长会影响就业率，甚至将导致高失业率，这将给社会带来不稳定因素。

各国通常将国民生产总值增长率、国民收入增长率、人均国民生产总值、人均国民收入增长率作为衡量经济增长的主要指标。国内生产总值（GDP），衡量一国（或地区）整体经济状况，GDP增长率是反映一定时期经济发展水平变化程度的动态指标。不同国家体制不同、经济发展基数不同，维持的经济增长率也不同。需要注意的是，货币政策所追求的经济增长目标是建立在长期持续稳定的基础上的，绝不是追求盲目高速的增长，量的增长并不能完全代表质的提高。货币政策追求的经济增长目标应该是发展速度加快、结构优化和效率提高三者之间的协调统一。

（四）国际收支平衡

国际收支是一国同其他国家之间在一定时期（通常为一年）内全部经济交往的货币价值记录。国际收支是国民经济的一个重要组成部分，反映国民经济结构的性质、经济活动的范围和经济发展的趋势，还可以反映一国对外经济活动的规模和特点，以及该国在世界经济中所处的地位和作用。

如果一国国际收支出现失衡，无论是逆差还是顺差都会产生不利的影响。国际收支出现过多顺差会导致外汇储备闲置，资源浪费，外汇供给增加会引起增发本国货币，该国市场货币供应偏多，商品供应不足，从而导致物价上涨，引发通货膨胀；国际收支过多逆差会导致资本大量外流，外汇储备急剧下降，该国国内商品供应量增加，货币供应量偏少，可能导致经济增长停滞，所以逆差对一国经济的不利影响更大，因而各国在利用汇率或利率政策调节国际收支失衡时，重点通常是减少或清除逆差。

四、货币政策最终目标之间的矛盾

在货币政策实践中，中央银行难以同时实现四个货币政策目标，因为有些货币政策目标间存在着互补性，如充分就业与经济增长可以齐头并进，相互支持，但是有些货币政策目标彼此间存在着矛盾和冲突，实现了某个目标，常会干扰其他目标的实现。

（一）物价稳定与充分就业的矛盾

最先在理论上分析物价稳定与充分就业之间矛盾的是经济学家菲利浦斯，菲利浦斯曲线反映通货膨胀率与失业率之间此增彼减的交替关系。根据菲利浦斯曲线，在物价稳定（即通货膨胀率较低）时，失业率较高；而当失业率较低时，通货膨胀率较高。在通货膨胀时，中央银行为了达到稳定物价的目标，必须实行紧缩性的货币政策，以降低通货膨胀率，但是，紧缩性货币政策却使失业率提高，从而不利于充分就业目标的实现。反之，在失业率较高的时期，中央银行为了达到充分就业目标，必须实行扩张性的货币政策，以降低失业率，但是，扩张性货币政策往往使通货膨胀率提高。换言之，要降低失业率，就要以忍受较高的通货膨胀率为代价；要使物价稳定，就要以忍受较高的失业率为代价，因为物价稳定与充分就业目标不能同时兼顾。

（二）稳定物价与经济增长

稳定物价与经济增长之间是否存在矛盾，西方各国经济学对此看法不一。一种观点认为，只有物价的稳定，才能保持经济的正常增长；另一种观点认为，较微弱的物价上涨能刺激经济增长；第三种观点认为，经济增长能使物价稳定。现代社会的经济发展证明，经济增长总是与物价上涨相伴随，如在西方国家，凡是经济正常增长时期，物价水平都呈上升趋势。这说明，中央银行在为实现经济增长目标而努力时，必须考虑如何处理经济增长与物价稳定之间的关系，或者说在确定稳定物价的政策目标时，必须考虑到经济增长的要求。

（三）物价稳定与国际收支平衡的矛盾

当一国出现通货膨胀时，由于本国物价水平上涨而使得外国商品价格相对低廉，导致国内商品出口减少而进口增加，结果可能造成国际收支恶化。即使在本国物价稳定的情况下，也可能发生国际收支的不平衡，例如本国物价稳定而外国发生了通货膨胀，则导致本国出口增加、进口减少，国际收支会发生大量顺差，造成顺差失衡。因此，只有在世界各国都维持一致的物价稳定程度，并且贸易状况不发生大的变动的条件下，稳定物价和国际收支平衡的目标才能同时实现，否则，二者随时有可能产生矛盾和冲突。

（四）经济增长与国际收支平衡的矛盾

在一个开放型的国家，随着经济增长，国民收入和支付能力也相应增强，对进口商品的需求通常也会增加，从而使贸易收支状况恶化，引起国际收支不平衡。而在国际收支不平衡时，政府通常会压制国内的有效需求，其结果可能改善国际收支，但又往往带来经济衰退。因此，经济增长与国际收支平衡也有矛盾。例如，当国内经济衰退与对外收支逆差并存时，中央银行就陷入顾此失彼的困境之中：若提高利率，虽然有利于吸引国外资本流入，从而可以改善国际收支状况，但是，利率提高显然抑制了投资，从而使本已衰退的经济雪上加霜；反之，若降低利率，虽然有利于刺激投资，促进经济增长，但是，利率降低却通常会引起国内资本的流出，从而使国际收支逆差更为严重。

第二节　货币政策工具

货币政策目标是通过货币政策工具的运用来实现的。货币政策工具是中央银行为实现货币政策目标而使用的各种策略手段。货币政策工具一般分为一般性政策工具、选择性政策工具和其他补充性政策工具三类。

一、一般性货币政策工具

一般性货币政策工具即传统的三大货币政策工具，也就是我们通常所说的中央银行的“三大法宝”：再贴现政策、存款准备金政策和公开市场政策。一般性货币政策工具的特点是：对金融活动的影响是普遍的、总体的，没有特殊的针对性和选择性。一般性货币政策工具的实施对象是整体经济，而非个别部门或个别企业。

（一）再贴现政策

1. 再贴现政策的含义

再贴现政策，是指中央银行通过制订或调整再贴现利率来干预和影响市场利率及货币市场的供应和需求，从而调节市场货币供应量的一种金融手段。在美国，人们通常将联邦储备体系向商业银行发放贴现贷款的设施称为贴现窗口。

2. 再贴现政策的内容

再贴现政策包括两方面的内容：一是再贴现率的调整。再贴现率是由央行所规定的，因此是一种官定利率，区别于市场利率，反映的是货币当局对资金的调控意向。由于央行提供的贷款以短期为主，因此再贴现率是一种短期利率，一般在 3 个月到 1 年之间。二是规定何种票据具有向中央银行申请再贴现的资格，这主要是影响商业银行及全社会的资金投向。

3. 再贴现政策的作用原理

就中央银行的业务操作角度而言，再贴现工具主要体现为中央银行的资产业务。然而，由中央银行资产决定负债的原理可知，再贴现工具的作用对象应该是基础货币。当中央银行认为需求过旺，需要紧缩银根时，就会提高再贴现利率，进而提高商业银行向中央银行借款或贴现的资金成本，商业银行就会减少向中央银行借款，商业银行准备金缩减，如果没有其他的资金来源渠道银行就只能收缩对客户的贷款和投资规模，从而也就缩减了市场的货币供应量。当中央银行认为需求不足，需要放松银根时，就会降低再贴现利率，进而降低商业银行向中央银行的借款成本，当商业银行资金来源充裕，成本低廉时，就有可能扩大其资产和信贷规模，从而导致市场货币供应量增加，市场利率也随之降低。

4. 再贴现政策的作用

再贴现政策的政策效应体现在两个方面：（1）贴现政策的告示效应。再贴现利率是一种告示利率，它反映了中央银行的政策意向。如贴现率升高，意味着政府判断市场过热，有紧缩银根的意向；反之，则意味着有扩张意向，这对短期市场利率常有导向作用。在很多国家再贴现率被当作基准利率。（2）再贴现政策的信贷职能。商业银行从中央银行获得的贴现贷款是其临时性资金需求的重要来源，同时再贴现政策也是中央银行作为最后贷款人解决社会临时性资金短缺和流动性紧张的重要操作手段之一。中央银行的贴现贷款主要有三种形式：调节性贷款、季节性贷款和持续性贷款。调节性贷款用于商业银行临时性的流动需求，如法定存款准备金不足或其他形式的透支。这是最主要的贴现贷款，利率是基础贴现率，低于同业拆借市场利率。季节性贷款主要用于筹资能力有限的小银行的季节性资金需求，如农产品收购等，利率与市场利率挂钩，高于基础贴现率。持续性贷款则用于援救面临严重流动性不足的银行，属于应急性贷款，在规定期限后（例如30天）利率与市场利率挂钩，且高于基础贴现率。对此类贷款中央银行不要求迅速偿还，但需经严格的审批程序。中央银行总的原则是不鼓励银行频繁地利用贴现贷款。央行认为，频繁使用贴现借款是经营状况不佳、筹资能力低下的标志。这种原则使中央银行运用贴现贷款政策调控信贷形成了一个良好的约束机制。

5. 再贴现政策的局限性

再贴现政策比存款准备金政策灵活，但也有缺陷：（1）中央银行缺乏足够的主动权，商业银行是否愿意到中央银行申请再贴现，或再贴现多少，决定于商业银行的贷款需求和是否有其他的筹资途径。在经济高速增长时期，再贴现率无论多高，都难以遏止商业银行向中央银行再贴现或借款，如果商业银行有其他的融资渠道，该手段的抑制作用更为有限。而在经济低迷时期，如果投资无利可图，再贴现率无论降到多低，都难刺激贷款需求。（2）由于再贴现率是基准利率，因此应慎重调整以免引起市场利率的频繁波动。

因此，在货币政策的工具中再贴现政策不处于主要地位，属于辅助性政策工具，用以配合公开市场的操作。但是，在以银行准备金为操作目标的操作体系下，贴现借款量和再贴现率的确定对短期银行同业拆借利率的确定有着重要的作用。

（二）存款准备金政策

1. 存款准备金政策的含义

存款准备金政策是指中央银行在国家赋予的权利范围内，通过规定或调整商业银行交存中央银行的存款准备金率，控制商业银行体系的信用创造能力，间接调节货币供应量的活动。

商业银行把自己的存款存于政府的银行以保证自己的清偿能力，始于英格兰银行。但以法律的形式要求商业银行必须将存款按一定比例存于中央银行则是在1913年由美国的《联邦储备法》确定的。20世纪30年代的经济大危机后，存款准备金制度演化为中央银行限制银行体系信用创造和调控货币供应量的政策工具。目前，凡是实行中央银行制度的国家，一般都实行存款准备金制度。

2. 存款准备金政策的目的和作用

中央银行建立准备制度的目的和作用可以从两个方面理解：（1）保证银行体系的资金流动性和现金兑付能力，这是存款准备金建立的初衷。在银行业发展的初期，由于缺乏中央银行最后贷款人的支持和货币市场不发达，在资金流动性需求急剧上升或出现挤兑时，银行业缺乏应变能力，往往会发生支付危机进而导致金融恐慌。存款准备金制度的建立为银行体系在流动性上提供了一个缓冲和保险装置。（2）控制货币供应量。根据货币乘数理论，货币供应量等于基础货币与货币乘数的乘积，而法定存款准备金比率是决定乘数大小从而决定货币供应量的重要因素之一。这是将法定存款准备金率作为中央银行货币政策工具的理论基础。

3. 存款准备金政策的内容

准备金制度的基本内容主要包括以下几个方面：（1）对法定存款准备金比率的规定。（2）对作为法定存款准备金的资产种类的限制。一般限定为银行在中央银行的存款；在有些国家，一些高度流动性的资产，如库存现金和政府债券等也可以作为法定存款准备金。（3）法定存款准备金的计提，包括存款余额的确定及缴存基期的确定等。（4）法定存款准备金比率的调整幅度等。历史上的一些国家，包括中国都曾根据存款的种类、金融及银行规模和经营环境的不同，分别规定不同的存款准备金比率，但现在大多数国家都是采用的单一比率，即无论银行规模大小、活期存款还是定期存款，都规定一个统一的存款准备金比率。关于法定存款准备金的资产种类，目前，多数国家都效仿英国，将商业银行的库存现金与在中央银行的存款都视作法定存款准备金。这种办法增加了法定存款准备金的弹性，并减少了现钞在中央银行和商业银行的库存数量。

4. 存款准备金政策的作用原理

存款准备金政策的作用原理如下：（1）根据货币供给理论，商业银行在中央银行的存款是基础货币的一部分，存款准备金率是决定货币乘数的重要因素，调整存款准备金率，既改变基础货币，又影响货币乘数；（2）当中央银行希望增加货币供给时，就会调低存款准备金率，增加商业银行可运用的超额准备金，实现放松银根的目的；（3）存款准备金率即使不改变，它存在的本身就在客观上限制了商业银行体系信用创造的能力。

5. 存款准备金政策的局限性

（1）法定存款准备金威力巨大，每调整一个百分点都足以使整个货币供应产生巨大的波动，不利于货币市场的稳定，因此一般不作为日常的货币政策操作工具。

（2）对于超额准备金很低的银行来说，提高法定存款准备金会进一步降低银行可运用的资金，引起流动性危机。

（3）法定存款准备金率是商业银行日常业务统计和报表中的一个重要指标，频繁的调整势必会扰乱银行正常的财务计划和管理，同时也破坏了准备金需求的稳定性和可测性，不利于中央银行的公开市场操作和对短期利率的控制。

（4）商业银行在中央银行的准备金存款没有利息收益，商业银行因此而蒙受着较大的机会成本损失，这意味着商业银行相对于那些不受法定存款准备金约束的非银行金融机构来说，竞争力减弱了许多。而商业银行所蒙受的大部分成本损失最终还是要转嫁给存款人和借款人。

（三）公开市场操作

公开市场操作是20世纪20年代早期美国联邦储备系统为解决自身收入问题买卖收

益债券时意外发现的，从20世纪20年代以后至今，它几乎成为联邦储备系统最重要的政策工具。在其他国家，公开市场操作由于其所具有的优越性也备受推崇。

1. 公开市场操作的政策含义

中央银行在证券市场上公开买卖国债的业务活动即为中央银行的公开市场业务。中央银行在公开市场的证券交易活动，其对象可以是商业银行，也可以是社会公众，目的在于调控基础货币、进而影响货币供应量和市场利率。因此，中央银行的公开市场操作是中央银行实施货币政策的重要工具，常称其为“公开市场操作政策”。

2. 公开市场操作政策的作用原理

公开市场业务是指中央银行在公开市场上买进或卖出二级市场债券（主要是政府债券）用以增加或减少货币供应量的一种政策手段。

公开市场业务作用的目的是影响银行体系的准备金、债券价格的收益。说明如下：

首先，中央银行运用公开市场业务调节银行系统的准备金，通过改变超额准备金和基础货币的数量而调节信贷总量和货币供应量。当中央银行认为金融市场资金短缺，需要扩大货币供应量时就会在公开市场上买进债券，投入基础货币；反之则卖出债券，以回笼货币，收缩信贷规模，减少货币供应量。公开市场业务的理论基础是银行体系积累扩张和收缩信贷的能力。中央银行在出售债券时，无论购买者是金融机构还是厂商个人，经过票据交换清算后，都会导致银行体系的准备金减少，从而收缩信贷和货币供应；反之，中央银行在购入证券后，就会导致银行体系准备金的增加，扩张信贷总量。

其次，影响债券的价格和收益。中央银行的公开市场活动必将对私人部门的预期产生影响，然后再通过私人部门的预期对债券价格及其收益的将来动向发生影响，这些影响被称为“宣布效果”。例如，中央银行大量收购债券以放松银根，市场货币供给增加，社会公众由此判断未来利率会降低，对债券的需要量增加，导致信用的进一步扩张；如果中央银行大量出售债券，将使社会公众产生未来利率提高的预期，减少对债券的需求缩减，进一步紧缩信用。

3. 公开市场操作的方式

公开市场操作有两种方式：永久性准备金调节和临时性准备金调节，也有称作能动性的公开市场操作和保卫性的公开市场操作。前者是指中央银行根据经济长期发展的需要，在公开市场操作中单向性地购入或售出债券，使存款机构的准备金在一个较长的时期内得到增加或减少。后者是指中央银行为了消除一些意外因素（如财政存款余额、在途资金及流通货币等）对银行准备金造成的影响，通过买入债券再卖出，或者卖出债券再买入，使存款机构准备金在短期内得到临时性的调节，但不对准备金的累计总量产生影响。

4. 公开市场操作政策的优点

相对于其他货币政策工具来说，公开市场业务有以下几个方面的优越性：（1）公开市场业务是由中央银行主动操作的，其规模的大小完全由中央银行控制，中央银行可以根据市场情况主动出击，避免了贴现机制的“被动等待”，能够保证货币政策具有超前性。（2）公开市场业务灵活、精巧，其交易规模可以恰如其分地把握。无论是想让基础货币发生多么微小的变化，还是发生相当大的变动，中央银行都能通过公开市场操作做到，避免法定存款准备金政策对市场的震动效应。（3）公开市场业务具有很强的灵活性。它可以进行连续性、经常性及试探性的操作，而且易于逆转，如果操作中出现失误，中央银行可以立即纠正。例如，如果中央银行断定，货币供应增长过快是由于公开市场购买过多，那么中央银行便立即通过公开市场出售来降低货币供应的增长速度。（4）公开市场操作迅速，不会有延误。公开市场业务一般是由中央银行专设机构操作，无须层层审批等烦琐手续，当中央银行决定要变动基础货币数量时，它只要向政府债券交易商发出购买或出售债券的单子，交易便可立即得到执行和完成，有利于适应金融市场瞬息多变的需要。

5. 公开市场操作政策的局限性

第一，公开市场操作对资本市场的发育状况有很大的依赖性。要有效地发挥这一工具的作用必须具备下列条件：首先，中央银行必须具有强大的、足以干预和控制整个金融市场的资金实力。其次，有一个健全和活跃的资本市场，并有足够数量的流通债券，这实际上还涉及货币政策与财政政策的协调配合问题。最后，必须有其他货币政策工具的配合。例如，如果没有存款准备金制度使中央银行掌握一定数量的准备金，这一工具也很难充分发挥作用。

第二，公开市场操作对准备金的影响也存在着不确定性，比如中央银行在公开市场从非银行公共机构买入债券，其对准备金的影响就取决于非银行公共机构以何种方式持有这笔款项，如果完全以现金形式持有，则银行准备金不会改变，如果以存款形式持有，则会导致银行准备金的相应增加，但基础货币的增加都是一样的（基础货币 = 现金 + 存款机构在中央银行的准备金存款），这就对中央银行的准备金预测技术提出了更高的要求。

此外商业周期、货币流通速度的变化也会影响到公开市场操作政策的效果。

二、选择性货币政策工具

传统的一般货币政策工具，都属于对货币总量的调节，以影响整个宏观经济。在这些一般性政策工具之外，还有可选择地对某些特殊领域的信用加以调节和影响的措施。其中有消费者信用控制、证券市场的信用控制、不动产信用控制、优惠利率、预缴进口保证金等。

（一）消费者信用控制

消费信用控制是指中央银行对不动产以外的各种耐用消费品的销售融资予以控制。

主要内容包括：（1）规定用分期付款购买耐用消费品时第一次付款的最低金额；（2）规定用消费信贷购买商品的最长期限；（3）规定用消费信贷购买的耐用消费品种类，对不同消费品规定不同的信贷条件等。在通货膨胀时期，中央银行采取消费信用控制，能起到抑制消费需求和物价上涨的作用。

（二）证券市场信用控制

证券市场信用控制是中央银行对有关证券交易的各种贷款进行限制，目的在于抑制过度的投机。其中如规定一定比率的证券保证金率，中央银行根据金融市场情况调高或调低保证金比例，控制最高放款额度，间接控制证券市场的信贷资金流入量。

（三）不动产信用控制

不动产信用控制是指中央银行对金融机构在房地产方面放款的限制措施，以抑制房地产的过度投机。如对金融机构的房地产贷款规定最高限额、最长期限以及首次付款和分摊还款的最低金额等。

（四）优惠利率

优惠利率是中央银行对国家重点发展的经济部门或产业，如出口工业、农业等，所采取的鼓励措施。优惠利率通常与国家经济政策相对应，鼓励某些行业或部门发展，不仅在发展中国家多有采用，发达国家也普遍采用。实行优惠利率有制定较低的贴现率和规定较低的贷款利率两种方式。

（五）预缴进口保证金

预缴进口保证金，类似证券保证金的做法，即中央银行要求进口商预缴相当于进口商品总值一定比例的存款，以抑制进口的过快增长。预缴进口保证金多为国际收支经常出现赤字的国家所采用。

三、其他补充性货币政策工具

（一）直接信用控制

直接信用控制是指从质和量两个方面，以行政命令或其他方式，直接对金融机构尤其是商业银行的信用活动所进行的控制。其手段包括利率最高限额、信用配额、流动性比率和直接干预等。

存贷款最高利率限制，是最常使用的直接信用管制工具。如在 1980 年以前，美国 Q 条例规定，活期存款不准付息，对定期存款及储蓄存款则规定利率最高限。其目的是为了防止银行用抬高利率的办法竞相吸收存款和为谋取高利而进行高风险存贷。

信用配额，或信贷分配，是指中央银行根据金融市场状况及客观经济需要，分别对各个商业银行的信用规模加以分配，限制其最高数量。在多数发展中国家，由于资金供给相对于需求来说极为不足，这种办法相当广泛地被采用。

规定商业银行的流动性比率，也是限制信用扩张的直接管制措施之一。商业银行流动性比率是指流动资产对存款的比重。一般说来，流动性比率与收益率成反比。为保持中央银行规定的流动性比率，商业银行必须采取缩减长期放款、扩大短期放款和增加易于变现的资产等措施。

直接干预是指中央银行直接对商业银行的信贷业务、放款范围等加以干预。如对业务经营不当的商业银行拒绝再贴现或采取高于一般利率的惩罚性利率；直接干涉商业银行对存款的吸收等。

（二）间接信用控制

间接信用控制是指中央银行通过道义劝告、窗口指导等办法间接影响商业银行的信用创造。

1. 道义劝告

道义劝告是指中央银行利用其声望和地位，对商业银行和其他金融机构经常发出通告、指示或与各金融机构的负责人进行面谈，劝告其遵守政府政策并自动采取贯彻政策的相应措施。例如，在国际收支出现逆差时劝告各金融机构减少海外贷款；在房地产与证券市场投机盛行时，中央银行要求商业银行缩减对这两个市场的信贷等。目前，许多国家的中央银行都采取道义劝告来加强金融管理。

2. 窗口指导

窗口指导是指中央银行根据产业行情、物价趋势和金融市场动向等，规定商业银行每季度贷款的增减额，并要求其执行。如果商业银行不按规定的增减额对产业部门贷款，中央银行可削减向该银行贷款的额度，甚至采取停止提供信用等制裁措施。虽然窗口指导没有法律约束力，但其作用有时也很大。第二次世界大战结束后，窗口指导曾一度是日本货币政策的主要工具。

间接信用指导比较灵活，但要起作用，中央银行必须在金融体系中有较强的地位、较高的威望和拥有控制信用的足够法律权利和手段，因而间接信用指导只能是其他政策工具的有益补充。

第三节　货币政策中介指标

货币政策中介指标，也称中间目标，是指中央银行为实现其货币政策的最终目标而设置的可供观察和调整的指标。它是货币政策工具和货币政策最终目标之间的桥梁，在货币政策传导中起着承上启下的传导作用。

在现实中，从货币政策工具的运用到货币政策最终目标的实现之间有一个相当长的作用过程，西方国家货币政策的时间差一般是 9 ~ 12 个月。中央银行在实施货币政策过程中要了解其政策工具是否得力，估计政策目标能否实现，就要选择一些量化的、能用于日常操作的经济指标，这就需要借助于中介指标的设置。

同时，货币政策最终目标是一些非数量化的目标，货币当局本身并不能直接控制和实现诸如稳定物价、经济增长这些货币政策目标，所以要借助于货币政策工具，设置一些能在短期内显现出来，与货币政策最终目标和货币政策工具高度相关的中介指标作为随时观察和控制的对象，通过对中介指标的调节和影响，最终实现政策目标。

一、中介指标选择标准

中介指标选择的准确与否关系到最终目标能否实现，中央银行选择中介指标要符合以下标准：

（一）可控性

可控性即该项经济变量的变动要能为中央银行所控制，要能直接处于中央银行运用的控制手段的作用范围以内。中央银行通过多种货币政策工具的运用，能对该变量进行有效的控制和调节，能较准确地控制其变动状况与变动趋势。

（二）相关性

相关性即该经济变量必须同货币政策的最终目标有极密切的关系，只有如此，才能被当作货币政策的监测标准，才能使中央银行的控制力得到发挥，才能有利于货币政策最终目标的实现。

（三）可测性

可测性有两个层次的含义。第一，中央银行能够迅速获取有关中介指标的准确数据。第二，有较明确的定义，同时便于观测、分析和监测。

（四）抗干扰性

货币政策在实施过程中常会受到许多外来因素或非政策因素的干扰。只有选取那些受干扰程度较低的中介指标，才能通过货币政策工具的操作达到最终目标。

（五）适应性

中介指标的选取要与经济体制、金融体制相适应。不同的经济及金融环境，中央银行为实现既定的货币政策目标而采用的政策工具不同，选择作为中介指标的金融变量也有所不同。

二、中介指标的种类

根据以上几个条件，中介指标一般有利率、货币供应量、超额准备金和基础货币等。

（一）利率

市场利率与经济生活关系密切，对社会总需求和总供给有重要影响。

首先，利率的可测性强。中央银行几乎能够立即得到市场利率数据，而且对市场利率的计量也相当准确，很少修正。

其次，利率的可控性强。中央银行可以根据国民经济发展情况，通过公开市场业务买卖债券，改变债券的供求状况，从而达到影响市场利率，让市场利率沿着预定轨道运动的目的。

最后，利率的相关性也很强。利率对经济的总产出有着很大的直接影响，而且市场利率与总产出是同时决定的。可见，中央银行通过控制市场利率，来影响经济的投资和储蓄，达到对总产出控制的目的。

以利率作为货币政策的中介指标变量，也存在着一些缺陷。尽管中央银行能够迅速和准确地计量利率，但是这种能够准确计量的利率是名义利率，它不能说明借贷的实际成本（即实际利率），而借贷的实际成本才是能够较为确切地说 GDP 会有什么变化的量。根据实际利率计量的论述可知，实际利率（即借贷的实际成本）等于名义利率减去预期通货膨胀率。遗憾的是，我们没有计量预期通货膨胀率的直接手段。因此，实际利率是极难计量的，这也使中央银行很难控制实际利率的变化。正是由于这个原因，以利率作为货币政策中间变量，有着不合适的地方。

（二）货币供应量

货币供应量是指某一时点上全社会承担流通手段和支付手段的货币存量。一般表现为银行存款、流通中现金等金融机构的负债。

首先，货币供应量具有较强的可测性。不论是 M1 货币，还是 M2 货币，都反映在中央银行和商业银行的资产负债表中，这使得对于货币供应量的统计资料的收集比较容易，计算和分析也比较方便。比如，美国联邦储备体系每两周公布一次货币供应量数据。

其次，货币供应量具有很强的可控性。我们看到中央银行对货币供应确实能够施加强有力的影响：通过公开市场操作、调整法定准备金率、改变再贴现率等手段，可以影响基础货币和货币乘数，从而实现对货币供应强有力的影响。另外，货币的发行权和向流通中注入新货币的权力完全掌握在中央银行手中。因此，中央银行能够有效地控制 M1 和 M2 货币供应量。

最后，货币供应量与经济活动（总产出、就业水平、物价水平）之间有着密切的关系，因此把货币供应量作为货币政策的中间目标，其相关性很强。比如，在经济繁荣时期，减少货币供应量可抑制通货膨胀，维护物价稳定；在经济衰退时期，增加货币供应量可刺激总需求，增加就业机会，促进经济增长（即促进总产出的增加）。因此，货币供应与货币政策目标之间表现了较强的相关性。

但是，无论选用货币供应量，还是选用利率，不存在哪个绝对好哪个绝对差的定论，如何选择要看条件，并且也只有根据经验的积累才能判断怎样的选择对本国来说较为理想。历史上，20 世纪 70 年代中期以后，各国中央银行纷纷将中介指标由利率改为货币供应量。但是进入 90 年代以来，一些国家又先后放弃以货币供应量作为中介指标，转而采用利率。原因是 80 年代末以来的金融创新、金融放松管制和全球金融市场一体化，使得各层次货币供应量之间的界限更加不易确定，以致基础货币的扩张系数失去了以往的稳定性，也使得货币总量与最终目标的关系更难把握，结果是中央银行失去了对货币总量强有力的控制。

（三）超额存款准备金

中央银行的准备金存款分为法定存款准备金和超额存款准备金。法定存款准备金是商业银行按照其存款的一定比例向中央银行缴存的存款，这个比例通常是由中央银行决定的，被称为法定存款准备金率。超额存款准备金是商业银行存放在中央银行、超出法定存款准备金的部分，主要用于支付清算、头寸调拨或作为资产运用的备付金。

超额存款准备金之所以能够成为中介指标，是因为法定存款准备金率、公开市场业务和再贴现政策等货币政策工具，都是通过影响商业银行的超额存款准备金的水平来发挥作用的。事实上，无论中央银行运用何种政策工具，必须先改变商业银行的超额存款准备金，然后对货币供应量产生影响，进而实现最终目标。但是，作为中介指标，要持有多少数量的超额准备金取决于商业银行的意愿和财务状况，是商业银行自身的行为，中央银行不易直接控制。

（四）基础货币

基础货币又称高能货币，是流通中的现金和银行存款准备金的总和，它构成了货币供应量倍数伸缩的基础。基础货币是一个比较理想的中介指标，满足中介指标的要求。

首先，可测性强。中央银行计量基础货币数量要比计量货币供应量和利率都容易。中央银行直接从自己的资产负债表上计算出负债总额，就知道了基础货币量，这显然要比计算出全国所有商业银行的活期存款之总和方便、容易得多。

其次，可控性强。基础货币是由中央银行直接控制掌握的货币，货币的发行权在中央银行手中。

最后，相关性强。基础货币变化影响货币供应变化：货币供应量等于基础货币与货币乘数之积。只要中央银行能够控制基础货币的投放，就可以控制货币供应量，进而影响到利率、价格和国民收入，从而影响货币政策目标的实现，因此基础货币与货币政策目标之间具有较强的相关性。

第四节　货币政策传导机制与政策效应

一、货币政策的传导机制

货币政策的传导机制，是指中央银行通过货币政策工具的实施，影响中介指标的变动，从而引起经济生活的某些变化，实现中央银行货币政策的最终目标。

货币政策传导过程，也就是货币政策的制定和实施的过程。首先，要选定最终目标；其次，选择政策工具和中介指标；再次，根据不同的经济金融状况，实施政策工具，从而引起中介指标的变化。中介指标的变动（如货币供应量的变动）必然会影响到企业和个人的收入和购买力大小的变化，从而影响国民收入的变化。对这一过程的分析主要有两种理论，即凯恩斯学派的传导机制理论和货币学派传导机制理论。

（一）凯恩斯学派的传导机制理论

凯恩斯学派认为：中央银行实施货币政策后，首先引起商业银行的存款准备金数量发生变动，继而导致货币供给量发生变化，通过货币供给量的变化引起市场利率发生变化，市场利率的变化导致投资发生增减的变动，通过乘数效应，而最终影响社会总支出与总收入，用公式表示为：

$$\text{货币政策工具} \rightarrow M\uparrow \rightarrow r\downarrow \rightarrow I\uparrow \rightarrow E\uparrow \rightarrow Y\uparrow$$

式中，M 为货币供给量；r 为市场利率；I 为投资；E 为总支出；Y 为总收入。

具体来说，当中央银行采取宽松的货币政策，例如降低存款准备金率，降低再贴现率或买入证券后，商业银行超额存款准备金增加，贷款能力增强。贷款的增加必然会增加货币供给量，那么市场银根放松就会促使利率降低。利率的降低意味着资本边际效率的提高，促使投资增加，通过乘数效应直接增加了社会的总需求，最终导致社会总收入的增加。若此时社会处于非充分就业状态，则货币供给量增加所带来的总需求增加会直接增加社会的产量、就业与收入，物价上涨幅度较小。当社会已达到充分就业状态时，生产资源与劳动力已趋于饱和，随着总需求的增加，物价水平随之同比例上涨。同样，若中央银行采取紧缩性的货币政策则会引起相反的效果。

由以上传导机制可看出，中央银行货币政策作用的大小，主要取决于三个方面因素：首先，一定量的货币供给变动能使利率发生变动的程度，即货币供给量变动后能否引起市场利率发生变化，利率能改变多少；其次，一定的利率变动对投资的影响程度；最后，货币乘数的大小。在这一传导机制中，利率是核心。货币供给量的增减首先影响利率，通过利率变化最终影响社会总支出与总收入。如果货币供给量增减后不能对利率产生影响，那么货币政策失效。

（二）货币学派的传导机制理论

这一理论以货币学派的货币政策传导机制理论为代表。与凯恩斯学派不同，货币学派强调货币供给量变动直接影响总支出与总收入，避开了利率的作用。用公式表示为：

$$货币政策工具 \rightarrow M\uparrow \rightarrow E\uparrow \rightarrow Y\uparrow$$

这一理论认为，当中央银行采取宽松的货币政策时，商业银行存款准备金增加，即基础货币增加。商业银行体系在存款创造机制的影响下，货币供给量增加。在其他经济条件不变的前提下，利率下降。但这只是暂时的，利率下降后由于资本边际效率的增加，刺激生产者生产更多产品，获得更多收入。随着收入增加与货币需求量的增加，利率开始回升，且有可能恢复到原先水平。因此，货币政策的传导机制不是主要通过利率间接影响支出与收入，而是通过货币供给量的变动直接影响支出与收入。

上述两种理论尽管在具体分析时存在分歧，但有些基本的内容是公认的，即货币数量变动后，会引起市场利率发生变化，而正是由于利率的变化，企业家的投资欲望和个人的消费欲望就会改变。当投资和消费发生变化后，社会总支出与总收入自然会发生相应的改变。这便是货币政策传导机制的一般模式。

二、货币政策效应及其衡量

（一）货币政策效应

货币政策效应，即货币政策的有效性，是指货币政策的政策目标与实际运行效果之间的偏差。如果中央银行执行货币政策后，能够较好较快地接近货币政策确定的最终目标，那么货币政策的效果就较好。反之，如果等待时间很长或者距离政策所确定的最终目标偏差较大，那么货币政策的效果就较差。

货币政策有效性与货币政策目标是不同的，货币政策目标是一主观变量，而货币政策效果则是一种客观变量，就一般意义而言，货币政策目标都是好的、积极的，而货币政策有效性则可能既有好的、积极的一面，又有坏的、消极的一面。

许多国家的政府或中央银行为发展本国经济相应制定货币政策，但有的不仅收效甚微，而且还制约了经济发展。其无效性体现在：第一，失控性。当突遇金融危机或经济衰退问题时，因未建立有效运行的传导机制，加上决策失误，往往导致宏观调控与微观调整失灵，致使经济金融形势失控。第二，盲目性。制定货币政策必须依据全球经济形势的发展变化和本国的经济发展实际，根据经济发展的不同周期采取不同的货币政策。否则盲目下指标，讲速度，该“紧缩”而“扩张”，必将导致经济下滑。第三，滞后性。货币政策的制定一定要有前瞻性，如果一味照搬某个发达国家的货币政策经验而忽视本国的实际情况，以及变化着的经济形势，即使学到人家成功的经验，但运用起来也会产生滞后性或无用性。

（二）货币政策效应的衡量

货币政策有效性如何衡量，可以从货币政策的性质开始，从几个方面考察：

首先，货币政策是一项总需求管理政策，要分析政策效果能否引起总需求和总产出的变化，即能否影响和改善实体经济的运行。

其次，货币政策是一项逆周期政策，其效果评价要看其反周期作用的大小，熨平周期的程度，即在经济运行的高涨时期考察其抑制需求、平抑物价的作用，而在萧条时期则要考察扩大需求、防止通货紧缩的作用。

再次，货币政策是一项宏观经济政策，因此不可完全以微观经济运行状况来评价其效果，特别是不可以结构指标和效益指标来衡量货币政策。

最后，货币政策工具并不是直接作用于最终目标，凯恩斯主义认为主要通过利率对产出发生作用，货币主义则认为是通过货币供应量发生作用，但他们都认为是通过一个中介变量的传导作用于产出，因此，货币政策的中间传导效果，即政策发挥作用的时滞和时间长短是衡量货币政策效果的一个极其重要的方面。

（三）货币政策效应检验指标

货币政策的效应检验一般通过两类指标进行：外部效应指标，检验目标变量对中介变量的反应；内部效应指标，检验中介变量对政策工具操作的反应。

1. 外部效应指标

外部效应指标包括：（1）反映总体社会经济状况的指标。货币政策的最终目标是稳定物价、充分就业、经济增长和国际收支平衡等宏观问题。因此，可以通过反映整个国民经济发展比例和效益的指标来衡量货币政策的有效性。使用具体的指标有：国内生产总值（GDP）、国民生产总值（GNP），失业率和国际收支状况等。（2）反映通货膨胀程度的指标。使用的具体指标主要有三个：①消费品价格指数，它是衡量不同时期居民消费商品和劳务的价格平均变动的指标，用于反映消费品物价水平的变化情况；②批发品物价指数，用于反映大宗批发交易的物价变动情况；③国民生产总值平均指数，它是按当年价格计算的国民生产总值与按固定价格计算的国民生产总值的比率，反映最终产品和劳务的价格变化情况。

2. 内部效应指标

内部效应指标包括：（1）反映货币供给数量及结构变化的指标货币政策操作变量的调整是否有效取决于中介变量，主要是货币供应量是否发生相对应的变化。（2）反映货币供给数量及结构变化的指标。主要有：第一，货币供应量增长率。货币供应量增长率指标是反映在一定时期内货币供应量变动情况的相对数指标，可考核货币政策操作变量对中介变量的实施效果。第二，货币供应量结构比率。这主要是指 M0 和 M1 的比重以及 M1 和 M2 比重。M0 和 M1 体现着现实的社会购买力，M2 还包括了一部分储蓄性质的潜在的或未来的社会购买力。（3）反映币值情况的指标。货币供给的数量变化总是会体现在货币的币值上。如果货币供给过度，引起物价上涨，单位货币所能够购买的商品或劳务就将减少。因此，通过商品的物价水平变动情况能够反映出货币供应量的变化情况。

三、货币政策的时滞及影响因素

任何政策从制定到获得主要的或全部的效果，必须经过一段时间，这段时间叫作“时滞”（time lag）。如果收效太迟或难以确认何时收效，则政策本身能否成立也就成了问题。宏观调控的时机选择有事前、事中和事后三种。现代宏观经济理论认为，宏观调控政策对经济的作用不是即时的，而是存在时滞效应。货币政策时滞是指从经济形势变化需要中央银行操作货币政策，到最终目标变量变动之间的时间间隔。

从货币政策时间效应来看，时滞可以分为两个阶段：内部时滞与外部时滞。

（一）内部时滞

内部时滞，是指从政策制定到货币当局采取行动的这段时间，是在中央银行环节形成的时滞。具体来说，就是指从宏观经济金融运行偏离正常的运行轨道、客观上需要宏观当局采取调控措施开始，到中央银行逐步意识到经济金融中存在的问题、着手进行信息采集、分析并最终进行货币政策决策的一个时间过程。

1. 内部时滞的两个阶段

从中央银行进行货币政策决策的运作看，内部时滞还可以进一步划分为两个部分：（1）识别时滞，指的是宏观经济金融运行开始偏离正常的运行轨道、客观上需要宏观当局采取调控措施，到中央银行开始意识到经济金融运行中的问题这一时间过程。（2）决策时滞，指的是货币政策当局在主观上认识到需要改变货币政策、措施到实际采取行动，推行新的货币政策、措施之间的时间过程。

2. 内部时滞存在因素

内部时滞的存在，客观上反映了货币政策当局进行金融决策的信息成本以及决策能力的有限和决策过程中的效率损失。具体来说，要考虑以下几个方面的因素：

第一，货币政策当局跟踪和采集有关宏观经济金融运行状况的信息需要时间，这就是信息成本。事实表明，货币政策当局很难及时、精确地把握当期的经济金融运行状况及其变动趋势。

第二，在货币政策当局已经采集到进行货币政策决策所需要的相对充足的信息以后，货币政策当局的决策过程将是一个需要协调各个利益集团的公共决策过程，在金融对经济运行影响越来越大的情况下，货币政策措施的实施及其调整必然会影响到不同利益集团的利益，并导致决策过程的迟缓、折中和延长。这也在一定程度上反映了中央银行的独立性问题，独立性强的中央银行，对不同利益集团的利益冲突能够较快协调，从而能够以较短的时滞完成货币政策的决策。

第三，货币政策当局的认识能力和决策能力以及对经济金融运行状况的敏感程度同样是形成内部时滞的重要原因。从所掌握的信息资料中认识宏观经济金融状况，分析发展趋势，并做出相应的决策行动，同样需要时间，有时还需要较长的时间过程。

第四，货币政策当局采取调控措施的具体方式也是影响内部时滞的不可忽视的因素。一般来说，小幅度的调整措施震动较小、影响面较窄，相应的时滞会短一些；而大规模的政策调整必然需要相对较长的时期。

（二）外部时滞

1. 外部时滞与货币政策效率

外部时滞，又称效应时滞，是指从中央银行采取行动开始直到对政策目标产生影响为止的这段时间。实际上包括了在商业银行环节和社会公众环节的中间时滞、产出时滞。外时滞的长短主要由客观的经济和金融条件决定。内时滞可以通过提高中央银行效率而缩短，对于外时滞中央银行则很难控制。

外部时滞有两方面含义：（1）总量时滞，指的是从货币政策措施的入点到货币政策的出点（名义国民收入水平发生相应变动、宏观经济金融状况发生相应调整）所需的时间过程。总量时滞衡量指标实际上是货币政策措施影响名义国民收入水平所需的平均时间长度。（2）分布时滞，指的是从货币政策措施的入点到货币政策措施的出点这段时间过程中，货币政策措施发生作用的时距分布。客观地说，货币政策的效果是逐步显示出来的，是一个过程，货币政策措施对经济变量的影响不是在特定的时间内同时、同步、同程度地发生的，而是存在显著差异的，在有些地区、部门、单位和个人反应较快，而在另一些地区、部门、单位和个人反应较慢。比如说，货币政策措施在5个月后实现20%的效果，在13个月后实现50%的效果，22个月后实现96%的效果。这里的5个月、13个月、22个月就是所谓分布时滞。总量时滞和分布时滞的共同作用，加大了货币政策当局进行宏观调控的难度，成为制约货币政策效率的重要因素。与内部时滞相比，外部时滞比较客观，更易于观察、分析和衡量，因而外部时滞将成为我们研究的重点。

2. 影响外部时滞的因素

影响外部时滞的重要因素主要有以下几种：（1）社会公众的市场行为。包括社会公众的预期状况及其变化、投资者和消费者对市场变化及信息的反应速度、经济信息的传递快慢、社会公众对政策变动的敏感度等。（2）商业银行的市场行为。包括前述的商业银行体系是否以利润为导向、运营状况是否正常、商业银行的业务活动对政策行动的反映等。（3）内部时滞。经济金融运行的事实表明，外部时滞的长短还与内部时滞的长短高度相关。如果决策时滞较短，则外部时滞也可能较短。反之，如果决策时滞较长，则外部时滞也会相应延长。（4）货币政策调控方式及其选择。一般来说，强硬的直接控制手段的外部时滞比间接控制手段的外部时滞要短些，但这种方式对经济金融运行的冲击力度较大，其副作用也是十分明显的。如果中央银行的货币政策措施（特别是政策输入时）力度较大，则时滞会短些；如果货币政策措施力度小，货币政策的最初入点至最终出点之间相距太长，则时滞必然会长些。（5）经济发展水平及经济背景。当一国的经济发展水平较低，社会上存在有较多的闲置资源或者处于短缺经济时，货币供应的产出时滞可能会短些；当生产发展到一定程度，某些关键性生产要素处于“瓶颈”状态时，货币供应的产出时滞可能会拉长；当达到充分就业之后，则货币供应的外部时滞可能会无限期地延长（甚至不会再有产出了），同时主要表现为价格的上扬。（6）金融市场的发达程度。发达的金融市场能够提供比较准确的经济信号，从而降低中央银行的信息成本，并提供多样化的调控工具，能够减少货币政策措施可能带来的震动，提高货币政策的效率。

四、我国货币政策传导机制及政策效应

经济体制改革之后，特别是 20 世纪 80 年代中期，中国人民银行行使中央银行职能，我国的货币体系得到了重新建造，建立了中央银行和商业银行两级体制。中国人民银行开始通过货币政策对宏观经济运行进行调控，货币政策的传导机制也成为各界关注的问题。

从我国过去货币政策的操作实践来看，由于汇率浮动范围比较小，其他金融资产的绝对数量有限，能够传导中央银行货币政策意图的主要是信贷渠道和利率。

首先是信贷渠道，即货币政策通过改变商业银行向经济活动提供的贷款数量，影响货币政策与经济活动的中介变量，并最终影响经济主体的投资与消费行为。对于信贷的调节，也就是货币供应量的调节，在 1998 年以前主要依靠直接手段，即中央银行直接对商业银行进行贷款规模控制。1998 年取消贷款规模管理后，开始向间接调控转

化，调节货币供给量的间接工具主要是法定准备金制度和公开市场操作。法定存款准备金从2006年才开始频繁运用，而公开市场操作，自21世纪初以来已成为货币政策日常操作中最重要的工具，并在近年得到了更加广泛而灵活的开展。

其次是利率渠道，特别是2007年，随着上海银行间同业拆放利率正式运行，标志着中国货币市场基准利率培育工作全面启动，这有利于促进金融机构提高自主定价能力，指导货币市场产品定价，完善货币政策传导机制。近年来，中国逐步推进市场利率化，以利率作为我国货币政策中介指标并借助它来传导政策意向的功能会得到逐步发挥。

从货币政策实施来看，自2006年以来，中国的货币政策完成了从“稳健”到“从紧”，到“适度宽松”，再到“稳健”的调整周期。若剔除应对国际金融危机时期货币信贷超常增长等特殊因素，货币信贷供应比较好地适应了经济增长和稳定物价总水平的需要，实现了货币政策的调控目标。

小资料

准确理解货币政策传导机制内涵

最近十年，央行的公开市场操作业务已取得很大进展，但规模相对还比较小。要从存准率等传统工具向公开市场操作工具过渡和发展，则需要建设发达的货币市场，特别是突破短债市场的分割、增强票据市场的流动性，并且有针对性地扩大短期国债产品的现券买卖规模。

近日举行的中央经济工作会议在货币政策方面，再次强调改善货币政策传导机制。那么，该如何理解货币政策传导机制的内涵？

首先，中央银行作为银行的银行，主要职能之一就是制定和实行国家的货币政策。其次，货币政策要实现特定的最终目标，如经济增长与物价稳定，就需要调整一些中间目标（如货币供应量、长期利率等），也需要运用操作目标变量（也称为短期中间目标，如基础货币、短期利率等）。可见，中央银行通过各种工具（如公开市场操作、存准率、央行的贴现利率等）影响短期操作目标，进而实现中间目标的调整，再通过中间目标的变化影响传递到最终目标，这就是货币政策传导机制的基本内涵。

不同国家拥有不同的金融体系，因此政策工具、操作目标以及中间目标对应的变量或有不同。例如，短期市场利率既可以是中间目标，又可以是政策工具：在有些国家的利率体系下，基准利率由央行直接决定，央行可以直接宣布利率调整幅度，这时利率就是货币政策工具；在一些国家市场利率状态下，央行可以通过存款准备金率和公开市场操作等工具来调控市场利率，这时利率就成了政策操作目标。

从我国目前的货币政策传导机制现实情况来看，货币供应量（如M2）是比较受重视的中间目标。由于 M2 是基于基础货币（基础货币即现金加金融机构在央行的存款准备）派生而来（基础货币 × 货币乘数），因此央行可以通过改变基础货币和货币乘数来影响 M2 的变化，实现最终宏观经济目标的调控。

事实上，如果短期内货币乘数比较稳定，此时货币供应量的决定因素则是基础货币。通过央行资产与负债业务的关系可以看到，我国央行的基础货币投放大致有四种渠道：一是通过公开市场操作业务买入证券或者开展逆回购交易；二是以再贷款或再贴现等形式向商业银行授信（SLF、MLF 等本质上是定向再贷款）；三是买入外汇资产；四是财政支出。

在这四个渠道中，从规模上看，我国央行目前基础货币的投放渠道主要是买入外汇资产和再贷款形式，公开市场操作的规模还比较小。当然，这与我国的汇率制度安排和金融市场发展阶段有关系。不过，正是由于公开市场操作工具的规模占比小，目前市场上不易形成央行能够完全主导的市场基准利率，这就导致央行难以形成价格型目标调控模式，不得不依赖数量型手段对数量型目标调控。此时，就又回到了法定存款准备金率这个工具上面来。

然而，虽然调整法定存款准备金率可以影响货币乘数，但是法定存款准备金率的调整并不必然影响基础货币。另外，存款准备金率作为货币政策工具还有其他缺点。一是太粗放，由于存款数量一般比较大，所以存准率百分数的调整容易造成货币供应量的大起大落；二是缺乏灵活性，主要是存准率只有上调和下调两个方向，如果本期央行上调存准率，但发现经济运行一段时间后却面临下行压力，此时央行再下调存准率，会让公众和市场认为央行调控策略是否存在失误，而且存准率忽高忽低会给商业银行和其他存款机构带来很大不确定性。

因此，随着公开市场操作业务的发展，多数发达市场国家如今已经很少使用存准率作为货币政策工具。对我国来说，央行的公开市场操作业务最近十年已取得了很大进展，但规模相对还比较小。要从存准率等传统工具向公开市场操作工具过渡和发展，则需要建设发达的货币市场，特别是突破短债市场的分割、增强票据市场的流动性，并且有针对性地扩大短期国债产品的现券买卖规模。特别是应将央行与一级交易商的债券回购交易为主发展为现券交易与回购交易并重的模式（因为回购交易主要调节利率波动而现券交易才能调节利率趋势），从而让货币市场充分发挥短期流动性供给的职能，只有这样央行才能通过货币市场这个抓手实现市场利率的引导和快速调整，最终实现我国货币政策传导机制的顺畅。

资料来源：张成思，载于《经济日报》2019 年 1 月 4 日。

复习思考题

1. 简述货币政策最终目标的主要内容。

2. 简述货币政策最终目标之间的矛盾。
3. 一般性货币政策工具与选择性货币政策工具的基本区别是什么？
4. 请比较中央银行三大一般性政策工具各自的优缺点。
5. 简述货币政策中介指标的选择标准。
6. 简述货币政策中介指标的种类及其特点。
7. 比较凯恩斯学派和货币学派的传导机制理论。
8. 简述影响货币政策外部时滞的主要因素。

第八章

商业银行

内容简介

在金融服务业中，商业银行是历史最悠久，业务范围最广泛的金融组织形式。商业银行在商品交换和市场经济的发展中孕育、演变并不断发展。商业银行通过其广泛的业务范围，雄厚的资本和众多的分支机构的优势，在现代金融体系中扮演着重要的角色，对社会经济发展产生巨大的影响。

教学目的

通过本章的学习让大家了解商业银行的产生、发展和未来走向，以及中国银行业的发展过程；商业银行的资产与负债，通过商业银行的资产负债表来考察商业银行的主要业务；商业银行的中间业务和表外业务，介绍商业银行未体现在资产负债表中的其他盈利活动。

第一节　商业银行概述

一、商业银行的概念

商业银行有很多种定义，不同时期有不同的定义，即使在同一时期，由于各国商业银行的业务范围不同，定义也不同。美国经济学家萨缪尔森将商业银行定义为：商业银行是企业的银行，是银行货币的主要提供者。法国的银行法把商业银行定义为：向公众吸收资金，为客户提供金融服务的信贷机构。《中华人民共和国商业银行法》将商业银行定义为："商业银行是依照本法和《中华人民共和国公司法》设立的吸收公众存款、发放贷款、办理结算业务的企业法人。"这一定义揭示了现代商业银行的三大基本特征：即设立的合法性（必须依法成立）、业务的特殊性（特定的银行业务）和组织的法律性（必须是企业法人）。

商业银行是以经营存款、贷款、办理转账结算为主要业务，以盈利为主要经营目标的金融企业。与其他金融机构相比，能够吸收活期存款（支票存款），创造存款货币是商业银行最明显的特征，而其他金融机构，如证券公司和保险公司等都不能吸收活期存款和发放贷款。企业取得银行的贷款后，一般不会直接提取现金，而是将所获得的贷款存入它在银行的存款账户上。商业银行通过发放贷款而创造的存款就叫派生存款，这一过程就叫货币创造，正是商业银行具有创造货币的功能，使商业银行具有特殊的职能，它的活期存款构成了货币供给或交换媒介的重要组成部分，也就是信用扩张的重要源泉。因此，人们又称商业银行为存款货币银行。

二、商业银行的产生

商业银行起源于古代的货币经营业。所谓货币经营业，就是专门从事货币的收付、保管、兑换、结算和汇兑等与货币流通有关的技术性业务的行业。随着商品交换的发展，为适应交换过程中兑换货币的需要，一些掌握金属货币成色和市场行情等有关的技术性业务的商人，专门从事货币经营业务，成为货币经营商。最初的货币经营商只是为商人们兑换未经铸造的生金、银块，以及兑换不同种类的货币，收取一定的手续费。之后，经常往来于各地的商人为了避免自己保存和长途携带货币的风险，把货币交存给货币经营商，并委托货币经营商代为办理现金收付、结算和汇款等事宜，从而货币经营商就由单纯办理货币兑换业务发展到为商人们保存现款、收付现金、办理结算和汇兑等业务，成为商品经营的支付中介。

信用业务成为银行的主要业务是货币经营业转化为银行业的标志。随着兑换、保管、汇兑业务的发展，货币经营商手中集聚了大量的货币。由于货币的托管人不会同时提取他们的货币，货币经营商发现只需保留一部分货币就可以应付日常提款需要，而其余的货币则可用来发放高利贷获取高额利息收入，于是贷款业务发展起来了。为了筹集更多的货币资金扩展贷款业务，他们开始向货币持有者支付利息，而不再向他们索要保管费，从而货币保管业务演变为存款业务。此时货币经营业就发展成为既经营货币兑换、现金收付、汇兑、结算等与货币流通有关的技术性业务，又经营存、放款等信用业务的早期银行了。

现代意义上的银行起源于文艺复兴时期的意大利。当时意大利是欧洲各国商业贸易的中心。随着经济的发展，在威尼斯和其他几个城市出现了一些专门从事货币兑换的人。他们除了买卖外国货币外，还接受活期和定期存款。活期存款的过户通常是根据存款人的口头通知进行的。这些经营货币的商人通常坐在长板凳上进行交易，所以意大利人便把他们称为“Banco”——坐在长板凳上的人。英文中“Bank”（银行）一词便由此而来。而“Bankrupt”（破产）一词，则源于存款人砸坏无力还债的银行家的长板凳这一意大利习俗。

早期的商业银行，由于规模小，风险大，经营成本比较高，贷款利率也就比较高，不能满足工商企业的发展需要。1694 年，在政府的支持下，英国出现了第一家股份制银行——英格兰银行。它规定的正式贴现率只有 5% ~6%，大大低于早期银行业的贷款利率。这意味着高利贷在金融领域的垄断地位遭到了动摇。到 18 世纪末、19 世纪初，各主要的资本主义国家都纷纷建立了规模巨大的股份制商业银行。这些银行由于资金雄厚，业务全面，有很强的规模经济效益，所以收取的利息较低，极大地促进了工商业的发展。与此同时，商业银行在整个经济体系中的地位也与日俱增，成为最重要的经济部门之一。而英格兰银行的成立，也成为现代商业银行诞生的标志。

三、商业银行的性质和职能

（一）商业银行的性质

商业银行是一种企业。商业银行作为经营货币资本业务，以营利为主要经营目标的企业，具备一般工商企业的性质，但与一般性质企业相比，商业银行是一个特殊的企业。与一般企业和其他金融机构比较，商业银行的特殊性体现在如下几个方面：

1. 商业银行与一般企业的异同

商业银行也是企业，具有现代企业的基本特征，它无论是经营目标还是经营原则，都与一般企业相同。商业银行必须依法设立、依法经营、照章纳税、自担风险、自负盈亏。企业价值最大化是商业银行产生与发展的基本前提，也是商业银行产生和发展的基本前提，也是商业银行经营的内在动力。然而，商业银行又与一般企业不同。一般工商企业经营的主要是实物资产，而商业银行主要经营的是金融资产。实物资产，或者称为有形资产，是指那些可以根据自身的基本性质来提供收益的资产。商业银行买卖的金融资产承诺在未来的某个时间根据金融契约进行支付，例如有价证券和贷款。商业银行和其他公司的差别关键在于：商业银行持有的绝大多数资产是金融资产，而其他公司却不是。商业银行使用来源于其债权人和所有者的资金，来获得对其他企业的要求权。

2. 商业银行与中央银行及政策性银行的异同

商业银行与中央银行及政策性银行一样，都从事银行业务，都具备银行业的基本特征。然而，中央银行是一个国家机关，政策性银行也是一种政府机构，它们都不以营利为目的。但商业银行则不同，它是以营利为经营目的的企业，它的经营目标是利润最大化。

3. 商业银行与专业性银行及非银行金融机构的区别

专业性银行的经营范围很窄（如农业银行、储蓄银行等），非银行金融机构则不经营完全的信用业务或不以银行信用方式融通资金。而商业银行的经营范围广泛、业务种类齐全：（1）唯一能够吸收活期存款的金融机构，通过吸收活期存款，商业银行能够为客户办理转账结算业务、创造信用流通工具；（2）业务包括各种期限和不同种类的存、贷款业务，还包括证券投资、进出口信贷、国际结算以及其他多种金融服务，有“金融百货公司”之称。因此，商业银行是银行的典型形式。

概括起来，商业银行的性质可以这样表述：商业银行是以营利为目的、主要以吸收存款和发放贷款形式为工商企业提供融资服务并办理结算业务的金融企业。

（二）商业银行的职能

作为现代金融业的重要组成部分，商业银行在社会经济结构中发挥着不可替代的作用。它具有以下四个方面的职能。

1. 信用中介职能

信用中介职能是商业银行最基本也最能反映其经营活动特征的职能。这一职能的实质是商业银行充当了买卖资本商品使用权的角色，使社会闲散资金得以充分利用、转化为资本。商业银行通过负债业务，把社会上的各种闲散资金集中到银行，再通过商业银行的资产业务，投向社会经济各部门。商业银行作为货币资本的贷出者和借入者实现资本盈余与短缺之间的调剂，满足不同经济主体的需求，提高资本配置和使用效率，扩大社会资本总量，加速经济增长。

商业银行信用中介作用的发挥应具有下列条件：（1）向赤字个人或者机构贷款的预期收益率和盈余个人或者单位吸取资金的预期利率（成本之间有利差）；（2）贷款收益率与银行从盈余单位吸引的存款或者其他资金所必须付出的利率之间存在正相关关系。如果银行贷款利率和借款成本之间存在正相关，那么就会减少预期利率的不确定性，促使银行借款然后贷放给客户。

2. 支付中介职能

商业银行除了作为信用中介，融通货币资本以外，还执行着支付中介的职能。政府、企业、个人及各种组织在商业银行开立账户，他们之间的资金往来基本上都是通过商业银行进行的，并以商业银行为中心，形成了经济过程中无始无终的支付链条和债权、债务关系。支付中介功能是指商业银行代替客户对商品和劳务进行支付（如签发和清算支票，划汇资金和分配货币）。支付中介职能的发挥，大大减少了现金的使用，节约了社会流通费用，加速了社会资金的周转，促进了再生产的扩大。从逻辑上讲，商业银行的支付中介职能是先于信用中介职能的，它最早产生于货币经营时期。当货币经营业者通过放款而获得盈利时，才产生了信用中介的职能。而支付中介职能的发展是基于信用中介职能的，因为客户只有在存入足够的货币后，才能办理支付业务。当存款额度不足时，就可能向银行申请借款，而借款又会转化为存款，然后才能办理转账支付或是提取现金。所以，支付中介职能和信用中介职能相互依存，共同构成银行借贷资本的整体运动。

3. 信用创造职能

商业银行的信用创造职能是在信用中介与支付中介的职能基础之上产生的。它是商业银行的特殊职能，信用创造职能是指商业银行利用其可以吸收各种活期存款的有利条件，通过发放贷款、从事投资业务而衍生出更多存款，从而扩大社会货币供应量。商业银行利用存款发放贷款，在支票流通和转账结算的基础上，贷款又转化为派生存款，在这种存款不提取或不完全提现的情况下，就增加了商业银行的资金来源。最后在整个商业银行体系形成数倍于原始存款的派生存款。商业银行的信用创造功能依赖这样的商业银行制度安排：一是现代商业银行的部分存款准备金制度。二是现代金融体系的支票转账结算制度。但是，商业银行也不能无限制地创造信用，更不能凭空创造信用，它至少要受原始存款、中央银行法定存款准备率及现金漏损率等条件的制约，同时贷款需求是创造信用的前提条件。

4. 金融服务职能

金融中介机构之间的竞争日趋激烈，商业银行必须根据客户的需求不断拓展自己的金融服务领域，如信托、租赁、咨询、经纪人业务及国际业务等，在商业银行经营中占据越来越重要的地位。现代化的社会生活，从多方面对商业银行提出了创新金融业务的要求。如何借鉴和吸收国际经验，不断开发新的业务领域和业务品种，保持本国商业银行在国际领域的竞争优势，是我国商业银行面临的一个新的艰巨任务。

四、商业银行的经营模式和组织制度

（一）商业银行的经营模式

从商业银行发展的历史来看，按业务经营范围划分，商业银行主要有职能分离型和全面职能型两种经营模式。前者以英国银行为典型，后者以德国银行为代表，故又称之为“英国模式”和“德国模式”。

1. 职能分离型经营模式

职能分离型经营模式是指国家以法律的形式规定金融机构只能分别专营某种金融业务的情况下，银行业务和证券业务相分离，商业银行不得兼营证券业务，其业务主要集中于自偿性贷款，从事短期工商信贷业务；其余的长期信用业务、证券投资业务、信托业务、保险业务等则由专业性银行和非银行金融机构来经营。因此，这种经营模式又称为“分业经营”模式，即银行业与信托业、证券业、保险业的分业经营。美国、日本以及英国曾经是实行这种银行制度的代表。

20 世纪 30 年代资本主义经济大危机以前，各国政府对银行的经营活动极少加以限制，许多商业银行都可以综合经营各种业务。大危机中，银行成批破产倒闭，酿成历史上最大的一次银行信用危机。不少经济学家认为这是银行开展综合性业务经营，尤其是长期贷款和证券业务经营的恶果。据此，许多国家认定商业银行只宜于经营短期工商信贷业务，并以立法形式将商业银行和投资银行的业务范围作了明确划分。

2. 全面职能型经营模式

全面职能型经营模式或称全能银行模式，是指银行可以经营一切金融业务，提供全面的金融服务，如贷款业务、证券业务、信托业务等。在这种经营模式下，商业银行在资金运用方面表现出较大的灵活性，不仅可向工商企业提供短期贷款，而且可以提供长期固定资本融资，甚至还可以为新公司包销股票和债券，从事证券业务和直接投资，为新企业提供财务便利和咨询服务。德国是实行全能银行制度的典型。

受金融市场的发育程度和金融监管能力的限制，目前我国商业银行的经营模式还是以分业经营为主，但监管部门对分业经营的管制正在逐步松动，混业经营的势头已经开始出现。如商业银行不断加强与证券业、保险业、基金业的合作，内容涉及资金清算、保险代理、基金销售与托管等项目；一些大型商业银行可以承销企业短期融资券、为企业并购重组提供服务、充当项目融资顾问等。此外，中国工商银行、中国建设银行、交通银行等商业银行已经采取股权多元化方式设立了基金管理公司；中国光大集团、招商集团、中信集团等金融机构已经成为同时拥有商业银行、保险公司、证券公司等分支机构的金融控股公司。

（二）商业银行的组织制度

按照组织形式的不同，商业银行可以分为单一银行制、分支行制、银行持股公司制和连锁银行制。

1. 单一银行制

单一银行制（Unit Banking System）又称为单元银行制，是指商业银行业务只由一个独立的银行机构经营，不设或不准设立分支机构的银行组织制度，即所谓的“一行一店”。目前，只有美国还部分地存在这种模式。单一银行制度的优点在于地方化程度高、经营上灵活、自主性强。但是，由于只有一个经营机构，整体实力受到限制，在竞争中常会处于不利地位。美国曾长时期实行完全的单一银行制，不许银行跨州经营和分设机构，甚至在州内也不准设分支机构，直到20世纪80年代，美国仍有1/3的州实行严格的单一银行制度。近年来，随着经济的发展，地区经济联系的加强，以及金融业竞争的加剧，许多州对银行开设分支机构的限制已大大放宽。

2. 分支行制

分支行制（Branch Banking System）又称总分行制，是指法律允许的总行之下，在国内外各地普遍设立分支机构。总行一般设立在各大、中城市，所有分支行统由总行领导指挥。按照各层次的职能不同，分支行制又可进一步划分为总行制和总管理处制。总行制是指其总行除管理控制各分支行外，本身也对外营业。总管理处制是指总管理处只负责管理控制各分支行。总分行制的优点在于银行的规模较大，可以进行合理分工，提高专业化水平；分支机构遍布各地，容易吸收存款；便于分支行之间的资金调度；由于放款分散于各分支行，有利于分散风险。但是总分行制容易形成垄断，不利于自由竞争。目前，世界各国一般都采用这种银行组织制度，其中尤以英国、德国、日本等为典型。

3. 银行持股公司制

银行持股公司制（Banking Holding Company System）又称集团制，是由一个集团设立股权公司，再由该公司控制或收购两家或两家以上银行的组织形式。在法律上，这些银行是独立的，但其业务经营与决策都属于同一股权公司所控制。银行控股公司形式从 20 世纪初开始发展。但当时规模较小，数量不多，只是在第二次世界大战后，特别是最近二三十年，这一组织形式才急剧增长起来，而近年的发展又尤为引人瞩目。银行控股公司在美国发展最快，1954 年美国有 46 家银行控股公司，1970 年达到 121 家。到 1990 年，美国的银行控股公司控制了 8700 家银行，占该行业总资产的 94%。控股公司制在美国的迅速发展是 1933～1975 年美国严格实行单一银行制度，监管当局与银行业之间“管制—逃避—再管制”斗争的结果，主要目的是为了克服银行管制对商业银行资金实力、业务范围、市场竞争力等方面的限制。银行控股公司制度也是我国商业银行从分业经营走向混业经营可选择的方式之一，目前光大集团、中信集团的公司结构都属于金融控股公司制。

4. 连锁银行制

连锁银行制（Chain Banking System）是指由同一个人或同一个集团购买若干个银行的股份，控制这些银行经营决策的组织形式。连锁银行制的成员行都保持其相对独立性。连锁银行是在禁止实行分支行制和多家控股公司的美国各州发展起来的，其经营范围大多在较小地区，成员行多为小银行。法律上这些银行保持独立，然而经营上实际由某个人或集团控制。

第二节　商业银行的主要业务活动

尽管各国商业银行经营模式、组织制度有所差异，但其业务活动大同小异。其业务活动一般可分为负债业务、资产业务、中间业务和表外业务几大类。

一、商业银行的负债业务

负债形成商业银行的资金来源。商业银行的负债作为债务，是商业银行所承担的一种经济业务，银行必须用自己的资产或提供的劳务偿付。因此，银行负债是银行在经营活动中尚未偿还的经济业务。商业银行的资金来源包括自有资本、存款业务和其他负债业务，其中，存款业务和其他负债业务属于吸收的外来资金。

（一）自有资本

商业银行的自有资本（equity capital）是银行拥有的永久归银行支配使用的资金，代表着对商业银行的所有权。由于商业银行是经营货币信用业务的金融企业，因而自有资本也就成为商业银行信贷资金来源的重要组成部分。任何商业银行在设立登记注册时，必须筹集拥有规定数额的最原始的资金来源，形成银行的自有资本，即资本金。资本是银行得以存在和发展的基础、前提，银行要想进一步扩展业务，就必须增加资本的数量。

商业银行的自有资本主要包括：（1）股本。它是商业银行最原始的资金来源，是筹建银行时所发行股票面值的合计金额。股本的主要作用在于：创办银行时购置房产、设备以及开办时的其他各种费用支出；作为重要的信贷资金来源之一，用于发放贷款；标志着银行的销偿能力和承担风险的能力，用于弥补银行的业务亏损和呆账损失。（2）资本盈余。它是银行发行股票时发行价超过其面值的部分。（3）未分配利润。它是商业银行在向股东支付股息和红利之后剩余的营业收益部分，它仍属于股东所有。（4）公积金。它是商业银行按法定比例提留的那部分营业收益，是商业银行追加新资本的重要渠道。（5）风险准备金。它是商业银行为应付意外损失而从收益中提留的资金。

（二）存款业务

商业银行最重要的资金来源就是吸收的客户存款。存款业务（deposit）是商业银行对存款客户的一种负债，客户向银行提供这种负债的多少和期限，在某种程度上都取决于客户本身，而不是由商业银行所决定的。从这种意义上说，商业银行吸收的存款是一种被动型负债业务。按照传统的存款划分方法，主要有活期存款、定期存款和储蓄存款三种类型。

1. 活期存款

活期存款主要是指可由存款户随时存取和转让的存款，它没有确切的期限规定，银行也无权要求客户取款时有事先的书面通知。持有活期存款账户的存款者可以用各种方式提取存款，如开出支票、本票、汇票、电话转账、使用自动柜员机或其他各种方式等手段。作为商业银行主要资金来源的活期存款有以下几个特点：①具有很强的派生能力；②流动性大、存取频繁、手续复杂、风险较大；③活期存款相对稳定部分可以用于发放贷款。

2. 定期存款

定期存款是指客户与银行预先约定存款期限的存款。存款期限通常为 3 个月、6 个月和1年不等，期限最长的可达5年或10年。利率根据期限的长短不同而存在差异，但都要高于活期存款。定期存款的存单可以作为抵押品取得银行贷款。定期存款具有以下特点：（1）定期存款带有投资性。由于定期存款利率高，并且风险小，因而是一种风险最小的投资方式。对于银行来说，由于期限较长，按规定一般不能提前支取，因而是银行稳定的资金来源。（2）定期存款所要求的存款准备金率低于活期存款。因为定期存款有期限的约束，有较高的稳定性，所以定期存款准备金率就可以要求低一些。（3）手续简单，费用较低，风险性小。由于定期存款的存取是一次性办理，在存款期间不必有其他服务，因此除了利息以外没有其他的费用，因而费用低。同时，定期存款较高的稳定性使其风险性较小。

3. 储蓄存款

储蓄存款主要是指个人为了积蓄货币和取得一定的利息收入而开立的存款。储蓄存款也可分为活期存款和定期存款。储蓄存款具有两个特点：（1）储蓄存款多数是个人为了积蓄购买力而进行的存款。（2）金融监管当局对经营储蓄业务的商业银行有严格的规定。因为储蓄存款多数属于个人，分散于社会上的各家各户，为了保障储户的利益，各国对经营储蓄存款业务的商业银行有严格的管理规定，并要求银行对储蓄存款负有无限清偿责任。储蓄存款中的活期存款，存取没有期限规定，只凭存折便可提现。

除上述各种传统的存款业务以外，为了吸收更多存款，打破有关法规限制，各国商业银行在存款工具上不断创新，如可转让支付命令账户、自动转账账户、货币市场存款账户、大额定期存单等。

（三）借款业务

除吸收存款业务外，商业银行还可以通过其他渠道借入款项，以补充存款来源的不足，特别是短期内银行头寸的不足。商业银行的借款业务主要包括向中央银行借款、银行同业拆借、发行资本债券、国际金融市场借款、回购协议等。

1. 向中央银行借款

商业银行向中央银行借款有两种方式：再贴现和再贷款。再贴现是指商业银行把贴现买进的尚未到期的商业票据出售给中央银行。再贷款是商业银行开出本票或借据，以信用方式，或者以政府债券、银行承兑汇票等作为抵押品的方式，直接从中央银行取得的贷款。商业银行向中央银行借款的主要目的是缓解本身流动资金不足的压力，不是用来发放贷款赚取利息。

2. 银行同业拆借

它是商业银行之间或商业银行与其他金融机构之间相互进行的资金融通。同业拆借款只能用于弥补商业银行在中央银行存款账户上的准备金不足，拆出资金则主要是商业银行在中央银行账户上的超额准备金。同业拆借款一般期限都很短，有时是今借明还，常称为“隔日放款”。我国目前同业拆借有1天、7天、14天、21天、1个月、2个月、3个月和4个月8个品种。同业拆借的款项具有利率低、期限短、不需要缴纳法定准备金的特点。

同业拆借的利息，一般是按日计算，利率与当时的市场利率挂钩，受资金供求影响而变化。参加拆借的银行主要是商业银行机构以及非银行金融机构。根据各国规定，还可以允许国外中央银行、保险公司、政府债券经纪人、储蓄机构、企业、国外金融机构等参加资金拆借。一般小银行是中央银行资金市场的主要供给者，大银行则为主要需求者。

3. 发行资本债券

发行资本债券是银行向债权人发行的承诺到期还本、付息的债务证券。发行资本债券，银行可以获得长期、稳定的资金来源，有利于改善商业银行的负债结构；并且，发行资本债券的主动权掌握在银行手中，发行量的多少取决于银行的需要。由于资本债券的稳定性较强，具有一定的资本性质，因此，按照《巴塞尔协议》的规定，资本债券可计入附属资本内。

4. 国际金融市场借款

商业银行在资金周转不足时，除了通过上述几种途径借款外，还可以通过向国外金融机构借款来应急。国外金融机构借款的期限一般有三类：首先是短期市场，借款期限在1天到1年之间；其次是中期资金存放市场，期限通常是1~5年之间；最后是长期债券市场，即5年以上政府公债或公司债券发行、交易的场所。一般来说，商业银行向国外金融机构拆借资金主要是前两个市场。从目前世界上来看，规模最大、最具影响力的是欧洲货币市场，商业银行的国外借款主要是在这个市场交易。欧洲货币是指以外币表示的银行存款账户。例如，存在英国伦敦银行的以美元、日元表示的存款账户，就是欧洲货币。由于国际贸易结算通常都是用美元，所以欧洲美元就成为欧洲货币市场的主要货币。欧洲美元是指那些位于美国以外的银行所持有的美元存款。但是，目前欧洲货币市场并不仅仅指在欧洲发生的、交易的市场，实际上它的交易范围不限于欧洲。现在日本、加拿大、新加坡等国家和地区，也都在经营欧洲美元存款，欧洲货币市场已扩展到亚洲、非洲及拉丁美洲。在欧洲货币市场进行资金交易不受利率的管制，在税收及存款准备金方面也比较有利，因此，它已成为商业银行进行资金交易的重要市场。

5. 回购协议

回购协议交易是指商业银行在通过出售证券等金融资产取得资金的同时，约定在一定期限后按约定价格购回所卖证券，以获得即时可用资金的交易方式。回购协议最常见的交易方式有两种：一种是证券卖出和购回采用相同的价格，协议到期时以约定的收益率在本金外再支付费用；另一种是购回证券时的价格高于卖出时的价格，其差额就是即时资金提供者的收益。我国规定回购协议的期限最长不得超过3个月。证券回购实际上是商业银行以证券作为担保，实现资金融通的方式。

此外，商业银行在为其客户办理结算、汇兑等中间业务过程中，短期占用客户的资金，在银行同业间票据清算过程中占用同业的资金等，都构成银行的资金来源。

二、商业银行的资产业务

商业银行的资产类业务是指商业银行依法经营的、与其资产负债表中资产类科目相关的各项业务，也是我国商业银行现阶段的主要收入来源。商业银行对资金的运用，就形成了商业银行的资产。通常我们可以将商业银行的资产业务分为现金资产、贷款业务、票据贴现和证券投资四大类。

（一）现金资产

现金资产（cash asset）是商业银行资产中最具流动性的部分，它是银行为应付客户提取而形成的，基本上不给银行带来直接的收益，法律对其持有量也有严格规定。现金资产主要包括库存现金、在中央银行的存款、同业存款和在途资金等。

1. 库存现金

库存现金是指商业银行为应付存款客户提取现金和商业银行日常开支而保留的现金。该类资产不能产生收益或者收益极小，但它为银行提供了最基本的流动性供给，保证银行能够持续稳健经营，因此被看作是银行的一级准备。由于它的盈利性很小，一般情况下，银行会将该类型的资产维持在较低的水平。

2. 在中央银行的存款

在中央银行的存款主要包括法定存款准备金和超额准备金。根据法律规定，商业银行每吸收一笔存款必须按规定的比例存放一部分在中央银行，商业银行不能将该部分款项用于放款或支付。所规定的比率，即为法定准备金存款率，其存款即为法定准备金存款。最初建立法定准备金制度的目的是为了保护存款人的利益，现在法定准备金制度则成为中央银行的重要货币政策工具。超额准备金存款则是商业银行在中央银行的存款中超过法定准备金的存款，是商业银行资产中流动性最强的资产之一。

3. 同业存款

同业存款是商业银行存放在其他银行的存款，主要用于同业之间结算收付及开展代理业务。存放在其他银行的资金，称为存放同业；其他银行存放在本行的资金，称为同业存款。

4. 在途资金

在途资金又称为托收中现金，是指在结算过程中，银行收到以其他银行为付款人的票据，已向票据交换所提出清算或已向其他银行提出收账，但尚未正式存放同业或存放在中央银行账户中的款项。这部分款项在收妥之前一般不能抵用，但收妥之后马上就成为存放在同业或存放在中央银行的存款，所以视同现金资产。

（二）贷款业务

贷款是我国现阶段商业银行最重要的资产，因为它决定商业银行的资产总规模和盈利水平。它是商业银行将其所吸收的资金，按照一定的条件贷放给需要补充资金的企业，从而获得收益的业务。虽然各国商业银行所处的经济环境、经营的方针策略不同，放款在其资产中所占比重存在着差异，但大都占到总资产 50% ~70%。商业银行的贷款可以按照不同的标准划分为不同的种类。

1. 按贷款方式可分为信用贷款和担保贷款

（1）信用贷款，是指以借款人的信誉发放的贷款。信用贷款的优点是手续简便，贷款限制条件少，适用面广，借款企业不用提供抵押品或者由第三者经济担保。缺点是银行仅以客户的信誉及相关经济数据为凭据予以贷款，还款保障性差，贷款风险系数较大。只能向资信良好、有市场、高效益的借款人发放。

（2）担保贷款，是指以借款人提供的履行债务的担保而发放的贷款。银行与借款人及其第三人签订担保协议后，当借款人财务状况恶化、违反借款合同或无法偿还贷款本息时，银行可以通过执行担保来收回贷款本息。担保贷款可以分为保证贷款、抵押贷款和质押贷款。保证贷款是指按《担保法》规定的保证方式以第三人承诺在借款人不能偿还贷款时，按约定承担一般保证责任或者连带责任而发放的贷款。抵押贷款是指按《担保法》规定的抵押方式，以借款人或第三人的财产作为抵押物发放的贷款。借款人不履行债务时，商业银行有权依照《担保法》的规定以抵押的财产折价或者以拍卖、变卖抵押财产的价款优先受偿。质押贷款是指按《担保法》规定的质押方式以借款人或第三人的动产或权利作为质物发放的贷款。质押贷款又分动产质押贷款和权利质押贷款。

2. 按贷款的偿还方式可分为一次还清贷款和分期偿还贷款

（1）一次还清贷款，要求借款人于贷款的最后到期日偿还其全部本金，但贷款利息可以分期偿付或于还本时一次付清。

（2）分期偿还贷款的本息可以按月、按季、按半年或按年支付，以减轻借款人的负担，这种贷款一般适用于不动产贷款和消费贷款。

3. 按贷款期限可分为短期贷款、中期贷款和长期贷款

（1）短期贷款是指贷款期限在 1 年以内（含 1 年）的贷款。短期贷款用于支持借款人对流动资金的短期需要，特点是流动性强，风险相对较小，属于短期周转或临时垫付性质。

（2）中期贷款是指贷款期限在 1 年（不含 1 年）以上 5 年（含 5 年）以下的贷款。

（3）长期贷款是指贷款期限在 5 年（不含 5 年）以上的贷款。基本建设等大型项目贷款属于长期贷款。长期贷款数额多，期限长，流动性弱，风险大。因此，必须根

据借款人和借款项目两方面的调查情况来决定是否放款。

4. 按贷款风险程度可分为正常贷款、关注贷款、次级贷款、可疑贷款和损失贷款

（1）正常贷款。借款人能够履行合同，有充分把握按时足额偿还本息。在正常贷款中，借款人的财务状况无懈可击，没有理由怀疑贷款的本息偿还会发生任何问题。

（2）关注贷款。尽管借款人目前有能力偿还贷款本息，但是存在一些可能会对偿还产生不利影响的因素。在这类贷款中，贷款的本息偿还仍然正常，但是发生了一些可能会影响贷款偿还的不利因素。因此，对这些不利因素，应该随时给予关注，或对其进行监控。

（3）次级贷款。借款人的还款能力出现了明显的问题，依靠其正常的经营收入已无法保证足额偿还本息。在次级贷款中，借款人依靠其正常经营收入已经无法偿还贷款本息，而不得不通过重新融资或“拆东墙补西墙”的办法来归还贷款。

（4）可疑贷款。借款人无法足额偿还本息，即使执行抵押或担保，也肯定要造成部分的损失。可疑类贷款具备了次级类贷款的全部症状，而且程度更加严重。如果属于抵押担保贷款，即使履行抵押担保，贷款本息也注定要发生损失。只是贷款正在重组等原因，对损失程度尚难以确定，因此称为可疑。

（5）损失贷款。在采取所有可能的措施和一切必要的法律程序之后，本息仍然无法收回，或只能收回极少的一部分。在损失类贷款中，无论采取什么措施和履行什么程序，贷款者注定要遭受损失。

5. 按贷款对象可分为工商业贷款、农业贷款、消费贷款

工商业贷款是商业银行以工业和商业企业流动资产增加和固定资产更新、改造的需要为对象而发放的贷款。农业贷款主要是满足农业生产的融资需求。消费贷款是银行向个人提供的用于购买消费品的贷款。

此外，还有通知贷款和透支。通知贷款是银行在发放贷款时不规定贷款的偿还期限，银行需要收回贷款，则应提前一定的天数通知借款人，借款人接到通知后归还贷款。存款账户透支是借款人通过支票账户、信用卡等的透支而形成的贷款。这种贷款是以该账户的款项收入自动偿还的。

（三）票据贴现

票据贴现（discount）是指票据持有人在需要资金时，将其所持有的未到期的票据转让给银行，银行在扣除从贴现日起至票据到期日止的利息以后，将余额以现款付给客户，或转入其活期账户的业务。此时向客户收取的利息，叫贴息或折扣。能够进行贴现的票据有银行承兑汇票、商业承兑汇票、商业期票、银行本票和汇票。目前商业银行贴现范围已经扩展到政府债券，包括公债和国库券。

贴现的具体程序是银行根据票面金额及既定贴现率，计算出从贴现日起到票据到期日止这段时间的贴现利息，并从票面金额中扣除，余额部分支付给客户；票据到期

时，银行持票据向票据载明的支付人索取票面金额款项。贴现业务曾是商业银行最重要的资产业务，目前在资产业务中仍占相当比重，贴现对象也由过去主要是商业票据扩展到政府短期债券。

（四）证券投资

证券投资是商业银行资产业务的重要组成部分。商业银行的证券投资业务是商业银行将资金用于购买有价证券的活动。主要是通过证券市场买卖股票、债券进行投资的一种方式。商业银行的证券投资业务有分散风险、保持流动性、合理避税和提高收益等意义。商业银行投资业务的主要对象是各种证券，包括国库券、中长期国债、政府机构债券、市政债券或地方政府债券以及公司债券。在这些证券中，由于国库券风险小、流动性强而成为商业银行重要的投资工具，而政府证券通常作为商业银行的二级储备。同时证券投资的产品流动性的强弱与证券的二级市场的发达程度密切相关。商业银行通过资产的多元化和证券投资组合的多样化有效地分散风险。

20 世纪 30 年代至 80 年代后期的这半个多世纪里，除德国、瑞士、奥地利等少数实行全能银行制的国家之外，绝大多数国家都不允许商业银行购买工商企业的股票。因此，商业银行证券投资的对象主要是各种债券，包括政府债券、政府机构债券、地方政府债券、公司债券以及金融债券等。80 年代中后期以来，许多国家先后放松管制，对商业银行经营证券投资的范围有所放宽。1999 年，美国通过《金融服务现代化法案》以后，美国商业银行从事证券投资业务的范围、对象不再受限制，但是，从控制风险的角度出发，商业银行证券投资的对象仍以各类债券为主。

具体来说，商业银行证券投资的金融工具主要有以下几类：

1. 货币市场投资工具

货币市场投资工具包括所有期限在一年以内的金融工具与证券。商业银行最普遍使用的货币市场投资工具包括银行间的同业拆借资金，中央政府通过财政部发出的短期国库券、工商机构发行的商业票据、金融机构发出的可转让存款单、银行承兑汇票，回购协议等。货币市场的投资工具市场风险较小，且具有较强的流动性，并且货币市场工具期限短，有较强的货币性，其价格变动风险很小；但是货币市场工具的再投资收益风险变化很大，银行是货币市场投资工具的主要投资者。

2. 资本市场证券

这类金融资产包括所有期限在一年以上的证券。银行主要投资的债务类证券有中长期国库券、其他中央政府机构证券、地方政府债券以及高等级公司证券等。这些证券具有期限长、收益高的特点。其中，国库券的流动性、安全性最好，政府机构和地方政府债券的流动性次之。工商企业的债券收益性较高，而流动性水平与地方政府债券类似，但其违约风险较高，因此，商业银行往往对持有公司债券采取谨慎态度。

3. 创新的投资工具

20 世纪 80 年代以来，商业银行大幅度地减少了传统的证券投资，特别是地方政府的债券投资，而大量购入创新的金融投资工具，这些工具主要有以下分类：（1）资产担保证券。资产担保证券即资产证券化，资产担保证券是商业银行将某些传统的非流动性贷款经过技术性的处理后重新为同质量可分割的标准贷款组合，以此作为本金和利息的现金收入保证来发行证券。在资产证券化的过程中，可预知的现金流是非常重要的条件，产生现金流的资产可以是实物资产，比如高速公路的收费，还有非实物资产，比如住房抵押贷款、汽车消费贷款、信用卡等。其中住房抵押贷款一般采用过手证券的形式。所谓“过手证券”，是指本金和利息通过证券代理人转交给证券所有者。80 年代初期，美国联邦有关当局大量推出不同种类的抵押贷款保证发行的证券，商业银行及其他金融机构也纷纷采用这一新金融工具。（2）共同基金股份。90 年代以来，随着金融自由化趋势的发展，一些商业银行将共同基金作为证券投资的对象。共同基金是将众多的小额投资者的资金集合起来，由专门的经理人进行市场操作，赚取收益后按一定的期限及持有的份额进行分配的一种金融组织形式。因此，商业银行一般选择风险较小、经营较稳健的共同基金进行投资，通过对共同基金份额的投资，可以达到提高收益、分散风险的目的。

此外，银行投资的新金融产品还包括浮动利率的证券、可调整收益率的优先股等。

三、商业银行的中间业务

商业银行的主要业务是通过吸收存款等方式获得资金，然后把所获资金用于放款或购买证券，并从中获得利差收入。随着 20 世纪 70 年代以来金融业竞争的日益加剧，“脱媒”和证券化带来的金融市场结构性变化使商业银行作为融资主渠道的地位下降；非银行金融机构的壮大使银行面临巨大的竞争压力；同时，国际银行受到更加严格的监管，这些形势迫使商业银行业寻找新的利润来源，不断拓展中间业务。

（一）中间业务的含义

中间业务是指银行接受客户委托，为客户提供各种服务，收取佣金、手续费、管理费等费用的一种业务。中间业务不占用或很少占用银行资产，除结算、租赁等极少数业务之外，也不直接涉及银行自身资产负债金额的变化，但能为银行增加收益。在国际结算中广泛使用的各种信用证以及信托、咨询等业务，都属于传统的中间业务。

《中华人民共和国商业银行法》第三条明文规定了商业银行可以经营包括办理国内外结算、发行银行卡、代理发行政府债券和外汇买卖、代收代付款项及代理保险业务、保管箱服务等在内的中间业务。2001 年 6 月 21 日中国人民银行颁布《商业银行中间业务暂行规定》将中间业务定义为“不构成商业银行表内资产表内负债，形成银行非利息收入的业务”。并将其划分为适用于审批制的中间业务（包括形成或有资产、或有负债的中间业务与证券、保险业务相关的部分中间业务）和适用备案制的中间业务（指不形成或有资产、或有负债的中间业务）两大类。

（二）中间业务的主要内容

中间业务种类繁多，传统的中间业务包括结算业务、委托代理业务、信托业务、租赁业务、信息咨询业务、银行卡业务、票据承兑业务等。

1. 结算业务

结算业务是银行代客户清偿债权债务、收付款项的一种传统业务。对商业银行来说，这是一项业务最大、风险最小、收益最稳定的典型的中间业务。在社会经济生活中，因商品交易、劳务服务以及其他资金往来，必然发生货币收付和货币资金的转移等，需要相互结算。货币结算有两种形式：（1）现金结算；（2）转账结算。银行提供的结算业务，主要是指转账结算。转账结算又称为非现金结算，是商业银行将款项从付款单位账户划转到收款单位账户，从而完成货币收付并向委托人收取结算手续费的业务。它的特点是货币周转与银行信用业务联系在一起，通过单位在银行开立的活期存款账户上的货币资金转移来完成货币收付。主要有银行汇票、商业汇票、银行本票、支票结算、汇兑结算、委托收款和托收承付、信用证结算等结算方式。

2. 委托代理业务

代理业务是指商业银行接受客户委托、代为办理客户指定的经济事务、提供金融服务并收取一定费用的业务，包括代理政策性银行业务、代理中国人民银行业务、代理商业银行业务、代收代付业务、代理证券业务、代理保险业务、代理其他银行的银行卡收单业务等。

3. 信托业务

信托业务是指商业银行信托部门接受客户的委托，代替委托单位或个人经营、管理或处理货币资金或其他财产，并从中收取手续费的业务。信托业务分为资金信托和财产信托。资金信托是指委托人将货币资金交存商业银行信托部门，由其代为经营、管理或处理的业务活动。在资金信托业务中，既有不指定具体对象或用途的，也有指定具体对象或用途的。指定具体对象或用途的资金信托业务，叫定向信托。财产信托是指委托人将其实物财产委托商业银行信托部门向其指定或不指定的单位出租或转让的业务。被委托的财产包括不动产、运输工具、其他商品和物资等。

4. 租赁业务

租赁是出租人以收取租金为条件，将财产出租给承租人使用的经济行为。承租人按期交纳租金，享有使用权，所有权仍归出租人。租赁业务一般由银行下属的或者独立的租赁公司和信托公司经营。对于银行租赁业务是资金运用和服务相结合的业务。它是由银行出钱，购买一定的商品出租给承租人，然后通过租金收回资金。

租赁业务按其性质一般可分为金融租赁和经营租赁两大类，银行经办的主要是金融租赁。金融租赁又称融资租赁，是由出租人出资购买承租人选定的设备，并按协议将设备出租给承租人使用。经营租赁是指出租人将自己的设备反复出租的租赁业务。

5. 信息咨询业务

信息咨询业务是指商业银行依靠自身在信息、人才、信誉等方面的优势，收集和整理有关信息，并通过对这些信息以及银行和客户资金运动的记录和分析，形成系统的资料和方案，提供给客户，以满足其业务经营管理或发展需要的服务活动。

6. 银行卡业务

银行卡是指由商业银行向社会发行的具有消费信用、转账结算、存取现金等全部或部分功能的信用支付工具；也是客户用以启动 ATM 系统和 POS 系统等电子银行系统，进行各种金融交易的必备工具。银行在办理银行卡业务时可以获得手续费收入，也可以利用银行卡为持卡人理财，从中谋利。

1999 年施行的《银行卡业务管理办法》规定：银行卡包括信用卡和借记卡；信用卡分为贷记卡、准贷记卡两类。贷记卡是先消费后还款，持卡人无需或只需有少量存款，就可以享受从银行借款的权利，即可在一定信用额度内透支。借记卡是允许存款后支用，持卡人必须在银行有存款才能支用。

我国的银行信用卡于 20 世纪 80 年代中期开始发行。1986 年，中国银行发行长城卡；1988 年，中国工商银行发行牡丹卡；1990 年，中国建设银行在广州地区发行万事达卡（后来改为发行龙卡）；1991 年，中国农业银行发行金穗卡；1993 年，交通银行发行太平洋卡。此外，我国的发卡银行还普遍受理国外银行的信用卡，如维萨卡、万事达卡、运通卡、大莱卡、日本的 JCB 卡等。

7. 票据承兑业务

承兑业务是商业银行对客户签发的汇票或商业票据做出的付款承诺。客户在票据到期前或到期时应将该笔款项存入承兑银行，用于支付汇票或票据款项。若客户无力支付款项，则承兑银行要承担付款责任。商业银行办理承兑业务，使商业票据的付款更加有保障，扩大了票据流通范围。在一般情况下，商业银行办理承兑业务不占用资金，但为客户提供了信用保证，因此要收取一定的手续费。

此外，商业银行还提供保险箱管理费等中间业务。随着社会需求的不断变化以及商业银行竞争的加剧，中间业务的内容也将不断发生变化。

四、商业银行的表外业务

表外业务是 20 世纪 80 年代以来银行业发展的重点。虽然大部分表外业务的历史都很短，但是其发展速度却非常惊人。某些商业银行个别年份的表外业务收入甚至超过了资产利息收入。

（一）表外业务的含义

表外业务是指商业银行从事的不列入资产负债表内，但影响银行当期损益的经济活动。由于这种业务不能直接从资产负债表中反映出来，所以称为表外业务。

表外业务的概念有狭义和广义之分，狭义的表外业务是指虽然未列入银行资产负债表内，但同表内资产业务或负债业务关系密切的业务。银行在经办这类业务时，虽然没有发生实际货币收付，银行也没有垫付任何资金，但在将来随时可能因具备了契约中的某个条件而转变为表内的资产业务或负债业务的经营活动。按照与资产、负债业务的关系，这种表外业务又可称为或有资产业务、或有负债业务。广义的表外业务是指除包括上述狭义的表外业务外，还包括传统的中间业务。

（二）表外业务的主要内容

表外业务形式多样，但大体可以分为两类：一是备用信用证业务和承诺业务；二是金融衍生工具交易业务，包括期货交易、期权交易和互换协议等业务。

1. 备用信用证业务和承诺业务

（1）备用信用证业务。备用信用证是银行为客户开立的保证书。开证行应借款人的要求，以收款人（债权人）为信用证的受益人，开具一种特殊的信用证，其实质是对借款人的一种担保行为，保证在借款人破产或不能及时履行义务的情况下，由开证行向受益人及时支付本利。因此，备用信用证既具有信用证的特征，同时也属于担保合同的范畴。

借款人向银行申请开立备用信用证，可以有效地提高自己的信誉，降低财务成本，当然同时也要向银行支付手续费。备用信用证是使用最为广泛的金融担保形式。

备用信用证和商业信用证的区别是：在商业信用证业务中，银行承担的是第一性的付款责任，只要收款人提供合格的单据，银行就必须按合同履行支付义务；而在备用信用证业务中，银行承担的是连带责任，在正常情况下，银行与受益人并不发生支付关系，只有在客户未能履行其付款义务时，银行才代替客户履行付款责任。

（2）承诺业务。承诺业务是指银行向客户做出承诺，保证在未来一定时期内根据一定条件，随时应客户的要求提供贷款或融资支持的业务。承诺业务主要有信贷便利和票据发行便利两种形式：①信贷便利。信贷便利包括信贷额度和贷款承诺两种形式。信贷额度是一种非合同化的贷款限额，在这个额度内，商业银行将随时根据企业的贷款需要进行放款。但是，信贷额度一般都是银行与其老客户之间的非正式协议，银行虽然在大多数情况下都会满足客户的贷款需要，但并不具有提供贷款的法定义务，银行通常也不向客户收取承诺费，而只要求客户在本银行保留一定比例的支持性存款。贷款承诺是一种正式的、合同化的协议，银行与客户签订贷款承诺协议以后，要随时满足客户的贷款需要，在承诺期内，不论客户是否提出贷款申请，银行都要按承诺额的一定比率收取承诺费。贷款承诺主要有备用信贷承诺和循环信贷承诺两种形式。前者是银行与客户签约，在合约期内，客户有权要求银行在合约规定的额度内提供贷款；后者是指在一个较长的合约期内，借款人在满足合约规定的条件下，循环使用贷款额度，随借随还，还后能再借。②票据发行便利。票据发行便利是指银行承诺帮助客户通过发行短期票据筹资，如筹资人发行的票据不能如期售完，承诺该业务的银行将按事先约定的价格买下。筹资人可以在一定的承诺期内（1～7 年）循环使用票据发行便利筹措资金，在承诺期和约定的额度内，票据发行人每次未售完的票据都将由签约银行收购。银行在赚取承诺费的同时，也要承担信贷风险和流动性风险。

2. 金融衍生品业务

金融衍生品市场是相对于传统金融市场而言的，它是交易金融衍生工具的市场。衍生金融工具，又称衍生证券、衍生产品，是指其价值依赖于原生性金融工具的一类金融产品，如期货、期权、互换等。

（1）金融期货。金融期货是以各种金融工具或金融商品为标的物的期货交易方式，是以公开竞标的方式进行标准化金融期货合约的交易。金融期货合约是标明买卖双方同意在约定的时间按约定的条件买进或卖出一定数量某种金融商品的标准化合约。金融期货基本上可分为三大类：外汇（汇率）期货、利率期货和股票指数期货。①外汇期货。外汇期货是指协议双方同意在未来某一时期，根据约定价格——汇率，买卖一定标准数量的某种外汇的可转让的标准化协议。②利率期货。利率期货是指协议双方同意在约定的将来某个日期按约定条件买卖一定数量的某种长短期信用工具的可转让的标准化协议。利率期货交易的对象有长期国库券、政府住宅抵押证券、中期国债、短期国债等。③股票指数期货。股票指数期货是指协议双方同意在将来某一时期按约定的价格买卖股票指数的可转让的标准化合约。股票指数期货是目前金融期货市场最热门和发展最快的期货交易。股票指数期货不涉及股票本身的交割，其价格根据股票指数计算，合约以现金清算形式进行交割。

（2）期权。期权合约是指期权的买方有权在约定的时间或时期内，按照约定的价格买进或卖出一定数量的相关资产，也可以根据需要放弃行使这一权利。为了取得这一权利，期权合约的购买者必须向卖方支付一定数额的期权费。

期权根据不同角度，可分为看涨期权和看跌期权；现货期权和期货期权；美式期权和欧式期权；交易所期权和交易商期权；证券式期权和期货式期权。

期权这种衍生工具的最大魅力，在于可以使期权买方将风险锁定在一定范围内。因此，期权是一种有助于规避风险的理想工具，也是投机者理想的操作手段。

（3）互换交易。所谓"互换"是指交易双方达成协议，约定在未来某个时间以事先约定的方法交换两笔货币或资产的金融交易。互换交易可以分为三种类型：利率互换、货币互换和衍生互换。①利率互换。利率互换是互换交易中发展最早又最为普遍的互换。利率互换是指交易双方在债务币种相同的情况下，互相交换不同形式利率的一种合约。利率互换通过对净现金流量的改变达到改变资产或负债所承担风险性质的目的。在利率互换中，市场浮动利率是以伦敦同业银行拆借利率（LIBOR）为基准，参与交易的各方根据各自的情况在 LIBOR 之上附加一定的加息率作为浮动利率。在利率互换中，由于固定利率借款与浮动利率借款的本金数目是相同的，所以本金不用交易，只是互换不同形式的利息。②货币互换。货币互换也是常见的互换，进行货币互换的贷款面值不同，有时涉及两种以上的货币。在货币互换中，本金和利息一起交换，这一点不同于利率互换。货币互换也是由不同信用级别的机构在不同的市场有不同的比较优势而产生的。③衍生互换。由于凡是约定在未来某一时间以事先规定的方法交换两笔货币或资产的金融交易都叫作互换，因而互换的种类非常多。除前面介绍的利率互换和货币互换这两种最基本的互换外，还有商品互换和股权互换。另外，由于创造互换的方法有许多，因而又存在许多基本互换类型的变异形式，如利率互换的变异形式、货币互换的变异形式等，我们称其为衍生互换。

第三节　商业银行经营管理

商业银行，作为企业法人，和其他工商企业一样，其目标是实现利润最大化，为达到这一目标，商业银行就需要有效的管理。但商业银行并不是普通的企业，它是经营货币资金的借贷，交易并提供各种金融服务的特殊企业，其资金来源主要是各种存款和其他负债，因此在管理上有其特殊性。

一、商业银行的经营原则

商业银行经营的高负债率、高风险性以及受到监管的严格性等特点决定了商业银行的经营原则不能是单一的，而只能是几个方面的统一。商业银行如何在稳健经营的前提下保持适度的流动性，以实现银行利润最大化和银行市场价值最大化或股东利益最大化，是商业银行管理的最终目标。为了实现这一目标，商业银行经营必须遵循一定的原则。在关于银行资本充足率管理的《巴塞尔协议》实施之前，银行在经营管理中一般倡导流动性、安全性和盈利性的“三性”原则。但随着对风险管理的认知的不断深化，国际银行对银行经营管理的原则开始转向强调流动性、稳健性和盈利性。

（一）流动性

流动性原则是指银行具有随时以适当的价格取得可用资金，随时满足存款人提取存款和满足客户合理的贷款以及其他的融资需求的能力。一般来说，存款人提取存款和客户要求兑付票据都有一定的规律。但银行有时会遇到资本市场资金供求变动或者由于政治、经济局势的动荡和其他突发事件的影响，会出现挤兑现象，如果银行的流动性过弱，就无法妥善应付，从而影响银行的声誉，甚至导致银行的破产。因此，商业银行都非常重视流动性的管理。流动性有两层意思，即资产的流动性和负债的流动性，资产的流动性是指银行的资产在不受损失的前提下随时变现的能力，负债的流动性是指银行能够经常以合理的成本吸收各项存款和资金。因此，银行流动性管理目标从资产和负债两种途径实现。从资产方面说，银行应持有一定比例可随时变现的、流动性较高的资产；从负债方面来说，银行应保持较强的融资能力，扩展融资渠道，从中选择期限与成本较合理，符合本银行流动性资金需求的资金来源。在实际生活中，商业银行应将这两个方面结合起来，保持合理的资产负债结构，并根据本银行和金融市场的实际情况，选择最有利的途径和方式进行流动性管理。

（二）稳健性

稳健性原则是指银行具有管理和有效控制风险、弥补损失、保证银行稳健经营的能力。银行业是高风险行业。其风险一方面是由于银行的自有资本较少，主要靠负债经营；另一方面，银行在经营过程中始终面临各种风险，如信用风险、市场风险、汇率风险、操作风险、流动性风险、环境风险、法律风险、声誉风险和道德风险等。如果银行不能采取有效措施，控制各类风险，则必然会削弱银行的清偿力，危及银行的声誉以及稳健性。稳健性管理要求银行坚持稳健经营的理念，实行全面的风险管理和严格的内控制度，保持较高的资本充足率，合理安排资产负债结构，提高资产质量，运用各种法律和监管机构所允许的策略和措施来分散和控制风险，提高银行抗风险能力。

（三）盈利性

盈利性原则是指商业银行在稳健经营的前提下，尽可能提高银行的盈利能力，力求获取最大利润，以实现银行的价值最大化目标。盈利性是商业银行获得利润的能力。商业银行作为金融企业，在业务经营活动中同样力求获得最大的利润，盈利性越高，获得利润的能力越强，反之，获得利润的能力越弱。商业银行的盈利来自各项收入和各项支出之差。银行的收入主要有贷款的利息收入、证券投资收入、出售资产的收入和手续费、中间收入，以及表外业务的收入等；银行的支出主要有存款及其他借入资金的成本、各种营运及管理成本、贷款、投资以及其他。盈利性管理要求银行从总体上把握提高收益和控制成本两方面的工作。具体来说，提高收益应做好以下几方面的工作：（1）合理地确定资产结构，提高盈利资产的比重；（2）提高资产质量，尤其是贷款质量，减少贷款和投资损失；（3）合理地为贷款定价，除考虑资金成本外，还应综合考虑与客户的全面关系、贷款风险等因素；（4）注重业务创新，积极拓展中间业务和表外业务，增加银行的非利息收入。控制成本应做好以下几方面的工作：（1）控制负债成本；（2）加强内部经济核算，控制各项管理费用；（3）规范操作程序，减少事故和差错以及其他损失。

盈利性目标和稳健性目标以及流动性目标在一定意义上是统一的，但在实际经营活动中，盈利性目标和安全性目标、流动性目标之间又存在着一定的矛盾和冲突。在商业银行的经营活动中，稳健性是前提，流动性是条件，盈利性是最终目的。坚持"三性"原则和实现"三性"目标，从根本上说，取决于确定正确的经营战略，提高银行管理层和全体职员的素质，保持与优质目标长期、稳定的关系，并为客户提供优质、高效的服务。

二、商业银行的资产负债管理

商业银行如何协调盈利性、流动性和安全性三者之间的关系一直都是理论界和实践界关注的一个问题。在商业银行发展的历史进程中，西方商业银行的经营管理理论经历了资产管理、负债管理、资产负债综合管理以及资产负债表内表外统一管理四个阶段。

（一）资产管理

资产管理是商业银行的传统管理方法。资产管理涉及商业银行如何将其资产在现金、证券、贷款等各种资产持有形式之间进行合理分配的问题，20 世纪 60 年代以前，商业银行所处的经营环境较宽松，资金来源充裕且稳定，以商业银行为信用中介的间接融资占主导地位，因此在这种条件下，商业银行经营管理的重点是流动性管理，而且，由于资金的来源是以活期存款为主，因此，当时较流行在已有资金来源的基础上对资金的运用，也就是对资产的利用。资产管理理论依时间顺序有以下三种：

1. 商业性贷款

该理论从银行的主要资金来源是活期存款这一客观事实出发，认为银行只应发放短期的，以真实的商业票据作为贷款抵押的，与商品的生产周转相联系的工商企业贷款。该理论又被称为真实票据或自偿性贷款理论。该理论的缺陷是：（1）忽视了活期存款中有些部分有一定的稳定性；（2）在经济衰退期，有真实票据作为抵押的贷款也会出现违约现象；（3）受该理论的影响，银行运用资金的范围很狭窄。但这一理论所注重资金的流动性的概念在相当长时期受到重视，对于当时的商业银行稳健性经营有重要指导意义。

2. 资产可转换理论

该理论认为，为了应付提现所需保持的流动性，商业银行可以将资金的一部分投资于具备转让条件的证券上。这种理论产生在 20 世纪初。第一次世界大战以后，由于西方强国恢复经济，后又加上经济危机，这些国家开始大量发行公债，政府的借款需求急剧增加，因此，在这种情况下，商业银行也逐步把资金部分转移到购买证券上。资产可转换理论被认为是由美国的莫尔顿于1918年在《政治经济学》杂志上发表的《商业银行及资本形成》一文中提出的。可转换理论的产生使商业银行资产的范围扩大，业务经营更加多样。但在人们竞相抛售证券的时候，银行也很难不受损失地将所持证券顺利转让以达到保持流动性的预期目的。

3. 预期收入理论

这种理论产生于20世纪40年代，在第二次世界大战后，美国和欧洲为了恢复经济，推行了鼓励企业扩大设备投资和鼓励出口消费的经济政策，由此引致对贷款的需求猛涨，并且资金需求日益多样化。在此背景下，预期收入理论应运而生。1949年，美国金融学家普罗克诺在《定期贷款与银行流动性》提出了预期收入理论。该理论认为，一笔好的贷款，应当以借款人未来收入或现金流量而制定的还款计划为基础。这样，无论放款期限长短，只有借款人具有可靠的预期收入，就不至于影响流动性。换言之，这种理论强调的不是负债能否自偿，也不是担保品能否迅速变现，而是借款人的确有可用于还款的任何预期收入。该理论提供了推动商业银行业务向经营中长期设备贷款、分期付款的消费贷款和房屋抵押贷款等方面扩展的依据。但是，这种理论也有一定的缺陷，银行将资产流动性建立在对借款人未来收入的预测上，而这种预测不可能完全准确。在长期放款和投资中，借款人的经营情况可能发生变化，因而届时不一定具有偿债的能力，这就会损害银行的流动性。

（二）负债管理

负债管理理论是在金融创新中发展起来的，20世纪60年代初，西方商业银行资产负债管理的重心由资产管理转向以负债管理为主。负债管理的核心思想是主张以借入资金的办法来保持银行流动性，从而增加资产业务，增加银行收益。负债管理认为，银行的流动性不仅可以通过资产管理获得，向外借款也可提供流动性，只要借款领域扩大，流动性就有保证。而且如果负债业务管理有效，则无须经常保有大量高流动性资产，并可将资金投入到有利可图的资产上，银行收益也会因此而提高。负债管理的方法主要有两类：首先是利用现有的负债渠道，完善银行的负债结构，降低负债风险和负债成本，然后是积极进行金融创新，在法规允许的范围内，尝试新的负债业务。

负债管理一改传统资产负债管理中严格期限对称的原则和追求盈利时强调存款制约的原则，不再主要依赖维持较高水平的现金资产和出售短期证券来满足流动性需要，而是积极主动地在货币市场上购买资金，以满足流动性需求和不断适应目标资产规模扩张的需要。负债管理的出现标志着商业银行在资产负债管理上更富进取性，摆脱了被动负债的制约，同时也促进了同业拆借、CDs、欧洲美元、商业票据等负债市场工具和业务的迅速发展。然而，负债管理也给银行增加了风险，因为商业银行主动组织负债，靠借款增加资产，往往需要支付高于一般存款的利息，提高了负债成本或者融资成本，也增大了商业银行的经营风险，同时银行过分依赖借款来满足流动性需要，就可能使短期借入、长期借出的现象更加严重，加大资产和负债的不对称性，从而使银行资金周转不灵；而且负债管理往往使银行忽视自身资本的补充，不利于银行的稳健经营。

（三）资产负债综合管理

资产负债综合管理又称为资金管理，在20世纪70年代后期，由于市场利率大幅度上扬，依靠负债保持流动性的成本上升，风险加大，加之西方国家某些金融管理法规调整，许多西方发达国家相继放松或逐步取消了利率管制，银行界甚至整个金融界出现了金融自由化浪潮，种类繁多的浮动利率资产和浮动利率负债纷纷涌现。商业银行开始面临新的风险即利率风险。在市场利率波动的环境下，资产和负债的配置状态极有可能对银行利润和经营状况发生影响，片面地强调资产管理或负债管理而忽视另一个方面，都不利于银行经营目标的实现。因此资产负债管理理论的基本思想是从资产和负债两个方面综合考虑，对照分析，根据银行经营环境的变化，协调各种不同的资产和负债在利率、期限、风险和流动性等方面的搭配，做出最优化的资产负债组合，以满足盈利性、稳健性和流动性的要求。

资产负债综合管理着重强调以下几个方面的内容：（1）银行管理层应尽可能同时对资产和负债的数量、结构、收益及成本进行统一控制和管理，以便实现银行的长、短期目标；（2）银行管理层必须有效协调资产和负债两方面的管理和控制，使两者具有内部统一性，有助于使银行的资产收益和负债成本之间的差额最大化；（3）资产负债两边的每一项都与收入和成本相关，所以，应分析所有项目、所有服务的成本与收益，并对其进行统一、有效的管理，以实现银行的盈利目标。

（四）资产负债表内表外统一管理

资产负债表内表外统一管理产生于20世纪80年代末。这种理论主张银行应从正统的负债和资产业务以外的范围去寻找新的经营领域，从而开辟新的盈利源泉。在金融自由化浪潮中，商业银行为了控制利率和汇率波动的风险以及由于竞争加剧、存贷款利差收窄而导致的传统业务成本上升、收益率下降的经营风险，纷纷大力扩展承诺、担保以及金融衍生产品交易等表外业务，以此用来控制风险、增加收益，但其本身也蕴含着风险。

为了对商业银行的经营风险进行控制和监管，同时也为了规范不同国家的银行之间同等运作的需要，1987年12月，巴塞尔委员会通过了如何衡量和确定国际银行资本及监督标准的协议草案，并于1988年7月15日正式通过了《统一资本计量与资本标准的国际协议》，即著名的《巴塞尔协议》。制定《巴塞尔协议》的目的是：第一，通过统一各国对银行资本、风险评估及资本充足率标准的界定，促使世界金融稳定；第二，将银行的资本要求同其活动的风险，包括表外业务的风险系统地联系起来。《巴塞尔协议》对资本的要求具体如下：银行资产和表外业务按其信贷风险的大小被分成四类，并对各类资产分别规定权数。最低一类的资产风险权数为零，包括无违约风险的项目，如银行准备金和政府债券；第二类低风险资产的权数为20%，包括低违约风险的项目，包括银行同业存款，有足额抵押的债券和政府结构发行的证券；第三类风险资产的权数为50%，包括市政债券和居民抵押贷款；最后一类风险资产的权数最大，为100%，包括其他各类证券（如商业票据）、贷款（如商业贷款和房地产建筑贷款）和混合资产（如银行楼宇、计算机和其他资产）。对表外业务则以同样的方式进行分类、信用评估并确定相应的风险权数，进而并入表内项目之中。

一旦所有的银行资产和表外项目都进行了风险分类，并注明了风险权数，就可以加总计算出银行经风险调整后的资产总额。然后，银行必须满足以下两种资本要求：其拥有的核心资本或一级资本（由股权资本组成）必须不低于经风险调整后资产总额的4%，其拥有的总资本（即一、二级资本的总和，其中，二级资本主要由贷款损失准备金和次级债务构成）不能低于经风险调整后资产总额的8%。《巴塞尔协议（Ⅰ)》是第一个强调资本充足率在银行风险管理中的重要意义的金融监管国际协议，也是第一个不仅对表内不同种类资产规定了所需要的资本充足率，同时也对表外业务项目确定了不同的风险权数以及相应的资本充足率的国际协议。此协议标志着西方商业银行资产负债管理理论和风险管理理论的完善与统一，它推动和促进商业银行更加注重对资产负债表内和表外业务的统一管理和风险控制。但同时《巴塞尔协议（Ⅰ)》也存在一定的不足之处，例如，在考虑资产分类风险的同时，未考虑同类资产中不同交易对手信用等级的差异，未考虑在银行经营中影响越来越大的市场风险和操作风险。因此，巴塞尔委员会一直着手对其进行修正，在1996年初，巴塞尔委员会推出了《补充规定》，在2004年6月，新《巴塞尔协议》正式颁布。《巴塞尔协议（Ⅱ)》的主要内容为资本充足率、外部监管、信息披露和市场约束三大支柱。与《巴塞尔协议（Ⅰ)》相比，《巴塞尔协议（Ⅱ)》将市场风险和操作风险纳入了银行资本计量和监管的范围，并对其概念和计量标准作了界定；对银行的信贷风险也制定了更为复杂的标准，不仅要根据不同的资产类型计提不同比率的资本金，在同一类型的资产中，还要求根据借款人或交易对手的风险评级计提银行资本，银行与风险大的交易对手开展业务或将贷款发放给风险大的借款人，就需要达到更高的银行资本充足率。该协议于2006年起在部分国家实施，它对全球银行业产生了里程碑式的重大影响。

2007年美国“次贷”危机爆发，从而引发的金融海啸迅速延至全球，引发了全球金融危机。该危机对全球经济产生了持续、严重的负面影响，并且还引发了严重的“欧债”危机。对此，2010年9月12日，巴塞尔银行监管委员会管理层会议在瑞士举行，27个成员国的中央银行代表就加强银行业监管的《巴塞尔协议（Ⅲ)》达成一致。

协议规定，全球各商业银行在5年内必须将一级资本充足率的下限从4%上调至6%，同时，协议将对普通股的最低要求由2%改为4.5%。截至2019年1月1日，全球各商业银行必须将资本留存缓冲提高到2.5%。同时协议对一级资本提出了新的限制性定义，只包括普通股和永久优先股。《巴塞尔协议（Ⅲ）》是近几十年来针对银行监管领域的最大规模改革。各国央行和监管部门希望这些改革能促使银行减少高风险业务，同时确保银行有足够的资本金，应对可能发生的金融危机。

📖 小资料

中国会出现倒闭的银行吗?

中国银行业的好日子恐将一去不复返。

2013年11月19日，成立于同年5月的浦发银行安盛基金净值单日跌幅超过2%。这对于作风稳健的债券基金来说，是极为罕见的现象。这揭示债市正遭遇艰难时刻。对银行业来说，这也不是一个好消息，这意味着其融资将更加困难，融资成本将更加高昂，利润将进一步削薄。

越来越多的迹象表明，刚刚引起传统金融业关注的网络金融——这只狼已经来了——“余额宝们”正是造成债市困难的重要推手。今年三季度，债券基金赎回总量超过了160亿元，成为所有基金产品中份额下跌最多的产品，这与余额宝等互联网金融产品短短数月超千亿元的规模增长形成了极大的反差，显然不无关系。目前，余额宝的年化收益率在5%以上，这要求债券基金配置收益率更高的债券。

“余额宝们”的货币基金收益率居高不下，使得整个理财市场无风险收益日趋提高，造成债券市场这一传统“避风港”的吸引力已逐渐下降。而规模仍在不断扩张的“余额宝们”，抽走了银行间市场活水，让本已缺少流动性的债券市场“雪上加霜”。作为市场风向标，2013年11月22日的上海银行间同业拆借一月期利率Shibor已经上升到6.38%；而国债期货TF加权指数从9月6日上市的94.84一路下跌到上周最低点的90.96，均在显示银行业融资成本越来越贵，债券吸引力下降。

除了网络金融的挑战外，银行业遇到的更大挑战是利率市场化。如今，中国银行业已经实现了贷款利率市场化，这在经济增长繁荣的时候，并不是太大的问题，然而，在经济收缩下滑，企业盈利越来越困难的时期，这意味着盈利能力优良的工商业企业越来越少，它们与银行的博弈能力更强，银行不得不竞相压低贷款利率以取悦这些企业。但与此同时，银行很难将在优质客户身上的损失转嫁到低等级中小企业身上，原因很简单，它们中相当比例已经难以为继，接近破产或已经倒闭。

更麻烦的是借款利率市场化。借款利率市场化意味着银行融资成本大幅上升，特别是大额存款的利率会被银行相互竞争更加抬高，原本可以将这部分损失转嫁到小额存款户身上，但是余额宝们的兴起，让银行的如意算盘再也打不响——现金的小散户们可以通过网络，以极低的成本，就可以将资金汇聚成汪洋大海。由于融资成本极低，不需要富丽堂皇的大楼，不需要大量的揽储人员。同时其贷款非常具有针对性——面向中小网商们，可以更低成本、更高效率和更高利率完成借贷。这让传统银行面临前所未有的严峻挑战。

此外，一批新批准的民营银行的诞生，比如苏宁银行、华瑞银行、中联银行、锡商银行、国民银行等，这些民办银行要么有产业链的优势，要么有商帮的优势，再加上民营体制的优势，也会使商业银行的同业竞争更加激烈。

如此一来，传统的银行要么在网络金融上奋起直追，但因为体制和技术的障碍，这将相当困难。要么与网络金融合作，比如中国平安集团已经与阿里巴巴和腾讯紧密合作。当然传统银行也有另外一个选择，就是同业竞争领先者不愿打交道的贷款方向——地方政府的基建等融资。然而，由于大部分地方政府的信誉已经被严重透支，其投资效率已经被历史充分证明是非常低下的，走这条道路的银行将会最早被淘汰。

银行在未来更激烈的竞争中被淘汰——银行倒闭破产已经不再是神话。2013 年 10 月中下旬，中国人民银行与美国联邦存款保险公司签署了《关于合作、技援和跨境处置的谅解备忘录》，相关人士认为，该举动可能是中国央行将推出存款保险制度从而加速推进存款利率市场化的重要信号。10 月底，中国人民银行相关人士在“第十届中国国际金融论坛”上也透露，存款保险制度的设计已经基本完成，即将推出。而央行相关人士在日前一次会议上也称，中国可能在年底前启动存款保险。

对此，中财办巡视员方星海已经发出警告：“也许明年某个时候，就会有一两家中小型的银行发生挤提、倒闭，这可能性是很大的。”他接着表示，如果对此风险做好了预案，及时处置，那么就不会扩散到整个系统中。而“如果处置不及时，恐怕就会一下子扩散开来，形成一个非常大的不稳定因素”。

对此，银行业已经到了必须高度警觉的时候了。

资料来源：中国经济网，2013 年 11 月 25 日，作者：张庭宾。

复习思考题

1. 如何理解商业银行的性质？
2. 商业银行的职能有哪些？
3. 现代商业银行是如何产生的？
4. 现代商业银行的发展趋势如何？
5. 商业银行的资产业务、负债业务有哪些？
6. 证券投资的工具有哪几类？
7. 商业银行的中间业务和表外业务有哪些？

8. “三性”原则的内容是什么？如何实现“三性”管理的要求？

9. 西方商业银行资产负债管理经历了哪几个阶段？资产负债综合管理的基本思想是什么？

10. 简述《巴塞尔协议（Ⅱ）》的三大支柱内容和银行资本监管的变化趋势。

第九章

货币供给与货币需求

内容简介

货币供给与货币需求的均衡是中央银行发行货币、制定货币政策时必须研究的重要内容。货币供给是货币供给主体在一定时期内通过银行体系向社会公众投入、创造、扩张（或收缩）货币的行为；货币需求是一定时期内社会经济主体为满足各种需要而应该保留或持有一定货币的需求。本章对货币供给的口径、货币供给模型、货币供给内生性与外生性等问题进行阐述，对不同学派的货币需求理论进行梳理，并对我国的货币供给和需求问题进行介绍。

教学目的

通过本章学习，明确不同层次货币供给的口径；掌握基础货币、货币乘数的概念及相关推导过程；理解货币内生性和外生性的含义；了解和掌握不同学派货币需求理论及演变过程；理解影响和决定货币需求的现实因素以及不同经济主体在影响货币需求中的作用；了解和掌握流动性偏好、流动性陷阱等概念。

第一节　货币供给

货币供给是一个动态的流量概念，有名义和实际之分。名义货币供给是指在一定时点上不考虑物价因素影响的货币存量，实际货币供给是指剔除了物价影响之后的一定时点上的货币存量。若将名义货币供给记作 Ms，则实际货币供给为 Ms/P。人们通常所使用的货币供给概念，一般都是名义货币供给。

货币供给量是一个静态存量的概念，是指在一定时点上，由政府、企事业单位和居民所持有的现金和银行存款的总和。它有狭义和广义之分。狭义的货币供给为 M_1，广义的货币供给为 M_2、M_3、M_4 等。研究货币供给量的目的是为了使银行体系实际提供的货币量能够与社会经济总体对货币的需要量保持一致，并能保持经济的持续稳定增长。

一、货币供给的口径

（一）货币层次的划分

1. 货币层次的划分依据

各国中央银行在划分货币层次时，一般都以流动性的大小为依据，换句话说，以转变为现实交易媒介的方便程度作为标准。流动性程度较高，相应地形成购买力的能力也较强；流动性较低，相应地形成购买力的能力也较弱。例如，现金和支票存款可以直接作为交易媒介，其运动直接引起市场商品供求的变化，因而货币性最强；储蓄存款和定期存款虽然是一种潜在的购买力，但其流动性较低，要变成现实购买力，必须首先转化为现金或活期存款，而且提前支取还要遭受一定的损失，因而对市场商品供求的影响不那么直接；各种短期金融资产如商业票据、国库券等，要转化为现实购买力，必须在金融市场上转让、出售，在出售过程中要花费一定的交易时间和交易费用，并面临着市场行情变动的风险，因而其流动性更差，属于更广义的货币范围。

划分货币层次的目的是考察各种流动性不同的货币对社会经济的影响，并选定一组与经济发展密切相关的货币，作为中央银行控制的重点，也便于中央银行进行宏观经济运行的监测和货币政策操作。20 世纪 70 年代中期开始，货币供给量取代利率成为一些国家货币政策的中间指标，货币层次划分有了更明显的政策操作意义。例如，中央银行在讨论控制货币供给指标时，既要明确到底控制哪一层次的货币以及这个层次的货币与其他层次的界限何在，同时还要回答实际可能控制到何种程度，否则就谈不上货币政策的制定，或者是即使制定了也难以贯彻。

2. 货币层次划分

各国货币层次的划分一般都是按照流动性来划分，略有区别。一般地，根据流动性不同可以把货币划分为以下几个不同层次。

（1）中国人民银行货币层次的划分。为有效地实施金融宏观调控，合理地确定和选择货币政策中间目标，通过运用各类货币政策工具，促进和保证“保持货币币值的稳定，并以此促进经济增长”这一货币政策最终目标的实现，中国人民银行于 1994 年第三季度开始，正式确定并按季公布货币供应量指标。

$$M_0 = \text{流通中现金}$$

$$M_1 = M_0 + \text{活期存款}$$

$$M_2 = M_1 + \text{储蓄存款} + \text{定期存款} + \text{外币存款} + \text{其他存款}$$

$$M_3 = M_2 + \text{金融债券} + \text{商业票据} + \text{大额可转让定期存款单}$$

其中 M_1 为狭义货币，M_2 为广义货币，M_2 减 M_1 是准货币，M_3 是根据金融工具的不断创新而设置的。

在股票市场迅速发展的背景下，为了考虑新股申购资金对货币供给量的影响，2001 年 6 月，中国人民银行对货币供给口径进行了第一次修订，将证券公司的客户保证金计入 M_2。随着外资银行、合资银行业务开展对我国货币供给量的影响日益增加，2002 年初，中国人民银行对货币供给口径进行了第二次修订，将在中国的外资银行、合资银行、外国银行分行、外资财务公司以及外资集团财务公司的人民币存款业务，分别计入不同层次的货币供给量。针对非存款类金融机构在存款类金融机构的存款和住房公积金存款规模已达到较大的数额，2011 年 10 月，中国人民银行对货币供给口径进行了第三次修订，将这两类存款纳入广义货币供给量 M_2 的统计口径。

（2）美国的货币层次划分。美国联邦储备系统目前公布四个层次的货币供给量指标，其基本内容为：

M_1 = 流通中现金 + 旅行支票 + 活期存款 + 其他支票存款（如 NOW 账户、ATS 账户等）

M_2 = M_1 + 储蓄存款 + 小额（10 万美元以下）定期存款 + 零售货币市场共同基金 + 隔夜回购协议 + 隔夜欧洲美元 + 调整项

M_3 = M_2 + 大额定期存款 + 机构持有的货币市场共同基金 + 定期回购协议 + 定期欧洲美元 + 调整项

L = M_3 + 其他短期流动资产（如储蓄债券、商业票据、银行承兑票据、短期政府债券等）

（3）日本的货币层次划分。

M_1 = 流通中现金 + 活期存款（现金指银行券发行额和辅币之和减去金融机构库存现金后的余额；活期存款包括企业活期存款、活期储蓄存款、通知即付存款、特别存款和纳税准备金存款）

M_2 = M_1 + 准货币 + 可转让存单（准货币是指货币存款以外的一切公私存款）

M_3 = M_2 + 邮政、农协、鱼协、信用组合和劳动金库的存款 + 货币信托和贷放信托存款

（二）加权货币总量

由于所有资产都具有某种程度的流动性，因而都在某种程度上具有“货币性”。可以说，任何一项资产都有一部分在发挥着货币的功能。例如，小额定期存款在 60% 的程度上发挥着货币的职能，大额定期存款在 40% 的程度上可以看成货币，股票在 50% 的程度上与货币一样，等等。这样，我们可以对每一种资产，根据流动性大小将其折算成相应的货币，将这些折算出来的货币总额与 M_1 相加，就可以得到全社会的加权货币总量。

假设除了 M_1 之外经济社会还有 n 种资产，第 i 种资产的总额为 A_i，其流动性权数为 $\alpha_i(0<\alpha<1)$，则：

$$\bar{M} = M_1 + \sum_{i=1}^{n} \alpha_i A_i$$

与传统的货币计量指标相比，加权货币总量在预测通货膨胀和经济周期方面要略胜一筹，但按照加权法得到的货币总量在未来能取得多大的成功仍有待时间的检验。

二、货币供给的模型

“货币供给量 = 基础货币 × 货币乘数”，这个公式几乎成为所有西方经济学家普遍接受的货币供给模型。这个看似简单的货币供给模型，却蕴含着丰富的内容。它显示出货币供给量的决定因素要有两个：基础货币和货币乘数。

（一）基础货币

基础货币，又称高能货币，是指中央银行直接控制的、对货币供给起基础性作用的中央银行负债，由社会公众持有的通货和商业银行的存款准备金两部分组成。对于这个概念，可分别从基础货币的来源和运用两方面加以理解。从基础货币的来源来看，它属于中央银行的负债，是由中央银行投放并由中央银行所直接控制的那部分货币，如对流通中的通货，其发行权由中央银行垄断；而商业银行的存款准备金，中央银行对其有较强的控制力。从基础货币的运用来看，基础货币由两部分构成：

1. 商业银行的存款准备金

商业银行的存款准备金具体包括商业银行的库存现金和商业银行在中央银行的准备金存款，形成商业银行的资产。

2. 通货

通货是指流通于银行体系之外而为社会公众所持有的现金，属于社会公众的资产。

中央银行能够直接控制的现金发行和商业银行的存款准备金之所以被称为基础货币，是因为如果没有现金发行和中央银行对商业银行的信贷供给，商业银行的准备金存款便不能形成，即商业银行用于创造派生存款的原始存款的来源就不存在。可以说，中央银行的基础货币是商业银行创造存款货币的源泉，基础货币供给也是货币供给过程的最初环节。货币供给的全过程，就是由中央银行提供基础货币，基础货币形成商业银行的原始存款，商业银行在原始存款的基础上创造派生存款（漏损的现金部分形成社会公众所持有的通货），最终形成货币供给总量的过程。

（二）货币乘数

货币乘数是货币供给量与基础货币的比值，是基础货币变动一单位所引起的货币供给量变动的数量。货币乘数是用来说明货币供给总量与基础货币之间倍数关系的系数。例如，在某一时点上，若基础货币为1亿个单位，而货币供给总量为5亿个单位，或者在某一时期中，基础货币增加1亿个单位，能导致货币供给总量增加5亿个单位，则货币乘数为5。在基础货币一定的条件下，货币乘数决定了货币供给总量，货币乘数越大，货币供给量越多；反之，货币乘数越小，则货币供给量也越小。所以，货币乘数是决定货币供给量的另一个重要的因素。下面推导货币乘数的具体公式。

现在推导狭义货币 M_1 的乘数。若C表示流通中通货，D为活期存款。由定义可知：

$$M_1 = C + D \tag{9-1}$$

根据货币供给模型中各变量的关系，设 m_1 为 M_1 的乘数，B表示基础货币，R为商业银行的存款准备金，E为商业银行的超额准备金，r_d、r_t 分别表示活期存款和定期存款的法定准备金比率，T为定期存款，则有如下等式：

$$M_1 = m_1 B \tag{9-2}$$

$$B = C + R \tag{9-3}$$

$$R = r_d D + r_t T + E \tag{9-4}$$

从而可以得到：

$$m_1 = \frac{C + D}{C + R} = \frac{C + D}{C + r_d D + r_t T + E} \tag{9-5}$$

进一步设k为通货比率，t为定期存款占活期存款的比率，e为超额准备金比率，根据定义有：

$$k = \frac{C}{D} \tag{9-6}$$

$$t = \frac{T}{D} \tag{9-7}$$

$$e = \frac{E}{D} \tag{9-8}$$

由此可得：

$$m_1 = \frac{kD + D}{kD + r_d D + r_t tD + eD} = \frac{1 + k}{k + r_d + r_t t + e} \tag{9-9}$$

$$M_1 = \frac{1 + k}{k + r_d + r_t t + e} B \tag{9-10}$$

上述公式即为狭义货币乘数和货币供给模型。

采用同样的方法可以得到广义货币 M_2 的供给乘数和货币供给模型：

$$m_2 = \frac{kD + D + tD}{kD + r_d D + r_t tD + eD} = \frac{1 + k + t}{k + r_d + r_t t + e} \tag{9-11}$$

$$M_2 = \frac{1 + k + t}{k + r_d + r_t t + e} B \tag{9-12}$$

（三）影响货币供给的因素分析

根据上述货币供给模型，基础货币和货币乘数共同决定了货币供给量，因此，影响基础货币和货币乘数的因素也就是影响货币供给的因素。

1. 影响基础货币的因素

中央银行体制下，基础货币都来源于中央银行的投放。中央银行投放基础货币的渠道主要有三条：一是直接发行通货；二是变动黄金、外汇储备；三是实施货币政策。根据基础货币的投放渠道可以看出，基础货币的决定因素主要有：中央银行在公开市场上买入证券；中央银行收购黄金、外汇；中央银行对商业银行再贴现或再贷款；发行通货；中央银行的应收未收款项增加；中央银行的其他资产增加；政府持有的通货增加；政府存款增加；外国存款增加；中央银行在公开市场上卖出证券；中央银行的其他负债。

在上述 11 个因素中，前 6 个为增加基础货币的因素，后 5 个为减少基础货币的因素，所有这些因素均集中反映于中央银行的资产负债表中。在这些因素中，有些是中央银行所能直接控制的，其中最主要的是公开市场买卖；有些则是中央银行不能直接控制的，如政府存款、外国存款等。但是，对于这些能直接控制的因素，中央银行可通过运用其公开市场业务抵消这些因素对基础货币的影响。因此，通常认为，基础货币在相当程度上能为中央银行所直接控制。

2. 影响货币乘数的因素

由货币乘数公式可知，货币乘数的决定因素共有四个，它们分别是中央银行的法定存款准备金率（r_d 和 r_t）、商业银行的超额准备金率（e）、现金漏损率（c）和社会公众的行为参数（t 和 k）。这些决定因素本身又受到多种因素的影响，它们对货币乘数、进而对货币供给量的影响更是纷繁复杂。下面进行具体的分析。

（1）中央银行的法定存款准备金率（r_d 和 r_t）。法定存款准备金比率是指中央银行所规定的、商业银行及其他存款金融机构必须保有的存款准备金与其存款负债总额的比率。由于定期存款较活期存款相对稳定，因此，一般来说，定期存款的法定准备金率较低，而活期存款的法定准备金率较高。

由上述公式，r_d 和 r_t 这两个变量都只出现在公式的分母项，因此，它们的变动将对货币乘数从而对货币供给量产生负向的影响。也就是说，若 r_d 和 r_t 提高，则货币乘数缩小，货币供给量减少；反之，若 r_d 和 r_t 降低，则货币乘数增大，货币供给量增加。

在现代市场经济中，根据一国经济状况和货币政策目标，调整法定存款准备金比率是中央银行最重要的货币政策工具之一。在其他情况不变的条件下，中央银行可通过提高或降低法定存款准备金比率而直接地改变货币乘数，从而达到控制货币供给量的目的。所以，在货币乘数的各个决定因素中，法定存款准备金比率基本上是一个可由中央银行直接控制的外生变量。

（2）商业银行的超额准备金率（e）。超额准备金率是指商业银行持有的超额准备金（即实际持有的准备金总额减去法定准备金所得的金额）与活期存款的比率。这一比率的变动主要决定于商业银行的经营决策行为。所以，任何影响商业银行经营决策行为的因素，都是决定或影响超额准备金率的因素。在这些因素中，重要的大致有四个：

第一，市场利率。市场利率决定商业银行贷款和投资的收益率高低，从而也反映了商业银行持有超额准备金的机会成本。因此，若市场利率上升，则商业银行将减少超额准备金而相应增加贷款或投资，以获得更多的收益，从而超额准备金率就会下降；反之，若市场利率下降，超额准备金率就会上升。

第二，借入资金的难易程度及资金成本的高低。如果商业银行在需要资金时能够较容易地从中央银行或其他地方借入资金，且资金成本较低，那么商业银行可减少超额准备金，超额准备金率下降；反之，则超额准备金率上升。

第三，社会公众的资产偏好及资产组合的调整。如果社会公众比较偏好通货，纷纷将活期存款转化为通货，即 k 上升，则商业银行的库存现金及存于中央银行的准备金存款将减少。因此，为防止清偿力不足，商业银行将增加超额准备金，从而使 e 上升；反之，如果社会公众偏好定期存款，而纷纷将活期存款转化为定期存款，使 t 上升，或纷纷将通货以定期存款的形式存入银行，使 k 下降，则由于定期存款较稳定，提现频率较低，故商业银行可减少超额准备金的持有额，从而使 e 下降。

第四，社会对资金的需求程度。商业银行贷款或投资的规模，归根结底要受到经济社会对资金的需求程度的制约。在一个比较完善的市场经济中，如果社会对资金的需求较大，借款者也愿意支付较高的利率，则商业银行将增加贷款或投资，从而相应地减少超额准备金，使 e 下降；反之，如果社会对资金缺乏需求，则即使商业银行愿意增加贷款或投资来减少超额准备金，也将因需求缺乏而被迫将资金闲置于银行，从而形成超额准备金，使 e 上升。可见，超额准备金率虽然直接决定于商业银行的经营决策行为，但实际上，商业银行的经营决策行为又在相当程度上受到社会公众等其他经济主体行为的影响及整个宏观经济环境的影响。

无论狭义货币或广义货币定义，超额准备金比率（e）都只出现于货币乘数公式的分母项中。因此，根据乘数公式可知，超额准备金比率与货币乘数呈反方向的变动关系。

（3）现金漏损率（c）。现实中，客户多少会从银行提取一些现金，从而使得一部分现金流出银行系统，形成所谓的“现金漏损”。现金漏损与存款总额之比，称为现金漏损率，或提现率。由于现金外流，银行存款用于发放贷款的资金就会减少，因此，商业银行活期存款的派生能力也会降低。现金漏损率对派生存款扩张倍数的限制与存款准备金率一样，即现金漏损率越高，派生存款越少，货币乘数就越小。反之，现金漏损率越低，货币乘数就越大。二者的区别是，存款准备金率是中央银行根据客观需要制定和调整的，带有一定的主观因素，而现金漏损是在经济生活中必然发生的。派生系数可以修正为：

$$K = \frac{1}{r_d + c}$$

（4）社会公众的行为参数。社会公众的行为参数主要是指定期存款比率（t）和通货比率（k）。

定期存款比率是指商业银行的定期存款与活期存款的比率。这一比率的变动主要决定于社会公众的资产选择行为。影响这种资产选择行为，从而影响定期存款比率 t 的因素主要有三个：

第一，定期存款利率。定期存款利率决定着持有定期存款所能取得的收益。在其他情况不变的条件下，定期存款利率上升，t 也上升；定期存款利率下降，则 t 也下降。

第二，其他金融资产收益率。其他金融资产的收益是人们持有定期存款的机会成本。因此，如果其他金融资产收益率提高，则 t 下降；若其他金融资产收益率下降，则 t 上升。

第三，收入或财富的变动。收入或财富的增加往往引起各种资产持有额同时增加，但各种资产的增加幅度却未必相同。以定期存款和活期存款两种资产而言，随着收入或财富的增加，定期存款的增加幅度一般大于活期存款的增加幅度。因此，收入或财富的变动一般引起 t 的同方向变动。

通货比率是指社会公众持有的现金与商业银行活期存款的比率。这一比率的变动也主要取决于社会公众的资产选择行为。影响人们资产选择行为，从而影响 k 的因素主要有：

第一，社会公众的流动性偏好。通货是一种流动性最高的金融资产，持有通货的主要目的在于满足流动性偏好。因此，在其他情况不变时，若流动性偏好增强，则 k 上升；若流动性偏好减弱，则 k 下降。

第二，其他金融资产的收益率。通货是公众持有的各种金融资产中的一种，其他各种金融资产的收益率是持有通货的机会成本。因此，其他金融资产收益率上升，人们将增加其他金融资产的持有量，相应地减少通货的持有量，则 k 将下降；反之则 k 上升。

第三，银行体系活期存款的增减变化。通货比率是通货与活期存款的比率，因此，在社会公众持有通货不变时，若银行体系的活期存款增加，则 k 下降；反之，若银行体系活期存款减少，则 k 上升。于是，影响银行体系活期存款的因素都对 k 产生一定的影响。

第四，收入或财富的变动。这一因素对 k 的影响比较复杂，它可能对 k 产生正向或负向的影响。当收入增加使人们的流动性偏好增强时，k 将上升；而当收入增加使人们增加对高档消费品和生息资产的需求时，则 k 将下降。这是因为在购买高档消费品和生息资产时，人们往往用活期存款支付，而不是用通货支付。因此，随着收入水平的提高及由此引起的对高档消费品和生息资产需求的增加，活期存款的持有量将增加，通货持有量将减少，从而 k 下降。在上述正、负两种影响中，负影响可能是主要的，而正影响通常会被负影响所抵消。这种特点将随着一国经济发展和金融制度完善而变得越来越显著。

第五，其他因素。例如，信用的发达程度、人们的心理预期、各种突发事件以及季节性因素等。这些因素也将对 k 产生一定的影响，有时甚至会产生重大的影响。

综上所述，货币供给量是由中央银行、商业银行及社会公众这三个主体共同决定的。如果忽略各因素间的相互影响，则 B、r_d 和 r_t 这三个因素基本上代表了中央银行的行为对货币供给的影响，e 则代表了商业银行的行为对货币供给的影响，t 和 k 则代表了社会公众行为对货币供给的影响。所有影响 B、r_d、r_t、e、t 和 k 的因素都将对货币供给产生影响，或者说，所有影响中央银行、商业银行及社会公众这三个主体行为的因素都会影响到货币供给。

三、货币供给的内生性与外生性

货币供给的内生性或外生性是相对于实体经济而言的，它所探讨的是货币供给量究竟是内生变量（endogenous variable）还是外生变量（exogenous variable）的问题。所谓内生变量，又叫非政策变量，是指在经济机制内部由纯粹的经济因素所决定的变量；而外生变量，又叫政策变量，是指在经济运行过程中，由经济体系外部因素，即非经济因素所决定的变量。如果说货币供给是外生变量，就意味着货币供给量并不是由经济因素，如收入、储蓄、投资、消费等因素所决定的，而是由中央银行的货币政策所决定和控制的；而货币供给是内生变量就意味着中央银行并不能主动而有效地控制货币供给量，起决定作用的是经济体系中的实际变量以及微观主体的经济行为等因素。

（一）外生性货币供给论

把货币供给作为外生变量，在凯恩斯主义者和货币主义者中都有其代表人物。凯恩斯本人就是外生性货币供给论者。凯恩斯认为，货币供给是中央银行控制的外生变量，它的变化影响着社会经济活动，但它自身并不受经济因素的制约。凯恩斯的这一观点同他关于货币特性的认识有关。他认为，现代货币具有三个特性：（1）货币的生产弹性等于零。由于纸币的生产发行都是由国家控制的，对于私人企业来说，货币的生产弹性只能是零。（2）货币的替代弹性几乎等于零。货币的替代弹性是指当货币的交换价值上升时人们抛弃货币而用其他因素来代替货币的比率。货币作为一般购买力的代表，它可以换回任何其他商品，它的效用来自交换价值。（3）货币具有周转灵活性且保藏费用低的特征。由于货币具有这些特征，现代社会只有依靠国家才能发行，强制流通。无论货币需求多大，或经济中其他变量的刺激多么强烈，货币供给不会受它们的影响而自行变化。货币供给的控制权由政府通过中央银行来掌握，中央银行根据政府的决策和金融政策，按照经济形势变化的需要可以自行调节货币供给量。凯恩斯认为，公开市场业务是变动货币供给量的主要渠道。货币当局通过公开市场业务买卖各种债务票据调节货币供给量。货币当局买进证券，意味着增加货币供给量；相反，卖出证券，意味着减少货币供给量。

凯恩斯的外生性货币供给论，并没有成为凯恩斯主义的正统，标榜自己为真正凯恩斯主义者的新剑桥学派并不完全赞成外生性货币供给论。他们认为，虽然从形式上看，现有货币供给量都是从中央银行渠道出去的，但在实际上供给量的多少并不完全由中央银行自主决定，在很大程度上是中央银行被动地适应公众货币需要的结果。这是因为，公众的货币需求经常并大量地表现为贷款需求，而银行贷款和货币供给量是紧密联系在一起的。当经济前景看好时，企业将增加贷款需求，银行在无信用风险、有还款保证和获利的情况下，就会对理想的借款人放贷；银行的贷款即可转化为存款，每个存款的所有者都可以随意支付或提取现金。这样，银行贷款的增加实际上扩大了货币供给量，中央银行只能被动地适应。同样，随着物价上涨和工资额的提高，银行贷款也会相应增加。只要经济活动增加，货币供给就会扩大。反之，贷款需求就会减少，银行也会主动收缩贷款，减少货币供给量。因此，对现有货币供给量发生决定性影响的主要是货币需求，而货币需求的大小主要取决于经济的盛衰及人们的预期。在货币供给控制问题上，该学派一方面赞同凯恩斯的中央银行能够控制货币供给的观点；另一方面又认为中央银行对货币供给的控制能力和效果不像凯恩斯认为的那样绝对。他们认为，中央银行对货币供给量的控制能力是有限的，这是因为：（1）当货币需求旺盛时，银行体系会尽力逃避中央银行的控制，主动增加贷款，扩大货币供给；（2）中央银行在货币供给的控制方面存在着误区，使中央银行不能严格控制货币供给总量。商业银行可以采取一些信用形式，如扩大票据流通、金融工具创新等，变相地增加货币供给。而且中央银行对货币供给的控制能力，在货币供给的增加和减少方面是不对称分布的，也就是说，中央银行增加货币供给的能力远远大于其减少货币供给的能力。因此，中央银行的货币控制能力是有限的。

货币主义的主要代表人物弗里德曼是一个典型的外生性货币供给论者。在他与施瓦茨合著的《1867－1960 年的美国货币史》中，阐明了货币供给外生性的观点。根据弗里德曼和施瓦茨的观点，决定货币供给的三个变量（高能货币 H、存款对准备金的比率 D/R 和存款与通货的比率 D/C）分别取决于货币当局、商业银行和社会公众的行为，但中央银行能直接决定高能货币，而高能货币的变动对银行的存款准备金比率和存款—通货比率有决定性影响，因此，中央银行能够通过改变高能货币改变货币供给量。

（二）内生性货币供给论

新古典综合派和后凯恩斯主义都是内生性货币供给论者。他们从不同角度分析了货币供给的内生性。

由于货币政策在应对通货膨胀，尤其是滞胀问题上效果不理想，货币供给是内生变量还是外生变量成为理论上人们争论的焦点。在这种情况下，新古典综合派对外生性货币论特别是弗里德曼的货币供给模型给予批评。托宾认为弗里德曼的货币供给方程将货币供给归结于高能货币、存款—通货比率和存款—准备金比率的固定函数过于简单，实际上这三个变量及其决定因素之间是存在交叉影响的，因而货币供给并非是由货币当局控制的外生变量。新古典综合派认为，货币供给量作为内生变量主要是由商业银行和企业行为所决定，而银行和企业的行为取决于经济体系的许多变量，中央银行不可能有效地控制银行和企业的支出和行为。托宾关于货币供给的资产选择模型是一个典型的内生性货币供给模型，认为货币作为一种资产形式其供给和需求与其他资产的供求一样，都是在经济运行中内生地决定的。后凯恩斯主义者则认为，货币存量内生地对信用需求的变化作出反应，并把货币工资率看作主要的外生变量，价格和货币存量都对它作出调整。

在不兑现的信用货币制度确立后，直到20世纪60年代以前，西方经济学家大都将货币供给量视为可由中央银行完全控制的外生变量，它的变化影响着经济运行，而自身却不受经济因素的制约。如凯恩斯就认为，中央银行可以通过公开市场业务等手段实现对货币供给量的绝对控制。60年代以后，一些经济学家逐渐认识到，货币供给量的变动并不完全受制于中央银行的货币政策，它还要受客观经济过程和因素的制约，在很大程度上具有内生性，这就使中央银行对货币供给量的控制与调节的难度加大。因此，货币供给理论的研究必须同时关注货币供给的内生性和外生性。

从货币供给模型与决定因素中也可以看出，货币供给量不仅受中央银行货币政策的影响，也受到商业银行、企业、居民等微观主体的预期与经济行为的影响。货币供给量是一个复杂的变量，兼具内生变量与外生变量的特征，中央银行要有效地控制货币供给，不仅要完善调控货币供给量的各种手段，而且要加强对商业银行及公众预期和行为的分析和引导能力。

第二节　货币需求

一、货币需求概述

（一）货币需求的含义

货币需求是一定时期社会经济主体为满足各种需要而应该保留或持有一定货币的

需求。经济学中的需求都是一种有支付能力的需求，不是一种纯粹主观的欲望，而是一种能力与愿望的统一体。货币需求也是如此，必须同时包括两个基本要素：一是持有货币的愿望；二是持有货币的能力。由于货币经济中，货币具有同一切商品或劳务直接交换的能力，因此，与任何其他普通商品和劳务一样，人们对货币的“欲望”也是无限的。如果仅仅考虑人们是否需要货币，即是否持有货币，而不考虑是否有能力持有货币，所谓货币需求的概念便毫无意义。

进一步研究货币需求问题时，需要清楚一些货币需求概念。

1. 微观货币需求与宏观货币需求

微观货币需求，是指个人、家庭或企业在既定的收入水平、利率水平和其他经济条件下的最优持币数量；宏观货币需求，是指一个国家在一定时期内，经济发展和商品流通所必需的货币量，这个货币量既能满足货币需要量，又不会引发通货膨胀。

2. 名义货币需求与真实货币需求

名义货币需求是指没有剔除物价水平变动影响的货币需求，即直接以名义货币来表示的货币需求。真实货币需求则是指剔除了物价变动因素后的货币需求，即用货币能够购买到的实际商品和劳务来衡量的货币需求。一般用 M_d/P 表示真实货币需求。

（二）货币流通速度

因为货币是经济社会中被普遍接受的流通手段，所以货币流通速度是一个不能回避的重要问题。货币流通速度，指的是单位货币在一定时期内媒介商品交易时周转的次数，它反映了货币在媒介商品流通时所发挥作用的频率和强度。在宏观经济研究中，往往把它从数量关系上定义为一定时期内的收入与货币存量之比，即货币流通速度：

$$V = PY/M \tag{9-13}$$

它表明了每单位货币在一定时期内媒介实现的收入数量。

在研究货币需求问题时，一般指的是存量货币需求。但是，从一段时期来看，事实上存在一个流量的货币需求。流量的货币需求等于某段时期内存量的货币需求与货币流通速度的乘积，即流量的货币需求与我们关心的名义收入之间具有非常密切的关系，一般有：

$$PY = M_f = M_d V \tag{9-14}$$

显然，货币流通速度不仅是实现存量货币需求向流量货币需求转化的桥梁，也是名义收入与货币数量关系中的一个极其重要的影响因素。因此，货币流通速度是否稳定，就成为一个事关货币对收入水平是否具有作用的重大命题，具有非常显著的货币政策含义。

（三）货币需求研究的思路

西方的现代货币需求理论源于货币数量论，在19世纪末20世纪初以前，货币数量论的思想居于货币需求理论的主导地位。早在17世纪，英国哲学家和古典经济学家约翰·洛克就提出了商品价格取决于货币数量的学说，后来的大卫·休谟、大卫·李嘉图等很多古典政治经济学大家，对货币数量学说进行了阐述和发展。20世纪初，美国经济学家欧文·费雪以通货和支票存款的流通为基础，提出了著名的费雪方程式，将货币数量论推向了一个前所未有的新高度。不过，与此同时，以阿弗里德·马歇尔为代表的剑桥学派提出了剑桥方程式，开创了货币需求理论研究的全新局面，以后的货币需求理论主要沿着剑桥学派所开创的方向不断拓展前进。

归纳各种货币需求理论，其研究思路大致有两种：（1）从货币需求的宏观分析角度出发，将货币看作是流通手段，研究在既定的货币流通速度条件下，一个国家（地区）实现一定的交易量需要多少货币数量的问题。费雪交易方程式及其以前的理论采取的就是这样一种思路。这些理论的特点是，都没有反映微观主体的心理、预期等因素，不考察各种机会成本变量对货币需求的影响，而主要关心市场供给、交易量、收入这类宏观指标变化对货币需求产生的效应。（2）从货币需求的微观角度出发，强调货币的资产功能，从微观主体的持币动机和持币行为，考察货币需求变动的规律性，最终将货币需求归结为一个资产选择问题，即在人们的收入或财富当中，如何选择货币资产持有量的问题。在微观的货币需求理论中，对货币需求的决定因素，通常划分为三类：一类为规模变量，如收入和财富；一类为机会成本变量，如利率、物价变动率；余下的则称为其他变量，如制度和偏好等。从20世纪初的剑桥方程式开始，这种研究思路成为货币需求理论的主流方向。如凯恩斯、弗里德曼以及其他很多有影响的货币需求理论，都属这种类型。

二、古典学派的货币需求理论

古典学派的货币需求理论产生得较早，其核心是货币数量论。所谓货币数量论，是指货币本身不存在内在价值，而以货币的数量来解释货币的价值或一般物价水平的一种理论。货币数量论最初并不是货币需求的理论，而是其自身合乎逻辑的自然发展使其演变为货币需求理论。因为这一学说所讨论的实际上就是商品交易所需之货币问题，其实也就是人们对货币需求的问题。该理论认为，在其他条件不变的情况下，一个国家货币价值的大小或物价水平的高低，完全取决于该国货币数量的多少。

货币数量论有传统货币数量论和现代货币数量论之分。现代货币数量论是以弗里德曼为代表的，从20世纪50年代中期以后才开始发扬光大的理论体系。而传统货币数量论也称为古典货币数量论，在20世纪30年代已登峰造极。其中最有代表性的是两个学说：费雪的现金交易说和剑桥学派的现金余额说。

（一）费雪的现金交易说

美国经济学家欧文·费雪（I. Fisher，1867～1947）在其1911年出版的《货币购买力》一书中，提出了著名的交易方程式（equation of exchange），即费雪方程式，系统阐述了现金交易数量说。这一方程式在货币需求理论的发展中是一个重要的环节。费雪的交易方程式为：

$$MV = PT \tag{9-15}$$

其中，M 为货币数量，P 代表价格水平，T 代表以不变价格表示的商品交易总量，V 是货币流通速度，即货币周转率，也就是单位货币（1 美元）每年用于购买经济中最终产品和劳务总量的平均次数。

交易方程式表明，一定时期内以当年价格水平表示的商品交易价格总额应该等于购买这些商品的货币总量。费雪进一步分析指出，货币流通速度 V 是由社会惯例，如支付制度、个人习惯、技术发展状况（如交通运输和通讯技术）以及人口密度等因素所决定的，在短期内不可能发生迅速变化，在长期内变动也极慢，故可视为不变的常数。商品和劳务的交易量 T 是由一定时间的产出量所决定，在充分就业的情况下，产出不能再增加，商品和劳务的交易量 T 变动极小，故也可视为一常数。正是由于 V 和 T 独立于货币数量 M，可视为常数，交易方程式便转化为货币数量论。式（9－15）可变换为：

$$P = MV/T \tag{9-16}$$

式（9－16）表明，货币数量 M 的任何变动，必然带来物价水平 P 正比例的相应变动；或者说价格水平的变动来自货币数量的变动，此即货币数量论观点。

由式（9－16）变形，可以得到相应的货币需求量函数：

$$M_d = PT/V \tag{9-17}$$

式（9－17）表明，一定时期流通中所需要的货币量取决于商品交易总量、价格水平和货币流通速度。费雪虽然关注的是货币供给量对价格水平的影响，但是反过来，也反映出他的货币需求思想。因此，现金交易说同样可视为货币需求理论。现金交易说的理论贡献在于，它用公式说明了货币数量与物价水平、商品交易量、货币流通速度之间的关系。

现金交易说的缺陷主要表现在，没有考虑微观经济主体动机对货币需求的影响；仅仅把货币作为一种交易媒介来考察；假定货币流通速度 V 和交易量 T 在短期内是不变的；等等。

（二）剑桥学派的现金余额说

在费雪方程式提出后不久，与他同时代的英国剑桥学派经济学家马歇尔（Alfred Marshall，1842～1924）、庇古（Arthur Lecil Pigou，1877～1959）等人提出了现金余额说，也被称为剑桥方程式（cambridge equation）。与费雪不同，他们重视微观经济主体行为对货币需求的影响。他们认为，从微观个体的角度考虑问题时，处于经济体系中的个人对货币的需求，实质上是选择以怎样的方式保持自己资产的问题。决定人们持有多少货币的因素，包括个人的财富水平、利率变动，以及持有货币拥有的便利等诸多方面。但是，在其他条件不变的情况下，对个人来说，名义货币需求与名义收入水平之间总是保持着一个较为稳定的比例关系。人们直接关心的并不是货币需求，而是货币需求与收入之间的这个比例关系。当然，剑桥学派的经济学家也考虑了经济整体的货币需求，但在他们看来，这个整体的货币需求是个人货币需求的总和。剑桥学派的货币需求思想可以用式（9-18）来表达。

$$M_d = KPY \qquad (9-18)$$

式（9-18）中，Y为总收入，P为价格水平，K为以货币形态保有的财富占名义收入的比例，为名义货币需求。货币需求由K、P、Y三个因素决定。

剑桥学派经济学家认为，根据古典学派充分就业的假设，Y在短期内不变。如果K也不变时，那么货币数量 M_d 就会决定一般物价水平P，且与P成正比例的变化。这个结论就与费雪方程式的结论相一致。从方程式上来看，若将K视为V的倒数，即：

$$K = \frac{1}{V}$$

可以看出两学说方程式的表示方式也基本相同。

那么K究竟是不是一个常数呢？根据剑桥学派的分析，决定K的因素主要有两个：（1）人们对持有货币利弊得失的权衡与比较，即机会成本，表现为各种资产的收益率——利率；（2）人们对未来价格水平的预期。在剑桥学派研究问题的时代，这两个因素在短期内是较为稳定的。因此，K可视为一个常数。但是剑桥方程式本身又预示着K不一定是一个常数，因为持有货币的机会成本和人们预期的价格水平不可能固定不变的，无论短期与长期K都不可能固定不变。因此，P与 M_d 的变动幅度也就不可能完全一致。只是剑桥学派的学者并没有在这一方面做出深入研究，把任务留给了后人。

剑桥学派开创了从个人资产选择的角度研究货币需求的分析方法，这一方法为后来研究货币需求理论的经济学家们所推崇。

（三）现金交易说和现金余额说的比较

现金交易说和现金余额说同属古典经济学，是货币数量论的代表学说，都在经济能够自动实现充分就业的古典理论假说基础上，认为货币数量是物价变动的原因，但两者事实上又存在显著差异，后者在学术思想上更有所突破，分析方法也较为先进。具体地，两者的差异主要表现在以下几个方面：

第一，现金交易说重视货币的交易手段职能，而现金余额说则强调货币的资产功能。

第二，现金交易说侧重分析货币总流量与总产出和价格水平的关系，现金余额说则侧重分析货币存量占收入的比例。前者所指的货币数量是指一定时期的货币流通量，是一个流量；后者所指的货币数量是某一时点人们手中所持有的货币存量。

第三，现金交易说从宏观角度分析货币需求，重视影响交易的金融制度支付过程，忽视了经济主体的主观意愿因素，完全不考虑利率等因素对微观主体持币动机的影响；现金余额说则从微观角度分析货币需求，重视人们持有货币的动机，重视资产选择，即持有货币的成本与预期收入相比较，强调人的意愿及预期等心理因素的作用，货币需求的决定因素多于现金交易说，特别是利率的作用，尽管利率因素并没有在方程式中明确表述出来，但已隐含在对 K 的分析中。

三、凯恩斯学派货币需求理论

（一）凯恩斯货币需求理论概述

凯恩斯的货币需求理论在 20 世纪二三十年代中，经历了根本性的变化过程。凯恩斯曾经作为剑桥学派的重要代表人物，是现金余额数量说的信奉者。在他 1923 年出版的《货币改革论》一书中，提出了反映“剑桥方程式”思想的现金余额模型，为古典货币数量学说进行坚决辩护。1930 年，凯恩斯出版《货币论》，阐述了他的货币价值基本方程式原理，也被称为物价水平基本方程式。这时的凯恩斯，虽然已经不再坚持货币数量与物价水平具有固定联系的观点，但在货币需求理论方面并没有新的突破。1936 年出版的《就业、利息和货币通论》（以下简称《通论》）是凯恩斯划时代的著作，在这本书中，他旗帜鲜明地反对和抨击自己原来所信奉的古典经济学，并建立了一种全新的货币经济学理论体系。在货币需求理论方面，凯恩斯在批判继承的基础上，开创了对后人影响深远的货币需求理论。凯恩斯货币需求理论，一般指的是源自《通论》一书的货币需求思想。

凯恩斯货币需求理论的开创性贡献主要在于，他对人们货币需求的动机进行了准确、细致的分析——这种分析方法一直沿用至今，并在投机性货币需求的基础上，将利率变量摆在了货币需求决定因素的重要位置上，同时也提出了描述投机性货币需求的一种极端情况，即著名的“流动性陷阱”概念。

从 20 世纪 50 年代开始，后来者对凯恩斯的货币需求理论进行了修正、补充和发展，并在两个方面取得了进展：（1）进一步强化了利率在凯恩斯货币需求理论中的分量；（2）运用更为符合实际的多样化的资产组合选择理论，对凯恩斯的投机性货币需求问题进行了更为贴近现实的阐释。

（二）凯恩斯货币需求的观点

1. 货币需求的动机及其分类

凯恩斯认为，货币需求是人们在一定时期能够而且愿意持有的货币量。人们持有货币的原因是人们在心理上普遍存在流动性偏好的倾向，所谓流动性偏好，就是人们在心理上偏好流动性，愿意持有流动性强的货币的欲望。因为与其他资产相比，货币具有最充分的流动性和灵活性，货币需求的实质就是流动性偏好。所以，凯恩斯的货币需求理论也被称之为“流动性偏好理论”。该理论最著名的特征是在借鉴剑桥学派结论的基础上，注重对货币需求的动机分析。凯恩斯认为，人们的货币需求动机有三种，即交易动机、预防动机和投机动机。由此，货币需求由三部分组成，即货币交易需求、货币预防需求与货币投机需求。

（1）交易动机及其货币需求。交易动机是指人们为了应付日常交易活动而产生的持有货币的愿望。货币的交易性需求是指企业或个人为了应付日常的交易而愿意持有的那部分货币。这是由于货币的交易媒介职能而导致的一种需求。由于收入和支出的不一致性，企业和个人为了应付日常的交易，就必须在一定的时间内保持一定数量的货币，货币需求的大小主要取决于收入的多少以及从收入到支出的时间间隔长度。

在相同收入水平下，收入时间间隔的不同，会产生货币需求的差距。一个人或企业收入与支出的时间越是接近，为了交易目的而保留的货币平均余额就越小。在极端情况下，如果收入的数量与同一时刻支出的数量完全相同，那就根本不需要为交易目的而持有货币。实际上，任何主体都不可能发生这一极端情况。因此，每个主体都应保留一定数额的货币借以弥补收入和支出在时间上的差距。在其他条件不变下，各主体为了方便交易而保有的货币余额，随着取得收入次数的增加而减少。而且，如果各主体获得收入的时间差相同，为交易动机而持有的货币需求量主要受收入水平的制约。收入多，这种货币需求也多；收入少，这种需求也少。也就是说，交易动机的货币需求是收入的递增函数。除此以外，金融市场发达程度、支付习惯、预期因素等都会影响交易性货币需求量。综上所述，影响交易需求的因素包括收入规模、收入与支出的时间间隔及其规律性、消费支出习惯、金融制度、预期因素等。除了收入规模外，其他因素可视为短期内不变的常量。因此，在这些因素不变的情况下，决定货币需求的因素主要是收入水平的高低。出于交易动机的货币需求是收入的增函数，即收入越高，货币需求越多；反之亦然。

（2）预防动机及其货币需求。预防动机是指人们为应付紧急或意外情况而产生的持有货币的愿望。货币的预防性需求是指企业或个人为了应付突然发生的意外支出，或者为了不失去意料之外的有利购买机会而愿意持有的那部分货币。凯恩斯认为未来是不确定的，人们不可能把一切支出都计算好，并据此来决定持有多少货币，而总要在日常的支出计划之外，留出一部分机动的货币，来应付诸如生病、原材料涨价之类的突发事件，或者捕捉一些意料之外的购买机会（如商品降价等）。这部分货币需求就构成货币的预防性需求。当收入提高时，人们着眼于未来的预防性货币持有意愿和能力随之提高，反之亦然。因此，预防性货币需求也是收入的增函数。

（3）投机动机及其货币需求。投机动机的货币需求的提出是凯恩斯货币需求理论中最具创新的部分，也是其与古典货币数量论的分水岭。因为凯恩斯关于交易动机的货币需求的分析是以货币交换与支付功能为基础的，仍存在于古典货币数量论的理论体系之内，而预防性的货币需求的分析也仅是以未来的不确定性及货币的贮藏功能为前提的，仅仅是对古典学派论点的一种补充，并没有建立起新的货币需求理论。但是凯恩斯关于投机动机的货币需求的分析，强调利率在货币需求中的作用，脱离了剑桥派货币数量论的传统，开创了凯恩斯货币需求理论的新天地，在其货币需求理论体系中占有重要地位，并对当代西方货币需求理论产生了巨大的影响。

投机动机指人们为了选择有利的投资机会从中获利而持有货币的愿望。所谓货币的投机性需求是指人们为了在未来某一适当的时机进行投机活动而愿意持有的那部分货币。凯恩斯假设经济中存在两种金融资产——货币与债券，货币是一种最具流动性但没有利息收益的资产，债券则不仅能给持有者带来利息收入，也可以因债券价格变动而带来资本利得或资本损失。而在利率与债券价格之间存在着这样的关系，即市场利率上升会导致债券价格下跌，利率下降会导致债券价格上升。因此，人们对未来利率预期的变化会影响人们在债券和货币之间选择。“投机者”具体的行为规则是，当目前的市场利率高于其心目中的“正常水平”时，投机者会产生未来利率水平下降的预期，这时投机者会把全部货币换成债券，以期在债券价格上升的同时获得利息收入和资本溢价这双重收益，反之亦然。简言之，凡相信未来利率将高于当前市场利率者，愿意保持现金；凡相信未来利率将低于当前市场利率者，愿意持有债券。因此，投机性的货币需求取决于利率的高低，随利率变化做出相反的变动。

凯恩斯还进一步解释说，决定投机动机的货币需求有三个因素：当前市场利率、投机者正常利率水平的目标值以及投机者对利率变化的预期。其中第三个因素依赖于前两个因素，所以，投机动机的货币需求实际上取决于当前市场利率水平与投机者对正常利率目标值之差。从整体经济来看，不同投机者对正常利率目标值会有相当大的不同，因而不同投机者对利率变化的预期差异很大。如果当前市场利率水平较低，那么预期利率上升的投机者就会越多，从而以货币形式持有其财富的投机者也就越多，货币的投机性需求就越大；反之，如果当前市场利率水平较高，那么预期市场利率下降的投机者会较多，从而以债券形式持有其资产的投机者增多，货币的投机性需求减少。从上述分析可以得出结论，货币的投机性需求是当前利率水平的递减函数。

在极端的情况下，当一定时期的利率水平低到不能再低时，人们就会产生利率上升、债券价格下跌的预期，货币需求会变得无限大，即无论增加多少货币，都会被人们所持有，而不会增加对债券的需求，利率也不会再下降。这就是凯恩斯著名的“流动性陷阱”（liquidity trap）。

2. 货币需求函数及其图示

人们对货币的总需求由三大动机所共同决定与影响的。其中，交易性货币需求和预防性货币需求是收入的递增函数；而投机性货币需求则是利率的递减函数。如以 M 表示货币总需求，M_1 表示交易性和预防性货币需求，M_2 表示投机性货币需求，Y 表示收入，r 表示利率，L_1 表示 M_1 与 Y 的函数关系，L_2 表示 M_2 与 r 的函数关系，则凯恩斯的货币需求总函数可以用下列式子表示：

$$M = M_1 + M_2 = L_1(Y) + L_2(r) \qquad (9-19)$$

将凯恩斯的货币需求函数用曲线表示，如图9-1所示。

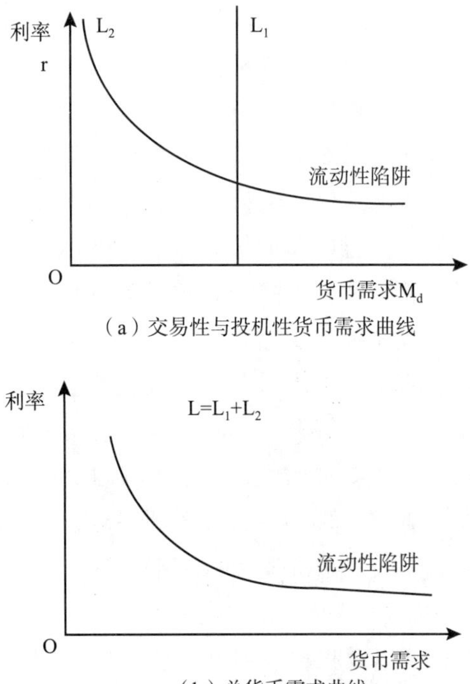

图9-1 凯恩斯货币需求曲线示意图

图9-1（a）中，交易性货币需求曲线 L_1 与利率无关，所以是一条与横轴（表示货币需求）垂直，或与纵轴（表示利率水平）平等的直线。但 L_2 则是一条向右下倾斜的曲线，即利率越高，货币需求越少，反之亦然。如果将 L_1 与 L_2 相加，则货币总需求曲线L如图9-1（b）所示，货币需求曲线 $L = L_1 + L_2$ 的位置，因不同的收入水平Y而不同，形状是由货币需求与利率之间的反向数量变动关系所决定的。

图9-1中也标出了凯恩斯所谓的“流动性陷阱”区域。也就是说，当利率很低时，由于人们预期到未来利率会上涨，债券价格会下降，因而没有人愿持有债券，这时的投机性货币需求无穷大。流动性陷阱区域是货币需求曲线趋于非常平坦的那部分，这时货币需求的利率弹性非常大，几近于无穷。它的政策含义是，若中央银行在流动性陷阱区域，试图通过扩张货币供给量的货币政策扩张经济，是没有效果的，因为所有增加的货币供给量几乎全部被投机性货币需求所吞噬，货币供给量的扩张对产出增加不会产生刺激作用。

凯恩斯对货币需求理论的贡献是把利率作为影响货币需求的重要因素引入货币需求的分析之中，而在此之前的古典货币数量论者，如现金交易说根本否认利率对货币需求的作用，现金余额说也只是提到利率对货币需求产生影响的可能性。只有凯恩斯明确地将货币需求对利率的敏感性作为其宏观经济理论的重要支点。当货币需求不变时，中央银行通过扩张货币供给量就能够降低利率，而利率的降低通过改变与资本边际效率的对比关系，会对投资产生刺激效果，就业、产出水平也会随之增加。显然，利率是货币作用与实体经济的桥梁，在社会总需求不足的情况下，可以采取扩张性的货币政策以促进经济增长，这一结论为国家干预经济提供了理论依据。

另外，中央银行扩张性的货币政策能否有效，取决于货币供给量的扩张能否带来利率的下降，而利率能否出现下降又与货币的需求状况密切相关。由于市场利率是经常变化的，人们心目中的“正常利率”水平也不是一成不变的，其未来的预期值也会有很大的不确定性，因此，货币需求是不稳定的。进而，货币流通速度也必然不稳定。因为，货币流通速度 V 可以写成：

$$V=\frac{PY}{L}=\frac{PY}{L(r,\ Y)} \tag{9-20}$$

根据公式（9－20），当利率波动影响了货币需求的稳定性时，货币流通速度也难以稳定。货币流通速度不稳定，有重要的货币政策含义。古典的货币数量论之所以认为，货币供给与物价水平同比例变动，是因为货币流通速度的稳定性使然，例如根据费雪方程式分析货币供给量与物价水平之间的关系问题时，所依赖的前提基础就是货币流通速度的稳定性，若流通速度 V 不稳定，则 M 的变动完全有可能被货币当局意愿之外的货币流通速度的反向变动所抵消，这样，货币政策既不能影响物价 P，也不影响实际收入 Y，即不影响名义收入 PY。尤其在利率极低的极端情况下，货币数量无论如何增加，都将被流动性偏好所吸收，出现了所谓“流动性陷阱”，此时增加的货币供给完全被货币需求吸收，因此，这时以货币供给量为操作目标的货币政策也就失去了意义。所以，凯恩斯认为，在社会总需求不足的情况下，实行扩张性的财政政策比实行扩张性的货币政策更有效，因为后者能否达到预期效果受到诸多因素的制约，其传导渠道可能不畅通。

（三）凯恩斯货币需求理论的发展

凯恩斯的货币需求理论在 20 世纪 50 年代后期得到凯恩斯学派经济学家进一步的深入研究和发展。鲍莫尔（W. Baumol）、惠伦（Whalen）对货币的交易需求和预防性需求与利率的关系进行了数量分析，分别提出了“平方根定律”与“立方根定律”。托宾（J. Tobin）则利用资产选择理论对投机性货币需求与利率的负相关关系进行了修正和拓展。

1. 鲍莫尔模型

根据凯恩斯的流动性偏好理论，交易动机的货币需求只是收入的函数，而与利率无关。鲍莫尔于 1952 年在《经济学季刊》上发表了题为《现金的交易需求：一种存货的理论分析》的论文，认为货币的交易需求同样受到利率的影响，提出了鲍莫尔模型，又称“平方根定律”。他将管理学中的最优存货理论应用于经济主体的货币需求分析中，求出了一个既不影响日常交易支出需要又将持有货币的损失降至最小的最佳货币持有量。

根据存货理论，企业为了满足各种生产和交易活动的需要，必须持有一定的存货，但存货是要耗费成本的（如租金、管理费用以及占用资金所需支付的利息）。因此，企业为了最大限度地追逐利润，在不影响正常的生产和经营的前提下，企业会力求将存货降到最低限度，这样既不影响企业正常的生产和经营，又能使保有存货所耗费的成本最小。同样，经济主体为满足交易需求而持有的货币（现金）余额，也可视为一种存货，持有这部分货币余额也是需要成本的，这种成本主要是一种机会成本，即因持有货币余额而放弃（或损失）的利息收入。因此，经济主体所持有的现金余额，在保证正常交易的情况下也应减少到最低限度。

鲍莫尔认为，有理性的经济主体为了获得最大收益，必然会将暂时不用的货币转化为生息资产，以获得利息收入，然后在需要货币时，再将生息资产变为货币。当然，人们在进行这种转移中需要支付一定的手续费（即佣金），这就构成一种交易成本。但只要所取得的利息收入能超过手续费，这样做便是有利可图的。通常地，手续费是相对固定的，而利率则是经常变动的。利率的变动会影响经济主体买卖生息资产（主要指债券）的数量和次数从而影响各经济主体所平均持有的现金余额。因为利率越高，则利息超过手续费的机会也就越多，他们也可越多地购买债券，于是，持有的现金余额也就越少。可见，即便是交易性的货币需求，也同样是利率的减函数。

上述思想具体体现在鲍莫尔模型中。该模型作出如下假定：第一，经济主体有规律地每隔一段时间获得一定量的收入 Y，并且之后的支出数量事先可知，支出是连续和均匀的，即每次出售证券变现获得货币以后，以固定的比例和平均的速度支出；第二，经济主体将现金换成生息资产采用购买短期政府债券的形式，具有流动性强、安全性高的特点；第三，经济全体每次变现或出售资产与前一次的时间间隔及数量均相等。

另外，假设未来所预计的交易支出量为 T，每次变换的现金额为 K，每次证券买卖的手续费为 b，市场利率为 i，持有现金的成本总额的 C，现金余额为 M，则经济主体在未来时间买卖证券的交易成本总额为 $b \times \frac{T}{K}$，而由于持有现金是无利息收入的，所以，持有现金损失的利息收入或机会成本为$\frac{K}{2} \times i$。因此，持有现金的成本总额 C 为：

$$C = b \times \frac{T}{K} + \frac{K}{2} \times i \tag{9-21}$$

式（9－21）表明，经济主体持有货币（现金）的成本总额由两部分组成：一是交易成本，如果 K 值越大（小），即持有的货币越多（少）、变现次数越少（多），那么为变现债券而付出的成本即交易成本 $b \times \frac{T}{K}$就越少，即交易成本是货币持有量的减函数；二是机会成本，持有货币 K 越多，则损失的本来可以得到的债券投资收益$\frac{K}{2}\times i$越多，机会成本就越大，即机会成本是持有货币量的增函数。为求得持有现金的成本总额 K，只要求出 C 对 K 的一阶导数并令其等于 0：

$$\frac{dC}{dK}=-\frac{bT}{K^2}+\frac{i}{2}=0 \tag{9-22}$$

由式（9－22）整理出能使持币成本最小的最优持币量 K^* 为：

$$K^*=\sqrt{\frac{2bT}{i}} \tag{9-23}$$

因为支出是连续和均匀的，所以在整个考察期间持有的平均货币余额为$\frac{K^*}{2}$，因此，最优货币需求量为：

$$M_d=\frac{1}{2}\sqrt{\frac{2bT}{i}}=\frac{\sqrt{2b}}{2}\times\sqrt{\frac{T}{i}} \tag{9-24}$$

若令 $k=\frac{\sqrt{2b}}{2}$，用收入 Y 代替支出消费额 T，则有：

$$M_d=k\times Y^{\frac{1}{2}}\times i^{-\frac{1}{2}} \tag{9-25}$$

这就是著名的“平方根公式”。由公式可知：第一，经济主体出于交易动机而持有的货币量不仅是收入（支出）的递增函数，而且还是利率的减函数，补充和发展了凯恩斯的货币需求理论；第二，货币的交易需求，并不与交易（或收入）总量同一比例变化，而是与交易总量的平方根同一方向变化，这称为“平方根定律”；第三，正是由于存在交易成本 b，才需要持有一定量的货币。相反，若 b＝0，即在没有交易成本的情况下，也就没有持有货币的必要，这也就进一步印证了货币作为交易媒介的功能。

2. 惠伦的立方根模型

在考虑了收入和支出在时间上的不确定性以后，1966 年惠伦及米勒和奥尔先后发表文章，论证了预防动机的货币需求也同样为利率的减函数。比较有代表性的是惠伦模型。

预防性货币需求来自不确定性，一个人无法保证他在某一时期内的货币收入和支出同事先预料的完全一致，也不可能排除实际支出超过实际收入或发生不测之事，以至临时需要现金的可能性，因此，即使预期未来的收入与支出相抵，还必须保留一定预防性货币余额。

惠伦认为，影响预防性货币需求的因素有三个：非流动性成本、持有预防性现金余额的机会成本、收入和支出的平均变化情况。非流动性成本是指因低估在某一支付期内现金需要而造成的严重后果。当人们因缺乏现金而无法应付付款义务时，就有三种可能：（1）陷于经济困境甚至破产，此时，非流动性成本是非常高的；（2）如果能够及时得到银行贷款，则非流动性成本就是银行贷款成本；（3）如果人们持有易转换成现金的资产，则非流动性成本等于非现金资产转换成现金的手续费。企业为免于破产，同时也不保证随时得到贷款，因此第三种情况应作为理论分析的一般情况。持有预防性现金余额的机会成本则是指持有这些现金而须放弃的一定的利息收益。

在建模思想上，惠伦模型与鲍莫尔模型基本相同。如果人们为预防不测持有较多货币，就减少了预期的非流动性成本，但同时却增加持有预防性现金余额的机会成本；反之，如果他持有较少的预防性现金余额，减少了机会成本，但却提高了非流动性成本。因此，追求利益极大化的企业，必然选择适当的预防性现金余额，以使这两种成本之和下降到最低限度。

模型的假设如下：如果一定时期内净支出（即支出减去收入）N 大于预防性现金持有量 M，公司就要将其他资产变现，费用为 b，净支出的概率分布以零为中心（由于长期内收入等于支出，净支出为 0），净支出大于预防性现金持有量（$N>M$）的概率为 P。那么持有预防性现金余额的机会成本为 $r\times M$，预期的非流动性成本为 $b\times P$。预期总成本为

$$C=r\times M+b\times P \tag{9-26}$$

对非流动性概率 P 作不同假设，可以得出不同的结论。惠伦假设企业和家庭都是风险回避者，因此，在估计净支出超过预防性现金金额的可能性时，作最保守的估计，取 $P=Q^2/M^2$，其中 Q 为净支出的标准差①。

代入式（9－26）得：

$$C=r\times M+b\times P=r\times M+b\times\frac{Q^2}{M^2} \tag{9-27}$$

据数学上的原理，C 的最小值在其一阶导数为 0 处取得：

$$\frac{dC}{dM}=r-\frac{2bQ^2}{M^3}=0 \tag{9-28}$$

得到

$$M=\sqrt[3]{\frac{2Q^2b}{r}} \tag{9-29}$$

令 $\alpha=\sqrt[3]{2}$，则

$$M=\alpha Q^{\frac{2}{3}}b^{\frac{1}{3}}r^{-\frac{1}{3}} \tag{9-30}$$

式（9－30）表明，最适度的预防性现金余额同净支出方差 Q^2、非流动成本 b 正相关，与利率 r 负相关。结论同鲍莫尔模型基本一致，不同的是惠伦模型中预防性现金余额对手续费用、利率的弹性分别为 1/3、－1/3，而鲍莫尔模型中分别为 1/2 和 －1/2。

---

① 根据切比雪夫不等式，如果随机变量 X 的均值为 E(x)，方差为 σ^2，则有 $P\{|x-E(x)|\geq\varepsilon\}\leq\frac{\sigma^2}{\varepsilon^2}$，其中 $\varepsilon>0$。由于假设均值为 0，标准差为 Q，所以，$P\{|N-0|\geq M\}\leq\frac{Q^2}{M^2}$。

3. 托宾的资产选择理论

在凯恩斯的投机性货币需求理论中，人们对未来利率变化的预期是确定的，每个主体均认为未来利率的高低将如其所预期的那样。因此，各主体将根据预期利率是上升还是下降来决定是持有货币还是持有债券，而且各主体只会在货币与债券这两种资产之间任选其一，而不能兼而有之。也就是说一个人不能同时持有债券和货币。显然，这并不符合实际情况，因为人们并不能完全确定自己对未来利率的预期，一般人通常既持有债券，也会持有货币。更无法说明人们同时有收益率各不相同的多种金融资产这一现实生活中普遍存在的现象。许多学者对此发表了新的见解，其中最具有代表性的是托宾模型，也就是常说的资产组合选择理论。托宾的资产选择理论对资产选择的原理和投资者的行为准则作了精致的表述，并将资产选择理论和货币需求理论相融合，使资产选择理论真正成为货币需求理论的重要组成部分，同时该理论也被认为是对凯恩斯货币需求理论的重大发展。

（1）人们为何选择组合投资的解释。托宾把人们持有的资产抽象为两类：一类是没有收益但也没有风险的货币；另一类是有收益但风险较高的债券。同时，托宾将投资者分为三种类型：风险中立者、风险回避者和风险爱好者。而托宾认为绝大多数投资者都是风险回避者，即宁愿放弃较多收益的机会，也不愿承担较大风险的投资者。而风险中立者和风险爱好者则都只是极少数。对于风险回避者而言，是追求预期效用的极大化。所谓预期效用的极大化是指在风险一定时的预期收益极大化或在预期收益一定时的风险极小化。因此，有关主体在选择资产投资时往往同时考虑收益和风险两大要素，对各种资产的收益和风险进行衡量与比较，确定最优的组合。不是以收益最大化，而是以效用最大化为原则。收益对投资者具有正效用，收益增加时，带给投资者的正效用边际递减增加，而风险在一般情况下，对投资者具有负效用，当风险增大时，带给投资者的负效用也随之边际递增增加。如果投资者的资产构成中只有货币而没有债券时，只要投资者把一部分货币转换成债券，就能获得收益增加带来的正效用，但随着债券投资比例的增加，由于收益的边际正效用递减和风险的边际负效用递增，当新增债券带来的边际正效用等于新增债券带来风险的边际负效用时，总效用达到最大，他就会停止将货币兑换成债券。同理，如果投资者的全部资产都是证券时，他就会抛出债券而增加货币持有，直到抛出的最后一元钱债券损失的边际正效用等于减少的边际负效用时，实现总效用最大化。这样就解释了一个投资者为什么既持有货币又持有债券的现象。

为了衡量和比较各种资产的收益与风险，托宾以各种预期收益的加权平均数作为衡量预期收益的尺度。例如，某一资产组合的收益率为30%、10%和-10%，其概率分别为0.5、0.05和0.45，则预期收益率为$30\% \times 0.5 + 10\% \times 0.05 + (-10\%) \times 0.45 = 11\%$。而风险的大小则由预期收益的标准差来衡量。标准差越大，说明各种高于或低于其平均值的可能性越大，投资者获得意外收益或遭受意外损失的机会也越大；反之，标准差越小，投资者的这些机会就越小。

（2）货币与债券最优资产组合的确定。当投资者的投资组合由一定量的货币 M 和债券 B 构成时，最优的资产组合如何决定呢？下面我们结合图形来说明最优资产组合的选择问题。

图 9－2 中，上半部分纵轴表示预期收益率，横轴表示风险。下半部分左纵轴表示风险资产的构成比例，以债券持有比例 b 代表，右纵轴表示无风险资产构成比例，以货币持有比例 m 代表，根据定义 $b + m = 1$。I_1、I_2、I_3 为投资者的无差异曲线，$OC_1(r_1)$、$OC_2(r_2)$、$OC_3(r_3)$ 为对应于不同预期收益率的投资机会曲线。

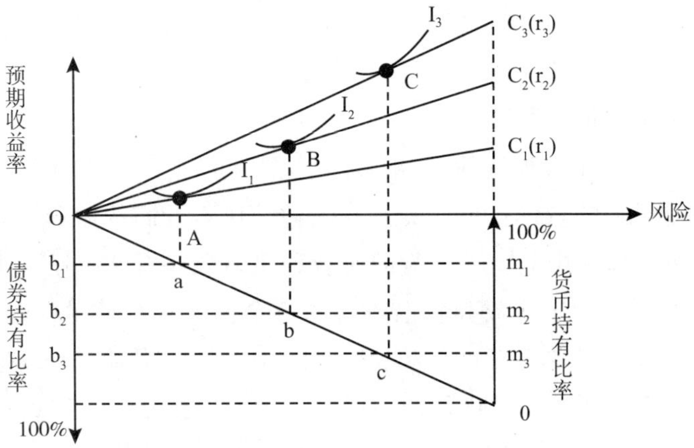

图 9－2　投资者最优投资组合选择示意图

当债券预期收益率为 r_1 时，无差异曲线 I_1 与 OC_1 相切于点 A，投资者资产中债券持有比率为 b_1，货币持有比率为 m_1；当债券预期收益率为 r_2 时，无差异曲线 I_2 与 OC_2 相切于点 B，投资者资产中债券持有比率为 b_2，货币持有比率为 m_2；当债券预期收益率为 r_3 时，无差异曲线 I_3 与 OC_3 相切于点 C，投资者资产中债券持有比率为 b_3，货币持有比率为 m_3。这样，可以得到一个债券预期收益率 r 与货币持有比率之间的对应关系，随着收益率上升，货币持有比率下降，说明收益率与货币投机需求之间的反向关系。

托宾模型对投机性货币需求的解释虽然比凯恩斯的流动性偏好理论有进步，但也存在不足。

第一，托宾模型只包括两种资产，即货币及公债，而不包括其他金融资产。

第二，由于信息及其他交易费用的存在，分散化投资策略事实上能由一些庞大的投资基金或少数富人采取，普通投资者难以运用。

第三，托宾模型忽略价格波动因素。从名义价值看，货币是无风险资产，但用实物价值衡量，货币价值随物价波动而升降。

四、货币主义学派的货币需求理论

货币主义是一个与凯恩斯主义和凯恩斯学派直接对立的西方经济学流派。它形成了自己一套独具特色的理论观点和政策主张。其核心是现代货币数量论，来源于但又有别于传统的货币数量说。

货币学派的灵魂人物弗里德曼是美国芝加哥大学著名的经济学教授，“货币主义”的创始者，1976 年诺贝尔经济学奖获得者。弗里德曼在 1956 年发表的《货币数量说的重新表述》一文中，给货币数量说以新的解释，被称为新货币数量说。弗里德曼认为，货币数量说不是产出、货币收入或物价水平的理论，而是货币需求的理论，是明确货币需求由何种因素决定的理论。因此，货币数量说所研究的是影响人们需求的各种因素。

作为现代货币主义的代表人物，弗里德曼基本上承袭了传统货币数量论的长期结论，即非常看重货币数量与物价水平之间的因果联系；同时，他也接受了剑桥学派和凯恩斯以微观主体行为作为分析起点和把货币看作是受到利率影响的一种资产的观点，把货币需求当作财富所有者的资产选择行为来加以考察。所不同的是，他不像凯恩斯那样，用债券来代表所有货币之外的金融资产，从而把资产选择的范围限定在货币和债券之间，而是把债券、股票，以及各种实物资产都列为可替代货币的资产，从而将资产选择的范围大大扩大，并从中得出了与凯恩斯主义者截然不同的结论。

（一）弗里德曼的货币需求函数

在弗里德曼看来，决定货币需求量的有三大类因素：收入或财富、可替代性资产的收益率和偏好及其影响因素。三大类因素也可分别被称为规模变量、机会成本变量和其他因素。

$$\frac{M_d}{P}=f\left(Y_P,\ W,\ r_m,\ r_b,\ r_e,\ \frac{1}{P}\cdot\frac{dp}{dt}\cdot U\right) \qquad (9-31)$$

在式（9－31）中，M_d 为个人财富持有者所持有的货币数量，即名义货币需求量；P 为一般物价水平；$\frac{M_d}{P}$为个人财富持有的货币所能支配的实物量，即实际货币需要量；Y 为按不变价格计算的实际收入；W 为物质财富在总财富中的比率；r_m 为预期的货币名义报酬率；r_b 为固定收益证券的预期名义收益率；r_e 为变动收益证券的预期名义收益率；$\frac{1}{P}\cdot\frac{dp}{dt}$为预期的物价变动率，即实物资产的名义报酬率；U 为反映主观偏好与制度因素等的综合变数。

下面我们来具体分析。

1. 收入 Y_p

弗里德曼的收入不是剑桥学派和凯恩斯所说的现期收入（这种收入常受各种因素的影响，较不稳定，经常会发生变动），而是指恒久性收入（permanent income）。这是弗里德曼在分析货币需求问题时创造性地提出的一个概念，所谓“恒久性收入”，是指人们在较长时间内所能取得的平均收入，可以是过去、现在和将来的收入的平均数。这种收入是一种比较稳定的收入，它可避免现期收入因受偶然影响而呈现不规则波动的缺陷。实际上恒久性收入也就是以不变价格计算的实际收入。恒久收入作为规模变量，与货币需求呈正相关关系。

2. 是非人力财富占整个财富的比重或财产收入占总收入的比率

财富是收入的源泉。弗里德曼把财富分为人力财富和非人力财富两大类。人力财富是指个人获得收入的能力，包括一切先天和后天的才能与技术，其大小与接受教育的程度密切相关。非人力财富指物质财富，如房屋、机器、设备、耐用消费品等各种财产。相比较而言，人力财富在获得收入时具有较大的不确定性，如失业时，人力财富就无法转化为收入。因此，由于谨慎的原因，当 W 较低时，人们的持币量较多，反之亦然。W 与货币需求之间存在负相关关系。

3. r_m，r_b，r_e 和$\frac{1}{P}\cdot\frac{dp}{dt}$

物价变动率可以被看作是人们持有实物资产的收益率。作为持有货币的机会成本变量 r_m，r_b，r_e 和$\frac{1}{P}\cdot\frac{dp}{dt}$自然与货币需求负相关，但是，因为弗里德曼将货币的外延拓展到了，把能够生息的商业银行定期存款和储蓄存款也包括进来了，而且在弗里德曼的时代，活期存款的收益也不是凯恩斯所认为的零，它可以得到银行提供的相应服务和变相利息，即存在一个可能是显性的货币收益率 r_m。考虑到货币有收益的情况后，其实真正影响货币需求的是这些机会成本变量与货币收益率的差值，即：r_b-r_m，r_e-r_m，$\frac{1}{P}\cdot\frac{dp}{dt}-r_m$。货币收益在金融市场的竞争机制和资产选择的机制下，会随其他可替代性资产的收益率变动而同向变动，因此，当其他可替代性资产的报酬率（持币的机会成本）变动时，它们关于货币的相对报酬率，即 r_b-r_m，r_e-r_m，$\frac{1}{P}\cdot\frac{dp}{dt}-r_m$ 这些差值变量并不会有多大的变化，因此也就不会对货币需求产生显著性的影响。

实际上 r_m，r_b，r_e 和$\frac{1}{P}\cdot\frac{dp}{dt}$等收益率指标可以看成是经济生活中更为广义的一组利率指标。如果它们对货币需求不产生显著性影响，意味着在弗里德曼的货币需求理论中，利率对货币需求不具有显著的影响作用。

4. 综合变数 U

U 是综合变数，是指持有货币给经济主体带来的效用。持有货币可以满足交易需求、应付不测之需和预防性需求或利用获利的机会获取收益，这就是持有货币给经济主体带来的效用，除此之外，主观偏好、风俗习惯及客观技术与制度等均是影响货币需求因素，因此可能从不同的方向上对货币需求产生影响。

需要指出的一点是，上述函数仅是个人货币需求函数，但弗里德曼认为，如果略去 Y 和 W 在个人间分配的影响，把 M 和 Y 分别视为按人口平均持有的货币和实际收入，W 为社会中非人力财富占总财富的比率，上面的函数就可以用来作为全社会的货币需求分析。

（二）弗里德曼货币需求函数的特征

弗里德曼的货币需求函数暗含着这样的结论，那就是货币需求对利率并不敏感。因为真正影响货币需求的，正如前面所分析的是其他资产关于货币的相对收益率，亦即 $r_b - r_m$，$r_e - r_m$，$\frac{1}{P} \cdot \frac{dp}{dt} - r_m$，而这些相对收益率的变化其实很小，并不会对货币需求产生显著性的影响。或者说，这是因为，利率的变动往往是和货币的预期报酬率同向变化的。当利率上升时，银行可以从贷款中获得较高的收益，所以就会希望吸收更多的存款来发放贷款。当存款利率不受限制时，银行将通过提高存款利率来做到这一点；当存款利率受到限制时，银行就会通过提供更完善的服务来竞争存款。无论采取哪种方式，都意味着货币（M_1 或 M_2）的预期报酬率提高了。由于影响货币需求的是货币和其他资产之间相对预期报酬率的高低，所以当货币的预期报酬率与其他资产的预期报酬率同向变化时，货币需求将相对保持不变。财富的构成比例 W 可视作常量。因为财富构成的比例在一定时期内相对稳定，它对收入进而对货币需求不会发生大起大落的影响。假定 U 是相对稳定的，也可视作常量。因为在短期内货币的效用及其影响因素，比如人们的偏好，不会发生无规则的剧烈变动。

所以影响货币需求的主要因素实际上只是恒久性收入，即：

$$\frac{M_d}{P} = f(Y_P^+) \tag{9-32}$$

两者之间正相关。由于恒久收入具有稳定性特点，并不随经济的繁荣或者衰退出现较大波动。因此，不用现期收入概念，而是将恒久收入作为货币需求的一个决定性因素的意义在于，货币需求在很大程度上并不随经济周期的波动而波动，具有稳定性。另外，弗里德曼的货币需求理论排除了利率对货币需求的重要影响，这也使得他的货币需求稳定性的结论得到了强化。

而且，根据上述分析，弗里德曼认为，货币需求函数本身是相当稳定的，它不会发生大幅度的位移，这就意味着，货币需求与其影响因素之间的关系是稳定的。利用过去数据估计出来的货币需求函数经验公式可以被用来估计未来的货币需求。这一点也与凯恩斯的理论有很大的不同。在凯恩斯看来，货币需求函数将因人们对利率看法的改变而发生位移。

由于货币流通速度 $V=\frac{PY}{M_d}=\frac{Y}{f(Y_P)}$，因此，一个稳定的、可预测的货币需求函数，也必然意味着货币流通速度的稳定性、可预测性。弗里德曼认为，传统货币数量学说夸大了货币流通速度的稳定性，并且不适宜地用简单形式表示为一个常数，而实际上货币流通速度本身并不是一个常数；但凯恩斯把货币流通速度看成是极不稳定的，也不符合事实。弗里德曼认为，货币流通速度是一个稳定的函数，有规律可循。弗里德曼通过对美国货币史的研究，实证表明，货币流通速度在长期内十分稳定，在短期内，用恒久收入来考虑，货币流通速度也是稳定的。那么当货币供给发生变化时，把货币流通速度的预测值代入交易方程式，就可以估计出名义国民收入的变动。因此，货币供给是决定名义收入的主要因素这一货币数量论观点仍然能够成立。弗里德曼正是这样来对货币数量论进行重新阐述的。他把他的理论称为名义收入货币理论，也就是所谓的现代货币数量论。

此外，货币主义的货币需求理论继承和发展了古典学派货币数量论，同时在对凯恩斯主义货币需求理论进行批判的基础上，又对其进行了改进。它有机地结合了宏观经济运行和微观主体行为分析，是比较全面的货币需求理论。弗里德曼等人的实证研究方法突破了前人纯粹从理论上研究问题的局限性，给当时经济学界及以后的经济学家开启了一条崭新而实用的思路，这是他们在方法论上的重大贡献。

小资料

社会融资规模是更为合适的金融宏观调控中间目标

为了实现货币政策的最终目标，一般都要根据一个国家的实际情况，确定合适的中间目标。由于近年来我国社会融资结构的变化，新增人民币贷款已不能准确反映实体经济的融资规模：一是直接融资快速发展。2010 年企业债和非金融企业股票筹资分别达 1.2 万亿元和 5787 亿元，分别是 2002 年的 36.8 倍和 9.5 倍。二是非银行金融机构作用明显增强。2010 年证券、保险类金融机构对实体经济的资金运用合计约 1.68 万亿元，是 2002 年的 8 倍。三是商业银行表外业务大量增加。2010 年实体经济通过银行承兑汇票、委托贷款、信托贷款从金融体系融资分别达 2.33 万亿元、1.13 万亿元和 3865 亿元，而在 2002 年这些金融工具的融资量还非常小。因此只有将商业银行表外业务、非银行金融机构提供的资金和直接融资都纳入统计范畴，才能完整、全面监测和分析整体社会融资状况。可见，用社会融资规模替代信贷指标作为中间目标，是我国货币政策的理论和实践创新，符合我国融资结构的变化趋势。

而且，社会融资规模是与货币政策最终目标关联性更显著的中间目标。实证分析的结果表明：与新增人民币贷款相比，我国社会融资规模与 GDP、社会消费品零售总额、城镇固定资产投资、工业增加值、CPI 的关系更紧密，相关性显著优于新增人民币贷款。尤其需要指出的是，社会融资规模与物价关系较为紧密。

此外，社会融资规模中间目标符合宏观调控市场化方向。一方面，社会融资规模与市场化利率相关性较强，社会融资规模中的银行承兑汇票、企业债券等已参照Shibor进行市场化定价；另一方面，社会融资规模中的金融创新产品对利率调控更为敏感，将社会融资规模作为货币政策中间目标有利于推动金融创新，有利于在有效金融监管的条件下适度发展SPV、影子银行等新兴金融机构，鼓励金融机构提供多样性的金融产品和服务，也有利于提高直接融资比重。

资料来源：盛松成：《社会融资规模是符合金融宏观调控市场化方向》，中国人民银行网站，2011年。

复习思考题

1. 影响货币乘数和基础货币的因素是什么？
2. 银行的超额准备金持有量取决于哪些因素？
3. 请阐述并比较古典学派的货币需求理论。
4. 请介绍凯恩斯货币需求理论的内容。
5. 你认为目前影响我国货币需求的因素主要有哪些？

第十章

通货膨胀与通货紧缩

内容简介

在宏观经济运行中，货币供求失衡和一般物价水平的波动是经常发生的现象，就会发生通货膨胀与通货紧缩。通货膨胀是一段时间内一般物价水平的持续上涨，它对产出、收入分配等方面都会产生影响。本章对需求拉上型、成本推进型、供求混合型、结构型等不同成因的通货膨胀进行分析，并且，从需求管理政策、收入政策、供给政策、价格政策等方面对通货膨胀治理问题进行阐述，最后，对通货紧缩的含义、类型、成因、影响以及治理等问题进行介绍。

教学目的

通过本章学习，了解通货膨胀的含义及不同度量方式；理解通货膨胀的社会经济效应；掌握通货膨胀的类型和形成原因；理解和掌握通货膨胀的治理措施；认识并理解通货紧缩的含义及通货紧缩对经济的影响；掌握通货紧缩的治理等问题。

第一节　通货膨胀

一、通货膨胀的类型与效应

通货膨胀与通货紧缩是当今世界各国经济发展中普遍存在的问题，也是西方经济理论的重要组成部分。自纸币问世起，其发展总是与通货膨胀问题联系在一起。各国政府均将通货膨胀问题作为重要的宏观经济问题来处理，大多数国家都把反通货膨胀作为中央银行的首要任务。

（一）通货膨胀的含义与度量

1. 通货膨胀的含义

通货膨胀通常是指在纸币流通的条件下，一定时间内流通中的货币量超过了货币的实际需要量而引起的货币贬值、一般物价水平持续上涨的经济现象。在纸币流通的条件下，纸币发行过多，以致“太多的货币追逐过少的商品”，必然形成单位纸币所代表的价值量下降，进而物价上涨。然而现代货币理论表明，货币供给量的扩大，不仅仅是通过纸币发行的途径，更大程度上是通过信用的扩张和派生存款的创造来实现的。这样，纸币的过量发行，只是构成货币供给量增加的一个部分，是导致物价水平上涨的部分力量和压力。

全面理解这一定义，要把握以下四个要点：

第一，通货膨胀是只有在纸币流通的条件下才有可能产生的经济现象。因为金属货币本身具有价值，在金属货币流通的条件下，如果流通中的货币超过了需要量，它就可以自动退出流通保存价值。同时，生产金属货币需要的劳动较多，人类不可能费很多劳动去生产超过市场商品交换需要量的金属货币来。所以在金属货币流通的条件下一般不会发生通货膨胀现象。但在纸币流通条件下，情况却不一样。由于货币本身只是价值符号，不仅制造起来容易，可以大量制造，而且当其超过需要量时，不能自动退出市场进行保值。因此，在纸币流通条件下，是完全有可能发生通货膨胀现象的，即流通中的货币量超过客观需要量。事实上，世界各国历次通货膨胀的发生都是大量纸币充斥市场形成的。

第二，通货膨胀是一般物价水平的上涨。通货膨胀是物价的普遍上涨，即所有商品的平均物价水平的上涨。因而，个别的或局部的商品劳务的价格上涨不能称为通货膨胀，一种价格下降抵销另一种价格上升也不是通货膨胀。

第三，通货膨胀是一般物价水平的持续上涨。通货膨胀中的一般物价水平上涨是在一定时间内的物价总水平持续的、全方位的上涨，而非一次性的、暂时的上涨。如某一地区，因自然灾害或季节性变化而引起的物价水平上涨，不能称为通货膨胀。因为它只是在一个地区物价水平的临时上涨，诱发因素过后，物价水平会回调。

第四，通货膨胀的表现形式可以是公开的，也可以是隐蔽的。通货膨胀的表现可以是公开的，直接表现为物价上涨；也可以是隐蔽的，在一些特殊的情况下，物价水平虽没有上升，但仍然存在着通货膨胀。比如政府实施价格管制，冻结物价或凭票证供给商品，这时一般物价水平虽没有上涨，但导致价格上涨的压力较大，一旦政府取消价格管制，物价水平就会急剧地上涨。一般将这种现象称为压抑型通货膨胀，也有称之为潜在的通货膨胀的。

2. 通货膨胀的度量

度量通货膨胀的程度，从世界各国的实际做法看，主要采取三个物价指数，即消费物价指数（consumer price index，CPI），批发物价指数（whole sale price index，WPI）和国民生产总值（GNP）平减指数（deflator）。

（1）消费物价指数

消费物价指数又称零售物价指数，它是根据居民家庭日常消费的具有代表性的“一篮子”商品和劳务的价格变动状况来编制的一种物价指数。消费物价指数度量通货膨胀的优点在于，资料容易收集，公布次数比较频繁，能比较准确地反映出通货膨胀对居民家庭生活所带来的影响程度，在这点上，有着其他指数难以比拟的优势。但它的缺点是：①该指标所包括的范围较窄，不能反映用于生产的资本品以及进出口商品和劳务的价格变化；②在人们的消费品中，有的消费品价格上涨是由于生产者提高质量、改善品质，更新换代所致，并非真正意义的价格上涨，而这个指数无法区别这两种价格上涨，因而在编入物价指数时有高估物价上涨率的现象。此外，与消费物价指数相类似的还有像生活费用价格指数等，不过，它包括的范围要较消费物价指数广泛一些，因此，作为度量尺度似乎更好些。

（2）批发物价指数

批发物价指数是反映不同时期商品批发价格变动状况的物价指数，又称为生产者物价指数。这一指数的优点是能较灵敏地反映厂商生产成本的变化状况，能在最终零售给消费者的产品价格变动之前获得工业投入品及非零售消费品的价格变动信号，进而能够判断其对最终进入流通的零售商品的价格变动可能会带来的影响，所以它所反映出来的物价变动态势具有前瞻性，可用来研究判断以后整个社会物价水平的趋势。缺点是与居民生活没有直接联系，而且不包括劳务的价格，不能准确反映总体物价水平的变动情况。其波动幅度可能要比消费物价指数小，所以，用它来判断总供给与总需求的对比关系时，可能会出现价格信号失真现象。

（3）国民生产总值平减指数

国民生产总值平减指数是一个能够综合反映社会一般物价水平变动的指标，具体指的是按现行价格计算的某一年国民生产总值对按基期固定价格计算的国民生产总值的比率。用公式表示为：

$$\begin{matrix}\text{国民生产总值}\\\text{平减指数}\end{matrix}=\begin{matrix}\text{按当年价格计算的}\\\text{国民生产总值}\end{matrix}\Big/\begin{matrix}\text{按基期价格计算的}\\\text{当年国民生产总值}\end{matrix}\times 100\%$$

如果以相对于基期的不同报告期（当年）的国民生产总值的折算价格减去1，就是不同报告期之间的物价变动情况。例如，A国2015年的GDP按当年的现行价格计算的值为11300亿美元，而按1990年的固定价格计算则为6890亿美元，那么该国2015年的GDP平减指数为$11300/6890\times 100\%=164\%$，也就是说，2015年与1990年相比，该国的物价总水平上涨了64%。

该指数的优点在于覆盖范围全面，其计算样本包括了消费品、劳务、资本品以及进出口商品等，因而能度量一国所有最终商品与劳务的价格变动情况。被认为最适合于测定通货膨胀的指数。缺点是编制国民生产总值平减指数需要收集大量资料，而且需要投入大量时间，很难及时更新和公布，在时效上无法满足经济决策的需要。也正因为它包括的计算样本最为全面，所以它在反映某一领域（特别是与公众消费密切相关的商品）价格变动时必然显得滞后。

上述三种指数包含的商品范围不同，反映的物价变化也都有一定程度的局限性。目前，大多数发达国家和一些国际组织都采用消费物价指数和 GNP 平减指数来度量通货膨胀，前者主要用于月度、季度分析，后者主要用于年度分析。

（二）通货膨胀的类型

在经济分析过程中，可以按不同的标准对通货膨胀加以分类，这样的分类便于我们在理论或实践当中对通货膨胀从不同角度进行考察和认识。

1. 按照通货膨胀的程度分类

（1）爬行式通货膨胀（creeping inflation），通常称为温和的通货膨胀，是指物价上涨的幅度在 2% ~3% 之内，同时不存在通货膨胀预期的状态，但持续的时间很长。有些经济学家认为，爬行式通货膨胀对经济的发展和国民收入的增加都有积极的刺激作用，并将它看作是实现充分就业的必要条件。

（2）步行式通货膨胀（walking inflation），是指物价上涨的幅度比爬行式通货膨胀要高，但又不是很快，平均物价上涨率在 3% ~10% 之间。步行式通货膨胀有可能是通货膨胀即将加速的危险信号。

（3）小跑式通货膨胀（running inflation），通常称为严重的通货膨胀，是指物价上涨率在 10% 以上。此时，人们纷纷抢购商品，货币流通速度加快，货币购买力下降，并且人们往往预期物价水平进一步上涨，从而使通货膨胀加剧，如果不采取强有力的反通胀措施，就有可以发展成为恶性通货膨胀。

（4）奔腾式通货膨胀（hyper inflation），通常称为恶性通货膨胀，是指一国的物价水平无限制的迅速上升，物价上涨率达到 100% 以上。此时，人们大量地抢购商品，货币极度贬值，正常的经济联系遭到破坏，货币体系和价格体系以至整个国民经济完全崩溃。1923 年德国的通货膨胀率超过 1000000%，成为恶性通货膨胀的典型代表。

2. 按照通货膨胀的表现形式分类

（1）公开型通货膨胀（open inflation），通常称为开放型通货膨胀，是指政府对物价水平不加管制，价格随市场供求变化而自由涨落，只要出现通货膨胀，就表现为价格水平的明显上涨，价格对供求反应灵敏。目前，大多数国家的通货膨胀都是公开型通货膨胀。

（2）隐蔽型通货膨胀（repressed inflation），通常称为压抑型通货膨胀，是指表面上一般物价水平没有上升，而实际上通货膨胀压力较大，只是以非价格方式表现出来的通货膨胀。这主要是由于政府对商品价格进行严格控制，如固定价格、凭票证购买及对货币工资严格控制等，而使在经济中积累的过度需求不能通过物价上涨表现出来。一旦政府放松严厉管制，物价就会飙升，因而并不是没有通货膨胀而是压抑的或隐蔽型的通货膨胀。

这种情况一般发生在计划机制占主导地位的国家或地区，前苏联及东欧各国、中国都出现过。这种非公开性通货膨胀的形成条件大体有以下几个：（1）经济体系中已积累了难以消除的过度需求压力；（2）存在着严格的计划价格管制，这种管制包括对生产企业的定价管理和流通企业的销售管制两方面的内容；（3）实行排斥市场机制的单一行政管理体制。

在存在隐蔽性通货膨胀条件下，消费品供不应求的矛盾主要是以非价格的方式表现出来的。例如，国家牌价与自由市场价或黑市价之间的巨大价差；一些产品在价格不变的情况下质量下降，等等。在隐蔽的通货膨胀条件下，经济体系中已存在的多余购买力无法通过市场供求的自调节予以消除，而且还必然助长腐败问题。在改革过程中的双重体制下，通货膨胀则具有公开与隐蔽的双重特点，如一种商品同时具有官定的和市场的双重价格就是一例。

3. 按照通货膨胀的预期分类

预期性通货膨胀是指通货膨胀过程被经济主体预期到了，进而采取各种补偿行动而引起的物价上升的运动。如在商品定价中加进未来原料及劳动力成本上升因素；因囤积商品导致的物价上升等。一般情况下，一个国家只要在较长时间内一直存在一定的通货膨胀，人们就会产生通货膨胀的预期，预计下一时期仍会在通货膨胀。非预期通货膨胀是指未被经济主体发现与察觉，物价在不知不觉中上升。

当代经济学家十分强调预期与非预期的区别，并认为，当代通货膨胀理论与传统通货膨胀理论的重大不同就是这种区别的强调。强调两者的区别在于考察通货膨胀的效应。通常认为，只有非预期的通货膨胀才具有真实效应，才可以影响就业与产出。而预期的通货膨胀，因经济主体采取对策而抵消了其实在性的效果。

4. 按照通货膨胀的成因分类

按照通货膨胀产生的原因，可将其分为需求拉动型通货膨胀、成本推动型通货膨胀、混合型通货膨胀、结构型通货膨胀和输入型通货膨胀等，这些原因将在下一节展开论述。

（三）通货膨胀的社会经济效应

1. 通货膨胀的产出效应

从实证分析或是理论逻辑推断的角度看，通货膨胀与社会总产出到底有什么样的关系这一问题，就是通货膨胀的产出效应问题。关于通货膨胀的产出效应，可以说目前还尚无定论。总的说来有三种观点，即促进论、促退论和中性论。

（1）促进论。所谓“促进论”，就是认为通货膨胀具有正的产出效应，能够促进经济增长。其理由如下：

第一，在通货膨胀的情况下，由于商品价格的提高一般快于工资的提高，结果导致实际工资降低，厂商利润增加，这样会刺激厂商扩大投资，进而促进经济增长。

第二，在货币经济中，通货膨胀是一种有利于高收入阶层（以利润为其主要收入的阶层）而不利于低收入阶层（即靠工资为主要收入的阶层）的收入再分配。这种收入再分配最后造成的结果会使整个社会的储蓄率水平提高，因为一般认为高收入者的边际储蓄倾向高于低收入者的边际储蓄倾向，而通货膨胀恰恰会使收入向社会高收入阶层进一步集中。社会储蓄率的提高有利于增加积累、扩大投资，从而对经济增长起到推动作用。

第三，通货膨胀从某种意义上说，实际上就是货币发行者（即政府部门）从货币持有者（即私人部门）手中获得收入过程。因为在人们货币需求一定的情况下，政府通过发行货币，获得对一部分商品和劳务的支配权，这实质上是政府向货币持有者征税（可以称之为货币税或通货膨胀税），从而使政府收入增加。如果政府将所获得的这种通货膨胀税收收入用于投资，则将有可能提高整个社会的投资率，从而对经济的增长做出贡献。

正是由于以上原因，促进论者认为，当经济处于有效需求不足、实际经济增长率低于潜在经济增长率的状态时，政府可以通过实施适度的通货膨胀政策来促进经济增长。

（2）促退论。所谓“促退论”，与促进论的观点正好相反，认为通货膨胀具有负的产出效应，会降低效率，阻碍经济增长。其理由如下：

第一，通货膨胀会促使生产领域中部分资本流向非生产领域，从而导致生产萎缩、经济衰退。在通货膨胀情况下，生产性投资的风险和经营成本增加，使投资不如投机、生产囤积的现象普遍出现。结果，一部分工业资本从生产领域转向流通领域，服务于投机活动，生产资本减少，经济衰退。

第二，在通货膨胀环境下，货币购买力下降，持有货币的机会成本大大上升；同时，又由于通货膨胀对债务人有利，对债权人不利，所以，社会公众都会减少储蓄，尽力把现金转化为实物资产或增加目前的消费，致使社会储蓄率下降，从而使投资下降和经济增长率下降。

第三，在通货膨胀环境下，会出现市场价格失真或价格被管制的现象，从而整个以价格为核心的市场机制的作用会大打折扣，最终通过损害经济效率而阻碍经济增长。如通货膨胀条件下的价格信号由于失真会对消费者和生产者误导，造成经济资源的不合理配置和严重浪费，使经济效率大大下降，不利于社会产出水平的持续快速增长。

第四，如果本国通货膨胀长期高于外国，则使本国产品相对于国外产品的价格上升，从而不利于本国的出口，并刺激进口的增加。本国通货膨胀率长期高于国外，还会促使人们将国内储蓄转移到国外，这样就势必导致本国国际收支的逆差，并使黄金外流，从而给本国经济增长带来压力。

第五，如果通货膨胀超过一定时间，企业和居民便会产生预期，造成物价与生产成本的螺旋式上升，形成恶性通货膨胀，并可能导致经济的崩溃。

（3）中性论。此观点认为通货膨胀对产出增加既无负面的损害作用，也无正面的推动作用，是中性的。

中性论者认为，社会经济主体的合理预期使得通货膨胀条件下工资的增长与物价的增长几乎是同步的，因此“促进论”者的观点就站不住脚了，前面谈到的通货膨胀对收入的再分配效应以及以此来达到提高整个社会储蓄率和投资率的论证也就落空了；通货膨胀也不可能有降低实际工资的作用，也就更谈不上通过降低工资来刺激厂商增加产出了。“促退论”者的论证也被推翻，这是由于合理预期使未来的通货膨胀不再是不确定的，所以它对厂商的投资、对价格信号的干扰事实上是不存在的，从而也就无所谓通过影响它们来对经济增长起阻碍作用。

1986 年，美国温贝尔脱大学的伍·江（W. Jong）和马歇尔（J. Marshall）用计量经济学的方法对 19 个工业化国家和地区、37 个发展中国家和地区 1950 ~ 1980 年间的通货膨胀状况进行了系统的研究，结果表明：38 例支持中性论、16 例支持促退论、2 例支持促进论。其中 19 个工业化国家和地区没有 1 例支持促进论，9 个工业化国家支持促退论。

2. 通货膨胀的强制储蓄效应

这里所说的储蓄，是指用于投资的货币积累。这种积累主要有三个来源：一是家庭；二是企业；三是政府。在正常情况下，上述三个部门的储蓄有各自的形成规律：家庭部门的储蓄由收入剔除消费支出构成；企业储蓄由用于扩张生产的利润和折旧基金构成；政府储蓄从来源说则比较特殊。如果政府用增加税收的办法来筹资搞生产性投资，那么，这部分储蓄是从其他两部门的储蓄中挤出的，从而全社会的储蓄总量并不增加。如若政府向中央银行借债，从而造成直接或间接增发货币，这种筹措建设资金办法就会强制增加全社会的储蓄总量，结果将是物价上涨。在公众名义收入不变条件下，按原来的模式和数量进行的消费和储蓄，两者的实际额均减少，而其减少部分大体相当于政府运用通货膨胀强制储蓄的部分。之所以说是强制储蓄，这是因为对于企业或个人而言，这种储蓄率的提高并非它们主动自觉决策的结果，而是政府建设支出赤字货币化的必然结果。

上面的分析是基于这样的假定，即经济已达到充分就业，因此，用扩张货币政策来强制储蓄会引起物价总水平的上涨。在实际经济运行中，可能尚未达到充分就业水平，实际 GNP 大大低于潜在 GNP，生产要素大量闲置。这时政府运用财政政策或货币政策来扩张有效需求，虽然也是一种强制储蓄，但并不会引发持续的物价上涨。

关于中国能否利用强制储蓄效应这个问题，过去通常是予以否定的。因为我国宏观经济长期以来运行在一种总需求大于总供给的状态下，通货膨胀的潜在压力一直比较大，所以不便采用像这类扩大总需求的强制储蓄政策。但是进入20世纪90年代中期后，我国经济逐步地进入了供给过剩、有效需求不足的这样一个全新发展阶段，特别是在1997～2002年间的通货紧缩时期，我国的出口滑坡，因而有效需求不足的矛盾更加突出，国内经济进一步陷入了增长乏力、下岗失业严重、物价水平持续下跌的通货紧缩困境中。显然，在这种形势下，实行能够扩大政府投资以至整个社会投资水平的强制储蓄政策，是可以考虑的。事实上，1998年后，我国实行扩大公共投资的积极财政政策，从相当程度上已经证明了强制储蓄政策的适用性。

3. 通货膨胀的收入分配效应

收入分配效应指通货膨胀对不同主体、不同个人的实际收入水平进行自动调整的效应。在通货膨胀期间，人们的名义货币收入与实际收入存在差异。只有剔除物价因素，才能得知人们实际收入的变化。由于社会各阶层的收入来源各不相同，因此，在物价总水平上涨时，有些人的收入水平会下降，有些人的收入水平反而会提高。这种由物价上涨造成的收入再分配，就是通货膨胀的收入分配效应。具体来说，有以下几个方面：

（1）对固定收入者不利，对浮动收入者有利。由于现实经济生活中，具有固定性质的收入形式，诸如工资、利息、租金、年金收入等，这类收入的增长往往滞后于物价水平的上涨，因而，以这类固定收入为主要收入的一般工薪阶层、退休人员，在通货膨胀条件下，他们的实际收入会出现下降。

而我们知道，像工资、利息、租金等项目是构成经营成本的主要部分，如果它们的增长滞后于物价上涨率的话，则意味着厂商和企业的实际经营成本将下降，利润将增加。所以与一般普通工薪阶层相反，拥有企业利润分配权的阶层——往往是高收入者，他们的实际收入会提高。另外，通货膨胀意味着物价上涨，货币贬值，所以在通货膨胀条件下，一些实物资产会有较高的增值潜力。这样，拥有大量地产等实物资产的高收入阶层，其收入会出现较大增长。

（2）对实际财富持有者有利，对货币持有者不利。实际财富包括不动产、贵金属、珠宝、古董、艺术品，在通货膨胀时期这些物品的价格也上涨；而货币财富包括现金、银行存款、债券，其实际价值会因物价上升而下降。因此，通货膨胀使储蓄倾向降低。

（3）对债务人有利，对债权人不利。债务人获得货币进行即时使用，提高购买力；待其偿还时，同量货币的实际购买力已经下降。因此通货膨胀牺牲债权人的利益而使债务人获利。

（4）对政府有利，对公众不利。通货膨胀的直接表现是货币供给过多，而货币供给是由政府通过中央银行来控制的，过多货币供给引起货币贬值、物价上涨，这实质上是政府对所有货币持有人的一种隐性征税，即通货膨胀税。同时，政府通过发行公债和采取累进税制，来降低实际债务、增加收入。

总之，通货膨胀对现有收入分配格局的调整，必然会朝着有利于高收入阶层而不利于低收入阶层的方向发展。而广大老百姓收入的降低，自然会对整个社会的稳定构成威胁，因此，在西方国家曾经或现在都较普遍地推行了“指数化”政策，以尽可能地消除通货膨胀给固定收入者带来的不利影响。

二、通货膨胀的形成原因

对于通货膨胀成因的分析是研究通货膨胀问题的核心，只有将通货膨胀的成因分析透彻，才能有针对性地提出防止和治理通货膨胀的政策措施。由于各种不同的通货膨胀成因均都有其相应的理论为指导，因此在阐述通货膨胀的成因及类型时，必须结合各种通货膨胀的理论加以说明。

（一）需求拉上型通货膨胀

需求拉上说是西方经济学界出现最早的通货膨胀理论，是从需求角度分析通货膨胀的原因。该理论认为，通货膨胀是由于商品和劳务的总需求量超过了社会潜在产出水平从而导致一般物价水平上涨的现象。其根本原因在于总需求大于总供给时，形成了膨胀性缺口，带动物价上涨，导致通货膨胀。所谓“膨胀性缺口”，是指一国总需求超过商品和劳务总供给的部分。

需求拉上型通货膨胀的形成机理可用图 10－1 来说明。

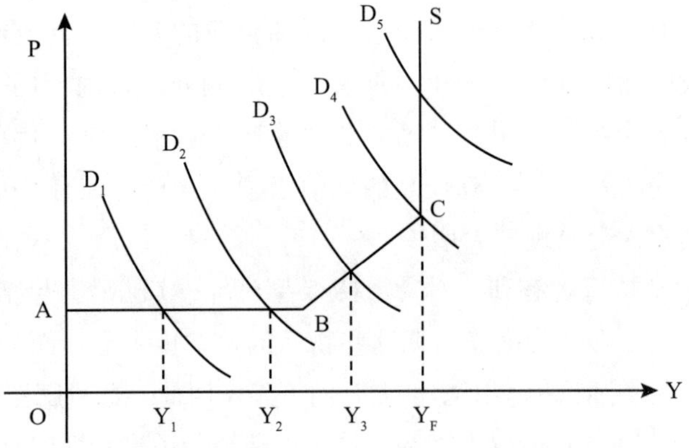

图 10－1　需求拉上型通货膨胀形成机理

在图 10－1 中，横轴代表总产出或国民收入（Y），纵轴代表物价水平（P）。社会总供给曲线 AS 可按社会的就业状况而分成 AB、BC 与 CS 三个区间段；社会总需求曲线随着总需求的扩大不断向右上方移动。

在 AB 区间段，总供给曲线呈水平状态，这意味着供给弹性无穷大，社会上存在着大量的闲置资源，如严重的失业现象、现有设备开工不足以及金融资本过剩等情况。

这时，总供给增加的潜在能力非常大，所以，当总需求扩大时只有产出的增加，而不会导致物价的上涨。当总需求曲线从 D_1 移到 D_2 时，国民收入便从 Y_1 增加到 Y_2，但物价并没有上涨，仍然保持在原来的水平上。

在 BC 区间段，总供给曲线逐渐向社会充分就业时的最大产出点靠近，在图上表现为向右上方倾斜。这意味着社会闲散资源已经不多，总供给潜在的增加能力也较小，此时，总需求的扩大，必然在产出增加的同时出现物价的上升。当总需求曲线从 D_2 移至 D_3 时，产出水平虽有增加，但增加的幅度比以前减缓，同时物价也开始上涨。

在 CS 区间段，总供给曲线已处在社会资源充分利用（以充分就业为判断标准）的位置上，呈现出垂直形状。这意味着社会上已经不存在任何可利用的闲置资源，相应的产出水平也达到了短期之内的最大水平。此时，如果扩大总需求，那就只有物价水平的上涨，而不会有任何产出的增加。总需求曲线从 D_4 移到 D_5，只会导致物价上涨，而产出水平保持在充分就业时的最大产出点 Y_F 点上。

不同学派的经济学家们对总需求增加的原因说法不一，主要是凯恩斯学派与货币学派之争。凯恩斯学派认为，总需求由消费支出、投资支出和政府支出构成，总需求各构成部分的增加是总需求增加的原因。而且，凯恩斯学派认为，充分就业并不是一种经常状态，非充分就业是经常状态。当经济处于非充分就业时，总需求的增加，既能牵动物价上涨，也能引起总供给的增加；只有当经济达到充分就业时，总需求增加才不会使总供给增加，而全部通过物价上涨反映出来。与此不同，货币学派认为，货币供给量的增加是总需求增加的主要原因，即总需求取决于货币数量和货币流通速度，在货币流通速度相对稳定的情况下，货币数量的增加直接导致总需求的增加，货币数量的过度增加是导致总需求过剩的根本原因，因此，断言“通货膨胀无论何时何地都是一种货币现象”。相比而言，货币学派的需求拉上论更强调货币供给量的变化对总需求的影响，并强调了货币供给的外生性。同时，由于货币学派认为充分就业在总体经济中是一种经常状态，所以货币供给增加所产生的总需求增加必然形成需求拉上型的通货膨胀。

由于两学派对总需求增加原因的看法不一致，所以导致了他们对治理通货膨胀的政策措施也存在差异。凯恩斯学派主张削减投资支出和政府开支来缩小总需求，使物价不至于快速上涨；货币学派坚持合理地控制货币供给量，使总需求与总供给均衡，来保持物价水平的稳定。

（二）成本推进型通货膨胀

成本推进型的通货膨胀是指，在需求不变的情况下，由于生产成本的提高推动物价水平上涨而引起的通货膨胀。

前面所分析的需求拉上型通货膨胀一般发生在达到充分就业之后，当经济中存在大量闲置资源时。但在现实经济生活中却发生了这样的现象：许多国家在失业率居高不下的同时还出现了很高的通货膨胀，尤其是进入20世纪70年代后，西方发达国家普遍经历着高失业和高通货膨胀并存的“滞胀”局面。在这种情况下，“需求拉动说”显然不能解释通货膨胀形成的动因。因此，许多经济学家转向供给方面去寻找通货膨胀的根源，提出了“成本推动”的通货膨胀理论，认为通货膨胀形成的原因在于成本上升引起了总供给曲线的上移。

1. 工资推动型通货膨胀

这种理论是以存在强大的工会组织，从而存在不完全竞争的劳动市场为假定前提的。在完全竞争的劳动市场条件下，工资率取决于劳动的供求，而当工资是由工会和雇主集体议定时，这种工资则会高于竞争的工资。并且，由于工资增长率超过劳动生产率，企业就会因人力成本的加大而提高产品价格，以维持盈利水平。这就是从工资提高开始而引发的物价上涨。工资提高引起物价上涨，价格上涨又引起工资提高，在西方经济学中，称为工资—价格螺旋。需要指出的是，尽管货币工资率的提高有可能成为物价水平上涨的原因，但绝不能由此认为，任何货币工资率的提高都会导致工资推进型通货膨胀。如果货币工资率的增长没有超过边际劳动生产率的增长，那么，工资推进通货膨胀就不会发生。而且，即使货币工资率的增长超过劳动生产率的增长，如果这种结果并不是由于工会发挥作用，而是由于市场对劳动力的过度需求，那么，它也不是成本推进型通货膨胀，而是需求拉上型通货膨胀。

许多经济学家将欧洲大多数国家在20世纪60年代末和70年代初经历的通货膨胀认定为工资推动型通货膨胀，因为这一时期出现了工时报酬的急剧增加。例如，在联邦德国，工时报酬的年增长率从1968年的7.5%增加到1970年的17.5%，在同一时期，美国的工时报酬年增长率也由7%上升到15.5%。

2. 利润推动型通货膨胀

利润推动是指垄断企业和寡头企业利用市场势力谋取过高利润所导致的一般价格水平的上涨。西方学者认为，就像不完全竞争的劳动市场是工资推动通货膨胀的前提一样，不完全竞争市场是利润推动通货膨胀的前提。在完全竞争的产品市场上，价格完全决定于商品的供求，任何企业都不能通过控制产量来改变市场价格；而在不完全竞争的产品市场上，垄断企业和寡头企业为了追求更大的利润，可以操纵价格，把产品价格定得很高，致使价格上涨的速度超过成本增长的速度。

提出成本推进型模型的目的在于解释不存在需求拉上条件下也能产生物价上涨，因此，总需求给定是假设前提，既然存在这样的前提，当物价水平上涨时，取得供求均衡的条件只能是实际产出的下降，相应的则必然是就业率的降低。因而这种条件下的均衡是非充分就业的均衡。成本推动型的通货膨胀可用图10－2表示。

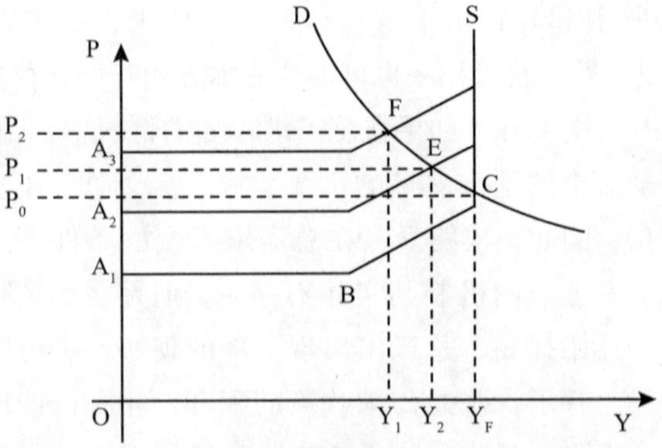

图 10－2 成本推动型通货膨胀形成机理

在图 10－2 中，横轴代表总产出或国民收入 Y，纵轴代表物价水平 P，Y_F 为充分就业条件下的国民收入。AS、D 曲线分别代表社会总供给与总需求曲线。最初，社会总供给曲线为 A_1S，在总需求不变的条件下，由于生产成本上升，使总供给曲线从 A_1S 上移至 A_2S 和 A_3S，结果，在国民收入由 Y_F 下降到 Y_2 和 Y_1 的同时（国民收入下降是因为生产成本提高以后会导致失业增加，从而引致产量的损失），物价水平却由 P_0 上升到 P_1 和 P_2。

成本推动型或供给型通货膨胀可以较好地解释在产出还没有达到充分就业水平的条件下为什么会发生通货膨胀的原因，也在相当程度上解释了 20 世纪六七十年代出现在发达资本主义国家的“滞胀”现象（即经济增长停滞，而物价水平上升较快的现象）。

此外，汇率变动引起进出口产品和原材料成本上升，以及石油危机、资源枯竭、环境保护政策不当等造成原材料、能源生产成本的提高，都是引起成本推进型通货膨胀的原因。最为典型的是在 1973～1974 年间，石油输出国组织（OPEC）历史性地将石油价格提高了 4 倍，到 1979 年，石油价格被再一次提高，提价对西方发达国家的经济产生了强烈的影响，使其价格水平持续普遍上升。

需要指明的是，需求拉上型通货膨胀与成本推动型通货膨胀都是在供求的交替作用下产生的，而且都是与较高的货币增长率相联系。因此，虽然我们在理论上可以将它们区分开来，但事实上这两者是很难区分的。我们只知道需求拉上型通货膨胀一般发生在经济达到充分就业水平之后，成本推动型通货膨胀则发生在经济达到充分就业水平之前。但即使这样划分也存在障碍，因为我们并不能确定充分就业率的确切数值。

（三）供求混合型通货膨胀

供求混合通货膨胀是将供给和需求两个方面的因素综合起来，认为通货膨胀是由需求拉上和成本推进共同作用引发的。这种观点认为，在现实经济社会中，通货膨胀的原因究竟是需求拉上还是成本推进很难分清，既有来自需求方面的因素，又有来自供给方面的因素，即所谓“拉中有推、推中有拉”。例如，通货膨胀可能从过度需求开始，但由于需求过度所引起的物价上涨会促使工会要求提高工资，因而转化为成本（工资）推进的因素。另外，通货膨胀也可能从成本方面开始，如迫于工会的压力而提高工资随着工资的某一两次上升，如果在总需求不变的情况下，由于劳动力成本上升，必然会出现现实经济生活中的削减雇员的情况，随之社会总产出也跟着下降，货币持续上涨的环境并不存在。因此，很明显，在总需求不变的条件下，通过工资的不断上涨来推动一般物价总水平上涨的机制其实并不存在。但是，如果政府容忍不了由于工资的上涨使社会失业率开始提高、总产出出现下降的现实，它可能迟早会采取一种扩张性的货币或财政政策，有了扩张总需求政策的配合，才有可能出现货币工资的持续上涨过程从而导致通货膨胀。但这时的通货膨胀显然是工资成本推动和需求拉上两方面交替作用的结果，因此，这种最初源于货币工资成本推动的通货膨胀已经演变成为混合型的通货膨胀。总之，只有“成本推动”和“需求拉上”的交互作用才能形成现实经济中的物价持续上涨，即通货膨胀现象。这种混合型的通货膨胀可用图 10－3 来说明。

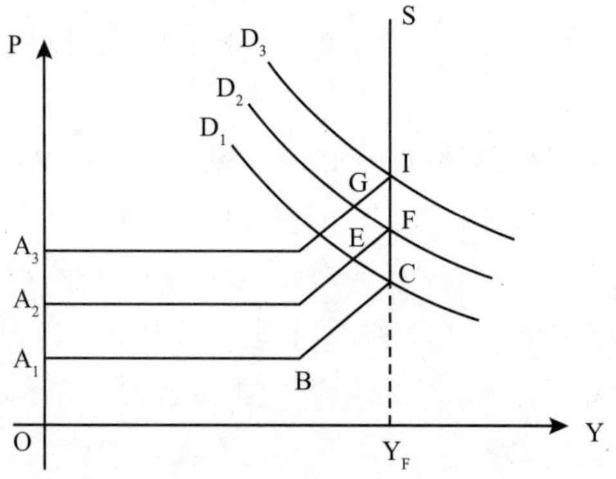

图 10－3　供求混合型通货膨胀形成机理

在图 10－3 中，由于需求拉上与成本推动交互作用，所以需求曲线 D 与供给曲线 AS 均有移动。需求拉上使总需求曲线从 D_1 上升到 D_2 甚至 D_3，……，成本推动使总供给从 A_1S 移至 A_2S 甚至 A_3S，……，来自需求与供给两方面的力量共同作用，推动物价水平沿着 CEFGI 螺旋式上升。

（四）结构型通货膨胀

需求拉上或成本推进的通货膨胀都不足以充分说明一些国家特别是发展中国家的长期通货膨胀问题。从 20 世纪 60 年代起，一些经济学者开始另辟蹊径，从一个国家的经济结构及其变化方面寻找通货膨胀的成因。经过研究他们发现，即使整个经济中的总需求和总供给处于均衡状态时，由于经济结构方面的因素变动，一般物价水平也会上涨，这就是结构型通货膨胀。

结构型通货膨胀的关键是在一国国民经济发展中存在着不均衡发展的部门。例如，需求增加部门与需求减少部门；开放经济部门与非开放经济部门；先进部门与保守部门等。这些部门的需求转移受阻，生产率增长不均衡或受世界通货膨胀的影响，在工资刚性、攀比效应等作用下，会引致物价总水平的普遍持续上升。

1. 需求结构转移型通货膨胀

在总需求不变的情况下，需求结构会不断发生变化，它会从一个部门迅速转移到另一个部门，而劳动力及其他生产要素的转移则需要时间。当需求从某些部门转移到其他部门，例如从衰退部门转移到新兴部门时，原先处于均衡状态的经济结构可能会因需求的转移而出现新的失衡。对于需求增加的部门，产品价格和工人工资将上涨；而对于需求减少的部门，由于价格和工资刚性的存在，产品价格和工人工资却未必会下降。因此，需求转移导致物价总水平的上升。

2. 部门差异型通货膨胀

英国肯特大学的萨尔沃斯教授用产业部门之间的差异来解释结构型通货膨胀。在一国的国民经济中，存在着这样两个部门：先进部门和落后部门。先进部门（大部分是工业部门）的劳动生产率提高较快，而落后部门（大部分是服务部门）的劳动生产率提高较慢。当前者的工资因劳动生产率提高而增加时，后者在攀比效应的作用下，工资也以同样的比例提高，这样就会产生工资推进的通货膨胀。

3. 北欧学派模型

北欧学派模型又称“斯堪的纳维亚型”结构型通货膨胀，最初是由挪威经济学家奥克鲁斯特提出，后经瑞典经济学家埃德格伦、法克森以及奥德勒三人的发展完善而形成，故有“奥克鲁斯特—EFO 模型”之称。该理论是将“部门差异型”结构型通货膨胀的主要形成因素与世界物价水平在“开放经济小国”的特殊传递机制相结合，用于分析“开放经济小国”的通货膨胀问题，而理论的倡导者皆为北欧经济学家。因此，其又被称为“小国开放经济通货膨胀模型”或“北欧模型”。

这种通货膨胀是一种输入型通货膨胀，也是一种部门差异型通货膨胀，主要发生在“小国”。这里的“小国”不是根据国土和人口因素而言的，而是指该国在世界市场上只是价格接受者，而不是商品国际价格的决定者。这些国家虽然参与国际贸易，但由于其进出口总额在世界市场上所占份额极小，因此其进出口产品的价格不会对世界市场价格产生任何影响，但世界市场上的价格变化却对这类国家的国内价格水平产生极为显著的重要影响。由此而导致这类国家的通货膨胀水平在很大程度上受到世界通货膨胀水平的严重制约。

这个模型将一国经济分成两大部类：一类是开放经济部门——与世界市场联系密切的部门，该部门的产品价格依存于世界市场的价格；另一类是非开放经济部门——与世界市场没有直接联系的部门，其产品价格是由本国的需求和成本状况决定的。在世界市场价格呈上升状态，即存在着世界通货膨胀的情况下，开放经济部门的产品价格会随世界市场价格水平的上升而上升，其价格上涨率和劳动生产率共同决定本部门的货币工资增长率。在开放部门货币工资增加后，受攀比效应及示范作用的影响，非开放部门的工资也会增加，当开放部门货币工资增长率超过其劳动生产率时，便会出现工资推进型通货膨胀。在世界通货膨胀率一定时，一国通货膨胀取决于开放部门与非开放部门的国民经济中的相对份额及各部门工资增长率和劳动生产率增长率。

斯堪的纳维亚型通货膨胀可用图 10－4 加以说明。

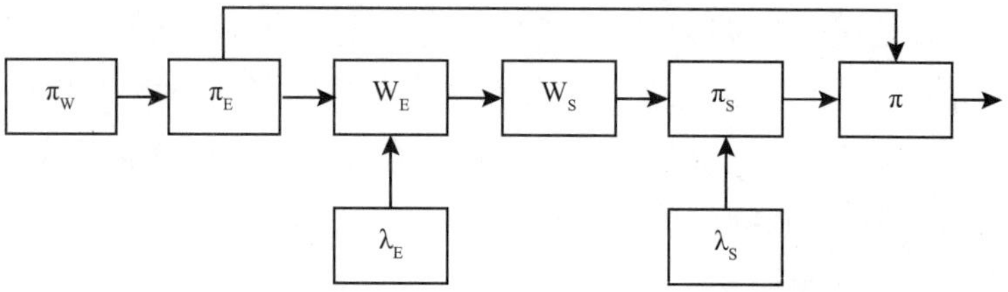

图 10－4　斯堪的纳维亚小国型通货膨胀形成

其中，π_W、π_E、λ_E、W_E、W_S、π_S、λ_S、π 分别表示世界通货膨胀率、国内开放部门通货膨胀率、开放部门劳动生产增长率、开放部门工资增长率、非开放部门工资增长率、国内非开放部门通货膨胀率、国内非开放部门生产增长率和国内总的通货膨胀率。

4. 落后经济的结构型通货膨胀

这种类型的通货膨胀主要发生在发展中国家。这种观点是拉丁美洲结构主义经济学家提出来的。他们认为，发展中国家由于落后和不合理的经济结构不适应经济发展的需要，尤其是农业、外贸和政府部门具有的制度性刚性，使物价水平随着经济发展一起上涨。

第一，在农业部门，由于存在着过时的土地所有制，限制了农业投资的增长和农业生产技术的改进，使农业生产结构僵化，导致农业生产率及供给弹性低下，结果农业部门所生产的农产品不能满足工业化及经济发展和人口增长的需要，使农产品价格上涨，从而它又会带动整个物价水平的上涨。

第二，从理论上来说，对农产品的过度需求可以通过进出口贸易来加以解决，即通过出口工业品来换取农产品，然而，发展中国家的外贸部门（尤其是出口部门）生产率低下，进出口结构不合理，出口以初级产品为主，但初级产品在国际市场上需求的价格弹性很低，贸易条件十分不利，再加上出口部门的供给弹性不足，致使出口增长十分缓慢。此外，进口又以资本品和中间产品为主，这些进口品是维持国内生产及经济增长所必不可少的。而且为促进经济增长就必须大量增加进口。这样，出口收入的增长便赶不上进口支出的增加，结果势必导致国际收支的逆差。在这种情况下，本币的贬值就不可避免。而本币贬值以后，进口品的国内价格就会立即上升。

在进口需求呈现刚性的情况下，进口品的价格上涨就会推动国内生产成本和物价水平的上涨。

第三，在政府部门，由于发展中国家的人均收入水平低，故税收体制以间接税为主，所得税占的比重很低。间接税的收入弹性很低，其税收的增长速度比不上国民收入的增长速度。同时，由于面临着发展经济的任务，导致财政赤字越来越大，而这种结构型财政赤字最终又必须以增发货币的形式来加以弥补，从而引发通货膨胀。

（五）通货膨胀的国际传递

通货膨胀国际传递理论是由货币主义者罗伯特·蒙代尔、哈里·约翰逊等人在20世纪60年代末70年代初提出的，被西方经济学界认为是一个有特色的理论，为国际通货膨胀成因及其传递机制的研究提供了较为完整的理论模型。70年代后，斯沃博达、帕金、戴维·莱德勒、克拉森等人进一步发展了该理论。主要观点包括：

第一，一国国内货币市场的失衡以及国际收支差额可以通过大卫·休谟所说的现金流动的价格调节机制和国内货币量变动产生的实际货币余额效应来共同恢复均衡。在均衡的恢复过程中，货币量的变动就会对国内通货膨胀率产生影响，并将这种影响通过相应的途径传递到国外。因此，世界性通货膨胀的形成与国际收支差额即国际储备变动率的调节过程中对国内货币量变动的影响是密切相关的。

第二，在引入非国际贸易商品价格分析以后，国外的通货膨胀只有一部分是通过“一价定律”下的单一价格渠道传递到国内的，其余部分则由国际贸易顺差引起的国际储备量即基础货币的增加和实际货币余额效应间接传递到国内。

第三，由于存在通货膨胀的国际传递，一国的货币政策不能控制国内的通货膨胀率，封闭经济条件下长期稳定国内货币量增长率的“单一规则”失效。只有各国都实行弗里德曼的“单一规则”，各自约束本国的货币供给量、稳定世界货币供给量增长率的政策才能奏效。但是，各国采取协调一致的货币政策实际上是不可能的。

通货膨胀国际传递理论说明，在纸币流通条件下，货币量与价格水平之间具有数量关系，这是有道理的。因为通货膨胀无论是国内的还是国际的，确实都与货币因素有关。通货膨胀国际传递货币理论还指出，在开放经济条件下，各国经济存在不同程度的联系，通货膨胀可以通过国际收支差额这个途径传递，因此，有必要在开放经济环境下去考虑通货膨胀的治理对策。只有加强政策的国际协调和实行浮动汇率制，才能有效地应对国际通货膨胀的蔓延。

三、通货膨胀的治理

由于通货膨胀对一国经济、社会、政治生活都会产生消极影响，因此，世界各国都极为重视对通货膨胀的治理。一般各国都按通货膨胀产生的原因采取相应的对策，主要包括需求管理政策、收入政策、供给政策、价格政策、收入指数化政策等。

（一）需求管理政策

所谓需求管理政策就是对总需求进行控制的政策，也就是政府利用财政政策和货币政策的操作减少社会总需求，以实现抑制通货膨胀的政策措施。由于需求拉上型通货膨胀的形成原因是总需求过多，因此，需求管理政策实质在于控制总需求的增加。减少总需求的途径主要包括紧缩性的财政政策和紧缩性的货币政策两种措施。

1. 紧缩性的财政政策

财政政策是通过调节财政收入和支出水平以实现既定宏观经济目标的。运用财政政策抑制通货膨胀有以下三种措施：

（1）增加税收，使企业和个人的利润、收入减少，从而使其投资和消费支出减少。

（2）削减财政支出，以平衡预算、消除财政赤字，从而消除通货膨胀的隐患。

（3）降低政府转移支付水平，减少福利开支，从而起到抑制个人收入增加的作用。

但是，紧缩性的财政政策有一定的限度。这是因为，一方面，现代国家政府支出构成中，有许多项目具有支出刚性，教育、国防、社会福利支出都很难缩减，即使强制缩减，对国民经济的发展也会造成诸多不良影响，往往会顾此失彼；另一方面，增加税赋，会遭到公众的强烈反对，也会影响各经济主体的生产积极性，政府往往不敢轻易尝试。

2. 紧缩性的货币政策

由于通货膨胀是纸币流通条件下出现的经济现象，引起物价总水平持续上涨的主要原因是流通中的货币量过多，因此，各国在治理通货膨胀时采取的重要措施之一就是紧缩货币政策。作为制定和执行货币政策的中央银行一般采取下列措施：

（1）公开市场业务。中央银行在公开市场上出售各种政府债券，可以缩减市场货币供给，紧缩银根，这是最重要且经常被利用的一种货币政策工具。

（2）提高再贴现率。提高再贴现率可以影响商业银行的贴现率和向中央银行的融资成本，这势必带来信贷紧缩和利率上升，有利于控制信贷的膨胀。

（3）提高商业银行的法定存款准备金率。这可以降低商业银行的信用创造能力，从而减少市场货币供给。

（4）直接提高利率，紧缩信贷。利率提高会增加使用信贷资金的成本，借贷就将减少，同时利率提高，还可以吸收储蓄存款、减轻通货膨胀压力。

货币主义学派认为，对付滞胀的根本措施在于，政府首先停止扩张性的经济政策，将货币供给的增长速度控制在一个最适当的增长率上，即采取所谓的“单一规则”政策，以避免货币供给的波动对经济和预期的干扰。货币主义学派强调，在已发生滞胀的情况下，只有严格控制货币供给量，才能使物价稳定、总体经济和社会恢复正常秩序。尽管货币供给量的降低在短期内会引起失业增加、经济衰退加重，但付出这一代价将换来通货膨胀预期的下降和菲利普斯曲线的回落，并最终根除滞胀。

从上述分析可知，紧缩的财政政策和货币政策对治理需求拉上型的通货膨胀都会产生一定的效果。但是，由于各学派对需求拉上型通货膨胀中的总需求过多的解释不同，因而，他们所采用的政策措施也存在着差异。凯恩斯学派更注重用财政政策来治理通货膨胀，而以弗里德曼为核心的货币学派则更青睐用货币政策来治理通货膨胀。弗里德曼说："正因为过多地增加货币量是通货膨胀的唯一原因。所以，降低货币增长率也是医治通货膨胀最根本的解决之道。"①

（二）收入政策

收入政策是政府为了降低一般物价水平的上涨幅度而采取的强制性或非强制性的限制货币工资和价格的政策。收入政策的基础主要是成本推进型通货膨胀理论。收入政策一般包括以下几个方面内容。

1. 确定工资—价格指导线

政府根据所统计的劳动生产率的平均增长率来确定工资和物价的增长标准，并要求各部门将工资—物价的增长幅度控制在这一标准之内。即对特定的工资或物价进行"权威性劝说"，或施加政府压力，迫使工会或雇主协会让步；作为工会和雇主协会双方协商的指导线，要求他们自觉遵守。该指导线原则上政府不能直接干预，其效果取决于劳资双方能否通力合作。

2. 以税收为基础的收入政策

政府以税收作为奖励和惩罚的手段来限制工资—物价的增长。如果工资和物价的增长保持在政府规定的幅度范围之内，政府就以减少个人所得税和企业所得税作为奖励，如果超出政府规定的界限，就以增加税收作为惩罚。

3. 工资—价格管制

工资—价格管制，是指由政府政策强行规定工资、物价的上涨幅度，直至冻结工资和物价。这种措施的控制最为有力，但对经济干扰较大，妨碍了市场机制对资源的有效配置。而且，如果在价格管制的同时，没有采取相应的紧缩需求的措施，公开的通货膨胀变为隐蔽的通货膨胀，那么工资和价格管制一旦放开，通货膨胀会以更大的力量爆发出来。因此，如果不是通货膨胀处在极端恶化形势下，尽量避免采用这种方式。

20 世纪 60 年代和 70 年代初期，西欧和日本都实行过类似的收入政策。美国在 60 年代中期以前和 70 年代初期也分别实施过控制工资增长的"工资—价格管制"。也有一些经济学家反对实行收入政策，其主要理由在于，物价工资管制使价格体系扭曲，

---

① 胡海鸥、贾德奎编著：《货币理论与货币政策》第 2 版，上海人民出版社 2012 年版，第 246 页。

降低了资源配置效率，并可能将公开的通货膨胀转为隐蔽的或抑制的通货膨胀。此外，还可能影响劳动者的积极性。不过，即使是持赞同意见的大多数经济学家也认为，如果工资、物价非管制不可时，其时间应短，范围应窄。

（三）供给政策

供给政策是一个国家对供给进行调节，如何增加有效供给的政策。20 世纪 70 年代末 80 年代初，在经济学领域中出现了一个新的流派——“供给学派”。以费尔德斯坦和拉弗为代表的供给学派认为，过去的反通货膨胀政策过分注意需求方面而忽视了供给方面，忽视了运用刺激生产力的方法来同时解决通货膨胀和失业问题。因此，在治理通货膨胀时应考虑供求两个方面，从两方面入手。在供给方面抑制通货膨胀的主要措施包括：

1. 减税

减税即降低边际税率（增加的收入中必须向政府纳税的部分所占的百分比）。一方面，边际税率的降低提高了人们的工作积极性，增加了劳动供给；另一方面，它提高了储蓄和投资的积极性，增加了资本存量。因而，减税可同时降低失业率和增加产量，从而彻底降低和消除由供给小于需求所造成的通货膨胀。

2. 削减社会福利开支

这一方面可削减政府财政赤字，以消除通货膨胀的压力；另一方面又可杜绝人们对社会的依赖心理，促使人们更加主动积极地寻找工作，从而使失业减少。

（四）价格政策

在通货膨胀形成过程中，垄断高价常能起到推波助澜的作用，因此，通过制定反托拉斯法限制垄断高价，是不少发达工业国家价格政策的基本内容。例如，在美国，大多数公用事业领域，包括煤气、电力、电话、铁路、通信等部门，都存在着垄断经营情况。为了控制垄断高价和保护消费者利益，美国政府通过各公用事业委员会对公用事业的价格进行管理；此外，还采取过如冻结物价、同企业签订反涨价合同等措施。英国政府对于国有企业的产品和服务的价格有直接管理办法；对其他由市场供求决定的商品和劳务价格，也有相应的法律、法规，禁止胡乱涨价和哄抬物价行为。

（五）收入指数化政策

收入指数化，是指将工资、储蓄和债券的利息、租金、养老金、保险金和各种社会福利津贴等名义收入与消费物价指数紧密联系起来，名义收入随物价指数的变化而变化。

例如，企业间签订劳务服务契约，接受劳务者每月支付 1 万元劳务费并约定随物价指数调整。若当月物价指数未变，则下月仍支付 1 万元劳务费；如果本月物价指数上涨 10%，则该企业下月需支付 1.1 万元劳务费。

这一政策措施是 20 世纪 70 年代后货币学派倡导的政策之一。70 年代，为了对付滞胀，西方各国都不同程度地推行了收入政策。弗里德曼对此强烈反对。他认为，制止通货膨胀的办法只有一个，即减少货币增长。他认为只有把货币供给增长率最终下降到接近经济增长率的水平，物价才可能大体稳定下来，而后政府采用单一规则控制货币供给量，就能有效地防止通货膨胀。其他制止通货膨胀的办法，诸如控制物价和工资都是行不通的。这是因为，"为了反通货膨胀的目的而控制物价和工资是不利于生产的。控制破坏了价格结构，降低了价格系统作用的有效性，引起了生产下降，从而加重而不是减轻了医治通货膨胀的作用"①。他认为，通货膨胀的发生有一个时间过程，其制止也需要一段时间。在此期间，为制止通货膨胀会产生一些副作用。因此，制止通货膨胀不仅需要决心和适当的政策，还要有耐心和远见。要坚定不移地控制货币供给增长率；与此同时，如果采用减轻其副作用的措施，就能够更快地制止通货膨胀，措施之一就是收入指数化。

这种指数化措施的好处主要有四个：第一，能借此剥夺政府从通货膨胀中所获得的收益，杜绝其制造通货膨胀的动机；第二，有利于使各种商品和资源的价格根据通货膨胀水平同比例地调整，从而在一定程度上稳定了价格关系，保证了资源配置信息的准确，而有利于提高资源分配效率；第三，可以借此抵消或缓解物价波动对个人收入水平的影响，克服由于通货膨胀造成的分配不公。使具有固定收入者的名义所得随通货膨胀率而增加，从而有效地排除通货膨胀对他们的影响，既安定了固定收入者的生活，也保证了社会稳定；第四，还可以稳定通货膨胀环境下的微观主体行为，避免出现抢购商品、储物保值等使通货膨胀加剧的行为。

瑞典学派的经济学家还认为，收入指数化方案对面临世界性通货膨胀的小国更有积极意义。因为在开放条件下，小国很难阻止世界性通货膨胀的输入，常常会发生结构型通货膨胀。在世界性通货膨胀没有得到抑制之前，正确的选择只能是寻求与通货膨胀相适应或共处的手段。收入指数化，就是可用的办法之一。

早在 20 世纪 20 年代，比利时等国就实行过收入指数化政策。第二次世界大战后，这种政策的采用极其广泛。不只发展中国家及一些通货膨胀问题突出的工业化国家采用，60 年代初美国也曾实施过这种制度。

对于收入指数化方案，也有尖锐的否定意见。这类意见指出：一是收入指数化政策在实施过程中存在指数选择的困难，即应该选择哪一种指数作为制定政策的依据，很难形成统一意见；二是由于技术方面的原因，收入指数化政策不但不能将"非均衡性膨胀"转化为"均衡性膨胀"，反而会引起工资—物价交替上升。

---

① 胡海鸥、贾德奎编著：《货币理论与货币政策》第 2 版，上海人民出版社 2012 年版，第 254 页。

第二节 通货紧缩

一、通货紧缩的含义

在西方经济学教科书中，通货紧缩被表述为一段时期内“价格总水平的下降”或“价格总水平的持续下降”。但经济学家们对通货紧缩的定义仍存在较大的分歧，主要有三种不同的观点：

第一种观点是“三个特征论”。这种观点认为通货紧缩应包括价格、货币供给量和经济增长水平三个指标的综合下降。通货紧缩与经济衰退相伴随，是经济衰退的货币表现。

第二种观点是“两个特征论”。这种观点包括两个意见：（1）认为通货紧缩应包括价格水平和货币供给量两个指标的下降；（2）通货紧缩的标准应当是物价持续负增长和经济实际增长率持续低于自然增长率。弗里德曼在其文《货币数量论》中说：“通货膨胀在任何时候任何地方都是一种货币现象”，那么，作为通货膨胀的对立面，通货紧缩也应当是一种货币现象。弗里德曼没有给通货紧缩下明确的定义，但是，从弗里德曼关于货币供给量与通货紧缩关系的论述来看，事实上，他认为通货紧缩是货币流量的增长不能满足经济增长的需要而出现的价格水平持续下跌，即通货紧缩首先不是物价水平的持续下降而是货币流量的增长不适应经济增长的需要。弗里德曼说过：“货币供给的过分低的增长率（更不用说货币供给的绝对减少），将不可避免地意味着通货紧缩；反之，若没有货币供给如此之低的或负的增长率，大规模的持续的通货紧缩决不会发生。”①

第三种观点是“一个特征论”。这种观点认为通货紧缩就是指一般价格总水平的持续下降。凯恩斯在《货币改革论》和《劝言集》中多次提到通货紧缩。凯恩斯没有直接给通货紧缩下定义，但是，他在《劝言集》中说过：“只要金本位继续存在——意味着任何地方的国际商品转移价格必须保持一致——就必然会引起通货紧缩的竞争性活动，我们每个国家都力图使自己的价格下降速度比其他国家快，由此带来的结果是失业扩大，企业亏损达到难以忍受的地步。”② 显然，凯恩斯使用通货紧缩所要表达的含义是价格水平的下降。凯恩斯在《劝言集》还说：“为了增加以金或某些商品为依据的通货的交换价值，可以实行降低通货的数量与它所需要的以货币形式表现出来的购买

① 胡海鸥、贾德奎编著：《货币理论与货币政策》第 2 版，上海人民出版社 2012 年版，第 262 页。

② J. M. 凯恩斯：《预言与劝说》，江苏人民出版社 1998 年版，第 270 页。

力这两者之间比率的政策，为方便起见，可以称之为通货紧缩政策。"[①] 在这段话中，凯恩斯将通货紧缩表述为通货升值的过程，而为了使通货升值，就需要降低通货数量与需要以货币单位计量的产量之间的比率。由于货币升值与价格总水平下降这两种表述方法对应的是同一过程，所以，凯恩斯实际上就认为通货紧缩是价格总水平的持续下降。

以上三种观点中，"一个特征论"在国内外似乎是最为流行而不失科学性的一个。把通货紧缩定义为"价格水平持续的、普遍的下降"，抓住了它所反映的经济现象的最基本、最显著的特征。至于其他两个特征，即货币供给量和经济增长率，涉及的是价格下降的成因或后果。有鉴于此，我们后面所指的通货紧缩均是"一个特征论"的概念。

通货紧缩不同于货币紧缩。通货紧缩在英文中是 deflation，而货币紧缩是 monetary tightening。前者指的是普遍、持续的一般物价水平下降，而后者指的是货币当局所采取的货币紧缩政策。通货紧缩产生的可能是货币紧缩导致的，也可能是因为技术进步使成本下降导致的，或者是供给相对过剩或需求相对不足造成的，因此，从因果关系上讲，并非一切通货紧缩都是由货币紧缩政策造成的，货币紧缩可能只是众多造成通货紧缩因素中的一个而已。

二、通货紧缩的类型

按照不同的划分标准，通货紧缩可以分为不同的类型。

（一）按照通货紧缩的持续时间分类

1. 长期通货紧缩

一般将持续 10 年以上的通货紧缩称为长期通货紧缩。

2. 中长期通货紧缩

一般将持续 5～10 年的通货紧缩称为中长期通货紧缩。

3. 短期通货紧缩

一般持续 5 年以下的通货紧缩称为短期通货紧缩。

（二）按照通货紧缩的程度分类

1. 轻度通货紧缩

如果物价指数持续下跌的时间不超过 2 年即出现转机，可视为轻度通货紧缩。

2. 中度通货紧缩

如果通货紧缩超过 2 年仍未见好转，但物价指数下降幅度在两位数以内，则可视

---

① J. M. 凯恩斯：《预言与劝说》，江苏人民出版社 1998 年版，第 183 页。

为中度通货紧缩。

3. 严重通货紧缩

如果通货紧缩超过 2 年并继续发展，且物价下降幅度超过两位数，或者伴随着比较严重的经济衰退，则应视为严重通货紧缩。例如，美国在 20 世纪 30 年代大萧条时期物价下降幅度达 30% 以上，并伴随着严重经济衰退，就属于严重通货紧缩。

（三）按照通货紧缩的成因分类

按照通货紧缩的成因分类，可分为需求拉下型、成本压低型、结构型、产业周期型、政策紧缩型、外部冲击型通货紧缩等。

三、通货紧缩的成因

20 世纪 30 年代以前，世界上很多国家多次发生过通货紧缩，但是，西方经济学家对它的研究并不多。只是到了 20 世纪 30 年代世界经济出现大萧条后，通货紧缩才成为经济学家研究的重要课题。从近 200 年来世界各国出现的通货紧缩情况来看，各国不同时期发生通货紧缩的原因是不同的。归纳起来，导致通货紧缩的主要有以下几个方面。

（一）有效需求不足

经济主体的预期因素对实体经济中的消费、投资和储蓄行为有不容忽视的影响。当预期实际利率进一步降低和经济走势不佳时，消费和投资会出现有效需求不足，导致物价下跌，形成需求拉下型通货紧缩。凯恩斯在其 1936 年的《就业、利息和货币通论》一书的分析中，极其重视所谓的心理因素对经济的影响作用，并且总结出了导致资本主义有效需求不足的所谓“三大心理规律”（即边际消费倾向递减、边际资本效率递减和流动性陷阱）。凯恩斯把货币供给量的增加并未带来利率的相应降低，而只是引起人们手持现金增加的现象叫“流动性陷阱”。在正常情况下，货币供给量的增加会引起债券价格上升，人们会用多余的现金购买资产，从而使利率下降。但是，一旦当人们认为目前的证券价格过高、今后可能下跌、利率也太低、以后可能升高时，人们就会放弃购买证券而保持现金。如果此时货币当局再增加货币供给量，只会使人们手持现金增加（被流动性陷阱吸收），而不能使利率改变，货币政策将不起作用。货币供给量增加既然对利率没有影响，也就无法改变投资和消费，增加总需求。

凯恩斯进一步强调，资本的边际效率不仅依赖于现有的资本品的多少及其生产成本的大小，而且依赖于人们对资本产品未来收益的预期。在一个经济周期的繁荣后期，资本品的数量不断增加，而其生产成本也在上升，但这些相对于人们的乐观预期而言，都不足遏制投资的继续增加，这使得资本边际收益率下降，加之“流动性陷阱”的存在，最终人们会减少投资，资本边际效率的下降常常伴随着实际利率的上升，后者又使得投资量加速减少，并通过投资乘数的作用使有效需求和收入下降，加剧经济中的失望情绪，进一步推动通货紧缩的形成。

（二）过度投资而产生的危机

与凯恩斯不同，哈耶克用投资过度危机论来解释通货紧缩的成因。他继承了威克塞尔关于货币中立的观点，认为银行系统为增加就业而扩张信贷将促使市场利率下降，使之低于自然利率，这会刺激投资，从而使经济处于繁荣的扩张阶段；随着投资的增加，投资品的生产规模扩大，自愿储蓄的经济资源无法满足投资的需要，一部分原先用于生产消费品的经济资源转向生产投资品，这使得消费品生产不足，价格上涨。而消费品价格上涨又使得居民消费支出增加，这又进一步减少储蓄。为了满足投资增加对资本的需求，银行系统就要不断地扩张信贷，这会加剧通货膨胀，而当通货膨胀严重到一定程度时可能会危及货币制度的安全。加之过度投资使得消费品生产滞后于投资品生产。这种失衡的经济结构使得投资品生产部门的投资收益下降，银行的信贷质量恶化，银行体系为防范信用风险，最终会被迫收缩信贷。由于资本供给不足，投资减少，对投资品需求急剧下降，资本品价格暴跌，并最终波及消费品生产部门，使消费价格下跌。所以，过度投资导致了通货紧缩的发生，并进而引发了经济萧条。

（三）紧缩性的货币财政政策

中央银行采用紧缩的货币政策会使货币供给不足。市场上商品供求失衡，出现“过少的货币追逐过多的商品”的现象，从而引起一般物价水平的持续下降，导致通货紧缩。政府为了预防通货膨胀或为了降低财政赤字，采取了紧缩性的财政政策，大量削减公共开支，减少转移支付，从而减少了社会总需求，加剧了商品和劳务的供求失衡，导致通货紧缩。

弗里德曼和施瓦茨在《美国货币史：1867～1960》一书中用大量的史实有力地论证了货币金融因素对20世纪20～30年代西方通货紧缩及经济大萧条的影响，这在西方引起了不少的共鸣。弗里德曼和施瓦茨认为，20～30年代美联储防止银行破产努力的失败和1930年底到1933年货币存量的下降，是20年代末30年代初通货紧缩及经济大萧条的主要原因，美联储当时错误的货币政策应对此负责。美国新经济史学家杰拉尔德·冈德森在《美国经济史新编》中则进一步认为，正是美联储错误的货币政策导致真实利率太高、货币供给量减少、银根收紧和经济大萧条。

另外，货币紧缩往往是货币政策从紧的结果。为追求价格稳定，中央银行往往把政策目标定为零通胀，从而采取提高利率等手段减少货币供给量。这样的政策效果可能从一个极端走向另一个极端，治理了通货膨胀却引起了通货紧缩。因此，不少学者认为，把货币政策目标定为零通胀是非常危险的。

（四）债务通货紧缩的恶果

美国经济学家欧文·费雪1933年在其论文《大萧条的债务——通货紧缩论》中提出债务通货紧缩理论。这种理论将通货紧缩与债务联系起来，从过度负债和债务清算引起货币信用紧缩来分析通货紧缩的原因。费雪认为，美国经济大萧条时的通货紧缩是经济中过度负债造成的。费雪也认为，由于技术进步、经济制度创新乃至某个政治因素的作用而出现的经济繁荣，会形成过度投资和过度负债。为避免债务风险，债权人和债务人会趋向于进行债务清算。由于过度负债，大量的资金被用于支付债务，这导致企业与个人的支付能力下降，企业销售困难，交易量减少，货币流通速度放慢。债务人偿还银行贷款，使银行的存款货币收缩，这削弱了商业银行信用创造的基础。由于债务清算的压力很大，企业被迫低价销售，造成物价下跌。而物价下跌又引起实际利率上升，加重债务负担，加上资产价格下降，导致企业资产净值减少，而企业资产净值下降又加大了其经营风险。企业用资产抵押借款的能力下降，这迫使它进一步降价销售，使得价格水平继续下跌，债务负担更加沉重。"债务人偿债越多，他们就欠得越多"①，沉重的债务负担使企业亏损，破产加剧，这使实体经济萎缩。银行从自身的安全出发，会增加准备金比例，从而使货币乘数缩小，形成信用萎缩，而信用萎缩又使实体经济进一步衰退，从而引起人们的悲观情绪和信心的丧失，最终酿成经济大萧条。

（五）供给过多的产物

科技进步与创新提高了劳动生产率，降低了生产成本，使生产能力过剩，在供给大于需求的情况下，物价水平的下跌不可避免。如果这种过剩的生产能力不能及时消耗，那么，物价下跌的趋势也会持续下去，通货紧缩就必然发生。

英国经济学家波特尔认为，现代科技发展的特点决定了企业的生产组织形式必然趋于大规模的集中生产，所以第二次世界大战以后西方经济的垄断程度加大，加上工会组织力量强大，价格与工资均缺乏向下调整的弹性。但进入90年代以后，西方各国自由主义的经济改革取得较大成功，市场机制的作用重新得到重视，而信息技术的影响又使经济呈现出分权化、自由化的趋势，价格与自由化的趋势，价格与工资的弹性加大。市场机制在全球范围内的普及又提高了资源配置的效率，使得亚洲国家经济增长强劲、全球经济出现产品过剩的现象，在市场机制的作用下，通货紧缩的压力加大。

美国战略投资家加利·西林主要从科技发展与应用的周期性变化来解释通货紧缩的形成，他认为通货紧缩是科技对经济的推力消退的结果。从20世纪30年代经济大萧条算起，90年代世界经济正处于康德拉季耶夫长波经济周期（50～60年）的下降阶

---

① lring Fisher. The Debt - Deflation Theory of Great Depression. *The Journal of Econometrical*. 1933, 1 (4): pp. 337 - 357.

段，因而世界经济面临着很大的通货紧缩压力。而且，每次重大的科技创新对经济发展的推动力总是有限的。90 年代出现的康德拉季耶夫长波经济周期的波动是由科技发展与应用的周期性造成的，创新的重大科技的运用会推动经济进入经济周期的上升阶段，而当这些主导技术的经济潜能得到充分利用，大规模的社会化生产使市场出现饱和时，原有的这些主导技术对生产投资的引力逐渐消退，更新的替代性科技领域的投资才刚刚开始，不足以支持经济保持快速增长，由于生产能力过剩，经济进入周期的下降阶段，形成通货紧缩。

（六）资产泡沫破灭

资产泡沫破灭对经济运行会产生致命的影响，从而导致通货紧缩。1986～1989 年，日本的经济泡沫泛滥成灾，股票和房地产价格扶摇直上。据统计，当时日本股票价格上涨了两倍，土地时价总额达 2000 兆亿日元，是日本同期 GDP 的 5 倍，是美国土地时价的 4 倍，仅当时东京的地价总值就相当于整个美国的土地市值。日本泡沫破灭后，股票平均价格从 39000 日元下跌到 15000 日元，下跌了 50% 多。土地价格也同时狂跌，而且跌得更惨。泡沫经济的破灭导致大量企业破产，银行陷入危机。资产泡沫破灭将日本经济拖入长达 10 年的萧条之中。

（七）汇率制度和其他外部因素的冲击

一国实行盯住硬货币的汇率制度时，本币汇率高估，会减少出口，扩大进口，加剧国内企业经营困难，促使消费需求趋减，导致物价持续下跌，出现外部冲击型的通货紧缩。国际市场的动荡也会引起国际收支逆差或资本外流，从而形成外部冲击型的通货紧缩压力。

四、通货紧缩对经济的影响

（一）通货紧缩对经济的消极影响

通货紧缩的危害容易被人忽视，因为一般价格的持续下跌会给消费者带来一定的好处，因为在低利率和低物价增长的情况下，人们的购买力会有所提高。然而，20 世纪 30 年代的世界经济大危机后，持续的通货紧缩给世人留下了深刻的历史教训。事实证明，通货紧缩与通货膨胀一样，对经济发展都会造成不利影响。通货紧缩会加速实体经济进一步紧缩，它既是经济紧缩的结果，又反过来成为经济进一步紧缩的原因。通货紧缩一旦形成，如果不能及时采取处理措施，可能会带来一系列问题，具体如下：

1. 通货紧缩对消费的影响

通货紧缩对消费者需求的影响体现在两个方面：（1）价格效应。价格总水平的持续下降意味着货币购买力不断提高，消费者会推迟购买，以等待将来更低价格的出现，从而在储蓄增加的同时，个人消费相应地减少。（2）收入效应。就业预期和工资收入因经济增长下降而下降，预期收入的减少将使消费者缩减开支。因此，通货紧缩条件下，价格效应使消费者缩减消费，而收入效应使消费者缩减支出，最终使社会总需求受到抑制。同时，消费需求下降将导致商业活动相应萎缩，进而影响就业增长、形成工资下降压力等，经济会因此而陷入通货紧缩的螺旋之中，最终可能导致衰退或萧条。

2. 通货紧缩对投资的影响

通货紧缩使投资项目的吸引力下降，因为持续的物价下降意味着实际利率的上升，使投资成本变得昂贵。同时，在价格水平下降的预期情况下，投资项目预期的未来重置成本也会趋于下降，会使投资者推迟当期投资。加之，通货紧缩下社会总供给大于总需求的环境也使投资前景变得黯淡，企业、个人和国家增加投资的冲动会受到抑制。

3. 通货紧缩对银行业的影响

通货紧缩还可能引发银行业的危机。一方面，通货紧缩使实际利率上升从而增加债务人的负担，债务人因经营困难不能按时还贷，导致银行不良资产的比率上升；另一方面，通货紧缩会降低资产抵押和担保的价值，银行被迫要求客户尽快偿还贷款，将会导致资产价格的进一步下跌、贷款者净资产的进一步减少，从而使破产的财富效应趋强。

4. 通货紧缩可能形成经济衰退

通货紧缩是经济衰退的加速器。由于通货紧缩增加了货币购买力，使人们更多地储蓄、更少地支出，尤其是耐用消费品的支出，这样，通货紧缩使个人消费支出受到抑制。与此同时，物价的持续下跌会提高实际利率水平，即使名义利率下降，资金成本仍然比较高，致使企业投资成本昂贵，投资项目变得越来越没有吸引力，企业因而减少投资支出。此外，商业活动的萎缩会造成更低的就业增长，并形成工资下降的压力，最终造成经济衰退。

（二）通货紧缩对经济的积极影响

通货紧缩对经济是否有积极的影响，取决于通货紧缩形成机制。只要不是恶性的和破坏性的市场价格竞争，通货紧缩是有利于经济增长的。伴随经济增长率上升的长期、轻度通货紧缩对消费者有利，从而能使社会经济在安定的环境中以一个恰当的速度增长。由技术进步、设备更新等带来的劳动生产率提高和单位生产成本下降所形成的通货紧缩显然是经济健康发展的标志。从长期来看，开放经济中的通货紧缩有利于本国的经济进步，可以归纳为：一是如果通货紧缩的形成是由于合理的市场价格竞争、劳动生产率的提高，那么，通货紧缩是有利于经济增长的。二是如果科技进步是商品价格持续下降的原动力，那么，此时的通货紧缩显然是经济健康发展的标志。三是由国际市场低价商品的冲击而形成国内通货紧缩，从长期来看，有利于本国的经济进步，提升本国的国际竞争力。

五、通货紧缩的治理

通货紧缩是与通货膨胀相对立的一种经济现象，它同样是社会总供求严重不平衡的结果。究其成因，可能是由“需求”方面的原因引起，也可能是“供给”方面的因素主导而成，还可能来自外部因素的影响。其成因的多样性决定了通货紧缩治理手段的多样性。综观历史上各国治理通货紧缩的经验，大致有以下几种措施。

（一）扩张性的货币政策和财政政策

1. 扩张性的货币政策

通货紧缩本质上是一种货币现象，因此货币政策是治理通货紧缩的重要手段之一。采用宽松的货币政策，可以增加流通中的货币量来刺激总需求。传统的货币政策工具包括准备金率、再贴现率和公开市场业务。扩张的货币政策可以选择降低准备金率和再贴现率以及中央银行在公开市场上购入政府债券等。利率或信贷规模受控制的国家，可以通过直接降低利率或扩大信贷规模的方式来进行调节。实行扩张的货币政策的目的在于增加货币流通量。但是，货币供给量和货币乘数都是受到包括商业银行、存款者、贷款者、中央银行在内的多个行为主体影响的变量，而不是由中央银行单独决定的、简单的外生政策变量。甚至基础货币在一定条件下也不是中央银行所能控制的，更何况中央银行对扩张性货币政策和紧缩性货币政策的控制能力本来就不对称。中央银行的货币政策工具在实行紧缩性货币政策时较为有效，在推行扩张性货币政策时，具有一定的时滞性和被调控手段，但在对付较严重通货紧缩时也会被采用。

2. 扩张性的财政政策

应对通货紧缩的政策措施，一般是积极的或扩张性的。从理论上分析，财政政策产生效应的时滞小于货币政策的时滞，因而对克服和消除经济中的紧缩现象，更能起到立竿见影的效果。1998 年下半年，我国政府一改“软着陆”以来所实行的“适度从紧”的财政货币政策，开始实行积极的财政政策。到 2001 年共增发国债 5100 亿元，并相应地带动了商业银行配套贷款。投资大多用于能源、交通、农田水利等基础设施项目。这些扩张性的财政政策措施对于 1998 年之后的经济增长，起到了关键性作用。

实施扩张性的财政政策，不仅要加大投资力度，更应注重刺激消费需求，因为消费需求是经济增长真正和持久的拉动力量。在消费需求没有回升迹象的情况下，投资需求的大幅回升只能反映出人为的、非市场力量的推动。这种推动短期内有利于阻止增长率下滑，刺激经济回升，但如果没有消费需求的支持，这种投资增长和经济回升都不会持久。而且，由于缺乏消费刺激政策，边际消费倾向下降，致使投资乘数减小，投资增加对经济增长的促进作用也将缩小。1999 年以来，政府连续三次为公务员和中低收入者加薪，加大社会保障的力度，对拉动消费需求发挥了积极作用。

（二）调整生产结构

反紧缩的宏观经济政策在短期内对经济状况的调整能起到一定作用，但单纯的总量政策和需求管理政策却可能会恶化宏观经济的长期均衡发展。因此，为了有效治理通货紧缩，在实施宏观政策的同时，更要重视微观结构的调整，政策措施必须有利于劳动生产率的提高和供给结构的改善。对于因生产能力过剩等长期因素造成的通货紧缩，短期性的需求管理政策难以从根本上解决问题。这就必须进行生产结构的调整，通过调整投资结构和优化存量结构、支持新兴产业的发展和限制过剩部门的生产等措施推进产业结构的升级，培育新的经济增长点，同时形成新的消费热点。

在20世纪90年代全球性生产过剩的条件下，美国之所以能够实现战后最长的经济增长周期，保持持续繁荣，与其产业结构方面的调整是分不开的。政府通过大力推进结构调整政策，使美国走上了以高新技术产业占主导地位的新经济发展之路。新的投资机会层出不穷，新的消费热点不断出现，有效地克服了其因国防开支下降和全球生产能力过剩带来的一般物价水平下降的压力。这进一步说明要扭转通货紧缩的不良局面，除了加强宏观总量的外部平衡外，还必须坚持微观结构的内部协调，以实现经济长期增长和均衡发展。

（三）改革汇率制度

对于因汇率制度僵化和其他外部因素变动所形成的外部冲击性通货紧缩，就需要对汇率制度进行改革，采取灵活的汇率制度，以缓解外部输入的通货紧缩压力。实行灵活的汇率制度之后，经济政策可以变被动为主动，从而宏观经济政策决策部门可根据国内经济发展需要及时调整汇率水平，提高经济对外竞争力。在面临通货紧缩的外部压力下，通过固定汇率制度的改革，实行本国货币的对外贬值，不仅能抵御国际市场价格下跌的压力，也能使国内价格上升。

（四）调整收入分配政策、完善社会保障体系

随着经济增长、科技创新和生产率的提高，人们的货币收入应当随之增长。如果人们的收入水平的增长幅度过低，需求也就不会相应扩大。因此，提高广大人民群众的货币收入是扩大消费的重要途径，也是提高人民生活水平的必要条件。人们消费水平的增长，与预期收入和预期支出密切相关，而完善的社会保障体系，可以减少人们的后顾之忧，降低预期支出，对即期消费的扩大有十分积极的作用。

（五）转变公众预期

与通货膨胀一样，公众对通货紧缩发展前景的预期在很大程度上影响着政府各项

反通货紧缩政策的效果。通货紧缩初期，投资者预期价格进一步下降，价格下跌的压力较大。此时，经济活动中投资意愿微弱，投资需求出现大幅下降，消费者预期收入下降，并相应减少消费支出，出现持币待购的倾向。对此，政府有必要通过各种宣传手段，说服公众相信政府各项反通货紧缩政策的正确性和有效性，鼓励公众对未来经济发展趋势的信心，以调整人们对未来的预期行为，进而引导消费需求和投资需求的上升，为经济走出通货紧缩的阴影提供信心支持。

例如，1998 年，日本政府在面临物价持续下跌的情况下，政府宣布准备拿出近 60 万亿日元的巨资，用来实施"综合经济对策"和"经济振兴计划"，这在一定程度上恢复了人们的信心，并促进了公共投资的增长和股市强有力的反弹。与此同时，日本国会通过了《金融再生法》和《金融早期健全法》，宣布政府准备拿出 60 万亿日元巨资，用以处理不良债权，从而对稳定当时国内外对日本金融业的信心、扭转经济进一步下滑的趋势，起到了至关重要的作用。因此，通过大力宣传防范通货紧缩的政策措施，改变投资者和消费者对未来经济消极的预期心理，促使公众对经济活动的预期趋于上升，从而有助于抑制通货紧缩的进一步恶化。

小资料

通胀是穷人的眼泪：悉数历史上的通货膨胀

中国历史上，朝代灭亡常伴随着恶性通胀，二者就像屠刀与脖子一样亲密。诸如新莽、东汉、北魏、萧梁、隋、南宋、金、元、明、民国等朝代的末年，均有高通胀。其中，元代是中国古代史上唯一一个始终使用纸币做主要流通货币的朝代，而通胀的幽灵也几乎贯穿其始终。

南宋与金均为元所灭，二者在灭亡之前也都面临着相当惨烈的通胀。南宋因为采用分界发行货币的办法，单从物价上不易看出通胀真相。但据彭信威《中国货币史》估算，蒙古 1276 年占据江南时，纸币十六界会子要 4500 贯才合白银一两，较第一界会子已经通胀不知道多少万倍。金代末年的通胀也相当恶性，交钞百缗（百万文）只能买一碗面，到最后万贯（千万文）只能易一饼。四民失业，或倾族远逃，或铤而走险，战士也丧失斗志，终至溃败覆灭。

元初，治理者看到南京、金末的恶性通胀是教训，比较谨慎，中统元年（1260 年）发行中统钞，严格遵守银本位，有十足准备银，且准许兑现，因此通胀控制较好。但 1276 年后权臣当国，开始滥发宝钞，且禁用铜钱，还将各种发行准备库中的金银集于大都，引起各地物价飞涨。此后 1287 年发行至元宝钞，五倍于中统钞，1309 年发行至大钞，又五倍于至元钞，至此官方发行钞票已公开贬值 25 倍，实际远不止此数。到元末的顺帝至正十年（1350 年）又发行至正交钞来收拾残局，无任何金银准备，几乎是“纸本位”。通胀至此如脱缰野马，再也无法遮拦。元末米价比中统初年上涨六七万倍。民间交易，纸币用车载，差不多一车纸币也就买一车卫生纸。纸币基本失去流通功能，百姓多进入实物交易经济状态，酒肆商铺也多自制代用货币，一下子就回到“两只斧子换一头羊”的原始社会阶段。有首民谣充分反映了恶性通胀下百姓的愤怒：“堂堂大元，奸佞专权。开河变钞祸根源，惹红巾万千。官法滥，刑法重，黎民怨。人吃人，钞买钞，何曾见？贼做官，官做贼，混贤愚。哀哉可怜！”

元代通胀的成因，傅筑夫、彭信威、千家驹、李剑农等学者均有揭发，现在辅以个人意见，撮要述之：

首先是因为财政赤字，为弥补庞大赤字，政府只好滥发钞票。财政赤字的首要因素是军费。元代几乎年年用兵，从早先的耀武东南，筹防西北，到稍后的东征日本，南伐爪哇，到中期的平定南方及西南地区各少数民族叛乱，再到末年的群雄并起，顾此失彼。庞大的军费开支，加上腐坏的吏治、狼狈的公共赋税能力，使得元代的国家财政赤字十分严重，且几成常态。财政赤字还因为对内维稳，不是维护社会稳定，而是维护官员胥吏阶层的稳定。所谓通胀来了，让公务员先跑！譬如至元二十一年（1284年）、至元二十三年（1286年）两次为官吏增加俸给，第一次大约加薪50%，第二次再次加薪50%。到至大元年（1308年）就更离谱了，用至元钞照中统钞原俸发给官俸，相当于增加5倍薪水，因此而全年支出5亿贯，超过当年岁入一倍。财政赤字的末一个原因，则是权贵集团的奢侈无耻，像文宗时宫中养的狮子老鹰一类的动物，吃肉就要花一万多锭，当时国库年入也不过三百多万锭。至于元代的财政赤字有多严重，仅举至大四年（1311年）为例即可知一斑，当年日用、军需、土木、赏赐等开销共2000多万锭，国库存钞只有11万锭，不及支出的二百分之一。

其次是政府盲目大上公共工程，前引民谣中的“开河”即是一例。顺帝十一年（1351年），命贾鲁为总治河防使，发河南、山东、河北、江苏、安徽十三路民工15万、军兵2万治河，开凿两百八十里新河道，使黄河东去，合淮河入海。时紧工迫，费用不足，怎么办？还是老办法，加印钞票。雕牌印刷术这时早已成熟，印刷的钞票精美绝伦，可惜钞票不是艺术品，没有购买力的钞票再美也不过是一张废纸，当时民间唤的观音钞即是绝妙讽刺：“观音钞者，描不成，画不就，如观音美貌也。”

再次是吏治腐败。政府信用既已接近破产，吏治之污秽只有变本加厉。就钞法而言，本来官方明文规定民间可持昏钞（旧钞或有部分磨损之钞）去回易库按原值调换，但官吏结党营私，上下其手，往往只给5折乃至更低比率的兑换，甚至百姓等候多日还兑换不到，而通胀一日比一日猛，多等一天，就贬值多一分！在市场上购物或缴纳税收时，昏钞又不能使用，几同废纸！此外，昏钞一般收到库中，即行烧毁，又有监烧官吏，将应烧的昏钞指为伪钞，以显才干或逼收钞者行贿，这就使管库官吏更加不愿回收昏钞。于是一切钞法，名曰便民，最终都成害民！

1351年，红巾起义爆发，此时的元顺帝却为西番僧所惑，佞于佛事，骄奢淫逸。

于是“海内大乱，军储供给，赏赐犒劳，每日印造，不可数计。舟车装运，轴轳相接，交料之散满人间者，无处无之。”与此同时，“物价腾踊，价逾十倍”“京师料钞十锭，易斗粟不可得。既而所在郡县，皆以物货相贸易，公私所积之钞，遂俱不行，人视之若弊楮，而国用由是遂乏矣”。犹如沙滩上种花、空中盖楼的至正变钞宣告失败，元朝财政也彻底崩溃。1368 年，朱元璋于南京建立明朝，元政权退居漠北，仍沿用大元国号，与明朝对峙，史称“北元”。中原的元政权，可说是灭亡了。尽管通胀不是其灭亡的唯一原因，但毕竟是重要原因或致命诱因。

中国人民银行出版的《金融知识国民读本》说，“每一次通货膨胀都是一个劫贫济富的过程”。学者时寒冰更直截了当：“通胀是穷人的眼泪”。与此同时，更有论者指出，通胀也是政府征收的税收。对照元代的历史来看，这三种说法都非虚言。劫贫济富的过程持续得越久，穷人的眼泪越滂沱，社会就越不稳定，大规模社会革命爆发的可能也越大；政府利用通胀变相征收的税收越高，遭到反弹的可能性就越大，其合法性也就越岌岌可危。元代的高通胀及其灭亡，即是一个有力证明。

资料来源：宋石男：《通胀是穷人的眼泪：悉数历史上的通货膨胀》，载于《南方都市报》2010 年 11 月 24 日。

复习思考题

1. 如何理解通货膨胀概念的？
2. 简述通货膨胀的类型。
3. 试述通货膨胀的成因及治理措施。
4. 试述通货膨胀的收入分配效应。
5. 谈谈你对通货紧缩的认识。

第十一章

外汇与汇率

内容简介

众所周知，外汇是国际经济产生与发展的必然产物，并且随着经济全球化的不断加深，各国经济依存度的不断提高，外汇在现代国际经济交往中发挥的作用也越来越重要。反映资金对内价格的利率和对外价格的汇率是市场上多种多样的价格中最为重要的两种，它们的变动会直接或间接地影响其他所有价格的变动。利率在此前的章节中我们已系统地学习过，本章我们将对外汇与汇率的相关知识予以介绍。

教学目的

通过本章的学习，掌握外汇的概念、实质与种类；理解与掌握汇率的含义、标价方法与种类；理解汇率制度的含义，掌握汇率制度的种类；了解购买力平价说、利率平价说以及国际收支说三种基本的汇率决定理论；理解影响汇率波动的因素以及汇率变化对经济的影响；了解人民币汇率制度的演变。

第一节　外　　汇

世界各国家货币不同，对于外国的货币我们能统称其为外汇吗？如何理解外汇？它又具备哪些特点？本节我们就将回答这些问题。

一、外汇的含义及特点

（一）外汇的含义

外汇（foreign exchange）是国际汇兑的简称，有动态与静态两种含义。

1. 外汇的动态含义

动态含义的外汇常和国际结算相联系，通常是指以银行为中介，将一种货币兑换成另一种货币以清偿国际债权债务关系的一种专门性的经营活动。在此，“汇”含有空间概念，即货币资金在不同国家之间的移动；“兑”是指货币的兑换，即把一种货币兑换成另一种货币的行为。

2. 外汇的静态含义

静态含义的外汇通常是指以外币表示的可以用作国际清偿的支付手段和资产。国际货币基金组织（IMF）对外汇的定义是：“外汇是货币行政当局（中央银行、货币管理机构、外汇平准基金及财政部）以银行存款、国库券、长短期政府债券等形式所持有的国际收支中可以使用的债权”。我国 1997 年颁布的《中华人民共和国外汇管理条例》规定：外汇是以外币表示的可用于国际清偿的支付手段和资产，包括：（1）外币现钞，包括纸币、铸币；（2）外币支付凭证，包括票据、银行存款凭证、银行卡等；（3）外币有价证券，包括债券、股票等；（4）特别提款权；（5）其他外汇资产。我们通常所说的外汇大都指静态的外汇。

（二）外汇的特点

由于外汇是用于国际债权债务清偿的支付手段和资产，因此，其实质上代表着持有者对外国的商品、劳务和技术的要求权。世界各国在地理位置、自然资源、技术水平、经济发展周期等方面存在着巨大差异，客观上存在着相互依赖、共同发展的互补关系。一国可以发展自己相对有利的商品、劳务和技术并输出到国外，换得外汇，再进口本国供应相对不足，又是本国经济发展所急需的商品、劳务和技术，促使国内的生产和消费达到更高水平的平衡。从这个意义上讲，外汇是用本国的商品、劳务和技术换来的别国的商品、劳务和技术，它是满足一国经济和社会发展的战略资源之一。

虽然外汇是指外国货币或以外国货币表示的能用来清算国际收支差额的资产，但是，并不是所有的外国货币都能成为外汇，它需要具备以下特征：

（1）外币性。外汇是一种对外的金融资产，从事的是国际间结算的金融活动，因此，外汇必须是以外币表示的各种资产。任何本国货币或以本国货币表示的支付手段，对于本国来说都不是外汇。即使美元作为自由兑换货币，美国商人可以用美元直接支付进口货款，但对美国来说也不算作外汇。而对其他国家的商人而言，用美元收付则是运用了外汇。

（2）自由可兑换性，即这种外币能自由兑换成本币。外汇的自由可兑换性说明，即使是以外币表示的资产，但该外币不能自由兑换成他国货币进行实际收付时，它也不能称作标准的外汇。

（3）普遍接受性，即这种外币能被其他国家普遍接受和使用。一种货币如果不能在国际上被普遍接受和运用，那它就无法作为一种国际储备和国际结算的手段发挥国际支付的功能，也就不能称其为外汇。

（4）可偿性，即这种外币资产是可以保证得到偿付的。外汇作为国际结算的支付手段或者国际资产，它的清偿能力必须是真实的，必须是在国外能够得到偿付的，空头支票、拒付汇票等都不能视为外汇。

二、外汇的种类

按照不同的标准，外汇可以分为以下几类。

（一）自由外汇和记账外汇

根据货币能否自由兑换，外汇可以分为自由外汇和记账外汇。

1. 自由外汇

自由外汇（free exchange）是指不需要经过外汇管理当局批准，就可以自由兑换成其他货币或者直接向第三国办理支付的外汇。自由外汇是广泛使用和流通的典型形式的外汇，如美元、欧元、英镑、日元等，它们既可以自由兑换，又可以向第三国支付，是世界各国普遍都接受的支付手段。

2. 记账外汇

记账外汇（account exchange）又称双边外汇、清算外汇或协定外汇，它是指不经过货币发行国货币管理当局的批准不能自由兑换成其他货币或对第三国进行支付的外汇。这种外汇一般都是记在对方银行专设的账户上，只能用于冲销对该国的债务，不能转让给第三国使用，也不能转成自由外汇。在这种结算方式下，所有进出口货款，只需在双方银行开立的专门账户记账，计价货币由双方协定，可使用本国货币也可使用对方国货币或第三国货币，一般在年度终了时，双方对债权债务进行集中冲抵，结算差额。

（二）贸易外汇和非贸易外汇

根据外汇的来源和用途不同，外汇可以分为贸易外汇与非贸易外汇。

1. 贸易外汇

贸易外汇（trade exchange）是指有形商品进出口贸易及相关的贸易从属费用，如进出口宣传费用、摊销费用等引起收付的外汇，其中，商品出口收取的外汇为贸易外汇收入，商品进口支付的外汇为贸易外汇支出。贸易外汇是一国外汇收支的重要项目，反映了一个国家对外交往中实质经济产生的外汇的来源与用途，在一国国际收支平衡表中占有极其重要的位置。

2. 非贸易外汇

非贸易外汇（invisible trade exchange）是指有形商品进出口贸易以外的一切外汇，

包括侨汇、旅游、旅游商品、港口、民航、海关、银行、保险、邮电、承包工程等所形成的外汇收入和支出。随着经济全球化进程的不断推进，非贸易外汇的比重逐渐增大，在个别国家，如瑞士，非贸易外汇是其外汇的主要来源。

（三）即期外汇和远期外汇

根据外汇市场交易的交割日期不同，可分为即期外汇与远期外汇。

1. 即期外汇

即期外汇（spot exchange）又称现汇，它是指在外汇买卖成交后的当日或两个营业日以内完成交割的外汇。

2. 远期外汇

远期外汇（forward exchange）又称期汇，它是指在外汇市场成交后一定时期后付款交割的外汇。按照国际惯例，远期外汇的交割期限通常是按月计算，多数情况是 1 ~ 6 个月，最长一般为 1 年。远期外汇通常是由国际贸易结算中的远期付款条件引起的，买卖远期外汇可以减少汇率变动所造成的风险损失，因此买卖远期外汇成为银行和进出口商进行套利交易、套期保值的重要手段。

第二节　汇　　率

汇率的特定水平及其调整对经济有着重大的影响，并且不同的汇率制度本身也意味着政府在实行内外均衡目标的过程中需要遵循不同的规则。所以，选择合理的汇率制度是一国乃至国际货币制度所面临的非常重要的问题。

一、汇率及其标价方法

（一）外汇汇率

外汇汇率（foreign exchange rate）是两种货币相互交换的比率。汇率也称为汇价、外汇行市或外汇牌价，即用一国货币表示的另一国货币的价格。由于国际商品和劳务的交易或资本流动必然会引起一定时期内的国与国之间的货币收付或债权债务关系，其间必须通过商业银行办理国际支付或结算，这种支付或结算是通过外汇买卖来实现的。可见，汇率是商品劳务交易或资本流动引起的外汇收付而产生的经济概念。

与一般商品的买卖不同，外汇的买卖是用一国的货币按照一定价格兑换另一国货币，不同货币之间可以相互表现对方的价格。因此，汇率作为外汇的价格具有双向表现的特点。既可以用外国货币表现本国货币的价格，也可以用本国货币表现外国货币的价格。

（二）外汇的标价方法

汇率是两种货币相交换的比例，因此在计算和使用汇率时，首先需要确定这一比率是以本国货币还是以外国货币作为标准。选择的标准不同，汇率的标价方法也就不同。通常汇率的标价方法有直接标价法和间接标价法两种。此外二战后布雷顿森林体系阶段，又出现了另外一种标价方式，即“美元标价法”。

1. 直接标价法

直接标价法（direct quotation）又称价格标价法（price quotation）或应付标价法（giving quotation），是指用一定单位的外国货币表示为一定数额的本国货币，也就是用本国货币表示的外国货币的价格。即1个单位或100个单位的外国货币为标准，折算为一定数额的本国货币的汇率表示方法。

这种标价法的特点是：（1）外币是基准货币，作为计价标准；（2）本币是标价货币，作为计算单位。在直接标价法下，外币币值的上升或下跌方向和汇率值的增加或减少方向相同，本币币值的上升或下跌方向和汇率值的增加或减少方向正好相反。也就是说，如果一定单位的外币折合本币数量增加，则说明外币升值，本币贬值；反之，一定单位的外币折合本币数量减少，则外币贬值，本币升值。目前，世界上大多数国家都采用直接标价法，中国也采用直接标价法。

2. 间接标价法

间接标价法（indirect quotation）又称为数量标价法（quantity quotation）或应收标价法（receiving quotation），是指用一定单位的本国货币表示为一定数量的外国货币，也就是用外国货币表示本国货币的价格。即1个单位或100个单位的本国货币为标准，折算为一定数额的外国货币的汇率表示方法。

这种标价方法的特点是：（1）本币是基准货币，作为计价标准；（2）外币是标价货币，作为计算单位。在间接标价法下，外币币值的上升或下跌方向和汇率值的增加或减少方向正好相反，本币币值的上升或下跌方向和汇率值的增加或减少方向相同。也就是说，如果一定数量的本币折合外币的数量增加，则本币升值，外币贬值；反之，如果一定数量的本币折合外币的数量减少，则为本币贬值，外币升值。目前，实行间接标价法的货币主要有英镑、美元、欧元、澳元、加元、新西兰元（纽币）。其中美元对英镑仍采用直接标价法，美元对欧元也采用直接标价法。

本币与外币的区分是相对的，一般把外汇市场所在地国家的货币视为本币。两种货币在直接标价法和间接标价法下，其货币汇率互为倒数，相互的乘积为1。

3. 美元标价法

第二次世界大战后，由于美元是世界货币体系中心货币，为此又出现了另外一种标价方式，即“美元标价法（U. S. dollar quotation）”。美元标价法是以一定单位的美元为标准，折合成一定数量的其他国家货币来表示汇率的方法。银行汇价挂牌时，标出美元与其他各种货币之间的比价，如果需要计算美元以外的两种货币之间的比价，必须通过各自货币与美元的比价进行套算。

美元标价法的特点：（1）只有美元是标准货币，作为计价标准；（2）其他国家的货币是标价货币，作为计算单位。所以，美元标价法是美元的数额固定不变，其他国家货币的数额随汇率的高低而变化。

二、汇率的种类

（一）买入汇率、卖出汇率、中间汇率和现钞汇率

银行在外汇买卖中使用的汇率分为买入汇率、卖出汇率、中间汇率和现钞汇率。

1. 买入汇率

买入汇率（buying rate）也称买入价或银行出价（bid rate），是指银行向同业或客户买入外汇时所使用的汇率。

2. 卖出汇率

卖出汇率（selling rate）也称卖出价或银行要价（offer rate），是指银行向同业或客户卖出外汇时使用的汇率。

买入汇率和卖出汇率之间的差价通常为1‰~5‰，为银行买卖外汇的收益。

3. 中间汇率

买入价与卖出价的平均值即为中间价或中间汇率（middle rate），是有关部门对外公布的汇率。中间汇率只是反映了某个时点汇率的水平，而不能作为买卖外汇时使用的汇率。

由于国际外汇牌价数字的标价排列总是前一数字小，后一数字大，因而在不同的标价方法下，买卖价排列顺序也就不同。

在直接标价法下，汇价的前一数字为银行的外汇买入价，后一数字为银行的外汇卖出价。例如，在德国法兰克福外汇市场上，USD1 = EUR0.9830 ~ 0.9840，则 USD1 = EUR0.9830 是用欧元表示的银行买入美元外汇的价格；USD1 = EUR0.9840 是用欧元表示的银行卖出美元外汇的价格。

在直接标价法下，数值越小，表明外汇越便宜；数值越大，则表明外汇越贵。

在间接标价法下，汇价的前一数字为银行外汇卖出价，后一数字为银行的外汇买入价。如在美国纽约市场上，USD1 = JPY108.05 ~ 108.15 前一个数字是日元外汇的卖出价，即美国某银行卖出 108.05 日元外汇，收入美元本币；后一个数字是日元外汇的买入价，即美国某银行买入 108.15 日元外汇，支付 1 美元本币。

在间接标价法下，数值越小，表明外汇越贵；数值越大则外汇越便宜。

4. 现钞汇率

现钞汇率（foreign currency or bank note rate）是指银行买卖外汇现钞所使用的汇率，它也有买入价与卖出价之分。一般来讲，银行的外汇现钞的买入价比汇票等支付凭证的价格低。因为外汇原则上不能在本国流通，银行购入外汇票据以后，通过电汇或航邮划账，可以很快存入外国银行获得利息或调拨动用。而银行买入现钞需要鉴定真伪，而且外汇现钞积累到一定数额才能将其运送到外国银行。在此期间，买进现钞的银行要承受一定的利息损失，而且现钞在运往国外过程中，还要支付运费、保险费等。因此，外汇现钞的买入汇率要低于一般外汇支付凭证的买入汇率。外汇的现钞卖出汇率则与一般外汇的卖出汇率相等。

（二）即期汇率与远期汇率

按买卖外汇的交割期限，汇率又可分为即期汇率和远期汇率。

1. 即期汇率

即期汇率（spot exchange rate），也叫现汇汇率，是指买卖外汇双方在成交当天或成交后两个工作日内，办理交割的汇率。外汇市场汇率和官方外汇牌价中凡未注明远期字样者，都是即期汇率。

2. 远期汇率

远期汇率（forward exchange rate），也叫期汇汇率，是指买卖外汇双方按照预先达成的协议在将来某月进行实际交割的汇率。到了交割日期，不管汇率是否有变化，都按预先约定的汇率进行交割。采用远期汇率进行远期外汇买卖的主要目的是为了避免或降低外汇汇率波动所带来的风险。

某种货币的远期汇率与即期汇率存在的差异被称为远期差价（forward spread）。远期差价的表现形式有三种：升水（premium）是指远期汇率高于即期汇率；贴水（discount）是指远期汇率低于即期汇率；平价（par）是指远期汇率与即期汇率相等。

直接标价法下：远期汇率 = 即期汇率 − 升水（或 + 贴水）

间接标价法下：远期汇率 = 即期汇率 + 升水（或 − 贴水）

另外，远期汇率虽然是未来交割时所使用的汇率，但与未来交割时的市场现汇汇率是不同的，前者是事先约定的远期汇率，后者是将来的即期汇率；前者是远期外汇交易中使用的汇率，后者是即期外汇交易中使用的汇率。

（三）基本汇率与套算汇率

根据制定汇率方法可分为基本汇率和套算汇率。

1. 基本汇率

基本汇率（basic rate）是指本国货币与某种关键货币的比率。关键货币是世界各国普遍接受的，而且能够迅速转化为其他资产形式的国际货币。关键货币的选择是有条件的，它应当是本国国际收支中使用最多、在外汇储备中所占比重最大，而且是国际上普遍接受的货币。因为美元是国际收支中使用较多的货币，而且被各国广泛接受，所以很多国家都把美元作为制定汇率的关键货币，从而把本币兑美元的汇率作为基本汇率。

2. 套算汇率

套算汇率（cross rate）也称为交叉汇率，它是指两种货币以第三种货币为中介算出来的汇率。套算汇率的计算方法可分为汇率中心货币相同、汇率中心货币不同、根据中间汇率计算三种方法。

（1）交叉相除法（适用于两种汇率的中心货币相同的情况）。

设欧洲外汇市场的汇率为：

USD1 = JPY108.05 ~ 108.15

USD1 = CND1.3715 ~ 1.3725

1 加元兑换日元的汇率可以通过交叉相除而求得：

银行买进 1 加元同时卖出日元的汇率为：

108.05/1.3725 = 78.7250

银行卖出 1 加元同时买进日元的汇率为：

108.15/1.3715 = 78.8552

于是，欧洲外汇市场上：

CND1 = JPY78.7250 ~ 78.8552

（2）同边相乘法（适用于两种汇率的中心货币不同的情况）。

设纽约外汇市场的汇率为：

USD1 = CND1.3715 ~ 1.3725

GBP1 = USD1.4600 ~ 1.4610

1 英镑兑换加元的汇率可以通过同边相乘而求得：

银行买进 1 英镑同时卖出加元的套算汇率为：

1.3715 × 1.4600 = CND2.0034

银行卖出 1 英镑同时买进加元的套算汇率为：

1.3725 × 1.4610 = CND2.0052

于是，纽约外汇市场上：

GBP1 = CND2.0034 ~ 2.0052

（3）按中间汇率计算套算汇率。

设某外汇市场上英镑和美元的中间价分别为：

BGP1 = USD1.5541 USD1 = CND1.3776

1 英镑兑换加元的汇率为：

GBP1 = 1.5541 × 1.3776 = CND2.1409

设某外汇市场上美元兑换加元和港元的中间价分别为：

USD1 = CND1. 3720 USD1 = HKD7. 7785

1 加元兑换港元的汇率为：

CND1 = 7. 7785/1. 3720 = HKD5. 6695

（四）名义汇率、实际汇率与有效汇率

实际汇率和有效汇率是国际金融研究和决策中的两个重要概念，它们是相对于名义汇率而言的。

1. 名义汇率

名义汇率（nominal exchange rate）是指政府外汇管理机构对外公布的汇率。

2. 实际汇率

实际汇率（real exchange rate）是相对于名义汇率而言的。实际汇率有两种：（1）剔除物价水平变动影响的汇率水平：$Q = EP^*/P$，其中 E 为名义汇率，P 为本国物价水平，P^* 为外国物价水平；（2）名义汇率加上或减去政府对各种类出口商品进行财政补贴或减免税收，以及对进口商品征收各种附加税的汇率。

3. 有效汇率

有效汇率（effective exchange rate）又称为汇率指数（exchange rate index），它是指某种货币对其他相关货币的贸易加权平均汇率。

具体算法为：

$$E_i = \sum_{i=1}^{n} a_i \cdot e_i \text{（其中，} a_1 + a_2 + \cdots + a_n = 1\text{，} 0 < a_i \leqslant 1\text{）}$$

式中，E_i 为汇率指数；a_i 为第 i 国在某国对外贸易总额中所占的比重，即权数；e_i 为某国货币同第 i 国货币的双边汇率。

在外汇市场上，我们常常可以看到一种货币对某种外币的价值在上升，但对另一种外币的价值却在下降。在这种情况下，双边汇率无法说明这种货币在世界范围内的变动情况，可用有效汇率来衡量一种货币的综合价值变动。由于外汇主要用于贸易支付，因此，其权数通常采用该国对主要贸易伙伴贸易比重。

目前，国际货币基金组织定期公布 17 个工业发达国家的若干种有效汇率指数，包括劳动力成本、消费物价、批发物价等为权数，经加权平均得出的不同类型的有效汇率指数。以贸易比重为权数的有效汇率，所反映的是一国货币汇率在国际贸易的总体竞争力和总体波动幅度。

此外，人民币有效汇率是人民币与多种货币汇率间贸易加权平均值，反映人民币在国际贸易中的总体竞争力和实际购买力的综合指标。

（五）官方汇率与市场汇率

根据外汇管制程度外汇可分为官方汇率和市场汇率。

1. 官方汇率

官方汇率（official rate），也称法定汇率，这种汇率主要是指官方（如财政部、中央银行或经指定的外汇专业银行）所规定的汇率。在外汇管制较严格的国家禁止自由市场的存在，官方汇率就是实际汇率，而无市场汇率。官方规定利率可以保证汇率稳定，但缺乏弹性。

2. 市场汇率

市场汇率（market rate）是指在自由外汇市场上买卖外汇的实际汇率。在外汇管制较松的国家，外汇交易不受官方限制，市场受外汇供求关系的影响自发地经常地波动，官方不能规定市场汇率，而只能通过参与外汇市场活动来干预汇率变化，以避免汇率出现过度频繁或大幅度的波动。

（六）单一汇率与多重汇率

根据汇率适用范围，汇率可分为单一汇率和多重汇率。

1. 单一汇率

单一汇率（single rate）是指一国货币对外国货币只规定一种汇率，各种外汇收支均按这一汇率结算。

2. 多重汇率

多重汇率（multiple rate）又称复汇率，指一国汇率对外国货币的汇率，根据不同性质而规定两种或两种以上的汇率。多重汇率具有不公平性的歧视性。

贸易汇率和金融汇率是多重汇率中的两种具体形式。贸易汇率（commercial rate）是指用于进出口贸易及其从属费用方面支付、结算的汇率；金融汇率（financial rate）是指用于非贸易收支和国际资本流动方面支付、结算的汇率。将汇率分为贸易汇率和金融汇率，能将不同用途和性质的外汇区分开来，可以为鼓励出口、限制进口、控制国际资本流动、改善国际收支等提供政策分析依据。多重汇率被视为外汇管制的一种措施。

（七）电汇汇率、信汇汇率和票汇汇率

按外汇的汇付方式不同，汇率可划分为电汇汇率、信汇汇率和票汇汇率。

1. 电汇汇率

电汇汇率（telegraphic transfer rate）是以电汇方式买卖外汇时所使用的汇率。电汇是银行卖出外汇后以电讯方式通知国外分支行或代理行付款给收款人的汇款方式。国内银行以电汇方式卖出外汇时，由于付款快，不占用客户的资金，能减少客户的汇率波动风险，因此在现代国际结算中绝大多数外汇收付均以电汇方式进行。由此，电汇汇率已成为外汇市场中计算其他各种汇率的基准，外汇市场上公布的汇率一般都是指电汇汇率。

2. 信汇汇率

信汇汇率（mail transfer rate）是以信汇方式买卖外汇时所使用的汇率。信汇是银行卖出外汇后开具付款委托书，以信函方式通知国外分支行或代理行付款给收款人的汇款方式。由于信汇方式所需的邮程长，银行可以在一定时期内占用客户资金，因此信汇汇款比电汇汇率要低些，其差额大致为邮程利息，在实际结算中，信汇方式较少采用。

3. 票汇汇率

票汇汇率（draft rate）是以票汇方式买卖外汇时所使用的汇率。票汇是银行在卖出外汇时，开立一张命令其外国分支行或代理行付款的汇票交给汇款人，由汇款人自带或寄往国外取款的方式。汇票有即期汇票和远期汇票两种。从汇票开出到支付外汇也有一定时间间隔，银行有机会占用客户资金，因此，票汇汇率也比电汇汇率低一些。由于远期票汇汇率要在即期票汇汇率基础上扣除远期付款利息，所以，远期票汇汇率要比即期票汇汇率低一些。

三、汇率制度

汇率制度（exchange rate regime）又称汇率安排，是指各国或国际社会对于汇率决定及其调节所做出的一系列的制度安排。其主要内容包括：（1）规定确定合理的汇率水平的依据；（2）规定汇率波动的界限；（3）规定维持汇率应采取的措施；（4）规定调整汇率的手段和途径。由于汇率的特定水平及其调整对经济有着重大的影响，并且不同的汇率制度本身也意味着政府的实际内外均衡目标的过程中需要遵循不同的规则，所以，选择合理的汇率制度是一国乃至国际货币制度面临的非常重要的问题。

传统上，按照汇率波动的剧烈程度和频繁程度，汇率制度可以分为固定汇率制（fixed exchange rate system）和浮动汇率制（floating exchange rate system）两大类型。在固定汇率制下，为将汇率维持在一定范围内，一国政府或货币当局会对汇率进行干预，而在浮动汇率之下则恰恰相反，政府听任汇率外汇市场供求关系决定而不对其波动幅度加以限制。但在现实经济中，固定汇率制和浮动汇率制两种极端形式很少出现，大多数国家采取的是兼有上述两种制度特点的汇率制度，比如货币局制、清洁浮动和肮脏浮动等。

（一）固定汇率制

固定汇率制是指两种货币比价基本固定，波动控制在一定范围的汇率安排。人类前后经历了两种形式的固定汇率制度，分别是金本位下的固定汇率制度和布雷顿森林体系下的固定汇率制度。除此之外，在经济实践中还存在着特殊的固定汇率制——货币局制、货币联盟和美元化制度。

1. 国际金本位制下的固定汇率制

金本位制是以一定成色及重量的黄金作为本位货币的一种制度。在该制度下，黄金直接作为流通和支付手段，金币能够自由铸造，黄金的输入输出不受限制。至19世纪末，主要发达国家普遍采用金本位制，从而使其具有了国际性。

在国际金本位制度中，各国的固定汇率是由各国的铸币平价决定的。铸币平价是指不同货币的含金量的对比。该制度下的汇率受供求关系和国际收支的影响，但波动范围以黄金输出点，即铸币平价加上黄金运输费为上限；黄金输入点，即铸币平价减去黄金运输费为下限。因此，国际金本位制下的汇率波动比较小，仅在铸币平价上下各6‰左右波动，只要两国货币含金量不变，汇率就保持稳定，且这种稳定是自动的而非依赖认为的措施来维持。

2. 布雷顿森林体系下的固定汇率制

布雷顿森林体系固定汇率制度中，汇率实行“双挂钩”，即美元与黄金挂钩，兑换比例为：1盎司=35美元，其他货币按各自的含金量与美元挂钩。这种固定汇率波幅小，汇率不具备自动稳定机制，汇率的波动与波幅需要人为的政策来维持。

固定汇率制度能够为国际贸易提供较为稳定的环境，减少汇率风险，便于进出口核算，对于资本输出和经济扩张有一定促进作用。但汇率制度有其明显的弊端，主要有货币政策难奏效、无法真正实现经济目标和使国内经济暴露于国际经济动荡之中。如政府采用紧缩性货币政策，提高利率，却会吸引外资流入，无法达到收缩投资的目的，货币政策失效，经济目标无法实现。

现实经济活动中还存在着以下三种特殊的固定汇率制度：货币局制度、货币联盟以及美元化制度。

货币局制度是指在法律中明确规定本国货币与某一外国可兑换货币保持固定的交换率，并且对本国货币的发行作特殊限制以保证履行这一法定义务的汇率制度。货币局制度通常要求货币发行必须以一定的（通常是百分之百）外国货币作为准备金，并且要求在货币流通中始终满足这一准备金的要求。这一制度中的倾向当局被称为货币局，而不是中央银行。货币局制度中，除了有政府承诺外，还有一个机制来维持固定汇率。目前，实行货币局制的有阿根廷、波黑、文莱、保加利亚、爱沙尼亚、立陶宛和吉布提等7个国家和中国香港地区。

货币联盟比货币局制度更进一步。货币联盟内的国家要放弃自己的货币，并创造新的货币联盟内通用的货币，这样，在联盟内再无汇率的问题，但对外仍有汇率。同时，他们还限制了利率的差异。这种制度的优点在于减少了交易成本，促进了联盟内的资本流动；缺点是在有冲击或周期变化时，限制了国家采取有益的利率和汇率调整政策。因此，只有当放弃独立的利率和汇率的代价不高时，货币联盟才是有利的。这个条件的满足要求有灵活可变的工作，有移民自由，有可扩展的财政平衡。

美元化制度是一个极端的、比货币联盟还要强的制度，它被视为货币联盟的最高形式。在这种制度下，国家完全放弃了自己的货币，而且他们不是和亲密的贸易伙伴共同使用一种货币，而是直接使用美元。这种制度的缺点也是没有自己独立的利率和汇率政策来适应国内情况。美元化制度一般都是在公民对中央银行完全失去信心，也不期望中央银行将来会变好的情况下才实行的。

（二）浮动汇率制

浮动汇率制是指对本国货币与外国货币的比价不加以固定，不设置浮动范围，而由外汇市场供求状况变化自发决定本币对外的汇率。

浮动汇率制度是对固定汇率制度的扬弃，是针对固定汇率制度的弊端生成的，是更为先进的汇率制度。浮动汇率制度可防止国际游资对某一种货币的冲击，防止外汇储备大量流失，使得货币公开贬值与升值的危机得以避免。浮动汇率制度下一国政府没有维持货币固定比价的义务，可以相对自主地采取经济政策，受国际经济动荡的影响相对较小。

1. 清洁浮动

清洁浮动也叫自由浮动，是政府完全不干涉外汇市场的汇率制度。但这也只是理论上的界定，实际中没有哪个国家的浮动汇率制度称得上是清洁浮动。

2. 肮脏浮动

肮脏浮动也叫管理浮动，是政府不时地干涉外汇市场，使本币汇率升降有利于本国，当前实行浮动汇率的国家都属于此种类型。肮脏浮动根据浮动的特点不同可以分为：

（1）单独浮动。单独浮动是更严格意义的浮动，指没有构成集团的一国货币对其他所有货币单独浮动，如美国、加拿大、瑞士、日本等国均属单独浮动。

（2）联合浮动。联合浮动是指某些国家组成集团来实行联动，当集团内部成员国的货币受到冲击后，其他国家将采取一致行动，干预市场，稳定汇率。

（3）钉住浮动。钉住浮动是指一国货币与另一国货币保持固定汇率，并随着后者的波动而波动。根据钉住目标的不同可以分为钉住单一货币浮动和钉住篮子货币浮动；根据浮动特点又可以分为水平带内钉住和爬行钉住。其中，爬行钉住制是指汇率可以作经常的、小幅度调整的固定汇率制。这一汇率制有两大特征：①该国负有维持某种平价的义务；②这一平价可以经常地、小幅度地调整（如调整2%～3%）。提倡爬行钉住制的学者认为，货币当局在进行汇率调整时，可以规定汇率调整的上下限值，有了上限值和下限值的存在，至少在理论上可以给货币当局提供某些纪律性要求。另外，他们还认为，在爬行钉住制下，汇率定期地调整这一事实也意味着汇率还是具有调整国际收支作用的。而且，由于每一次调整的幅度都很小，对货币大规模投机的危险性就较弱。但是，爬行钉住制的缺点也很明显。由于内部或外部的经济冲击所引起的一国国际收支状况的严重变化可能需要汇率有较大幅度的改变才能恢复国际收支的平衡。

如果拘泥于严格的爬行钉住的调整，由于汇率不可能大幅度改变，因而就可能需要一国政府放弃一些内部目标的实现。如果经验是一切的指导，那么，在一个内部经济条件不稳定的经济中（如通胀水平极其快速地增长）实行爬行钉住制，可能本质上就等同于浮动汇率制。

（4）弹性浮动。弹性浮动允许本国货币在较大的范围内根据本国的实际情况自由浮动，根据浮动的弹性可以分为有限弹性浮动和较大弹性浮动。①有限弹性浮动，又称有限灵活汇率，是指一国货币的汇率与一种货币或一组货币挂钩，在此基础上根据本国所需在一定弹性幅度内上下浮动。这种汇率制度并不高度依赖外币，波动幅度也非常小，不超过1%。②较大弹性浮动又称更灵活的汇率，是指一国货币的汇率不受波动幅度的限制，以独立自主的原则进行调整。目前世界上实行这种汇率制度的有巴西、智利、葡萄牙等国。

四、汇率制度与货币流通

（一）固定汇率制下的货币流通

它是第二次世界大战后实行时间较长的一种制度。在这种制度下，外汇收支对货币供给的影响表现在两个层次上：商业银行活动、中央银行活动。

商业银行一般经营外汇买卖。当其购入外汇时，外汇资产增加，由购买外汇而支付的本国货币相应地形成银行存款负债增加，扩大了货币供应量；反之，当商业银行卖出外汇时，外汇资产减少，由于客户要动用本币存款购买外汇，银行存款负债减少，货币供应量相应缩减。所以，在一国外汇收支顺差时，商业银行购入外汇大于售出，外汇库存净增长，货币供应量也表现为净增加；反之，结果相反。

问题是商业银行有时不愿或无力持有大量外汇，常将外汇售出。这样，就会改变市场外汇供求状况，并导致外汇汇率波动。在固定汇率制度下，中央银行有义务防止汇率变动过大，势必出面干预，在市场上收购价外汇。其结果是商业银行把部分外汇卖给中央银行，相应增加在中央银行的存款准备金，从而加强派生能力，有可能在更大程度上扩大货币供给量。可见，在固定汇率制度下，一国外汇收支有顺差，构成增加货币供给的一条渠道；当然，如果外汇收支是逆差，则会相应缩减货币供应量。

（二）浮动汇率制下的货币流通

实行浮动汇率制，政府不再承担维持汇率的义务，汇率主要受市场供求关系的变动来调节。在这种汇率制度下，商业银行经营外汇买卖，同样也有引起货币供应增加或减少的结果。不过，由于政府一般不再进行干预以维持某一固定汇率水平，在市场外汇供求关系调节下，外汇收支逆差国的货币汇率会下降，外汇收支顺差国的货币汇率会上升。这种市场汇率的变动，又会引起消除外汇收支顺差和逆差的后果，使原来出现的外汇收支逆差和顺差有可能是一种短暂的现象。正因为浮动汇率下外汇收支逆差、顺差可在较短时期内得到某种矫正，因而从理论上说货币流通与固定汇率下的情况有所不同，不致因外汇收支逆差或顺差的长期存在，而导致货币供应量长期扩张或收缩的现象。

当然，说政府没有维持汇率的义务并不等于说它不能干预汇市。当政府为了实现某种政策目标而在公开市场上收购或抛售外汇时，自然会引起货币供应量的扩张或收缩。

第三节　汇率决定理论

汇率决定理论研究的是汇率是由哪些因素决定的，这些因素又是如何影响汇率的变动。本节中我们将由简至繁依次介绍汇率与价格、利率以及国际收支之间的关系。在此基础上，我们将进一步研究影响汇率变动的因素以及汇率变动对经济的作用。

一、汇率决定的基本理论

（一）购买力平价

早在16世纪塞拉曼加学派的学者阿兹皮克塔·纳瓦罗就提出了购买力平价思想，但直到1922年瑞典经济学家卡塞尔对这一理论进行系统阐述，首次提出并使用购买力平价这一说法，并通过此后的研究工作使购买力平价理论的影响力急剧扩大，从而才使得该理论广为熟知。购买力平价的基本思想是：不同货币之间的比价是由不同货币的国内购买力决定的。该理论认为，货币的价值在于其具有购买力，一种货币同另一种货币的兑换比率是由两种货币在本国国内所能支配的商品劳动数量决定的，即货币的对外价值取决于其对内价值。购买力平价在长期发展过程中出现了多种形式，但主要的有绝对购买力平价和相对购买力平价。

1. 绝对购买力平价

绝对购买力平价是购买力平价的典型形式，该理论认为：一个国家的货币与另一个国家的货币之间的比价是由两国货币在各自国内的购买力之比决定的，而购买力即为商品价格的倒数，因而二者汇率由物价水平之比决定。

如果用$P(t)$表示t时间本国价格水平，$P^*(t)$表示t时间外国价格水平，$S(t)$表示t时间汇率水平，则本国购买力水平为$1/P(t)$，外国购买力水平为$1/P^*(t)$，二者之比即为汇率，则两国货币之间的购买力平价用公式可表示为：

$$S(t)=P(t)/P^*(t)\text{（直接标价法）}$$

上式说明，在某一时期，如果本国物价水平相对于外国下降，则意味着本国货币相对升值；反之，如果本国物价水平相对于外国上升，则意味着本国货币相对贬值。

2. 相对购买力平价

相对购买力平价是在绝对购买力平价的基础上发展得来。卡塞尔认为在计算绝对购买力平价的实际操作过程中，要首先获得两国物价水平数据，这是很困难的，因此他提出可以用相对容易获得的物价指数，即通货膨胀率来替代物价水平，由此形成相对购买力平价。

如果用 $I(t)$ 表示本国从基期到目前的价格指数，$I^*(t)$ 表示外国从基期到目前的价格指数，π_0 表示基期两国货币之间的实际利率，其公式为：

$$S(t) = \left[\frac{I^*(t)}{I(t)}\right] \cdot \pi_0$$

该公式的基本含义为：在某一时期，两种货币间的兑换比率由基期的汇率和两国物价指数之比决定。

如果将上式写成对数形式再取变动率可得：

$$\Delta S(t) = \Delta I^*(t) - \Delta I(t)$$

该式表明：汇率的上升与下降由两国物价指数的相对变化决定。如果外国物价指数相对于本国物价指数上升，即 $\Delta I^*(t) > \Delta I(t)$，则 $\Delta S(t)$ 上升，本国汇率上升；反之，本国汇率将下降。

购买力平价的理论基础是货币数量说，明确了其关于长期均衡汇率的理论。该理论从货币的基本功能这一角度出发来分析汇率决定问题，符合逻辑且易于理解，并将汇率决定之一复杂问题简单明了地描述清楚，在汇率决定理论中占有极为重要的地位。但该理论在实证检验中存在诸多问题，如物价指数选择不同可导致不同的购买力平价等。

（二）利率平价说

利率平价，又称远期汇率理论，是关于利率、即期汇率和远期汇率决定的理论。1923 年，凯恩斯在《货币改革论》中第一次较为系统地阐述了远期汇率与利率的关系，此后，西方学者对利率平价说不断进行补充和完善，从而形成现代利率平价说。

利率平价说假定：国际资本可以自由流动；不考虑交易成本；货币自由兑换；套利资金供给弹性无限大。利率平价说认为：远期汇率与即期汇率的差价是由两国利差决定的，并且高利率国家货币远期必定贴水，低利率国家货币远期必定升水。由于金融活动具有逐利性，因此在开放经济条件下，当两国利率水平存在差异时，资本将从低利率国流向高利率国以谋取利润，同时为规避外汇风险，外汇市场参与者会同时进行掉期交易，大量掉期交易的结果就是低利率国货币即期贬值，远期升值，高利率国货币即期升值，远期贬值。随着两种交易的不断进行，远期差价不断扩大，直至两种交易的收益率相等，市场才处于均衡状态，套利活动才会停止。此时，远期的升贴水率正好等于两国利差，用公式可以表示为：

$$\rho = i - i^*$$

其中，ρ 为远期升贴水率，i 为本国利率水平，i^* 为外国利率水平。

利率平价理论说明了汇率与利率之间的关系，从而将对汇率决定的研究从商品市场角度转移到资本市场，在有效资本市场上具有较高的应用价值，货币当局可以根据汇率与利率的关系灵活调整外汇市场。因此，该理论在汇率决定理论中占有重要的地位。

虽然利率平价说具有较高的实践意义，但是该理论自身也存在一定的局限性，在一定是程度上限制了其作用的发挥。比如该理论假设不存在交易成本以及资本市场是有效的，这些在现实经济活动中都是难以实现的。

（三）国际收支说

国际收支说是一种从国际收支角度分析汇率决定问题的理论。国际收支说的早期形式是英国学者葛逊于1861 年提出的国际借贷说，该理论认为汇率是由外汇市场上的供求关系决定的，但其不足在于未对哪些因素如何影响外汇供求做出具体说明。第二次世界大战后，该理论有了进一步的发展，许多学者运用凯恩斯模型来说明影响国际收支的主要因素，并进一步研究了这些因素如何通过国际收支渠道作用到汇率，从而形成了国际收支说的现代形式。

国际收支说的核心观点是：汇率由外汇市场供求决定，而外汇市场供求又由国际收支决定，因此，汇率实际上是由国际收支决定的。

国际收支包括经常账户（CA）和资本与金融账户（KA）。经常账户（CA）由商品与劳务的进出口决定，其中进口受国民收入（Y）、实际汇率 $q = \frac{e \cdot P^*}{P}$ 影响，出口受外国国民收入 Y^* 和实际汇率 q 影响，上述关系可用公式表示为：

$$CA = f(Y, Y^*, P, P^*, e)$$

资本与金融账户（KA）由本国利率 i 和外国利率 i^* 以及未来汇率预期水平 E^e 决定。

因此，综合来看，影响国际收支的因素有：Y，Y^*，P，P^*，e，i，i^*，E^e。用公式表示为：

$$BP = g(Y, Y^*, P, P^*, e, i, i^*, E^e)$$

各因素对国际收支的具体影响分析如下：

1. 国民收入的变动

通常情况下，在其他条件不变时，当本国国民收入提高时，将导致进口增加，从而使得外汇需求增加，本币贬值。当外国国民收入提高时，将会刺激本国出口增加，本币升值。

2. 价格水平的变动

在其他条件不变时，当本国价格水平相对于外国价格水平下降时，本国产品的国际价格竞争力提高，有利于产品出口，促进本币升值。相反，当本国价格水平相对于外国价格水平下降时，将削弱本国产品的国际价格竞争力，出口相对进口将减少，本币贬值。

3. 利率水平的变动

当本国利率水平相对于外国利率水平提高时，会吸引国际游资进入本国市场，外汇市场上本币需求增加，本币升值；反之则会造成本币贬值。

4. 未来汇率预期的变动

汇率与其预期变动方向一致。当市场预期本国汇率上升时，资金外流，本币贬值；反之，当市场预期本币汇率在未来会下降时，资金流入本国，本币升值。

二、影响汇率变动的因素

汇率总是不断波动的，影响汇率变动的因素多种多样，既有长期因素又有短期因素，既包括经济因素，也包括政治因素，而且它们既相互联系又相互制约，随着政治经济形势的变化，其中占主导地位的因素也经常变动。

（一）长期因素

在影响汇率变动的诸因素中，最根本的是一国的经济发展水平，它是影响该国货币汇率变动最主要的长期因素。一国经济发展水平高，力量雄厚，该国对汇率的影响就大。

除此之外，一国的宏观经济政策也是影响该国汇率变动的一个主要长期因素。一国政策目标的选择以及财政政策、货币政策的松紧搭配都会对国内外物价水平、劳动力市场以及进出口贸易产生重要影响，从而引起汇率的波动。

（二）短期因素

目前主要国际货币的发行国均实行浮动汇率制。在浮动汇率制度下，汇率作为货币的相对价格是由外汇供求决定的。从市场角度看，外汇供求是判断短期汇率走势的直接依据。由于影响供求的因素很多，它们之间又相互交叉，因此下面讨论的单一因素都是在假定其他条件不变时的情况。

1. 国际收支水平

外汇供求首先是由国际交易中的收入和支出行为引起的，一国的国际收支状况集中反映了该国外汇的供求状况，因此可以从一定时期的国际收支情况来判断该国货币汇率的走势。国际收支主要是针对经常项目下的资金流动对汇率的影响而言的。

一国国际收支严重逆差，外汇需求量增大，外汇汇率上升，本币汇率相应下跌。一国国际收支大量顺差，外汇供给量增大，外汇汇率下跌，本币汇率相应上升。可见在其他条件不变时，顺差国货币汇率坚挺，逆差国货币汇率疲软。

2. 利率水平

利率水平的相对高低主要通过短期资本的流动来影响汇率。在资本自由流动或外汇管制较松条件下，一国利率升高，相对于他国该国利率水平较高，则会吸引国外套利资本流入量增加，国内资本流出减少，市场外汇供给量减少，该国货币相对于外国货币升值。反之，如果一国利率水平相对于他国较低，则会在刺激国内资金流出的同时导致国外套利资本流入量减少，市场外汇供给量增加，该国货币相对于外国货币贬值。结果货币的高利率在短期内支撑了该货币的即期高汇率。但是由于套汇活动存在，追求高利率的资金会同时在远期外汇市场上卖出高利率的货币，由此导致高利率货币的远期汇率下降。在现代经济活动中，国际流动资本规模日益扩大，利率水平的相对高低对汇率的影响就显得越来越重要。

3. 通货膨胀水平

根据购买力平价理论，不同货币之间的兑换比率取决于它们各自具有购买力对比，这意味着汇率升值与贬值是由两国的通货膨胀率的差异决定的。如果一国通货膨胀水平相对于他国的通货膨胀水平较高，则说明本币的购买力水平相对于他国下降，一方面通过削弱本国产品的国际价格竞争力造成出口的相对减少和进口的相对增加而作用于经常账户使其恶化；另一方面通过降低公众的心理预期使其抛售预期趋于疲软高通货膨胀国家的货币进而造成该国资本账户恶化，最终导致高通货膨胀率国家的货币相对于低通货膨胀率国家的货币贬值，后者相对于前者升值。

4. 经济增长速度

经济增长速度高，对资源需求的增加，生产资料价格上涨较快，进口数量增加，逆差扩大，本币贬值。当经济增长到一定时期，国内生产效率提高，产品成本下降，出口商品竞争力提高，出口数量加大，顺差增加，本币一定程度升值，同时，经济增长速度的提高意味着国民收入的增加，国民收入的增加将在一定程度上促进进口增加，恶化经常账户，导致本币相对于外币贬值。除此之外，经济的高速增长意味着本国投资收益率较高，将吸引国际投资资金的流入，外汇市场上本币供不应求，本币相对升值。可见，经济增长速度对于汇率的影响是多方面的，在衡量降级增长速度对于汇率的净影响时要综合考虑上述多方面作用力量对比。

5. 政治与突发因素

资本具有追求安全的特性，政治及突发性因素包括政局的稳定性、政策的连续性、政府的外交政策，以及战争、经济制裁和自然灾害等。这些因素使市场难以预测，打击市场参与者对该国的信心，故容易对市场汇率波动构成冲击，不利于该国货币汇率的稳定。

6. 心理预期因素

随着国际资本流动规模日益扩大，心理预期因素对汇率变动的影响也越来越大。如果因为政治因素或政治因素市场普遍预期一国货币贬值，则该国货币将在市场上被大量抛售，导致市场上该国货币供大于求，其汇率就会下跌。反之，该国货币汇率会上涨。通常情况下，这种心理预期的变化会引起投机活动，从而加剧汇率的波动，且由于心理预期的主观性，对心理预期预测的难度是非常大的。

7. 市场投机行为

市场投机导致人们心理预期变化并直接或间接地影响外汇市场供求，从而影响汇率变动。过度的投机活动加剧了外汇市场的动荡，阻碍正常的外汇交易，歪曲外汇供求关系。当市场预计某种货币趋跌时，交易者会大量抛售该货币，造成该货币汇率下浮的事实；反之，当人们预计某种货币趋于坚挺时，又会大量买进该种货币，使其汇率上扬。如上所述，由于公众预期具有投机性和分散性的特点，加剧了汇率短期波动的振荡。

8. 国际协调

在浮动汇率制下，各国央行都尽力协调各国的货币政策和汇率政策，力图通过影响外汇市场中的供求关系来达到支持本国货币稳定的目的，中央银行影响外汇市场的主要手段是：调整本国的货币政策，通过利率变动影响汇率；直接干预外汇市场；对资本流动实行外汇管制。

总之，影响汇率的因素是多种多样的，这些因素的关系错综复杂，有时这些因素同时起作用，有时个别因素起作用，有时甚至各因素的作用互相抵消。在对汇率变动进行预判时，要结合不同情况下各种因素的变动方向及其强度进行综合分析。

三、汇率变动对经济的影响

（一）汇率变动对贸易收支的影响

1. 本币升值对贸易收支的影响

一国货币升值，本国出口商品在海外标价上升，如果海外市场对该国商品需求弹性较大，本国出口下跌，外汇收入减少。该国进口同样的外国商品支付的本币数量减少，进口商品的本币价格下降，国内对进口商品需求增加，外汇支出增加。这样，一方面外汇收入减少，另一方面外汇支出增加，使得该国贸易收支顺差改善。

2. 本币贬值对贸易收支的影响

当一国货币对外贬值时，本国出口商品在海外标价下降，海外市场对该国商品需求弹性较大时，通过国外需求拉动出口增加，该国外汇收入增多，同时进口同样外国商品支付的本币数量增多，进口商品的本币价格上升，国内对进口商品需求下降，外汇支出减少。这样，一方面外汇收入增加，另一方面外汇支出减少，使得该国贸易收支逆差情况改善。

汇率与进出口贸易的这种关系使汇率成为各国政府调节国际收支的一种手段。但是其收效大小满足于下列条件：

（1）马歇尔—勒纳条件（Marshall - Lerner condition），进出口商品的需求弹性较大。

$$|Ex| + |Em| > 1$$

式中，Ex 为某国出口需求弹性；Em 为某国进口需求弹性。马歇尔—勒纳条件就是指满足进口和出口需求弹性之和大于 1 的条件，只有满足了该条件，货币贬值才能改善贸易收支。当然这一理论是以假定货币贬值时其他条件不变，而且所有有关产品的供给弹性极大为前提推导出来的。

（2）国内闲置资源多，总供给数量充足，结构调整速度快。

（二）汇率变动对非贸易收支的影响

非贸易收支主要包括侨汇、旅游、承包工程等所形成的外汇收入和支出。下面以旅游为例对外汇变动如何影响非贸易收支进行具体分析。

1. 本币升值对非贸易收支的影响

本币升值，使国外旅游者花更多的本币才能完成一次本国的旅游，增加外国旅游者的成本开支，本国的旅游外汇收入减少。

2. 本币贬值对非贸易收支的影响

本币贬值使同样的外汇折合本币的数值增加，国外旅游者在国内旅游内容更为丰富或者各旅行社采取低价策略，以吸引更多旅游者，增加非贸易收入。同时，本币贬值使本国旅游者花更多的本币才能换得外汇，自然增加国内旅游者外出旅游的成本开支，减少本国居民的旅游支出和其他各种非贸易开支。

（三）汇率变动对资本流动的影响

1. 本币升值对资本流动的影响

如果一国货币升值预期长期存在，短期资本流入量将会增加，从而对国内货币供应、货币政策、金融市场形成冲击。国际游资的大量涌入，央行投放的基础货币增加，资金频繁流动可能扰乱国内货币供应机制，阻碍国内经济目标的实现，导致国内经济秩序不稳定。同时，货币替换使得中央银行对利率决定变得更为复杂，货币政策的设计和操作更加困难。

2. 本币贬值对资本流动的影响

货币替换是经济发展过程中因本国货币币值不稳，或本币资产收益率相对较低时，发生的货币兑换现象，大规模的货币兑换容易引起资本外流。货币替换的一个重要前提是货币可以自由兑换。当国内通货膨胀率提高，而本国货币资产的相对利息收益不足以抵补通货膨胀的损失时，货币替换就会产生。

当预期一国货币贬值时，国际投资者为避免因该国货币贬值而使自己蒙受损失通常会将资本调回本国，造成国际游资从货币贬值国大量流出，不利于该国货币汇率的稳定。

（四）汇率变动对国内物价的影响

1. 本币贬值会造成国内物价上升

从产品成本价格方面看：一方面，本币贬值，以外币表示的本国出口商品价格下跌，在国外需求拉动下，本国出口兴旺，当国内资源不足或以进口品为出口商品的原料来源时，相关产品价格上升。另一方面，本币贬值，以本币表示的进口商品价格上升，由此带动国内同类商品价格上涨。

从工资方面看：本币贬值，国内价格上升，推动国内工资上涨，带动生活费上涨，结果工资收入者要求更高的名义工资，再一次推动工资和生活费用上涨，如此循环不已。

从货币供应机制看：本币贬值或货币汇率下浮，在生产成本和工资机制作用下，该国货币供应量增加，同时货币汇率下浮使银行结汇同样数量的外汇付出更多的本币，使货币供应量增加，物价会出现一定程度的上升。通常任何较大幅度的货币汇率下浮，都将对国内物价起到程度不同的推波助澜的作用。

2. 本币升值导致国内物价下跌

一方面，本币升值使本国货币购买力上升，带动进口商品的价格下降，形成国内物价下跌的动力之一；另一方面，本币升值使该国出口困难，部分出口商品转内销增加国内供给，促使国内物价水平下降。这样双重因素推动国内物价下跌。

（五）汇率变动对产业结构和经济的影响

1. 本币升值对产业结构和经济的影响

货币升值会强化产业竞争，促进产业转型升级。货币升值国的出口价格竞争力弱，出口减少，贸易顺差减少，引导国内出口产业重新“洗牌”（或转型，或外迁，或倒闭），完成相应的结构调整。但这种结构调整，需要完善的社会保障体系，否则会带来较大的社会“阵痛”。而因为货币升值，造成本国出口困难，国外市场萎缩，同时国内需求不足，因此，在国内外两个市场相对缩小的情况下，可能引起国内生产收缩，经济增长放缓。

2. 本币贬值对产业结构和经济的影响

一国货币贬值会带来出口的相对增加，进而改善该国贸易收支，这会产生一种导向作用，引导国内进行相应的结构调整，动员闲置资源，扩大国内生产，带动国内经济增长，增加就业。但这种结构调整对国外市场依赖较大。

📖 小资料

人民币汇率制度的演变

1. 第一阶段（1949～1950年）

1948年12月1日，中国人民银行发行了我国统一的货币——人民币，从此人民币成为我国境内流通的唯一法定货币。1949～1950年，人民币汇率制度基本与物价挂钩。这一阶段国内物价水平频繁波动且波幅巨大，受此影响，人民币汇率不断贬值，由1949年的1美元兑换80元旧人民币，贬值到1950年的42000元旧人民币。

2. 第二阶段（1950～1955年）

在这一阶段，我国稳定物价，使得人民币不断升值，到了1952年12月，由1美元兑换42000元旧人民币升值为26170元旧人民币。

3. 第三阶段（1955～1973年）

这一阶段我国实行高度集中的计划经济体制，发行了新版人民币（第二套）。人民币汇率与计划固定价格以及计划价格管理体制的要求相一致，人民币汇率与物价逐渐脱钩。其间，人民币汇率基本稳定，保持在1美元兑换2.4618元人民币的水平基本不变。朝鲜战争后，人民币兑美元汇率不再公布。也有这样的说法，认为这一时期的人民币汇率制度实行钉住美元的固定汇率制度。

4. 第四阶段（1973～1980年）

1973年，石油危机爆发，资本主义国家受此影响发生严重的经济衰退，国内通胀加剧，物价上涨。同年，布雷顿森林体系崩溃，世界各国先后实行浮动汇率制。在此期间，我国物价水平稳定，为避免汇率风险，维护人民币稳定，人民币汇率制度实行钉住"一揽子货币"的固定汇率制度，人民币汇率随美元变动。

5. 第五阶段（1981～1984年）

为奖入限出，发挥人民币汇率对进出口的杠杆作用，这一时期我国实行贸易汇率和金融汇率并行的双汇率制度。1979年8月，国务院颁布《关于大力发展对外贸易增加外汇收入若干问题的规定》决定改革现行的人民币汇率体制，除了继续保留对外公布的牌价适用于非贸易结算外，还决定自1981年1月1日开始制定适用于外贸的内部结算价，实行贸易内部结算价与官方汇率并行的汇率双轨制。其中官方汇率即金融汇率，主要适用于除进出口贸易以外的其他外汇的结算，为1美元=1.97元人民币，贸易汇率即贸易内部结算价，主要适用于进出口贸易外汇结算，由1978年全国出口换汇成本2.53元加上10%的利润计算得出为2.80元人民币。

6. 第六阶段（1985～1993年）

这一阶段我国汇率经历了并轨到形成事实上的双汇率制度两个阶段。

贸易结算价的实行对鼓励出口起到了一定的积极作用，但同时也给外汇核算和管理带来了一定的困难，也在一定程度上带来了贸易摩擦。为进一步适应经济发展的需要，我国于1985年进行了汇率并轨。1985年1月1日，我国正式取消了贸易内部结算价，人民币汇率由双重汇率变为单一汇率，对外公布的汇价为1美元兑换2.80元人民币。为了配合外贸改革，推行承包制，逐步取消财政补贴，1988年开始，我国增加了外汇留成比例，普遍设立外汇调剂中心，企业可以通过外汇调剂中心议价调剂外汇余缺，在此期间我国外汇调剂市场得到较快发展，事实上形成官方汇率和市场汇率并存的双轨制。其间人民币官定汇率由1美元兑换2.8元人民币上涨到1美元兑换5.7元人民币，并随着通货膨胀不断贬值；外汇市场调价由1美元兑换约5元人民币上涨到12元左右。

7. 第七阶段（1994~2005年）

1994年1月，我国政府宣布：执行以市场供求为基础的、单一的、有管理的浮动汇率制度，官方汇率与市场调价并轨，取消了外汇留成，实行银行结售汇制。这10年间，汇率基本保持在1美元兑换人民币8.3元。1994年开始，国际收支大顺差。

8. 第八阶段（2005~2015年）

2005年，人民币汇率再次改革。7月21日央行发布公告完善人民币汇率形成机制改革。经国务院批准，自2005年7月21日起，我国开始实行以市场供求为基础、参考“一篮子货币”进行调节、有管理的浮动汇率制度。人民币汇率不再盯住单一美元，形成更富弹性的人民币汇率机制。当日，1美元由8.27元升至8.11元，以后不断升值，最高升为1美元兑换6.08元人民币。

9. 第九阶段（2015年至今）

2015年以来，人民币汇率呈现贬值趋势。2015年8月11日上午，央行公布人民币兑美元中间报价6.2298，较上一个交易日贬值1136点，下调幅度达1.9%，为历史最大单日跌幅。之后，人民币汇率波幅弹性加大，但总体人民币兑美元汇率中间价呈下跌态势。至2019年10月26日，1美元兑换人民币中间价为7.06。

资料来源：根据金投外汇网整理而得。

复习思考题

1. 外汇的含义与特点是什么？
2. 汇率的含义、种类及标价方法是什么？
3. 简述汇率制度的种类及其特点。
4. 简述购买力平价理论。
5. 简述利率平价理论。
6. 简述汇率变动的影响因素。

第十二章

国际收支与国际储备

内容简介

国际收支是由一个国家对外经济、政治、文化等各方面往来活动而引起的，随着生产社会化与国际分工的发展，各国之间的贸易日益增多和国际交往日益密切，从而在国际上产生的货币收入与支出。国际收支是开放经济中最重要的宏观经济指标之一，国际收支的变化集中反映了本国经济与外部经济的关系，其变化对一国的外汇储备、汇率以及进出口贸易等都会产生影响，也是政府制定宏观政策的重要参考变量。

教学目的

通过本章学习，要求了解国际收支平衡表的基本内容；学习调节国际收支不平衡的基本方法；了解并掌握汇率与国际收支变动对国内经济生活的影响；了解国际储备的构成与功能以及国际储备管理等问题。

第一节　国际收支

随着社会生产的发展、技术的进步和经济全球化，各国都需要通过一种分析工具来了解和掌握本国对外经济交往的全貌，而国际收支正是一国对外政治经济交往的缩影，也是一国在国际经济中地位变化的集中反映。

一、国际收支的概念

国际收支（balance of payment，BOP）是一个国家在一定时期内因发生对外政治、经济、文化等交往而引起的全部对外货币收支活动。

早在 17 世纪初叶的重商主义时代就有了国际收支概念。当时的葡萄牙、法国、英国等一些国家的经济学家在提倡“贸易差额论”即通过扩大出口限制进口的方式积累金银货币的同时，就提出了国际收支的概念，并把它作为分析国家财富积累、制定贸易政策的重要依据。但由于当时的国际经济处于发展的初级阶段，国际收支被解释为一个国家的对外贸易的差额。随着国家经济的交往不断扩大，国家收支的含义也不断发展和丰富。在金本位制度崩溃后，国际收支的含义逐渐被扩展为反映一国外汇收支。凡是涉及一国外汇收支的各种国际交易都属于国际收支的范畴，并把外汇收支作为国际收支的全部内容，这是国际收支就是人们所称的狭义国际收支的概念。这一定义以现金支付为基础，即只有以现金支付的国际经济交易才能计入国际收支，对其他的债权债务则不予理会。第二次世界大战后，一国在对外交易中，如无偿援助、补偿贸易等在国际经济中的重要性大大加强，但是这些交易都没有涉及货币的支付。在这种情况下，为了便于一国当局掌握对外经济交易的全貌，国际收支的概念不再以实际支付为基础或以现金为基础，而是以交易为基础，因而产生了广义的国际收支概念，即国际货币基金组织（IMF）制定的概念。

1993 年，国际货币基金组织出版的《国际收支手册》中，对国际收支的定义是：国际收支是以统计报表的形式，系统总结特定时期内一国的居民（resident）与非居民（nonresident）之间的各项经济交易。它包括：一个经济体和其他经济体之间的商品、劳务和收益交易；一个经济体的货币黄金、特别提款权的所有权的变动和其他变动，以及这个经济体和其他经济体的债权债务的变化；无偿转移以及在会计上需要对上述不能相互抵消的交易和变化加以平衡的对应记录。这是目前广泛使用的国际收支概念，即广义国际收支。

国际收支概念应从以下三个方面理解：

（1）国际收支是某一时期的流量概念。流量是表示经济变量在一段时间发生的数量，相当于统计学的时期数概念和会计学的发生额概念，计量时必须标有时间界定。

（2）国际收支反映的内容是经济交易。当一个经济单位向另一个经济单位转移实物资产或金融资产的所有权或提供劳务时，便发生了经济交易。经济交易在大多数情况下是指交换，即商品及劳务与金融资产之间的交换、某种金融资产与其他金融资产之间的交换；但一些商品、劳务和金融资产等单方面的转移，如赈灾、捐赠等，尽管未发生交换行为，但仍属于经济交易。因此，经济交易包括两个方面的内容：①商品、劳务和金融资产的流动；②转移支付或单方面转移。

（3）国际收支所反映的必须是经济中居民与非居民之间发生的经济交易。一个经济体的居民包括本国中央和地方政府、在本国领土内居住的个人、服务于个人的非营利性机构以及本国领土内的工商企业。不符合上述条件者视为该经济体的非居民。因此，判断某项经济交易是否属于国际收支范围，所依据的不是交易双方的国籍贯或国界，而是依据交易的行为主体是否一方是居民而另一方是非居民。

二、国际收支平衡表

（一）国际收支平衡表的概念

国际收支平衡表（balance of international payments）是按照一定会计原理和方法编制的系统记录国际收支的统计报表。国际收支平衡表是对一个国家与其他国家进行经济技术交流过程中所发生的贸易、非贸易、资本往来以及储备资产的实际动态所作的系统记录，是国际收支核算的重要工具。通过国际收支平衡表，可综合反映一国的国际收支平衡状况、收支结构及储备资产的增减变动情况，为制定对外经济政策，分析影响国际收支平衡的基本经济因素，采取相应的调控措施提供依据，并为其他核算表中有关国外部分提供基础性资料。国际收支账户是按复式记账原理记账，每笔交易都在账户中以借贷双方反映出来。贷方表示出口的实际资源流动，反映经济体对外资产减少或对外负债增加的金融交易；相反，借方表示进口的实际资源流动，反映经济体对外资产增加或对外负债减少的金融交易。

国际收支的交易记录时间应为交易的实际资源或金融项目的所有权在法律上发生转移，即有关交易双方记载入账的时间，交易应按市场价格讨价。由于国际交易使用多种货币，需将多种货币转换成单一货币的账户，原则上应按签约时的汇率对交易所货币进行转换。

（二）国际收支平衡表的内容

国际收支平衡表包括经常项目、资本和金融项目以及平衡项目三大组成部分。

1. 经常项目

经常项目，又称往来项目，是国际收支平衡表最基本、最重要的项目。它包括反映一国商品进出口等商品交易的贸易收支，反映交通、运输、保险、通讯、旅游及投资收益等劳务交易的非贸易收支，反映侨汇、捐赠和无偿援助等无偿转让收支。其中的贸易收支是国际收支中最主要的对外经济交易。在进出口贸易中，为了保证一国的某一出口商品计价与另一国相对应的进口价格一致，对劳务价格分配做了规定：在商品到出口国海关之前的运输成本计入出口商品价格，出关后的劳务则作为货运计价，这种计价方法即为进出口按离岸价格（FOB）记录的方法。

2. 资本和金融项目

资本和金融项目主要是记录居民与非居民的金融资产交易，反映本国的资本输出和输入情况，是仅次于经常项目的第二个重要项目。其中，资本项目包括居民和非居民之间的资本转移及非生产、非金融资产的收买或放弃，主要内容是无形资产的交易以及使馆在国际相互之间购买或出售的土地；金融项目的内容比较复杂，包括直接投资、证券投资和其他投资。直接投资又分为股权资本、收益再投资和其他资本。证券投资，包括长期债务和股权证券、货币市场债务工具和可交易的金融衍生工具（包括货币和利率调期）。其他投资，如贸易信贷和借款，包括基金组织的信贷和贷款。

资本和金融项目还可以按其他标准分类：（1）按部门划分，可分为私人部门资本流动和公共部门资本流动；（2）按期限划分，可分为长期（期限在1年以上）资本流动和短期（期限在1年以内）资本流动等。

3. 平衡项目

平衡项目是在一定时期内因国际收支经常项目和资本项目的收支出现差额时进行平衡的项目，由错误与遗漏、储备资产项目构成。错误和遗漏项目是为解决因数据资料统计方面的技术性误差设立的调整项目。储备资产是最重要的平衡项目，指货币当局随时可利用并控制的外部资产，是货币当局对非居民的金融债权。储备资产通常包括货币当局持有的货币黄金、特别提款权、在基金组织的储备头寸；外汇资产（包括货币、存款和证券）及其他对外债权。储备资产的作用是：当一国国际收支失衡时，货币当局可利用储备资产改善国际收支状况；货币当局也可利用外汇储备干预外汇市场，影响汇率。

三、国际收支失衡的原因

（一）自主性交易与补偿性交易

按照交易的性质，可以把国际收支平衡表的各个项目划分为两种类型：一种是自主性交易（autonomous transactions），或称事前交易，它是指有关交易主体出于利润、利息等经济动机或其他动机，根据本国与他国在价格、利率、利润等方面存在的差异或其他考虑，而于事前主动进行的经济交易。由于交易主体出自各自的经济机动和目的进行交易，便会出现借方大于贷方，或是贷方大于借方。这会使外汇市场出现供求不平衡和汇率的波动，从而会带来一系列的经济影响。一国货币当局如不愿接受这样的结果，就要运用另一种交易来弥补自主性交易不平衡所造成的外汇供求缺口。另一种交易就是调节性交易（accommodating transactions），它是指在自主性交易收支不平衡之后进行的补偿性交易（compensatory transactions），因而亦称为事后交易。

一般而言，国际收支均衡是指自主性交易所产生的收入和支出相等或基本相等；如果自主性交易所产生的收入和支出不相等，就表明该国的国际收支失衡。其中，如果自主性交易的收入大于支出，则是国际收支顺差；如果自主性交易的收入小于支出，则是国际收支逆差。

在一些著作中所说的线上项目（super-lying items）实际是指自主性交易项目，而线下项目（under-lying items）则是指调节性交易项目。人们普遍认为，经常项目和长期资本项目属于自主性交易，而官方储备项目则属于调节性交易。至于短期资本项目，从一国货币当局角度看，短期资本流动是它为弥补自主性交易收支不平衡，而向国外借贷或采取某种经济政策作用的结果，因而属于调节性交易；从短期资本交易的主体角度看，它是出于为追逐利润等而自主地进行交易的，因而属于自主性交易。由于区分短期资本交易的性质在技术上较为困难，也就没有一个统一的衡量国际收支是否平衡的标准。人们往往根据所要分析的问题，而采用不同的差额，如经常项目差额（current balance）、基本差额（basic balance，即经常项目差额与长期资本项目差额之和）和总差额（overall balance）等。其中，总差额把全部短期资本都看作线上项目。鉴于IMF和我国都采用总差额，因此，我们可以把全部短期资本都看作自主性交易。

（二）国际收支失衡的原因

1. 收入性失衡

收入性失衡是指由一国的国民收入的变动超过他国的国民收入变动引起的国际收支不平衡。国民收入变动的原因很多，一种是经济周期波动所致，这属于周期性不平衡，另一种是因经济增长率的变化而产生的，在这里是指这种失衡，它具有长期性。一般来说，国民收入大幅度增加，全社会消费水平就会提高，社会总需求也会扩大，而在开放型经济下，社会总需求的扩大，通常不一定会表现为价格上涨，而表现为增加进口，减少出口，从而导致国际收支出现逆差；反之当经济增长率较低、国民收入减少时，国际收支出现顺差。

2. 货币性失衡

货币性失衡是指一国货币供求、物价水平等相对其他国家发生较大变化而引起的国际收支不平衡。这种不平衡主要是由于国内通货膨胀或通货紧缩引起的，一般直观地表现为价格水平的相对上涨或相对下降，故又称价格性的不平衡（price disequilibrium）。例如，一国发生通货膨胀，即物价水平相对其他国家上涨，其出口商品成本必然上升，在外国货币汇率不变的情况下，用外国货币计价的本国出口商品的价格就会上涨，这样就会减少外国对本国出口商品的需求，客观上抑制本国的出口。同时，由于国内商品物价普遍上升，相比较而言，进口商品就显得便宜，这会刺激人们对进口商品的需求。如此一来，出口的减少以及进口的增加便会造成出现贸易收支的逆差。

3. 周期性失衡

周期性失衡是一国经济周期波动引起该国国民收入、价格水平、生产和就业发生变化而导致的国际收支不平衡。周期性不平衡是世界各国国际收支不平衡常见的原因。在经济发展过程中，各国经济或是处于相对繁荣的周期或是处于相对衰退的周期，同时世界经济也会在繁荣、衰退、萧条、复苏的周期中周而复始。不同阶段的周期对一国国际收支会产生不同的影响。在经济繁荣阶段，国民收入增加，总需求上升，引起进口增加，出口减少，造成国际收支逆差；在经济萧条阶段，国民收入减少，总需求下降，引起出口增长，进口减少，造成国际收支顺差。

4. 结构性失衡

结构性失衡是指由一国的经济结构以及其决定的进出口结构不能适应国际分工结构的变化而导致的国际收支失衡。世界各国由于地理环境、资源分布、技术水平、劳动生产率差异等经济条件和历史条件不同，形成了各自的经济布局和产业结构。若在原有的国际分工结构下，一国的进出口尚能平衡，但在某一时期，若世界市场对该国的出口需求或对该国进口的供给发生变化，则该国势必要改变其经济结构以适应这种国际变化，即原有的相对平衡和经济秩序受到了冲击。若该国经济结构不能灵活调整以适应国际分工结构的变化，则会产生国际收支的结构性不平衡。

四、国际收支失衡的影响

（一）国际收支顺差的影响

一国的国际收支出现顺差，虽然可以增大其外汇储备，加强其对外支付能力，但也会产生如下不利影响：（1）一般会使本国货币汇率上升，而不利于其出口贸易的发展，从而加重国内的失业问题；（2）将使本国货币供应量增长，而加重通货膨胀；（3）将加剧国际摩擦，因为一国的国际收支发生顺差，意味着有关国家国际收支发生逆差。国际收支顺差如果形成于出口过多，则意味着国内可供使用资源的减少，因而不利于本国经济的发展。

（二）国际收支逆差的影响

一国的国际收支出现逆差，一般会引起本国货币汇率下浮；如果逆差严重，则会使本币汇率急剧下跌。该国货币当局如不愿接受这样的后果，就要对外汇市场进行干预，即抛售外汇和买进本国货币。这一方面会消耗外汇储备，甚至会造成外汇储备的枯竭，从而严重削弱其对外支付能力；另一方面则会形成国内的货币紧缩形势，促使利率水平上升，影响本国经济的增长，从而引致失业的增加和国民收入增长率的相对与绝对下降。从国际收支逆差形成的具体原因来说，如果是贸易收支逆差所致，将会造成国内失业的增加；如果资本流出大于资本流入，则会造成国内资金的紧张，从而影响经济增长。

一般来说，一国的国际收支越是不平衡，其不利影响也就会越大。虽然国际收支逆差和顺差都会产生不利影响，但相比之下，逆差所产生的影响更为险恶性循环，因为它会造成国内经济的萎缩、失业的大量增加和外汇储备的枯竭，因而对逆差采取调节措施要更为紧迫些。对顺差的调节不如逆差紧迫，但从长期来看也还是需要调节的。

五、调节国际收支失衡的策略

（一）调节国际收支失衡的必要性

调节国际收支的必要性主要有三个方面：

（1）调节国际收支失衡是稳定物价的要求。当国际收支顺差时，货币当局投放本币，收购外汇，补充外汇储备，导致通货膨胀；当国际收支逆差时，货币当局动用外汇储备，投放外汇，回笼本币，导致通货紧缩。为避免由国际收支失衡导致的通货膨胀或通货紧缩，就有必要将国际失衡调节到均衡。

（2）调节国际收支失衡是稳定汇率的要求。当国际收支顺差时，外汇供过于求，导致外汇汇率下跌；当国际收支逆差时，外汇供不应求，导致外汇汇率上升。为扭转由国际收支失衡导致的外汇汇率涨跌，就有必要将国际收支失衡调节到均衡。

（3）调节国际收支失衡是稳定外汇储备适当保有量的要求。当国际收支顺差时，货币当局补充外汇储备，会导致外汇储备过多；当国际收支逆差时，货币当局动用外汇储备，会导致外汇储备不足或枯竭。为治理由国际收支失衡导致的外汇储备总量过多或过少，同样有必要将国际收支失衡调节到均衡。

（二）调节国际收支失衡的措施

1. 外汇缓冲政策

外汇缓冲政策是指一国用所持有的一定数量的国际储备作为平准基金（exchange stabilization fund），来抵消市场超额外汇供给或需求，从而改善其国际收支状况。

当国际收支发生逆差时，中央银行可利用外汇平准基金在外汇市场上收购买入本币，卖出外汇，抵消外汇过度需求；当国际收支顺差时，中央银行可利用外汇平准基金在外汇市场上卖出本币，买入外汇，抵消外汇过度供给。由于外汇平准基金也并非取之不尽，因此，当一国国际收支发生根本性或长期性失衡，并使汇率持续升跌时，对平准基金的运用必须谨慎进行。

动用国际储备，实施外汇缓冲政策只能解决季节性或临时性国际收支不平衡，不能用于解决持续性的长期国际收支逆差。这是因为一国储备毕竟有限，长期性逆差势必会耗竭一国所拥有的国际储备而难以达到缓冲的最终政策，特别是当一国货币币值不稳定，使人们对该国货币的信心动摇，因而引起大规模资金外逃时，外汇缓冲政策更难达到预期效果。

2. 财政政策

财政政策主要是采取缩减或扩大财政开支和调整税率的方式，以调节国际收支的顺差或逆差。

如果国际收支发生逆差：第一，可削减政府财政预算、压缩财政支出，由于支出乘数的作用，国民收入减少，国内社会总需求下降，物价下跌，增强出口商品的国际竞争力，进口需求减少，从而改善国际收支逆差；第二，提高税率，国内投资利润下降，个人可支配收入减少，导致国内投资和消费需求降低，在税赋乘数作用下，国民收入倍减，迫使国内物价下降，扩大商品出口，减少进口，从而缩小逆差。

可见，通过财政政策来调节国际收支不平衡主要是通过调节社会总需求、国民收入的水平来起作用的，这一过程的最中心环节是社会企业和个人的“需求伸缩”，它在不同的体制背景下作用的机制和反应的快捷程度是不一致的，这取决于其产权制约关系的状况。

3. 货币政策

货币政策主要是通过调整利率来达到政策实施目标的。调整利率是指中央银行货币政策各种手段影响市场利率，以抑制或刺激需求，影响本国的商品进出口，达到国际收支平衡的目的。

当国际收支产生逆差时，政府可实行紧缩的货币政策，使市场利率上升，以抑制社会总需求，迫使物价下跌，进口减少，出口增加，同时资本也大量流入本国，进而逐渐消除逆差。当国际收支产生顺差，则可实行扩张的货币政策，使市场利率下降，迫使物价上升，进口增加，出口减少，同时资本也大量流出本国，进而逐渐消除顺差。

利率政策对国际收支不平衡的调节存在着一些局限性：（1）利率的高低并不是影响国际资本流向的唯一因素。国际投资环境政治因素对国际资本流向就有很大的影响，如一国政治经济局势较为稳定，地理位置受国际政治动荡事件的影响小，则在这里投资较安全，可能成为国际游资的避难所。此外，以投机为目的的国际游资资本会更多地关注外汇市场汇率的波动，而不是其国内相对较高的利率。因此一国金融市场动荡，即使利率较高也难以吸引资本流入。（2）国内投资、消费要对利率升降有敏感反应，而且对进口商品的需求弹性、国外供给弹性要足够大，利率的调整才能起到调节国际收支不平衡的效果。反之，若国内投资、消费对利率反应迟钝，利率提高时，国内投资、消费不能因此减少，则进口需求也不会减少，出口也难以提高。（3）提高利率短期内有可能吸引资本流入本国，起到暂时改善国际收支的作用，但从国内经济角度看，由于利率上升，经济紧缩，势必削弱本国的出口竞争力，从而不利于从根本上改善国际收支。相反，为了促进出口而活跃经济必须降低利率，这又会导致资本外流，势必加剧国际收支不平衡，因此利率政策调节国际收支不平衡容易产生内外均衡的矛盾。

4. 汇率政策

汇率政策是指通过调整汇率来调节国际收支的不平衡。这里所谓的“调整汇率”是指一国货币金融当局实行的货币法定升值与法定贬值，或有意在外汇市场上让本币升值或贬值，但不包括金融市场上一般性的汇率变动。

汇率调整政策是通过改变外汇的供需关系，并经由进出口商品的价格变化，资本融进融出的实际收益（或成本）的变化等渠道来实现对国际收支不平衡的调节。当国际收支出现逆差时实行货币贬值，会使以外币标价的本国出口商品价格下降，从而刺激出口，以本币标价的本国进口商品价格上涨，从而抑制进口；当国际收支出现顺差时实行货币升值，这会使外币标价的本国出口商品价格上涨，从而抑制出口，以本币标价的本国进口商品价格下跌，从而刺激进口。所以汇率政策主要调节经常项目收支。

汇率调整政策有时对国际收支不平衡的调节不一定能起到立竿见影的效果，因为其调节效果还取决于现实的经济和非经济因素：（1）汇率变动对贸易收支的调节受进出口商品价格弹性和时间滞后的影响，这在前面已经分析过，这里不再重复；（2）汇率变动对资本收支的影响不一定有效，其影响要看外汇市场情况而定，如果一国汇率下跌引起一般人预测汇率还会继续下跌，则国内资金将会外逃，资本收支将会恶化，并且资本输出入主要还是要看一国的利率政策、融资环境，等等，这些都无法随汇率的变化而变化；（3）汇率变动对国际收支的调节还受制于各国对国际经济的管制和干预程度。

5. 直接管制政策

财政、货币和汇率政策在调节国际收支不平衡上有其共同的局限性：一是这些政策要产生预期效果就必须具备完善的市场机制，只有通过完善的市场才能使政策较好地传递；二是从这些政策的实施到达到预期效果之间的时滞，时滞越长，这些政策的效果就越差。因此，在某种情况下，各国还必须采取直接的管制政策来干预国际收支。

直接管制政策包括外汇管制和贸易管制两个方面：外汇管制方面主要是通过对外汇的买卖直接加以管制以控制外汇市场的供求，维持本国货币对外汇率的稳定。例如，对外汇实行统购统销，保证外汇统一使用和管理，从而影响本国商品及劳务的进出口和资本流动，调节国际收支不平衡。贸易管制方面的主要内容是奖出限入。在奖出方面常见的措施有出口信贷、出口信贷国家担保制和出口补贴。而在限入方面，主要是实行提高关税、进口配额制和进口许可证制，此外，还有许多非关税壁垒的限制措施。

实施直接管制措施调节国际收支不平衡见效快，同时选择性强，对局部性的国际收支不平衡可以采取有针对性的措施直接加以调节，不必涉及整体经济。例如，国际收支不平衡是由于出口减少造成的，就可直接施以鼓励出口的各种措施加以调节。但直接管制会导致一系列行政弊端，如行政费用过大，官僚、贿赂之风盛行等，同时它往往会激起相应国家的报复，以致使其效果大大减弱，甚至起反作用，所以，在实施直接管制以调节国际收支不平衡时，各国一般都比较谨慎。

6. 国际借贷

国际借贷就是通过国际金融市场、国际金融机构和政府间贷款的方式，弥补国际收支不平衡。国际收支逆差严重而又发生支付危机的国家，常常采取国际借贷的方式暂缓国际收支危机。但在这种情况下的借贷条件一般比较苛刻，这又势必增加将来还本付息的负担，使国际收支状况恶化，因此运用国际借贷方法调节国际收支不平衡仅仅是一种权宜之计。

7. 国际经济、金融合作

除了实施上述调节措施以外，有关国家还试图通过加强国际经济、金融合作的方式，从根本上解决国际收支不平衡的问题。其主要形式有：（1）国际间债务清算自由化。第二次世界大战后成立的国际货币基金组织（IMF）和欧洲支付同盟（european payment union，EPU）的主要任务是促使各国放松外汇管制，使国际间的债权债务关系在这些组织内顺利地得到清算，从而达到国际收支平衡。（2）国际贸易自由化。为了调节国际收支，必须使商品在国际间自由流动，排除任何人为的阻碍，使国际贸易得以顺利进行，为此或订立国际间的一些协定，或推行经济一体化，如欧洲共同市场（European common market）、拉丁美洲自由贸易区（Latin American free trade association）、石油输出国组织（organization of petroleum exporting countries，OPEC），等等。（3）协调经济关系。随着20世纪80年代全球性国际收支不平衡的加剧，西方主要工业国日益感到开展国际磋商对话、协调彼此经济政策以减少摩擦，共同调节国际收支不平衡的必要性和重要性。近几年来，在纠正全球性国际收支不平衡方面通过国际磋商已取得了一些积极成果。

（三）兼顾内部均衡与外部均衡

在实施国际收支失衡的调节措施时同时也要兼顾国内均衡。所谓国内均衡就是国民经济处于经济增长、物价稳定和充分就业的状态。在实施调节政策时就要同时满足内外均衡。

1. 内部均衡与外部均衡的不同组合

内部均衡与外部均衡可能有四种不同的组合：（1）内部均衡与外部均衡；（2）内部均衡与外部失衡；（3）内部失衡与外部均衡；（4）内部失衡与外部失衡。

内部失衡与外部失衡的可能情形：（1）经济衰退、失业率上升同时国际收支逆差；（2）经济衰退、失业率上升同时国际收支顺差；（3）经济过热、通货膨胀同时国际收支逆差；（4）经济过热、通货膨胀同时国际收支顺差。

2. 兼顾内部均衡与外部均衡的政策措施

第一种组合的内部均衡与外部均衡并存，是理想的状态，无需采用任何政策措施调节。

第二种组合的内部均衡与外部失衡并存，此时无需采取影响内部均衡的政策措施，只需采用调节外部失衡的措施，如运用汇率政策等。

第三种组合的内部失衡与外部均衡并存，此时只需采取调节内部均衡的政策措施，如运用财政政策或货币政策，而无需采用影响外部均衡的政策措施。

第四种组合的内部失衡与外部失衡并存，情况复杂，包括四种情形：经济衰退和失业及国际收支逆差并存；经济衰退和失业及国际收支顺差并存；通货膨胀和国际收支逆差并存；通货膨胀和国际收支顺差。

对于这四种情形需要区别对待：（1）第二种情形和第三种情形比较容易调节，此时调节内部失衡和外部失衡的财政政策和货币政策的政策取向相同。例如，前者可以采用松的财政和货币政策，既遏制了经济衰退和失业，又调节了国际收支顺差；后者可以采用紧的财政和货币政策，既遏制了通货膨胀，又调节了国际收支逆差。（2）第一种情形下，为了遏制经济衰退和失业而采取的松的财政和货币政策会加剧国际收支逆差。在此情况下可以采用松的财政政策刺激经济增长，增加就业；而货币政策方面采取紧缩政策，提高利率，刺激资本流入，改善国际收支；在汇率政策上采取本币贬值的措施，刺激出口，限制进口。（3）第四种情形下为了遏制经济过热和通货膨胀而采取的紧的财政和货币政策会加剧国际收支顺差。在此情况下可以采用紧缩的财政政策和货币政策遏制通货膨胀，同时在汇率政策上采取本币升值的措施，刺激进口，限制出口。

第二节　国际储备

一国的国际储备规模是衡量一国债务风险和稳定汇率能力的一个科学指标。一国持有一定规模的国际储备，对于增强国家宏观调控能力、防范国际经济、金融风险具有重要作用。本节就从基础知识入手，向大家介绍有关国际储备的相关内容。

一、国际储备的概念及特征

（一）国际储备的概念

国际储备（international reserves）是国际收支平衡表中的一个项目，指一国货币当局持有的，用于弥补国际收支逆差、维持本国货币汇率的稳定和应付各种紧急支付而持有的国际间可以普遍接受的资产。

国际储备不能等同于国际清偿力，两者既有联系，又有区别。国际清偿力（international liquidity）是指一国货币当局为应付国际收支逆差和稳定汇率可能利用的一切资金来源。国际清偿力除包含国际储备外，还包括一国在国际上筹措资金的能力。因此，国际储备仅是一国现有的对外清偿能力，而国际清偿力是现有的清偿能力和潜在的对外清偿能力的总和。

（二）国际储备的特征

（1）国际储备是官方储备，为一国的货币当局所持有，不包括居民、企业等民间持有的黄金、外汇等可以作为国际储备的资产。

（2）国际储备是货币性资产，不包括实物资产，即使某些实物资产比如国外的文物价值昂贵，也不能算入国际储备当中。

（3）国际储备是为世界各个国家普遍接受的货币资产，只有当某种货币资产具有普遍接受性，才能用于国际支付，才能实现充当国际储备的目的。当一个国家的主权货币不可兑换时，那么它也没有成为储备货币的资格。

（4）国际储备是一个存量概念，一般是以截至某一时点的余额来表示或计量的国际储备总量。

二、国际储备的构成及功能

（一）国际储备的构成

1. 黄金储备

根据国际货币基金组织的《牙买加协议》，黄金同国际货币制度和各国的货币脱钩，不准用于政府间的国际收支差额清算。但是，黄金可以作为一种最后的支付手段，易于被人们所接受，加之世界上还有发达的黄金市场，各国货币当局可以通过市场出售黄金来获得所需的外汇，平衡国际收支的差额。这就是黄金储备（gold reserves）。

2. 外汇储备

外汇储备（foreign exchange reserves）是一国货币当局持有的对外流动性资产，其主要形式为国外银行存款和外国政府债券。外汇储备由各种能充当储备货币的资产构成。储备货币必须具备三个特征：（1）必须是可兑换货币；（2）必须被各国普遍接受；（3）币值相对稳定。

3. 在国际货币基金组织（IMF）的储备头寸

在 IMF 的储备头寸（reserve position in the fund）亦称普通提款权（general drawing rights），是指成员国在 IMF 的普通资金账户中可自由组和使用的资产。

4. 特别提款权

特别提款权（special drawing rights，SDRs）是国际货币基金组织在 1969 年 9 月正式创立的特殊的账面资产、账面货币，是在普通提款权以外配给成员国的特别提用资金的权利，故称特别提款权。它只能用于政府间的结算，弥补国际收支的逆差，不能用于贸易和非贸易方面的支付。它不能兑换为黄金，故被称为“纸黄金”。

（二）国际储备的功能

1. 弥补国际收支逆差

这是国际储备的基本功能。理论与经验表明，一个国家在进行国际贸易时常常会发生某些超出预期的“黑天鹅”事件，或者是贸易伙伴国家经济发展出现问题或出台相关限制进口政策，或者是因本国发生特大自然灾害或政治动荡等突发情况而导致本国出口减少，形成临时性国际收支逆差，而这部分逆差又无法依靠举借外债来平衡时，货币当局第一选择就是动用国际储备来弥补此逆差。如此一来，既可维护本国国际信誉，又可避免事后被迫采取诸如限制进口等“削足适履”的措施来平衡逆差而影响本国经济的正常发展。此时，运用部分国际储备来平衡逆差，会减缓逆差国政府为平衡国际收支而采取的一些剧烈的经济紧缩政策对国内经济所产生的负面影响。国际储备在此可以起到缓冲作用。但是，如果一国国际收支出现根本性的不平衡，动用国际储备并不能彻底解决问题，相反，会导致国际储备的枯竭。因此，当一国经济因政策失误或经济结构不合理而造成国际收支持续性逆差时，对包括外汇储备在内的储备资产的动用，必须谨慎进行。

2. 支持本国货币汇率

这是国际储备的重要作用之一。如上所述，“十国集团”当年在给国际储备定义时就强调，国际储备是作为维持货币汇率的“干预资产”。尤其在 1973 年 2 月国际社会普遍推行浮动汇率制后，尽管从理论上讲各国中央银行并不承担维护汇率稳定的义务，汇率随行就市，但在实际当中，恰恰是这个制度，使汇率波动频繁且波幅较大，因此各国为了本国的利益，使本国的货币汇率稳定在所希望的水平上，都或多或少、或明或暗地动用国际储备对本币汇率进行干预。1985 年，西方七个工业发达国家建立了对汇率的联合干预机制。该机制的运作基础之一就是持有一定量的国际储备。为此许多国家还专设了外汇平准基金，以保证干预外汇市场的资金需要。

3. 提高本币地位

一般来说，一国包括外汇储备在内的国际储备充足，表明该国弥补国际收支逆差、维持汇率稳定的能力强，国际社会对该国货币的币值与购买力也充满信心，因此，在国际外汇市场上愿意持有该国货币，该国货币会走向坚挺成为硬货币，该国货币的地位和信誉也因此而提高。例如，战后初期美国的黄金储备多达 245 亿美元（约 70000 万盎司），约占西方各国黄金储备总额的 3/4，在其支持下美元地位十分坚挺，美元成为当时货币体系下的中心货币。但随着美国国际收支不平衡的加剧，美国黄金储备逐渐减少。在 1971 年美元第一次贬值后，美国黄金储备更缩减至仅剩 102 亿美元（约 29142 盎司），而同期美国的对外短期债务猛增至 678 亿美元，黄金储备还不到对外短期债务的 17%，远远不能满足其他国家官方美元储备向美国兑换黄金的要求。黄金储备的逐渐流失，不但使布雷顿森林货币体系的主要根基发生动摇，而且也使其他国家对美国是否有能力维持美元的地位和稳定美元购买力产生怀疑，人们对美元的信心不足，美元信誉下降。当然，这里必须注意，国际储备是否充足仅仅是影响一个国家货币地位的一个要素，而不是唯一的因素。

4. 增强国际清偿力与提高向外借款的信用保证

一国所拥有的国际储备数量的多少，是一个国家国际清偿力强弱的一个重要体现。国际储备多，就意味着国际清偿力高；国际清偿力高，该国向外借款的保证得到加强，同时也表明该国金融实力和国际地位的提高。尽管从理论上讲，一国国际清偿力高就无需向外借款，但由于各种资金用途的不同以及借款者的不同看法，一个国家不管持有的国际清偿力是高还是低，都会或多或少向外借款。实际上，一国持有的国际储备尤其外汇储备的状况，一直是评定一个国家偿债能力和资信的重要指标之一。冯·代沃尔（Von Daywall）提出的关于评估一国债务清偿力的“宏观经济金融比率”（macro-economic financing ratio），就把国家的储备列为首要项目。所谓“宏观经济金融比率”，就是将一国的国际储备、国外存款、出口收汇和国外贷款来源的总和，除以当年应偿付外债本息与国际资金融通需求的总和。该比率大于 1 时，表明风险较小，而小于 1 时，表明风险较大。可见，储备对考察一国的国际信誉与偿债能力，具有十分重要的作用。

5. 获取国际竞争优势

国际储备是国家财产，是国际清偿力的象征，因此一国持有比较充裕的国际储备，就意味着有力量左右其货币对外价值，即有力量使其货币汇率升高或下降，由此获取国际竞争优势。如果是中心储备货币国家，拥有较充分的国际储备，对支持其货币的国际地位，至关重要。

三、国际储备的管理

国际储备的管理是指一国政府及货币当局根据一定时期内本国的国际收支状况和经济发展的要求，对国际储备的规模、结构及储备资产的运用等进行计划、调整、控制，从而实现储备资产规模适度化、结构最优化、使用高效化的过程。国际储备管理包括结构管理和规模管理两个方面。

（一）国际储备的结构管理

国际储备资产的结构管理，主要包括两方面内容：一是四种储备资产之间的数量构成比例管理；二是各类型国际储备资产内部的比例管理。由于各国持有的普通提款权和特别提款权数量，取决于所缴纳的份额的多少，不能随便改变，其内在构成也相对简单，黄金储备在国际储备资产的作用也日渐削弱，因此，国际储备结构管理的重点是外汇储备结构管理。

各国货币当局在进行储备结构管理中应贯彻三项原则：（1）安全性，即要保持国际储备资产的安全、有效和价值稳定。（2）流动性，即国际储备资产能及时转化为满足需要的各种国际支付手段。这些需求包括国际贸易所引起的国际支付、对外债务的到期还本付息、外商直接投资企业合法收益的汇出，以及对外汇市场的必要干预，战争、自然灾害等突发事件的应急需要等。（3）盈利性，即在国际储备资产保值的基础上能够增值、获利。

由于储备资产的安全性、流动性和盈利性呈负相关关系，安全性与流动性高，盈利性较低，而如果盈利性高，安全性与流动性较差，所以货币当局对这三个原则应统筹兼顾，互相补充，在安全性、流动性有保证的前提下，争取最大盈利。

1. 各种储备资产的结构管理

国际储备包含黄金储备、外汇储备、普通提款权和特别提款权四个组成部分，其中，由于普通提款权和特别提款权的多少都决定于成员国向基金组织缴纳的份额，其数量受基金组织的控制，不能随意变更，所以，国际储备结构管理的重点是外汇储备和黄金储备，一般占国际储备总额的90%以上，尤其是以外汇储备为主。

目前，一些经济学家或货币当局将储备资产划分为三级：（1）一级储备资产流动性最强，收益性最低，如银行活期存款、短期政府债券；（2）二级储备资产流动性次之，收益性高于一级储备，如中期政府债券；（3）三级储备资产流动性最差，收益性最高，如长期公债券。由于国际储备的作用主要是用于弥补国际收支的逆差，所以，多数国家的货币当局更重视流动性。因此，储备资产具体运用时，需要合理安排三级储备资产的结构。在保持适度流动性的前提下尽可能多地获得收益，是国际储备结构管理的一个任务。

2. 各种储备货币的结构管理

由于在国际储备的四个组成部分中，外汇储备占有绝对比重，所以，国际储备结构管理的重中之重是外汇储备中各种储备货币的结构管理。在浮动汇率制度下，汇率的经常波动给外汇储备带来了贬值的风险。在储备货币的选择和应用上，优先考虑的是安全性，同时兼顾流动性和收益性。这是储备货币结构管理的难点之所在。一般来说，短期的、变现能力强的外汇储备资产，其流动性强、风险较小，且收益水平低；长期的、变现能力弱的外汇储备资产，其流动性差、风险较大，但收益水平高。要确定不同形式资产的比率，应根据本国的实际需要。一国持有储备资产首先要考虑其流动性和安全性，其次考虑其收益性。有些金融管理当局如英格兰银行和一些金融专家按照流动性的强弱，将储备资产划分为三个档次。第一档次为一级储备，即流动性强、随时可以变现使用的资产，主要用于一国经常性和临时性对外支付的需要，包括现金、活期存款、短期存款、短期债券、商业票据等。一级储备的数量应以满足国家对外支付、维护国际信誉为标准，在外汇储备资产中占一定比例。第二档次为二级储备，即流动性稍弱的资产，用于一国发生临时性或突发事件时对外支付的保证，如各种定期存单、年限在2~5年的中期国债等。第三档次为三级储备，即流动性差但收益率高的资产，是外汇储备资产中用于长期投资的部分，如期限为4~10年的长期债券、AAA级欧洲债券，以弥补一级储备资产收益的不足。

通常采用的办法是：注意将储备货币的结构同贸易赤字的货币结构保持一致，同偿还外债本息的货币结构保持一致，同干预外汇市场所需的货币结构保持一致，同时注意各种储备货币汇率、利率变化的现状和趋势，进行适当的抛补。

（二）国际储备的规模管理

1. 国际储备规模管理的必要性

国际储备规模管理，又称为总量管理或水平管理，就是对国际储备的规模大小进行有效的选择和确定，以便把国际储备规模维持在一个相对合理的水平上。一个国家的国际储备规模如果过低，轻者会引起国际支付危机，重者则会导致经济失衡。但是，一个国家的国际储备也并不是越多越好。首先，持有过多储备是具有“机会成本”的，人们通常用外汇购买的进口资源收益率来表示持有国际储备的机会成本，一国持有的国际储备越多，它所放弃的当前能够加以利用的实际资源就越大。其次，国际储备尤其是外汇储备的数额与本国的货币投放量具有密切关系，外汇储备多，意味着货币投放量大，因而会引起国内通货膨胀。所以，一个国家的国际储备既不能太少，也不能太多，应当维持在一个合理的水平上。

2. 影响国际储备规模的因素

（1）对外贸易状况。贸易收支往往是决定国际收支的重要因素，而国际储备的最基本作用也是弥补国际收支逆差，因此，对外贸易状况是决定一国国际储备需求量的重要因素。对外贸易状况主要包括对外贸易规模、对外贸易条件以及商品的国际竞争力。一个对贸易依赖程度较高的国家，需要的国际储备较多；反之，则较少。一个在贸易条件上处于不利地位，其出口商品又缺乏竞争力的国际，需要的国际储备较多；反之，则较少。

（2）汇率制度。储备需求与汇率制度有着密切的关系。如果一国实行的汇率制度是固定汇率制度，而且政府不愿意本国的货币汇率发生超过心理预期的经常性波动，则该国的国际储备规模就应该相对高些，以应对因国际收支可能产生的突发性巨额逆差或外汇市场突然爆发大规模投机而造成的本国货币汇率水平的变动。如果该国实行的是浮动汇率制度，对国际储备需求的大小取决于政府对汇率波动幅度大小的规定，即政府为本国货币汇率波动制定一个范围，汇率在这个范围之内波动，政府不予干预；如果超出这个范围，政府才进行干预，使汇率重新回到规定的范围之内。如果一国汇率波动幅度规定得大，对国际储备的需求就较少；反之则多一些。

（3）外汇管制程度。实行管制的国家，在发生国际收支逆差时，可以既不通过经济政策来调整，也不通过汇率来调整，而是通过对外汇的直接管制来扩大外汇收入和限制外汇支出，从而实现国际收支平衡。管制越严，需要的储备就越少；反之，需要的储备就越多。

（4）国际融资能力。所谓国际融资就是指通过国际金融市场来筹集国家或企业发展所需的成本较低的、可持续的流动资金或中长期资金。资信越高，一国获得的国外资金效率越高，而成本则越低。如果一国具有较高的资信等级，能迅速方便地获得外国政府和国际金融机构的贷款，并且贷款的来源稳定，或者该国在国际金融市场上的筹资能力很强，则该国无需持有过多的国际储备资产；反之，若一国的国际资信较差，国际融资能力低，那么，就应该保持充足的国际储备。

（5）货币的国际地位。一国货币如果处于储备货币的地位，那么它可以通过输出本国货币的办法来弥补国际收支逆差，不需要较多的国际储备；相反，则需要较多的国际储备。本国货币在国际储备体系中的地位较强，本国货币的输出规模可以大一些，对国际储备的需求就少一些；相反，就多一些。

（6）国际收支调节政策。一国的国际储备规模还与其国际收支调节政策和措施的可用性与有效性有关。在国际收支逆差时，如果可供选择的其他国际收支调节政策和措施较多，实施后见效的时滞短，效果好，则需要的国际储备就少；反之则多。

（7）持有储备的机会成本。所谓储备的机会成本就是指持有国际储备所付出的代价。同时，由于储备资产中在国外的银行存款和外国政府债券有一定利息，因而，一国持有国际储备的成本等于投资收益率与利息率之差。这一差额越大，表明持有国际储备的成本越高；反之，则表明持有国际储备的成本越低。国际储备实际上是对国外实际资源的购买力，若利用得好，其本身可以增加国内投资和加快经济发展。

（8）金融市场的发育程度。一国的金融市场发达程度越高，其国际储备水平就越低，因为发达的金融市场能够提供较多的诱导性储备，这些储备对利率和汇率等调节政策的反应比较灵敏；相反，则需要较高的国际储备规模。

📖 小资料

1978～2019年10月中国外汇储备状况

我国在1978年公布外汇储备以来，只有1980年外汇储备资产为负，其他年份都存在正的外汇储备。1990年外汇储备突破100亿美元，1996年突破1000亿美元，而2003年首次出现年度千亿级别的外汇储备增长，之后10年外汇储备更是呈现指数性增长。但是在2015年外汇出现20年来首次下降，而且数额巨大。近几年，我国外汇储备趋于平稳，如表12－1所示。

表 12-1　　1978～2019 年 10 月中国外汇储备状况　　单位：亿美元

年份	外汇储备资产	年份	外汇储备资产	年份	外汇储备资产
1978	1.67	1993	211.99	2008	19460.30
1979	8.40	1994	516.20	2009	23992.52
1980	-12.96	1995	735.97	2010	28473.38
1981	27.08	1996	1050.49	2011	31811.48
1982	69.86	1997	1398.90	2012	33115.89
1983	89.01	1998	1449.59	2013	38213.15
1984	82.20	1999	1546.75	2014	38430.18
1985	26.44	2000	1655.74	2015	33303.62
1986	20.72	2001	2121.65	2016	30105.17
1987	29.23	2002	2864.07	2017	31399.49
1988	33.72	2003	4032.51	2018	30727.12
1989	55.50	2004	6099.32	2019.06	31010.04
1990	110.93	2006	10663.44	2019.09	30924.31
1992	194.43	2007	15282.49	2019.10	31052

资料来源：根据中国人民银行、国家外汇管理局网站整理而得。

复习思考题

1. 国际收支平衡表的主要内容有什么？
2. 国际收支账户各个组成部分之间存在什么关系？
3. 国际收支失衡的原因有哪些？
4. 国际储备有哪些要素构成？
5. 国际储备有哪些功能？
6. 维持国内与国际均衡通常可以采取哪些政策？

第十三章

金融创新

内容简介

金融创新是西方国家金融业自20世纪60年代以后发展起来的，70年代以来，金融创新得到迅速发展。金融创新不但是金融企业在金融工具、金融方式、金融技术上的变革，也反映着金融业的组织结构、市场状况、管理方式等方面的历史变革和制度变迁。金融的发展，归结到底就是金融创新的发展。一个国家的金融创新能力能否充分发挥，关系到一个国家金融发展的进程。

教学目的

通过本章的学习，主要了解金融创新的动因；金融创新的主要内容；金融创新理论；金融创新对货币政策的影响；金融创新与金融风险的关系以及金融创新对经济的影响等。

第一节　金融创新的动因

金融创新，是指金融业务的创新、金融市场的创新及政府对金融业监管方式创新的总和。狭义的金融创新是指金融工具的创新；广义的金融创新是为适应经济发展的需要而创造新的金融市场、金融商品、金融制度、金融机构、金融工具及金融调节方式。

金融创新是多种因素共同作用的结果，这些因素可以分为规避管制、规避风险、提高市场竞争力、科技发展的推动等。

一、金融管制诱发了金融创新

20世纪30年代的经济大萧条后，西方各国纷纷立法，对银行业施加严格的管理和限制。例如，美国制定了多项法案，以防止经济危机再次爆发，特别是《格拉斯—斯蒂格尔法》，这个法案规定银行业和证券业分业经营，并规定了利率的最高限，以防止金融业之间的竞争，其结果是一方面限制了银行业的竞争；另一方面使金融业丧失了活力。在激烈竞争中，金融业为求得自身发展，推出了许多新业务。例如，为了规避不准对活期存款付息的限制，70年代出现了自动转账制度（automatic transfer system，ATS）；为了规避不准储蓄账户开发支票的限制，出现了可转让支付命令账户（negotiable order of withdrawal account，NOW）；为规避定期存款利率高限，创立了货币市场互助基金（money market mutual fund，MMMF），也称“共同基金”；为规避法定存款准备率，商业银行到境外借入欧洲美元或通过回购协议吸收资金；等等。

银行等金融机构为了获取更多的利益，就想方设法发掘金融监管的漏洞，开发新业务以维持生存，并获取更大的盈利。可以说，金融创新中许多都是对政府管理的一种逆反应。

二、动荡不定的金融市场产生了金融创新的需求

20世纪中期后，国际金融市场的自由化进程不断加剧，各种金融变量如利率、汇率等不断变动，这使金融业务中的各方在活动过程中往往会遭受更大的风险。一方面，金融机构对转移和控制风险的要求，便成为最显著、最普遍的需求之一。金融机构开发了浮动利率工具、金融期货、期权、互换等创新金融产品。另一方面，金融业所固有的信用风险也不断增加，特别是能源危机和发展中国家的债务危机，使得金融机构进一步产生转移信用风险的要求，推动金融机构开展了一系列的金融创新活动。

三、日益加剧的金融机构的竞争推动了金融创新的发展

金融业对利润最大化的追求日益加剧了金融机构之间的竞争。这种竞争形成了一股巨大的压力，推动了金融创新的发展。这种压力不仅来自市场竞争，也来自金融管制。这些压力会对金融机构形成一种自我约束力和金融创新的动力，通过创新可以提高竞争力、减少压力带来的不利影响，也是金融机构面临压力的自我保护行为。一方面，技术进步降低了各种金融机构的交易成本，迫使商业银行和其他非银行金融机构通过不断的金融创新来保持自己在竞争中的优势。另一方面，储蓄和投资形式变化所引起的金融市场格局变化，迫使市场不断缩小的金融机构从两方面进行创新：一是在传统业务领域对传统业务进行重新组合，以获取传统市场更多的市场份额；二是通过创新积极开拓新的业务领域。总之，日益激烈的竞争成为一种动力，促使各金融机构竞相创新金融工具，以争取在市场上获取更大的份额。

四、金融自由化和放松金融管制进一步催生了金融创新

20 世纪 70 年代以来，世界的经济形势发生了很大的变化：一方面，发达国家非银行金融机构的发展给商业形成了巨大的竞争压力；另一方面，国际经济、金融全球化，金融业面临全球金融业的激烈竞争。这些都使得原有金融管制的条框成为金融机构发展的障碍，金融创新成为必需。同时，各国金融监管技术的进步、监管水平的提高，使得放松金融管制成为可能。进入 80 年代后，世界各国特别是发达国家的金融改革如火如荼，金融市场监管主体不再墨守成规，而是积极顺应世界经济和金融发展趋势的客观要求，大胆进行金融改革。比如，英国 1986 年金融"大爆炸"的伦敦金融改革，美国对商业银行和存款机构的放松管制，日本近年连续推出的金融自由化改革等。这一系列金融改革本身既是金融创新的重要组成部分，又对其他方面的金融创新产生了极大的推动作用。

五、科技发展是金融创新能够实现的主要原因

科技发展为金融业提供了技术支持，而不同时期的科技水平限制和决定着金融创新的内容和发展水平。历史上数学、冶炼技术、信息通信技术对金融创新的影响作用最大，如纸币的产生有赖于中国造纸术和印刷术的发明，电子货币和网上银行的产生则是以网络技术为实现手段的。

自 20 世纪 70 年代以来，科学技术的迅速发展，尤其是电子计算机、通讯技术等的极大发展，刺激了金融主体创新的积极性，造就了 70 年代以来最激动人心的金融工具和金融技术创新。这些新技术和新工具使金融交易的时间缩短、空间缩小、成本降低、市场不确定性改善，金融主体可以在更广泛的范围为客户提供更具竞争力的服务。科学技术对金融创新的影响，具体表现在：（1）新技术的应用，使交易成本降低。通过现代电子设备，金融机构处理单笔业务的变动成本大大降低。（2）新技术的应用，提高了银行扩张区域性业务的能力，使空间距离不再成为金融机构竞争的障碍。金融机构可以通过直接或间接的方式，为用户提供跨国界的服务，从而形成一个全球性金融市场。（3）新技术的应用，使金融创新主体能够连续设计出复杂的金融工具，并连续监视新金融工具产生的风险，然后设计出对风险进行规避的措施。

第二节　金融创新的内容

金融创新按照创新的不同领域，可以将其分为金融业务的创新、金融市场的创新、

金融工具的创新和金融制度的创新。

一、金融业务的创新

金融业务的创新主要指商业银行业务的创新，体现在负债业务、资产业务、中间业务以及表外业务等方面。

（一）负债业务的创新

负债业务创新的主要思想是变被动负债为主动负债，改变对负债的成本观念，通过创新金融工具和调整负债结构，实现规避金融管制、拓宽资金来源渠道和防范利率风险的目的。如发行可转让大额定期存单、提供“可转让支付命令账户”、提供“自动转账服务账户”等。

可转让大额定期存单（certificate of deposit，CDs）是由美国花旗银行于1961年率先发行的，其特点是不记名、可转让、面额为整数，起点较高。它既满足了存款人对流动性的需求，又使存款人获得了较高的利率收益，同时也使银行获得了稳定的资金来源。1975年美国商业银行又引入了可变利率CDs，并于20世纪70年代末在西方国家得到普遍推广。可转让支付命令账户（negotiable order of withdrawal account，NOW），于1972年5月由马萨诸塞州一家州注册的互助储蓄银行开办。NOW账户是储蓄账户，可以付息。但与一般储蓄账户不同，该账户持有者可开出有支票作用的可转让支付命令，这就使储蓄账户的投资者也享受到支票结算的便利。自动转账服务账户（automatic transfer services，ATS），于1978年为美国商业银行首创。ATS的特点是，客户在银行开立两个账户：一个是储蓄账户；另一个是活期存款账户。后一账户上的余额永远是1美元。当客户开出支票后，银行即自动地把必要的金额从储蓄账户上转到活期存款账户上并进行付款。这样，储蓄账户实际成为支票账户的一部分，因为它可以签发支票。然而，在法律上储蓄账户又不是支票账户，因而可支付利息。

除了金融工具的创新外，负债业务创新还体现为商业银行积极主动地拓宽融资渠道，如到国际金融市场筹措资金、利用同业拆借市场筹措资金等。

（二）资产业务的创新

资产业务的创新主要包括：（1）发展消费信用，包括一次偿还的消费信用和分期偿还的消费信用，这种资产业务发展迅速，已成为有些商业银行的主要资产项目；（2）开办住宅放款业务，包括固定利率抵押放款、浮动利率抵押放款和可调整的抵押放款；（3）银团贷款；（4）贷款证券化，是指银行把流动性较差的小额同质（期限、利率、风险等类似）贷款“捆”成一个贷款组织，并以这个组合为担保发行证券，出售给投资者，这是提高银行资产流动性的一种创新，银行从贷款上得到的本息收入是支付证券本息的保证；（5）其他资产业务的创新，如平行贷款、分离股票贷款、组合性融资等。

（三）中间业务的创新

中间业务是银行的低风险甚至是零风险业务，中间业务的创新在各国商业银行中不断涌现。其中比较普遍的是信托业务和租赁业务的创新。（1）信托业务。信托业务指商业银行信托部门接受客户的委托，代替委托单位或个人经营、管理或处理货币资金或其他财产，并从中收取手续费的业务。信托业务的主体包括委托人、受益人、受托人。其类型主要包括证券投资信托、不动产信托、公益信托等。（2）租赁业务。租赁业务指商业银行作为出租人向客户提供租赁形式的融资业务。租赁业务的主体包括出租人、承租人。租赁业务的形式主要包括融资性租赁、经营性租赁、杠杆租赁等。

（四）表外业务的创新

表外业务的“表外”是相对于资产负债表而言，即某项业务的发生并未引起资产负债表内的资产方或负债方的资金发生变动。表外业务是在资产负债表内业务的基础上发展起来的，它与表内业务有着密切的联系，在一定的条件下可能会转化为表内业务。表外业务本身并不影响资产负债业务总量的变化，可以降低银行的经营风险，并为银行获得丰厚的利润来源。但表外业务也带有一定的风险性，特别是涉及外汇交易时更具风险。

二、金融市场的创新

金融市场在现代市场体系中处于“神经中枢”的地位。金融市场的创新主要指银行经营者根据一定时期的经营环境所形成的机会挖掘出新的市场。20 世纪 60 年代以来，国际金融市场出现了重大的创新，金融市场的创新主要指欧洲货币市场上的金融创新。欧洲货币市场，又称为离岸金融市场，它已远不是一个地区性国际金融市场，而是一个经营欧洲美元和西方一些主要国家境外货币交易的国际资金借贷市场。欧洲货币市场起源于50 年代，市场最初只有欧洲美元。进入60 年代，美国国际收支逆差促进了欧洲美元的迅速成长，加之美国政府对资本输出的限制促使美元大量外流，使欧洲货币市场逐渐发展起来。进入 70 年代，美元危机、石油危机等因素促进了欧洲货币市场的进一步发展。欧洲货币市场上的金融创新主要有多种货币贷款、平行贷款、背对背贷款、票据发行便利、远期利率协议、浮动利率债券等。

欧洲货币市场是各国商业银行获得境外资金来源的主要场所，具有以下几个特征：

（1）市场上的借贷一般是非居民的境外货币借贷，借贷者的国籍可以是任何一个国家。如欧洲美元市场是由美国境外的各国商业银行所经营的美元存、贷款业务所形成的国际金融市场。

（2）不受任何国家国内银行法规的限制，也不存在对该市场专门进行管制的国际法律。

（3）市场范围广阔，不受地理限制。欧洲货币市场是由现代通讯网络联系而成的全球性市场，一般由传统的金融中心城市发展而来，如伦敦、纽约、东京等。20世纪60年代以来国际金融市场形成了新兴的欧洲货币中心，如巴哈马、巴林、新加坡、中国香港等。

（4）借贷的货币主要包括美国和其他主要西方国家的货币。欧洲货币市场上交易的币种除美元、日元等传统币种外，还包括瑞士法郎、英镑、加拿大元等币种。此外，以发展中国家货币为交易币种的也并不少见。

三、金融工具的创新

20世纪70年代，世界性的通货膨胀导致利率和汇率波动更加剧烈，整个金融市场以不确定性为主要特征，金融风险增加。在人们要求规避和分散风险以适应变幻莫测的经济形势的呼声中，金融期货市场、期权市场、互换市场等应运而生；与此同时，传统的外汇市场上，外汇交易的创新也是层出不穷，从而揭开了金融市场创新的崭新一页。在金融市场创新的同时，传统金融工具和融资方式也开始创新，朝着证券化的方向不断演进，至今方兴未艾，成为80年代以来金融创新的主要内容。进入90年代后，国际金融市场的全球一体化和证券化趋势加强，新技术广泛使用，该阶段创新的金融工具主要是金融衍生工具，交易这些衍生金融工具的市场称为金融衍生品市场。

衍生金融工具，又称衍生证券、衍生产品，是指其价值依赖于原生性金融工具的一类金融产品，如远期、期货、期权、互换等。金融衍生工具往往是根据原生性金融工具预期价格的变化定值。这类相关的或原生的金融工具一般指股票、债券、存单和货币等。衍生市场的历史虽然很短，但却因其在融资、投资、套期保值和套利行为中的巨大作用而获得了飞速的发展。

四、金融制度的创新

金融制度包括国内金融制度和国际金融制度。其中国内金融制度主要包括金融组织制度和金融监管制度；国际金融制度主要包括国际货币制度和国际金融监管制度。金融制度的创新主要是指金融管制法律法规的变革以及这种变革引起的金融业经营环境和经营内容上的新变化。国内金融制度创新主要有金融机构创新、金融组织结构创新和金融监管制度创新，国际金融制度创新则主要有国际货币制度创新和国际金融监管制度创新。

制度创新有两条主线：一条主线是金融监管当局应因时势变化，在一定程度上放松金融管制；另一条主线是根据金融结构的变化，改进金融管制的手段和方法，以期获得金融创新环境下的有效金融监管。

（一）国内金融制度创新

1. 金融机构创新

由于各国金融制度不尽相同，因而金融机构的分工设置、金融机构创新的形式也不一致。但总体来说，金融机构创新主要是非银行金融机构、跨国银行及全能银行的发展。

20 世纪 30 年代以前，非银行金融机构一直很少，银行除经营传统的存款、贷款和汇兑业务以外，很少经营其他业务。第二次世界大战后，各国为了恢复经济，加强了对金融体系的依赖，在巩固原有金融体系的基础上，加速了非银行金融机构的发展，保险公司、养老基金、住宅金融机构、信用合作社和互助基金迅速发展起来，其业务不断得到创新。

19 世纪末产生了跨国银行。“二战”后，由于生产和资本国际化的迅速发展，大量跨国公司出现，导致对跨国金融服务的需求剧增。同时金融领域和各种创新及各国银行立法的支持，进一步促进了跨国银行的发展。20 世纪 80 年代以后，跨国银行海外分支机构逐渐向发展中国家转移。同时，跨国银行的业务也在不断创新，主要体现在业务的电子化、专业化和全能化。20 世纪 50 年代美国的美洲银行最早向电子化方向发展，到 20 世纪 70 年代跨国银行的电子化已达到成熟阶段，进入 20 世纪 90 年代已成为推动全球银行业进入国际电子信息时代的重要动力。跨国银行的业务专业化是中小型跨国银行的发展趋势，也就是集中在特定地区和特定的经营领域内开展业务。跨国银行的业务全能化即综合化，体现在全面从事零售、批发和金融服务，不仅从事一般商业银行业务，还从事投资银行、信托、保险、基金、租赁及金融衍生业务等，成为一个无形的“金融超级市场”，能向客户提供各种全面的金融服务。实际上，不少实力雄厚的跨国银行已演变为全能银行，能够从事所有的金融业务，等于商业银行加投资银行加保险公司再加非金融企业。由于各国政治经济社会制度和文化传统的不同，全能银行的组织形式各异。

在金融机构和业务创新的基础上，银行与保险、信托、证券等非银行金融机构的分工界限逐渐被打破，传统的金融分业经营制度走向现代混业经营。20 世纪 30 年代初的金融危机导致了美国 1933 年《格拉斯—斯蒂格尔法》的出台，这是西方国家开始实行分业经营制度的里程碑。而 1999 年 11 月美国废除了《格拉斯—斯蒂格尔法》，通过了允许以控股方式实现银行、证券和保险业务的跨行业经营和竞争的《金融服务现代化法案》。以此为标志，西方发达国家完成了从金融分业经营向混业经营制度的转变。

2. 金融组织结构创新

金融组织结构是金融体系中一个很重要的元素，其合理与否直接影响到金融体系的效率。金融组织结构创新就是围绕着金融组织方式包括其结构优化目的而进行的一种创新。具体而言，金融组织结构创新是指金融机构内部或外部的组织联系上的创新，实际上是金融机构配置的合理化、如何提高金融体系运作效率的问题。

世界各国的金融组织体系是在不同经济环境和历史条件下，以不同方式发展起来的，因此各国金融组织体系具有各自的特点，包括金融机构种类与划分、所有权形式、业务分工等方面都有差异。但各国金融体系的发展变迁都是符合自身经济和金融发展的。下面以美国金融组织结构的发展史为例简要说明其金融组织结构创新过程。

总体而言，美国金融制度和组织结构是在效仿其他发达国家尤其是英国的基础上建立和发展而成的，但仍有自身的独特之处。美国金融机构目前主要分为银行金融机构和非银行金融机构。双轨注册制、单一银行制和银行持股公司盛行是美国金融组织结构的显著特点。双轨注册是指美国商业银行可以选择在联邦政府或各族州政府注册，这是由美国联邦制政府的体制决定的，也是美国独特银行结构的基础。单一银行制是美国的一种特殊现象，其产生具有客观必然性。自美国第二银行（1816～1836 年）停业以后，美国开始实行单一银行制，此后单一银行制便一直占据主导地位。单一银行制也称单元制、单元银行制，即商业银行只有一个独立的银行机构，不设立分支机构。到了 1979 年，美国有 22 个州允许州银行在州内开设分支机构，有 18 个州允许州银行只能在一个城镇内开设分支行，其余 10 个州完全不允许银行开设分支行。美国的国民银行不得跨州开设分支行。随着全球和美国金融业务的发展，美国的单一银行制已经发生了很大变化，主要表现是通过立法逐步放松对设立分支机构的限制。尽管如此，由于受单一银行制度的影响，单一银行在美国仍然占主导地位。此外，美国银行的分支机构大多位于银行所在州内，跨州设立分支机构仍受法律禁止。正因为此，银行持股公司制成为美国银行制度的另一大特点，银行持股公司制是指由某一集团成立一持股公司，再由该公司控制或收购两家以上银行的股票，避开了跨州设立分支机构的障碍。银行持股公司制起源于 20 世纪 40 年代末，美国银行持有公司在 70 年代得到迅速的发展。另外，美国储蓄机构也发生了较大变化。在 50 年代，储蓄机构没有像商业银行那样受到存款利率上限的约束，因而具有吸收存款的优势，发展迅速。到 60 年代后期市场利率的提高导致了储蓄的非中介化，储蓄机构的负债增长速度下降。此时为了保持储蓄机构在房屋融资方面的专业性，联邦房屋贷款银行董事会和联邦储蓄贷款保险公司对其存款利率制定了上限。到了 80 年代初，储蓄机构的存款利率上限规定又被取消，同时也使储蓄机构进入商业银行的经营范围，放松管制导致了储蓄机构经营范围扩大到信用卡、消费信贷、工商信贷和投资等业务。经过 80 年代的金融创新，美国金融业发生了巨变，尽管还保留着银行金融机构和非银行金融机构的分类，但两者的界限越来越模糊，业务交叉越来越广泛，金融机构功能日趋重叠。1999 年美国通过的

《金融服务现代化法案》，进一步促进了银行、证券和保险之间的联合经营和竞争，可以视为美国金融组织结构创新的最大进步。

3. 金融监管制度创新

金融监管制度创新始于20世纪70年代末80年代初，这种宏观层次上的金融创新很大程度上应归因于70年代微观层次的金融业务创新和金融工具创新，同时金融监管制度创新反过来又进一步促进了金融业务和金融工具的创新，使得金融业务和工具创新在80年代出现了前所未有的繁荣。

（1）金融管制的放松。各国金融管理部门和立法机关废除或减弱对金融机构及金融业务的限制，即为放松金融管制。具体表现为：①利率自由化，即取消对利率的直接管制，使得金融市场的利率主要由市场供求决定。②金融业务自由化。为打破金融业务的垄断和不平等竞争，金融监管部门从20世纪70年代末开始陆续放松和取消了对金融机构业务范围和经营领域的限制。③证券市场自由化。从80年代起，西方发达国家先后放松了对外国资本进入国内资本市场的限制，取消外汇管制，允许外国居民购买本国债券和本国居民购买外国债券，大大促进了证券市场的自由化、国际化。

在西方国家放松金融管制的同时，发展中国家也加快了金融自由化的步伐。东盟四国在20世纪70年代和80年代实行了利率自由化。无论发达国家或发展中国家，放松管制的浪潮仍在继续。

（2）金融监管制度的强化。原有的监管制度主要有“双线多头”“单线多头”“高度集中的单一化”三种模式。三种金融监管模式各有利弊。在金融管制普遍放松的同时，自20世纪80年代起，国际银行业以控制风险为主要内容的金融监管不断加强，监管模式在90年代也进行了创新。不少国家将《巴塞尔协议》的精神融入本国金融监管措施之中，对金融风险的控制力度不断加强，标准日趋统一。

（二）国际金融制度创新

1. 国际货币制度创新

从19世纪建立国际金本位制以来，国际货币制度经历了金本位制、布雷顿森林体系、牙买加体系以及随后产生的欧洲货币体系，表明国际货币制度一直不断的变化和创新。

（1）布雷顿森林体系。布雷顿森林体系是一种美元与黄金挂钩、各国货币与美元挂钩、可调整固定汇率的国际货币制度。这种“双挂钩”，实际上建立起了以美元—黄金为基础的国际金汇兑本位制，是国际金汇兑本位制的创新。布雷顿森林体系堪称国际货币合作的一次成功创新，它消除了战前各个货币集团之间的相互对立，稳定了战后的国际金融局势。

（2）牙买加体系。牙买加体系是布雷顿森林体系崩溃后建立起来的新的国际货币制度。1976年，国际货币基金“国际货币制度临时委员会”在牙买加召开会议，达成了若干重大国际金融问题的协议，即《牙买加协议》，于1978年4月1日生效。《牙买加协议》确立了国际货币关系的新格局，作为国际货币制度又一创新。其主要内容包括国际货币体系中黄金非货币化、国际储备的形式、浮动汇率制、国际收支调节机制等问题。牙买加体系实质上是对布雷顿森林体系的一次改革，通过牙买加体系的建立，国际货币体系的运行更加合乎实际。尽管还存在一些缺陷，但作为国际货币体系创新的一个重要里程碑，总体是符合世界经济发展趋势的。

（3）欧洲货币体系。欧洲货币体系是国际货币体系改革和创新过程中的又一重要发展。从1979年欧洲货币体系的建立，到1999年欧元诞生，标志着欧洲经济与货币联盟建设的完成，形成了一个崭新的区域性国际货币体系。

2. 国际金融监管制度创新

国际金融监管是以国际清算银行为中心组织的一系列协调各国金融监管当局行为的活动，主要以《巴塞尔协议》为总题目的一系列国际协定和文件。人们通常所指的《巴塞尔协议》，一般指的是《巴塞尔报告》（1988年7月公布的第三个协议）、《巴塞尔补充协议》和《银行业有效监管核心原则》。1999年6月发布的征求意见稿首次将资本充足率、监管部门的监督检查和市场约束三大要素结合在一起，旨在推动以指标为核心的数量型监管模式向以风险管理为核心的质量监管模式转变。该征求意见最终于2002年定稿，2005年实施，全面取代1988年的旧版，成为各国银行进行风险管理的最新规则。

上述国际监管基本上都是针对国际银行业开展的，其框架也已基本成熟。但是，随着金融全球化的不断深入，对跨国证券交易和金融衍生产品交易的监管问题近年来日益突出。因此，未来国际金融监管制度的创新，在主体上将包括各种国际经济组织和各国监管当局，在范围上将覆盖所有金融领域，在深度上将深入到金融活动的各个环节。

第三节 金融创新的理论

金融创新的理论是从20世纪50年代产生，到70年代才真正发展起来的。它与其他创新理论的分支，如技术创新理论和制度创新理论相比，显得比较零散、缺乏系统性。金融创新理论集中研究了诱发金融创新的动因，因而主要是研究金融创新动因的理论。

一、约束诱导理论

约束诱导型创新理论主要从供给方面探讨金融创新，认为引发创新的根本原因在于内部和外部存在对金融业的约束因素。金融机构之所以发明种种新的金融工具、交易方式、服务种类，其目的是摆脱或逃避其面临的种种内外部的约束。该理论的代表人物是美国的经济和金融学家威廉·L. 西尔柏（William L. Silber）。

西尔柏从寻求利润最大化的金融机构创新最积极这个表面现象开始着手研究，认为创新活动是经济推动力的产物，在金融部门中不定期的观察结果表明大多数金融成果都源于经济刺激。金融创新是微观经济的框架，它是约束诱导、技术进步和立法的结果，该理论中包含的内容如下：

创造新的金融工具或业务是为了消除或减轻外部对其产生的金融限制而采取的“自卫”行为，是为了追求利润最大化。西尔柏认为，这些金融限制主要来自两方面：(1) 外部约束，主要是政府制定的经济制度和市场对企业最优化的约束；(2) 内部约束，即金融企业制定的利润目标、增长率目标、资产比率要求等。一般情况下，企业为了实现这些指标需要克服现实中存在的限制，并产生了对创新的需求。这两方面的金融管制，特别是外部条件发生变化而产生金融管制时，实行最优化管理和追求利润最大化的金融企业将会从机会成本角度和金融企业管理影子价格与实际价格的区别来寻求最大限度地金融创新。

西尔柏认为在金融创新中最重要的因素是技术和立法。这两种因素有时是通过约束来起作用，但更多的时候独立发挥作用。技术因素主要是指信息处理与数据传输手段。技术进步为金融工具和业务创新提供了可能，同时也加快了金融创新的速度。遵守法规同样也会增加企业的成本，许多金融手段都是用来对付法规的，即使这些立法所引起的金融创新并非真正是外因型的。

西尔柏将金融创新与技术创新进行了比较。他认为两者对经济发展都有作用，都改善了社会经济福利。技术创新是从生产上减少了投入、增加了产出，通过增加社会物质总产量提高人们的生活水平。金融创新是通过增加交易手段和交易方式来降低交易成本，提高了风险承受能力。金融创新的成果虽然不会直接增加物质产出，但却能参与社会生产过程的任何一个环节，通过影响每一个环节的资金获取与供应，降低资金使用成本和交易成本。从某种意义上说，金融创新所创造的社会经济利益从社会福利的角度看，与技术创新所创造的社会福利一样是真实可靠的。

西尔柏的金融创新理论是从利用微观经济学对企业行为分析入手，主要侧重于金融企业与市场拓展相关联的金融工具创新的金融业务创新，解释金融企业的“逆境创新”，而对于金融企业相关的市场创新以及由于宏观经济环境变化而引发的金融创新皆不适应。

二、规避管制理论

规避管制理论认为，金融创新主要是由于银行为了获取利润而回避政府机构管制所引起的。许多形式的政府管制与控制，实质上是政府对金融机构的隐含税收，阻碍了金融机构从事已有的盈利性活动和利用管制以外的获利机会。因此，金融机构为实现利润目标，就会通过创新来逃避政府管制。

规避管制理论是由美国经济学家凯恩（E. J. Kane）于1984年提出的。凯恩认为，规避是指对各种规章制度的限制性措施实行回避。他认为在管制和创新之间存在一个"管制—创新—再管制—再创新……"的循环往复的斗争过程，并将其称为"管制的辩证过程"。规避创新就是指回避各种金融管制的行为。它意味着当外地市场力量和市场机制与机构内在要求相结合，回避各种金融控制和规章制度时就产生了金融创新行为。实际上，规避已经被认为是合法的。由此，凯恩设计了一个制定规章制度的框架，在这个框架中，制定经济规章制度的程度和被管制人规避的过程是相互适应和相互作用的，通过这样一个互动过程，形成了比较成熟的和切实可行的规章制度。

凯恩认为，政府对金融企业的管制和金融机构因此产生的规避行为是以辩证形式出现的。金融管制是必然存在的，并在某些方面限制企业获取利润。金融企业为了获得最大化的利润，在经营过程中常常会通过技术、工具、业务创新来逃避政府的管制。金融企业之所以能逃避管制，是由于其对各种规章制度的适应能力很强。但反过来，当金融创新危及金融稳定和各种经济政策不能按预定目标实施时，政府和金融当局又会加强管制。与此同时，金融企业为了规避新的管制又推出了新一轮的创新。因此，创新引起管制，而管制又引起新一轮的创新，金融创新的过程就是"管制—创新—再管制—再创新"这样一个创新和管制不断交替的过程，也是金融机构和政府之间自由与管制的动态博弈过程。

规避管制理论在某种程度上可以说是约束诱导理论和制度改革理论的综合。该理论一方面同意约束诱导理论的观点，认为政府对金融企业的种种限制和管制实际上等于隐含的税收，金融企业进行种种创新是为了规避这些管制。另一方面也赞同制度改革理论的说法，认为政府当局在金融创新足以阻碍货币政策或危害金融稳定时会作出反应、加强管制，金融企业的创新行为和这种管制之间的对抗构成金融创新的辩证过程。

虽然规避管制理论和约束诱导理论都是从管制的角度研究金融创新的动因，但是凯恩的规避理论比西尔柏的理论涵盖更广泛，更重视外部环境对金融创新的影响。他不仅考虑了市场创新的起因，而且还研究了制度创新过程以及二者的动态过程，把市场创新和制度创新看作是相对独立的经济力量与政治力量不断斗争的进程和结果。但规避管制理论似乎太绝对和抽象化地把规避和创新逻辑地联系在一起，与现实有一定的差距，主要表现为凯恩所设想的制度创新总是向管制型发展，而现实却是制度创新一直主要向以自由放任为基调的市场创新退让。

三、交易成本创新理论

交易成本理论的代表人物是希克斯（J. R. Hicks）和尼汉斯（J. Niehans）。他们提出该理论的基本命题为“金融创新的支配因素是降低交易成本”。这个命题有两层含义：一是降低交易成本是金融创新的首要动机，交易成本的高低决定金融业务和金融工具是否有实际意义；二是金融创新实质上是对科技进步导致交易成本降低的反应。

希克斯把交易成本和货币需求与金融创新联系起来考虑，认为交易成本是作用于货币需求的一个重要因素，不同的需求产生对不同类金融工具的要求，交易成本的高低使经济个体对需求预期发生变化；交易成本降低的发展趋势使货币向更为高级的形式演变和发展，产生新的媒介和新的金融工具；不断降低交易成本就会刺激金融创新，改善金融服务。

交易成本理论把金融创新的源泉完全归因于金融微观经济结构变化引起的交易成本降低，这未免太简单化了。因为金融交易成本的下降并非完全由科技进步引起，还有其他诸如竞争、外部经济环境变化等因素。而且关于交易成本如何界定，理论界还存在意见分歧。

四、制度改革理论

制度改革理论认为，创新是一种与经济制度相互影响、互为因果的制度改革。根据此观点，金融领域内发生的任何因制度改革而引起的变动都可以视为金融创新。比如政府为了稳定金融体制和规范金融行为而制定的存款保险制度等，也属于金融创新。

支持制度改革理论的代表人物主要是制度学派的一些学者，如诺思（D. North）、戴维斯（L. E. Davies）、塞拉（R. Scylla）等，他们认为应当从经济发展史的角度来研究金融创新，金融创新是与社会制度紧密相关的。在计划经济制度下，虽然也存在许多引发金融创新的因素，但由于高度的集中统一和严格的计划管理，使得金融创新无法顺利进行。因此计划经济制度下金融创新的规模和范围都很小，金融工具的种类较少，金融服务和管理都比较落后，很难形成功能齐全、规模适度的金融市场。而在完全自由的市场经济制度下，金融创新很容易进行，但创新的内容却要少得多。因为金融管制这一引发金融创新的动因不存在了，就不可能也没有必要产生为了规避管制而进行的金融创新。因此，他们提出全方位的金融创新只能在受管制的市场经济制度下出现。

制度改革理论的金融创新实现上包含了必要性和可能性两方面的因素：一是政府管制和干预行为本身就暗含着金融制度领域内发生创新的必要；二是在管制不严、相对开放、活跃的市场条件下才有发生逃避管制的金融创新的可能。

制度学派把政府行为也视为金融创新的成因，实际上扩大了金融创新的内涵。但他们将带有金融管制性质的规章制度也视为金融创新，是其他学者难以接受的，因为金融管制本身就是金融创新的阻力和障碍，起管制作用的规章制度只能是金融革命的对象。

五、技术推进理论

技术推进理论认为技术革命与进步，特别是电脑、电讯工业技术和设备成果在金融业的应用是促成金融创新的主要原因。金融业成为信息技术发展的一个展示窗口。其理由是，高科技在金融业的广泛应用，促进了金融电子化和现代化的出现与发展，为金融创新提供了物质上和技术上的保证。

新技术首先影响的是交易和清算系统，目前流行的各种电子货币、网络货币、电子清算系统就是例子。其次，新科技的应用也对传统金融业务和金融工具产生了影响。例如，芝加哥商业交易所原先有一个流行的S&P500 指数期货合约，由于采用了新的电子交易系统，于2000 年推出新的 e – mini S&P500 指数期货合约，在交易时间、合约规模等方面均与原先的合约有所区别，受到市场参与者的欢迎。最后，计算机和网络技术还直接促成很多新金融交易技术的诞生，如利用程序交易技术进行“一篮子工具”的套利交易，利用数据仓库和数据挖掘技术发展新的风险控制技术等。

六、其他金融创新理论

除以上几种比较系统的金融创新理论之外，还有一些零散的理论，这些理论都试图从某些角度去说明金融创新的动因。

（一）结构变化理论

该理论认为金融创新作为一种并非偶然和暂时的现象，与世界经济深刻的结构性变化有关。这些结构性变化表现在经济全球一体化、金融电子交易、金融市场、金融机构的不断国际化和发达化，以及电子工业的崛起、第三产业的兴盛、科学技术的日新月异的进展等方面。金融创新就是这些变化因素综合的结果，而不是某一方面能实现的。

（二）财富增长理论

该理论是由格林包姆（S. I. Greenbaum）和海沃德（C. F. Haywood）提出的，他们认为经济的高速发展所带来的财富迅速增长是金融创新的主要原因。因为财富的增长加大了人们对金融资产和金融交易的需求，促进了金融创新以满足日益增长的金融需求。财富增长理论其实是从金融需求的角度探讨金融创新的成因，有其片面性。

（三）需求推动理论

该理论认为引发金融创新的主要原因是对金融产品和金融服务的新需求的产生，

主要针对20世纪70年代前后经济环境的剧烈变化提出的。当时长期通货膨胀和名义利率的攀升，使传统金融产品的流动性和收益性之间所存在的替代关系越来越难以被人接受，客户对流动性和收益性相结合的金融产品产生了强烈需求。另外，随着金融风险的增加和多样化，产生了对可以减少或转移风险的金融产品的需求。在这些需求的推动下，金融机构在七八十年代推出了各种转移风险及增加资产流动性和收益性的金融工具。

（四）竞争趋同论

该理论认为，金融企业之间在本质上都属于中介机构，它们的产品和服务很容易相互模仿，最后导致产品和服务的趋同，对于原先的产品和服务，也相当于一种创新。以目前的情况，一些保险产品已经和商业银行储蓄产品具有了一定替代性，商业银行的某些货币市场产品与共同基金份额之间也非常接近。

上述金融创新理论都是就某一个阶段或某一个领域的金融创新而言的，从理论本身的产生和发展来看，各种理论确实能说明一定时间和空间跨度内金融创新背后的生成机理。例如，20世纪50年代末至60年代，欧洲货币市场的产生和发展就是由于西方国家严格的金融管制而出现的市场创新，就这个阶段的金融创新，约束诱导理论和规避管制理论的解释无疑是准确的。而70年代的金融创新主要是风险转移创新，这又可以从需求推动理论得到印证。但是，这些理论对金融创新的研究主要侧重于动因研究，而对金融创新的效果和后果则研究得很少。但对动因研究来说，各理论又多从某个侧面，要么是规避管制，要么是技术推进，要么是需求推动来研究金融创新，而没有宏观、微观层面以及供给、需求因素结合起来进行综合研究，缺乏系统性。

第四节　金融创新效应分析

一、金融创新与货币政策

金融创新对货币政策的影响主要体现在金融创新对货币政策工具、货币政策中介目标和货币政策传导机制三个方面。

（一）金融创新对货币政策工具的影响

1. 对法定存款准备金政策的影响

金融创新使得中央银行通过法定存款准备金率来调节货币供应量的能力减弱。一方面金融创新使得融资证券化趋势增强。因而，大量原来可作为存款的资金流向了非存款性金融机构，避开了法定存款准备金率的约束；金融创新改变了银行业的资产负债比例，使存款占负债的比例下降，而诸如回购协议、货币市场互助基金等非存款负债比例上升，因而使整个银行体系存款减少，存款准备金的提缴基数降低，存款准备金制度的作用范围减小。另一方面金融创新使得银行调节超额准备金率的弹性增强。金融创新使银行有更多的融资途径，当中央银行调高法定存款准备金率时，银行可以通过其他渠道融资来达到调节超额准备金率、保持其信贷规模的目的，从而客观上削弱了法定存款准备金率的作用。

2. 对再贴现政策的影响

再贴现政策的作用大小与金融机构对再贴现的依赖程度成正比，中央银行对其缺乏主动性和控制力。首先，金融创新会造成金融机构对再贴现的依赖程度减弱，因为由于创新，金融机构可以通过出售证券、贷款证券化、向国际金融机构借款等多种途径来满足对资金的需求，于是通过再贴现来弥补资金需求的比率相应下降，使得中央银行调整再贴现率的政策作用削弱。其次，金融创新使得中央银行对再贴现票据的要求放松，创新使各种新型票据都符合中央银行对再贴现票据的规定，从而使中央银行有关合格票据的规定失效。因此，金融创新削弱了中央银行再贴现政策的作用力。

3. 对公开市场业务的影响

金融创新带来的证券化趋势和金融市场的全球一体化为公开市场业务提供了极大的便利，增强了公开市场业务的政策作用力。由于创新，证券日益成为微观经济主体所持有的重要资产，其中政府债券因良好的流动性、安全性和盈利性而成为重要的金融产品，其收益率成为其他证券的衡量标准。因此，公开市场业务就可通过变动政府债券的收益率和价格来影响一般证券的收益率和价格，调控货币供应量和信用总量。此外，金融创新也为中央银行的业务操作提供了大量的可供买卖的金融工具，使其吞吐基础货币的能力得到加强。

（二）金融创新对货币政策中介目标的影响

1. 利率指标

在金融创新充分发展之前，大多数国家的货币政策传导主要是通过调整利率或者改变信用的可获得性传递到经济中去的。前者主要是规定利率的上限；后者主要是对某种形式的信用实行数量限制。金融创新绕过了中央银行对利率上限的规定，并使可获得信用数量限制的作用减弱。许多过去只能利用有限的融资渠道和信用形式的经济实体，现在可以利用金融创新工具来获得信用替代。这就使得中央银行试图通过对利率的控制和对金融机构的资产负债设置各种限制的方法来压缩信用总量扩张的有效性被抵消。金融创新使市场信息的传递十分灵敏和充分，利率的决定因素更加复杂多变，利率作为内生变量和外生变量的界限变得越来越模糊，缺乏抗干扰性，作为中介指标不太合适。此外，创新所带来的储蓄和投资实际收益的提高，又使得中央银行所能控制的名义利率对储蓄和投资的影响力下降，在这种情况下，即使中央银行控制了利率，也未必能控制货币总量和信用总量，实现最终目标。

2. 汇率指标

一些实行开放经济的小国常常将汇率作为货币政策的中介目标，这些国家的中央银行将本国货币同另一个较强国家货币的汇率联系起来，通过货币政策操作盯住这一水平。汇率的变动常常是与国际资本的流动联系在一起的。当资本处于国际性流动的时候，货币政策通过引导利率和汇率的变化来影响经济。随着资本国际性流动程度的上升，汇率渠道变得相对重要，而利率的重要性则相对削弱。金融创新使借贷双方越来越容易在世界范围内获得一系列信用替代形式，从而使资本的国际流动性加剧。而较高程度的资本流动除了对货币政策的实施产生影响外，还对汇率未来走势的预期产生影响，并且使二者产生互动。例如，假定资本市场的大多数参与者预期货币政策的变动将对汇率产生最终影响的话，那么货币政策的变化一开始就会导致汇率大幅度上升，偏离汇率均衡值。当市场的参与者无法预期汇率的均衡水平，则货币政策的初始变化将会导致汇率的一定水平的下降。当对汇率的预期与汇率的实际变动相反时，中央银行试图以货币扩张来降低国内利率将会同时使汇率下降。并且汇率会以自身的特性发生波动，迅速反映在国内价格上，妨碍货币政策的积极作用。可见，资本国际性流动的影响是外部经济部门对独立货币政策实施的一种制约。在价格和汇率预期变化不定的情况下，实施一项独立的货币政策将会付出较高的代价。

3. 货币供应量指标

金融创新首先造成了货币总量定义的混乱，模糊了货币供应的层次，从而影响了指标的可测性、可控性和相关性。由于金融创新使各种金融资产的流动性发生了很大变化，因此要清晰地划分狭义货币和广义货币已经十分困难，界定 M_1、M_2 和 M_3 等不同层次货币的内涵十分不易。金融创新使货币的概念不断扩大，流通中的现金是货币，信用卡、储蓄卡中的磁媒体是货币，存储在自动提款机上的数字信号也是货币。中央银行试图严格界定货币量定义的努力，由于金融创新的不断涌现而失去效力。此外，金融创新使得基础货币的扩张系数失去了以往的稳定性，并使得货币总量同最终目标的关系更加不确定，最终失去了中央银行对货币总量供给的强有力控制。正因为此，进入 20 世纪 90 年代以后，大多数发达国家放弃了以货币供应量作为货币政策的中介目标，重新转为以利率作为中介目标。

（三）金融创新对货币政策传导机制的影响

金融创新部分地改变了货币政策的传导机制，使传统的货币政策传导机制受阻。首先，金融市场的创新（如欧洲货币市场）使中央银行执行货币政策的难度加大。例如，一国拟实行紧缩性的货币政策，但国内金融机构却可以通过欧洲货币市场筹措资金，达到扩张信用规模的目的，从而抵消了紧缩性货币政策效应；当一国实行扩张性的货币政策时，国内金融机构则可能将资金转移到欧洲货币市场，逃避中央银行的货币控制。其次，如前所述，金融创新使得商业银行的存款结构发生了很大变化，大量非银行金融机构分流了商业银行的资金来源，使中央银行通过法定存款准备金政策控制信贷规模的作用力下降，使通过存款准备金的传导机制部分失效，货币政策的力度减弱。另外，金融创新使货币创新的主体形成多元化，使中央银行控制货币供应的能力减弱。金融创新产生了很多与活期存款类似的新型负债账户，这些账户同样具有很强的存款派生能力，从而使非银行金融机构也扩展为货币供应的重要主体。

二、金融创新与金融风险

简单地说，金融创新与金融风险是一种相互促进、相互发展的辩证关系。具体而言，金融创新与金融风险的关系主要体现在：

（一）金融创新可能带来新的金融风险

尽管金融创新能在一定程度上转移、降低和分散微观主体面临的风险，但金融创新并不能在总体上减少风险，而且还可能加大金融业的系统风险，降低金融体系的稳定性。金融创新的风险表现在：创新产品的虚拟性和杠杆作用所带来的风险放大效应；"表外业务"风险难以估量和监控；风险具有传染性且扩散速度极快；投机风险增加，等等。金融创新风险具有积累性和传染性，这是由金融创新工具的特点和金融创新所带来的交易方式改变所决定的。从20世纪80年代开始到现在，金融创新与金融风险加剧一直是国际金融市场最鲜明的发展特征。而90年代以来，全球几乎每一次金融风暴都与金融创新有关。在巴林银行事件前后，国际上曾发生过多起因金融创新工具交易失败造成巨额损失的事件。

（二）金融风险在促进金融创新的同时又限制了金融创新

转移和防范金融风险是引发近代金融创新的重要原因。金融创新发展的过程表明，金融创新发展最迅速的时期就是金融风险表现最剧烈的时期。20世纪60年代以来金融创新的产生有多方面原因，但是它与金融风险的加剧有着直接的关系，金融风险的加剧促进了金融、金融市场到金融工具的全方位的金融创新活动。同时，金融风险又限制了金融创新的作用，甚至制约金融创新发展。这种制约有直接结果和间接结果，有宏观方面也有微观方面，有利也有弊。例如，以网络银行为代表的技术创新，面临着技术投资风险、系统安全性风险。技术投资风险表现在网络银行等技术创新需要投入建立的软硬件面临着由于技术发展而被迅速淘汰的风险，而且系统安全性风险则表现为银行系统的信息泄露和被篡改的风险，这些风险的存在大大限制了网络银行的作用和进一步发展。

（三）通过金融创新可以控制和规避金融风险

近代金融创新的目的之一就是规避金融风险。前面说过，20 世纪 70 年代和 80 年代创新的很多金融工具是基于转移和防范金融风险的需要而产生的。而衍生金融工具的有效运用可以转移、降低和分散微观主体所面临的金融风险。通过早期的统计、概率及后来的金融工程等软技术创新，人们对金融风险进行规划和安排；同时通过计算机、现代通讯手段等硬技术创新，人们可以更快、更有效地对风险进行记录和管理。金融创新，尤其是以金融工程形式出现的创新，对管理、控制和规避金融风险具有重要作用。

三、金融创新对经济的影响

（一）金融创新的积极作用

1. 使经济主体应对和转移金融风险的能力增强

金融市场上汇率、利率、证券价格的频繁波动使投资者面临着很大的价格风险，而金融创新中涌现的金融期货、金融期权以及利率互换等新的金融交易工具和交易方式，为投资者规避和转移风险提供了灵活方便且交易成本日趋降低的手段。

2. 使商业银行等存款性金融机构摆脱了困境，获得迅速发展

商业银行一方面受到金融当局的严格监管；另一方面不得不随市场利率急剧上升并剧烈波动的风险，以存款为主的资金来源受到极大的冲击，在金融竞争中处于非常不利的地位，若不进行金融创新，就难以逃脱破产的厄运。一系列兼具流动性和收益性的创新性金融工具的诞生，使商业银行绝处逢生，变被动为主动，最大限度地吸引了闲置资金，增强了竞争能力。

3. 促进了金融业的竞争，提高了经济效率

金融创新使不同金融机构之间传统的分工格局被突破，彼此业务互相渗透和交叉，进一步强化了竞争，促进了资金资源在全社会的有效分配。同时，金融创新提供了多功能、多元化、高效率的金融产品和金融服务，使金融资产的选择性大大增强，满足了不同投资者和客户的需求，从而促进了经济的高效运行。

4. 更好地满足了社会金融业的多种需求

金融创新为社会提供了更多的可选择的金融产品和服务，更好地满足了后现代社会多变的个性化金融需求。就金融产品的“三性”（安全性、流动性、收益性）而言，传统上有限的金融产品只是以“三性”为坐标轴构建的三维空间中的一些离散的点的集合，而金融新产品的出现把这些点连接起来，形成一条连续的线（平面）甚至可能充满这个三维空间的一部分，这样一来，金融产品的消费者就具有了更广阔的选择余

地，提高了金融业对社会福利水平的贡献。

5. 进一步促进了实体经济的发展

金融创新加强了金融部门与传统实体经济部门之间的纽带关系。新的支付手段的出现使实体领域内的交换关系更易于实现，灵活的信贷方式使消费和生产模式更有效率；风险投资、融资租赁等方式更是直接对实体部门之间的竞争力和可持续发展能力的提高起到了促进作用；养老基金、退休基金以及各类保险计划的出现改善了社会保障制度，使经济发展免除了后顾之忧。

（二）金融创新的消极影响

1. 金融创新使金融业经营风险增大，金融体系的稳定性下降

金融创新和放松管制后，银行融资成本大幅上升，使银行可能从事风险更大的资产业务以获取更高的收益；表外业务大量增加也使银行承担了潜在的风险，如办理担保业务时，一旦债务人不能按期还款，银行就要承担还款的责任；某些衍生金融工具虽然在一定程度上可以规避和转移风险，但衍生工具的迅速发展也促成了巨大的世界性投机活动，其带来的金融风险比传统的金融风险危害更大，并可能影响到一国甚至更大范围的金融体系的稳定性。20 世纪 90 年代以来，几乎全球的每一场金融风暴都与金融衍生产品的投机密切相关，如 1995 年的英国巴林银行倒闭事件和 1977 年的东南亚金融危机。

2. 弱化中央银行实施货币政策的效果

金融创新中涌现出大量的新型金融工具，这些金融工具大多增强了支付的功能，流动性较强，增大了货币当局对货币层次划分标准及控制的难度，容易对货币供应量作出错误的判断。此外，金融创新使商业银行的融资渠道多元化，降低了对中央银行的依赖，使再贴现等货币政策工具的作用下降。

📖 小资料

受益超低利率美国"影子银行"迅速膨胀

自美联储在金融危机最严重时期开始向市场打开货币水龙头之后，受宽松监管的非银行信贷机构已成为超低利率政策的最大受益者之一。随着投资者愈发强烈地渴求从风险更大的贷款项目中得到更高回报率，美国"影子银行"（The Shadow Banking System）的资产规模迅速膨胀。

据《金融时报》报道，被看作美国"影子银行"体系一部分的三类非银行信贷机构，自金融危机最严重时期至今资产规模大涨 60%。研究公司 SNL Financial 数据显示，今年第二季度美国商业发展公司（Business Development Company）、特种金融公司以及房地产

投资信托基金（Reit）的资产规模达到1.22万亿美元，远高于2008年的7790亿美元。

“美国QE推出之后开始在各个交易市场‘放钱’，美国商业银行相对谨慎，而做类似银行业务的各类金融机构便加速投融资活动，帮助美联储达到信用扩张的目的，相应地也成为美联储扩张资产负债规模时的最大受益者。”光大期货研究所所长叶燕武在接受《第一财经日报》记者采访时表示，“影子银行”自身的膨胀和美国央行的态度紧密相关。

在美国，“影子银行”是非商业银行体系外的非常庞大的金融组成部分，相当于“第二个”商业银行体系。它是指通过杠杆操作持有大量证券、债券和复杂金融工具等的金融机构，包括投资银行、对冲基金、货币市场基金、债券保险公司、结构性投资工具（SIV）等非银行金融机构。

“‘影子银行’是金融市场化的产物，它比传统银行增长得更加快速，且对信用扩张、信贷加杠杆的功能要强很多。”叶燕武对本报表示，在带来金融市场繁荣的同时，债务的膨胀会导致潜在的信用风险增大，且由于“影子银行”的高杠杆效应，当经济扩张时会加速信用的扩张，超过经济发展的可承受能力，从而促发泡沫产生。

纽约联储银行（New York Fed）调查了今年美国银行业对类似房地产投资信托基金此类投资工具的风险敞口，有人担心利率水平快速上升可能导致此类资产遭到抛售，进而对规模较大的银行业机构构成影响。里士满联邦储备银行（Richmond Fed）上周表示，虽然房地产投资信托基金“蓬勃发展”，其对整个金融系统可能构成的风险仍不明朗。

实际上，“影子银行”的个体性风险加上其迅速膨胀的规模，已成为引发整个金融系统风险的重要因素，也被看作是2008年金融危机的重要“贡献者”。而“影子银行”也愈发受到监管者瞩目。监管者们担心，当“影子银行”利用利率处于历史低点、市场情绪高涨，加上传统银行为了应对更严格的监管要求从某些领域退出时，它们可能过度借款，或加剧贷款项目的风险。

金融危机以后，对“影子银行”系统的信息披露和适度的资本要求也成了美国金融监管改进的重要内容。美国政府于2009年3月公布金融体系全面改革方案，旨在对诸如对冲基金之类的金融市场主要参与者实行更严格的监管。

根据这份方案，超过一定规模的对冲基金，包括私募股权投资基金和风险投资基金在内的其他私募基金都必须在美国证券交易委员会（SEC）注册登记。同时，政府建议设立一个系统性风险监控部门，对规模最大的那些金融机构进行风险监控。

此外，美国《2010年多德－弗兰克华尔街改革与消费者保护法案》对于“影子银行”监管所强调的首要目标，就是全面提高信息透明度。今年夏天美国金融稳定委员会（FSB）也提出了多项措施，旨在遏制“影子银行”过度的风险。

资料来源：张华君：《受益超低利率美“影子银行”迅速膨胀》，载于《第一财经日报》2013年11月13日，A09版。

复习思考题

1. 金融创新的动因是什么？

2. 分别阐述金融业务创新、金融市场创新、金融工具创新及金融制度创新的主要内容。

3. 期货交易的特征与功能是什么？期货交易与期权交易有何区别？

4. 金融期货市场的功能有哪些？

5. 简述金融创新与金融风险的关系。

6. 金融创新理论主要都有哪些？其主要内容是什么？

7. 简述金融创新对货币政策及经济的影响。

第十四章

金融监管

内容简介

金融业是一个特殊的高风险行业。为保证金融体系安全稳健运行，各国都通过中央银行或其他金融监管当局实施金融监管。金融监管是金融监督与金融管理的复合称谓。由于金融业在国民经济中处于特殊的重要地位，是一个存在诸多风险的特殊行业。为了维护金融秩序，保护公平竞争，提高金融效率，必须对金融实施监管。

教学目的

通过本章学习，了解不同国家的金融监管体制、主要原则和主要手段；要求了解金融监管的含义和重要意义；掌握金融监管的原则；掌握金融监管体制类型；了解金融监管的内容及手段。

第一节　金融监管理论及原则

进入20世纪90年代以来，银行倒闭事件和金融危机频频发生。例如，1994年墨西哥爆发金融危机；1995年有233年历史的英国巴林银行因内部控制机制不健全而倒闭；1997年东南亚爆发金融危机；2008年美国次贷危机中雷曼兄弟破产、美林银行贱卖、摩根斯坦利寻求合并；2014年由于原油价格大幅下跌，俄罗斯陷入金融危机；2015年巴西公共负债几乎占到了其GDP的70%，陷入危机，等等，这一系列金融危机使金融监管问题受到各国政府前所未有的关注。

一、金融监管理论综述

相对于其他金融理论的发展，金融监管理论一直缺乏相对系统和完善的体系，截至目前也没有一个普遍认同的占主导地位的核心理论。从理论的演进来看，金融监管理论是建立在金融监管实践基础上的，它与经济和金融发展阶段和时代密切相关并滞后于金融发展。20 世纪 30 年代经济大危机之后，金融监管理论得到了快速的发展，各种假说和流派相继出现，那时的理论倾向于政府直接管制，以金融体系安全为优先。70～80 年代自由化思潮逐步形成并兴起，金融监管理论倾向于效率优先以增强金融业竞争、提高金融业活力和效率。而 90 年代以来危机的爆发，使理论重心又转向协调安全、稳定与效率的关系以管理金融活动与防范系统风险并存。本章对这些不同时期发展的金融监管理论进行梳理，并将这些理论分为三类：偏重稳定型的金融监管理论；偏重效率型的金融监管理论；稳定与效率兼顾型的金融监管理论。最后，对金融监管理论的发展趋势进行了展望。

（一）金融监管基本理论

1. 偏重稳定型的金融监管理论

偏重稳定型的金融监管理论是以维护金融体系安全为目标，倾向于政府直接管制的金融监管理论。这些理论对政府是否需要进行干预和监管做出了肯定的回答，它们以金融市场失灵为基础，从失灵的不同表现来阐释政府监管的必要性，认为金融监管是为了弥补金融市场自身的不足，提高资源配置的效率。金融机构的破产及其连锁效应会通过货币信用紧缩破坏经济增长和发展。金融机构的财务杠杆又比一般企业高得多，由此也会导致金融机构和社会间的利益严重不对称，而市场自身又无法控制和解决。金融危机的传染性也说明了单个金融机构的危机会引起集体非理性，导致银行系统的崩溃。戴蒙德和迪布维格（Diamond and Dybvig，1983）认为存款者为了获得流动性（也是银行的重要功能）而选择了银行而不是自己直接持有一定的资产，但是银行资产负债在时间和数量上的不匹配使银行面临风险，导致容易出现破坏经济发展的银行挤提，而防止挤提的合约就是政府为此设立的存款保险制度。金融领域存在比其他经济领域更严重的负外部性。因此，需要市场以外的力量介入以限制金融体系的外部性影响，这为政府介入实行监管提供了理论基础。金融体系在某种程度上具有公共物品的特性，纯粹的市场行为会导致稳健金融业的供给不足，这也给政府介入金融监管提供了理论依据。激烈的自由竞争会导致金融体系的不稳定，政府监管则可以提供公平的竞争环境，保护金融体系的整体稳定。

2. 偏重效率型的金融监管理论

随着自由主义思想在西方各国的兴起，金融自由化理论也逐渐发展，而且其影响日趋扩大，该理论的出现引起人们对金融监管理论进行新的思考，即政府的行为能否真正使金融监管有效？或者政府能否真正做好金融监管？这些金融监管理论主要受两种思想指导：一个是金融监管抑制了金融创新的发展而导致金融体系的低效率，这与金融自由化思想如出一辙；另一个就是政府并不一定能完全代表全民利益，政府也有自己的利益取向，其目标是不是公共利益最大化值得商榷。

3. 稳定和效率兼顾型的金融监管理论

伴随着20世纪80年代末开始的一系列区域性金融危机，人们又进一步地开始反思，并加深了对金融监管理论的研究。从某种程度上说，金融危机的频繁出现推动了金融监管理论朝着稳定和效率兼顾方向发展。尤其是20世纪的最后10年，西方发达国家将监管重点转向银行资本有效性的监管以及监管的市场约束机制构建。这期间出现的相关理论应用了博弈论、信息经济学、委托代理等方法，使得理论更贴近实际。

（二）金融监管的理论依据

为什么要特别强调对金融机构的监管？学者们从不同的角度论述了实施金融监管的必要性，包括社会利益论、金融风险论、投资者利益保护论、管制供求论等。

1. 社会利益论

该理论认为，金融监管的基本出发点就是维护社会公众的利益，而社会公众利益的高度分散化以及市场缺陷的存在，决定了只能由国家授权的机构来履行金融监管的职责，通过降低或消除市场缺陷，达到提高社会资源配置效率、降低社会福利损失、维护公众利益的目的。社会利益论源于20世纪30年代的世界经济金融危机，当时人们迫切要求政府通过金融监管来改善金融市场和金融机构的低效率和不稳定状态，以恢复公众对存款机构和货币体系的信心。

社会利益论是以市场失灵为依据的。自由竞争的市场机制不仅不能完全保证资源的最优配置，还会因为外部效应和信息不对称等问题造成资源浪费和社会福利的损失。通常，当某一经济主体的经济活动存在着某种负外部效应时，其自我运行所追求的利益目标就有可能与社会利益目标发生冲突，这就需要代表社会利益的国家对其活动进行干预，使其行为尽量符合社会公众的利益。实践表明，金融体系就存在着这样的负外部性。例如，在其他条件不变的情况下，一家银行可以通过扩大其资产对资本的比例来增加其盈利能力，但这却可能加大经营风险，由于银行经营的特殊性——银行以负债的形式获得其业务经营资金，银行的经营风险实际上是由存款人、其他金融机构乃至整个经济体系来承担，这反而会促使商业银行通过增加风险资产来提高其盈利水平，最终损害债权人的利益。因此，为了维护社会公众的利益，国家有必要对金融业的经营状况进行监管。

2. 金融风险论

该理论的主要观点是，金融业是一个特殊的高风险行业，这种特殊性决定了必须有一个权威机构代表国家对金融业实施适当的监管，以确保整个金融体系的安全与稳定。（1）金融机构与一般企业存在两个显著的区别：一是其金融资产比例极高；二是其自有资本比率很低，大量的资产业务都要靠负债来支撑，这就决定了金融业的高风险性。金融机构面临的风险主要包括信用风险、流动性风险、利率风险、汇率风险等。

一旦风险转化为现实，就会动摇公众对金融机构的信任，引发金融危机。例如，当社会公众对银行失去信任而挤提存款时，银行就会发生支付危机甚至破产。（2）金融风险具有连锁效应。现代经济是信用经济，社会各阶层以及国民经济的各个部门，都通过债权债务关系紧密联系在一起。金融业的稳健运行正是以信用体系的正常运转为基础。由于信用体系的连锁性，当单个金融机构陷入某种危机，往往使公众对其他金融机构也丧失信任，从而极易引起整个金融体系的连锁反应，使局部的金融风险和金融危机扩散为普遍的金融危机。在当今金融全球化的背景下，一国的金融危机还会影响到其他国家，并可能引发区域性甚至世界性的金融动荡，这就是存在于金融体系内的“多米诺骨牌效应”。1997 年，东南亚金融危机的爆发及其迅速、广泛的蔓延就是一个典型的例子。因此，为了防范和控制金融风险，需要国家对金融业实施严格的金融监管。

3. 投资者利益保护论

这种理论认为，为了有效保护存款人，证券持有人、投保人等投资者的利益，需要进行金融监管。由于在金融活动中存在着信息不完全或信息不对称，拥有信息优势的一方可能会利用这一优势来追求自身利益而损害了信息劣势方的利益。如证券商比一般的证券投资者掌握更充分的市场动态信息，银行和保险公司等金融机构的经营管理者也会比存款人、投保人和其他投资者拥有更多的信息，他们就有可能利用这一信息优势为自己谋取利益，而将风险或损失转嫁给投资者。由于保护投资者利益对整个金融体系的健康发展至关重要，所以应该通过金融监管对信息优势方（主要是金融机构）的行为加以规范和约束，从而为投资者创造一个公平、公正的投资环境。

4. 管制供求论

管制供求论将金融监管看成是一种存在供给和需求的特殊商品。管制的供给来自政府监管部门，政府官员提供管制是为了得到对自己政绩更广泛的认可。监管者往往具有通过过度监管来规避监管不力的动机，但这样却可能增加被监管者的成本，降低被管制行业的效率，从而受到一定的抵制。管制的需求来自那些想要从金融监管中获得利益的经济主体。例如，现有的金融机构可能希望通过金融监管来限制潜在的竞争者；投资者希望通过金融监管保护其投资利益；消费者则需要通过金融监管促使金融机构提高服务质量、降低服务收费。所以，是否提供管制以及管制的范围和程度最终取决于供求双方力量的对比。

二、金融监管的基本原则

巴塞尔委员会于 1997 年 9 月公布了《有效银行监管的核心原则》之后，各国金融监管当局将其视为金融监管的指导原则。

（一）监管主体的独立性原则

在一个有效的银行监管体系下，参与银行监管的每个机构要有明确的责任和目标，并应享有操作上的自主权和充分的资源。

（二）依法监管原则

所有金融机构都必须接受国家金融监管当局的监督与管理，同时，金融监管当局必须依法管理，以此来保持监管的权威性、严肃性、强制性和一贯性，从而达到监管的有效性。

（三）自我约束与外部强制相结合的原则

由于金融监管中存在着信息不对称、监管者信息劣势以及金融机构的道德风险等问题。因此，无论外部强制管理多么缜密，也只能是相对的，如果监管对象不配合、不协作，不愿意自我约束，那么，外部监督管理也难以收到预期的效果。反之，如果将全部希望放在金融机构自身的“内控”上，则一系列不负责任的冒险经营行为和风险将难以有效避免。因此，最佳的选择应是遵循自我约束与外部强制相结合的原则。

（四）安全稳健与经济效益相结合的原则

安全稳健是一切金融监管工作的基本目标，银行监管者必须掌握完善的监管手段，以便在银行未能满足审慎要求（如最低资本充足率）或当存款人的利益安全受到威胁时采取纠正措施。但是，从某种意义上说，金融业存在和发展的终极目标是促进社会经济的稳定发展。所以，金融监管必须以保证社会经济效益作为终极目标，并将防范风险和提高金融机构经济效益结合起来。

（五）母国与东道国共同监管原则

母国监管者的责任是，银行监管者必须实施全球性并表监管，对银行在世界各地的所有业务进行充分的监测，并要求其遵守审慎经营的各项原则，特别是其在外国的银行、附属机构和合资机构的各项业务。东道国监管当局的责任是，银行监管者必须要求外国银行应按东道国国内机构所同样遵循的标准从事当地业务，而且从并表监管的目的出发，有权分享其母国监管当局所需的信息。

第二节　金融监管体制

金融监管体制，指的是金融监管的制度安排，它包括金融监管当局对金融机构和金融市场施加影响的机制以及监管体系的组织结构。金融监管包括对商业银行及非银行金融机构和金融市场的监管，具体有三个方面：市场准入监管、市场运作过程监管、市场退出监管。

一、金融监管体制的类型

根据监管主体的多少，各国的金融监管体制大致可以划分为单一监管体制和多头监管体制。

（一）单一监管体制

单一监管体制是由一家金融监管机构对整个金融业实施集中监管的体制。这一机构通常是各国的中央银行或另设专门的金融管理机构。这种体制的典型代表是英国。《1979年银行法》正式赋予英格兰银行金融监管的职权，直到1997年以前，英格兰银行在执行货币政策的同时，还肩负着金融监管的责任。1997年10月28日，英国成立了金融服务监管局（Financial Service Authority，FSA），统一行使对金融业的监管职能，英格兰银行的监管职责自此结束。目前，实行单一监管体制的发达市场经济国家还有澳大利亚、比利时、卢森堡、新西兰、奥地利、意大利、瑞典、瑞士等国。此外，大多数发展中国家，如巴西、埃及、泰国、印度、菲律宾等国，也实行这一监管体制。

虽然采用这种模式的国家比较多，但发达市场经济国家实行这种模式是在经济金融高度发达、基本实现了经济金融一体化的基础上形成的，是与其完善的市场体系、高度发达的经济水平和中央银行或监管当局拥有较大独立性相适应的，而发展中国家采用这种模式是由于国内市场体系不完备，金融制度结构比较简单，客观上需要政府通过中央银行统一监管。

单一监管体制的主要优点是：（1）金融管理集中，具有监管政策与标准的一致性，有利于金融机构之间的公平竞争；（2）具有对内部不同监管部门之间协调的权威性，防止多头监管体制下不同机构之间互相推卸责任或重复监管，从而有利于提高监管效率；（3）能够降低监管成本，因为在单一监管机构内部负责不同监管领域的部门可以共享各种监管资源，获得规模经济的效果，降低监管成本。对被监管者来说，若只与一个监管机构打交道，也可在一定程度上减少成本，例如，使用标准程序和统一的数据库。但这种模式也有一定的弊端，如单一全能监管机构权力巨大而且过于集中，缺乏权力的制衡和监督，在执行监管时易于使金融管理部门养成官僚化作风，对已经出现的问题反应迟缓，降低监管效率，滋生腐败现象等。

（二）多头监管体制

多头监管体制是由两个或两个以上的监管机构分别对从事银行、证券、保险等不同类型业务的金融机构实施监管。若根据监管权限在中央和地方划分的不同，又可将其区分为双线多头和单线多头两种金融监管体制。

1. 双线多头的金融管体制

这种金融监管体制的主要特征为：不同的金融机构或金融业务由不同的监管机关来实施监管，即所谓“多头”；中央和地方两级都有权对相应的金融机构实施监管权，即所谓“双线”。该模式适用于地域辽阔、金融机构多而且情况差别大，或政治经济结构比较分散的联邦制国家，如美国和加拿大。美国在联邦一级主要有以下 7 个监管机构：（1）联邦储备体系，负责监管所有的存款机构；（2）货币监理局，监管在联邦政府注册的商业银行；（3）联邦存款保险公司，其监管对象为商业银行、互助储蓄银行、储蓄贷款协会；（4）储蓄监管局，监管储蓄贷款协会；（5）全国信用社管理局，监管在联邦注册的信用社；（6）证券交易委员会，负责监管有组织的证券交易所和金融市场、投资银行；（7）商品期货交易委员会，监管期货和其他金融衍生工具市场。除了中央一级的金融监管机构外，美国还存在州一级的监管机构。例如，州银行、证券监管的分支机构、保险委员会等，分别负责本州银行业、证券业、保险业等不同金融机构的监管。

2. 单线多头的金融监管体制

这种金融监管体制的主要特征为：（1）全国的金融监管权集中在中央，地方没有独立的权力，即所谓“单线”；（2）在中央一级由两家或两家以上的机构对不同的金融机构或金融业务实施监管，即所谓“多头”。德国、法国等国均属这种模式，我国现阶段也采用这种模式。

多头金融监管体制的主要优点是各监管机构之间相互制衡，能够防止金融监管权力过分集中；现在并在可预见的将来，银行业、证券业和保险业仍会保持重要的区别，三者的业务特点和风险的性质不同，分别设置专业的监管机构负责，更能突出监管的重点，有利于金融监管专业化和监管水平的提高。然而该模式的弊端也是显而易见的：（1）可能出现管理机构的职能交叉与重叠，对金融机构进行重复检查和监督，影响金融机构业务活动的正常开展；（2）多元的监管机构必然使金融监管的成本加大；（3）如果各金融监管部门之间缺乏有效的沟通和配合，容易出现政令不统一、互相推卸责任等问题，从而可能形成监管真空，加剧金融领域的矛盾和混乱，并造成金融机构之间的不公平竞争。

二、主要发达国家金融监管体制的比较

（一）英国金融监管模式

1986 年英国进行金融改革推动金融自由化，出现很多综合经营的金融机构，对分

业监管体制提出挑战。1997 年，英国成立金融服务局，监管职能由金融服务局统一行使。英格兰银行、FSA 和财政部以备忘录方式明确职责：英格兰银行负责制定和执行货币政策，维护金融体系的稳定，保留最后贷款人职能；FSA 负责对金融机构和金融市场的监管；财政部负责制定金融监管结构框架和立法。FSA 的跨行业单一监管便取代了原先的多元监管模式。2012 年 1 月 19 日，英国金融服务局（Financial Service Authority，FSA）被拆分为两个机构，一个为金融行为管理局（Financial Conduct Authority，FCA），另一个为审慎监管局（Prudential Regulation Authority，PRA）。自此，FSA 的职责由这两个部门替代。

（二）美国金融监管模式

美国金融监管由多个部门承担。概括为：双轨、分业、多头。双轨指美国联邦和州都设有金融监管机构。联邦一级，有 7 个监管机构：联邦储备体系、货币监理署、联邦存款保险公司、全国信用社管理局、储蓄监管局、证券交易委员会、商品期货交易委员会。除了中央一级外，还存在州一级的金融监管机构；分业指美国银行业、证券业、保险业实行的是分业监管；多头指美国金融监管机构众多，属于权力分散型的多元体制。美联储作为伞形监管者，对金融控股公司进行综合监管。在银行、证券、保险领域中的各类监管机构则按行业依法管住伞状结构下面相应的各类金融子公司的活动，从而构成了美国独特的伞形监管体制。其监管体制存在着监管机构过多、体系过于庞大、信息沟通时间过长、监管成本过高的问题。

（三）日本金融监管模式

1998 年以前，大藏省和日本银行共同承担着金融监管职责。大藏省的银行局和国际金融局是主要监管机构，依据银行法和行政法规行使检查权。日本银行是货币政策的执行者，并对在它那里开设账户或需从日本银行取得贷款的金融机构实施监管。行政上，日本银行接受大藏省领导，但作为中央银行，在金融政策的决定和实施方面，具有相对独立性。1998 年末成立金融再生委员会，与大藏省平级，金融监督厅直属于金融再生委，大藏省的监管权力大大削弱。2000 年，金融监督厅更名为金融厅，拥有原大藏省检查、监督和审批备案的全部职能。2001 年，大藏省改名为财务省，金融行政管理和金融监管的职能也分别归属给财务省和金融厅。金融厅成为单一金融监管机构，从而形成日本单一化的混业金融监管体制。

（四）欧盟金融监管模式

《第一号银行业务指令》确立了欧盟金融监管模式：欧洲委员会负责提出立法议案；部长理事会负责最终批准或驳回提案；欧洲议会是金融监管方面的一家咨询性机构。现为其提供监管建议的主要机构有：银行业咨询委员会、欧洲证券委员会和欧洲证券监督者委员会、保险委员会。作为国际监管组织，欧盟指令对成员方有约束力，但不取代成员国法律，要求成员国制定本国法律时与指令的目标一致。目前，欧盟的金融监管活动虽然仍局限于一国的管辖范围内，但是不同监管主体之间的监管合作作为原则已经被写入欧盟单一市场法令。

金融监管体制是金融监管体系和基本制度的总称，其实质就是由谁来监管、按照什么样的组织结构进行监管，相应地由谁来对监管效果负责和如何负责的问题。由于在历史文化传统、法律、政治体制、经济发展水平等方面存在着差异，各国金融监管的体制模式也不尽相同。

三、混业经营对金融监管体制的挑战

20 世纪 80 年代以来，随着金融自由化浪潮和金融创新的层出不穷，一些实行分业经营的国家纷纷转向了混业经营体制。英国、日本分别于 1986 年和 1996 年通过相应法律，打破金融业分业经营的界限，实行混业经营。美国也在 1999 年通过了《金融服务现代化法案》，开始进入混业经营的时代。混业经营的局面使金融机构及其业务日趋多元化和复杂化，使各国的金融监管体制受到新的挑战。例如，混业经营模式下的金融控股公司可能通过系统内部从事不同金融业务的子公司之间或子公司与母公司之间资金的互相划拨逃避监管，使监管机构对其各项财务指标的监控变得更加困难；混业经营使多头分业的监管体制更容易出现各监管机构对监管对象的争夺、对交叉责任的推诿或监管真空。

为了应对混业经营的挑战，很多国家的金融监管体制也在相应地进行变革和调整。第一种趋势是建立一个相对独立的金融监管机构，集中对金融业实施统一监管，如英国、日本、韩国、瑞典等。英国在 1997 年成立了金融服务监管局，日本则于 2000 年成立了金融厅，由它接管大藏省对银行、保险和证券等所有金融机构和金融市场的监管权。第二种趋势是建立牵头监管型体制，这是对多头监管型的改进。该模式指定一个监管机构为牵头监管机构，负责不同监管主体之间的协调工作，建立及时磋商协调机制，以防止监管机构之间的扯皮推诿。其典型代表是法国。这种模式的优势在于：它降低了不同监管机构之间相互协调的成本和难度，有利于加强彼此的配合与沟通，提高监管效率，同时又可以发挥各监管机构自身的优势，在一定程度上保留了监管机构之间相互制衡的关系。第三种模式是“伞形”功能监管型。所谓功能监管是监管主体以金融机构的经营业务及其金融功能为监管对象，它有别于传统的以不同类型的金融机构为监管对象的机构监管。“伞形”功能监管型模式是美国自 1999 年《金融服务现代化法案》颁布后，在改进原有分业监管体制的基础上形成的。根据该法规定，对于同时从事银行、证券、互助基金、保险与投资银行等业务的金融持股公司实行“伞式”监管制度，即从整体上指定美联储为金融持股公司监管人，负责该公司的综合监管；

同时，金融持股公司又按其所经营业务的种类接受不同行业主要功能监管人的监督；伞式监管人与功能监管人必须相互协调、共同配合。为避免重复与过度监管，“伞式”监管人的权力亦受到相当的限制，也就是说，美联储必须尊重金融持股公司内部不同附属公司监管当局的权限，尽可能采用其检查结果。在未得到功能监管人同意的条件下，联储不得要求非银行类附属公司向濒临倒闭的银行注入资本；但在金融持股公司或其附属公司因风险管理不善及其他行为威胁其下属银行的稳定性时，联储有权加以干预。通过这种特殊的监管框架，金融持股公司的稳健性与效率都可以得到一定的保障。此外，其他实施分业监管体制的国家也在努力通过各种方式加强现有监管机构之间的协调，各个监管机构之间签订的谅解备忘录正在大幅上升，以保证信息共享和应急措施的一致。

第三节 金融监管的内容和手段

在经济和金融体制发展的不同历史阶段，金融监管的目标不同，监管的内容和手段也有较大差别。如本章第一节所述，早期的金融管理侧重于解决市场准入、货币发行失控等问题，监管部门主要运用行政手段、法律手段。随着金融业的迅速发展，金融机构和金融业务种类的多元化和复杂化，金融风险急剧增加，各国金融管理的内容也相应增加和细化，覆盖了从金融机构的市场准入、市场运作、市场退出的全过程，监管手段亦日趋丰富和健全，通过综合运用行政手段、法律手段、技术手段和经济手段，大大提高了金融监管的效率。

一、金融监管的内容

在现代，虽然各国金融监管当局对金融业实施监管的具体内容不尽相同，但其主要内容不外乎三个方面，即市场准入监管、市场运作过程监管、市场退出监管。

（一）市场准入监管

市场准入监管是监管机构依据法定标准，批准金融机构法人或其分支机构设立的过程。市场准入是各国实施金融监管的首要环节，这是为了防止不合格的金融机构进入金融市场，保证金融机构的数量、质量、结构、规模和分布符合国家经济、金融的发展规划和市场需要，并与当局的监管能力相适应。

申请设立的金融机构必须有符合法律规定的章程，有符合规定的注册资本最低限额，有具备任职专业知识和业务经验的高级管理人员，有健全的组织机构和管理制度，有符合要求的营业场所、安全防范措施和与业务有关的其他设施等条件。其中，注册资本最低限额、高级管理人员任职资格是核心内容。我国有关金融法律法规对各类金融机构的注册资本限额作了明确规定，如设立商业银行的注册资本最低限额为10亿元人民币，设立城市商业银行的注册资本最低限额为1亿元人民币。金融机构高级管理人员指其法定代表人及主要负责人，包括董事长、副董事长、行长（总经理）和副行长（副总经理），对这些高级管理人员各国都有具体的任职资格规定。2000年3月，由中国人民银行颁布实施的《金融机构高级管理人员任职资格管理办法》，对我国金融管理人员的任职条件、任职资格审查与管理等方面作了明确具体的规定。

监管机构审批一个新的金融机构要严格遵循法定程序。如在我国，监管机构要对申请者提交的筹建可行性报告进行研究论证、调查核实。只有各项条件都符合要求的，方可批准其筹建。金融机构筹建就绪后，监管机构对申请人提交的开业申请报告、章程、拟任职的高级管理人员的资格证明、法定验资机构出具的验资证明、股东名册及出资额和股份、主要股东的资信证明、营业场所和安全防范措施、内部控制制度等有关文件、资料逐一审查核实。对各项条件都完全符合的，监管机构方可批准其开业，颁发金融机构营业许可证，并向社会公告。

（二）市场运作过程监管

金融机构经批准开业后，监管当局还要对金融机构的运作过程进行有效监管，以便更好地实现监管目标的要求。如对银行机构的监管一般包括资本充足率监管、流动性监管、业务范围的监管、贷款风险的控制、外汇风险管理、准备金管理和存款保险管理。

1. 资本充足率监管

对于商业银行的资本金，除注册时要求的最低标准外，一般还要求银行自有资本与资产总额、存款总额、负债总额以及风险资产之间保持适当的比例。银行在开展业务时要受自有资本的制约，不能脱离自有资本而任意扩大业务。1988年，《巴塞尔协议》规定银行资本对风险加权资产的标准比率为8%，其中核心资本至少为4%。这一规定已经被世界各国普遍接受，作为对银行监管中资本充足率的最重要、最基本的标准。2010年《巴塞尔协议》，强化了银行资本充足率监管标准，商业银行总资本充足率仍保持8%不变。商业银行的核心资本充足率将由目前的4%上调到6%，同时计提2.5%的防护缓冲资本和不高于2.5%的反周期准备资本，这样核心资本充足率的要求可达到8.5%~11%。2017年12月7日，巴塞尔银行监管委员会宣布完成对《巴塞尔协议Ⅲ》的修订，其规定的资本要求为系统重要性银行的核心一级资本充足率、一级资本充足率和资本充足率不能低于8.5%、9.5%和11.5%。

2. 流动性监管

流动性不足是导致金融机构发生危机的直接原因之一，各国金融监管当局对银行的流动性同资本充足性一样重视，只是测算和管理的方法不尽相同。有的国家不正式规定流动性的具体界限，但经常予以检查监督；有的国家对银行资产负债分别设计比例来监视银行的清偿能力；有的国家对吸收短期存款而进行长期投资的银行单独进行管理，对其长期性投资加以特殊限制。流动性监管既包括本币流动性，也包括外币流动性。有的国家对这两个指标分开管理，有的国家合在一起管理。我国对商业银行本币与外币的流动性分别管理，衡量商业银行流动性水平的指标是流动性资产余额与流动性负债余额之比，该比例不得低于25%。随着金融环境的变化，各国对流动性的考核和监督方法也在不断地改进，总的趋势是以考核银行资产负债期限和利率结构搭配是否合理为基础对流动性进行系统的评价。

3. 业务范围的监管

金融机构可以经营哪些业务，不可以经营哪些业务一般是有限制的。一些国家把商业银行业务与投资银行业务分开，并禁止商业银行认购股票；一些国家则限制银行对工商企业的直接投资。有的国家禁止在银行内把银行业务与非银行业务混在一起，但允许通过银行控股公司、附属机构等参与某些风险较大的非银行活动；有的国家允许银行经营非银行业务，但限制投资规模；有的国家允许受特殊管理的银行进行大范围的经营活动；有的国家对银行经营的业务种类很少施加限制。长期以来，我国实行分业经营、分业监管的原则。近几年伴随着银行保险业的交叉经营，为深化金融监管体制改革，解决现行体制存在的监管职责不清晰、交叉监管和监管空白等问题，国务院机构改革方案提出，将中国银行业监督管理委员会和中国保险监督管理委员会的职责整合，组建中国银行保险监督管理委员会，作为国务院直属事业单位。2018 年4 月8日，中国银行保险监督管理委员会正式挂牌成立。

4. 贷款风险的控制

追求最大限度的利润是商业银行经营的直接目的，商业银行把吸收的资金尽可能地用于贷款和投资，尽可能地集中投向盈利高的资产业务。由于获利越多的资产，风险相对就越大，因而，大多数国家的监管当局都限制贷款投向的过度集中，通常限制一家银行对单个借款者提供过多的贷款，以分散风险。分散风险既是银行的经营战略，也是金融监管的重要内容。经验表明，在经济、金融环境不断变化的情况下，任何形式的风险集中都有可能使一个营运正常的银行步入险境。因此，如何对风险集中进行准确的估价和有效的控制，成为近年来备受关注的一个问题。

5. 外汇风险管理

在外汇风险领域里，大多数国家对银行的国际收支的趋向很重视，并制定适当的国内管理制度，但各自的管理制度有着显著的差别。美国、法国、加拿大等国对外汇的管制较松；而英国、日本、荷兰、瑞士等国对外汇的管制较严。

6. 准备金管理

银行的资本充足性与其准备金政策之间有着内在的联系，因此对资本充足性的监管必须考虑准备金因素。监管当局的主要任务在于确保银行的准备金是在充分考虑谨慎经营和真实评价业务质量的基础上提取的。各国金融监管当局已经普遍认识到准备金政策和方法的统一是增强国际金融体系稳健性的一个重要因素，也有助于银行业在国际范围内的公平竞争。

7. 存款保险管理

为了维护存款者利益和金融业的稳健经营与安全，有些国家建立了存款保险制度。由政府或金融机构同业协会设立专门负责存款保险的机构，规定本国金融机构按吸收存款的一定比率向存款保险机构缴纳保险金。当金融机构出现信用危机时，由存款保险机构向金融机构提供财务支援，或由存款保险机构直接向存款者支付部分或全部存款，以维护正常的金融秩序。我国于 2015 年 5 月 1 日颁布了《存款保险条例》，标志着我国存款保险制度的正式建立。2019 年 5 月 24 日我国存款保险基金管理有限公司挂牌成立。

（三）市场退出监管

金融机构市场退出，一般是金融机构由于不能偿还到期债务，或者发生了法律法规和公司章程规定的必须退出事由，不能继续经营，而必须进行拯救或破产清算的过程。金融机构市场退出的原因和方式可以分为两类：主动退出与被动退出。主动退出是指金融机构因分立、合并或者出现公司章程规定的事由需要解散，因此而退出市场的，其主要特点是主动地自行要求解散。被动退出则是指由于法定的理由，如由法院宣布破产或因严重违规、资不抵债等原因而遭关闭，监管当局将金融机构依法关闭，取消其经营金融业务的资格，金融机构因此而退出市场。

各国对金融机构市场退出的监管都通过法律予以明确，并且有很细致的技术性规定，归纳起来有以下三类处理方式：

1. 危机金融机构的拯救

对于陷入困境的大型金融机构，一般先通过各种救助方式予以拯救，破产清算是各国政府竭力避免的市场退出方式。主要的救助方式有：

（1）重新注资。对于陷入暂时流动性危机的金融机构，通过重新注入资金的办法，改善其资产负债结构，一般可以缓解金融困境，渡过危机难关。一般可以采取中央银行注资、政府“输血”、股东负责、金融同业支持、存款保险机构救助、专门拯救组织救治等办法。

（2）接管。接管是指当某一金融机构陷入危机之后，由危机金融机构申请或者金融监管当局强制，将被接管机构的全部经营业务交由特定的“托管机构”。托管机构对被接管机构的经营管理、组织机构进行必要的调整和改组，使被接管人在接管期限内，改善财务状况，渡过危机。例如，1995 年中国人民银行接管中银信托，经过整顿之后，出售给广东发展银行。接管是以保护金融机构债权人利益、恢复金融机构的正常经营能力为目的的一种行政性挽救措施。金融机构被接管之后，接管机构还可以选择拍卖；

请求政府或者存款保险机构重新注入资金，改组并转让给其他民间金融经营机构；宣布破产清算，使该金融机构完全退出市场竞争领域。

（3）收购或合并。收购是指一家健康的金融机构以现金或股票交易的方式，收购危机金融机构的全部或大部分股权。例如，1995 年，荷兰的 ING 集团（荷兰国际集团，International Nederland Group）收购了因衍生产品交易失败而破产的巴林银行，1994 年初，西班牙桑坦德银行收购破产的西班牙信贷银行，1999 年 3 月，中国光大银行整体收购中国投资银行等。合并是一家健康的金融机构与一家陷入困境的金融机构合并其全部资产与负债，形成一家新的金融机构。例如，1996 年日本大和银行与住友银行的合并、1999 年我国国泰与君安两大证券公司的合并等。收购与合并是较受各国推崇的危机金融机构的处理方式：①通过金融机构的收购合并，可以用较低的成本，稳定金融秩序，防止金融机构市场退出的负效应在整个金融体系蔓延。②由于历史等多方面原因，危机金融机构的商誉、人才资本等，仍然具有较高的无形价值而值得保留。③通过并购有利于实现金融组织的结构调整，优化金融资产的全社会配置格局，提高国民经济整体的运行效率。尽管金融监管部门可能会提供一些优惠政策来促进金融机构之间的并购发生，比如允许收购方“特许经营”某一垄断性行业或者对收购方提供一定的资金支持。但应避免通过行政安排要求收购方对危机金融机构进行购并，否则后患无穷。例如，1997 年海南省通过行政安排将资产质量低劣并卷入挤兑风潮的 28 家城市信用社并入海南发展银行，最终导致了海南发展银行的倒闭。

（4）国有化。对于一些大型金融机构，如果其他救助方式不可行，或者成本过高，一种可行的救助方式是将其收归国有。以国家的信用为担保，防止爆发大面积挤兑风潮。例如，1995 年 10 月 29 日，日本金融改革法生效之后，日本政府随即宣布对有问题的长期信用银行实施国有化；同年 12 月又将日本债权信用银行国有化。根据国有化计划，日本政府通过存款保险公司购入这两家银行的所有股份和资产，同时填补两家银行的所有损失，使两家银行仍可履行原有的一切责任。日本政府强调接管这两家银行只是暂时性的安排，将在 1 年之内为它们寻找收购机构，否则将由政府出资组成一个“过渡银行”来管理长期信用银行的经营活动，直至该银行被售出或清算。

（5）债权人参与治理。各国为了充分保护债权人的利益，进一步补充了破产程序。其显著特点就是加入了自愿破产程序，例如美国的《破产法》第 11 条、英国《破产法》中的管理程序、法国《破产法》中的内部警报程序等制度。这些制度本着和解原则，给予破产企业一段保护期，使债权债务双方能够对企业进行重组，以达到挽救危机企业的目的。我国 1996 年颁布的《破产法》第 4 条也给予了企业重组的机会。为了更好地保护债权人利益，减少金融机构破产倒闭带来的负面影响，债权人直接进入金融机构的董事会或者最高管理层，是一种较为有效的方式。债权人通过参与危机金融机构的治理，随时监测在金融机构的权益，可以促使危机金融机构改善管理，重新走上健康发展之路。

（6）资产证券化。资产证券化是指将一组流动性差的金融资产经过一定的组合，使这组资产产生稳定的现金流收益，然后再转变为具有流动性且信用等级较高的债权型证券的技术和过程。证券化之后，资产化证券的评级可以摆脱发行主体信用等级的限制，提高不良资产的信用等级，有利于通过合理的定价策略，快速大量地处理金融机构的不良资产。

（7）金融机构私有化或出售给外国投资者。在俄罗斯和其他转轨经济国家，对陷入危机的国有金融机构私有化是一种较受推崇的方式。匈牙利在 1994～1997 年对国家主要银行，包括匈牙利外贸银行、匈牙利储蓄银行、布达佩斯银行、匈牙利信用银行、塔卡里克银行、国家商业信用银行进行了私有化。其中部分银行的私有化，允许外国投资者参与。亚洲金融危机以来，主要危机受灾国通过私有化和股权的国际化等方式对金融体系进行了全面的改组，金融业的外国所有权有了大幅度增加。

2. 金融机构完全退出市场

在市场经济条件下，少量金融机构的倒闭不仅符合优胜劣汰的市场经济原则，也对提高社会资源配置效率具有重要意义。在这种情况下，政府和金融监管部门应当考虑如何减少金融机构市场退出对社会政治经济和金融的冲击，以及充分保证广大债权人的权益等问题。金融机构完全退出市场的方式主要有以下几种类型：

（1）金融机构解散。金融机构解散是指已经成立的金融机构，由于发生了机构章程或者法律法规规定的事由，致使其丧失了继续经营的能力，经有关主管部门批准登记注销后，金融机构法人资格消灭的法律行为。按照我国法律，金融机构发生下列情况之一者，即可宣布解散。

第一，按照公司章程规定，营业期已满或者发生了足以导致金融机构解散的其他事由。

第二，经过股东大会讨论决议解散。

第三，在金融机构兼并重组过程中，由于公司合并或者分立需要解散。

（2）金融机构被撤销与关闭。这是金融机构市场退出的行政程度。在我国，金融机构被关闭与撤销一般是指中国人民银行、证监会、保监会对经其批准设立的具有法人资格的金融机构，依法采取行政强制措施，终止其经营活动，对其债权债务进行清算，最终取消其法人主体资格的行为。

自 1995 年以来，我国金融主管部门采取这种金融机构市场退出方式，先后撤销了中银万国证券公司，关闭了中国农村发展信托投资公司、中国新技术创业投资公司和海南发展银行。

（3）破产清算。金融机构破产一般是指金融机构不能到期偿还债务或者是资不抵债，不能正常经营。破产清算的目的是对无偿还能力的金融机构实行管制性管理，禁止挤兑。破产清算将导致以下后果：①金融机构的股东失去全部或部分股本；②附属债务的债权人将失去一部分或全部的资金；③没有参与投保的存款人将得不到补偿；

④金融机构的剩余资产将被拍卖偿还债务。

1998年，中国人民银行第一次采用这种市场退出方式，关闭了广东国际信托投资公司，收缴其总公司及分支机构的《金融机构法人许可证》《金融机构营业许可证》《经营外汇业务许可证》，停止一切业务经营活动，由中国人民银行依法组织成立清算组，对该公司进行关闭清算，最后按照法律程序实施破产。

选择金融机构破产方式不仅对危机金融机构本身和债权人利益产生损害，而且对国民经济整体影响深远。金融机构是一种高负债经营的企业，自有资本占总资产的比重非常低，选择破产清算所面临的一个非常棘手的问题就是对自有资本无法覆盖的那一部分损失由谁来负责。此外，破产清算还会导致监管机构和存款保险公司要付出大量成本，清理分析倒闭金融机构的账户。由于破产清算打破了存款人和借款人与银行的法律业务关系，会使现有投资项目因资金不能及时到位而拖延。如果这种负效应被广泛传播，公众和投资者对金融机构的信心与投资环境会产生动摇，外资进入就会裹足不前，甚至抽逃资金，最终引发大面积金融危机。

因此各国推崇的还是通过拯救或给予适当的优惠政策，促使危机金融机构兼并重组，尽量使危机金融机构转危为安。破产清算作为金融机构市场退出方式的最后选择，是各国都竭力避免的。

3. 放宽对危机金融机构的监管标准

如果通过评估，金融监管部门认为陷入危机的大型金融机构经营管理稳健、人力资本雄厚，为了减少金融机构重组或倒闭带来的负面影响，可以考虑放松对危机金融机构的管制。在分支机构的设立、跨业经营、存贷款利率以及国内外资金流动等方面，为该机构提供带有一定歧视性和垄断性的“特许经营”制度安排。但是，这一选择必须以完善的立法和监管为前提，并辅之以其他手段。否则，片面为挽救危机金融机构而放松对银行资本充足率、信息披露、贷款损失准备金，以及分业经营的限制，则会导致金融机构的“道德风险”，形成险上加险的局面。例如，美国在20世纪80年代初期采取的放松监管选择，不仅没有救活储蓄和贷款协会行业，反而导致了它的彻底破产。

我国《中华人民共和国商业银行法》对商业银行的市场退出一般按接管、解散、撤销和破产进行监管。

二、金融监管的手段

不同国家、同一国家在不同时期的监管手段是不同的。如市场体制健全的国家，主要采用法律手段，而市场体制不发达的国家，更多的是使用行政手段。

（一）法律手段

法律手段即国家通过立法和执法，将金融市场运行中的各种行为纳入法制轨道，金融活动中的各参与主体按法律要求规范其行为。运用法律手段进行金融监管，具有强制力和约束性，各金融机构必须依法行事，否则将受到法律制裁。因此各国监管当局无不大力地使用法律手段，即使是在一些不发达的发展中国家，也都积极完善立法，使金融监管拥有相当的力度。法律手段发挥监管作用，必须树立金融法律的权威性和有效性，立法要超前，且执法要严格。例如，运用法律手段管理证券市场，就是要通过立法和执法抑制和消除欺诈、垄断、操纵、内幕交易和恶性投机现象等维护证券市场的良好运行程序，保护投资者的利益。

（二）技术手段

监管当局实施金融监管必须采用先进的技术手段，如运用电子计算机和先进的通讯系统实现全系统联网。这样监管当局不仅可以加快和提高收集、处理信息资料及客观评价监管对象的经营状况的速度和能力，而且可以扩大监管的覆盖面，提高监管频率，及时发现问题和隐患，快速反馈监控结果，遏制金融业的不稳定性和风险性。运用电子计算机进行监管，实际上是将监管当局监管的内容量化成各项监测指标，通过资料的整理、分析和对比，最后以监控指标的形式反映金融业的业务经营活动状况，判断风险程度。

（三）行政手段

行政手段指政府监管当局采用计划、政策、制度、办法等进行直接的行政干预和管理。运用行政手段实施金融监管，具有见效快、针对性强的特点。特别是当金融机构或金融活动出现波动时，行政手段甚至是不可替代的。但行政手段只能是一种辅助性的手段。从监管的发展方向看，各国都在实现非行政化，逐步放弃用行政命令的方式来管理金融业，而更多地用法律手段、经济手段。因行政手段和市场规律在一定程度上是抵触的，虽收效迅速，但震动大，副作用多，缺乏持续性和稳定性。但完全摒弃行政手段也是不现实的，即使是市场经济高度发达的国家，在特殊时期仍然需要它。

（四）经济手段

经济手段指监管当局以监管金融活动和金融机构为主要目的，采用间接调控方式影响金融活动和参与主体的行为。金融监管的经济手段很多，如在对商业银行进行监管时，最后贷款人手段和存款保险制度等就是非常典型的经济手段。在证券市场监管中，金融信贷手段和税收政策都是重要的经济手段。例如，运用金融货币政策对证券市场的影响颇为显著。在股市低迷之际放松银根、降低贴现率和存款准备金率，可增加市场货币供应量，从而刺激股市回升；反之则可抑制股市暴涨。金融信贷手段可以有效地平抑股市的非理性波动和过度投机，有助于实现稳定证券市场的预期管理目标。再如，由于以证券所得税和证券交易税（即印花税）为主的证券市场税收直接计入交易成本，税率和税收结构的调整直接造成交易成本的增减，从而可产生抑制或刺激市场的效应，并为监管者所利用。

三、金融监管的方法

（一）非现场监控

各国一般都规定银行和金融机构必须按期向中央银行提供有关财务报告。对这些材料进行对比分析是银行检查的重要方法。通常采用两种方法：①趋势分析法，即对同一家银行不同时期的增长或下降比率进行分析比较，用于观察一个时期该项比率的变化趋势；②对比分析法，即对同类金融机构间的资本充足率、资产质量、收益及流动资金等方面进行对比。

（二）现场稽核检查

现场稽核检查是由中央银行派出检查小组，进行实地检查。主要检查资本充足状况、资产质量、管理质量、收入和盈利状况、清偿能力等，以此达到全面评价的目的。

（三）加强监管对象的内部控制

金融机构的内控制度是金融机构对内部各职能部门及其工作人员从事的业务活动进行风险控制、制度管理和相互制约的方法、措施和程序等。完善的内部控制是规范金融机构经营行为、有效防范风险的关键，也是衡量金融机构经营管理水平高低的重要标志。

（四）内外部审计相结合法

银行监管当局的外部审计主要关注银行的风险与安全，而银行内部审计是向股东大会负责，审查重点在银行的盈利。外部审计制度必须与内部审计相互协调。

（五）事后处理法

当金融监管当局发现某一银行的经营不符合金融法规规定，经营管理状况出现妨碍稳健经营的倾向或有危害公众利益的行为时，就应视情况采取相应的措施。

第四节　我国的金融监管体制

我国的金融监管模式经历了全面计划控制阶段、大一统监管阶段、分业监管阶段。

近年来，随着金融市场化改革的不断推进，金融业务创新使得既有的分业边界日益模糊，跨市场、跨机构的风险显著上升，并极大削弱了宏观调控政策的有效性，金融监管架构再次进行改革，我国的金融监管构架从“一行三会”的分业经营监管模式走向“一委一行两会”的监管新框架。具体表现为：国务院金融稳定发展委员会成立，以及中国银行业监督管理委员会和保险监督管理委员会合并组建中国银行保险监督管理委员会，监管架构的新一轮改革，源于从金融监管角度看，这一新框架有效地解决了中国金融分业监管体制导致的缺乏协同、沟通效率低下的问题，加强金融基础设施的统筹监管和互联互通，推进金融统计数据和信息共享；并且增强了宏观审慎管理和功能监管，实现金融监管统一性、专业性、穿透性，弥补了单纯的机构监管的缺陷。

一、我国金融监管体制发展的几个阶段

（一）集中单一的金融监管体制的建立

1984～1992年，是我国中央银行行使金融监管职能的初始阶段，属于集中单一的金融监管体制。1984年以前，在“大一统”的金融体制下，没有监管对象，也没有监管的法律法规，因此，在这一时期，中国没有现代意义上的金融监管。从1984年开始，中国形成了中央银行、专业银行的二级银行体制，中国人民银行专门行使中央银行职能，履行对银行业、证券业、保险业、信托业的综合监管，主要依靠行政手段。

（二）从集中单一的金融监管体制走向分业监管体制

1992～2003年，从集中单一的金融监管体制走向分业监管体制。1992年10月，国务院决定成立证券委和中国证监会，证券业的监管职能从中国人民银行分离出去，中国人民银行主要负责对银行、保险、信托业的监管。同时，金融监管进入有法可依阶段。1994年，我国先后颁布《外资金融机构管理条例》《金融机构管理规定》等金融监管法规；1995年，全国人大先后通过了《中国人民银行法》《商业银行法》《票据法》《保险法》《担保法》等金融法律。可以说，1994年、1995年是我国金融法制建设大发展的时期。以此为标志，我国金融监管开始走上依法监管的轨道。1998年11月，中国保险监督管理委员会成立，确立了央行宏观监管和保监会微观监管的新型保险业监管体系。2003年4月，中国银行业监督管理委员会成立，标志着金融监管职能最终从中央银行分离出去，这是我国金融监管体制上的一个历史性跨越，标志着我国金融“一行三会”分业经营模式的形成。

（三）分业监管框架发展稳定阶段

2004～2017年，处于我国金融业分业监管的稳定发展时期。在此期间完善了中国

人民银行监管职能，2008年金融危机后金融系统的顺周期和系统重要性机构的监管问题引起各国重视，2009年G20伦敦峰会以来历次峰会都将宏观审慎监管体系列入公报文件，2010年我国央行宣布启动宏观审慎监管，2011年后逐步建立起包括合意贷款管理机制和差别准备金动态调整在内的监管框架，在加强宏观审慎管理、促进货币新低平稳增长、维护金融稳定方面发挥了重要作用。2015年12月29日，中国人民银行将部署改进合意贷款管理、从2016年开始实施宏观审慎评估有关工作。将原有的差别准备金动态调整和合意贷款管理机制“升级”为“宏观审慎评估体系”（macro prudential assessment，MPA）。进一步完善宏观审慎政策框架。

（四）2017年以来的“一委一行两会”监管新框架

2017年至今，我国进入金融监管框架改革新阶段。2017年7月，第五次全国金融工作会议提出设立金融稳定发展委员会，同年11月，国务院金融稳定发展委员会正式设立。金融稳定发展委员会的设立，标志着我国新时代金融监管框架改革拉开帷幕。2018年“两会”通过了国务院机构改革方案，银监会与保监会整合为银保监会，2018年4月银保监会挂牌成立。其拟订行业重要法律法规草案和审慎监管基本制度的职责划入中国人民银行，其目的主要有两个：一是监管和发展的职能分开，更有利于监管职能执行；二是更好地发挥中国人民银行宏观审慎职能。金融稳定发展委员会统筹协调各金融管理部门工作。自此，我国金融业监管形成“一委一行两会”的监管新框架。

二、目前我国金融监管机构的职责

（一）国务院金融稳定发展委员会的职责

2017年国务院金融稳定发展委员会成立。设立国务院金融稳定发展委员会，是为了强化中国人民银行宏观审慎管理和系统性风险防范职责，强化金融监管部门监管职责，确保金融安全与稳定发展。国务院金融稳定发展委员会明确了五方面的主要职责：

（1）落实党中央、国务院关于金融工作的决策部署。

（2）审议金融业改革发展重大规划。

（3）统筹金融改革发展与监管，协调货币政策与金融监管相关事项，统筹协调金融监管重大事项，协调金融政策与相关财政政策、产业政策等。

（4）分析研判国际国内金融形势，做好国际金融风险应对，研究系统性金融风险防范处置和维护金融稳定重大政策。

（5）指导地方金融改革发展与监管，对金融管理部门和地方政府进行业务监督和履职问责等。

（二）中国人民银行的职责

中国人民银行成立至今的70多年，特别是改革开放以来，在体制、职能、地位、作用等方面，都发生了巨大而深刻的变革。依照相关法律、法规，中国人民银行的主要职责为：

（1）拟订金融业改革和发展战略规划，承担综合研究并协调解决金融运行中的重大问题、促进金融业协调健康发展的责任，参与评估重大金融并购活动对国家金融安全的影响并提出政策建议，促进金融业有序开放。

（2）起草有关法律和行政法规草案，完善有关金融机构运行规则，发布与履行职责有关的命令和规章。

（3）依法制定和执行货币政策；制定和实施宏观信贷指导政策。

（4）完善金融宏观调控体系，负责防范、化解系统性金融风险，维护国家金融稳定与安全。

（5）负责制定和实施人民币汇率政策，不断完善汇率形成机制，维护国际收支平衡，实施外汇管理，负责对国际金融市场的跟踪监测和风险预警，监测和管理跨境资本流动，持有、管理和经营国家外汇储备和黄金储备。

（6）监督管理银行间同业拆借市场、银行间债券市场、银行间票据市场、银行间外汇市场和黄金市场及上述市场的有关衍生产品交易。

（7）负责会同金融监管部门制定金融控股公司的监管规则和交叉性金融业务的标准、规范，负责金融控股公司和交叉性金融工具的监测。

（8）承担最后贷款人的责任，负责对因化解金融风险而使用中央银行资金机构的行为进行检查监督。

（9）制定和组织实施金融业综合统计制度，负责数据汇总和宏观经济分析与预测，统一编制全国金融统计数据、报表，并按国家有关规定予以公布。

（10）组织制定金融业信息化发展规划，负责金融标准化的组织管理协调工作，指导金融业信息安全工作。

（11）发行人民币，管理人民币流通。

（12）制定全国支付体系发展规划，统筹协调全国支付体系建设，会同有关部门制定支付结算规则，负责全国支付、清算系统的正常运行。

（13）经理国库。

（14）承担全国反洗钱工作的组织协调和监督管理的责任，负责涉嫌洗钱及恐怖活动的资金监测。

（15）管理征信业，推动建立社会信用体系。

（16）从事与中国人民银行业务有关的国际金融活动。

（17）按照有关规定从事金融业务活动。

(18) 承办国务院交办的其他事项。

(三) 中国银行保险监督管理委员会的职责

中国银行保险监督管理委员会作为国务院直属事业单位，依照法律法规统一监督管理银行业和保险业，维护银行业和保险业合法、稳健运行，防范和化解金融风险，保护金融消费者合法权益，维护金融稳定。中国银行保险监督管理委员会的职责是：

(1) 依法依规对全国银行业和保险业实行统一监督管理，维护银行业和保险业合法、稳健运行，对派出机构实行垂直领导。

(2) 对银行业和保险业改革开放和监管有效性开展系统性研究。参与拟订金融业改革发展战略规划，参与起草银行业和保险业重要法律法规草案以及审慎监管和金融消费者保护基本制度。起草银行业和保险业其他法律法规草案，提出制定和修改建议。

(3) 依据审慎监管和金融消费者保护基本制度，制定银行业和保险业审慎监管与行为监管规则。制定小额贷款公司、融资性担保公司、典当行、融资租赁公司、商业保理公司、地方资产管理公司等其他类型机构的经营规则和监管规则。制定网络借贷信息中介机构业务活动的监管制度。

(4) 依法依规对银行业和保险业机构及其业务范围实行准入管理，审查高级管理人员任职资格。制定银行业和保险业从业人员行为管理规范。

(5) 对银行业和保险业机构的公司治理、风险管理、内部控制、资本充足状况、偿付能力、经营行为和信息披露等实施监管。

(6) 对银行业和保险业机构实行现场检查与非现场监管，开展风险与合规评估，保护金融消费者合法权益，依法查处违法违规行为。

(7) 负责统一编制全国银行业和保险业监管数据报表，按照国家有关规定予以发布，履行金融业综合统计相关工作职责。

(8) 建立银行业和保险业风险监控、评价和预警体系，跟踪分析、监测、预测银行业和保险业运行状况。

(9) 会同有关部门提出存款类金融机构和保险业机构紧急风险处置的意见和建议并组织实施。

(10) 依法依规打击非法金融活动，负责非法集资的认定、查处和取缔以及相关组织协调工作。

(11) 根据职责分工，负责指导和监督地方金融监管部门相关业务工作。

(12) 参加银行业和保险业国际组织与国际监管规则制定，开展银行业和保险业的对外交流与国际合作事务。

(13) 负责国有重点银行业金融机构监事会的日常管理工作。

(14) 完成党中央、国务院交办的其他任务。

2018 年 5 月 14 日，商务部办公厅发布通知，已将制定融资租赁公司、商业保理公司、典当行业务经营和监管规则职责划给中国银行保险监督管理委员会。

（四）中国证监会的职责

中国证监会为国务院直属正部级事业单位，依照法律、法规和国务院授权，统一监督管理全国证券期货市场，维护证券期货市场秩序，保障其合法运行。依据有关法律法规，中国证监会在对证券市场实施监督管理中履行下列工作职责：

（1）研究和拟订证券期货市场的方针政策、发展规划；起草证券期货市场的有关法律、法规，提出制定和修改的建议；制定有关证券期货市场监管的规章、规则和办法。

（2）垂直领导全国证券期货监管机构，对证券期货市场实行集中统一监管；管理有关证券公司的领导班子和领导成员。

（3）监管股票、可转换债券、证券公司债券和国务院确定由证监会负责的债券及其他证券的发行、上市、交易、托管和结算；监管证券投资基金活动；批准企业债券的上市；监管上市国债和企业债券的交易活动。

（4）监管上市公司及其按法律法规必须履行有关义务的股东的证券市场行为。

（5）监管境内期货合约的上市、交易和结算；按规定监管境内机构从事境外期货业务。

（6）管理证券期货交易所；按规定管理证券期货交易所的高级管理人员；归口管理证券业、期货业协会。

（7）监管证券期货经营机构、证券投资基金管理公司、证券登记结算公司、期货结算机构、证券期货投资咨询机构、证券资信评级机构；审批基金托管机构的资格并监管其基金托管业务；制定有关机构高级管理人员任职资格的管理办法并组织实施；指导中国证券业、期货业协会开展证券期货从业人员资格管理工作。

（8）监管境内企业直接或间接到境外发行股票、上市以及在境外上市的公司到境外发行可转换债券；监管境内证券、期货经营机构到境外设立证券、期货机构；监管境外机构到境内设立证券、期货机构，从事证券、期货业务。

（9）监管证券期货信息传播活动，负责证券期货市场的统计与信息资源管理。

（10）会同有关部门审批会计师事务所、资产评估机构及其成员从事证券期货中介业务的资格，并监管律师事务所、律师及有资格的会计师事务所、资产评估机构及其成员从事证券期货相关业务的活动。

（11）依法对证券期货违法违规行为进行调查、处罚。

（12）归口管理证券期货行业的对外交往和国际合作事务。

（13）承办国务院交办的其他事项。

📖 小资料

存款保险体系在美国的银行监管的角色

存款保险法律制度是指一个国家或地区为了保护存款人的合法权益、维护金融体系的安全与稳定，依法设立一个或多个专门的存款保险机构，为吸收公众存款的银行提供存款保险的一种法律制度。根据上述对存款保险的定义，可以看出存款保险制度是保险的一种，具有普通商业保险中的一般性特点。但是，存款保险毕竟与一般的商业保险存在区别。为了将存款保险与一般的商业保险相区分，巴塞尔银行监管委员会用"存款保护"一词取代了"存款保险"。经济学家巴塞洛缪（Bartholomew）也认为："存款保险"一词纯属用词不当，因为存款人（储户）并未购买保险，存款性金融机构交纳费用，获取保护也同一般意义上的被保险人购买保险完全不同。

银行存款保险法律制度起源于20世纪30年代的美国。大萧条期间，美国有近万家银行破产倒闭，存款人的利益受到严重损害。为恢复公众对银行业的信心，维护金融体系的稳定，1933年，美国国会通过了《格拉斯—斯蒂格尔法案》（Glass – Steagall Act），并根据该法第12B条款，于1933年9月11日设立了联邦存款保险公司（Federal Deposit Insurance Corporation，FDIC），是世界上首个建立存款保险制度的国家。此后，德国、日本、英国等国家也纷纷效仿美国，相继建立了本国的银行存款保险法律制度。那么，究竟何谓银行存款保险法律制度呢？

20世纪大萧条后，美国开始采取金融分业监管体制。经过几十年的发展变化之后，美国形成了复杂的多边金融监管模式——双层多头金融监管模式。所谓"双层"是金融监管指联邦和州均设有金融监管机构；"多头"则是指联邦设立多种监管机构，并主要采用"机构性监管"，按照银行、证券和期货业、保险业分别设立专门监管部门。对于银行而言，双层银行体系意味着银行可以选择取得联邦或州执照。每一家银行要求有一个主监管者，联邦注册的国民银行、联邦注册的储蓄机构、州注册的联储成员银行和州注册的非联储成员银行分别受到不同监管机构的监管。具体来说，FRS（Federal Reserve System）是银行控股公司和州联储成员银行的主监管者；OCC（Comptroller of the Currency）是国民银行的主监管者；FDIC（Federal Deposit Insurance Corporation）是州非联储成员银行的主监管者；OTS（Office of Thrift Supervision）是联邦储贷机构的主监管者；州监管机构是州储贷机构的主监管者；NCUA（National Credit Union Administration）是信用社的主监管者。此外，FDIC对州联储成员银行、国民银行、联邦储贷机构和州储贷机构进行辅助监管；州监管机构对州联储成员银行、州非联储成员银行进行辅助监管。

FDIC是州注册但非联储成员银行的联邦主监管者（这类机构同时还有一个州主监

管者，即州政府的银行监管部门)。然而，作为保险人，为详细了解自身保险银行的风险状况，以更好地制定费率等激励机制，管理受保银行的整体风险，1991 年的《联邦存款保险公司改进法案》规定 FDIC 同时是所有参加存款保险的银行与储贷机构的辅助性监管者，对所有被保险金融机构具有补充检查权。

FDIC 与相关监管机构一向以减少监管负担及强化监管合作为第一要务，不仅与 FRS、OTS 和州监管机构保持联系，并且与证券、保险主管机关及外国金融机构主管机关保持密切合作。具体包括以下几方面：

第一，联邦金融机构检查官协会的协调作用。1970 年成立的联邦金融机构检查官协会在保障监管一致性方面发挥了重要作用。联邦金融机构检查官协会建立了监管机构共同检查人员培训计划、信息共享、例行报表等制度，并且设立附属委员会以推进有关资本充足、反洗钱等议题方面的合作。

第二，FDIC 与其他监管机构的监管合作。各监管机构一般采取或者轮流检查、结果共享，或者联合检查但各有分工的方式对银行进行监管。FDIC 在制定费率标准时，必须参考各主监管机构的监管结论。

第三，FDIC 与其他金融监管部门的信息共享机制。FDIC 与其他金融监管部门建立了规范、及时的信息共享机制。FDIC 与其他金融监管部门信息共享的重点在于为加强各监管机构的电子信息交换而建立的共享资料的保密性、安全性及完整性等原则。

第四，在金融机构接管和关闭方面的合作。在对金融机构进行接管和关闭方面，当银行出现问题、陷入困境时，FDIC 往往保持与主监管者的密切合作，准备对受保机构的最佳处置时机和处置方案。

资料来源：刘卫红：载于《中山大学学报论丛》2003 年第 2 期。

复习思考题

1. 金融监督管理的必要性是什么？
2. 金融监管体制有几种类型？
3. 金融监管的原则是什么？
4. 金融监管的内容有哪些？
5. 我国目前的金融监管体制。

第十五章

金融发展与经济增长

内容简介

金融与经济发展密切相关，经济发展对金融起决定性作用，但同时现代金融也在很大程度上决定着经济的发展，处理好金融与经济增长之间的关系成为一国经济持续健康发展的根本保障。20世纪60年代之前的研究主要是围绕货币与经济的关系而展开的，并且都是以发达国家作为研究分析的对象。60年代以后，发展中国家在国际政治舞台上纷纷崛起，经济的独立性也不断增强，然而其落后的货币金融制度却成为经济发展的羁绊。部分经济学家开始转向对发展中国家金融问题的研究，并先后提出了一些具有创新性的金融发展理论。

教学目的

通过本章的学习，要求了解金融发展与经济增长的关系；理解和掌握金融发展与经济增长关系的基本理论；掌握金融发展理论研究的背景；掌握金融机构论、金融结构论、金融压抑论、金融深化论、金融约束论、金融功能论和金融可持续发展理论的内涵；了解我国金融发展与经济增长之间的关系；了解金融发展与经济增长理论演变的几个阶段以及各个阶段理论的不同特点。

第一节　金融发展与经济增长关系的历史回顾

金融是经济发展的产物，同时金融是影响经济发展的重要因素，并且随着经济的发展，金融对经济的影响越来越大。

一、金融是商品经济发展到一定阶段的产物

在古老的农业时代已产生了货币、简单的信用和银行中介。货币作为媒介商品交

换的一般等价物，是伴随着商品交易而产生的。货币的产生是商品交换中为了降低交易费用，人们用“间接税选择性耦合”取代“双向直接耦合”的结果。可以说，商品生产和交换的发展孕育了货币的产生。

而货币的产生不仅方便了人们的交换和商品交易，使人们的交易在更大的时间和空间上展开，还使得社会财富的区际、代际间得以传播、延续和继承，货币的产生也使得人们可以通过积累货币去实现自己财富的增值，激发了人们创造财富的无限欲望。可以说，货币的出现是人类社会的重要推动力之一，从此，金融在人类的经济活动中也开始发挥作用。

货币的产生和发展，使原先在同一过程中买卖紧密结合的物物交换，分割成卖和买两个阶段。如果卖者在出卖以后暂不去购买，或者急于购买的人自己的产品还没有卖出，便产生了赊销、预付和借贷，这就出现了信用活动。随着商品经济发展到社会化的商品生产阶段，商品生产者一改原来的“为买而卖”的做法，开始“为卖而买”。为了出售商品、获得利润，他们购进生产资料，组织商品生产，以实现价值的增值，在内在的利润驱使和外部的竞争压力下，就必须聚集更多的社会资金并在各部门之间自由转移。这成为信用及其工具产生的动因。

信用工具和信用形式的出现是商品经济发展的产物，在一定程度上解决了社会资金转移和生产者资金规模限制的问题。但是，提供信用的人提供了资金以后，遇到特殊情况急需现款时，又须收回供自己使用，这就使得金融工具的交易成为可能。信用工具的交易使得信用工具本身成为金融性的供交易的商品，从此金融市场就与商品市场、劳务市场一起成为支撑商品经济大厦的三大支柱。

中世纪城市商业经济的兴起以及其后重商主义的兴盛，促进了商业贸易的发展，也使得为商业贸易提供融资的借贷活动及其借贷工具得以极大发展。文艺复兴时期，意大利北部的城邦出现了复式记账、承兑票据、票据贴现和买卖等，为手工业作坊在原料采办、销售上提供信用安排，缓解了流动资金的紧张，一定程度上促进了手工业经济的发展。1408 年，佛罗伦萨的立法承认有限公司，为股票投资创造了有利的条件。14 世纪末 15 世纪初期，在热那亚出现了现代股份制的雏形——孔佩尔和毛恩。同时，为解决远途贸易中的现金支付和信贷融资等问题而出现了汇票。15 世纪航海技术的进步推动了商业的发展，也推动了信用活动的繁荣和信用工具的多样化；私人财富的积累，促进了包括储蓄业务的各种金融业务的发展。16 世纪，转账支票、票据交换、股票、债券以及证券交易都已产生，并有所发展。

银行中介机构产生于古老的货币兑换业，在氏族公社解体、奴隶制国家产生后的相当长一段时间内，由于人们经济活动区域的狭小、分裂和不统一，导致货币的不统一，为了适应商品跨区域流通的要求，一种全新的行业——货币兑换业就产生了。

最早的货币兑换业产生于古巴比伦的寺庙。公元 11 世纪至 15 世纪，地处亚、欧、非三洲之间的地中海以其重要的地理位置、便利的水上交通，成为东西方贸易活动最频繁的地区。12 世纪至 14 世纪，先后出现了具有全欧洲意义的“香槟集市”和“汉萨同盟”。这些集市既是商品交易的中心，又是各类货币荟萃交易的场所。从各国和各地区来的商客，要把自己的货币兑换成贸易人认可的货币方能成交。于是，一些商品经营者开始兼营钱币兑换业务，随着资信的扩大，又逐渐开办保管现款业务，进而办理借贷，逐渐又有专业组织产生，最后发展成为私人银行，如 1171 年威尼斯成立的银行和 1407 年热那亚成立的银行。这些银行的主要业务是钱币兑换，此外还经营保管、贷放业务。这些商业银行的产生旨在为顺畅流通而健全通货，为经济的发展创造了积极的条件。16 世纪，在意大利出现了近代意义上的银行，如 1580 年成立的威尼斯银行和 1593 年成立的米兰银行。17 世纪，又出现了诸如阿姆斯特丹银行、瑞典银行、纽伦堡银行、汉堡银行等，这些银行经营货币兑换、接受存款、划拨款项、贷款等业务。

可见，金融是商品经济发展到一定阶段的产物，是货币流通发展到一定阶段的客观要求。同时，金融的产生和发展推进了经济的顺畅发展。

二、金融的产生和发展推进了经济增长

（一）现代银行制度的建立及其对经济的主动性作用

银行业发展较早的英国，其早期的银行是从金匠业发展而来的。17 世纪中叶，随着新大陆的发展，大量金银流入英国，使金匠业有了很大发展。当时，人们为了防止失盗，经常把金银委托给拥有安全设施的金匠业保管，金匠业还可以按顾客的要求将其保管的金银划拨给第三者。此外，金匠业还利用自有资本发放贷款，谋求高额利息。逐渐地，金匠业发展演变为早期的银行，这些银行大多利息高、规模小，目的是为了提供一个符合公共利益的法定货币，以取代价值不变、成分杂乱的硬币，进而改变商业支付体系，并没有把吸收货币当作真正的业务来经营，当时的银行在经济生活中的作用是很有限的。高利息使得职能资本家的利润很低甚至无利可图，他们迫切需要低利息及能汇集社会闲置资本的现代意义的银行。

17 世纪，适应资本主义生产和发展的银行业通过两个途径逐步建立起来：（1）原高利贷性质的早期银行逐渐演变为资本主义商业银行；（2）按照资本主义的要求建立的完全新式的股份制银行。1694 年在英国伦敦创办的英格兰银行是世界上第一家股份制银行，它标志着现代银行制度的建立，也标志着高利贷在信用领域的垄断地位的动摇。19 世纪后半期，在英国已经初步形成了以英格兰银行为中央银行并辅之以商业银行等不同种类的专业信用机构的金融体系。英格兰银行把银行券的发行扩展到用于为新兴工商业提供贷款支持，并以经营获利为目标，开辟了银行向产业化发展的道路。银行券的发行和银行把货币资本投向新兴工商业，使金融对经济的推动作用由最初的“适应性作用”转变为“主动性作用”，金融的地位发生了重要的变化。

这些银行的产生和发展，对资本主义的发展起到了积极的推动作用。新式银行的出现，使货币、信用活动逐步与贸易等新兴工商业的发展结合在一起。新式银行把借贷利率纳入资本主义生产关系，冲破了高利贷对资本主义工商业的束缚，促进了资本主义制度的建立。

（二）银行作为“万能的垄断者”对经济发展产生强大的推动力

19 世纪中叶，资本主义生产的迅猛发展，造成了生产和资本的集中，生产的集中引起了银行的集中。银行的数目急剧减少，而银行的资本却大为增加，银行所支配的资本大部分都掌握在大银行的手中，大银行的分支机构迅速发展和壮大。英国在 1881 年有银行 120 家，到第二次世界大战前夕仅剩下了 15 家。而这 15 家银行所支配的资本比 1890 年的 104 家银行的资本总和还大 5 倍半。从股份银行中派生出来的巴克莱等 5 家银行，成为英国银行业的垄断者，“垄断协定”、银行托拉斯、银行康采恩等垄断组织形式相继出现。银行垄断组织的实力进一步增长和加强，资产和存款猛增；银行合并时有发生；金融机构呈现多样化趋势；对外扩张速度加快，形成了具有国际意义的跨国银行。银行垄断在世界范围内变成了一种对经济、政府等社会活动施加影响、发挥重要作用的组织。

由于信用的发展和银行垄断的形成，银行和企业之间的关系也越来越密切。银行对企业的资金供应起着不可或缺的作用。银行可以通过信用活动监督企业的活动，有的还通过购买企业的股票参与企业的活动。而垄断的工业资本也通过购买银行股票等多种渠道参与银行的活动，这样，垄断的银行资本和垄断的工业资本融合起来，就形成了金融寡头。一小撮金融寡头以银行为中心不仅控制着国家的经济命脉，而且主宰着国家的政治、经济、文化和社会生活。

在后工业时代，生产要素的跨国流动、资源配置的全球化和资本流动的国际化成为其主要特征，表明经济和金融的发展进入了新的阶段。经济的全球化从而金融的全球化是这一阶段的主要特征，在这一阶段，随着黄金和美元彻底脱钩，完全意义的信用货币制度建立起来。在完全意义的信用货币制度下，货币供给在技术上已无限制，也为金融最大限度地为经济服务解除了最后的障碍。在这一阶段，电子、信息技术在金融中的应用得到了很大的发展，电子货币、网上银行成为现实可能，在技术的依托下，国际金融快速发展，国际资本流动速度大大加快。

经济和金融的全球化加深了世界各地的联系，促进了国际贸易、交易的发展，有利于商品和资本的流动，给世界各国的发展带来了新的机遇；同时，经济和金融的全球化也给发展中国家带来了潜在的危险因素。由于发达国家在世界经济体系中包括经济、金融、科技、贸易等各方面已处于优势地位，并力图维护这种不合理、不正当的世界竞争秩序，使得发展中国家在世界经济竞争中处于不利的地位。总之，经济和金融全球化的“双刃剑”作用越来越明显，金融对经济的先导性作用也越来越突出。

第二节 金融与经济发展的相互关系

一、经济发展决定金融发展

在金融与经济发展的基本关系上，首先表现为经济发展对金融发展起决定性作用。这种决定性作用主要表现在以下三个方面：

（一）金融随经济发展而产生和发展

货币的产生是商品生产与交换发展的必然产物，信用也是随着商品经济的发展而逐步发展完善的。在经济发展的低级阶段，只有简单的金融需求，金融活动只能解决货币流通、资金融通和支付清算等基本的融资需求，金融机构的经营范围窄，金融市场上只有简单少量的金融交易活动，金融发展亦处于初始阶段。当经济发展进入发达的高级阶段时，产生出许多复杂的金融需求，金融规模也随之日益扩大。金融机构必须通过产业现代化的途径才能向社会提供各种所需的金融产品与服务；金融市场上必须推出大量的新工具和新交易手段才能满足广大投资者和筹资者的需求；金融当局必须不断完善金融宏观调控与监管体系，才能调控金融总量与结构，保持金融动作的安全与秩序，金融发展也由此而进入高级阶段。因此，商品经济越发展，交换关系越复杂，金融就越发达，脱离了商品经济，金融就成了无源之水，无本之木。

（二）经济发展结构决定着金融的发展结构

经济发展的结构决定了金融发展的结构。例如，现代部门与传统部门并存的二元经济结构决定了同期二元金融结构的存在；经济中开放部门与非开放部门的结构决定了金融业的开放比例；企业的组织结构和商品结构决定了金融的业务结构；市场结构决定了金融体系的组织结构和金融总量的结构，等等。同时，一个国家或地区的经济发展方向和重点与金融发展方向和重点总体上是一致的，经济体制的市场化将带来金融体制的市场化，而经济体制的国际化亦将带来金融发展的侧重点逐步转向国际金融舞台。

（三）经济发展的规模和速度决定着金融发展的规模和速度

一定时期的货币供给量主要受制于当期的商品可供量；而当期信用总量或金融总量的多少与经济发展的规模成正比。一个国家或地区的经济发展规模大，经济增长速度快，那么这个国家或地区相应就会金融资产规模大，增长速度快，反之亦然。此外，一国金融机构的数量、分支机构、从业人员的数量一般也都与该国的经济规模直接相关。尽管两者在规模和速度上有时背离，但金融发展的规模、速度最终都要以经济发展的规模、速度为基础相应地发生变化。

二、金融发展对经济增长的影响

（一）金融发展对经济增长影响的正效应

在现代经济生活中，金融在经济发展中的作用日益增大。金融发展对经济增长的推动作用更多的是提高资本配置效率、影响储蓄转化为投资的比例来推动影响经济增长。

金融发展有助于实现资本的积聚与集中，可以帮助实现现代化的大规模生产经营，实现规模经济的效益。这个作用是金融的一个基本功能，金融业越发达，迅速积聚资本的功能就越强。在金融高度发达的国家，金融不仅可以帮助迅速集中国内资源，还可以迅速调动国外资源，推进经济发展的国际化和全球一体化。

金融发展有助于提高资源的使用效率，从而提高社会经济效率。发达的金融体系为投资人提供了众多的可选择的投资工具和理想的投资工具流通市场。在充分竞争和较充分竞争的金融市场上，各种金融工具的价格，相对趋近于其合理水平，投资人理智的投资行为有助于资源从不善经营管理的企业流向有经营管理能力的企业，实现社会资源的合理配置，提高资源的使用效率。

金融体系的首要功能是把储蓄转化为投资，但在动员众多分散的居民将储蓄转化为投资的过程中，金融体系需要吸收一部分资源，这包括从分散的个体那里集中的储蓄时发生的交易成本和为克服信息不对称，使储户放心地放弃对其积蓄的控制权而支付的信息成本。金融机构的充分发展、金融市场的发育完善、政府管制的逐渐放松必然会使金融部门的动作效率大大提高，减少在动员储蓄过程中的交易成本和信息成本，所吸收的资源也相应大大减少，使储蓄转化为投资的比率提高，进而促进经济增长率的提高。

（二）金融发展对经济增长影响的负效应

现代金融业的快速发展在有力推动经济发展的同时，出现不良影响和副作用的可能性也在增大。当这种可能变成现实时，就会阻碍甚至破坏经济发展。概括而论，在现代经济发展中，金融发展对经济增长影响的负效应主要表现在以下方面：

（1）因金融总量失控出现通货膨胀、信用膨胀，导致社会总供求失衡，危害经济发展。在当代不兑现的信用货币制度下，由于货币发行不受贵金属储备的硬约束，在技术上具有无限供应的可能性，而在信用货币的供给完全由人为因素确定的状态下，一旦人们的认识发生偏差或操作失当，就可能引发货币供大于求的状态，导致通货膨胀。同时，由于当代信用关系已经渗透到经济生活的各个方面，信用形式日益丰富发展，信用不仅能解决盈缺部门间的调剂问题，还可以创造需求。当社会总供给大于总需求时，信用的扩张可以发挥扩大社会总需求、提高经济均衡点的作用，但若信用过度膨胀或经济已进入总需求大于总供给时，信用扩张只会加剧供求矛盾。当信用膨胀导致经济过度扩张时，就会出现泡沫经济，引发通货膨胀、信用危机和金融危机，对生产、流通、分配和消费带来诸多不良影响。

（2）因金融市场信用过度膨胀产生金融泡沫，剥离金融与实质经济的血肉联系。20 世纪 50 年代以来西方金融创新出现持续高潮后，大量新型金融工具不断涌现，新型金融市场不断形成，新业务、新交易层出不穷。这些创新成果在活跃金融、推动金融发展的同时，也加大了信用膨胀的可能性和现实性，特别是从虚拟资本中衍生出来的那些衍生性金融工具与市场。这些虚拟资本衍生品的市场价值变动，正如马克思指出的那样：只是幻想的，它们的价值额的涨落，和它们有权代表的现实资本的价值变动完全无关。它们在金融市场上通过反复易手而自我膨胀，成为最有刺激性的投机工具，在交易量几何级数的放大过程中，拉大有价证券与真实资本价值的差距，滋生金融泡沫，膨胀虚拟资本，刺激过度投机，增大投资风险。虚拟资本在价格暴涨中的泡沫膨胀，只能通过价格暴跌、泡沫破灭来消肿，这种膨胀与消肿将造成金融市场的动荡和整体经济运转的失常，拉大经济波动的幅度并可能引发经济危机。

（3）资本流动国际化、金融发展进程过快促使金融危机在国际间迅速蔓延。金融全球化使国际资本流动更加便捷，规模更大，在给发展中国家带来好处的同时也使其遭受巨大风险。国际金融投机势力挟巨资造市，借垄断优势以牟取暴利。过度的投机人为地扭曲了市场，不仅有悖于平等互利的竞争原则，而且超越了正常经济行为规则，把许多国家和地区，特别是发展中国家和地区推入灾难的深渊，成为投机者的取款机。发达国家不遗余力地强迫发展中国家开放市场，鼓吹和支持其所谓的自由市场原则，而发展中国家过快的和不当的自由化进程增强了金融体系的脆弱性，极易引发金融风险的发生。金融全球化又使得金融危机的传染力在一个全球化的年代得到了空前的扩张。

（4）金融机构经营不善使金融风险加大和失控，导致金融危机甚至引发经济危机。金融业是高负债经营的行业，自有资金所占比重小，现代金融机构均采用部分准备金制度，从事短借长贷的期限变换及证券投资等高风险经营，同时又必须随时满足客户提款或支付的需要，其正常运转高度依赖公众的信任，因此金融机构的经营具有内在的风险性。在营运过程中，金融机构也面临利率风险、流动性风险、信用风险和汇率风险等各种系统性风险和非系统性风险。这些风险的存在直接威胁着金融业的安全，必须严加防范和控制。但由于金融机构的管理工作人员因涉及利益或能力所限，往往不能充分评估和有效控制自身存在的问题和风险，一旦风险失控，就会出现债务危机、清偿力危机。通过连带的“多米诺骨牌”效应，使大批金融机构破产倒闭，整个国家将陷入金融危机之中，破坏整体经济动作和社会经济秩序，甚至引发经济危机。金融风险与经济发展的稳定性和安全性成反比。

正因为在现代经济发展中金融可能带来的这些不良影响有巨大的破坏性，所以当代各国都十分重视金融宏观调控和金融监管，力图通过有效的宏观调控实现金融总量与经济总量的均衡，通过有效的外部监管、内部自律、行业互律和社会公律来控制金融机构的经营风险，防止金融泡沫，保持金融安全与健康，实现经济的持续、稳定、协调发展。

第三节 金融发展与经济增长关系的理论综述

重商主义者认为货币的增长就意味着经济的增长。古典经济学派创始人亚当·斯密（Adam Smith）在其著作中《国民财富的性质和原因的研究》中认为，银行活动可以使资本生利，可以促进一国的经济发展。但是斯密认为银行活动充当信用媒介却不能增加一国的财富，从而忽视了银行活动的信用创造力。古典经济学派集大成者约翰·斯图亚特·穆勒（John Stuart Mill）指出，信用使资本得到更有效的利用，间接增加社会总产量。可以看出，他忽视了货币和信用对经济的反作用。

一、早期理论渊源

（一）信用创造理论

随着资本主义的迅速发展，金融规模日益扩大，金融逐步被纳入理论分析框架中，资本主义信用制度快速发展，银行的作用日益显现。信用创造理论先驱者约翰·劳（John Law）认为货币促进了贸易的发展，从而促使一国经济增长，因此得出结论，货币金融对经济发展具有积极作用。他指出，货币不只包括金银，只要具有货币职能，均可以视为货币。此外，他认为金银作为货币在货币条件方面不如纸币。因此，他认为一国应大力创办银行，发行纸币，推动经济发展。

熊彼特（Schumpeter）在《经济发展理论》中指出货币金融对经济的长期发展具有重要作用。在经济史上，熊彼特第一次提出了货币对长期经济发展具有重要意义，成为现代货币增长理论的先驱。从熊彼特的理论中可以看到，银行信用为企业发展中所需的生产要素组合提供购买力，而该购买力不仅仅来自银行所吸纳的储蓄，而且还来自银行的信用创造。在熊彼特的研究中银行是最具有信用创造能力的，而此恰恰是经济发展的动力。

（二）货币经济理论

在西方经济史上最早将经济理论和货币理论结合起来的是维克塞尔（Wicksell）的货币经济理论，它为新的经济理论奠定了基础。他通过对经济动态失衡的分析，将经济理论体系向动态经济学扩展。之后，很多经济学家如米塞斯（Mises）、凯恩斯（Keynes）、林达尔（Lindal）先后提出各自的金融发展理论，阐明货币金融活动对经济的影响。

二、金融机构论和金融结构论

（一）金融机构论

第二次世界大战后，许多发展中国家的经济停滞不前，金融体制落后，因此，很多经济学家将研究方向转向发展中国家。美国经济学家格利（Gurley）和肖（Shaw）等以经济发展和金融发展为研究对象，创造了金融发展理论。1955 年，格利和肖在《经济发展中的金融方面》中建立了金融发展模型。1956 年肖的《金融中介机构与储蓄—投资》论文发表，建立了由简单到复杂的模型，分析了金融发展在经济中的作用。20 世纪 60 年代后，格利和肖发表了《金融理论中的货币》和《金融结构与经济发展》，标志着广义货币金融理论的产生。金融机构论的观点认为：

（1）各种金融机构与种类繁多的金融资产之间具有较高的相似性和取代性。货币资产、银行同其他不同的金融资产、金融机构无本质区别，只是发展的不同程度。

（2）各种金融机构、各类金融资产是经济发展的推动力。经济发展是金融发展的必要条件，而金融发展的变化主要来自金融资产、金融工具的增加和金融机构的扩大，促使储蓄转化为投资，提高资本配置效率，促进经济增长。此外，经济增长又使人们对金融的需求增加，促进了金融发展。

（3）金融发展过程是一个演化过程，它是从初始低级向发达金融制度的转变。落后经济体的金融是低效率的，不能够发挥金融的储蓄功能。

（4）金融发展可以通过金融创新来促进经济增长。金融创新包括金融市场、金融工具和金融交易技术的创新，可以使得虚拟资本迅速扩大，交易效率快速提高，从而使得经济增长效率提高。

格利和肖的金融机构理论揭开了金融发展理论研究的序幕。

（二）金融结构论

戈登史密斯（Goldsmith）在其著作中《金融结构与金融发展》中提出了金融结构理论，为金融发展理论做出了奠基性贡献。他首次研究了金融结构问题。他认为，金融研究的主要目的是寻找金融发展的决定性因素，而研究金融发展实际就是研究金融结构的变化。同时，他认为一国的经济越发达，其金融发展水平越高。戈登史密斯的金融结构论将理论与实证相结合，对35个国家近100年相关资料进行系统性研究，并创造性地建立了一国规模及结构的基本指标体系，提出了金融相关比率（FIR）等8个具有重要意义的指标。

金融相关比率从数量上论证了金融发展与经济增长的关系。它是金融资产价值与全部实物资产价值（国民财富）之比。全部实物资产价值可以用当期国民生产总值表示，而金融资产主要包括金融部门、非金融部门和国外部门发行的金融工具。在一国的经济发展过程中，金融相关比率一般趋势是上升的，有时甚至会迅速上升产生“爆发运动”，但达到一定程度时会趋于稳定。随着经济的发展，金融结构也会发生变化，而金融相关比率可以大致反映金融发展的特点。

戈登史密斯的基本结论表明，金融发展与经济发展有着密切的联系，并且发达国家与发展中国家在金融发展中存在着明显的区别。金融机构对经济增长的作用表现在两方面：第一，金融机构可以有效地增加储蓄和投资，因为在没有金融机构存在时，小额贷款者无法进行有效投资而只能进行储蓄。另外金融机构的存在可以更有效地利用资金，使得资金流向收益更高的项目中。从这点来看，金融机构可以促进经济增长。第二，虽然金融机构的存在可能对经济发展产生积极影响，但也是由于金融机构的存在，使得一国政府借款获得更大的便利，这样更多地使资金流向政府项目，导致一国财政赤字增加而不利于一国的经济增长。所以，金融发展对一国经济增长的作用是难以确定的。

纵观历史，一个国家在不同时期或者不同国家在同一时期的金融发展对经济增长的作用也是不同的，需要具体问题具体分析。戈登史密斯认为，不可能建立一个确定不变的因果联系方向，去说明是金融发展促进了经济增长，还是金融发展反映了由其他因素导致的经济增长。

戈登史密斯的金融结构理论也存在一定的缺陷，因为他虽然对1860~1963年35个国家进行研究但并未涉及金融发展与经济增长的作用机制，此外他也没有分析金融发展与生产率增长、资本积累之间的联系，所以忽视了价格变量对金融发展和经济增长的影响。

三、金融抑制论和金融深化论

美国经济学家罗纳得·麦金农（Ronald I. Mckinnon）和爱德华·肖（Edward Shaw）在20世纪70年代提出了金融抑制论和金融深化论。他们的理论以发展中国家为研究对象，重点探讨金融与经济发展之间的相互作用，提出了相应的政策主张，不仅在西方经济学界具有较大影响，而且引起了发展中国家的高度重视，被认为是对发展经济学和货币金融理论的重要贡献。

麦金农和肖首先分析了发展中国家货币金融的特征，认为只有充分了解这些特征，才能深入研究货币金融与经济发展之间的关系及采取的对策。

他们把发展中国家在货币金融方面的特征概括如下：第一，货币化程度低。货币化是指在国民生产总值中货币交易总值所占的比例。货币化程度是衡量商品经济发展程度的指标。货币化程度低，就表示该国经济尚未摆脱“自然经济”和“物物交换”的原始落后状态，是经济不发达的重要标志。第二，货币金融制度呈二元结构，即现代化金融机构与传统金融机构并存。现代化金融机构，指的是以现代管理方式经营的大银行和其他金融机构，包括外国银行，它们主要集中于经济和交通发达的大城市。传统金融机构，指的是以传统方式经营的钱庄、摇会、当铺之类的民间金融机构，它们主要分布在经济落后或边远的小城镇和广大农村地区。发展中国家的这种二元金融结构是由这些国家的二元经济结构决定的。这使发展中国家货币政策的传导机制受到严重扭曲，从而难以发挥预期的效应。第三，金融市场落后。发展中国家的经济结构一般是割裂的，大量的经济单位互相隔绝，它们面临的生产要素及产品的价格不同，所处的技术条件不一，收益率差异大，没有一种市场制度使之趋于一致。这种市场的不完全，表现在金融方面就是经济单位的资金也是难以相互通融的。有的国家根本没有金融市场，有的国家即使有，也是初级的并由行政机构来组织，大量的小企业和居民被排斥在形式化的资金市场之外。第四，金融体制发展不平衡和效率低下。发展中国家一般都是商业银行占绝对优势，而非银行金融机构极不发达。许多国家的金融机构多为国营的，民间金融机构很少，且金融业多由政府控制。因此在这样的环境中，金融机构不可避免地缺乏经营效率，或成为弥补政府财政赤字的工具，从而无法发挥金融机构的真正功能。第五，政府对金融实行严格管制。主要表现为对金融活动做出种种行政性限制；对利率和汇率实行严格管制；国家银行占绝对垄断地位；金融业缺乏竞争。

以上特征一般发展中国家都或多或少地存在，只是程度不同而已。金融抑制论与金融深化论就是以具备上述这些特征的发展中国家为分析对象而展开研究的。

（一）金融抑制论

麦克农和肖的研究以发展中国家为研究对象，他们认为由于政府对金融市场的过多干预和管制，使得金融市场无法达到利率、汇率自由化导致脱离实际，资金和外汇的供求关系遭到破坏。金融抑制主要体现在以下几个方面：第一，利率管制。由于发展中国家对存款和贷款利率上限的硬性规定使其无法真实反映资金的供求状况和机会成本，歪曲了金融资产的价格。一方面，在利率管制下，由于发展中国家政府为弥补财政赤字，普遍存在通货膨胀现象，促使实际利率为负值，而负的实际利率必然会损害储蓄者的利益，使国家对贷款需求增加，造成过度投资，加剧了资金供求矛盾。另一方面，由于发展中国家为促进国民经济的发展，只有限制利率，才能降低公共部门的融资成本，使其达到既定目标，造成金融体系无法正常发展。第二，外汇管制。发展中国家常常高估本币的汇率，由此来降低进口商品、设备等成本，但是由于高估汇率使得出口商品的国际竞争能力更弱，造成黑市交易活动严重，同时使得外汇供求状况严重失衡，官定汇率和实际市场汇率严重偏离，无法达到真实水平，造成经济无法正常发展。第三，信贷配给。由于存贷款利率的上限的限制，使得实际利率较低，储蓄者不愿将存款存入银行，造成储蓄较低投资较高的状况。这种情况使得发展中国家面临着严重的资金短缺。很多企业便会通过信贷方式筹集资金，但是由于发展中国家政府往往对金融活动进行控制，使得信贷资金更多地流向了国企或和政府有关系的企业中，而这些企业往往又是收益率较低的企业，造成需要资金而具有较高收益率的企业始终处于资金短缺的状态，得不到信贷支持，导致资金配置效率低下，企业的发展缓慢，从而影响一国经济和金融的发展。第四，政府对金融活动的控制。在发展中国家，政府往往具有较高的权力，同时发展中国家又存在着较高的法定存款准备金率。政府控制着国家的资本以及控制着资金的流向。在发展中国家，由于银行类金融机构可以更好地为国家公共部门进行低成本的资金支持，政府往往更偏向银行等可以通过实施权利获得资金的金融机构，限制一些其他金融机构，使得金融多样化发展受到限制，致使经济发展受到抑制。而抑制的结果是金融机构种类单一，成本高昂，专业化程度低。第五，金融体系发展不平衡。发展中国家的金融机构主要以国有银行为主、其他金融机构为辅。此外，由于发展中国家的城市和农村的发展不平衡，导致金融机构主要集中在城市，而农村和偏远城镇的金融机构则少之又少。由此造成金融市场发展落后，发展不平衡、不健全，从而无法充分吸收社会资金促进经济增长。

（二）金融深化论

麦克农和肖提出金融深化论的核心观点是适度的金融自由化可以适当的利率吸收存款和零散的资金，使得资金有效地运用到高风险和高收益的项目中，推动经济的发展，同时经济的快速发展对金融的发展提出了更高的要求，使得金融创新步伐加快，以达到金融发展和经济增长的良性循环。从而他们认为一国经济要发挥金融对经济的作用必须放弃“金融抑制”政策，推行“金融自由化”或“金融深化”。与金融抑制相比，金融自由化要求政府放弃对金融的干涉，放开对利率和汇率的管制，充分发挥市场机制的作用。金融深化的表现：第一，实际利率为正数，一国的通货膨胀受到控制；第二，利率不再受管制，可以真实地反映资金的供求状况，储蓄增加；第三，对外债的依赖程度降低；第四，汇率依据市场情况自由浮动，不再存在黑市；第五，政府不再控制金融活动，金融机构向多样化方向发展，有利于金融创新，促使金融体系健康发展。第六，货币化程度稳定上升。一个国家达到以上六点即实现了金融自由化。

（三）金融抑制论和金融深化论对经济发展的影响

1. 金融抑制论对经济发展的影响

金融抑制对经济发展存在负面影响，因为金融压抑使得金融资产的价值遭到扭曲，虽然政府通过管控可以获得所需的资金，但是其存在着极深的潜在负面效应。其表现在三个方面：首先，政府对利率的管控，使得利率很低，造成负的或者不确定的实际存款利率，降低了金融中介机构动员储蓄的能力和为经济提供信贷的能力。低利率使人们更关心现期消费，从而导致储蓄水平降低，而较低的储蓄水平使得投资水平也相应降低。政府的资金配给成为政府寻租的重要来源，同时，这种行为导致逆向选择的结果还会降低银行体系的资产质量，降低资源配置的效率。另外，发展中国家对于外汇的管制，会让一国出口受到了极大的损失，国内可能通过税收等方式进行补贴，而国外的外汇资金严重缺失，使得国际收支严重恶化，外汇市场供不应求，国内黑市滋生。其次，由于政府对银行业务的管控，使得资金流向收益率较差的企业，银行的不良贷款增加，降低了金融效率，同时加大了金融风险，使得国家宏观经济受到威胁，高收益企业资金不足，无法快速发展，经济增长受到抑制。最后，由于政府限制金融活动，使得金融机构的发展极度不均衡、不健全，无法形成健康的金融体系，以致增加潜在的金融风险，金融业的落后又会降低一国的经济发展，使得一国陷入恶性循环中。

2. 金融深化论对经济发展的影响

金融深化对经济的影响存在双向作用：

第一，金融深化对经济发展存在负面影响。金融深化可能会引起国内利率高于国际利率，而且该利差不能通过预期贬值而抵消；国内企业可以从国外大量融资，政府为促进经济的快速发展而取消对资本流动的限制，使得大量资本短期流入国内引起严重通货膨胀，经济的急速发展又会使得资本的迅速流出，使得经济迅速衰退。政府因财政赤字提高本国利率，在国内大量举债的同时在国外进行大量融资，大量资金被注入国内，但由于经济发展水平的限制，投资的低回报不足以偿还债务、弥补赤字，最终由于无法控制可能引发债务危机。当利率转化为由市场机制进行调节时，银行风险加大，将会更青睐高风险高收益的项目，造成储蓄风险加大，由于银行业竞争的加剧和信息不对称，银行的投机行为或增多，造成因可贷资金的过度供给产生恶习性风险。居民的边际消费倾向降低，造成社会总需求减少，企业投资收益率降低，制约企业的投资动力，而大量外资的流入更会增加消费信用，政府为减少财政赤字将减少政府支出，根据乘数效应会使经济出现停滞甚至衰退。

第二，金融深化对经济发展的正面影响主要表现在四个方面：（1）收入效应。肖一直强调，实际货币余额并不是社会财富，因而实际货币余额的增长也不是社会收入。肖所谓的收入效应，是指实际货币余额的增长使社会货币化程度提高，由此对实际国民收入的增长所产生的影响。这种收入效应是双重的，既包括正收入效应，也包括负收入效应。正收入效应是由于货币待业服务对国民经济具有促进作用而产生的，而负收入效应是由于货币供应需要消耗实物财富和劳动，从而减少可用于国民收入生产的实际资源而产生的。金融深化的收入效应应当是有利于经济发展的正收入效应，而货币政策目标应该是不断提高这种正收入效应，同时相应地降低负收入效应。（2）储蓄效应。金融深化的储蓄效应又表现在两个方面：一方面是由收入效应引起的，即金融深化引起国民实际收入的增加，在储蓄条件一定的情况下，社会储蓄总额也将按一定比例相应增加；另一方面是金融深化提高了货币的实际收入效率，从而鼓励人们的储蓄行为，导致储蓄倾向的提高。（3）投资效应。投资效应也包括两方面含义：一方面是储蓄效应增加了投资总额；另一方面是金融增长提高了投资效率。（4）就业效应。由于货币实际收益率的上升导致投资者资金成本的提高，因此投资者将倾向于以劳动密集型的生产代替资本密集型的生产，以节约资本的使用。这样，整个社会的就业水平将得到提高。

麦克农和肖的金融发展理论很好地融合了货币金融理论和经济发展理论，不仅弥补了传统货币金融理论无法解释的发展中国家的缺陷，也丰富了金融理论和发展经济学，开辟了一个全新的领域。但是该理论过于强调金融自由化对于经济发展的积极作用，并且很多基本假设也与发展中国家的实际情况并不相符。

对于只要实行金融深化即可解决金融压抑的问题是一种理想化状态，因为金融深化本身也需要一系列的条件才可以产生效果。自 1980 年以来，三次金融危机发生在发展中国家——1982 年拉美主权债危机，1994 年墨西哥金融危机和 1997 年亚洲金融风暴（主要波及地区为东南亚和东北亚）。在这三次金融危机中，爆发危机的国家均处于快速增长时期；银行存在大量不良贷款、承受风险能力较差；在国际收支经常项目中存在不同程度的赤字。此外，爆发危机的国家均实行钉住美元固定汇率制度；资本市场对外开放程度较高，主要以债权为主的大量外资流入。这些因素对于金融危机的爆发均产生作用。

对于发展中国家金融自由化的经验与教训：第一，一国要进行金融自由化需要具有稳定的宏观经济作为支撑。因为不稳定的宏观经济会因高通货膨胀、利率和汇率的高自由浮动，使得资金流动出现问题，出现破产等现象。因此，一国稳定的宏观金融环境是金融自由化的前提。第二，金融自由化必须是根据正确的市场机制下的价格做出的，不然会出现新的资本配置结构失调。第三，政府必须在实行金融自由化时考虑到对不同利益集团的影响，提出相应的补偿手段。第四，金融自由化不是要求政府完全取消对经济的干预而是减少直接干预。

四、金融约束论

发展中国家金融抑制的形成，往往是基于世界经济因素而做出的内生选择。赫尔曼和斯蒂格利茨（Hellman and Stiglitz）等人提出了金融约束理论，他们认为在金融体系比较落后的国家中，由于逆向选择和道德风险，利率上升会使得低风险项目退出市场，导致投资人更倾向于高风险项目，因此，无法存在均衡的信贷配给。

金融约束论的观点包括以下几个方面：首先，由于信息的不完全，政府为降低代理成本只能将利率水平定在市场出清水平，提高资本配置效率。而较低的贷款利率避免了当利率较高时逆向选择问题的发生。低利率也降低了贷款成本，使得企业不会为了偿还高额利率的贷款而从事风险高、意愿不强的投资活动，因此道德风险也会得到下降。通过金融约束，使借款者和企业破产概率得到有效控制，保障了金融体系的安全和健康发展。其次，政府对利率的控制和对进入的管制，为现存的金融中介提供了租金机会，使其扩大网点，提高服务质量，降低交易成本，促进经济增长。通过刺激民间部门的积极投资，防止金融压抑所产生的危害，这样银行可以通过对企业的内部信息的优势，主动规避风险。金融约束理论的主张还包括限制银行业竞争和限制资产替代等。金融约束理论还从信息和激励的角度，对政府在市场经济中的作用进行了分析。

金融约束理论和金融抑制理论存在着相类似的地方，即如果金融约束政策在执行过程中产生扭曲，那么就会变成金融抑制。此外，二者均通过政府对经济的干预为视角，分析金融发展对经济增长的作用。但是二者也存在着不同之处：金融约束理论更加强调通过信贷来使金融发展对经济增长产生作用，而金融抑制理论更加强调通过利率机制来控制经济增长。金融抑制理论中政府制定利率上限设立租金，通过税收方式进行占用，而金融约束理论中，政府并不存在占用租金的问题。金融约束理论具有阶段有效性，其强调实际利率必须为正。

金融约束理论和金融抑制理论的相关研究在 2008 年金融危机后又增添了新的含义。有的学者认为，金融抑制不一定仅仅存在于发展中国家，他同样存在于发达国家中。莱因哈特（Reinhart）和贝伦·史班西亚（Belen Sbrancia）指出，金融抑制政策将名义利率维持在较低水平，降低了既定规模下的利息支出，有助于减少财政赤字。克鲁格曼（Krugman）认为，即使存在金融抑制，其对经济增长也不会存在太大的负面效应。关于这一争论，许多学者仍存在不同的看法，有待进一步研究。

五、金融功能论

20 世纪 90 年代开始，金和莱文（King and Levine）等一批金融学家吸收了内生增长理论的精华从金融功能的角度对经济增长进行了研究，开辟了新领域。他们通过建立包括发达国家和发展中国家的分析模型重新分析金融功能发展对经济增长的关系。他们认为，金融功能计量指标包括 4 个——流动负债、银行国内资产比例、家庭信贷比率和国民收入比率；经济增长指标也包括 4 个——人均 GDP 增长率、人均物质资本增长率、国内投资比率以及经济效率。他们根据分析结果认为，储蓄和资本配置效率促进了资本的形成和经济增长，但是金融发展的滞后限制了经济增长，因此得出结论认为，金融发展和经济增长存在因果关系，即金融发展为因、经济增长是果。

莱文认为金融中介和金融市场是相互补充的关系、金融的基本功能可以分为风险分散、资源配置、强化公司治理、储蓄汇聚和促进交换。2002 年莱文提出了金融服务论。他认为金融对于经济增长的关键是提供服务质量和扩大金融规模，金融组织形式不是最重要的，即金融市场不论是金融机构领导还是银行主导都不是主要问题。

1993 年莫顿（Morton）和博迪（Boddy）提出了“金融功能论”。1995 年《全球金融体系：功能观点》及 1996 年博迪论文的发表标志着金融功能观点走向成熟。金融功能论有两个假定：一是金融功能比金融机构更加稳定；二是金融功能优于组织结构。金融体系的功能可以分为以下三种核心功能：首先是便利市场清算和支付功能，即金融体系为商品、服务和资产交易及资本转移提供支付清算服务，不同的金融工具在功能上可以替代，运作的金融机构也不同。这是金融体系最基本的功能之一，传统的经济中由银行来担任主要承担者，但是随着金融的发展，非银行金融机构也可以成为重要的担当者。其次是聚集和分配资源的功能。金融体系可以将储蓄转化为投资，为企业或家庭提供生产和消费的资金，将社会上的资金进行有效分配。该功能需要通过金融中介和金融市场来实现，金融中介负责间接融资，使资金流向需要的企业，金融市场则通过利率、股票价格等价格机制，实现资源的优化配置。最后是风险分散和信息管理功能。金融体系不仅是管理和配置风险的核心，而且是风险管理和配置方法的提供者。风险的有效管理，可以使企业规避那些他们不愿承担的风险，降低企业和投资者的风险。此外，因为存在借款者和贷款者的信息不对称，借款者具有信息优势且可以降低金融体系的风险。

弗兰克林·艾伦（Franklin Allen）和道格尔斯·盖尔（Douglas Gale）在 2000 年进一步将金融功能归纳为 6 项基本功能，分别为价值创造、流动相创造、风险分散、价格发现、信息生产和公司治理。2005 年罗斯·莱文（Ross Levine）从信息经济学角度出发，分析了关于金融市场和金融中介信息不对称的问题，如道德风险和逆向选择，将金融功能分为 8 种，即便利交易、分散风险、套期保值、分配资源、监督经理、储蓄动员、便利货物和服务交易。

金融功能论与之前的理论不同，它强调的是金融机构和金融市场的动态演变，将金融产品的创新和金融功能作为一个共同体，将金融体系和经济发展有机地结合起来。

六、金融可持续发展理论

20 世纪 90 年代后，随着全球经济一体化的发展，社会经济和资产日益金融化，世界已经进入金融经济时代，墨西哥和东南亚危机的“多米诺效应”和极端破坏性，国际游资的“高机利驱动”和“高流动性”已经预示着金融在经济发展中起着越来越重要的作用。金融发展已经不再是一个局部的问题，而且已经开始影响着全球的可持续发展。在新的现实的背景下，国内学者白钦先首次在国内外提出了金融资源说理论，并以可持续发展为基调，提出新金融观。

（一）金融资源理论

在传统金融理论中，金融都被作为一种生产要素。白钦先认为金融是一种资源，且具有稀缺性，据此提出了金融资源理论。该理论赋予了金融资源两种属性：第一，金融是一种稀缺的战略性资源，这是它的一般属性；第二，金融是具有配置其他资源功能的资源，这是它的特殊属性。他指出，金融资源是一种有机体，包含三个层面：最基本层次为广义的货币资本或资金，是基础性核心金融资源；中间层次为金融意识、金融组织与金融工具及其运行规则等，基本类似于戈登史密斯的金融结构具有实体性质；而处在最高层次的是金融规制、金融政策及相互之间的关系，是整体功能性高层金融资源。该理论一方面突出了货币资产作为金融的基础成分的地位；另一方面也强调了金融资源在金融体系中的整体性功能。

（二）金融可持续发展理论

金融可持续发展理论主要讨论不同国家及全球的金融资源的开发利用、供求关系、收益与风险以及结果与影响，从而最终实现全球的金融可持续发展。为保证可持续发展，该理论认为应该是规模与质量、持续经营与间断性跳跃、宏观与微观效率的同时发展，所以，效率是金融可持续发展理论的核心。金融可持续发展是金融体制与机制随着经济发展的脚步不断进行调整和协调，以达到金融资源的有效配置。金融效率的快速提高，使得金融在长期内稳定、健康地快速发展。金融可持续发展理论主要表现在以下几个方面：第一，金融资源配置的效率以商业银行资产收益率等为衡量标准，即通过微观上的收益来进行衡量。第二，金融发展效率的提高不得以牺牲未来的资源为代价寻求快速增长。第三，金融可持续发展强调的是一国长时间内在全球金融资源与经济发展之间的作用及产生的影响，不仅仅是某一国家某一时点的金融资源的配置。第四，金融资源配置的效率不仅仅是指过去的配置效率，更加关注的是现在以及未来对于经济增长的促进关系；他同时强调，空间上不同国家、不同区域、不同产业之间的金融资源的配置与协调，使得效率得到最优化。从这一点上看，他认为今天国际金融秩序并不是最和谐、最协调和最合理的，世界需要一种能够促进发展中国家和发达国家共同进步、共同发展的新的金融秩序，以促进全世界的经济共同繁荣。第五，效率高低的衡量标准与视角的根本转换。传统经济学中，资源配置效率是从物质产品的投入与产出的比率主动性因素角度进行分析的，但是新的资源配置效率是以金融作为主动性因素来进行分析的。这样，无效或者低效的经济就是无效或低效的金融资源进行配置的结果，不合理的经济结构、产业结构就是不合理金融配置资源的结果。

目前，金融资源理论和以金融资源理论为基础的金融可持续发展理论，已经建立了基本金融框架，同时也引出了与金融效率论、金融功能论和金融生态论并列的金融发展理论体系，对世界各国尤其是发展中国家进行金融改革起到了积极的借鉴作用。

📖 小资料

绿色金融

绿色金融指金融部门把环境保护作为一项基本政策，在投融资决策中要考虑潜在的环境影响，把与环境条件相关的潜在的回报、风险和成本都要融合进银行的日常业务中，在金融经营活动中注重对生态环境的保护以及环境污染的治理，通过对社会经济资源的引导，促进社会的可持续发展。与传统金融相比，绿色金融最突出的特点就是，它更强调人类社会的生存环境利益，它将对环境保护和对资源的有效利用程度作为计量其活动成效的标准之一，通过自身活动引导各经济主体注重自然生态平衡。它讲求金融活动与环境保护、生态平衡的协调发展，最终实现经济社会的可持续发展。绿色金融与传统金融中的政策性金融有共同点，即它的实施需要由政府政策做推动。传统金融业在现行政策和“经济人”思想引导下，或者以经济效益为目标，或者以完成政策任务为职责，后者就是政策推动型金融。环境资源是公共品，除非有政策规定，金融机构不可能主动考虑贷款方的生产或服务是否具有生态效率。

2016年9月5日，G20领导人首次在峰会的年度公报中提到绿色金融的重要性，绿色金融成为此次峰会的重要议题之一。各成员国也表示出对于绿色金融的关注以及发展决心。中国人民银行副行长易纲在研讨会上发言称，近年来，中国在绿色金融领域快速发展，不断创新。2016年以来，中国绿色债券的发行量已独占鳌头。Dealogic数据显示，中国发行人2015年发行的绿色债券总规模为12.93亿美元，在全球市场中的发行占比仅3.6%。2016年以来，中国发行人的绿色债券发行总规模已达195.46亿美元，在全球绿色债券发行总量中的占比已达44.1%。

此外，中国是全球三个建立了“绿色信贷指标体系”的国家之一。中国是第一个由政府支持的机构，即中国金融学会绿色金融专业委员会，发布本国绿色债券界定标准的国家。中国已经成为全球最大的绿色债券市场。包括内蒙古、云南、河北、湖北在内的地方已经纷纷建立起绿色发展基金或环保基金，并于2017年启动全国性的碳交易市场。

针对绿色金融所面临的挑战，许多国家在金融领域内推出了一系列方法和措施来支持绿色金融的发展。国美集团投资部分析师张慧娟指出，德国是国际“绿色金融”主要发源地之一，经过数十年的发展，已经拥有较为成熟的相关政策和较为完善的体系，可以借鉴三点措施：一是国家参与。举例来说，德国出台政策，对环保、节能项目予以一定额度的贷款贴息。实践证明，国家利用较少的资金调动起一大批环保节能项目的建设和改造，“杠杆效应”非常显著。二是发挥政策性银行的作用。例如，德国复兴银行的节能环保的金融产品从最初的融资到后期金融产品的销售都没有政府的干预，各项活动都通过公开透明的招标形式开展，保证了过程中的公正、透明，政府的主要作用就是提供贴息及制定相关的管理办法，这样保障了资金高效公平地使用。三是环保部门的认可。这是德国发展“绿色金融”取得成功的关键。在德国“绿色金融”政策实施过程中，环保部门发挥着重要的审核作用，以确保贴息政策能够准确地支持节能环保项目。每个节能环保项目要想得到贴息贷款，必须得到当地或上级环保部门的认可后才能申请。

资料来源：摘自《北京晨报》2016 年 9 月 8 日。

复习思考题

1. 从历史的角度考察金融发展与经济增长的关系。
2. 金融发展与经济增长的一般关系如何?
3. 在金融结构论中，戈登史密斯总结的金融发展的要点有哪些?
4. 发展中国家在货币金融方面的特征有哪些?
5. 金融抑制的表现及其对经济发展的负面影响有哪些?
6. 金融深化的表现及其正负效应有哪些?
7. 简述金融法权论中不同法系对经济发展的影响。
8. 说明金融资源论的两种属性。

第十六章

中国金融发展简史

内容简介

中国金融历史悠久，作为中国历史的重要组成部分，其发展与演变历程长达数千年，主要包括古代金融、半殖民地半封建金融、新民主主义金融、社会主义金融四大阶段。中国社会发展的复杂性决定着中国金融业发展的复杂性。研究中国金融业的历史演变，对于金融业的研究有着不可忽视的意义。金融史的研究，对现实金融存在的问题具有建设性的借鉴作用，不仅能够拓宽视野，还能够总结并把握中国金融业的发展及演变特色。本章将主要介绍自鸦片战争开始后中国金融业的演变历程。

教学目的

本章主要介绍自鸦片战争时起至今，中国金融业发生的一系列演变。通过本章学习，学生需要了解中国金融业自鸦片战争起的演变过程与各时期的发展特色；影响近代中国金融发展的重要因素；主要掌握新中国成立后中国银行业、证券业与保险业等金融机构的产生与发展，掌握中国金融发展的几个主要阶段与每个阶段的重大变革等内容。

第一节　旧中国金融业的发展

在1840年以前，中国没有现代意义上的“银行”，典型的信用机构主要包括当铺、银号、账局、票号等。鸦片战争以后，中国被迫打开国门，随着西方列强的政治性侵入，以英国为首的西方金融势力也随之涌入中国。受中国社会半封建半殖民地性质的影响，中国金融的性质也从封建金融演变成半封建半殖民地金融。中国长期封建社会商品经济条件下形成的货币制度，充分暴露出其落后性。随着中外商贸的不断发展，国外货币在中国的流通对中国原有的货币制度造成不小的冲击，货币危机逐渐显露。清政府采取的一系列措施并没有解决危机，反而造成通货膨胀。至此，中国的闭关锁国政策被打破，货币制度不可避免地发生动摇，中国的货币从此与世界联系起来。

一、1840～1917 年中国金融业的开端

（一）外国银行的入侵

鸦片战争后，随着西方外资涌入中国，西方列强也纷纷在华设立外资银行分支机构。1845 年英资在香港、广州分别设立“丽茹银行”，1847 年在上海成立分支机构。1860 年，法国的法兰西银行侵入中国，先后在香港、天津、汉口、厦门、北京等地设立分行。1865 年，汇丰银行在中国正式营业，这是第一家总行设在中国本土上的外资银行。1872 年，德国在华设立德意志银行分行。1876 年，俄国在上海设立对外贸易银行分支机构。1880 年，日本于上海设立日本东京第一国民银行分行。随着外国银行在华的不断入侵，中国的进出口贸易等受到严重的限制与阻碍，外国银行通过不断包揽中国金融市场业务，稳固自己的垄断地位，以达到对中国经济的侵略目的。中国直到 1897 年才有了属于自己的现代意义上的官商银行——“中国通商行”，其总部设立在上海，此后分别在汉口、北京、天津、福州、广州、烟台、香港、九江等地设立分支机构。中国通商银行成立，它是中国第一家股份制性质的现代银行，它的成立标志着中国现代银行信用事业的开始。

（二）清政府时期的中央银行

1. 户部银行

1905 年 8 月，户部银行在北京西郊民巷开业，是清末由户部筹建、官商合办的银行，也是模仿西方国家中央银行建立的、我国最早的中央银行。户部银行的设立旨在整理币制、解决政府财政的极端困难。由于清朝货币流通极为紊乱，有银两、银元、制钱、铜元、国内各种铸币、纸钞，及数种外国银元与银行券，其成色不一，折合繁杂。尤其外国银元与银行券在我国流通时由于管理不规范，攫取了暴利，影响了清朝币值稳定。同时，由于清末的巨额军费开支、巨额对外赔款及其他财政支出，清政府财政状况极度困难。因此在光绪三十年（1904 年）户部奏准清政府试办户部银行，光绪三十二年（1906 年），户部改为度支部。

2. 大清银行

光绪三十四年（1908 年）户部银行改制为大清银行。清政府度支部对原户部银行的 32 条章程重新修改，奏定大清银行章程 24 条。主要包括：重申大清银行为国家发行货币、代理国库的特权银行，确认其央行地位。明确了大清银行的八大业务，如短期拆息、期票贴现或买卖、生金银买卖、汇兑、划拨公私款项、货物押汇、代收公司银行票据、收存款项、保管箱、发放款项、发行票据。为提高银行的资金实力，大清银

行还增股了600万两白银，总计资本金1000万两白银，官商各半。

（三）辛亥革命时期与北洋政府时期的中央银行

1. 交通银行

光绪三十四年（1908年），清政府的邮传部奏准，为赎回京汉铁路、电报、邮政、航运四项事业创设了交通银行。交通银行最初被标榜为"纯属商业银行性质"，办理轮船、铁路、电报、邮政四大事业单位的款项收付，有利于集中资金。但事实上，交通银行之后成为北洋政府的中央银行。1913年，交通银行获得了与中国银行同样的货币发行权。1914年，交通银行办理代理国库、支付公债本息、代理国家内外汇兑等业务，其实际上已具备央行职能。之后尽管北洋政府频繁更迭，但统治者均将中国银行、交通银行作为盘剥民众、攫取军费的组织。

2. 中国银行

1911年辛亥革命爆发，中国民族资本主义经济发展随之进入一个黄金时代，民族资本主义工商业的发展为民族资本银行的快速发展创造了一定的历史条件。1911年10月，武昌起义成功，各地先后响应。就在政局变幻之际，依附旧政权、结纳官吏、与清政府关系密切的山西票号，存款被大量提取，放款却收不回，资金周转失灵，发生严重的支付危机，无法维持，遂使14家夙具信誉的票号在几年内全部停业清理。这种先是集中性倒闭，最后使整个票号行业全部退出金融历史舞台的行业危机乃是融资模式落后于时代者的必然归宿。辛亥革命后大清王朝覆灭，大清银行改组为中国银行。大清银行停业清理后，中国银行将原有官股500万两、备战损失、滥账、房屋等一同接收、使用；原有500万两商股作为中国银行股份，再招新商入股500万两，总计资本金1000万两。1912年2月5日，经孙中山先生批准，中国银行在上海正式成立，并履行中央银行职能，负责代理国库、承兑公款、发行钞票等。

二、1918～1945年中国金融业的发展

较晚清时期相比，这段时期外来经济组织和制度在中国土地上的成长较为独特，中国的银行业与证券行业发展较快。

（一）中央银行的发展

1. 孙中山创立的中央银行

1924年8月，孙中山领导的广东革命政府于广州创立了中央银行。孙中山认为，"欲革命之成功，除持有健全之军队训练外，尚须有完善之金融组织"。他委托宋子筹建中央银行，并亲自顾及。1926年7月，北伐军攻下武汉，国民政府迁至武汉。1926年12月，国民政府在汉口设立中央银行，广州的中央银行改组为广东省银行。中央银

行初创时，业绩卓著、颇享盛誉，但由于两行更多为巨额的军需服务，伴随着政党纠纷等问题，中央银行实际上并未行使中央银行的职能。1928 年，汉口中央银行停业。

2. 国民党时期的中央银行

1927 年 4 月，蒋介石在南京成立国民政府。1928 年 11 月，国民政府成立中央银行，总行设在上海，额定资本为政府拨款的 2000 万元。国民政府法定中央银行为国家银行，授予其货币发行、铸币、代理国库、募集公债四大特权。中央银行的总裁由国民党政府任命，中央银行的理事、监事由国民党政府特派，受国民党行政院直接领导。国民政府的中央银行还在全国各地设有分支机构，行使中央银行职责。

国民政府的中央银行成立后，又指定中国银行为国际汇兑银行，交通银行为全国实业银行。国民政府为真正控制全国金融，首先向中央银行充实资本至 1 亿元；之后修改中、交行条例，以金融公债的方式向两行增拨官股，迫使中国银行、交通银行、中央银行变为“三位一体”的国家银行，三行均有发钞权。但至 1942 年 7 月，蒋介石发布“加强统制四行”手令，严格限制中国银行、交通银行、农民银行超越普通专业银行权益，特别强调货币发行权归中央银行所有。国民党政府又规定国税归中央银行存储，黄金外汇归中央银行储备。我国的中央银行制度也据此向前发展了。

3. 革命根据地的中央银行

在中国共产党的领导下，1926 年，在湖南衡山县柴山洲特区，建立了“第一农民银行”。这是我国建立的第一家革命的银行，是人民银行业的先声。进入土地革命时期，在革命根据地还建立了各种银行，如海陆丰劳动银行、阎西工农银行等。1931 年 11 月 7 日，在江西瑞金召开的中华苏维埃第一次代表大会上，通过了成立苏维埃共和国国家银行的决议，任命毛泽民为国家银行行长，1932 年 2 月，苏维埃国家银行正式成立，并于 1932 年 3 月开始对外营业。苏维埃国家银行除经营一般业务外，还有发行钞票的特权，也接受政府委托的代理国库、代理发行公债、还本付息业务。苏维埃国家银行还创立了银行管理委员会专门就私人银行、钱庄加以监督。苏维埃国家银行设立了各地的分支机构，带动根据地各个银行走向集中、统一。1934 年 10 月至 1935 年 10 月，苏维埃国家银行跟随红军长征转移至陕北根据地。长征使国家银行在人员与装备上损失极大。1935 年 11 月，苏维埃国家银行与原陕北的陕甘晋苏维埃银行合并，改组为中华苏维埃共和国国家银行西北分行。1937 年 10 月，中华苏维埃共和国国家银行西北分行改组为陕甘宁边区银行，总行在延安。

（二）银行业的演变

1918 年以前，包括交通银行、兴业银行在内的华资银行数量不足 10 家，而两次世界大战期间成为银行创立高峰期。1921 年，上海产生了第一批信托公司；同期，又有 3 家储蓄会成立。1925 年北洋政府统治末期，华资银行的实力大体能与在华外资银行和中国钱庄业相抗衡，成为三足鼎立的一方。1926 年，随着大量资金涌入上海，钱庄数量有所增加，同时资本额与盈利也有所增长。1927 年 4 月，南京国民政府成立。在江浙财团的支持下建立起来的南京国民政府，与之前的北洋政府相比有很大的不同，特别是在抗战全面爆发前的 10 年间，其资本主义色彩更为浓厚。他们更了解金融的重要性，也深知银行是掌控金融的关键。因此，国民党政权建立后，不久即召开的全国经济会议和全国财政会议的重要议题之一，就是从制度上对银行业进行宏观规划和改造。但是具有经济、金融垄断思想的蒋介石政权并不像金融业资产阶级所预料的那样，可以让他们有一个长期发展自由资本主义的环境。蒋介石政府对银行的控制和自身开设银行的谋划都大大超过了以往的统治者。财政上，主要依靠本国银行承购公债，外债很少，并且由于财政金融当局亲美倾向明显，在金融领域里亦与美国在华银行有较多的联系与协作。1928 年，国民政府立法院通过《交通银行条例》，交通银行成为扶助农矿工商的专责银行，并随着全国政治中心从北京转移到南京。

南京国民政府成立后，外国在华银行业的演变呈现两种不同的发展趋势：一是关内的外国在华银行除日本和美国在华势力有所增强外，德、俄两国银行势力衰落或消失，其他国家的银行势力更是相继出现了某些停滞以及衰退的迹象。到 1927 年，美国在华的银行增至 5 家，日本的银行增至 8 家。另一种趋势是，日本金融实力在日本政府对华侵略政策的支持下，在关内和关外都有明显增强，尤其是在关外发展更是迅速。1931 年“九一八”事件爆发之前，日本在东北的金融势力一直处于持续和迅速的增长中；“九一八”事件爆发后，日本在东北设立的本国银行成为全面统治垄断东北的金融力量。太平洋战争爆发后，英、美、荷、比等国银行被日军接管或停业清理。

1937 年日本帝国主义发动全面侵华战争，8 月 13 日战争在上海打响，15 日国民政府财政部颁布了《非常时期安定金融办法》，主要内容是限制提存，每户只能照其存款余额，每星期提取 5%，但每户每星期至多以提取 150 元为限。随后，还成立了由中央、中国、交通和中国农民四家国营银行所组成，并有中央信托、邮政储金汇业局和中央金库先后加入的“四银行联合办事总处”（简称四联总处）；其中，中央银行、中国银行、交通银行和中国农民银行四大银行，利用拥有货币发行权、资金来源远胜于商业银行的优势，得以在大后方广设分支机构，构筑“金融网”，同时以大量贷款支持政府直接经营或投资的企业。八年抗战中它们的存款和贷款余额占全部银行的存款、贷款总余额的大部分。

尽管以蒋介石为首的南京国民政府筑造的以金融垄断为核心的国家垄断资本主义牢固地树立起来，但其逆历史潮流而动，只知道凭借政权力量搞国家垄断资本主义，却不知道货币与信贷有其自身的运动规律，因此直接导致通货膨胀绵亘国民政府统治时期的大多年份。1935 年实行的币制改革把币价“钉住”在外汇上，国内行使纸币，现银集中于政府，也就是实行了金汇兑本位制，因不高估汇价而获得改革的成功。这种货币制度是中国近代金融史上纸币政策的开始。既然实行了国家强制通用的纸币，一旦不遵守纸币流通规律，也就为日后的通货膨胀铺平了道路。事实上，实行法币政策前夕，中央银行、中国银行、交通银行三家银行发行的钞票只有 4.5 亿元，而到 1937 年 6 月已增至 14.1 亿元，其中虽有抵补原本流通的银元等因素，但用于弥补财政赤字的超经济发行也已经开始了。抗日战争全面爆发，需求扩大，供给减少，通货膨胀就以相当规模发展起来，以后一年比一年严重。1939 年以前，通货膨胀速度尚较缓慢，物价上涨倍数还未超过或显著超过法币的增发倍数。自 1940 年起进入恶性通货膨胀阶段，货币流通速度显著增快，恶性通货膨胀的标志即物价上涨倍数超过货币增长倍数的情况年复一年地严重。

（三）证券业的演变

1872 年轮船招商局成立，它是近代中国第一家通过发行股票筹集资金兴办的股份制企业。随后有多家企业都通过在市场上发行股票筹集资金，这在洋务运动时期掀起了买卖股票创办企业的小高潮，随之催生出一家具有证券交易所雏形的企业——上海平准股票公司。1919 年北京证券交易所成立，这是中国第一家正式开业的证券交易所，距 1872 年的轮船招商局的成立时隔近半个多世纪，这也标志着中国的证券业进入了一个新的历史时期。1920 年 7 月 1 日，经过北京政府批准，经过一年左右筹备期的上海证券物品交易所在上海正式开业。1921 年上海已经建立了 120 多个交易所，经营棉花、煤油、火柴等①。从名称上看，几乎每一较大行业均有一个交易所。有的行业还不止一个，如除了棉布业之外，还有府绸、纱线、厂布、夏布、苎麻、丝茧等交易所。这几个月中，上海各大报纸的广告栏中，几乎每融一两天就有一家交易所出现，每隔十几天就有一有信托公司开业。这 100 多家交易所开业后，没有多少正常的交易，只是热衷于经营其他交易所的股票，有的甚至把本身的股票在本交易所的市场内进行违法买卖。新设立的 10 余家信托公司，基本不具备金融机构应有的条件，大多以本公司的股票进行投机买卖，并承做以交易所股票为质押品的贷款，相互利用，兴风助浪，使投机风暴刮得更猛。到了 12 月，年关临近，金融紧迫，这些交易所和信托公司顿时周转不灵，纷纷停业。这段时期，延续时间最长、交易量最大的上海证券交易所，成为一个为政府的财务提供服务的“公债市场”和“财政市场”，而不是现代意义上的为股份制企业服务的“股票证券市场”。

（四）保险业的演变

鸦片战争以后，西方列强迫使清政府签订了一系列不平等条约，加强了对我国的政治、军事、经济的侵略。外国保险公司纷纷登陆中国，中国保险市场逐渐形成。面对外商独占中国保险市场，每年从中国掠夺巨额利润，致使白银大量外流这一严峻事实，中国人民自办保险的民族意识被激起。在此情况下，1865 年 5 月 25 日，义和公司

---

① 参考祁斌：《资本市场与中国经济的关键十年》，中国证监会，2014 年 1 月 13 日。

保险行在上海创立。义和公司保险行是我国第一家自办的保险机构，为以后民族保险业的兴起开辟了先河。到民国初期，中国民族保险业获得了难得的发展机遇：一是民国初建需要刺激工商业的发展；二是第一次世界大战的爆发，欧美列强卷入战争，无暇东顾，大大减缓了洋商对中国保险市场的控制；三是“五四”运动的爆发，赢得了整个民族对民族工商业的支持和对洋商的抵制。从1912年到1925年，国内陆续创办了华安合群等30余家民族保险公司，华资寿险市场一度兴起，但由于经营不善，其中停业者居多。至20世纪20年代中后期，金融资本投入保险业，民族银行开始兴办保险企业，民族保险业始有进一步发展。保险业有了突破性的发展，出现了太平保险公司这样实力雄厚、信誉卓著，分支机构代理网点遍布全国各大城市，甚至涉足南洋市场，在国际上也有一定声誉的民族保险公司。但是抗日战争爆发后，保险业受到巨大的冲击。

三、1945～1948年中国金融业的历史性转变

（一）国民党统治下的金融业

抗日战争胜利后，国民党统治区的通货膨胀未因战争结束而停止。国民党当局蓄意打内战，军费支出倍增，通货膨胀日益严重。为抑制通胀，引进外资，国民党政府于1946年3月开放外汇市场，同时抛售黄金，实行贸易自由。开放市场的准备，是战时靠“美援”积累起来的9亿美元外汇包括600万两黄金。由于通胀仍在继续，2020元法币合1美元的比价，显然是高估了法币对外价值，进口因有利可图，迅速增加，而出口不够成本，难以推动。从3月开放到同年11月，消耗了外汇3.8亿美元，不得不调整比价为3350元，以后又调整为12000元，外汇审批变得极其严格，实际等于停止外汇市场的开放。至于黄金市场，从1946年3月到1947年2月的11个月中，共抛售黄金351万两，消耗了600万两黄金储备的60%。2月10日这一天，黄金每两价由近600万元涨至960万元，当天米价每担由10万元猛跳到16万元，其他物品也均迅速上涨。国民党统治区的通货膨胀并未因抗战胜利而得以制止，反而由于发动全面内战，军费支出倍增，财政赤字日益严重而加剧。已经集中巨大社会货币资本的中央银行、中国银行、交通银行、中国农民银行四行联合办事处由重庆迁回到上海，它们在1946年、1947年和1948年6月吸收的存款余额已分别占全部银行存款总余额的91.6%、85.1%和87.2%。

1948年8月19日，国民政府宣告了行使13年的法币的崩溃。蒋介石决定实行所谓币制改革，从8月21日起发行并无什么准备的金圆券，并以1:300万的比率收兑法币，实际是发行比面额大300万倍的大钞。虽然凭着300万元等于1元的魔杖，把已发行的663万亿元法币压缩到2.21亿元金圆券，但在内战扩大，通货膨胀有增无减，军

事上又节节败退，经济已处于千疮百孔的情况下，这种“改革”怎能成功？金圆券的膨胀比法币的膨胀更快，到1949年5月上海解放的10个月时间中，发行额已达到67.9万亿元，6月又增至130万亿元，金圆券彻底崩溃。这一次的货币金融危机，已非一般能够应付过去的危机，而是演变成政权更迭的总危机，它宣告了国民党反动统治的结束，蒋介石在大陆缔造的金融王朝终于在变本加厉的恶性通货膨胀无法制止下随着政权的垮台而宣告结束。1949年12月，国民政府的中央银行撤往台湾。

（二）革命根据地的红色银行

进入抗日战争和解放战争时期，在旧中国与国民党四大家族控制的金融垄断体系并存的，是在革命根据地逐步建立和发展起来的红色银行。随着解放区的不断扩大，为了适应发展生产、支援战争和进行货币斗争的需要，各根据地相继分别建立了银行，有陕甘宁边区银行、晋察冀边区银行、冀南银行、北海银行、西北农民银行、华中银行、中州农民银行、南方人民银行、东蒙银行、东北银行、关东银行等。由于当时各革命根据地尚未连成一片，所以，这些银行都发行在本地区流通的货币，而且有的规定了相互比价、跨区流通的制度，但共同的主要任务都是保证军事供给。解放战争胜利前夕，1948年4月，晋冀鲁豫边区和晋察冀边区合并为华北解放区，随后将冀南银行与晋察冀边区银行合并为华北银行。

1948年冬，辽沈、淮海两大战役相继取得胜利，全国解放形势已经形成，为了适应统一全国金融工作的需要，中共中央决定筹建统一的中国人民银行；同年12月1日，在华北银行、北海银行、西北农民银行的基础上，在石家庄成立了“中国人民银行”，开始发行全国统一的货币——人民币，中国人民银行的第一任行长是南汉宸先生。1949年1月31日，北平和平解放，中国人民银行立即迁入北平城内，着手进行接管官僚资本银行、建立各级中国人民银行机构的工作。从此，我国的人民银行业进入了一个新的历史时期。

第二节　新中国金融业的发展

新中国从1949年10月1日成立至今已走过70年的发展历程。伴随着中国经济体制的变革，金融业也发生了巨大的变化。

一、1948～1952年民族资本改造时期

（一）中国人民银行

1949年10月1日，中华人民共和国成立，而作为新中国金融事业主体的中国人民

银行已于1948年12月1日在老解放区河北省石家庄市成立，华北人民政府当天发出布告，由中国人民银行发行的人民币在华北、华东、西北三区的统一流通，所有公私款项收付及一切交易，均以人民币为本位货币。1949年2月，中国人民银行由石家庄市迁入北平。1949年9月，中国人民政治协商会议通过《中华人民共和国中央人民政府组织法》，把中国人民银行纳入政务院的直属单位系列，接受财政经济委员会指导，与财政部保持密切联系，赋予其国家银行职能，承担发行国家货币、经理国家金库、管理国家金融、稳定金融市场、支持经济恢复和国家重建的任务。

（二）中国人民保险公司

中国人民保险公司成立于1949年10月20日，是新中国成立后的第一家国有保险公司。此后，中国人民保险公司迅速在全国建立分支机构，并以各地中国人民银行为依托，建立起广泛的保险代理网。50年代初，中国人民保险公司各地机构在执行政策和具体做法上出现很多问题，保险机构发展太快，许多干部不懂业务。1953年3月，中国人民保险公司第三次全国保险工作会议确定了“整理城市业务，停办农村业务，整顿机构，在巩固的基础上稳步前进”的方针。到1953年底，各地基本停办了农业保险。1958年10月，西安全国财贸工作会议提出：人民公社化后，保险工作的作用已经消失，除国外保险业务必须继续办理外，国内保险业务立即停办。

二、1953～1978年“大一统”的金融体系

从新中国成立后不久至1978年底以前，中国人民银行兼具中央银行、商业银行的双重职能，既负责发行货币、经理国库、金融管理等央行职能，又承担信贷、储蓄、结算、外汇等商业银行业务，并具有高度垄断性。新中国成立后至1978年底以前，中国的银行体系是单一式、“大一统”的银行体系，采取的是复合型中央银行制度。这与当时国家高度集中的计划经济体制相适应。

在国民经济恢复时期，中国人民银行在中央人民政府的统一领导下，着手建立统一的国家银行体系：一是建立独立统一的货币体系，使人民币成为境内流通的本位币，与各经济部门协同治理通货膨胀；二是在全国范围内建立分支机构，形成国家银行体系，接管官僚资本银行，整顿私营金融业；三是实行金融管理，疏导游资，打击金银外币黑市，取消在华外商银行的特权，禁止外国货币流通，统一管理外汇；四是开展存款、放款、汇兑和外汇业务，促进城乡物资交流，为迎接国家经济建设做准备。

到1952年国民经济恢复时期终结时，中国人民银行作为中华人民共和国的国家银行，建立了全国垂直领导的组织机构体系；统一了人民币发行，逐步收兑了解放区发行的货币，全部清楚并限期兑换了国民党政府发行的货币，很快使人民币成为全国统一的货币；对各类金融机构实行了统一管理。中国人民银行充分运用货币发行和货币

政策，实行现金管理，开展“收存款、建金库、灵活调拨”，运用折实储蓄和存放款利率等手段调控市场货币供求，扭转了新中国成立初期金融市场混乱的局面，终于制止了国民党政府遗留下来的长达二十年之久的恶性通货膨胀。同时，按照“公私兼顾、劳资两利、城乡互助、内外交流”的政策，配合工商业的调整，灵活调度资金，支持了国营经济的快速成长，适度地增加了对私营经济和个体经济的贷款；便利了城乡物资交流，为人民币币值的稳定和国民经济的恢复与发展做出了重大贡献。

1953 年，我国开始进入第一个五年计划时期。党中央建立了集中统一的综合信贷计划管理体制，即全国的信贷资金，不论是资金来源还是资金运用，都由中国人民银行总行统一掌握，银行部门按照统一部署，实行“统存统贷”的管理办法，银行信贷计划纳入国家经济计划，成为国家管理经济的重要手段。推进各项业务，支持内外贸易、工业化建设和对资本主义工商业的社会主义改造，在机构体制和业务体制方面均有不少改进，还在全国范围办理了新中国成立前存款的清偿，在提高经济效益方面取得显著成效。

1955 年 3 月，中央银行发行新人民币，收回旧人民币，以旧币 1 万元兑换新币 1 元，这种只改变记账单位，不影响货币实际价值，并采用全国各阶层人民同一标准兑换的办法，深受人民拥护，也为外国舆论所称道。新人民币的发行，消除了国民党统治时期遗留下来的通货膨胀痕迹，便利了生产和交换，进一步巩固了市场货币流通，为银行开展各项业务创造了良好条件。

1953 ~ 1957 年期间，银行基本上运用信贷、利率杠杆开展各项存、放款业务，特别是在资金管理、成本核算方面认真贯彻增产节约的原则，有力地推动了经济效益的提高。国营和地方国营工业企业每百元产值占用的流动资金由 1952 年的 43. 8 元降到 27. 4 元，突出的如上海同期占用资金由 19. 08 元下降到 11. 76 元，达到了历史的最低点。这 5 年间由于信贷资金的支持，上海工业产值平均增长 14. 7%，经济成效显著。总体说来，这一时期金融工作主要还是运用金融手段，遵循经济规律办事，虽然高度集中统一的计划管理体制已经开始建立，但对金融业的影响不是很大。在国家 5 年创业的经济建设中，金融业起到了稳定物价、为经济建设服务的重要作用。

1958 年，在“左”的政治路线指导下，“大跃进”开始了。银行原来一些行之有效的规章制度被弃置一旁，管理流动资金的原则被视作教条，在信贷资金实际使用上，奉行“需要多少贷多少，哪里需要哪里贷，什么时候需要什么时候贷”等所谓革新措施。效率低下，缺乏监督，导致工业企业盲目生产，商业企业盲目收购，造成大量物资积压和消费，导致社会经济资源无法进行合理配置。1958 ~ 1961 年间大量增加信贷投放，贷款额由 277. 5 亿元骤增至 803. 5 亿元，远远超过存款增加额，资金供应大撒手致使信贷失控。除自有资金垫补外，只有大肆增加货币发行。这 4 年间流通中货币由 52. 8 亿元猛增至 125. 7 亿元。

“大跃进”引起的国民经济比例严重失调、市场商品严重短缺、物价普遍上涨等一系列经济问题，给国家和百姓带来了深重的灾难。1963 年 3 月由中共中央、国务院联合发出《关于切实加强银行工作的集中统一，严格控制货币投放的决定》（简称“银行六条”）。经过全国上下特别是金融部门的努力，流通中货币额 1961 年压缩至 106.5 亿元，1963 年又压缩至 89.9 亿元，1964 年更压缩至 80 亿元，贷款额也逐年压缩，到 1964 年为 57.89 亿元。上述各项均系降低余额，不是减少增幅。这样大规模调整之后，经济效益也随之提高。就信贷资金使用效率而言，上海地方工业每百元工业产值占用流动资金也由 1961 年的 17.09 元降低为 1965 年的 12.01 元，为 1952 年有完整统计以来产值资金率最优良的年份之一。

1966 年，“文化大革命”开始后，银行的机构被撤并，人员被调走，体制被打乱。到了 1971 年初，中国人民银行总行与财政部“合署办公”。在“十年动乱”中，财政减收、银行增贷、企业拖欠，体现经济效益的地方工业企业每百元产值占用流动资金从 1965 年的 12.01 元，又上升到 1976 年的 21.32 元，成为 1952 年有完整统计以来产值资金率最高的年份。“十年动乱”，把国民经济几乎拖到崩溃的边缘，金融行业出现严重的信贷收支失衡的问题。

1978 年 3 月，五届全国人大一次会议决定中国人民银行作为部委一级，与财政部分设，省、自治区、直辖市以下的银行也应比照办理。1978 年以前，全国的金融业基本上是一家银行统揽一切业务的“大一统”体制。这种高度集中统一的体制，对于国家集中财力、保证重点建设曾起过积极的作用，但以一家银行包揽一切金融业务，难以适应按照经济规律管理经济的需要，也不利于社会主义银行职能作用的充分发挥。

三、1979～1983 年中国人民银行职能转变及四大国有专业银行体系的初步形成

（一）中国人民银行职能转变

1979～1983 年，中国人民银行的双重职能逐步剥离，央行的职能逐渐增强，商业性业务有所减少，开始向专司央行职能的过渡。当时我国经济体制改革与对外开放的不断推进，经济与社会迅速发展，我国银行体系也进行了较大调整。如先后恢复、分设了中国农业银行、中国人民建设银行、中国银行、中国人民保险公司，成立了信托投资公司、城市信用社等其他金融机构。1983 年 9 月 17 日，国务院出台的《关于中国人民银行专门行使中央银行职能的决定》，对中国人民银行的基本职能、组织机构、资金来源及与金融机构的关系作了系统的规定。1984 年 1 月 1 日，中国工商银行成立，承接中国人民银行的工商信贷、城乡储蓄等业务，中国人民银行至此转变为专门行使中央银行职能。1986 年 1 月 7 日，国务院的《中华人民共和国银行管理暂行条例》，首次规定了中国人民银行的性质、地位、职能。1995 年 3 月 18 日第八届全国人民代表大

会第三次会议通过的《中华人民共和国中国人民银行法》，标志着我国现代中央银行制度正式形成。

（二）四大国有专业银行体系初步形成

1. 中国农业银行

中国农业银行的前身——农业合作银行在 1951 年建立，隶属中国人民银行领导，是新中国时期成立的第一家专业银行，承担金融服务新中国农村经济社会恢复与发展的职责。1955 年 3 月 25 日，按照为农业合作化提供信贷支持的要求，正式以“中国农业银行”名称建立。1957 年 4 月，与中国人民银行再次合并。1963 年 11 月，根据统一管理国家支援农业资金的要求，中国农业银行再次建立，作为国务院直属机构。1965 年 11 月，与中国人民银行第三次合并。1979 年 2 月 23 日，国务院发出《关于恢复中国农业银行的通知》，中国农业银行第四次恢复建立。1979 年 2 月为了加强对农村经济的扶植，中国农业银行重新成立（原本是人民银行农村金融局）。

2. 中国银行

1979 年 3 月，经国务院批准，中国银行从中国人民银行中分设出来，同时行使国家外汇管理总局职能，直属国务院领导。中国银行总管理处改为中国银行总行，负责统一经营和集中管理全国外汇业务。以后，又恢复了国内保险业务，重新建立中国人民保险公司；各地还相继组建了信托投资公司和城市信用合作社，出现了金融机构多元化和金融业务多样化的局面。1994 年外汇管理体制改革，国家外汇由外汇管理局经营，中国银行由外汇外贸专业银行开始向国有商业银行转化。

3. 中国建设银行

中国建设银行成立于 1954 年 10 月 1 日。中国建设银行成立的基本背景是，中华人民共和国开始执行发展国民经济的第一个五年计划，以建设 156 项重点工程为中心的大规模经济建设在全国陆续展开，为管理好巨额建设资金，中国建设银行应运而生。从 1954 年到 1978 年的 20 多年间，在“大一统”计划经济体制时代，中国建设银行主要承担了集中办理国家基本建设预算拨款和企业自筹资金拨付，监督资金合理使用，对施工企业发放短期贷款，办理基本业务结算业务的职责。改革开放以后，1983 年 4 月在全国组建了中国人民建设银行，1996 年 3 月 26 日更名为中国建设银行。1994 年，按照国家投资体制改革的要求，中国建设银行将代行的财政职能和办理的政策性基本建设贷款业务分别移交财政部和国家开发银行。

4. 中国工商银行

日益发展的经济和金融机构的增加，迫切需要加强金融业的统一管理和综合协调，由中国人民银行来专门承担中央银行职责，成为完善金融体制、更好发展金融业的紧迫议题。1982 年 7 月，国务院批准中国人民银行的报告，进一步强调“中国人民银行是我国的中央银行，是国务院领导下统一管理全国金融的国家机关”，以此为起点开始了组建专门的中央银行体制的准备工作。

1983 年 9 月 17 日，中华人民共和国国务院做出决定，由中国人民银行专门行使中央银行的职能，并具体规定了中国人民银行的 10 项职责。从 1984 年 1 月 1 日起，中国人民银行开始专门行使中央银行的职能，工商信贷与储蓄业务从央行分离出来，中国人民保险公司也与中国人民银行脱钩，独立为经营集体。而中央银行则集中力量研究和实施全国金融的宏观决策，加强信贷总量的控制和金融机构的资金调节，以保持货币稳定；同时新设中国工商银行，中国人民银行过去承担的工商信贷和储蓄业务由中国工商银行专业经营。

1984 年 1 月，中国工商银行正式成立，其成立标志着中国人民银行管辖下的四大专业银行体系的初步形成，由此也就基本完成了改革开放之初中国的银行体系的重建。至此，新中国成立 30 年来中国人民银行“大一统”的局面就一去不复返了。

四、1984～1993 年计划经济与市场经济相结合的时期

1987～1988 年的两年间，包括交通银行、招商银行、中信实业银行、深圳发展银行、福建兴业银行、广东发展银行等一批新兴的股份制商业银行得以创立。作为中国银行业的新生力量，它们的加入为中国银行业过于单一的银行生态注入了鲜活的力量，促使四大国有专业银行开始积极参与到市场竞争中来。20 世纪 80 年代末期，四大专业银行开始通过私人业务进行相互渗透，表现出积极的市场竞争姿态，银行间的初步竞争局面开始有所显现。

1986 年 7 月 24 日为适应中国经济体制改革和发展，作为金融改革的试点，国务院批准重新组建交通银行。1987 年 4 月 1 日，重新组建后的交通银行正式对外营业，成为中国第一家全国性的国有股份制商业银行。光大银行、华夏银行、中信银行、招商银行、浦发银行、深圳发展银行、广东发展银行、北京银行、兴业银行、渤海银行等都是股份制结构的银行，资本额相对四大国有银行来说较小，机构设置主要在经济发达地区，不过业务品种和激励机制相对灵活。招商银行，是中国第一家完全由企业法人持股的股份制商业银行，成立于 1987 年 4 月 8 日，由香港招商局集团有限公司创办，是除中农工建交之外的中国内地规模第六大的银行、香港中资金融股的八行五保之一。1988 年 8 月兴业银行股份有限公司成立，是经中华人民共和国国务院、中国人民银行批准成立的内地首批股份制商业银行之一。1992 年 8 月中国光大银行成立，是中国光大集团下属子公司之一，是直属国务院的部级公司，是中国改革开放的产物，1997 年 1 月完成股份制改造，成为中国国内第一家国有控股并由国际金融组织参股的全国性股份制商业银行。1992 年 10 月，华夏银行在北京成立；1995 年 3 月，实行股份制改造。1995 年 5 月 23 日，全国工商联主席、民生银行筹备领导小组组长经叔平向新闻界透露，由全国工商联牵头组建的中国民生银行，近日已得到国务院、中国人民银行批准，

开始正式筹建。1996年1月12日中国民生银行在北京正式成立。它是经国务院、中国人民银行批准的首家主要由非国有企业入股的全国性股份制商业银行，它以发起人的方式募集股本。

城市商业银行是中国银行业的重要组成和特殊群体，其前身是20世纪80年代设立的城市信用社，当时的业务定位是：为中小企业提供金融支持，为地方经济搭桥铺路。从20世纪80年代初到90年代，全国各地的城市信用社发展到了5000多家。然而，随着中国金融事业的发展，城市信用社在发展过程中逐渐暴露出许多风险管理方面的问题。很多城市信用社也逐步转变为城市商业银行，为地方经济及地方居民提供金融服务。

五、1994年后新中国银行业的历史性变革

1994年对于中国银行业来说是具有关键意义的一年，当年的3~11月间，四大专业银行的政策性业务被正式剥离，国家为此成立了国家开发银行、农业发展银行和进出口银行三大政策性银行。1995年《商业银行法》正式颁布实施。至此，四大专业银行无论从法理上还是业务上都开始向更具商业功能的银行转变，从而为更具市场化的银行业竞争奠定了基础。

（一）四大国有专业银行转变为国有股份制商业银行

为了更好地建立社会主义市场下的经济体制并健全金融体系，1993年12月，国务院明确做出“中国农业银行转变为国有商业银行”的决定，中国农业银行开始向国有商业银行转轨。1994年4月，中国农业银行向新组建的中国农业发展银行划转了绝大部分政策性业务。1994年也是建设银行重要的转折发展的一年，按照政府对投资体制和金融体制改革的要求，建设银行将长期承担代理财政职能和政策性贷款职能分别移交财政部和新成立的国家开发银行，开始按照商业银行的要求，对经营管理体制进行全面改革。与此同时，中国银行和中国工商银行也都按照国家要求，进行向国有商业银行的改革。

为了更好地让四大行实现商业化运营，2004年开始我国四大行开始了股份制改革。2004年8月26日，中国银行股份有限公司挂牌成立。2006年6月1日和7月5日，中国银行股份有限公司分别在香港联合交易所和上海证券交易所成功上市。2004年9月，中国建设银行完成了股份制改革。2005年10月27日建行H股在香港联合交易所挂牌上市，2007年9月25日建行A股在上海证券交易所挂牌上市。2005年10月28日，中国工商银行正式整体改制为中国工商银行股份有限公司。2006年10月27日，中国工商银行在上海证券交易所和香港交易所首次公开发行股票。2009年1月15日中国农业银行整体改制为中国农业银行股份公司，2010年完成“A+H”两地上市。至此，我国

四大银行完成了由专业银行向商业银行转变的历史性变革。

（二）三大政策性银行

1. 国家开发银行

国家开发银行的主要任务是为国家基础设施、基础产业和支柱产业（“两基一支”）提供长期资金支持，引导社会资金投向，缓解经济发展瓶颈制约。国家开发银行将电力、公路、铁路、石油石化、煤炭、邮电通讯、农林水利、公共基础设施等作为主要业务领域和贷款支持重点。成立以来，国家开发银行积极发挥政府和市场之间的桥梁纽带作用，引导社会资金投向，支持了长江三峡、国家石油储备基地、西电东送、南水北调、西气东输、京九铁路、北京奥运、秦山核电站等一大批国家重点工程。2008 年 12 月 16 日，国家开发银行转为国家开发银行股份有限公司，当日在京挂牌成立。国家开发银行股份有限公司成为第一家由政策性银行转型而来的商业银行，标志着我国政策性银行改革取得重大进展。

2. 中国农业发展银行

为完善我国农村金融服务体系，更好地贯彻落实国家产业政策和区域发展政策，促进农业和农村经济的进一步发展，中国农业发展银行在筹备阶段，就提出了“投、贷、租、债、期、险、担保”全面推进的发展战略，目标是构建“直接投资、银团贷款、金融租赁、资产证券化、农产品期货、农业保险、融资担保”协同发展的模式。

1994 年 4 月 19 日，中华人民共和国国务院发出《关于组建中国农业发展银行的通知》，批准了中国农业发展银行章程和组建方案。1994 年 6 月 30 日，中国农业发展银行正式接受中国农业银行、中国工商银行划转的农业政策性信贷业务，共接受各项贷款 2592 亿元。1995 年 4 月底，中国农业发展银行完成了省级分行的组建工作。1996 年 8 月至 1997 年 3 月末，按照国务院《关于农村金融体制改革的决定》增设了省以下分支机构，形成了比较健全的机构体系。1998 年 3 月，国务院决定将中国农业发展银行承办的农村扶贫、农业综合开发、粮棉企业附营业务等项贷款业务划转到有关国有商业银行，中国农业发展银行主要集中精力加强粮棉油收购资金封闭管理。

2004 年以来，中国农业发展银行业务范围逐步拓展。一是根据国务院粮食市场化改革的意见，将传统贷款业务的支持对象由国有粮棉油购销企业扩大到各种所有制的粮棉油购销企业。2004 年 9 月，银监会批准农发行开办粮棉油产业化龙头企业和加工企业贷款业务。2006 年 7 月，银监会批准农发行扩大产业化龙头企业贷款业务范围和开办农业科技贷款业务。2007 年 1 月，银监会批准农发行开办农村基础设施建设贷款、农业综合开发贷款和农业生产资料贷款业务。2010 年，中国农业发展银行已形成了以粮棉油收购信贷为主体，以农业产业化信贷为一翼，以农业和农村中长期信贷为另一翼的“一体两翼”业务发展格局。2011 年初，农发行从探索多元化经营、实现长期可持续发展的战略角度考虑，决定开展投资业务，成立投资部筹备组，并将投资业务定位为农业政策性的投资业务。2012 年中国农业发展银行正式成立投资部，拟进军直接投资和资产证券化等领域，这不仅意味着该行商业化程度的进一步提升，还昭示着其在综合金融的道路上大步迈进。2014 年 9 月 24 日，国务院审议通过了中国农业发展银行改革实施总体方案。农发行认真贯彻落实党中央、国务院的大政方针，顺应我国城乡关系深刻调整的历史趋势，制定实施了“两轮驱动”业务发展战略，重点支持粮棉油收储和农业农村基础设施建设，为维护国家粮食安全、促进城乡发展一体化做出了不可替代的重要贡献。

3. 中国进出口银行

中国进出口银行成立于 1994 年 4 月 26 日，7 月 1 日正式开业，是直属国务院领导、政府全资拥有的政策性银行，其国际信用评级与国家主权评级一致。中国进出口银行是中国外经贸支持体系的重要力量和金融体系的重要组成部分，是中国机电产品、成套设备和高新技术产品出口及对外承包工程及各类境外投资的政策性融资主渠道、外国政府贷款的主要转贷行和中国政府援外优惠贷款的承贷行。

中国进出口银行的主要职责是贯彻执行国家产业政策、外经贸政策、金融政策和外交政策，为扩大中国机电产品、成套设备和高新技术产品出口，推动有比较优势的企业开展对外承包工程和境外投资，促进对外关系发展和国际经贸合作，提供政策性金融支持。

（三）中国人民银行设为九大分行

1998 年按照中央金融工作会议的部署，中国人民银行实行管理体制的改革，撤销原有的 31 个省、自治区、直辖市分行，并于 1999 年 1 月成立跨省、自治区、直辖市的九大分行，同时，成立中国人民银行系统党委，体现了中央银行体制的垂直领导，有利于实施货币政策的独立性。九大分行分别为上海分行（管辖上海、浙江、福建），天津分行（管辖天津、河北、山西、内蒙古），沈阳分行（管辖辽宁、吉林、黑龙江），南京分行（管辖江苏、安徽），济南分行（管辖山东、河南），武汉分行（管辖江西、湖北、湖南），广州分行（管辖广东、广西、海南），成都分行（管辖四川、贵州、云南、西藏），西安分行（管辖陕西、甘肃、青海、宁夏、新疆）。目前中国人民银行有 9 个分行，2 个营业管理部，303 个中心支行，1809 个县（市）支行。中国人民银行总行的组织架构包括货币政策司、金融稳定局、金融市场司、调查统计司、研究局、国库局等。

📖 **小资料**

中国金融史上的第一次银行倒闭

1998 年 6 月 21 日，中国人民银行发表公告，关闭刚刚诞生两年十个月的海南发展银行（以下简称“海发行”）。这是新中国金融史上第一次由于支付危机而关闭一家省政府背景的商业银行。

海发行的成立，曾经承载了很多人的希望和梦想。1995 年，为了加速海南地方经济的发展和妥善处理停业信托机构的债权债务问题，海南省政府决定成立海发行。90 年代中期，海南人曾骄傲地说：“海口的金融机构数量多过米铺。”

确实，在海南成为特区后，经济快速发展，房地产业也大规模扩张，并催生了许多金融机构。但是，由于没有得到有效监控，房地产业开始出现泡沫。房地产泡沫破灭后，各金融机构投入到房地产的资金成为沉淀资金，巨大的信用危机即将出现。为了挽救危局，相关部门准备在五家信托投资公司的基础上，建立一家海南本地的银行。但是，当时业界有人评论，这是一次“弱弱联合”的尝试。作为海发行前身的信托机构的大量高成本资金被积压在房地产上。资产不能动，财务状况恶化，债务压力极大，资产负债比例畸形。这家银行一出生就背负了44 亿元的债务，后来又认定为50 亿元以上。刚成立的一年，海发行的日子特别艰难，因为它除了要保证正常的银行业务运营外，还要处理一桩又一桩的债务纠纷。靠着相关部门的支持和自身的努力，渡过了最初的困难时期后，海发行逐步走出低谷，实现了良性运行，获得了暂时的辉煌：截至 1996 年底全行资本营运规模便达到86 亿元，比开业前增长94.3%，几乎翻了一倍；各项存款比开业前增长 152%，贷款比开业前增长 97.8%，成为海南省内存款最多的银行；偿还了 59% 的历史债务，全年实际利润 1.25 亿元。按照当时的发展势头，海发行应该很快就能走上健康发展的轨道。

海发行生于政策性的兼并，也在兼并中遭遇巨大的危机。当时，海南多数城市信用社高进低出，食储不化的结果，只有靠新的高息存款支付到期的存款，于是，资不抵债、入不敷出，无法兑付到期存款，成了信用社的通病。随着房地产泡沫崩溃，信用社陷入了大量不良资产的泥潭之中，而对储户承诺的高利息也加剧了这些信用社经营困境。如果让 30 多家信用社逐一关门倒闭的话，这将引起巨大社会冲击。在有关方面的动员下，从海南大局出发，海发行最终还是接过了这副重担。银行向接管的各家信用社派出工作组，负责清产核资、清受欠款和兑付居民储蓄存款工作，平息了信用社的挤兑风潮。

兼并让海发行背负上了沉重的包袱，因为这些被兼并的信用社除了少数几家能够维持之外，其他的都亏得一塌糊涂。正是这次兼并，最终使得海发行走向了末路。兼并信用社后，海发行宣布，只能保证给付原信用社储户本金及合法的利息。因此，许多在原信用社可以收取20% 以上利息的储户在兼并后只能收取7% 的利息。应该说，这些措施也有其合理性，尤其是按国家正常利息付息本来就是国家的硬性规定，无可厚非。但一些谋求“钱生崽”的投机者却不这样想，他们将钱存入信用社，就是为了获高息。这就使许多问题变得复杂。由于在海发行得不到高额收益，他们选择了撤资退出，去寻找其他能够给予高息的融资平台。

于是，1998年春节过后，不少客户开始将本金及利息取出，转存其他银行，并表示因为利息降低，不再信任海发行。当时的海口街头出现了一个怪现象：凡是街道上有海发行营业网点的地方，等候取款的人，从室内延伸至马路上，排成长队，心急地往网点内探头。海发行各营业网点前开始排队取钱，发生了大规模的挤兑。为了应对兑付，海发行规定了每周取款的次数、每次取款的限额，而且优先保证个人储户的兑付。但是由于挤提存款问题严重，次数和限额规定一变再变，使得储户每次能取到的钱越来越少，而每月可以取款的次数也变得越来越少，加剧了个人储户的不满情绪，而单位储户几乎都难以从海发行提出款项。超常的兑付压力，使得海发行的其他业务已经基本无法正常进行，同时由于房地产泡沫破灭，海发行账内不少的贷款也难以收回。见在海南岛内无法缓解困境，管理层想到了以岛外的力量帮助恢复，于1998年5月在深圳设立分行，然而并没有起到任何实质作用。为保护海发行，央行曾急调34亿元资金“救火”，但对巨大资金缺口而言只是杯水车薪。

随着挤兑风潮的加剧，海发行自身的违规经营问题也浮现出来。其中最严重的问题，莫过于向股东发放大量无合法担保的贷款。股东贷款实际上成为股东抽逃资本金的重要手段。1998年3月22日，中国人民银行在陆续给海南发展行提供了40亿元的再贷款后，决定不再给予资金支持。其后，据说海南省政府也动用了7亿元资金企图挽回局面，但也是无力回天。1998年6月21日，中国人民银行发出公告：由于海发行不能及时清偿到期债务，根据《中华人民共和国人民银行法》《中华人民共和国公司法》和中国人民银行《金融机构管理条例》，中国人民银行决定关闭海发行。随着海发行的关闭，个人的钱取出来了，但是法人存在银行里的钱，就变成了由托管清算组开出的一张债权证明。2002年3月，海发行通过媒体刊发了发放债权确认书的公告，根据公告，所有已登记的债权人将于这一年7月之前领取确认书。但之后再无下文。虽然《中国人民银行法》《公司法》《金融机构管理规定》等法规赋予了中国人民银行关闭金融机构的权力，以及关闭后由监管机构依法进行清算的原则，但对具体的关闭清算工作并没有做出系统和明确的规定。法律规则的缺位，使得清算工作难以往下进一步推进，至今依然处于停滞状态。

资料来源：搜狐网，2016年4月12日。

复习思考题

1. 简述新中国保险业的发展。
2. 加入WTO对中国的金融业发展有哪些影响？
3. 请归纳新中国成立后金融业发展的几个重要阶段。

参考文献

[1] 艾洪德:《货币银行学》，东北财经大学出版社 2011 年版。

[2] 安烨、郭悦、叶璇:《货币银行学》，上海财经大学出版社 2017 年版。

[3] 才凤玲、曹艺:《货币银行学原理》，中国金融出版社 2013 年版。

[4] 曹龙骐:《金融学》，高等教育出版社 2003 年版。

[5] 陈彪如:《国际金融学》（第三版），西南财经大学出版社 1999 年版。

[6] 陈利平:《货币理论》，北京大学出版社 2003 年版。

[7] 陈伟光:《货币银行学》，中山大学出版社 2003 年版。

[8] 陈燕:《中央银行理论与实务》，北京大学出版社 2005 年版。

[9] 陈雨露:《现代金融》，中国人民大学出版社 2000 年版。

[10] 戴国强:《货币银行学》（第四版），高等教育出版社 2015 年版。

[11] 戴相龙、黄达:《中华金融辞库》，中国金融出版社 1998 年版。

[12] 杜金富:《货币与金融统计学》（第三版），中国金融出版社 2013 年版。

[13] 杜亚斌:《货币银行业和货币政策》，科学出版社 2002 年版。

[14] 范从来、姜宁、王宇:《货币银行学》，南京大学出版社 2013 年版。

[15] 付正辉:《商业银行资本管理与风险控制——解释〈巴塞尔新资本协议〉》，经济日报出版社 2005 年版。

[16] 韩廷春:《金融发展与经济增长的内生机制》，载于《清华大学学报》2003 年第 1 期。

[17] 洪葭管:《中国金融史十六讲》，上海人民出版社 2009 年版。

[18] 胡庆康:《现代货币银行学教程》（第三版），复旦大学出版社 2010 年版。

[19] 黄达:《金融学》（第三版），中国人民大学出版社 2013 年版。

[20] 黄珊珊:《浅析存款保险制度与我国金融监管体系的协调》，载于《海南金融》2012 年第 7 期。

[21] 姜波克:《国际金融新编》（第四版），复旦大学出版社 2001 年版。

[22] 孔祥毅:《中央银行通论》，中国金融出版社 2002 年版。

[23] 李冰:《货币银行学》，北京大学出版社 2012 年版。

[24] 李成:《货币金融学》，科学出版社 2004 年版。

[25] 李建:《货币银行学》，当代世界出版社 2004 年版。

[26] 李俊芸:《金融学》，中国人民大学出版社 2016 年版。

[27] 李敏:《货币银行学》，复旦大学出版社 2004 年版。

[28] 李姝婉:《我国商业银行个人理财业务的风险管理》，载于《四川经济管理学院学报》2006 年第 1 期。

[29] 李小丽、周德慧:《投资理财概论》，北京交通大学出版社 2009 年版。

[30] 李杨、王国刚、何德旭:《中国金融理论前沿》，社会科学文献出版社 2001 年版。

[31] 李志辉:《商业银行管理学》，中国金融出版社 2006 年版。

[32] 林欣:《关于金融监管理论演进的文献综述》，载于《海南金融》2009 年第 5 期。

[33] 刘惠好:《国际金融》(第二版)，中国金融出版社 2012 年版。

[34] 刘立平:《现代货币银行学》，中国科学技术大学出版社 2003 年版。

[35] 刘思跃、肖卫国:《国际金融》(第二版)，武汉大学出版社 2002 年版。

[36] 刘锡良:《中央银行学》，中国金融出版社 1997 年版。

[37] 刘小萍:《南宋金银交引铺探究》，载于《中国钱币》1999 年第 4 期。

[38] 刘迎霜:《欧元区主权债务危机分析》，载于《国际贸易问题》2011 年第 11 期。

[39] 刘园:《国际金融实务》，高等教育出版社 2006 年版。

[40] 刘园:《金融市场学》，中国人民大学出版社 2013 年版。

[41] 柳永明:《货币银行学》，上海财经大学出版社 2005 年版。

[42] 陆世敏、戴国强:《2003 中国金融发展报告》，上海财经大学出版社 2003 年版。

[43] 罗振宇:《通货紧缩论》，经济科学出版社 1999 年版。

[44] 年志远、王晓光:《货币银行学》，时代经济出版社 2003 年版。

[45] 裴少峰:《货币银行学》，中山大学出版社 2006 年版。

[46] 彭建刚:《商业银行管理学》，中国金融出版社 2014 年版。

[47] 彭兴韵:《金融学原理》，上海三联书店 2003 年版。

[48] 钱水土:《货币银行学》，机械工业出版社 2013 年版。

[49] 饶余庆:《现代货币银行学》，中国社会科学出版社 1983 年版。

[50] 阮加:《金融学》，清华大学出版社 2013 年版。

[51] 沈伟基、宋伟:《金融学概论》，中国人民大学出版社 2004 年版。

[52] 史建平:《金融市场学》，清华大学出版社 2012 年版。

[53] 苏宗祥、徐捷:《国际结算》(第六版)，中国金融出版社 2015 年版。

[54] 孙森:《网络银行》(第二版)，中国金融出版社 2010 年版。

[55] 唐一文、吴麟:《金融监管体制国际比较及其分析》，载于《时代经贸》

2007 年第 2 期。

[56] 王爱俭:《国际金融概论》(第四版),中国金融出版社 2015 年版。

[57] 王广谦:《中国金融改革历程: 1978 – 2007》,载于《改革》2007 年第 3 期。

[58] 王广谦:《中央银行学》,高等教育出版社 2002 年版。

[59] 王立荣、刘力臻:《国际货币制度演化与货币危机机理探索》,载于《当代经济研究》2009 年第 6 期。

[60] 王淑敏、齐佩金:《金融信托与租赁》(第三版),中国金融出版社 2011 年版。

[61] 王晓光:《货币银行学》(第四版),清华大学出版社 2017 年版。

[62] 王玉峰、刘利红:《论货币的本质是信用——从货币演变史中抽象货币的本质和演变规律》,载于《贵州财经学院学报》2003 年第 6 期。

[63] 温涛、王小华、王定祥:《金融学》,科学出版社 2017 年版。

[64] 吴军、郭红玉、陈涛:《货币银行学》,对外经济贸易大学出版社 2006 年版。

[65] 吴琼:《货币银行学》,上海财经大学出版社 2016 年版。

[66] 吴少新:《货币金融学》,中国金融出版社 2011 年版。

[67] 伍海华:《西方货币金融理论》,中国金融出版社 2002 年版。

[68] 伍瑞凡:《金融学》,科学出版社 2010 年版。

[69] 夏德仁、李念斋:《货币银行学》,中国金融出版社 2005 年版。

[70] 徐龙炳:《货币政策效果的度量》,复旦大学出版社 2000 年版。

[71] 杨德权、梁艳:《金融发展与经济增长: 国外研究综述》,载于《财经问题研究》2005 年第 3 期。

[72] 杨丽:《货币银行学》,辽宁大学出版社 2011 年版。

[73] 杨丽:《金融通论》,辽宁大学出版社 2011 年版。

[74] 杨长江、姜波克:《国际金融学》(第四版),高等教育出版社 2009 年版。

[75] 叶世昌:《中国货币理论史》,中国金融出版社 1986 年版。

[76] 易纲:《中国的货币供求与通货膨胀》,载于《经济研究》1999 年第 5 期。

[77] 殷孟波:《货币金融学》(第二版),中国金融出版社 2014 年版。

[78] 袁远福、缪明杨:《中国金融简史》,中国金融出版社 2001 年版。

[79] 张或定、张劲峰、张哨峰:《清代湖北官局、官银钱号及官银号设立情况》,载于《武汉金融》2009 年第 12 期。

[80] 张宁:《中国近代货币史论》,湖北人民出版社 2007 年版。

[81] 张尚学:《货币银行学》,南开大学出版社 2001 年版。

[82] 张亦春:《现代金融市场学》(第三版),中国金融出版社 2013 年版。

[83] 张原萍:《投资学》(第二版),中国金融出版社 2013 年版。

[84] 郑道平、张桂乐:《货币银行学原理》(第六版),中国金融出版社 2009 年版。

[85] 周骏、王学青:《货币银行学原理》，中国金融出版社 2002 年版。

[86] 朱新蓉:《货币金融学》(第四版)，中国金融出版社 2015 年版。

[87] 朱新蓉:《金融学》，北京大学出版社 2005 年版。

[88] 祝合良、刘山恩、许贵阳:《黄金市场投资精要》，经济管理出版社 2012 年版。

[89] [美] 弗兰克·J. 法博齐等:《金融市场与金融机构基础》，孔爱国等译，机械工业出版社 2010 年版。

[90] [美] 劳伦斯·H. 怀特:《货币制度理论》，李扬等译，中国人民大学出版社 2004 年版。

[91] [英] 理查德·A. 布雷利等:《公司理财》，耿建新等译，中国人民大学出版社 2008 年版。

[92] [美] 米什金:《货币金融学》(第七版)，郑艳文译，中国人民大学出版社 2006 年版。

[93] [美] 米什金:《货币金融学》(第四版)，李扬等译，中国人民大学出版社 1998 年版。

[94] [美] 米什金:《货币银行和金融市场经济学》(第八版)，北京大学出版社 2011 年版。

[95] [美] 莫林·伯顿、雷·隆贝拉:《货币银行学——金融体系与经济》(第二版)，经济科学出版社 2004 年版。

[96] [美] 切赫埃第:《货币、银行与金融市场》，北京大学出版社 2006 年版。

后　　记

现代社会的一切经济活动都离不开货币，一切经济政策和调控措施也都要通过货币金融手段来发挥作用。在经济社会里，货币、信用、金融机构、金融市场、金融调控与监管、国际金融、金融稳定与经济发展等金融学所包括的基本范畴具有极其重要性，货币银行学就是专门研究这些范畴的学科。“货币银行学”这一课程的名称，是长期沿用下来的，实际上，它是一门综合反映金融学科基本理论体系和知识结构的课程，它的研究对象和内容远远超出其名称的文字含义。无论从金融业的源头，还是从现代金融结构的总体特征来看，货币的运行和银行等金融机构的活动始终是金融的核心，用“货币”和“银行”来代表金融，用“货币银行学”来概括金融学科的理论和知识体系，也就理在其中了。

货币银行学是教育部确定的高等学校经济类专业本科学生的核心课程，也是管理类专业学生的基础课程，是引领学生进入金融学术殿堂的概论性课程，在经济管理类教学中居于核心地位。货币银行学课程体系的建立与改革对提高金融专业基础理论课教学水平、提高学生基础理论素养具有重要意义。在微观层面上货币银行学课程注重对经济主体所从事的各种金融活动及相应的金融工具、金融变量的阐述和分析，注重对各金融机构的职能、业务和经营管理理论、方法的介绍和总结，注重对金融市场机制和价格机制等的阐述和分析；在宏观层面上货币银行学课程注重对货币供求与均衡理论、货币政策理论、金融与经济发展的关系、金融创新、国际金融等方面的阐述和分析。现代金融正处在加速创新、改革和发展的时期，金融理论体系和知识结构也在不断的扩充和更新，它要求货币银行学的教材和教学内容必须与其相适应。教材内容要在充分借鉴国内外同类优秀教材内容的基础上，全面、系统地展现当代货币银行学学科的理论体系，在编著中既要坚持基础必修课程的性质和特点、保证各门教材中基础理论的完整性，同时也强调理论叙述的通俗性与行文的简洁性，以满足国内高校经济类专业大学本科教学的需要。在内容方面涵盖了金融学的基本理论和基本知识，同时介绍金融领域的新观点、新理论和新现象。

本书突出对货币银行学基本知识的介绍，在系统介绍成熟的金融理论过程中，紧密结合我国金融体制改革的进程，将现代货币银行学理论与中国的具体实践有机地融合起来，从而形成一个既反映现代货币银行理论的优秀成果，又具有中国特色的货币银行学体系。本书的特色在于：一是清晰、准确、客观地描述货币银行学的基本概念和原理，全面系统地反映金融学的科研理论和成就，力求贯彻“厚、精、新、实”的原则，阐述精练，注重理论和知识的实用性。自始至终由浅至深、由简单到复杂的学习过程，并运用通俗易懂的语言来阐述基础概念。二是系统性。在货币银行学既有成果的基础上继承和发展，立足于财经类尤其金融学核心课程的要求，注重内容体系的完整和协调。在教材的设计上，本书共有16章的内容，其基本内容为：第一章为货币与货币制度，阐述现代纸币制度的诞生和演变。第二章为信用与信用工具，主要介绍信用的几种主要形式、信用工具的特征等。第三章为利息与利息率，主要介绍利率的种类、影响利率变动的因素。第四章为金融市场，主要介绍了关于货币市场、资本市场、外汇市场和黄金市场的基础知识。第五章为金融机构体系，主要介绍金融机构的种类。第六章为中央银行，介绍了中央银行的产生与发展历程，中央银行的职能和主要业务。第七章为货币政策，主要介绍货币政策的目标及其相互关系，中央银行货币政策工具，货币政策传导机制。第八章为商业银行，主要了解商业银行的职能和主要业务。第九章为货币供给与货币需求，对货币供给的口径、货币供给模型、货币供给内生性与外生性等问题进行阐述，对不同学派的货币需求理论进行梳理。第十章为通货膨胀与通货紧缩，主要介绍通货膨胀的含义、物价指数、通货膨胀的种类、通货膨胀的成因与类型、通货膨胀的治理政策。第十一章为外汇与汇率，主要介绍外汇的基本知识、汇率的标价方法、汇率的种类、影响汇率变动的因素、汇率变动对经济的影响。第十二章为国际收支与国际储备，主要介绍国际收支平衡表的基本内容，国际收支的调节，以及国际储备的知识。第十三章为金融创新，主要介绍金融创新的动因、金融创新的主要内容。第十四章为金融监管，主要介绍不同国家的金融监管体制、主要原则和主要手段。第十五章为金融发展与经济增长，主要介绍金融发展与经济增长的关系；理解和掌握金融发展与经济增长关系的基本理论。第十六章为中国金融发展简史，主要介绍中国近代金融业的历史演变和中国现代金融业的历史演变。

本教材的几位编者多年从事货币银行学的教学和科研工作。该书由杨丽教授担任主编并提出编写大纲和要求，经本书全体作者多次讨论，最终完成书稿的设计和写作。各章分工如下：杨丽负责第一章、第八章、第十一章、第十二章、第十四章、第十五章、第十六章的写作，慕丽杰负责第二章、第三章的写作，徐洁负责第四章、第七章的写作，栾彦负责第五章、第六章的写作，罗春婵负责第九章、第十章的写作，李鹏负责第十三章的写作。

本书的编写参考了国内外大量的书籍与资料，正是这些书籍与资料，为我们提供了编写货币银行学的丰富素材和创作源泉，在此谨向有关作者表示诚挚的谢意！本书也是长期货币银行学教学工作的经验结晶，在此也向所有关心过货币银行学教学以及提出过建设性意见的老师和同学们表示衷心感谢！

完稿之际，书中定会有作者未能发现的错误与纰漏，敬请广大读者指正！你们的建议会鞭策我们不断对本书进行修正和完善。

编　者

2019年11月